Mayröcker-Handbuch

Alexandra Strohmaier · Inge Arteel
(Hrsg.)

Mayröcker-Handbuch

Leben – Werk – Wirkung

J.B. METZLER

Hrsg.
Alexandra Strohmaier
Institut für Germanistik
Universität Graz
Graz, Österreich

Inge Arteel
Linguistics and Literary Studies
Vrije Universiteit Brussel (VUB)
Brüssel, Belgien

ISBN 978-3-662-69434-3   ISBN 978-3-662-69435-0 (eBook)
https://doi.org/10.1007/978-3-662-69435-0

Die Deutsche Nationalbibliothek verzeichnet diese Publikation in der Deutschen Nationalbibliografie; detaillierte bibliografische Daten sind im Internet über https://portal.dnb.de abrufbar.

© Der/die Herausgeber bzw. der/die Autor(en), exklusiv lizenziert an Springer-Verlag GmbH, DE, ein Teil von Springer Nature 2024

Das Werk einschließlich aller seiner Teile ist urheberrechtlich geschützt. Jede Verwertung, die nicht ausdrücklich vom Urheberrechtsgesetz zugelassen ist, bedarf der vorherigen Zustimmung des Verlags. Das gilt insbesondere für Vervielfältigungen, Bearbeitungen, Übersetzungen, Mikroverfilmungen und die Einspeicherung und Verarbeitung in elektronischen Systemen.
Die Wiedergabe von allgemein beschreibenden Bezeichnungen, Marken, Unternehmensnamen etc. in diesem Werk bedeutet nicht, dass diese frei durch jede Person benutzt werden dürfen. Die Berechtigung zur Benutzung unterliegt, auch ohne gesonderten Hinweis hierzu, den Regeln des Markenrechts. Die Rechte des/der jeweiligen Zeicheninhaber*in sind zu beachten.
Der Verlag, die Autor*innen und die Herausgeber*innen gehen davon aus, dass die Angaben und Informationen in diesem Werk zum Zeitpunkt der Veröffentlichung vollständig und korrekt sind. Weder der Verlag noch die Autor*innen oder die Herausgeber*innen übernehmen, ausdrücklich oder implizit, Gewähr für den Inhalt des Werkes, etwaige Fehler oder Äußerungen. Der Verlag bleibt im Hinblick auf geografische Zuordnungen und Gebietsbezeichnungen in veröffentlichten Karten und Institutionsadressen neutral.

Umschlagabbildung: (c) Renate von Mangoldt

Planung/Lektorat: Oliver Schuetze
J.B. Metzler ist ein Imprint der eingetragenen Gesellschaft Springer-Verlag GmbH, DE und ist ein Teil von Springer Nature.
Die Anschrift der Gesellschaft ist: Heidelberger Platz 3, 14197 Berlin, Germany

Wenn Sie dieses Produkt entsorgen, geben Sie das Papier bitte zum Recycling.

Vorwort

Friederike Mayröcker gilt als eine der bedeutendsten Autorinnen des 20. und frühen 21. Jahrhunderts. In ihrer enormen Produktivität hat sie ein nahezu unüberschaubares Werk hinterlassen, das über hundert Bücher umfasst: Lyrik- und Prosabände, Kinderbücher, Sammlungen von Gelegenheitstexten und zahlreiche gemeinsam mit bildenden Künstlerinnen und Künstlern realisierte Text-Bild-Bände. Parallel dazu hat sie eine Vielzahl an radiophonen Arbeiten vorgelegt. Hinzu kommen filmische Projekte sowie eine Serie musikalischer wie multimedialer Performances, die aus ihren Texten hervorgegangen sind, und bei deren akustischer bzw. szenischer Umsetzung Mayröcker selbst, wie auch bei vielen ihrer Hörspiele, als Rezitatorin mitgewirkt hat. Nicht zuletzt ist auf ihr umfangreiches zeichnerisches Werk zu verweisen, das in jüngster Zeit größere Beachtung findet.

Dem literaturwissenschaftlichen Diskurs über die Komplexität ihres Werks mag es zuzuschreiben sein, dass die bisherige Forschung quantitativ in keiner Relation zum breiten Spektrum ihres Œuvres steht. Spätestens in den 1990er-Jahren setzt sich der Topos durch, dass sich Mayröckers Texte aufgrund ihres experimentellen und innovativen Charakters dem konventionellen Instrumentarium der Literaturwissenschaft entziehen. Die Exposition der Unzulänglichkeiten herkömmlicher philologischer Begriffe und Methoden angesichts der hermeneutischen Herausforderungen durch das Werk Mayröckers zählt zu den stereotypen Diskursfiguren der frühen literaturwissenschaftlichen Mayröcker-Rezeption. Damit verbunden ist die für die Sekundärliteratur kennzeichnende Tendenz, die Werke der Autorin anhand der in ihnen selbst angestellten metapoetischen Überlegungen zu fassen. Dabei ist zu beobachten, dass insbesondere thematische und motivische Elemente, die in den Werken zwar eine zentrale Rolle spielen, aber in den auf poetologische Aspekte und Strukturen der Texte fokussierenden selbstreflexiven Passagen nicht dezidiert zur Sprache kommen, auch in der Forschung vorerst unterrepräsentiert bleiben. Der Schwerpunkt der Forschung gilt zunächst literarischen Verfahren, die den Bruch mit der literarischen Tradition besonders deutlich vor Augen treten lassen.

Vor diesem Hintergrund unternimmt es das vorliegende Handbuch, das Werk Mayröckers einführend zu kartieren. Dabei gilt es, nicht (nur) die Abweichung von literarischen Normen herauszustellen, sondern darzulegen, wie die Autorin durch Rekurs auf ästhetische Traditionen und deren transformierende Aneignung der innovativen Dimension ihres Werkes zuarbeitet. Erstmals werden die wichtigsten Lyrik- und Prosabände sowie eine Auswahl an Hörspielen in Einzeldarstellungen präsentiert. Diese behandeln unter Berücksichtigung der aktuellen Forschung zentrale inhaltliche Aspekte und formale Verfahren einzelner Werke, sie thematisieren deren wichtigste Intertexte, intermediale Referenzen und allfällige plurimediale Dimensionen, sie konturieren deren Entstehungskontexte und verorten sie im Gesamtwerk. Dabei erhalten die einzelnen Werke ein je spezifisches Profil, was die von Mayröcker selbst wie von der Literaturkritik und -wissenschaft oft betonte Kontinuität in ihren Produktionen, die als ein einziges Buch – ein fortlaufender Text – charakterisiert worden sind, neu perspektiviert. Im Bereich der Lyrik wird mit dieser kompakten Einzelcharakterisierung der wichtigsten Werke eine für die Forschung notwendige Grundlage geschaffen, die eine vertiefte diachrone und systematische Auseinandersetzung ermöglichen soll. Trotz Mayröckers Ruf als einer der größten Dichterinnen des 20. und 21. Jahrhunderts liegt bislang noch keine deutschsprachige Monographie zu ihrer Lyrik vor. Im Bereich der Prosa werden erstmals auch das Frühwerk sowie die Werke der so genannten experimentellen Phase eingehend behandelt. In der Forschung soll damit eine Fokusverschiebung auf die bislang am stärksten vernachlässigte Schaffensperiode Mayröckers angeregt werden. Ein weiteres Desiderat, das aus den hier versammelten Artikeln hervorgeht, stellt die Untersuchung der werkgenetischen Relevanz ihrer Hörspiele für ihre durch eine ausgeprägte Dialogizität und Polyphonie gekennzeichnete Prosa ab den 1970er-Jahren dar, deren Strukturen sich als Effekt des Transfers akustischer Strategien und Strukturen in die Schrift fassen lassen. Der Plurimedialität ihres Schaffens gilt es auch in Hinsicht auf ihre Zeichnungen noch stärker Rechnung zu tragen. Im vorliegenden Handbuch kommt dieser Aspekt zwar bei den Einzeldarstellungen von Werken, die mit Zeichnungen der Autorin ausgestattet sind, zum Tragen, eine systematische Auseinandersetzung mit ihren Zeichnungen aus kunst- und medienwissenschaftlicher Perspektive steht aber noch aus.

Die in der Kritik und der Literaturwissenschaft – zu Recht – hervorgehobene Innovativität ihres Œuvres hat den Blick verstellt für Mayröckers originäre Aneignung und Transformation literarischer Traditionen, vor allem jener, die den historischen Avantgarden vorangehen. Die eher periphere Position, die literaturhistorischen Zugängen in der Mayröcker-Forschung bislang zukommt, mag zudem auch dadurch bedingt sein, dass sich die Autorin in ihren Selbstinszenierungen ein Leseverhalten attribuiert hat, das es weniger auf den Sinn als auf die Sinnlichkeit der von ihr rezipierten Literatur abgesehen hätte. In Übereinstimmung mit ihrer subtilen Dekonstruktion bürgerlicher Konzeptionen von Autorschaft hat sie in ihren Auto(r)inszenierungen die Bedeutung ihrer umfassenden Belesenheit in der Literatur-, Philosophie- und Kulturgeschichte konsequent heruntergespielt, was sich in der Forschung in der Marginalisierung literatur- und kulturhistorischer Fragestellungen niederzuschlagen scheint. Die Artikel des fünften Abschnitts liefern erste Ansätze für die systematische Aufarbeitung der literaturhistorischen Bezüge in Mayröckers Gesamtwerk. Mit dem Artikel zur Bedeutung der Goethezeit als Katalysator literarischer Genres und Denkfiguren, die bei Mayröcker eine produktive Um- und Fortschreibung erfahren, wird die bislang älteste literaturhistorische Konstellation fokussiert. Die Arbeit am vorliegenden Handbuch hat indes auch die Relevanz der antiken Literatur ansatzweise sichtbar werden lassen und eine literaturhistorische Perspektive eröffnet, die es in weiterer Forschungsarbeit zu verfolgen gilt.

Der sechste Abschnitt umfasst Artikel zu textübergreifend signifikanten Strategien und Strukturen, die Mayröckers Werken eine spezifische Signatur verliehen haben. Der Abschnitt komplementiert die in den Abschnitten II bis IV an Einzelwerken ausgerichteten Darstellungen von Mayröckers poetischen Verfahren um eingehende Erörterungen makrostruktureller Prinzipien der Textorganisation. Der erste Artikel des Abschnitts bildet den Kontrapunkt zur heuristischen Differenzierung zwischen Gattungen bzw. Medien, wie sie die durch das Handbuchformat nahe gelegte Darstellung der Einzelwerke in den Abschnitten II bis IV organisiert, und nimmt die gegenläufige Bewegung der Gattungstransgression bzw. die genuine Gattungshybridität in den Blick, die Mayröckers Produktionen kennzeichnen. Dabei wird auch das innovative Potential von Mayröckers Texten für die Transformation bestehender Genres deutlich. Der zweite Artikel des Abschnitts widmet sich Mayröckers vielfachen Bezugnahmen auf die bildende Kunst, die neben expliziten Referenzen auf Werke der Kunstgeschichte, angefangen von der archaischen Kunst und dem Mittelalter bis zur Gegenwart, und impliziten Imitationen bildkünstlerischer Praktiken und Verfahren auch Mayröckers plurimediale Verschränkungen ikonischer und symbolischer Zeichen umfassen, wie sie durch die Integration von (eigenen) Zeichnungen und Bildelementen in das Medium des Textes erfolgen. Während Mayröckers nahezu exzessiver Rekurs auf die Bildkünste in der bisherigen Forschung bereits ansatzweise aufgearbeitet wurde, steht eine analoge Auseinandersetzung mit den intermedialen Beziehungen ihres Werks zur Musik noch aus. Mit seinen Einzeldarstellungen ausgewählter Werke, die unter Berücksichtigung auch ihrer musikalischen Referenzen charakterisiert werden, gibt das vorliegende Handbuch einen ersten Eindruck von dem breiten Spektrum an Musikbezügen, die Mayröckers Werk durchziehen. Darüber hinaus wird vor allem in Artikeln zur Lyrik und zur experimentellen Prosa sowie zu den radiophonen Arbeiten und den Transpositionen ihrer Werke in die Musik und das Musiktheater das Akustische ihrer Literatur profiliert. Diese punktuelle Berücksichtigung der klanglichen und stimmlichen Phänomene in Mayröckers Werk kann die Grundlage liefern für die systematische Auseinandersetzung mit der Frage nach dem Stellenwert des Akustischen in der Literatur der Autorin. Der dritte Artikel dieses Abschnitts stellt die Ästhetik des Performativen als textübergreifendes Signum ihres Werkes heraus. Dabei wird mit Blick auf den rituellen Sprechakt und die Performancekunst das Performative bei Mayröcker nicht allein als strukturelles Merkmal fassbar, das auf die Ebene der Form beschränkt bleibt, sondern es tritt geradezu als Distinktionskriterium ihrer Texte in Erscheinung, das semantische, metapoetische und poetologische Aspekte miteinschließt. Über die Mayröcker-Forschung im engeren Sinn hinaus wird durch die Artikel des sechsten Abschnitts Mayröckers Werk für transdisziplinäre Zugänge verfügbar gemacht, die im Zeichen des *pictorial turn* und der performativen Wende in den Kulturwissenschaften die Interferenzen von Literatur, bildender Kunst und Performance- bzw. Aktionskunst untersuchen.

Die Artikel des siebenten Abschnitts fokussieren textübergreifend markante Motive, durch die sich zum einen kulturhistorische Diskurse und Praktiken sowie ästhetische Traditionen in Mayröckers Werk eingeschrieben haben, die zum anderen aber auch die Aktualität der in ihm verhandelten Themen zutage treten lassen. So zeigt sich etwa an der Prominenz des Fenster-Motivs, des Motivs der Vagabondage oder des Motivs der Kindheit die Kontinuität der Romantik in Mayröckers Œuvre, während etwa am Cluster von Motiven, die sich auf Schwellenphänomene (Alter, Tod) und das ‚Mehr-als-Menschliche' (Dinge, Pflanzen, Tiere) beziehen, die Anschlussfähigkeit an aktuelle literatur- und kulturwissenschaftliche Themenfelder deutlich wird. Diesbezüglich zeichnet sich an Mayröckers Werk die literarische Vorwegnahme von ästhetischen und ethischen Positionen des in der gegenwärtigen kulturwissenschaftlichen Forschung breit diskutierten Post- und Transhumanismus ab. Die Überschreitung der Grenzen des Humanen, wie sie durch die Ermächtigung tierischer, pflanzlicher und dinglicher Akteure in Mayröckers Werk erfolgt, prädestiniert ihre Texte darüber hinaus als literarisches Korpus für aktuelle Ansätze im Zeichen der *Environmental Humanities*, etwa der *Literary Animal Studies*, der *Plant Studies* oder allgemein des *Material Ecocriticism*. Dabei vermögen ihre Texte aktuelle Debatten um semiotische oder allgemein mediale Aspekte zu bereichern, zumal Mayröcker ein *Nature Writing* praktiziert, bei dem Phänomene des ‚Natürlichen' immer schon von den Spuren des Symbolischen geprägt sind. Damit sucht das vorliegende Handbuch – über die Mayröcker-Forschung im engeren Sinne hinaus – das Werk der Autorin in seiner Bedeutung für allgemeine literatur- und kulturwissenschaftliche Forschungsansätze zu positionieren.

Gerahmt wird der Fokus auf das Werk durch Beiträge zum Leben und zur Wirkung der Autorin. Eine biographische Annäherung an Mayröcker kommt nicht umhin, die Paradoxie zu reflektieren, die sich in ihren Autorschaftsinszenierungen niederschlägt. So insistiert Mayröcker in ihren autofiktionalen, zwischen Wirklichkeit und Fiktion oszillierenden Texten einerseits auf ihrer ‚Biographielosigkeit'. Andererseits ist das Werk der Autorin, ihren Selbstaussagen zufolge, von ihrem Leben nicht zu trennen – es fällt vielmehr mit ihm zusammen. Dem historischen Überblick über Leben und Schreiben der Autorin ist daher ein kurzer Artikel vorangestellt, der gleichsam auch meta-biographisch über die für Mayröcker kennzeichnende Interrelation von Leben und Schreiben reflektiert. Der darauffolgende Artikel gibt einen historischen Überblick über das fast hundertjährige (Schreib-)Leben der Autorin. Dabei wird eine Perspektive verfolgt, die die wichtigsten Lyrik- und Prosabände als Teil eines an Ovids *Metamorphosen* erinnernden *carmen perpetuum* präsentiert, das auf die Verwandlung als zentrales textgenerierendes Prinzip setzt und in den Prosabänden seit Mitte der 1980er-Jahre auch als Denkfigur gegen den Tod mobilisiert wird. En passant finden auch Mayröckers kollaborative Arbeiten mit Kunstschaffenden aus anderen Sparten sowie intermediale Transpositionen ihrer Werke in andere Künste Erwähnung. Der letzte Artikel des ersten Abschnitts widmet sich den verschiedenen Autorschaftskonzepten, auf die Mayröcker in ihren autofiktionalen Selbstinszenierungen rekurriert. Mit der Inszenierung von historisch so divergenten Autorschaftsmodellen wie jenem vom antiken *poeta vates* oder vom poststrukturalistischen *scripteur* präsentiert Mayröcker ein gleichsam synkretistisches Konzept von Autorschaft, das sich auch für aktuelle kulturwissenschaftliche Forschungen zu künstlerischen Selbstdarstellungen ergiebig erweisen kann.

Der letzte Abschnitt widmet sich der Wirkung der Autorin. Der erste Artikel gibt einen Überblick über die derzeit erst ansatzweise erfassten intermedialen Bearbeitungen ihrer Texte in Form von Vertonungen, Visualisierungen und Inszenierungen. Eine systematische Katalogisierung als Grundlage für eine vertiefte interdisziplinäre Auseinandersetzung mit den aus Mayröckers Werk hervorgegangenen multimedialen Produktionen stellt eines der vielen Desiderate der Mayröcker-Forschung dar. Die sprachlichen Transpositionen in Form von Übersetzungen werden in zwei weiteren Artikeln des Abschnitts behandelt. Dabei werden anhand einer exemplarischen Konstellation ausgewählter Übersetzungen im angloamerikanischen, französischen, italienischen, spanischen und russischen Sprachraum zentrale Strategien und Praktiken der Translation herausgearbeitet. Dieser synoptische Überblick wird durch die im Anhang zusammengestellte Liste an fremdsprachigen Mayröcker-Ausgaben ergänzt. Der Resonanz von Mayröckers Werk im deutschsprachigen und internationalen Feuilleton geht ein weiterer Artikel dieses Abschnitts nach. Vor dem Hintergrund ihrer Rezeption im Feuilleton wären in weiterer Forschungsarbeit die Position Mayröckers im Literaturbetrieb sowie ihr Einfluss auf jüngere Generationen an Dichterinnen und Dichter zu untersuchen. Die Mayröcker-Rezeption in der internationalen Literaturwissenschaft wird insbesondere in den einzelnen Artikeln zum Werk berücksichtigt, die auch den jeweiligen Stand der Forschung repräsentieren. Dieser weitere Impulse zu geben stellt eines der vorrangigen Ziele des Handbuchs dar.

Mayröckers Œuvre empfiehlt sich für einen polyperspektivischen Zugang, wie er durch die breite Expertise der am Handbuch beteiligten internationalen Autorinnen und Autoren gewährleistet wird, denen wir für die konstruktive Zusammenarbeit an dieser Stelle nochmals sehr herzlich danken. Arnhilt Inguglia-Höfle und Susanne Rettenwander vom Literaturarchiv der Österreichischen Nationalbibliothek danken wir für die Unterstützung bei der Recherche zu Archivmaterial, Johanna Öttl von der Alten Schmiede Wien danken wir für die Zur-Verfügung-Stellung von Video-Mitschnitten von Lesungen der Autorin. Besonderer Dank gilt Martin Vejvar für das Korrektorat und Johanna Pfuhl-Rybizki für die Indexierung. Nicht zuletzt danken wir dem Lektor des Metzler-Verlags, Oliver Schütze, für die kompetente Betreuung und vielseitige Unterstützung des Projekts.

Alexandra Strohmaier für die Herausgeberinnen

Inhaltsverzeichnis

Hinweise für die Benutzung XVII

Siglenverzeichnis XIX

Autorinnen und Autoren XXI

Teil I   Leben

1   Leben schreiben: Biographie und Biographielosigkeit   3
    Alexandra Strohmaier

2   Leben und Schreiben: Ein historischer Überblick   7
    Alexandra Strohmaier

3   Schreiben und/als Leben: Auto(r)inszenierungen 27
    Alexandra Strohmaier

Teil II   Lyrik

4   *Tod durch Musen. Poetische Texte* (**1966**) 43
    Sonja Martinelli

5   *In langsamen Blitzen* (**1974**) 47
    Michaela Nicole Raß

6   *Gute Nacht, guten Morgen* (**1982**) 51
    Inge Arteel

7   *Winterglück* (**1986**) 55
    Karoline Johanna Baumann

8   *Das besessene Alter* (**1992**) 59
    Aurélie Le Née

9   *Notizen auf einem Kamel* (**1996**) 63
    Aurélie Le Née

10	*Mein Arbeitstirol* (2003)...........................	67
	Aurélie Le Née	
11	*Scardanelli* (2009)	71
	Stefania Siddu	
12	*dieses Jäckchen (nämlich) des Vogel Greif* (2009)	77
	Karoline Johanna Baumann	
13	*Von den Umarmungen* (2012)	81
	Eleonore De Felip	

Teil III   Prosa

14	*Larifari. Ein konfuses Buch* (1956).....................	87
	Michaela Nicole Raß	
15	*Minimonsters Traumlexikon. Texte in Prosa* (1968)	93
	Andreas Puff-Trojan	
16	*Fantom Fan* (1971) **und** *Arie auf tönernen Füszen. Metaphysisches Theater* (1972)........................	97
	Inge Arteel	
17	*je ein umwölkter gipfel. erzählung* (1973).................	101
	Inge Arteel	
18	*Fast ein Frühling des Markus M.* (1976)	107
	Laura Tezarek	
19	*Heiligenanstalt* (1978)	111
	Inge Arteel	
20	*Die Abschiede* (1980)	115
	Sabine Kyora	
21	*Reise durch die Nacht* (1984).........................	121
	Arnhilt Inguglia-Höfle	
22	*Das Herzzerreißende der Dinge* (1985)	127
	Alexandra Strohmaier	
23	*mein Herz mein Zimmer mein Name* (1988)................	133
	Alexandra Strohmaier	
24	*Stilleben* (1991)....................................	137
	Alexandra Strohmaier	
25	*Lection* (1994).....................................	141
	Uta Degner	
26	*brütt oder Die seufzenden Gärten* (1998)	145
	Uta Degner	
27	*Requiem für Ernst Jandl* (2001)	151
	Gisela Ecker	

28	*Die kommunizierenden Gefäße* (2003)	155
	Fatima Naqvi	
29	*Und ich schüttelte einen Liebling* (2005)	161
	Alexandra Strohmaier	
30	*Paloma* (2008).............................	167
	Arnhilt Inguglia-Höfle	
31	*ich bin in der Anstalt. Fusznoten zu einem nichtgeschriebenen Werk* (2010)	173
	Alexandra Strohmaier	
32	*ich sitze nur GRAUSAM da* (2012)	179
	Barbara Thums	
33	*études* (2013).............................	185
	Beate Sommerfeld	
34	*cahier* (2014).............................	189
	Beate Sommerfeld	
35	*fleurs* (2016)	193
	Beate Sommerfeld	
36	*Pathos und Schwalbe* (2018)	197
	Beate Sommerfeld	
37	*da ich morgens und moosgrün. Ans Fenster trete* (2020)......	201
	Beate Sommerfeld	
38	**Kinderbücher**	205
	Eleonore De Felip	

Teil IV   Hörspiele

39	*Fünf Mann Menschen* (1968)	213
	Roland Innerhofer	
40	*Arie auf tönernen Füßen* (1970)	217
	Britta Herrmann	
41	*Der Tod und das Mädchen* (1985).......................	221
	Eva Fauner	
42	*Gertrude Stein hat die Luft gemalt* (2005)	225
	Eva Fauner	
43	*Landschaft mit Verstoßung* (2013)......................	229
	Inge Arteel	

Teil V   Literarische Aneignungen und Fortschreibungen

44	**Goethezeit**	235
	Barbara Thums	

45	**Literarische Moderne**	245
	Sabine Kyora	
46	**Surrealismus**	253
	Andreas Puff-Trojan	
47	**Wiener Gruppe**	261
	Thomas Eder	
48	**Poststrukturalismus**	271
	Françoise Lartillot und Aurélie Le Née	

Teil VI   Poetische Strukturen und Verfahren

49	**Gattungshybridität**	283
	Karoline Johanna Baumann	
50	**Intermedialität und Plurimedialität (Bildende Kunst)**	293
	Beate Sommerfeld	
51	**Performativität**	303
	Alexandra Strohmaier	

Teil VII   Motive

52	**Affekt**	317
	Kalina Kupczyńska	
53	**Alter**	321
	Mandy Dröscher-Teille	
54	**Blumen/Pflanzen**	325
	Sonja Martinelli	
55	**Dinge**	329
	Alexandra Strohmaier	
56	**Ekstase/das Erhabene**	333
	Barbara Thums	
57	**Engel**	337
	Barbara Thums	
58	**Fenster**	341
	Aurélie Le Née	
59	**Kindheit**	345
	Elisabeth von Samsonow	
60	**Körper**	349
	Mandy Dröscher-Teille	
61	**Liebe und Begehren**	353
	Daniela Strigl	

62	**Tiere** .... Eleonore De Felip	357
63	**Tod, Trauer und Melancholie** .... Fatima Naqvi	361
64	**Tränen** .... Eleonore De Felip	365
65	**Wanderschaft/Vagabondage** .... Sabine Kyora	369

Teil VIII Wirkung

66	**Visualisierungen, Vertonungen, Inszenierungen** .... Inge Arteel	375
67	**Rezeption im Feuilleton** .... May Mergenthaler	383
68	**Zu den Übersetzungen im angloamerikanischen, französischen, italienischen und spanischen Sprachraum**.... Stefania Siddu	395
69	**Übersetzungen im russischen Sprachraum und mehrsprachige Übersetzungsprojekte** .... Juliana Kaminskaja	407

Zeittafel 413

Werke 419

Archivbestände 425

Sekundärliteratur 429

Personenregister 449

Werkregister 455

Hinweise für die Benutzung

Die Werke Mayröckers werden in der Regel nach der Erstausgabe zitiert, wobei auch den spezifischen Paratexten (wie Covergestaltung und Illustrationen) oder, bei Lyrikbänden, der ursprünglichen Reihung der Gedichte Rechnung getragen werden kann. Die wichtigsten Primärtexte sowie die Werkausgaben werden in Form von Siglen zitiert (siehe dazu das folgende Siglenverzeichnis). Weitere Texte der Autorin, auf die in einzelnen Artikeln Bezug genommen wird, werden gegebenenfalls in den Literaturverzeichnissen am Ende der Artikel bibliographisch nachgewiesen.

Bei der wörtlichen Zitation aus Werken Mayröckers werden die ursprünglichen typographischen Merkmale des Textes (z. B. Kapitälchen, Kursivsetzungen, Leerzeichen vor und nach dem Doppelpunkt, kein Spatium bei Abkürzungen), die spezifische Interpunktion sowie die Verwendung von Groß- und Kleinschreibung, Zusammen- und Getrenntschreibung in der Regel übernommen. Auf einen entsprechenden Hinweis, dass es sich dabei um ‚Hervorhebungen im Original' handelt, wird in diesem Fall verzichtet. Die Schreibung bzw. typographische Auszeichnung folgt in der Regel der jeweils zugrunde liegenden Textausgabe. So wird bei Zitaten aus der Erstausgabe von *brütt oder Die seufzenden Gärten* (1998) die Großschreibung einzelner Textstellen beibehalten, während diese bei einer Zitation aus der *Gesammelten Prosa* – entsprechend der Textgrundlage – in Kapitälchen gesetzt sind. Ähnliches gilt für die Zitation von Gedichttiteln. Ihre typographische Auszeichnung folgt der jeweiligen Textausgabe, wobei etwa die Differenzierung zwischen Kursiv- und Kapitälchensetzung, wie sie in den *Gesammelten Gedichten* zur Unterscheidung von betitelten und titellosen Gedichten eingesetzt wird, beibehalten wird. Da Mayröcker die Virgel (/) auch als typographisches Gestaltungsmittel einsetzt, wird der Zeilenumbruch durch einfachen Schrägstrich mit eckigen Klammern [/] gekennzeichnet. Das Strophenende wird durch doppelten Schrägstrich mit eckigen Klammern [//] angezeigt. Diese Zitierweise wird auch bei der Zitation von Gedichten anderer Autorinnen und Autoren zur Anwendung gebracht.

Das Werkregister listet die in den Artikeln zitierten Prosa- und Lyrikbände sowie Gedichte und unselbstständig veröffentlichten Texte der Autorin mit den entsprechenden Seitenverweisen auf. Das Personenregister umfasst neben Schriftstellerinnen und Schriftstellern Kunstschaffende aus den Bereichen der bildenden Kunst, der Musik und dem Theater sowie Persönlichkeiten der Philosophie- und Kulturgeschichte. Namen und Werktitel aus den Literaturverzeichnissen sowie dem Anhang wurden nicht für das Personen- und Werkregister indexiert.

Siglenverzeichnis

A	Die Abschiede. Frankfurt a. M. 1980.
AF	ich bin in der Anstalt. Fusznoten zu einem nichtgeschriebenen Werk. Berlin 2010.
AR	Arie auf tönernen Füszen. Metaphysisches Theater. Neuwied/Darmstadt 1972.
AT	Mein Arbeitstirol. Gedichte 1996–2001. Frankfurt a. M. 2003.
BA	Das besessene Alter. Gedichte 1986–1991. Frankfurt a. M. 1992.
BR	brütt oder Die seufzenden Gärten. Frankfurt a. M. 1998.
CA	cahier. Berlin 2014.
ET	études. Berlin 2013.
FF	Fantom Fan. Reinbek bei Hamburg 1971.
FL	fleurs. Berlin 2016.
FM	Fast ein Frühling des Markus M. Frankfurt a. M. 1976.
GG	Gesammelte Gedichte. 1939–2003. Hg. von Marcel Beyer. Frankfurt a. M. 2004.
GP I	Gesammelte Prosa I: 1949–1977. Hg. von Marcel Beyer. Mit Nachworten von Marcel Beyer und Wendelin Schmidt-Dengler. Frankfurt a. M. 2001.
GP II	Gesammelte Prosa II: 1978–1986. Hg. von Klaus Kastberger. Mit Nachworten von Klaus Kastberger und Thomas Kling. Frankfurt a. M. 2001.
GP III	Gesammelte Prosa III: 1987–1991. Hg. von Klaus Kastberger. Mit Nachworten von Klaus Kastberger und Ursula Krechel. Frankfurt a. M. 2001.
GP IV	Gesammelte Prosa IV: 1991–1995. Hg. von Klaus Reichert. Mit Nachworten von Klaus Reichert und Heinz Schafroth. Frankfurt a. M. 2001.
GP V	Gesammelte Prosa V: 1996–2001. Hg. von Klaus Reichert. Mit Nachworten von Klaus Reichert und Jörg Drews. Frankfurt a. M. 2001.
H	Heiligenanstalt. Frankfurt a. M. 1978.
HD	Das Herzzerreißende der Dinge. Frankfurt a. M. 1985.

HZN	mein Herz mein Zimmer mein Name. Frankfurt a. M. 1988.
IG	ich sitze nur GRAUSAM da. Berlin 2012.
JVG	dieses Jäckchen (nämlich) des Vogel Greif. Gedichte 2004–2009. Frankfurt a. M. 2009.
KG	Die kommunizierenden Gefäße. Frankfurt a. M. 2003.
LB	In langsamen Blitzen. Gedichte. Berlin 1974.
LE	Lection. Frankfurt a. M. 1994.
LKB	Larifari. Ein konfuses Buch. Wien 1956.
LIT 493	Materialien aus dem Nachlass Friederike Mayröckers. Literaturarchiv der Österreichischen Nationalbibliothek, Wien. Die weiteren Spezifizierungen beziehen sich auf die Nummer der Archivbox sowie der Mappe.
LL	Das Licht in der Landschaft. Frankfurt a. M. 1975.
MB	Magische Blätter I–V. Frankfurt a. M. 2001.
MB I	Magische Blätter. Frankfurt a. M. 1983.
MB II	Magische Blätter II. Frankfurt a. M. 1987.
MB III	Magische Blätter III. Frankfurt a. M. 1991.
MB IV	Magische Blätter IV. Frankfurt a. M. 1995.
MB V	Magische Blätter V. Frankfurt a. M. 1999.
MB VI	Magische Blätter VI. Frankfurt a. M. 2007.
MMF	da ich morgens und moosgrün. Ans Fenster trete. Berlin 2020.
MT	Minimonsters Traumlexikon. Texte in Prosa. Mit einem Nachwort von Max Bense. Reinbek bei Hamburg 1968.
NK	Notizen auf einem Kamel. Gedichte 1991–1996. Frankfurt a. M. 1996.
NM	Gute Nacht, guten Morgen. Gedichte 1978–1981. Frankfurt a. M. 1982.
P	Paloma. Frankfurt a. M. 2008.
PS	Pathos und Schwalbe. Berlin 2018.
R	Requiem für Ernst Jandl. Frankfurt a. M. 2001.
RN	Reise durch die Nacht. Frankfurt a. M. 1984.
SC	Scardanelli. Frankfurt a. M. 2009.
SL	Und ich schüttelte einen Liebling. Frankfurt a. M. 2005.
ST	Stilleben. Frankfurt a. M. 1991.
TM	Tod durch Musen. Poetische Texte. Mit einem Nachwort von Eugen Gomringer. Reinbek bei Hamburg 1966.
U	Von den Umarmungen. Berlin 2012.
UG	je ein umwölkter gipfel. erzählung. Darmstadt/Neuwied 1973.
WG	Winterglück. Gedichte 1981–1985. Frankfurt a. M. 1986.

Autorinnen und Autoren

Prof. Dr. Inge Arteel Vrije Universiteit Brussel, Belgien (Kap. 6, 16, 17, 19, 43, 66, Anhang: Zeittafel)

Dr. Karoline Johanna Baumann Universität Debrezin, Ungarn (Kap. 7, 12, 49)

Dr. Eleonore De Felip Universität Innsbruck, Österreich (Kap. 13, 38, 62, 64)

Prof. Dr. Uta Degner Universität Innsbruck, Österreich (Kap. 25, 26)

Dr. Mandy Dröscher-Teille Leibniz Universität Hannover, Deutschland (Kap. 53, 60)

Prof. Dr. Gisela Ecker Universität Paderborn, Deutschland (Kap. 27)

Mag. Dr. Thomas Eder Universität Wien, Österreich (Kap. 47)

Dr. Eva Fauner Universität Graz, Österreich (Kap. 41, 42)

Prof. Dr. Britta Herrmann Universität Münster, Deutschland (Kap. 40)

Dr. Arnhilt Inguglia-Höfle Österreichische Nationalbibliothek, Österreich (Kap. 21, 30, Anhang: Archivbestände)

Prof. i. R. Dr. Roland Innerhofer Universität Wien, Österreich (Kap. 39)

Dr. Juliana Kaminskaja freie Literaturwissenschaftlerin, St. Petersburg, Russland (Kap. 69)

Dr. Kalina Kupczyńska Universität Lodz, Polen (Kap. 52)

Prof. Dr. Sabine Kyora Carl von Ossietzky Universität Oldenburg, Deutschland (Kap. 20, 45, 65)

Prof. Dr. Françoise Lartillot Université de Lorraine (Metz), Frankreich (Kap. 48)

Dr. Aurélie Le Née Universität Straßburg, Frankreich (Kap. 8, 9, 10, 48, 58)

Sonja Martinelli, MA freie Literaturwissenschaftlerin, Wien, Österreich (Kap. 4, 54)

Assoc. Prof. May Mergenthaler, Ph.D. Ohio State University, USA (Kap. 67, Anhang: Werke)

Prof. Dr. Fatima Naqvi Yale University, USA (Kap. 28, 63)

Prof. Dr. Andreas Puff-Trojan Ludwig-Maximilians-Universität München, Deutschland (Kap. 15, 46)

Dr. Michaela Nicole Raß freie Film- und Literaturwissenschaftlerin, München, Deutschland, und Wien, Österreich (Kap. 5, 14)

Prof. Dr. Elisabeth von Samsonow Akademie der bildenden Künste Wien, Österreich (Kap. 59)

Dr. Stefania Siddu Universität Leipzig, Deutschland (Kap. 11, 68)

PD Dr. Beate Sommerfeld Adam-Mickiewicz-Universität Poznań, Polen (33, 34, 35, 36, 37, 50)

PD Mag. Dr. Daniela Strigl Universität Wien, Österreich (Kap. 61)

PD Dr. Alexandra Strohmaier Universität Graz, Österreich (Kap. 1, 2, 3, 22, 23, 24, 29, 31, 51, 55, Anhang: Zeittafel)

Laura Tezarek BA MA, Universität Wien, Österreich (Kap. 18)

Prof. Dr. Barbara Thums Johannes Gutenberg-Universität Mainz, Deutschland (Kap. 32, 44, 56, 57)

Mag. Martin Vejvar freier Literaturwissenschaftler, Freistadt, Österreich (Anhang: Werke, Sekundärliteratur)

Teil I
Leben

Leben schreiben: Biographie und Biographielosigkeit

Alexandra Strohmaier

Jeder biographische Abriss über Friederike Mayröcker hat sich zunächst mit der paradoxalen Situation auseinanderzusetzen, dass die Person, über die es zu schreiben gilt, in ihren autofiktionalen, zwischen Wirklichkeit und Fiktion oszillierenden Texten auf ihrer „*Biographielosigkeit* als Lebenshaltung" (MB I, 32) insistiert, gleichzeitig aber ein Werk hervorgebracht hat, das sich, ihren Selbstaussagen zufolge, durch das Ineinander von Leben und/als Schreiben konstituiert. Die Verschränkung von Leben und Schreiben – von Mayröcker paradigmatisch mit der viel zitierten Formel „ich lebe ich schreibe" (HZN 33) gefasst, die in ihrer interpunktionslosen Struktur die Unauflösbarkeit dieser Verschränkung anzeigt – bedingt, dass es „kein Leben außerhalb des Werks" gibt, „das Leben [...] somit das Werk" (Arteel 2012, 9) ist. In diesem Sinne könnte die Biographie der Autorin in Abwandlung des bekannten biographischen ‚Narrativs' von Martin Heidegger über Aristoteles lauten (vgl. dazu Arendt [1969] 1998, 184): Sie ‚wurde geboren, arbeitete und starb', wobei die Schreibarbeit für Mayröcker nicht nur als ‚Äußerungsform' des Lebens zu verstehen ist, sondern auch als dessen schöpferisches Prinzip.

Mit ihrer Zusammenführung von Schreiben und Leben steht Mayröcker in der Tradition der Frühromantik und des Surrealismus, literarischen Bewegungen, die an der Aufhebung der Trennung von Kunst und Leben arbeiten. Mayröcker geht aber weiter, indem sie die durch den Poststrukturalismus eröffnete Einsicht in die subjektbildende Wirkung der Sprache als gegeben setzt und fortschreibt. Sprache dient nicht länger nur als Ausdrucksmittel des Subjekts, sondern hat an dessen Gestaltung teil, bringt subjektive Wirklichkeit im und durch den Akt der Äußerung immer auch ein Stück weit mit hervor. (Lebens-)Erfahrung ist bei Mayröcker demnach immer schon ihren Texten eingeschrieben, vollzieht sich gerade auch *im* und *als* Schreiben. In diesem Sinn erteilt das (fiktive) Autor-Ich dem Interesse der Leserschaft an einem Leben außerhalb des Werks denn auch eine Absage: „Ach geschätzter Leser, Sie wollen jetzt endlich etwas erfahren von mir, aber es gibt nichts zu erfahren" (MB VI, 131; vgl. Arteel 2012, 7).

Das Leben spielt in der Literatur Mayröckers weniger als Darstellungsgegenstand eine Rolle, dem man sich nachahmend nähert, denn als Material, das, wie ihr Dichterkollege Reinhard Priessnitz betont hat, im Prozess des Schreibens einer „repoetisierung" (Priessnitz 1980, 52) unterzogen wird (vgl. Arteel 2012, 8–9). Die Einbindung von Wirklichkeitssplittern, wie etwa Traumnotaten, (unmarkierten) Zitaten oder

A. Strohmaier (✉)
Universität Graz, Graz, Österreich
E-Mail: alexandra.strohmaier@uni-graz.at

© Der/die Autor(en), exklusiv lizenziert an Springer-Verlag GmbH, DE, ein Teil von Springer Nature 2024
A. Strohmaier und I. Arteel (Hrsg.), *Mayröcker-Handbuch*, https://doi.org/10.1007/978-3-662-69435-0_1

Fragmenten entwendeter Rede, die im literarischen Prozess eine Transformation erfahren, fungieren derart, wie die Kuratorin der Ausstellung zu Mayröckers siebzigstem Geburtstag, Daniela Riess-Beger, hervorhebt, als „Fundus und Erfindung gleichermaßen" (Riess-Beger 1994, 101; vgl. Arteel 2012, 8). Mit Blick auf Mayröckers Produktionsästhetik, die an das legendäre ‚Zetteluniversum' ihrer Dichterwerkstatt gebunden ist, kann dieser ‚Fundus' durchaus auch wörtlich verstanden werden. Er setzt sich zusammen aus gefundenen Textobjekten – *objets trouvés* –, die aus den akkumulierten Papierschichten zufällig zutage treten oder im Dienste einer aleatorischen Poetik daraus hervorgezogen werden (vgl. dazu Kastberger 2017, 18; Strohmaier 2023, 185–186). Wirklichkeit erscheint hier ganz konkret als Buchstabenmaterial, das dem Schreiben einverleibt wird.

Für Mayröcker gilt zudem, dass „das blutige Leben selbst" (Fetz 2006, 13) nicht, wie in der Logik der klassischen Biographie, hinter, sondern im Werk auszumachen ist, indem sich das Leben im Werk gleichsam als Spur des schreibenden Körpers niederschlägt. Mayröcker setzt in ihrer autofiktionalen Praxis nicht auf Repräsentation, sondern auf Performanz (s. Kap. 51). Der körperbezogenen Aktionskunst vergleichbar geht es dabei nicht primär darum, Leben symbolisch zu repräsentieren, sondern durch den Gestus des Zeigens zu konkretisieren. Das Leben realisiert sich solchermaßen nicht oder nicht vornehmlich durch den Sinn, sondern durch die Sinnlichkeit ihrer Texte, die sich materiell in der variationsreichen Simulation handschriftlicher und stimmlicher Phänomene verdichtet. Anschaulich vor Augen geführt wird die Gebundenheit der Schrift an den Körper der Schreibenden etwa durch die Zeichnungen von der Hand der Autorin, die sich spätestens ab den 1970er-Jahren, beginnend mit *Fantom Fan* (1971), in ihren Werken finden und noch in ihrem letzten Buch *da ich morgens und moosgrün. Ans Fenster trete* (2020) mit dem Text verwoben sind. Die durch klangliche und rhythmische Verfahren evozierte Präsenz des Körpers in der Schrift wird durch Mayröckers Vortragskunst potenziert, wobei die spezifische Qualität ihrer Stimme den Text in ein akustisches Ereignis transformiert, das seine Abhängigkeit vom sprechenden Subjekt demonstrativ vor Augen führt (vgl. dazu Strohmaier 2009, 136). Die performative Realisierung des Werks durch die Autorin, die bevorzugt selbst aus ihren Texten vorgetragen hat (vgl. dazu MB II, 177–179), befördert die durch die autofiktionale Komponente der Texte und deren körperliche Verfahren suggerierte (Illusion von) Authentizität. Mayröckers Werk ist, wie es in ihrem Prosabuch *Das Herzzerreißende der Dinge* (1985) heißt, „keine Autobiographie dennoch authentisch" (HD 64).

Dem Prozess des Performativen entsprechend, der die Trennung von Sprache und Wirklichkeit aufhebt und die Dimensionen des Symbolischen und des Realen in eins setzt, bringen Leben und Schreiben einander wechselseitig hervor, wobei es als Signatur des Mayröcker'schen Werkes gelten kann, dass es diese Gleichursprünglichkeit im Werk selbst reflektiert. In Abrede gestellt wird dadurch auch die Möglichkeit eines nicht symbolisch vermittelten, quasi ‚realen' Lebens in der Literatur: Mayröckers Schreiben präsentiert „eine – durchaus auch parodistisch zu lesende – Reflexion über die ästhetischen und rhetorischen Möglichkeiten autobiographischen Schreibens […], als dass es selbst autobiographisch wäre" (Arteel 2014, 506). Zumal die Texte aber „zugleich immer wieder den lebendigen Ursprung in der momentanen Inszenierung suggerieren" (Arteel 2014, 506), erscheint die Symbolisierung paradoxerweise gerade als das, was das ‚Leben' (als Literatur) hervorbringt. Die ‚zeichnenden Hände' (*Drawing Hands*, 1948) des von Mayröcker geschätzten niederländischen Künstlers und Graphikers M. C. Escher vermögen diese paradoxal anmutende Verschränkung von Leben, Schreiben und ihre Reflexion im Medium des Bildes zu veranschaulichen.

Zumal sich ein derartiges, literarisch vollzogenes Schriftstellerleben biographisch unmöglich einholen lässt, hat Inge Arteel mit ihrer

2012 erschienenen Biographie über die Autorin einen Zugang verfolgt, in dem „die formal-literarischen und die zeitlich-biographischen Relationen analytisch – nicht synthetisierend – zu einander in Beziehung gesetzt wurden" (Arteel 2014, 509). Damit suchte sie auch der spezifischen Entwicklung gerecht zu werden, die sich an Mayröckers „medialem Umgang mit der eigenen Biographie" (Arteel 2014, 508) abzeichnet: Während in den späten Texten der Autorin „autobiographische Formzitat[e] und [...] anekdotische Wirklichkeitspartikel immer ausgiebiger eingebaut" werden, scheint der „außerliterarische biographische Kontext", wie er sich durch die Texte aus dem Umfeld des ‚eigentlichen' Werks, etwa Interviews, Reden oder Kommentare, konstituiert, „umso endgültiger von der Bildfläche" zu verschwinden (Arteel 2014, 508). Immer weniger neue ‚Fakten' können den Interviews mit der Autorin entnommen werden, diese gestalten sich zunehmend als Reproduktion und Variation bekannter Topoi der (Selbst-)Inszenierung der Dichterin (s. Kap. 3), während das Werk selbst „immer deutlicher zum Korpus der Autorin" (Arteel 2012, 11) wird. In diesem Sinne ist es nur konsequent, wenn die Autorin den Blick der literarischen Öffentlichkeit verschoben wissen will – von ihrer Biographie auf ihre Bibliographie (vgl. dazu Roether 2001).

Literatur

Arendt, Hannah: Martin Heidegger ist achtzig Jahre alt [1969]. In: Dies./Martin Heidegger: Briefe 1925 bis 1975. Und andere Zeugnisse. Aus den Nachlässen hg. von Ursula Ludz. Frankfurt a. M. 1998, 179–192.

Arteel, Inge: Friederike Mayröcker. Hannover 2012.

Arteel, Inge: Biographie einer Biographielosen. In: Études germaniques 69/4 (2014), 505–516.

Fetz, Bernhard: Schreiben wie die Götter. Über Wahrheit und Lüge im Biographischen. In: Bernhard Fetz/Hannes Schweiger (Hg.): Spiegel und Maske. Konstruktionen biographischer Wahrheit. Wien 2006, 7–20.

Kastberger, Klaus: Chaos des Schreibens. Die Werkstatt der Dichterin und die Gesetze des Archivs. In: Ders./Stefan Maurer (Hg.): Die Werkstatt des Dichters. Berlin 2017, 13–28.

Priessnitz, Reinhard: summarische autobiographie. über und für friederike mayröcker. In: protokolle 15/2 (1980), 50–54.

Riess-Beger, Daniela: „ein Kopf, zwei Jerusalemtische, ein Traum" – Friederike Mayröcker zum siebzigsten Geburtstag. In: Dies. (Hg.): Lebensveranstaltung: Erfindungen, Findungen einer Sprache: Friederike Mayröcker. [Ausstellungskatalog] Wien 1994, 101–103.

Roether, Diemut: Im Schreiben wohnen. „Ich will verschwinden hinter meiner Biografie, im Vordergrund steht die Bibliografie": Die österreichische Dichterin Friederike Mayröcker wird mit dem Georg-Büchner-Preis ausgezeichnet. In: taz (Berlin) vom 27.10.2001, 15.

Strohmaier, Alexandra: Prosa und/als Performanz. Zur performativen Ästhetik Friederike Mayröckers. In: Dies. (Hg.): Buchstabendelirien. Zur Literatur Friederike Mayröckers. Bielefeld 2009, 121–140.

Strohmaier, Alexandra: „Verwirklichte Utopien". Friederike Mayröckers Schreib- und Texträume. In: Nicole Streitler-Kastberger/Martin Vejvar (Hg.): Utopie und Dystopie. Beiträge zur österreichischen und europäischen Literatur vom 18. bis zum 21. Jahrhundert. Berlin/Boston 2023, 185–196.

Leben und Schreiben: Ein historischer Überblick

Alexandra Strohmaier

Friederike Mayröcker wird am 20.12.1924 in Wien in der Wohnung ihrer Großeltern mütterlicherseits geboren, als einziges Kind der Modistin Friederike Mayröcker, geb. Petschauer (1906–1994), und des Lehrers Franz Mayröcker (1895–1978). Die Großeltern Friederike (geb. Witzel) und Matthias Petschauer betreiben gemeinsam mit dessen Bruder Rudolf Petschauer ein, vorübergehend auch zwei Delikatessengeschäfte in der Wiedner Hauptstraße (vgl. Rettenwander 2024, 30). Aus der großelterlichen Wohnung in der Wiedner Hauptstraße 90–92 ziehen die Eltern mit dem Säugling in eine nahe gelegene Wohnung in der Anzengrubergasse 17 um, wo Mayröcker aufwächst (vgl. Kraller/Famler 1999, 17; Arteel 2012, 16).

Mayröckers Urgroßeltern mütterlicherseits, Franziska und Lorenz Witzel, gehören dem wohlhabenden Bürgertum an (vgl. Rettenwander 2024, 30). Der Urgroßvater verfügt als Malermeister über mehrere Angestellte und gilt zudem als talentierter Künstler. Mayröckers Großeltern können ihren hohen Lebensstandard während des Ersten Weltkriegs zunächst vergrößern. Mayröckers Mutter, Friederike Petschauer, wächst mit ihren Schwestern Helene und Herta in einem gut situierten bürgerlichen Haushalt mit Bediensteten und Kindermädchen auf. Friederike Petschauer absolviert eine Ausbildung an der Öffentlichen fachlichen Fortbildungsschule für Modistinnen, die sie mit herausragendem Erfolg abschließt. Am 4.4.1924 heiratet sie Franz Mayröcker. Die Ehe hält bis zu dessen Tod im Jahr 1978 (vgl. Rettenwander 2024, 30–31). Ein misslungener Suizidversuch der sensiblen Frau erweist sich ihrer Selbsteinschätzung zufolge als Ereignis, das ihre zerrüttete Ehe zu retten vermochte (vgl. Rettenwander 2024, 33).

Mayröckers Kindheit ist durch eine zarte Gesundheit geprägt, bis ins vierte Lebensjahr leidet sie unter Fieberschüben infolge einer Gehirnhautentzündung, was zur Abschirmung durch die Eltern beiträgt (vgl. Rettenwander 2024, 32; Arteel 2012, 12). Mayröcker wird den Ursprung ihrer Dichtung Jahre später denn auch ihrer „hermetischen Kindheit" (MB 19) zuschreiben. Um sie vor Infektionen zu schützen, entscheiden sich die Eltern für eine private Volksschule. Im September 1930 wird sie an dem als ‚Englische Fräulein' bekannten Institut Lißte in der Nikolsdorfergasse im fünften Wiener Gemeindebezirk Margareten eingeschult (vgl. Rettenwander 2024, 32). Die Sommermonate verbringt sie alljährlich mit ihrer Familie im niederösterreichischen Deinzendorf nahe der tschechischen Grenze, auf einem Lehmvierkanthof mit großem Gemüsegarten und üppig bepflanztem Innenhof, den der Vater vom Großvater der Autorin, Julius Mayröcker, geerbt

A. Strohmaier (✉)
Universität Graz, Graz, Österreich
E-Mail: alexandra.strohmaier@uni-graz.at

hat (vgl. Rettenwander 2024, 32). Mit dem Tod der Großeltern mütterlicherseits – 1934 verstirbt die Großmutter, ein Jahr später der Großvater – nimmt ihre Kindheit ein jähes Ende. Der Verlust des durch die Wirtschaftskrise finanziell ruinierten Delikatessengeschäfts, das viele Jahre die ökonomische Grundlage der Familie gesichert hat, versetzt die Familie in eine prekäre finanzielle Lage, die durch den Tod der verschuldeten Großeltern verschärft wird. 1935 muss der Hof in Deinzendorf zwangsversteigert werden (vgl. Rettenwander 2024, 32; Arteel 2012, 18).

Die Mutter erhofft sich eine Lösung ihrer wirtschaftlichen Situation durch den erstarkenden Nationalsozialismus und hegt Sympathien für Adolf Hitler, den sie am Heldenplatz begeistert erwartet – als einziges Mitglied ihrer erweiterten Familie, wie sie in ihren Lebenserinnerungen, die sie in den Jahren 1983 und 1984 auf Audiokassetten festhält (vgl. Rettenwander 2024, 29), mehrmals betont (vgl. Rettenwander 2024, 33). Nach den Novemberpogromen 1938 distanziert sie sich vom Nationalsozialismus. In den Tondokumenten berichtet sie selbstkritisch und schuldbewusst von den an den jüdischen Mitmenschen verübten Gewaltverbrechen. Auch wenn sie von der NS-Ideologie Abstand nimmt, wird ihre Familie vom Regime profitieren. Sie selbst erhält eine Anstellung in einem ‚arisierten' Schuhgeschäft. Mayröckers Vater tritt am 1.7.1938 dem Nationalsozialistischen Lehrerbund (NSL) bei und bezieht ein regelmäßiges Gehalt als Volksschullehrer (vgl. Rettenwander 2024, 33). NSDAP-Mitglied wird er nicht (vgl. Serke 1979, 114). Franz Mayröckers Gau-Akt im Österreichischen Staatsarchiv enthält unter anderem ein mit 12.12.1938 datiertes Dokument, das eine politische Beurteilung seiner Person und seiner Familie darstellt und die damals 14-jährige Tochter als Mitglied der Hitlerjugend erfasst. Die diesbezüglich widersprüchlichen Aussagen der Mutter, Mayröcker von der Hitlerjugend ferngehalten zu haben, erweisen sich allerdings angesichts ihrer auf Abschirmung bedachten Sozialisation durchaus als plausibel (vgl. Rettenwander 2024, 33–34).

Ungefähr ein halbes Jahr nach dem Überfall auf Polen und dem Kriegsbeginn wird Franz Mayröcker in die Wehrmacht eingezogen (vgl. Rettenwander 2024, 34). Nach einer militärischen Grundausbildung in Kamenz, Sachsen, und seinem Einsatz als Kompanieführer in verschiedenen Fliegerhorstkompanien (Störmede, Werl und Dortmund) wird er ab 17.10.1940 als Kompanieoffizier in der Fliegerschule 2 in Brzeg in Polen stationiert, wo er rasch Karriere macht; am 1.9.1941 wird er dort zum Hauptmann befördert. Gemeinsam mit ihrer Mutter verbringt Mayröcker während der ersten Kriegsjahre einige Zeit beim Vater in Sulików und Brzeg. Nach dessen Krankmeldung ab März 1942 und mehreren Krankenhausaufenthalten wird sein Antrag auf Entlassung im November 1942 offiziell bewilligt. Sein Wiedereinstieg in den Lehrdienst gestaltet sich als schwierig (vgl. Rettenwander 2024, 34). Wie Dokumente im Nachlass am Literaturarchiv der Österreichischen Nationalbibliothek (LIT 493/19) belegen, wird er trotz seines Widerstands und seiner gesundheitlichen Probleme der „Sonderschule für Schwererziehbare" in Mödling zugeteilt. Es handelt sich um eine Anstalt, die im *Katalog der NS-Opferlager in Österreich* des Bundesdenkmalamtes als „Erziehungsanstalt und Straflager mit Zwangsarbeit und Lagerbedingungen" (Bundesdenkmalamt 2022, 38) gelistet ist (vgl. Rettenwander 2024, 35).

Sechs Jahre nach Kriegsende veröffentlicht Franz Mayröcker *Erziehungsschwierigkeiten. Ein Handbuch für Eltern und Erzieher schwieriger Kinder* in einem österreichischen Kleinverlag. Zu seinen pädagogischen Schriften in der positivistischen Tradition zählt auch eine Serie populärwissenschaftlicher Publikationen, in denen er unter anderem phrenologische, physiognomische und graphologische Methoden zur „objektiven Auslese" von Kindern und Jugendlichen präsentiert, um den „Ansturm auf die Mittel- und Hochschulen" (Mayröcker 1957, 3–4) einzudämmen (vgl. dazu auch Mayröcker 1955, 1962). Der von ihm propagierten ‚Auslese' ist auch seine Tochter erlegen. In einem Interview im Jahr 2016 äußert sie sich über die ihr vom Vater attestierte Schwäche in

Mathematik und seine damit verbundene Weigerung, sie weiterhin auf das Gymnasium gehen zu lassen, die sie als Vernichtung ihrer intellektuellen Möglichkeiten erfahren hat (vgl. Beyer 2016, 10).

1942 wird Mayröcker, nach ihrem Wechsel von der Mittel- in die Hauptschule im Jahr 1938 und ihrer 1941 begonnenen Ausbildung an einer kaufmännischen Wirtschaftsschule, gemeinsam mit ihrer Mutter für drei Jahre als Luftwaffenhelferin in das Luftgaukommando in der Wiener Elisabethstraße eingezogen, wo sie Berichte für die Luftwaffe tippt (vgl. Rettenwander 2024, 35; Arteel 2012, 22). Das literarische Schreiben, das sie 1939 begonnen hat, wird während ihrer Zeit als Luftwaffenhelferin auf den Militärschreibmaschinen fortgesetzt. Parallel dazu verfasst sie literarische Übersetzungen aus der ‚feindlichen' Fremdsprache Englisch (vgl. Arteel 2012, 25). Im Nachlass finden sich Übersetzungen von Gedichten u. a. von John Keats und Elizabeth Barrett Brownings sowie eigene Gedichtentwürfe auf Englisch (vgl. Rettenwander 2024, 35). Spätestens seit Mitte der 1940er-Jahre schreibt sie regelmäßig, wie die datierten Manuskripte aus dieser Zeit belegen. Damals entstehen auch schon Widmungsarbeiten an Bekannte – eine Praxis, die sie ihre gesamte Karriere beibehalten wird (vgl. Beyer 1992, 18). Neben ihrer Arbeit als Luftwaffenhelferin bereitet sie sich in Abendkursen an einer Privatschule auf die Staatsprüfung für Englisch an Volks- und Hauptschulen vor, die sie 1945 ablegt (vgl. Arteel 2012, 25). Im selben Jahr wird die elterliche Wohnung ausgebombt, die Familie wird von einem Freund der Eltern, Franz Gibelhauser, in der Theobaldgasse 12 aufgenommen (vgl. Rettenwander 2024, 36). Dessen Bibliothek wird für Mayröcker zu einem Refugium, in das sie sich vor den traumatischen Kriegserfahrungen zurückzieht. In ihrer Antrittsrede anlässlich ihrer Aufnahme in die Deutsche Akademie für Sprache und Dichtung 1986 wird sie davon sprechen, dass sie „die Kriegsjahre", welche sie „gleichermaßen beschädigt wie verschont hatten, [...] wie hinter einer gläsernen Wand verbracht" habe (MB II, 126). Spuren der Kriegserfahrung kennzeichnen vor allem ihre Werke der 1950er- und 1960er-Jahre. 1998 entsteht der Text *ich erinnere mich*, in dem sie Namen ihrer einstigen Mitschülerinnen und Mitschüler aus der Volksschule anführt und derer gedenkt, die nicht „rechtzeitig weggegangen sind" (MB V, 68; vgl. Arteel 2012, 22–23).

Im ersten Jahr nach Kriegsende tritt Mayröcker ihren Brotberuf als Englischlehrerin an Wiener Hauptschulen im zehnten Bezirk Favoriten an, den sie 23 Jahre lang ausüben wird. Das Lehrerdasein, das sie aufgrund der wirtschaftlichen Lage ihrer Eltern auf sich nimmt, wird ihr zunehmend zur Last; mit ihrem geringen Gehalt und dem durch Nachhilfestunden dazu verdienten Geld versorgt sie nicht nur sich selbst; es gilt damit auch ihre Eltern finanziell zu unterstützen. Als sie sich im Unterricht eine Stimmbandschwäche zuzieht, geht sie das Wagnis ein und lässt sich 1969 definitiv beurlauben. Erst ab 1977 kann sie eine Frühpension beziehen (vgl. Arteel 2012, 26).

Der Beginn ihrer Lehrtätigkeit fällt mit der Publikation ihrer ersten Gedichte zusammen. Ihr wachsendes Selbstverständnis als Schreibende spiegelt sich darin, dass sich Mayröcker mit ihrem ersten Lehrergehalt 1946 eine Schreibmaschine kauft, eine Hermes Baby, auf der das ‚ß' fehlt. Die Buchstabenkombination, die an dessen Stelle tritt (‚sz'), soll Mayröckers Erkennungszeichen werden (vgl. Serke 1979, 120). Ihre erste Veröffentlichung – *an meinem Morgenfenster* – erscheint 1946 in der Zeitschrift *Plan*, die Otto Basil 1938 als Organ des Widerstands gegen die NS-Kunst- und Kulturideologie gegründet hat und die er nach ihrem Verbot von 1945 bis 1948 wieder neu herausgibt. Er unternimmt damit den Versuch, an die durch den Nationalsozialismus und den Krieg verschwundene Literatur der klassischen Moderne und der historischen Avantgarden – insbesondere auch den Surrealismus (vgl. dazu Le Née 2024, 201–203) – anzuknüpfen. Die Zeitschrift, in der auch Erich Fried und Paul Celan veröffentlichen, soll vor allem jungen Autoren und Autorinnen aus Österreich ein Forum bieten (vgl. Arteel 2012, 26). Die Anregung zu Mayröckers erster Publikation geht von dem Lyriker und Graphiker Helmut Koop aus, der den Kontakt zur Zeitschrift herstellt (vgl. Beyer 1992, 20). Im Jahr 1947 erscheinen fünf weitere Gedichte von Mayröcker im *Plan* sowie weitere Gedichte in der Anthologie *Die Sammlung. Junge Lyrik aus Österreich* (vgl. Loew 1947). Mit diesen Veröffentlichungen erwirbt sich die Dichterin kurzfristig eine Reputation in der sich formierenden progressiv ausgerichteten Literaturszene. Trotzdem bleibt ihr der Durchbruch zunächst versagt. Es bleibt bei gelegentlichen Veröffentlichungen in Zeitschriften, die in den meisten Fällen nicht durch eigene Initiative zustande kommen (vgl. Arteel 2012, 26–27). Erst ab den frühen 1960er-Jahren fängt Mayröcker an, sich aktiv um Publikationsmöglichkeiten zu bemühen (vgl. Beyer 1992, 32).

Dass die Autorin trotz der positiven Aufnahme ihrer ersten Gedichte jahrelang nur in Zeitschriften veröffentlichen kann, ist durch die konservative Kulturpolitik im Österreich der frühen Nachkriegsjahre bedingt. Von wenigen Ausnahmen abgesehen wird die Avantgarde erst ab Ende der 1960er-Jahre zu einem Faktor, der das literarische und kulturelle Leben nachhaltig beeinflusst. Die Schwierigkeiten verschärfen sich noch für experimentell ausgerichtete schreibende Frauen. Anders als der Karrierebeginn von Autorinnen wie Ilse Aichinger oder Ingeborg Bachmann, die zwar die verdrängte historische Avantgarde rezipiert haben, aber gegenüber der österreichischen Neoavantgarde auf Distanz bleiben und von Beginn an stärker auf den deutschen Literaturbetrieb fokussiert sind, hat Mayröcker sich im männlich dominierten Zirkel der Neoavantgarde zu behaupten. Neben Elfriede Gerstl ist sie eine der wenigen Dichterinnen, die in diesem Umfeld publizieren (vgl. Arteel 2012, 27).

Die Schwierigkeiten, im Literaturbetrieb Fuß zu fassen, sind auch dadurch bedingt, dass Mayröcker sich „nicht bedingungslos zur damaligen Avantgarde bekennen will", sondern „von Anfang an eine eigene Stimme" sucht (Arteel 2012, 27). Dadurch passt sie weder in den Rahmen, den der offizielle (konservative) Literaturbetrieb, repräsentiert durch das Organ *Der Turm*, darstellt, noch lässt sich ihr Werk restlos mit der im Aufkommen begriffenen avantgardistischen Literatur zur Deckung bringen (vgl. Arteel 2012, 27). So begegnet man ihrem Schreiben auch im avantgardistischen Milieu mit Unverständnis. Noch 1963 bekundet Andreas Okopenko in einem Beitrag zu Mayröcker eine gewisse Überforderung angesichts der Innovativität ihrer Dichtung. Dass daraus auch der Habitus eines männlichen Dichters spricht, äußert sich im „Entsetzen" angesichts der Ausschließlichkeit, mit der Mayröcker – als Frau – sich dem Schreiben widmet: „Friederike Mayröcker ist eine Frau, der das Schreiben schon früh dringlich, lange Zeit hin – zu meinem Entsetzen – sogar einziger Lebenssinn war." (Okopenko 1963, 18; vgl. Arteel 2012, 28) Auch Mayröckers Lebensumstände, ihre Erwerbstätigkeit als Lehrerin und die familiären Verpflichtungen, die den gesellschaftlichen Verkehr mit den Mitgliedern der künstlerischen Bohème einschränken, sind für die verspätete Rezeption verantwortlich. (vgl. dazu Beyer 1992, 20). Aus diesen Gründen muss sie 1950 auch das eben begonnene Studium der Germanistik und Kunstgeschichte, für das sie die externe Matura nachgeholt hat, wieder aufgeben (vgl. Arteel 2012, 28). Dieser Umstand unterscheidet sie von den meisten männlichen Avantgardisten, für die, so Ernst Jandl, „ein Versorgungsberuf […] den Verrat ihrer tiefsten Überzeugung bedeutet hätte" (zit. n. Beyer 1992, 20).

Ab 1949 tritt Hans Weigel als Förderer ihrer Literatur in Erscheinung. Mayröcker ist Teil der Runde junger Literaten und Literatinnen, die sich mit ihm im Café Raimund treffen. Ihre Gedichte und Prosaskizzen werden sporadisch in Wiener Zeitungen veröffentlicht. 1950 erscheint Mayröckers Prosaskizze *Bis der Tau fällt …* im Rahmen von Weigels Kolumne „Junge Dichtung" in der *Weltpresse*. Der erste längere Prosatext der Autorin, *Kleine Chronik*, wird 1952 von Weigel in die Anthologie *Stimmen der Gegenwart* aufgenommen (vgl. Beyer 1992, 22). Die Möglichkeit zur regelmäßigen Veröffentlichung erhält Mayröcker durch ihre Bekanntschaft mit Andreas Okopenko, der den *neuen wegen* nahesteht. Von 1951 bis 1956 ist Mayröcker in fast jeder monatlichen Ausgabe mit Gedichten oder kurzen Prosatexten vertreten. Ab 1951 veröffentlicht sie auch in den von Okopenko gegründeten *publikationen einer wiener gruppe junger autoren* (vgl. Beyer 1992, 22–23). Als 1956 ihr Debütband, *Larifari. Ein konfuses Buch*, erscheint, liegen damit also keineswegs, wie etwa in einer zeitgenössischen Rezension behauptet wird (vgl. dazu Beyer 1992, 56), „die ersten Fingerübungen einer Debütantin vor, sondern eine Auswahl an Texten aus einer bereits mehr als zehn Jahre dauernden Schaffensperiode" (Arteel 2012, 29).

Mit ihren Publikationen in der Zeitschrift *neue wege*, bei der es sich um die „erste öffentliche und streitbare Manifestation des Experimentellen in der österreichischen Nachkriegsliteratur" (Okopenko 1975, 2) handelt, geht eine stärkere Vernetzung im Literaturbetrieb einher. Mayröcker sieht sich erstmals eingebunden in aktuelle literarische Strömungen, die zeitkritische Positionen vertreten und ästhetisch an experimentelle Praktiken in der Tradition der historischen Avantgarden, insbesondere des Surrealismus, anknüpfen. Über Andreas Okopenko kommt Mayröcker in Kontakt mit H. C. Artmann, der eine zentrale Stellung im Kreis der Autoren dieser Zeitschrift innehat und die Bildung der Wiener Gruppe beeinflusst. 1954 lernt sie auf den Innsbrucker Jugendkulturwochen auch Ernst Jandl besser kennen und lieben. Seine Bekanntschaft hat sie schon in Wien gemacht. Im Februar 1954 hat Jandl sie von einer Lesung im kommunistischen Volksheim Margareten nach Hause in die Zentagasse 16 begleitet (vgl. Haider 2023, 90). Jandl ist in jener Zeit als Dichter weit weniger bekannt als Mayröcker, die – wie er in einer biographischen Notiz später festhalten wird – „damals schon einen guten Namen besaß" (Jandl [1980] 2016, 423).

Der Austausch mit Okopenko und Jandl befördert Mayröckers rege Auseinandersetzung mit avantgardistischen Strömungen, wie dem Expressionismus, Dada, der Konkreten Poesie und dem Surrealismus, sowie ihre Hinwendung zur Produktionsästhetik der Montage und Collage. Neben gemeinsamen Publikationen kommen auch gemeinsame Lesungen zustande. Im Rahmen einer Lesungsreihe von Oktober 1957 bis Januar 1958 liest Mayröcker zusammen mit Jandl und Okopenko mit Mitgliedern der Wiener Gruppe, neben H. C. Artmann nehmen Gerhard Rühm, Friedrich Achleitner und Konrad Bayer teil (vgl. Beyer 1992, 25–27). „‚Gut wie Mayröcker!' soll es unter den jungen Avantgardisten geheißen haben, wenn man einander die Gedichte lobte, und, so der Dichterkollege Okopenko weiter, „es hatte etwa das Gewicht von ‚Gut wie Celan!'" (Okopenko 1963, 8). Weitere intensive Zusammenarbeiten mit Mitgliedern der Wiener Gruppe ergeben sich aber nicht, was vor allem durch Mayröckers Lehrtätigkeit bedingt ist, die ihr keine aktive Teilhabe an der literarischen Szene erlaubt: „Das heißt also ich war nicht dabei, bei all diesen Happenings, bei all diesen ersten Sachen der Wiener Gruppe, da konnte ich auch praktisch nicht dabeisein [sic], ich war als Lehrerin ziemlich eingespannt, habe keine Kontakte im Untergrund gehabt oder so." (zit. n. Beyer 1992, 27).

1952 zieht Mayröcker in eine Ein-Zimmer-Wohnung in der Zentagasse 16, nur wenige Häuserblocks von der Anzengrubergasse 17 entfernt, wo sie bis dahin mit ihren Eltern gewohnt hat. Auch wenn sie damit über ‚ein eigenes Zimmer' verfügt, entsprechen die desolaten Wohnverhältnisse zunächst weiterhin ihrer prekären finanziellen Situation (vgl. Arteel 2012, 30). Die Wohnung, die sie bis 1956 mit einer alten Tante teilt, die im Kabinett wohnt, ist nur mit einer Toilette auf dem Gang ausgestattet. Erst in den 1980er-Jahren kann Mayröcker ihren Wohnraum erweitern, indem sie mit Hilfe eines Altbausanierungskredits ihre Wohnung mit der daran angrenzenden freigewordenen Wohnung zusammenfügen lässt. Von 1952 bis 1955 ist Mayröcker mit dem Lehrer Georg Heindl verheiratet, mit dem sie aber aufgrund der beengten Wohnverhältnisse nie zusammenlebt (vgl. Arteel 2012, 30). Nach ihrer Scheidung kauft sich Mayröcker ihren Mädchennamen zurück (vgl. Serke 1979, 120). Auch mit Ernst Jandl, mit dem sie bis zu dessen Tod im Jahr 2000 in einer Liebes- und Arbeitsbeziehung lebt, wohnt sie – von einigen Monaten in den Jahren 1957 und 1958 sowie 1999 und 2000 abgesehen – nie unter einem Dach (vgl. Haider 2023, 98, 525). Beide erachten den eigenen

Wohn- und Arbeitsbereich als unabdingbar für ihre Dichtung, insbesondere für Mayröcker bedeutet die eigene Wohnung den nötigen Freiraum für das Schreiben (vgl. Koelbl 1998, 141). Das Zusammenleben der beiden beschränkt sich auf Auslandsaufenthalte, bei denen sie einen gemeinsamen Wohnsitz wählen, und die Sommerwochen, die sie von 1968 bis 1986 nahezu jährlich in einem Ferienhaus in Rohrmoos am Dachstein verbringen (vgl. Arteel 2012, 30–32; Haider 2023, 94).

Die späten 1950er- und frühen 1960er-Jahre sind geprägt durch eine zunehmende Resignation angesichts der Publikationsschwierigkeiten, mit denen die damalige Avantgarde in Österreichs konservativer Verlagslandschaft konfrontiert ist. Der Mangel an Publikationsmöglichkeiten sowie die Ignoranz und offene Ablehnung durch die literarische Öffentlichkeit führen dazu, dass einige von ihnen, darunter auch H. C. Artmann, das Land verlassen. Ein Weggang aus Österreich ist für Mayröcker aufgrund ihres Brotberufs aber keine Option. Jandl und Mayröcker beginnen in der Folge sich stärker auf die literarische Öffentlichkeit der Bundesrepublik und ihre Publikationsmöglichkeiten auszurichten (vgl. Arteel 2012, 46–47). In den Sommerferien 1963 begibt sich Jandl, der schon seit Ende der 1950er-Jahre bei deutschen Verlagen zu reüssieren sucht, zur Verlagssuche nach Deutschland. Im Gepäck hat er auch ein umfassendes Konvolut von Mayröcker-Gedichten, das einen Querschnitt aus ihren Arbeiten repräsentiert und begeistert aufgenommen wird (vgl. Beyer 1992, 28–30). Man war, so Jandl, „von den Proben der Mayröcker'schen Dichtung, die ich mit mir führte, tief beeindruckt" (zit. n. Beyer 1992, 31). Die auf dieser Reise geknüpften Kontakte werden wegbereitend für Mayröckers bundesdeutsche Publikationen (vgl. Arteel 2012, 47).

Anfang der 1960er-Jahre beginnt Mayröcker mit der Produktion so genannter ,langer Gedichte', die im Zeichen des Sprachexperiments stehen. Acht dieser langen Gedichte erscheinen 1964 im Band *metaphorisch* in der von Max Bense und Elisabeth Walther herausgegebenen Reihe „rot text" (s. Kap. 47). Den Theoretiker der Konkreten Poesie Max Bense hat Jandl auf seiner Reise in Stuttgart kennengelernt. Neben den Kontakten zur Stuttgarter Gruppe werden jene zur Berliner Literaturszene für Mayröckers Etablierung im bundesdeutschen Literaturbetrieb bedeutsam. Gerald Bisinger, Redakteur der Wiener Literaturzeitschrift *neue wege*, der seit 1964 in Berlin lebt, arbeitet für das 1963 von Walter Höllerer gegründete Literarische Colloquium in Berlin und vermittelt der Autorin den Kontakt zum Rowohlt Verlag. 1966 erscheint dort Mayröckers Band *Tod durch Musen. Poetische Texte*, eine heterogene Zusammenstellung von Gedichten aus den Jahren von 1945 bis 1965, für den Eugen Gomringer das Nachwort verfasst (s. Kap. 4). Ab 1965 veröffentlicht Mayröcker auch in der von Höllerer und Hans Bender herausgegebenen Literaturzeitschrift *Akzente*. Höllerer, der seit 1959 als Professor für Literaturwissenschaft an der TU Berlin tätig ist, lädt Mayröcker, Jandl und H. C. Artmann für den 26.1.1967 ein, in seiner prominenten Veranstaltungsreihe „Ein Gedicht und sein Autor – Lyrik und Essay" aufzutreten, die vom Sender Freies Berlin ausgestrahlt wird (vgl. Arteel 2012, 48–49; Haider 2023, 185). Wenige Tage davor, am 23.1.1967, präsentiert Mayröcker im Rahmen einer vom Rowohlt Verlag organisierten Lesung in Hamburg ihren Band *Tod durch Musen* (vgl. Haider 2023, 186).

In der zweiten Hälfte der 1960er-Jahre beginnt sich die Situation für die experimentelle Literatur auch in Österreich zu verbessern. Zeitgleich mit ihrem Durchbruch in Deutschland entstehen mehrere Zeitschriften, die für innovative Gegenwartsliteratur neue Publikationsmöglichkeiten eröffnen. Zu den diesbezüglich bekanntesten Organen zählt die von Alfred Kolleritsch gegründete Zeitschrift *manuskripte*, die anlässlich der Eröffnung des Grazer Forum Stadtpark 1960 erstmals erscheint und ab 1961 auch Produktionen der Wiener Gruppe veröffentlicht. Auch die ab 1966 von Gerhard Fritsch und Otto Breicha herausgegebenen *protokolle* und die 1968 von Heimrad Bäcker gegründeten *neuen texte* werden wegweisend für die experimentelle Ausrichtung der österreichischen Literaturszene (vgl. Arteel 2012, 47). In all diesen Zeitschriften erscheinen regelmäßig Publikationen der Autorin. Neben Publikationsmöglichkeiten liefern sie ihr auch konkrete Arbeitsanregungen. Insbesondere Otto Breicha soll mit seinen gezielten Anfragen um Beiträge zur Entstehung mehrerer Texte der Autorin beigetragen haben (vgl. Arteel 2012, 47; Schmidt 1984a, 265). In diesem Klima bildet sich als literarische Opposition zum traditionellen Literaturbetrieb, wie er durch den österreichischen P.E.N.-Club repräsentiert wird, die Grazer Autorenversammlung (GAV) heraus, die 1973 von Mayröcker mitbegründet wird, um experimentell orientierten Literaturschaffenden eine organisatorische Plattform zu bieten (vgl. dazu Beyer 1992, 35; Arteel 2012, 68). Im Jahr 1974 widmen die Herausgeber der *manuskripte* das Herbst-Heft Friederike Mayröcker, „der bedeutendsten österreichischen Schriftstellerin der Gegenwart" (Kolleritsch/Waldorf 1974, o. S.).

In dieselbe Zeit fällt Mayröckers intensive Auseinandersetzung mit der damals noch relativ jungen Gattung des Hörspiels. Von 1967 bis 1977 schreibt sie insgesamt 18 Hörspiele sowie vier weitere gemeinsam mit Ernst Jandl (vgl. Arteel 2012, 50). Mit dem Erfolg des Stereo-Hörspiels *Fünf Mann Menschen*, das am 14.11.1968 vom Südwestfunk erstmals gesendet wird, rückt die experimentelle Audiokunst in den Fokus der literarischen Öffentlichkeit. Das Hörspiel wird mit dem renommierten Hörspielpreis der Kriegsblinden ausgezeichnet. Damit reihen sich Mayröcker und Jandl in die hochkarätige Reihe bisheriger Gewinner, wie etwa Günter Eich, Wolfgang Hildesheimer, Friedrich Dürrenmatt oder Ingeborg Bachmann ein. Das zweite gemeinsame Hörspiel, *Der Gigant*, wird 1969 als bestes deutschsprachiges Hörspiel für den Prix Italia nominiert (vgl. Beyer 1992, 36; Arteel 2012, 50–51). Im April 1969, nur wenige Monate nach der Ausstrahlung des preisgekrönten Gemeinschaftswerks mit Jandl, läuft Mayröckers eigenes Hörspiel – *Mövenpink oder 12 Häuser* – über RIAS in Berlin. Die Einkünfte aus der Radioarbeit ermöglichen es Mayröcker und Jandl, sich im Schuljahr 1969/70 vom Schuldienst freistellen zu lassen (Haider 2023, 200, 214). 1970 wird Mayröckers Hörspiel *Arie auf tönernen Füßen*, das mit den Möglichkeiten der Stereophonie experimentiert, von Heinz von Cramer für den WDR realisiert (s. Kap. 40). Mayröcker legt bis in die Spätphase ihres Schaffens radiophone Arbeiten vor. Allein bis 2011 werden von deutschen Funkanstalten über 30 Sendungen nach ihren Texten produziert (vgl. Haider 2023, 214). Mehrmals erhält Mayröcker den Hörspielpreis des ORF. 1997 für *Das zu Sehende, das zu Hörende* (Regie: Götz Fritsch), 2008 für *Gärten, Schnäbel, ein Mirakel, ein Monolog, ein Hörspiel* (Regie: Klaus Schöning) und 2017 für *Oper!* (Regie: Otto Brusatti). 2001 erhält sie den Karl-Sczuka-Preis für das Hörspiel *Das Couvert der Vögel* (Regie: Klaus Schöning). Ihr Lebenswerk als Hörspielautorin wird 2017 mit dem Günter-Eich-Preis ausgezeichnet. Mayröckers Hörspiele werden nicht nur richtungsweisend für die deutschsprachige Geschichte dieses Genres, sondern prägen auch die Ästhetik ihrer Prosawerke. Insbesondere die dialogische und polyphone Struktur ihrer Prosa sowie die für sie kennzeichnenden Klangpermutationen als textgenerierendes Prinzip lassen sich als Effekt eines intermedialen Transfers von Verfahren aus dem Hörspiel verstehen (vgl. Arteel 2012, 53–54).

Nach dem Lyrikband *Tod durch Musen* (1966) publiziert Mayröcker mehrere Prosabände, die experimentelle Texte versammeln. Die ersten beiden Bände – *Minimonsters Traumlexikon. Texte in Prosa* (1968) und *Fantom Fan* (1971) – erscheinen wieder bei Rowohlt. Für den dritten Band *Arie auf tönernen Füszen. Metaphysisches Theater* (1972) wechselt die Autorin aufgrund von Verzögerungen bei Rowohlt zu Luchterhand, bei dem sie 1971 das gemeinsam mit Jandl verfasste Hörspiel *Fünf Mann Menschen* herausgebracht hat. *Arie auf tönernen Füszen* – das mit dem 1970 ausgestrahlten gleichnamigen Hörspiel nur den Titel gemeinsam hat – steht als Teil der Reihe „Sammlung Luchterhand" neben den ebenfalls experimentell ausgerichteten Produktionen von Heißenbüttel, Jandl, Mon oder Rühm (vgl. Beyer 1992, 38). Die drei Prosabände umfassen zum großen Teil szenische Texte, die ihre Prosaarbeiten der 1940er-Jahre fortführen, aber durch den Einsatz von Techniken des Dadaismus, des Surrealismus und der Konkreten Poesie dezidiert experimentell ausgerichtet und intermedial durch Mayröckers Hörspielarbeiten geprägt sind (vgl. Beyer 1992, 37; s. Kap. 15 und 16).

1968 veröffentlicht Franz Mayröcker, der Vater der Dichterin, den Band *Von den Stillen im Lande. Pflichtschullehrer als Dichter, Schriftsteller und Komponisten*, in dem er sich in kurzen bio-bibliographischen Skizzen jenen Mitgliedern seines Berufsstandes widmet, deren „Leistungen [...] nach den Begriffen des Wahren, Guten und Schönen gemessen" (Mayröcker 1968, 3) werden. Nach einem Eintrag zu seiner eigenen Person, in dem er seine literarischen Arbeiten zur „objektive[n] Schülerbeurteilung" (Mayröcker 1968, 71) anführt, liefert er einen Abriss zu seiner Tochter Friederike Mayröcker, die zu diesem Zeitpunkt bereits über zwanzig Jahre im Schuldienst tätig ist. Ihre Veröffentlichungen werden akribisch aufgelistet (vgl. Mayröcker 1968, 71–72), ein eigener Eintrag zum Dichter und Lehrer Ernst Jandl, mit dem seine Tochter seit 1954 liiert ist, fehlt (vgl. dazu Arteel 2012, 14). Die Auslassung scheint durch den Skandal bedingt, den Jandl 1957 mit der Veröffentlichung einiger experimenteller Texte im Mai-Heft der Zeitschrift *neue wege* – darunter das prominente Anti-Kriegs-Gedicht *schtzngrmm* – in der konservativen Lehrerschaft ausgelöst hat (vgl. etwa Haider 2023, 103–107). Es scheint bezeichnend für Mayröckers subtile Form des Aufbegehrens gegen die Vätergeneration, dass sie in den Selbstaussagen zu ihrem literarischen Werdegang die schriftstellerische Tätigkeit ihres Vaters verschweigt und ihr Schreiben demonstrativ mit der Textilkunst ihrer Mutter verbindet (s. Kap. 3).

Mit der Freistellung vom Schuldienst 1969 eröffnet sich für Mayröcker und Jandl die Möglichkeit zu längeren Auslandsaufenthalten. 1970 ist Mayröcker gemeinsam mit Jandl Gast des Berliner Künstlerprogramms des DAAD in Westberlin. Im Mai und Juni 1971 drehen sie gemeinsam mit Heinz von Cramer den Fernsehfilm *Traube* in Köln. Von Anfang April bis Anfang Mai 1972 unternehmen sie im Auftrag des Österreichischen Bundesministeriums für Unterricht und Kunst eine Vortragsreise durch die USA, wo sie an 12 verschiedenen Universitäten Lesungen geben. Die Tournee beginnt in New York und führt sie durch mehrere Bundesstaaten, als Gastgeber fungieren unter anderem die Georgetown University in Washington D. C., die Emory University in Atlanta oder die University of Chicago. 1973 halten sich Mayröcker und Jandl wieder im Rahmen eines DAAD-Stipendiums für sechs Monate in Berlin auf, wo sie in der Wohnung von Max und Marianne Frisch in Berlin-Friedenau leben. Im Juni dieses Jahres wird Mayröcker zum außerordentlichen Mitglied der Berliner Akademie der Künste gewählt. Im Mai 1978 reist das Paar in Begleitung des Wiener Germanisten Wendelin Schmidt-Dengler nach Moskau und Leningrad. 1980 und 1982 werden Vortragsreisen durch Frankreich und Italien unternommen (vgl. Arteel 2012, 57; Haider 2023, 260–269, 354).

Zu Beginn der 1970er-Jahre beginnt sich eine Wende in Mayröckers Schreiben abzuzeichnen, die mit einer Annäherung an das Erzählen einhergeht. Es handelt sich dabei allerdings, wie die Autorin in einem prominenten Interview mit Siegfried J. Schmidt präzisiert, um „ein ganz unkonventionelles, unorthodoxes Erzählverhalten" (Schmidt 1984a, 268). Sowohl Mayröcker als auch die Rezeption sehen den Prosaband *je ein umwölkter gipfel* (1973), der im Untertitel als „erzählung" bezeichnet wird, als erste Manifestation dieser neuen Orientierung am Narrativen. Auch wenn angesichts der ausgeprägten Nonkonformität des Textes die Genrezuordnung ironisch interpretiert werden kann, setzt sich Mayröcker damit zum ersten Mal expressis verbis zu diesem Genre mit seiner narrativen Auflage in Beziehung (vgl. Arteel 2012, 60–61). Der Text ist durch die Iteration von Inquit-Formeln (,sagte er', ,sagte sie') strukturiert, die Mayröckers dialogisch organisierte Prosa bis ins Spätwerk kennzeichnen wird. Zudem wird die narrative Linearität bereits durch meta-narrative Einschübe aufgehoben (vgl. Arteel 2012, 61–62).

Mit dem Titel des Kapitels „erzählen einer erzählung" (UG 35) exponiert *je ein umwölkter gipfel* bereits die für Mayröcker charakteristische Selbstreflexivität ihrer Prosa, die zu einem

Gemeinplatz der Mayröcker-Forschung werden wird. In dem rund zwanzig Jahre später publizierten Prosaband *Stilleben* (1991) wird der Topos vom ‚Erzählen über das Erzählen' als zentrales Strukturprinzip ihrer Prosa der textinternen Kritiker-Figur in den Mund gelegt, die „dieses Selbstreflektieren des Buches im Buch" (ST 174) hervorhebt. Der in Entstehung begriffene Text erscheint der kritischen Instanz als „ein Buch das Nichts erzählt" (ST 174). Ironisiert wird damit die für die Literaturwissenschaft der 1980er- und 1990er-Jahre kennzeichnende Geste, den hermeneutischen Herausforderungen, mit denen man sich angesichts der radikalen Innovativität der Mayröcker'schen Prosa konfrontiert sieht, durch die Strategie zu begegnen, die Prosa primär anhand jener – in ihr selbst thematisierten – Verfahren zu beschreiben, an denen der Bruch mit der literarischen Tradition besonders deutlich vor Augen tritt (vgl. Strohmaier 2008, 13–23).

je ein umwölkter gipfel bildet den Höhe-, aber auch den Endpunkt von Mayröckers kurzer Präsenz bei Luchterhand (vgl. Arteel 2012, 62). Bedingt durch einen Wechsel in der Verlagsleitung, der zum Weggang vieler experimentell ausgerichteter Autoren führt, und aufgrund der Weigerung des Verlags, eine zweite Auflage ihres rasch vergriffenen ersten Erfolgsbuchs herauszubringen, wendet sich Mayröcker mit dem Manuskript ihres nächsten Prosabuchs an Siegfried Unseld. *Das Licht in der Landschaft*, mit dem sie ihre ‚narrative' Praxis fortsetzt, erscheint 1975 im Hauptprogramm bei Suhrkamp. Mayröcker avanciert damit zur Hausautorin eines der renommiertesten Verlage im deutschsprachigen Raum, eine Position, die sie ihr Leben lang behalten wird, auch wenn sie parallel dazu nach wie vor Texte in begrenzter oder bibliophiler Auflage bei deutschen oder österreichischen Kleinverlagen herausbringt (vgl. Arteel 2012, 62–63). Für Mayröcker eröffnet der Verlagswechsel neue Publikationsmöglichkeiten, wobei sie den Publikationsdruck, der mit der Position als Suhrkamp-Autorin verbunden ist, produktiv zu nutzen weiß und in rascher Folge eine Serie von Prosabüchern veröffentlicht, die sowohl von der Autorin als auch der Kritik als *ein* kontinuierliches, unendliches Buch bezeichnet worden sind. In einem Gespräch mit Siegfried J. Schmidt im Jahr 1989 stimmt Mayröcker dementsprechend dessen Wahrnehmung zu, dass „die Bücher seit *je ein umwölkter gipfel* eine Art von Kontinuum bilden" (Schmidt 1989, 139), und sie charakterisiert ihre seither erschienenen Prosabände als einen einzigen, über die Buchgrenzen hinweg fortlaufenden Text (vgl. Schmidt 1989, 139–140; vgl. dazu auch Beyer 1992, 40–41).

In Übereinstimmung mit dieser Auffassung von ihrer Prosaproduktion als einem einzigen ununterbrochenen Werk lässt sich die mottoartige Sequenz lesen, die dem Prosabuch *Das Licht in der Landschaft* vorangestellt ist: „Dies ist die Aufzeichnung einer Verwandlung [/] welcher alle Erscheinungsformen menschlichen [/] Lebens unterworfen sind" (LL [5]). Aufgerufen wird damit das Grundprinzip, das die *Metamorphosen* des Ovid strukturiert, die der Dichter im Vorwort als „perpetuum […] carmen" (Ovidius Naso [c. 1–8] 2010, 6) bezeichnet. Das Prinzip der Verwandlung wird für Mayröcker in mehrfacher Hinsicht poetologisch besonders wirksam: Es lässt sich als textgenetischer Motor verstehen, mit dem sich ihr Werk im Rückgriff auf Vorgängertexte als Variation und Transformation von motivischen, formalen und klanglichen Strukturen als ein gleichsam einziges Werk (vgl. Kunz 2004, insbes. 134–135), eine „Scriptura continua" (Schmidt-Dengler 1991, 131), fortschreibt. Spätestens mit ihrem 1985 erschienenen Prosabuch *Das Herzzerreißende der Dinge* wird die Metamorphose auch als Denkfigur gegen den Tod mobilisiert, gegen den die Autorin zeitlebens aufbegehrt (s. Kap. 22). Die von Ovid im 15. Buch seiner *Metamorphosen* formulierte Vorstellung einer unendlichen Verwandlung, die dem Tod entgegengehalten wird – „alles wandelt sich, nichts geht unter" (Ovidius Naso [c. 1–8] 2010, 817) –, mäandert durch Mayröckers Werk und lässt sich bis zu ihrem letzten Prosabuch *da ich morgen und moosgrün. Ans Fenster trete* (2020) verfolgen, in dem sie expressis verbis mit dem Namen des antiken Dichters verbunden wird (vgl. MMF 16).

Auch im zweiten bei Suhrkamp erschienenen Prosabuch, *Fast ein Frühling des Markus M.* (1976), in das ihre Berliner Erfahrungen in der Wohnung von Max und Marianne Frisch eingegangen sind, scheint der Name „Ovid" (FM 95) auf (s. Kap. 18). Formal knüpft es an den Vorgängertext durch den Rückgriff auf das intime Genre des Briefromans an; thematisch weist es mit seiner Evokation einer in Auflösung begriffenen Liebe auf *Die Abschiede* (1980) voraus (s. Kap. 20). Eingeschoben zwischen diesen beiden Prosabüchern findet sich der Band *Heiligenanstalt* (1978), mit dem Mayröcker partiell zu ihrer früheren experimentellen Arbeitsweise zurückkehrt (s. Kap. 19). Das Buch ist aus einer Anregung von Otto Breicha hervorgegangen, der sie um eine „Schubert-Montage" (zit. n. Beyer 1992, 43) gebeten hat. Trotz seiner an der Montage orientierten Produktionsästhetik führt die Arbeit an diesem Buch, das im ersten Teil das Genre des Briefromans einer experimentellen Transformation unterzieht, aber auch direkt zu *Die Abschiede,* mit dem Mayröcker ihre ‚narrative' Prosa fortsetzt und das intime Ambiente des Epistolarischen auf eine romanhafte Länge ausdehnt (vgl. Arteel 2012, 70). Das letzte Kapitel von *Heiligenanstalt* bildet den Ausgangspunkt für die bereits im April 1978, noch vor der Veröffentlichung von *Heiligenanstalt,* begonnene Arbeit an *Die Abschiede,* die 1980 abgeschlossen wird und Mayröckers bis dahin umfangreichste Arbeit darstellt (vgl. Beyer 1992, 42–44). Als autobiographische Keimzelle für das ursprünglich unter dem Arbeitstitel „Briefstatuen" begonnene Projekt identifiziert Mayröcker nachträglich den Tod ihres Vaters am 6.8.1978, vier Monate, nachdem sie die Arbeit an der Prosa begonnen hat. Das Ereignis scheint auch die Motivation darzustellen für die Änderung des ursprünglich vorgesehenen Titels in „Die Abschiede" (vgl. Arteel 2012, 70).

Im Februar 1978 findet das erste Treffen des „Bielefelder Colloquium Neue Poesie" statt, das von Siegfried J. Schmidt initiiert und in der Folge von Jörg Drews und Klaus Ramm ausgerichtet wird und bis 2002 jährlich internationale Literatur- und Kunstschaffende aus dem Bereich der experimentellen Literatur, und hier insbesondere der Konkreten Poesie, zusammenführt. Mit seinen publikumswirksamen öffentlichen Autorenlesungen, die den Höhepunkt des Kolloquiums bilden, setzt es auch neue Maßstäbe für die performative Präsentation von visueller Lyrik und Lautpoesie (vgl. Arteel 2012, 69). In einem für *Die Zeit* verfassten Artikel berichtet Helmut Heißenbüttel über das Ereignis: „Ich habe noch nie eine so gelungene und spannende Gruppenlesung mitgemacht; Höhepunkte gab es [...] vor allem bei Mayröcker und Mon" (Heißenbüttel 1978). Die damalige Rundfunk-Redakteurin Gisela Lindemann äußert sich in einer Radiosendung über ihre Begegnung mit Mayröcker beim dritten Colloquium und charakterisiert diese als „heimliche Königin der Wiener Autorengruppe" (zit. n. Arteel 2012, 69).

Im Oktober desselben Jahres veranstaltet Kurt Neumann im Wiener Literaturverein Alte Schmiede unter dem Titel „Mayröcker / Open" ein erstes internationales Symposium zur Autorin, an dem sowohl Literatur- und Kulturschaffende (wie etwa Helmut Heißenbüttel, Andreas Okopenko, Reinhard Priessnitz, Klaus Schöning oder Peter Weibel) als auch Literaturkritiker (Heinz F. Schafroth und Gisela Lindemann) sowie die Literaturwissenschaftler Wendelin Schmidt-Dengler und Klaus Ramm mit Beiträgen vertreten sind. An der Zusammensetzung des Kreises der Mitwirkenden zeigt sich bereits am Anfang der interpretatorischen Auseinandersetzung mit dem Werk der Autorin die für die Mayröcker-Rezeption lange Zeit charakteristische enge Verschränkung von literarischen, literaturkritischen und literaturwissenschaftlichen Stimmen. 1978 erscheint auch das der Autorin gewidmete Themenheft der von Heimrad Bäcker herausgegebenen Zeitschrift *neue texte*. Unter dem Titel *jardin pour friederike Mayröcker* versammelt der Band neben Texten und Zeichnungen der Autorin, poetische Texte und Reflexionen von Dichterkollegen und -kolleginnen sowie essayistische Beiträge aus der Literaturkritik und -wissenschaft. Auch der erste literaturwissenschaftliche Sammelband zu Mayröcker im engeren Sinn, der 1984 von Siegfried J. Schmidt in der Reihe „Materialien" des Suhrkamp Verlages herausgegebene Band *Friederike Mayröcker*, versammelt ein breites Spektrum an „Rezeptionszeugnissen", zu denen neben wissenschaftlichen Analysen und Interpretationen auch „Lektüren" von Vertretern und Vertreterinnen des zeitgenössischen Literaturbetriebs zählen (Schmidt 1984b, [9]). Ein stärker literaturwissenschaftliches Profil beginnt sich mit den Monographien abzuzeichnen, die zum Werk der Autorin vorgelegt werden. Die erste diesbezügliche Publikation, *Fuszstapfen des Kopfes: Friederike Mayröckers Prosa aus konstruktivistischer Sicht*, verfasst von Siegfried J. Schmidt, wird allerdings erst 1989 veröffentlicht – über 40 Jahre, nachdem die Autorin mit ersten Texten an die Öffentlichkeit getreten ist.

1979 erscheinen bei Suhrkamp Mayröckers *Ausgewählte Gedichte 1944–1978*. Der Band dokumentiert die Bedeutung der Lyrik für die Frühphase ihres Schaffens, enthält er doch lediglich 24 Gedichte, die nach 1965 entstanden sind. Die Zusammenstellung dieser Sammlung mag die Autorin dazu angeregt haben, sich nach einer längeren Phase der Prosaarbeit wieder der Lyrik zuzuwenden. Zwischen dem Datum des zuletzt in die Sammlung aufgenommenen Gedichts und dem frühesten Text, der in Mayröckers 1982 publizierten Gedichtband *Gute Nacht, guten Morgen* eingeht, liegen nur wenige Monate. Beide datieren aus dem Jahr 1978, in dem Mayröcker wieder begonnen hat, regelmäßig Lyrik zu schreiben, auch wenn die Arbeit an Gedichten zugunsten der langen Prosa immer wieder zurückgestellt wird (vgl. Beyer 1992, 47). 1986 erscheint der an *Gute Nacht, guten Morgen* anschließende Gedichtband *Winterglück*, der formal weniger experimentell ausgerichtet ist als Mayröckers Produktionen aus den 1960er-Jahren und ihre frühe Praxis, ihre Texte mit Widmungen zu versehen, aufgreift und ausweitet (s. Kap. 7).

Nach der Teilnahme am Bielefelder Colloquium Neue Poesie im Mai 1982 in Athen erhält Mayröcker am 3.6.1982 den Großen Österreichischen Staatspreis und damit verbunden die Mitgliedschaft im österreichischen Kunstsenat.

Von November 1982 bis Dezember 1983 entsteht *Reise durch die Nacht*. Das Projekt wird mit dem Arbeitstitel „Nada. Nichts" begonnen, der auf eine Radierung des für das Prosawerk zentralen Künstlers Francisco de Goya anspielt, aber aus titelschutzrechtlichen Gründen vom Verlag abgelehnt wird. Die Bedeutung des ursprünglichen Titels für Mayröcker zeigt sich darin, dass sie ihn 1990 für ein von den Wiener Festwochen in Auftrag gegebenes, auf Grundlage von *Reise durch die Nacht* entstandenes Stück verwendet, das im Juni 1991 in Wien unter der Regie von Reinhard F. Handl uraufgeführt wird (vgl. Beyer 1992, 44–45; s. Kap. 21 und 66). Sind *Die Abschiede* sowohl von der Kritik als auch der Literaturwissenschaft als Mayröckers bis dahin wichtigstes Prosawerk angesehen worden, so wird *Reise durch die Nacht* Mayröckers bis dahin „größter kommerzieller Erfolg" (Beyer 1992, 45). In diesem Prosawerk schlägt sich auch erstmals Mayröckers Auseinandersetzung mit der Philosophie Jacques Derridas augenfällig nieder (vgl. dazu auch Schmidt 1984a, 270; s. Kap. 48), die bis zu ihrem letzten Werk in unterschiedlicher Intensität anhalten wird. Das Ich des Textes zitiert aus Derridas Schrift *Die Postkarte*, die 1982 in deutscher Übersetzung erschienen ist (vgl. RN 134). In Mayröckers 1998 veröffentlichtem Prosawerk *brütt oder Die seufzenden Gärten* und insbesondere in dem zehn Jahre später erschienenen Buch *Paloma* (2008) stellt *Die Postkarte*, die anhand fiktiver Liebesbriefe das Phänomen der literarischen Kommunikation reflektiert, einen zentralen Bezugstext dar, durch den Mayröcker mit ihrer dialogischen Prosa Elemente aus der frühromantischen Brieftradition mit poststrukturalistischen Denkfiguren und Verfahren verbindet (vgl. Arteel 2012, 72–73; s. Kap. 30).

Das nur zwei Monate nach Abschluss von *Reise durch die Nacht* aufgenommene nächste Prosaprojekt erscheint 1985 unter dem Titel *Das Herzzerreißende der Dinge*. Mit seiner intermedialen Referenz auf Goya knüpft der Text am Beginn auf das Vorgängerbuch an, rückt aber zunehmend Salvador Dalí als künstlerische Bezugsfigur ins Zentrum (s. Kap. 22). Parallel zur Arbeit an diesem Prosaband legt Mayröcker 1984 mit *Rosengarten* ein Buch vor, in dem ihr literarisches Werk selbst mit der Bildkunst kombiniert wird. Dem Buch, für das Maria Lassnig eigens eine Original-Kaltnadelradierung gefertigt hat (vgl. Mayröcker 1984, [35]), folgt in den nächsten Jahren eine Reihe von gemeinsam mit bildenden Künstlerinnen und Künstlern realisierten Produktionen (s. Kap. 50 und 66). So kooperiert Mayröcker etwa Anfang der 1990er-Jahre mit Olaf Nicolai, 1993 erscheint das gemeinsam realisierte Kunstbuch *Nimbus der Kappe* mit einem elfteiligen Textzyklus der Autorin und elf Farblithographien des Künstlers, das auch in Mayröckers 1994 erschienenem Prosabuch *Lection* Erwähnung findet (vgl. LE 60; s. Kap. 25). Von 1995 bis 1996 arbeitet Mayröcker mit Karla Woisnitza zusammen, sie schicken einander – „ganz im Sinne einer postalischen Poetik" (Arteel 2012, 115) – Texte und Bilder zu, die in einem Heft hin- und hergehen. Das gemeinsame Projekt erhält den Titel „oder I Waldunglück", der auch in und für *brütt* als möglicher Titel aufscheint (vgl. Reichert 2001, 568). Eine weitere Gemeinschaftsproduktion stellt der Zyklus *1 Nervensommer* dar, der aus der kollaborativen Arbeit mit Andreas Grunert zwischen April 1998 und Mai 1999 entsteht, und in einer Ausstellung des Kunsthistorischen Museum Wien im September 2002 zu sehen ist (vgl. dazu Seipel 2002; s. Kap. 50). Weitere Kooperationen mit Kunstschaffenden ergeben sich vor allem auch im Rahmen ihrer Kinderbuchproduktionen (s. Kap. 38).

Von Februar 1986 bis Januar 1988 arbeitet Mayröcker an einem Prosabuch, dessen Arbeitstitel „Obsession" programmatisch wird für eine bis zur völligen Verausgabung getriebene Schreibarbeit, die als Akt der Selbstzerfleischung eines fiktiven Autor-Ich inszeniert wird (s. Kap. 23). Intermedial wird diese Thematik durch Referenz auf Francis Bacons ‚hingestreckte' Fleischmassen akzentuiert, die die Gleichartigkeit von Mensch und Tier kennzeichnen und das ihnen gemeinsame Merkmal der Sterblichkeit exponieren (vgl. dazu Strohmaier 2008, 104–108). Das Buch, das sich auf 337 Seiten als ein einziger, nur durch Kommata strukturierter Satz erstreckt, wird von Mayröcker lange Zeit als ihr Hauptwerk erachtet. Wie auch bei den beiden vorangegangenen Prosabänden wird der ursprünglich ins Auge gefasste Titel aus titelschutzrechtlichen Gründen vom Verlag abgelehnt (vgl. Beyer 1992, 45–46). Mayröcker wählt in Abwandlung einer Textstelle, die sich unter anderem auch in *Das Herzzerreißende der Dinge* findet, als Substitut den Titel *mein Herz mein Zimmer mein Name*. Den ursprünglichen Titel kann sie in veränderter Form für ihren 1992 erschienenen Gedichtband verwenden, der unter dem Titel *Das besessene Alter* Gedichte aus den Jahren 1986 bis 1991 versammelt und als eines seiner zentralen Themen die ‚Schreibbesessenheit' verhandelt (vgl. Kastberger 1993; s. Kap. 8).

Im September 1988 beginnt Mayröcker mit ihrer Arbeit am Prosabuch *Stilleben* (1991), dessen erstes Kapitel aus Material hervorgeht, das für *mein Herz mein Zimmer mein Name* keine Verwendung mehr gefunden hat (vgl. Beyer 1992, 46). Die enge Verschränkung mit dem Vorgängerbuch ergibt sich auf der inhaltlichen Ebene des Textes dadurch, dass das Schriftsteller-Ich sich in einem selbstironischen Spiel mit Autofiktion als Autorin von *mein Herz mein Zimmer mein Name* inszeniert (s. Kap. 24). *Stilleben* zählt zu jenen Prosabüchern Mayröckers, die ihre intertextuelle Beschaffenheit ostentativ als Effekt einer gleichsam ‚parasitären' Lektüre ausweisen, was im daran anschließenden Prosawerk *Lection* (1994) auch etymologisch durch dessen Titel angezeigt wird (s. Kap. 25). Dessen Entstehung als Teil einer ‚unaufhaltsamen Dichtung' wird in Anklang an Ovids *perpetuum carmen* im Buch selbst reflektiert, das als „[s]prachliches perpetuum mobile" (LE 147) bezeichnet wird. Das Buch erscheint im Vorfeld des 70. Geburtstags der Autorin im Jahr 1994, in dem sie zahlreiche internationale Lesungen gibt, die sie nach Paris, Mailand, Florenz, Rom und Prag führen (vgl. Haider 2023, 474). Anlässlich des Geburtstags wird im Literaturhaus Wien und an der Akademie der Künste Berlin-Brandenburg eine von Daniela Riess-Beger konzipierte Ausstellung zu Leben und Werk der Autorin präsentiert (vgl. dazu Riess-Beger 1994).

2 Leben und Schreiben: Ein historischer Überblick

Zudem findet aus diesem Anlass das zweite Mayröcker-Symposium in der Alten Schmiede statt, aus den Beiträgen zum Symposium geht der zwei Jahre später erschienene Sammelband *In Böen wechselt mein Sinn* hervor (vgl. Kastberger/Schmidt-Dengler 1996). Die Veranstaltungen zum Geburtstag der Autorin werden durch den Tod der Mutter am 6.11.1994 überschattet. Die Autorin, die zeitlebens eine enge Beziehung mit ihrer Mutter verbunden hat, wird diesen Verlust in der Folge immer wieder literarisch bearbeiten, etwa im Gedichtband *Notizen auf einem Kamel* (1996), in dem die Mutter als zentrale Figur aufscheint (s. Kap. 9).

Das 1998 publizierte Prosabuch *brütt oder Die seufzenden Gärten* erscheint der Autorin lange Zeit als neues *opus magnum*. Die „Koalition der Verflüssigung" (Arteel 2012, 78), die die Körper- und Schreibflüssigkeiten in den diversen Schreibszenen dieses Textes eingehen, symbolisiert den Überfluss, den die Zeichen generieren. Damit erfährt das metaphorisch durch das Fluide aufgerufene „metamorphotische Prinzip" (Arteel 2012, 78) eine gleichsam poetische Ausgestaltung. Die ‚Metamorphose' wird dabei nicht nur als textkonstitutiver Faktor exponiert, sondern auch als metapoetische Chiffre für eine Form, die sich der Festlegung entzieht, dieser sein permanentes Werden im Ungeschiedenen entgegensetzt (vgl. Arteel 2012, 78; s. auch Kap. 26). Mit der Publikation von *brütt* lässt sich „eine wesentliche Steigerung der Medienpräsenz" (Arteel 2012, 103) ausmachen. Es hat, wie die Autorin in einem Interview über seine emphatische Rezeption in der Literaturkritik und im Feuilleton festhält, „eingeschlagen" (Sperl 1999, 22). Das Medienecho wird auch durch die Aktivitäten rund um den 75. Geburtstag der Autorin intensiviert. 1995 ist ein Mayröcker und Jandl gewidmetes Themenheft der Schweizer Kulturzeitschrift *du* erschienen. 1999 widmet die österreichische Literaturzeitschrift *wespennest* der Autorin das Sonderheft *Friederike Mayröcker – Die herrschenden Zustände* (vgl. Kraller 1999). Mit seinen kunstvollen Schwarz-Weiß-Photographien von Mayröcker und ihrer Wohnung, die eine „magische dichterische Aura" (Arteel 2012, 103) evozieren, befördert dieser Foto-Text-Band Mayröckers Ruf als „*poeta magica*" (ET, o. S.), ein Label, das sich spätestens mit Mayröckers so genanntem ‚Alterswerk' in der literarischen Öffentlichkeit etabliert haben wird, wie der Klappentext zu dem 2013 erschienenen Prosaband *études* belegt.

Seit 1983 werden die Gelegenheitstexte, die Mayröcker parallel zu ihrer Prosa- und Lyrikproduktion verfasst und zum Teil (verstreut) publiziert hat – Widmungstexte an Kolleginnen und Kollegen, Reden anlässlich von Preisverleihungen, Hörspieltexte, Texte zur bildenden Kunst –, gemeinsam mit teilweise unveröffentlichten oder als ‚Reste' übrig gebliebenen Materialien im Rahmen der Serie *Magische Blätter* gesammelt. 1999 erscheint der fünfte Band der Reihe, der sechste (und letzte) Band wird 2007 veröffentlicht. Die Reihe, die mit ihrem Titel auf Freuds Wunderblock sowie die Palimpsest-Poetik der Mayröcker'schen Produktion anspielt und als metapoetische Chiffre für Mayröckers quasi-magische – performative – Konzeption von Sprache firmiert (s. Kap. 51), setzt das vermeintlich Randständige als eigenes Werk in Szene. In ihnen schlägt sich die Bedeutung konkreter, mitunter autobiographischer Impulse für ihre poetische Produktion verdichtet nieder (vgl. Arteel 2012, 81–82; s. Kap. 3).

Am 9.6.2000 stirbt Ernst Jandl. Der Verlust markiert eine radikale Zäsur. Der Ausweg aus der Verzweiflung, der im Schreiben gesucht wird, lässt im Juli 2000 das *Requiem für Ernst Jandl* entstehen. Schreiben erweist sich – zumal in diesem Ausnahmezustand – als „eine Strategie des Weiterlebens" (Arteel 2012, 89). Es hat sie, wie die Autorin in einem Interview hervorhebt, „die erste Zeit über Wasser gehalten" (Kospach 2008, o. S.). Der Text wird von Martin Haselböck vertont und am 23.6.2001 unter dem Titel *will nicht mehr weiden – Requiem für Ernst Jandl* in der Zisterzienser-Abtei Zwettl uraufgeführt (vgl. Haider 2023, 420; s. Kap. 66). Die affektpoetisch generierte Intensität des Textes in der literarischen Tradition der Totenklage, mit der Mayröcker auch die traditionell dem Weiblichen attribuierte Praxis des exzessiven Trauerns inszeniert (s. Kap. 27), wird in der stimmlichen Realisierung des *Requiem* durch die Autorin gesteigert. Zum 90. Geburtstag Mayröckers im Dezember 2014 werden Einspielungen der von ihr gelesenen Totenklage im Akademietheater Wien auf die Bühne gebracht und unter der Regie von Hermann Beil als ‚szenisches Melodram' mit Kompositionen von Lesch Schmidt und der Stimme von Dagmar Manzel verschränkt. Das aus diesem Projekt hervorgegangene Hörbuch wird drei Jahre später zum „Hörbuch des Jahres 2017" gekürt.

2001 wird Mayröcker mit dem Büchner-Preis ausgezeichnet, im selben Jahr erhält sie die Ehrenpromotion der Universität Bielefeld. Dem renommierten Büchner-Preis ist eine Serie an Auszeichnungen vorangegangen, die in den 1960er-Jahren einsetzt und Mayröcker gerade auch als Lyrikerin positioniert. Unter den zahlreichen Preisen für ihre Lyrikproduktion finden sich etwa der Georg-Trakl-Preis für Lyrik (1977), der Friedrich-Hölderlin-Preis der Stadt Bad Homburg (1993) oder der Else-Lasker-Schüler-Lyrikpreis (1996). 2003 erscheint der Gedichtband *Mein Arbeitstirol*, der Gedichte aus den Jahren 1996 bis 2001 versammelt und von der Rezeption vor allem mit Bezug auf den Verlust des Geliebten wahrgenommen wird. Mit der Publikation der *Gesammelten Gedichte (1939–2003)* anlässlich des 80. Geburtstags der Autorin 2004 wird ihr Ruf als eine der bedeutendsten Lyrikerinnen des deutschsprachigen Raums weiter gefestigt. Der zweite Band ihrer *Gesammelten Gedichte*, mit Gedichten aus dem Zeitraum von 2004 bis 2021 erscheint zum 100. Geburtstag der Autorin 2024. Trotz der Anerkennung durch den Literaturbetrieb und die begeisterte Rezeption ihrer Lyrik im Feuilleton liegt nach wie vor keine deutschsprachige Monographie zur Lyrik der Autorin vor.

Im Mai 2001 findet ein Mayröcker-Symposium an der Vrije Universiteit in Brüssel statt, das den Fokus auf die Intertextualität in Mayröckers Werk legt. Wie auch schon bei vergangenen wissenschaftlichen Veranstaltungen bzw. Sammelbänden zur Autorin werden auch hier literaturwissenschaftliche Beiträge durch literarisch ausgerichtete Lektüren ergänzt (vgl. Arteel/Müller 2002). Die Dialogisierung von literaturwissenschaftlichem und literarischem Wissen, das die Mayröcker-Rezeption seit ihren Anfängen kennzeichnet, schlägt sich auch in dem zum 85. Geburtstag der Autorin 2009 als Festschrift konzipierten Sammelband *Buchstabendelirien* nieder, der neben literaturwissenschaftlichen Analysen Lektüren präsentiert, die auf das epistemische Potential literarischer Formen für die literaturwissenschaftliche Erkenntnis setzen (vgl. Strohmaier 2009).

Trotz der Autonomie in ihrem Leben und Werk, auf die Mayröcker und Jandl auch in Interviews immer wieder hingewiesen haben (vgl. etwa Koelbl 1998, 134, 141), wird die Beziehung zwischen Mayröcker und Jandl im Feuilleton als eine symbiotische Verbindung konfiguriert und das Schreiben der Autorin vor allem in den ersten Jahren nach seinem Ableben auf den in ihren Texten als ‚EJ' aufscheinenden Gefährten bezogen (vgl. dazu Arteel 2012, 89). Das betrifft insbesondere das Prosabuch *Und ich schüttelte einen Liebling* (2005), das gemeinsam mit *Requiem für Ernst Jandl* (2001) und *Die kommunizierenden Gefäße* (2003) zu einer Trilogie der Trauer zusammengefasst werden kann (s. Kap. 29). Der im Titel genannte ‚Liebling' wird in der Rezeption häufig mit dem verstorbenen Geliebten assoziiert, wiewohl die Autorin selbst in einem Gespräch darauf hingewiesen hat, dass es die Sprache ist, die als ‚Liebling' adressiert wird (vgl. dazu Arteel 2012, 89). Deren gleichsam körperliche ‚Realität' wird durch die Verbmetapher des Titels, welche die figurative Bedeutung von Sprache betont, zusätzlich hervorgehoben. Mit seinen zahlreichen, als Erinnerungen präsentierten Textsequenzen provoziert das im Klappentext als „Buch der Erinnerung" (SL, o. S.) annoncierte Werk zwar einerseits biographische Auslegungen, andererseits werden diese Lesarten aber auch konterkariert, insbesondere durch Rekurs auf Gertrude Steins und Jacques Derridas innovative Interventionen in die traditionelle (Auto-)Biographik, welche die dem Genre konventionell zugeschriebene Referentialität problematisieren (vgl. dazu auch Arteel 2012, 89). Als ein zentraler Intertext fungiert diesbezüglich die bereits in *Das Herzzerreißende der Dinge* zitierte Sammlung erzähltheoretischer

Vorträge, die Gertrude Stein 1934 an der Universität Chicago gehalten und Jandl unter dem Titel *Erzählen* ins Deutsche übertragen hat. Die Bedeutung Steins für Mayröckers ‚Erinnerungsbuch' zeigt sich nicht nur an einer für ihr Werk singulären Orientierung an der ‚Narration', sondern auch quantitativ. Aus den Stein gewidmeten Passagen geht ein eigenes Hörspiel hervor, das 2005 erstmals gesendet wird (s. Kap. 42).

Nach dem Tod Ernst Jandls, der in den letzten elf Monaten seines Lebens in einer Dachgeschosswohnung in der Zentagasse 16, eine Etage über Mayröcker, gewohnt hat, verlegt Mayröcker ihr Schreiben immer mehr in die obere Wohnung. Ihre im vierten Stockwerk gelegene Altbauwohnung, in der Mayröcker die letzten 50 Jahren verbracht hat, wird zum Archiv und Depot (vgl. Arteel 2012, 31–32, 36). Die Dachgeschosswohnung fungiert als einer der Hauptschauplätze für den 2008 veröffentlichten Dokumentarfilm über die Autorin, *Das Schweigen und das Schreiben*, unter der Regie von Carmen Tartarotti, der aufgrund der spezifischen Lebens- und Schreibumstände der Autorin – die fragile Ordnung ihrer Werkstatt darf nicht gestört werden – auf den Einsatz von künstlichem Licht und technischen Aufwand verzichtet und nicht zuletzt aufgrund der faszinierenden Persönlichkeit der Porträtierten mehrfach ausgezeichnet wird.

2009 erscheint Mayröckers Gedichtband *Scardanelli*, der vierzig Gedichte versammelt, die der Bezug auf Hölderlin verbindet. Mit dem Titel erweist die Autorin dem für ihr Werk bedeutsamen schwäbischen Dichter Reverenz, der vermutlich ab 1841 einige seiner Gedichte im Tübinger Turm mit diesem Namen unterzeichnet hat. Der Band geht zurück auf eine Anfrage von Julian Schutting und Kurt Neumann, die für die Veranstaltung „Unter Fixsternen der Dichtung" im Wiener Literaturverein Alte Schmiede im Juli 2008 Mayröcker und andere Literaturschaffende um Gedichte zu ihren Lieblingsgedichten bitten (s. Kap. 11). Dem Band stellt Mayröcker das mit 6.6.1989 datierte Gedicht *Hölderlinturm, am Neckar, im Mai* voran, in dem sie die ästhetische Erfahrung ihrer am 18.5.1989 gehaltenen Lesung im Hölderlinturm literarisch einzuholen sucht. In ihrer Rede anlässlich der Verleihung des Friedrich-Hölderlin-Preises am 7.6.1993, in der sie die Atmosphäre dieser Lesung mit Rückgriff auf Elemente aus Hölderlins *Hälfte des Lebens* (1804) charakterisiert (vgl. MB IV, 90), bringt sie „das Bild der kommunizierenden Gefäße" (MB IV, 90) ins Spiel, um Hölderlin in Verbindung mit dem Surrealismus zu bringen. Hervorgehoben wird damit Mayröckers spezifisch poetische Aneignung des schwäbischen Dichters, die thematische und motivische Elemente seiner Lyrik um 1800 mit experimentellen Verfahren der historischen Avantgarden kombiniert. Die mit 2008 datierten Gedichte sowie das aus dem Jahr 2004 stammende Gedicht *erschrecke zuweilen dasz der zu dem ich* aus dem Band *Scardanelli* gehen auch in den Lyrikband *dieses Jäckchen (nämlich) des Vogel Greif* ein, der ebenfalls im Jahr 2009, zu Mayröckers 85. Geburtstag, erscheint. Neben Hölderlin ist in diesem Lyrikband vor allem auch Jandl als Dichterkollege präsent, motivisch treten die Variationen zum Motivkomplex ‚Fenster' hervor, die auch den ein Jahr zuvor publizierten Prosaband *Paloma* kennzeichnen (vgl. dazu Arteel 2012, 35; s. Kap. 58). Für *Scardanelli* erhält Mayröcker 2009 den Hermann-Lenz-Preis, *dieses Jäckchen (nämlich) des Vogel Greif* wird 2010 mit dem Peter-Huchel-Preis ausgezeichnet. Im selben Jahr wird Mayröcker auch der Horst-Bienek-Preis für Lyrik der Bayerischen Akademie der Schönen Künste verliehen und gemeinsam mit Maria Lassnig wird sie zum Ehrenmitglied der Akademie der bildenden Künste Wien ernannt. Im Zeichen dieser auch medialen Präsenz ihrer Lyrik wird der Fünfte Internationale Lyriktag der Germanistik Ljubljana 2015 dem Werk Mayröckers gewidmet (vgl. Lughofer 2017). Im Juni 2018 werden im Rahmen einer internationalen Tagung an der Vrije Universiteit Brüssel „Fragen zum Lyrischen in Friederike Mayröckers Poesie" fokussiert (vgl. Arteel/De Felip 2020).

2011 wird Mayröckers Prosaband *ich bin in der Anstalt. Fusznoten zu einem nichtgeschriebenen Werk* (2010) mit dem Literaturpreis der Stadt Bremen ausgezeichnet. Mit diesem Prosabuch setzt Mayröcker ihre intensive Auseinandersetzung mit Derridas Text „Zirkumfession" fort, der bereits in *Und ich schüttelte einen Liebling* als Bezugstext aufscheint. Mayröcker radikalisiert dabei das Formprinzip, das Derridas Text kennzeichnet, der sich am unteren Rand der gemeinsam mit Geoffrey Bennington verfassten (Auto-)Biographie *Jacques Derrida. Ein Porträt* (frz. 1991, dt. 1994) in Form von Fußnoten erstreckt. Während Derrida schrifträumlich an der Konvention der Fußnote festhält, indem er sie am unteren Rand des Textes setzt, geht Mayröcker mit der Beschneidung des Haupttextes, wie sie Derrida vornimmt, weiter und stellt die Fußnoten selbst ins Zentrum. In Mayröckers Text sind an die Stelle des Haupttextes 243 Fußnoten getreten, die selbst das Werk ausmachen (s. Kap. 31). Neben „Zirkumfession" sowie Derridas *Aufzeichnungen eines Blinden* (frz. 1990, dt. 1997) verweist das Ich des Textes auf seine „Lektüre von GLAS (JD)" (AF 142). Benannt ist damit bereits jene Schrift des französischen Philosophen, die in den folgenden Prosabüchern der Autorin zum zentralen Intertext avanciert und die Prosaproduktionen bis zu ihrem Tod kennzeichnet. Die durch diesen Derrida'schen Prätext induzierte Poetik des Vegetabilen, die als gemeinsamer Grundzug dieser Werke gelten kann, lässt es zu, diese zu einem Werkkomplex der Spätphase zusammenzufassen (s. Kap. 32). In einem im Januar 2018 publizierten Interview mit Jonathan Larson, dem US-amerikanischen Übersetzer von Mayröckers *Scardanelli*, führt die Autorin zur Charakterisierung dieser Werke den Begriff „tender prose" (,zarte Prosa') ein. Es handelt sich dabei um ein genuin hybrides Genre (s. Kap. 49) – „a kind of gentle, affectionate prose which has a lot to do with poetry. [...] I don't write poems. I'm writing prose that closely resembles poetry but isn't poetry." (Larson 2018).

2012 erscheint das Prosabuch *ich sitze nur GRAUSAM da*, das an den Beginn einer durch Derridas *Glas* (frz. 1974, dt. 2006) geprägten Phase des Spätwerks gestellt werden kann. Wie auch in den folgenden Prosabüchern wird Derridas *Glas*, das die traditionelle Pflanzenmetaphorik dekonstruiert, indem es Hegels *Phänomenologie des Geistes* (1807) mit Jean Genets *Notre-Dame-des-Fleurs* (1944) in Dialog bringt, mit dem Prinzip der Metamorphose als eines zyklischen Prozesses der revitalisierenden Verwandlung verschränkt. Der unendliche Kreislauf eines auf die variierende Wiederholung setzenden und die Bewegung des Lebendigen simulierenden und garantierenden Schreibens als „[s]prachliches perpetuum mobile" (LE 174) wird in *ich sitze nur GRAUSAM da* besonders anschaulich vor Augen geführt: Das Buch endet mit einem auf den 19.2.2011 datierten „Supplement" (IG, o. S.), das die – ihrerseits den Titel zitierenden – Anfangszeilen des Buches in geringfügig modifizierter Form wieder aufnimmt (vgl. IG 7). Der Text setzt sich als rekursive Schleife gleichsam unendlich fort (s. Kap. 32).

2013 legt Mayröcker mit ihrem Prosaband *études* den ersten Teil einer Trilogie vor, die mit *cahier* (2014) und *fleurs* (2016) fortgesetzt wird. Neben dem allen drei Teilen gemeinsamen Bezug auf Derridas *Glas* sind die drei Teile formal dadurch gekennzeichnet, dass sie sich aus tagebuchartig datierten Textfragmenten zusammensetzen, die in Rekurs auf Francis Ponge selbstreflexiv als „Proëme" (ET 75) charakterisiert werden und durch eine transgressive, die Grenzen von Prosa und Lyrik beständig überschreitende Schreibweise geprägt sind. Werden in *études*, der im Titel angelegten Referenz auf das musikalische Genre der Etüde entsprechend, vor allem musikalische Kompositionsprinzipien simulierend adaptiert (s. Kap. 33), so werden in *cahier* insbesondere Techniken aus der bildenden Kunst, des Kubismus und Pointillismus aufgegriffen (s. Kap. 34), um eine narrative Organisation der Textbewegung zu verhindern. In *fleurs* schließlich wird der Titel programmatisch für einen Text, der – Derridas Dekonstruktion der traditionellen Floriographie konsequent fortschreibend – durch eine proliferierende Sprache der Blumen geprägt ist (s. Kap. 35). Der Band wird 2016 mit dem erstmals vergebenen Österreichischen Buchpreis ausgezeichnet.

Spätestens ab *études*, das mit der Zueignung „für mein alles Edith S." (ET, o. S.) eröffnet wird, widmet Mayröcker nahezu alle größeren Veröffentlichungen Edith Schreiber, die nach Jandls Tod zur engsten Freundin und Vertrauten der Dichterin wird. Im Wintersemester 2004/2005 besucht sie etwa gemeinsam mit Schreiber die Vorlesung „Freud, Lacan, Derrida", die der Psychoanalytiker Michael Turnheim im Hörsaal B des Allgemeinen Krankenhauses von Wien hält (vgl. Beyer 2016, 9). Schreiber begleitet die Dichterin auf ihren Reisen, zu ihren Lesungen sowie zu Terminen mit ihren Freundinnen und Freunden in Wiener Kaffeehäusern, gemeinsam verbringen sie Sommerurlaube in Bad Ischl (vgl. Manojlovic/Rettenwander 2024, 42). In einem 2024 veröffentlichten Interview über Mayröcker berichtet Edith Schreiber von einem Ritual, das sie mit Mayröcker verbunden hat: Es „bestand darin, dass ich am Morgen sofort angerufen und sie einmal in den Tag geholt habe." (Manojlovic/Rettenwander 2024, 41). In einem übertragenen Sinn kann dieses Herausholen in den Tag durch die Gefährtin insbesondere auch für Lebensphasen gelten, die, wie etwa die Zeit nach dem Tod Ernst Jandls oder Zeiten der Krankheit, der besonderen Ermutigung bedurften. In einem Gespräch äußert sich die Autorin im August 2017 über ihre Beziehung zu Schreiber: „Wir kennen uns seit 17 Jahren, seit der Ernst Jandl tot ist. Damals wollte ich nicht mehr leben. Sie hat es vollbracht, mich zu retten." (Mayröcker 2017)

Nach einem Sturz im Juni 2015 vor einer Lesung in Graz verbringt Mayröcker mehrere Wochen im Krankenhaus. In dieser Zeit entstehen die ersten Vorarbeiten für das Prosabuch *Pathos und Schwalbe*, das 2018 erscheint. Wie auch die vorangegangene Prosaproduktion steht es im Zeichen eines gleichsam avantgardistischen *Nature Writing*, das sich von einer als „le kitsch" (PS 22) bezeichneten symbolischen Vereinnahmung der Natur dezidiert absetzt, indem es die Möglichkeit eines unmittelbaren, nicht symbolisch und medial verstellten Zugangs zur Natur in Abrede stellt. Das Mayröckers Gesamtwerk durchziehende Thema der Empathie mit menschlichen und mehr-als-menschlichen Akteuren, insbesondere Tieren und Pflanzen, wird, den etymologischen Implikationen des Titels entsprechend, als Prinzip eines die Grenzen des Humanen überschreitenden Mit-Leidens inszeniert. In *Pathos und Schwalbe* erfasst dieses Mit-Leiden in augenfälliger Weise auch die Opfer aktueller weltpolitischer Ereignisse, der so genannten ‚Flüchtlingskrise' (vgl. etwa PS 42) oder des „Terroranschlag[s] der IS auf Paris" (PS 35; s. Kap. 36).

Im März 2018 gibt Mayröcker im Wiener Literaturverein Alte Schmiede eine fulminante Lesung aus *Pathos und Schwalbe*, mit der sie ihre bis ins hohe Alter praktizierte virtuose Vortragskunst demonstriert. Für die Lesung aus ihrem letzten Buch, *da ich morgens und moosgrün. Ans Fenster trete* (2020), im Rahmen der Reihe „O-Töne" im Wiener Museumsquartier im August 2020 wird die 96-jährige Autorin denn auch mit *standing ovations* gefeiert. Mayröcker tritt in diesem Jahr nicht nur als Dichterin, sondern auch als bildende Künstlerin in Erscheinung. Im September 2020 präsentiert die Wiener Galerie nächst St. Stephan die von Hans Ulrich Obrist kuratierte Ausstellung *Schutzgeister* mit Zeichnungen der Autorin (vgl. Obrist 2024, 276–277). In der Literaturwissenschaft wird das aktuelle Werk Mayröckers in den Fokus gerückt. Im Rahmen einer Tagung anlässlich der Verleihung der Ehrendoktorwürde der Universität Innsbruck an die Autorin im Juni 2016 ist bereits das junge und jüngste Schaffen zum zentralen Gegenstand gemacht worden. Im Mai 2021, wenige Wochen vor dem Tod der Dichterin am 4.6.2021, findet eine Tagung zu „Dimensionen des Transgressiven" in ihrem Spätwerk statt, die von der Universität Poznań in Zusammenarbeit mit dem Österreichischen Kulturforum Warschau veranstaltet wird (vgl. Sommerfeld 2024).

Mayröckers Unaufhaltsamkeit des Schreibens bringt in direktem Anschluss an *Pathos und Schwalbe* das Buch hervor, das zu ihrem letzten zu Lebzeiten veröffentlichten Prosabuch wird. Der erste Text von *da ich morgens und moosgrün. Ans Fenster trete* (2020) ist mit dem 22.9.2017 datiert und schließt damit nahezu nahtlos an das Vorgängerbuch an, dessen letzter Text mit 19.9.2017 gezeichnet ist. *da ich morgens und moosgrün* setzt ein mit dem Rückgriff auf das Motiv des „Lämmchens" (MMF 7), das in einer Art Epilog in *Pathos und Schwalbe* aufscheint (vgl. PS [266]). Das mit diesem Symbol der Auferstehung aufgerufene Bedeutungsfeld der Auflösung wird im Text selbst formal durch die radikalisierte Fragmentarizität der Texte sowie typographisch durch die den Text durchsetzenden Aneinanderreihungen von Punkten inszeniert, die sowohl (Text-)Auflösung wie (Text-)Fortsetzung suggerieren (s. Kap. 37). Mit dem im Titel genannten Schwellenraum verweist das Buch denn auch auf die erste Publikation der Dichterin: *an meinem Morgenfenster* (1946). Damit setzt das Werk auf die Selbstrekursion als Prinzip eines *perpetuum carmen*, das auch nach dem Tod der Dichterin fortlebt.

Literatur

Arteel, Inge: Friederike Mayröcker. Hannover 2012.
Arteel, Inge/De Felip, Eleonore (Hg.): Fragen zum Lyrischen in Friederike Mayröckers Poesie. Stuttgart 2020.
Arteel, Inge/Müller, Heidy Margrit (Hg.): „Rupfen in fremden Gärten". Intertextualität im Schreiben Friederike Mayröckers. Bielefeld 2002.
Beyer, Marcel: Friederike Mayröcker. Eine Bibliographie. 1946–1990. Frankfurt a. M. et al. 1992.
Beyer, Marcel: Bei Friederike Mayröcker: Eine Gleichung von mathematischer Eleganz. In: Frankfurter Allgemeine Zeitung (Frankfurt a. M.) vom 29.6.2016, 9–10.
Bundesdenkmalamt: Katalog der NS-Opferlager in Österreich 2022, https://www.bda.gv.at/dam/jcr:f9cf741d-120d-493b-9693-e3e5043f1b99/Katalog%20NS-Opferorte_Stand%20J%C3%A4nner%202022_BF_1.pdf (12.4.2024).
Haider, Hans: Ernst Jandl 1925–2000. Eine konkrete Biographie. Berlin/Heidelberg 2023.
Heißenbüttel, Helmut: Neue Lyrik: Konkrete Poesie als Alternative? Ein Kolloquium an der Universität Bielefeld. In: Die Zeit (Hamburg) vom 24.2.1978, https://joerg-drews.de/neue-lyrik-konkrete-poesie-als-alternative-ein-kolloquium-an-der-universitaet-bielefeld/ (12.4.2024).
Jandl, Ernst: Biographische Notiz [1980]. In: Ders.: Werke in 6 Bänden. Hg. von Klaus Siblewski. Bd. 6. München 2016, 423.
Kastberger, Klaus: „Ich stehle ziemlich schamlos". Golfkrieg, Ultraschall und fremde Texte: Gespräch mit Friederike Mayröcker. In: Die Presse (Wien) vom 23.1.1993, Literaricum VII.
Kastberger, Klaus/Schmidt-Dengler, Wendelin (Hg.): In: In Böen wechselt mein Sinn. Zu Friederike Mayröckers Literatur 1996.
Koelbl, Herlinde: Im Schreiben zu Haus. Wie Schriftsteller zu Werke gehen. Fotografien und Gespräche. München 1998.
Kolleritsch, Alfred/Waldorf, Günter: Editorial. In: manuskripte 14/45 (1974), o. S.
Kospach, Julia: Letzte Dinge. Ilse Aichinger und Friederike Mayröcker. Zwei Gespräche über den Tod. Wien 2008 (o. S.).
Kraller, Bernhard (Hg.): Friederike Mayröcker – die herrschenden Zustände. [Foto-Text-Band zum 75. Geburtstag] Wien 1999.
Kraller, Bernhard/Famler, Walter: „Das ist wirklich die heiligste Ordnung". Gespräch mit Friederike Mayröcker. In: Bernhard Kraller (Hg.): Friederike Mayröcker – die herrschenden Zustände. [Foto-Text-Band zum 75. Geburtstag] Wien 1999, 16–27.
Kunz, Edith Anna: Verwandlungen. Zur Poetologie des Übergangs in der späten Prosa Friederike Mayröckers. Göttingen 2004.
Larson, Jonathan: Friederike Mayröcker. Interview. In: Bomb (Winter 2018), https://bombmagazine.org/articles/2018/01/08/friederike-mayrocker/ (12.4.2024).
Le Née, Aurélie: „bin Postsurrealistin". Facettenreicher Surrealismus im Werk Friederike Mayröckers. In: Bernhard Fetz/Katharina Manojlovic/Susanne Rettenwander (Hg.): „ich denke in langsamen Blitzen". Friederike Mayröcker. Jahrhundertdichterin. Wien 2024, 201–210.
Loew, Hans M. (Hg.): Die Sammlung. Junge Lyrik aus Österreich. Wien 1947.
Lughofer, Johann Georg (Hg.): Friederike Mayröcker: Interpretationen, Kommentare, Didaktisierungen. Wien 2017.
Manojlovic, Katharina/Rettenwander, Susanne: Ein Gespräch mit Edith Schreiber oder „mitten im Jandl-Mayröcker-Kosmos". In: Bernhard Fetz/Dies. (Hg.): „ich denke in langsamen Blitzen". Friederike Mayröcker. Jahrhundertdichterin. Wien 2024, 40–46.
Mayröcker, Franz: Ausdrucksforschung im Dienste der Schülerbeurteilung. Wien/München 1955.
Mayröcker, Franz: Schülerauslese. Wien/München 1957.
Mayröcker, Franz: Intelligenz und Begabung. Schätzung und Messung. Wien 1962.
Mayröcker, Franz: Von den Stillen im Lande. Pflichtschullehrer als Dichter, Schriftsteller und Komponisten. Wien 1968.
Mayröcker, Friederike: Rosengarten. Mit einer Radierung von Maria Lassnig. Pfaffenweiler 1984.
Mayröcker, Friederike: „Ich renne – soweit ich noch rennen kann!" In: Die Presse (Wien) vom 12.8.2017, https://www.diepresse.com/5267561/friederike-mayroecker-ich-renne-soweit-ich-noch-rennen-kann (12.4.2024).
Obrist, Hans Ulrich: Zu den Zeichnungen. In: Bernhard Fetz/Katharina Manojlovic/Susanne Rettenwander (Hg.): „ich denke in langsamen Blitzen". Friederike Mayröcker. Jahrhundertdichterin. Wien 2024, 274–277.

Okopenko, Andreas: Friederike Mayröcker. In: Wort in der Zeit 3/9 (1963), 8–18.

Okopenko, Andreas: Die schwierigen Anfänge österreichischer Progressivliteratur nach 1945. In: protokolle 10/2 (1975), 2–16.

Ovidius Naso, P.: Metamorphosen [c. 1–8 n. Chr.]. Lateinisch/Deutsch. Übers. und hg. von Michael von Albrecht. Stuttgart 2010.

Reichert, Klaus: „Man kann gar nicht realistisch = verrückt genug schreiben". In: Friederike Mayröcker: Gesammelte Prosa. Bd. V: 1996–2001. Hg. von Klaus Reichert und Jörg Drews. Frankfurt a. M. 2001, 568–572.

Rettenwander, Susanne: Von den Anfängen. Leben und Schreiben im Nachlass. In: Bernhard Fetz/Katharina Manojlovic/Dies. (Hg.): „ich denke in langsamen Blitzen". Friederike Mayröcker. Jahrhundertdichterin. Wien 2024, 28–39.

Riess-Beger, Daniela (Hg.): Lebensveranstaltung: Erfindungen, Findung einer Sprache: Friederike Mayröcker. [Ausstellungskatalog] Wien 1994.

Schmidt, Siegfried J.: „Es schießt zusammen". Gespräch mit Friederike Mayröcker (März 1983). In: Ders. (Hg.): Friederike Mayröcker. Frankfurt a. M. 1984a, 260–283.

Schmidt, Siegfried J.: Vorbemerkung. In: Ders. (Hg.): Friederike Mayröcker. Frankfurt a. M. 1984b, [9].

Schmidt, Siegfried J.: „Lebensirritationsvorstellungen": Gespräch mit Friederike Mayröcker am 16. April 1986 in Wien. In: Ders.: Fuszstapfen des Kopfes: Friederike Mayröckers Prosa aus konstruktivistischer Sicht. Münster 1989, 121–142.

Schmidt-Dengler, Wendelin: „ich lebe ich schreibe". Friederike Mayröckers *mein Herz mein Zimmer mein Name*. In: Paul Michael Lützeler (Hg.): Spätmoderne und Postmoderne. Beiträge zur deutschsprachigen Gegenwartsliteratur. Frankfurt a. M. 1991, 131–143.

Seipel, Wilfried (Hg.): 1 Nervensommer. Texte von Friederike Mayröcker, Bilder von Andreas Grunert. Wien 2002.

Serke, Jürgen: Frauen schreiben. Ein neues Kapitel deutschsprachiger Literatur. Hamburg 1979.

Sommerfeld, Beate: Dimensionen des Transgressiven in Friederike Mayröckers Spätwerk. Wiesbaden 2024. [in Vorbereitung]

Sperl, Dieter: „Ich will natürlich immer schreiben." [Gespräch mit Friederike Mayröcker] In: Gerhard Melzer/Stefan Schwar (Hg.): Friederike Mayröcker. Graz/Wien 1999, 9–30.

Strohmaier, Alexandra: Logos, Leib und Tod. Studien zur Prosa Friederike Mayröckers. München 2008.

Strohmaier, Alexandra (Hg.): Buchstabendelirien. Zur Literatur Friederike Mayröckers. Bielefeld 2009.

Schreiben und/als Leben: Auto(r)inszenierungen

Alexandra Strohmaier

Die Verschränkung von Schreiben und/als Leben, wie sie für Mayröckers autofiktionale Praxis kennzeichnend ist (s. Kap. 1), hat eine Serie von text- und genreübergreifend inszenierten Autorschaftskonzepten hervorgebracht, die zwischen Faktualität und Fiktion oszillieren. Das Ich der Texte Mayröckers inszeniert sich als *poeta vates* in der Tradition des antiken, göttlich inspirierten Dichters, als *scripteur* im Sinne Roland Barthes', als ‚Lumpensammlerin' im Sinne Charles Baudelaires und – weniger ostentativ, denn vielmehr heimlich – als ‚*poeta docta*'. Was für Mayröckers Werk gilt – dass die transformierende Aneignung von ‚*objets trouvés*', in diesem Fall von kulturell tradierten Modellen von Autorschaft, eine singuläre Originalität hervorbringt –, gilt auch für ihre zwischen Authentizität und Inszenierung changierende Kunstfigur als Autorin.

Der autofiktionale Charakter dieser Auto(r)inszenierungen tritt besonders deutlich in der Dialogisierung literarischer und (vermeintlich) autobiographischer Texte hervor, wie sie in den *Magischen Blättern* gesammelt sind. Die *Magischen Blätter* enthalten primär Gelegenheitstexte, die, wie etwa Dankesreden im Rahmen von Preisverleihungen oder Widmungstexte für Familienangehörige und Freunde, einem konkreten Anlass ihren Ursprung verdanken und daher mit einem besonderen Index des Wirklichen versehen sind. Sie sind, so Inge Arteel mit Bezug auf Franz Schuhs Charakterisierung der *Magischen Blätter*, aus „dem Gereiztwerden von den Phänomenen der Realität" (Arteel 2012, 82) hervorgegangen. Man könnte sie zu jenen Produktionen Mayröckers zählen, die die Autorin in ihrer Rede anlässlich der Verleihung des Großen Österreichischen Staatspreises 1982 als von den Spuren des Lebens durchsetzt begreift und die in Kontrast stehen zur antibiographischen Haltung der Autorin (s. dazu Kap. 1): „Der Biographielosigkeit als Lebenshaltung stehen die Texte gegenüber, denen man als deren Autor einfach nicht entkommt. In ihnen wuchert rücksichtslos die eigene Vergangenheit." (MB I, 32) Insbesondere an den als Dankesreden für Preisverleihungen konzipierten Texten der *Magischen Blätter* zeigt sich auch die für die Literatur der Autorin kennzeichnende Interrelation (scheinbar) autobiographischer, poetischer und poetologischer Aussagen, die in ihrer verblüffenden Konvergenz mit Äußerungen aus ihrem literarischen Werk die Unmöglichkeit, Leben und Literatur der Autorin auseinanderzuhalten, paradigmatisch vor Augen führen (s. dazu Kap. 1).

Anfänge: Deinzendorf und *poeta vates*

„1924, mein Geburtsjahr. Kafka stirbt, das Erste Manifest des Surrealismus wird veröffentlicht." (MB II, 125) Mit diesen Worten legt die Autorin

A. Strohmaier (✉)
Universität Graz, Graz, Österreich
E-Mail: alexandra.strohmaier@uni-graz.at

in ihrer Rede *Durchschaubild Welt, Versuch einer Selbstbeschreibung* anlässlich ihrer Aufnahme in die Deutsche Akademie für Sprache und Dichtung 1986 die „Koordinaten ihres Geburtsjahres" (Arteel 2012, 12) fest. Ihr „Leben, das sich so mächtig [...] *zugespitzt* hat nämlich auf die Bleistiftspitze des Schreibens hin" (MB II, 124), wird retrospektiv in erster Linie als Dichterinnenleben perspektiviert, wobei sich die Autorin selbstbewusst in der literarischen Tradition situiert (vgl. Arteel 2012, 12). Die autobiographische Ursprungserzählung, wie sie Mayröcker in ihrem *Versuch einer Selbstbeschreibung* transformierend zitiert, dekonstruiert dabei die klassische, biologisch fundierte Genealogie. So wähnt sich das sprechende Ich vom „Vater geboren" (MB II, 124) – eine Vorstellung, die den christlichen Mythos des väterlichen Schöpfergottes aufruft – und von der Muttersprache genährt, was die Gebärerin – in Umkehrung der klassischen Geschlechterzuschreibungen – mit der Sprache, dem Logos, assoziiert (vgl. MB II, 124). Den Eltern werden literarische Wahlverwandte als „Blutsbrüder" (MB II, 130) zur Seite gestellt. Die Namen, die Mayröcker in diesem Zusammenhang anführt – „Beckett und Brecht, Roland Barthes und Breton, Max Ernst und Jean Paul, Hölderlin, Arno Schmidt, Michaux, Claude Simon und Duras" (MB II, 129–130) –, sind für das Spätwerk etwa um Gertrude Stein, Nathalie Sarraute, Francis Ponge und insbesondere Jacques Derrida zu ergänzen (vgl. dazu auch Mayröcker 2007). Von der Bedeutung des letzteren zeugt nicht nur das von ihrer Derrida-Lektüre nachhaltig geprägte (Spät-)Werk der Autorin (s. dazu insbes. auch Kap. 48), sondern auch ein zuerst für die Anthologie *Die Dichter und das Denken. Wechselspiele zwischen Literatur und Philosophie* (2004) verfasster Text mit dem Titel *J.D.*, der mit Blick auf das übergeordnete Thema der Anthologie als Reflexion der Beziehung zwischen der philosophischen Literatur Mayröckers und der literarischen Philosophie Derridas gelesen werden kann (vgl. MB VI, 207–210).

Zum familialen Kreis im engeren Sinn, der das Kind umgibt, werden in Mayröckers Rede anlässlich ihrer Aufnahme in die Deutsche Akademie für Sprache und Dichtung neben Vater und Mutter die „Großeltern von Mutterseite" (MB II, 125) genannt, die einen bekannten Delikatessenladen betrieben (vgl. Arteel 2012, 16–17; Rettenwander 2024, 32). Deren Tod bedeutet eine von Mayröcker wiederholt thematisierte Zäsur: die Konfrontation mit dem Nichts, auch im ökonomischen Sinn, da die wirtschaftliche Existenzgrundlage wegfällt: „1934 steht die Familie vor ihren eigenen Trümmern. Ich komme aus den Ruinen." (MB II, 125) Die existentielle Bedrohung, die dieser Einschnitt verursacht, wird auch in dem 1988 entstandenen Prosatext *dolce vita* akzentuiert. Der Text, der sich mit dem peinvollen Sterben der an Krebs erkrankten Großmutter auseinandersetzt – sie „verfaulte dann bei lebendigem Leib, [...] sie verweste bei lebendigem Fleisch" (MB III, 57) –, stellt auch die Erschütterung heraus, die der Tod des geliebten Menschen und der damit verbundene Wegfall der ökonomischen Lebensgrundlage für das Kind bedeutet: „Wir haben kein Geld mehr, Existenzminimum. Wir haben kein Geld mehr für das Begräbnis, wir müssen Geld leihen für das Begräbnis. Die Familie ging dann zu Bruch, Laden und Landhaus [...], ich komme aus den Ruinen." (MB III, 57)

Das Ende der Kindheit, das damit markiert ist, nimmt auch konkrete Form an im Verlust des erwähnten Landhauses, des Vierkanthofs im niederösterreichischen Deinzendorf nahe der tschechischen Grenze, den die Eltern Mayröckers von den Großeltern väterlicherseits geerbt haben und der mit seinem zum Paradies stilisierten Garten die Entfaltung einer Kindheitsidylle erlaubt, aus dem sich das Werk der Autorin zeitlebens speist (vgl. Arteel 2012, 17–19; s. Kap. 59). Mit der ökonomisch notwendig gewordenen Zwangsversteigerung des Hofes 1935 gehen die dort jährlich verbrachten Kindersommer zu Ende, was in der Retrospektive als Movens des Schreibens ausgewiesen wird: „Ich habe Jahrzehnte eigentlich nur geschrieben, weil ich die Sehnsucht hatte, wieder Deinzendorf zu bekommen, also dieses Haus mit allem was dazu gehört." (Schmidt 1984, 274).

Dem Ort ihrer Kindersommer setzt die Autorin mit Gedichten wie *Kindersommer* (1947;

GG 22; vgl. dazu MB II, 147–149), *Deinzendorf / grüne Montage* (1991; GG 570) oder *Kindheit etwa, Dorf* (1998; GG 653) und ihrem zunächst für die Anthologie *Ort der Handlung Niederösterreich* (1981) verfassten Text *Wäsche, selig gemacht* ein literarisches Denkmal (vgl. MB I, 88–99). Im Schreiben wird der reale Ort einer literarischen Metamorphose unterzogen, er verwandelt sich in einen „ästhetischen Erfahrungs- und Imaginationsraum" (Arteel 2012, 19), der das Reservoir für ein „Garten-Werk" (MB VI) abgibt, das zunehmend weniger referentiell denn affektiv auf den Topos Deinzendorf bezogen ist (vgl. Arteel 2012, 19). Mit der literarischen Zirkulation um seinen Verlust reaktualisiert Mayröcker das mythische Narrativ von der „,Vertreibung aus dem Paradies'" (Fetz 1999, 240; vgl. Arteel 2012, 19), das in psychoanalytischer Lesart vom Auszug aus der Fülle des kindlichen Imaginären erzählt (vgl. dazu Strohmaier 2008, 69–71, 201–209). Mayröcker plausibilisiert damit auch Michel Foucaults motivgeschichtlich motivierte These vom Garten als Ursprung des Romans und vom „Schreiben" als „gärtnerische Tätigkeit" (Foucault [1966] 2005, 15). In ihrem für die Anthologie *Schreibrituale* 2002 verfassten gleichnamigen Prosatext wird das Sich-Hineinversetzen in den imaginativ aufgeladenen Gartenraum der Kindheit als unhintergehbarer Anfang jeder Schreibarbeit ausgewiesen: „von dort kommt lebenslanges Anmerkungsschreiben […], aus den hohen Kräutern heraus dieses Oval meines Kopfes als Kind. Und hängend und Himmel und Weichbild und Seufzermotiv, das alles tief in mir drin, das alles ganz parat, bei jedem Schreibanfang" (MB VI, 116).

Die Vorstellung einer Poesie, die vom Paradies her kommt, also gleichsam transzendenten Ursprungs ist, korrespondiert mit Mayröckers (Selbst-)Inszenierung als *poeta vates*, wobei die antike Vorstellung des Dichters als einer göttlich inspirierten Instanz mit christlichen Narrativen verschränkt wird. In einem prominent gewordenen Gespräch mit Siegfried J. Schmidt fasst die Autorin ihre Initiation in die dichterische Praxis als Ermächtigung durch *inspiratio* im Sinne einer gleichsam göttlichen Eingebung:

Ja und dann gibt es noch etwas vielleicht Wichtiges, daß ich nämlich an einem Pfingsttag angefangen habe zu schreiben, Pfingsten 1939. Damals habe ich mir ganz bewußt gesagt: Heute fange ich an zu schreiben. Da habe ich in ein altes Stammbuch hineingeschrieben mit der Hand. Da [sic!] war in einem Abbruchgarten (das ist irgendwo in den *Magischen Blättern* beschrieben), und ein Strauch hat dort angefangen zu brennen. Und das habe ich gesehen und es auch aufgeschrieben. [...] Das heißt also, der Heilige Geist spielt für mich eine ganz wesentliche Rolle. (Schmidt 1989, 133)

Die Referenz auf Moses, dem sich das Gesetz als das Wort Gottes durch die göttliche Stimme aus einem brennenden Dornbusch offenbart (vgl. Ex 3, 1–7), wird mit dem Verweis auf das Pfingsterlebnis der Jünger Jesu koordiniert. Der Heilige Geist zeigt sich ihnen in Feuerzungen und animiert sie zum Sprechen (vgl. Apg 2,1–5). Die impliziten Analogien zum Erlebnis des Propheten und der Apostel, die sich in der oben zitierten Szene abzeichnen, akzentuieren die von Mayröcker herausgestellte Beziehung zum Heiligen Geist und verorten die poetische Praxis der Autorin im Kontext prophetischer Rede und göttlicher Offenbarung (vgl. Strohmaier 2008, 114–115).

Die im Interview dargestellte Szene wird im 1975 erschienenen Prosaband *Das Licht in der Landschaft* präfiguriert (vgl. LL 24, 30) und erscheint auch in dem Hörspiel *So ein Schatten ist der Mensch* (1982). Was die Autorin im Interview über sich selbst sagt, ist im Hörspiel einer (fiktionalen) weiblichen Stimme zugeschrieben: „ich wanderte dann umher und im Hinterhof eines Abbruchhauses sah ich einen kahlen Strauch der plötzlich zu brennen begonnen hatte, es war ein Pfingsttag... ich wanderte dann umher und kauerte nieder und schrieb im Anblick des brennenden Busches mein erstes Gedicht..." (MB II, 81). Neben den Affinitäten zwischen Dichterin und Propheten, welche diese beiden Stellen durch die implizite Referenz auf den biblischen Text suggerieren, demonstrieren sie die Konfusion realer und fiktionaler Identitäten, welche als (bewusste) Destabilisierung der Grenze zwischen Autor-Ich und Figuren-Ich ein konstitutives Merkmal der autofiktionalen Prosa

Mayröckers darstellt (vgl. Strohmaier 2008, 115; s. Kap. 1).

Weibliche Genealogien

Die Vorstellung des Paradieses ist in Texten der *Magischen Blätter* eng mit der Mutterfigur verbunden. So wird diese im Prosatext *mütterlicherseits*, der zuerst im Katalog zur Ausstellung von Textilobjekten ihrer Mutter im Stadtmuseum Linz 1977 publiziert wird, als Instanz eingeführt, die in ihrer Liebe zu Pflanzen und Blumen bemüht ist, „an der Abbildung des Begriffes vom wirklichen Paradies auf Erden mitzuwirken" (MB I, 152). Im übertragenen Sinn erscheint die Mutter durch die mit ihr assoziierte (Mutter-)Sprache als Stifterin einer utopischen Wohnstatt in der Poesie. Den Gedanken aufgreifend, dass sie „in der Muttersprache gediehen" (MB II, 124) sei, erklärt Mayröcker in ihrer Rede anlässlich ihrer Aufnahme in die Deutsche Akademie für Sprache und Dichtung, dass ihr die Sprache zu einem „utopischen Wohnsitz" (MB II, 127) geworden sei. Auch wenn die „Schreibstadt" (MB II, 127) Wien, wie die Autorin konzediert, die für das Dichten notwendigen Bedingungen liefert – „Hier kann man verrückt werden. Hier kann man verrückt sein. [...] Verrücktheit, verrückte Sicht ist eine der Voraussetzungen für Schreiben" (MB II, 127) –, wird sie in ihrer Bedeutung dennoch von dem ‚glücklichen Nicht-Ort' übertroffen, den die „deutschsprachige Poesie" (MB II, 127) für Mayröcker darstellt. Mayröckers metaphorische Konzeption einer Wohnstatt in der Sprache versieht diese mit einem weiblichen Vorzeichen (vgl. Strohmaier 2008, 201–218). Damit wird gegenläufig zu ihren Prosabüchern der 1980er- und 1990er-Jahre, in denen es, in Übereinstimmung mit Narrativen der Psychoanalyse, gottähnliche Vaterfiguren sind, die als paradigmatische Repräsentanten der symbolischen Ordnung fungieren (vgl. Strohmaier 2008, 44–51), die Mutter mit dem Logos in Beziehung gebracht.

Die „weibliche genealogische Linie" (Arteel 2012, 17), in die Mayröcker ihre poetische Produktion stellt, wird bis zur Mutter ihrer Mutter zurückgeführt (vgl. Arteel 2012, 17). Ihre Spuren sind es, in die die Autorin nach der Aufgabe ihres nach dem Krieg zum Broterwerb angenommenen, wenig geliebten Lehrerberufs tritt. In *Durchschaubild Welt, Versuch einer Selbstbeschreibung* hebt Mayröcker den Unwillen hervor, mit dem sie sich – „in die Fußstapfen des Vaterberufs tretend – zwei und ein halbes Jahrzehnt als Lehrperson" verdingt hat, „gegen" ihr „eigentliches Trachten" (MB II, 126). Die Aufnahme ihrer Tätigkeit als Englischlehrerin an Wiener Hauptschulen 1946, die mit ihrer ersten Veröffentlichung zusammenfällt – 1946 erscheint Mayröckers Gedicht *an meinem Morgenfenster* in der von Otto Basil herausgegebenen Zeitschrift *Plan* –, bedeutet bis 1969 ein Schreiben am Rand und unter Druck: Sie „preßte die Poesie in wenigen freien Stunden aus" sich heraus (MB II, 126), wie sie retrospektiv festhält. Damit einher geht ein „aufgeschobener Durchbruch" (Arteel 2012, 27), der zudem durch die konservative Kulturpolitik im Österreich der 1950er-Jahre und ihre marginale Position als Frau im Zirkel der männerdominierten Neoavantgarde mitbedingt ist. Fast zwanzig Jahre, nachdem sie sich vom Lehrerberuf definitiv beurlauben lassen kann, um sich – unter prekären finanziellen Bedingungen – dem Schreiben zu widmen, bekennt sich Mayröcker in ihrem Text *dolce vita* (1988) zu der von ihrer Großmutter verkörperten Lebenslust und ihrem Kunstgenuss: Sie „hatte so gerne gelebt, Kino und Konditorei, Grammophonkunst, Jade und wildes Glück" (MB III, 56). Aus den Spuren des Vaters tretend richtet sie die Nachfolge an der Figur der Großmutter aus: „Ich folge ihr nach, ich gehe schon lange in ihrer Spur, ich gehe in ihrer Spur" (MB III, 57; vgl. Arteel 2012, 17).

Mater/ialität

In ihrem Prosatext *mütterlicherseits* behandelt Mayröcker die Kunstobjekte – „Menschenpuppen, Tierpuppen, Zwittergebilde" (MB II, 153) –, welche ihre zunächst als Modistin tätige Mutter in den späten 1950er-Jahren anzufertigen begann. Die Objekte liefern in ihrer textilen Beschaffenheit der Dichterin den Anknüpfungspunkt für die Situierung ihrer Textarbeit in der Tradition der auch historisch mit dem Weiblichen verbundenen Arbeit mit Textilien. Die Dichterin hebt die Analogien zwischen Textil- und Textkunst hervor, die am Umgang mit dem jeweiligen ‚Stoff' auszumachen sind: „ich bin betroffen, weil […] Arbeitspraktiken sich parallel zu den meinen verhalten (das Mustern, das Probieren, das Arrangieren, das Kombinieren, das Kopieren, das Experimentieren, das Collagieren)." (MB II, 152) Der dadurch gestiftete Konnex zwischen Praktiken der Textil- und Textarbeit wird etwa im Prosaband *Stilleben* (1991) wieder aufgenommen, in dem davon die Rede ist, wie die als maternale Instanz inszenierte Figur sich alles „[ab]schaute […], was in den Schaufenstern der Hutgeschäfte ausgestellt war", und alles „kopierte" (ST 193), was ihr „gefallen hatte" (ST 194) und dabei ein „*ureigenstes* Modell", eine „*ureigenste* Modeschöpfung" (ST 194) hervorbrachte. Damit wird eine Parallele zur Produktionsweise des in *Stilleben* mit den Initialen ‚FM' aufscheinenden Autor-Ich hergestellt (vgl. ST 35). Der sich vor den Augen der Leserschaft entfaltende Text, der auch als Werk der Ich-Figur erscheint, wird mit seiner Exposition des Collage-Verfahrens als Realisierung des an den Hutkreationen ausgemachten Prinzips vorgeführt: In Mayröckers Konzeption von Poesie als ‚Diebesgut' – in ihrer Rede anlässlich der Verleihung des Anton-Wildgans-Preises 1982 definiert sie die „Poetin als Kleptomanin" (MB I, 29) – erwächst die Originalität aus der ‚Kopie', die transformierende Aneignung von Vorgefundenem als Kompositionsprinzip ihrer Texte erscheint als Ursprung einer singulären Kreativität (vgl. Strohmaier 2024, 96–97; 2008, 189–194; siehe dazu auch Kap. 24).

Neben den Praktiken sind es die „Arbeitsanstöße" (MB II, 152), an denen Mayröcker Ähnlichkeiten zwischen Textil- und Textarbeit ausmacht. Was die Autorin an Produktionen der Mutter hervorhebt, dass der „Antrieb immer vom Stofflichen ausgegangen" (MB II, 153) ist, trifft ebenso auf ihre poetische Praxis zu, die ihre wesentlichen Impulse aus der Materialität der (papiernen) Dinge ihrer überbordenden Werkstatt bezieht. Belege dafür sind in Mayröckers Nachlass am Literaturarchiv der Österreichischen Nationalbibliothek aufbewahrt (vgl. LIT 493/19), in dessen Bestand sich zahlreiche, auch dreidimensionale Alltagsobjekte, wie etwa Käseschachteln und eine Pralinenbox, Verpackungsmaterial von Kleidungsstücken, Servietten oder Pappteller, ein Schwamm oder eine Holzleiste befinden, die von der Autorin mit Notaten versehen und dem poetischen Prozess einverleibt wurden. Plastisch zutage tritt die produktive Bedeutung, die der konkreten Beschaffenheit der Beschreibstoffe dabei zukommt. Deren Mitwirkung am Zeichengeschehen, wie sie sich an den beschrifteten Objekten manifestiert, lässt den ‚Eigensinn' des Materials – seine Räumlichkeit, Oberflächenstruktur sowie das Zeicheninventar, das es exponiert – als irreduziblen Faktor einer poetischen Praxis erscheinen, die von der Körperlichkeit und Sinnlichkeit der in den Schreibprozess eingebundenen Dinge affiziert wird (vgl. Strohmaier 2024, 90–97).

Topos Zentagasse und die *tabula plena*: Die Autorin als „Scriptor" und „Lumpenfrau"

In einem Text, der zunächst als Bildunterschrift für den Foto-Text-Band *Friederike Mayröcker – Die herrschenden Zustände* erscheint, der anlässlich ihres 75. Geburtstags im Jahr 1999 von Bernhard Kraller herausgegeben wurde, setzt sich Mayröcker angesichts der von ihrer Wohnung angefertigten Aufnahmen mit ihrer „*factory*, meiner delikaten Behausung" (MB VII, 49), auseinander. Diese stellt zu jenem Zeitpunkt ein seit langem bestehendes, „medial inszeniertes […] Faszinosum" (Kastberger 1999, 12) dar, das sich als ikonographischer Topos im österreichischen Literaturbetrieb verfestigt hat. Schon 1978, zur Zeit der Entstehung ihres Prosabandes *Heiligenanstalt*, ist, wie Thomas Kling retrospektiv feststellt, „die Mayröcker-Wohnung in der Zentagasse des 5. Wiener Gemeindebezirkes […] legendär: In Wiener Szenelokalen hing Bodo Hells berühmtes, mit Panoramakamera aufgenommenes S/W-Foto-Plakat." (Kling 2001, 621; vgl. dazu Arteel 2012, 32) Mayröckers Dichterwerkstatt ist bereits 1956 mit dem Gedicht *Im Elendsquartier* in die Literatur eingegangen, in ihrem 1988 erschienenen Prosabuch *mein Herz mein Zimmer mein Name*, das lange Zeit als ihr Hauptwerk gilt, scheint der Wohn- und Werkraum nicht nur als Protagonist ihrer Prosa auf, sondern wird – durch die Reproduktion eines von Bodo Hell 1985 angefertigten „Zimmerpanorama[s]" (HZN, o. S.) auf dem Cover – ostentativ mit dem realen Schreibraum der Autorin korreliert. Und noch der letzte Prosaband *da ich morgens und moosgrün. Ans Fenster trete* (2020) legt mit dem im Titel aufscheinenden Schwellenraum Zeugnis ab von der Raumgebundenheit, die Mayröckers Werken anhaftet (vgl. dazu Strohmaier 2023).

Der paradoxal als beglückend wie bedrohlich charakterisierte, metaphorisch etwa als „Schreib-Himmelreich" (BR 65) oder als „Reliquienschrein" (BR 318) bezeichnete Produktionsraum der Poesie fungiert in Mayröckers Prosa nicht einfach nur als Kulisse der Schreibarbeit, die in der literarischen Tradition der Zimmerreise erkundet wird, sondern gleichsam auch als Akteur, der in seiner spezifischen materiellen Beschaffenheit das Werk bedingt und strukturiert und in seiner textgenerierenden Bedeutung metapoetisch exponiert wird. Die konkrete Materialität der Werkstatt, ihre „Zettelberg[e]" (BR 175) und „Papierwucherungen" (BR 55) sowie das Mobiliar – insbesondere Tisch und Bett – werden in einer Serie von Schreibszenen thematisiert, die den poetischen Akt als Effekt raumgebundener Verfahren des Sammelns und (zufälligen) Auffindens, des Wiederverwendens, Anordnens und Verfremdens von heterogenem Zeichenmaterial darstellen und ihrerseits Texträume hervorbringen, die durch das Neben- und Übereinander sowie die Transgression zeitlicher und räumlicher Ordnungen charakterisiert sind (vgl. Strohmaier 2023, 183–190). In ihrem Prosaband *brütt oder Die seufzenden Gärten* (1998), der, wie die Autorin im Interview über ihre Wohnung in Krallers Foto-Text-Band anspricht, zur Zeit des Foto-Shootings in Entstehung begriffen ist (vgl. Kraller/Famler 1999, 19), wird der Zustand der Zettelflut und materiellen Überfülle begehrt und als Voraussetzung des Schreibens ausgewiesen:

> ach diese VERWÜSTUNGSTENDENZEN sind kaum mehr zu ertragen, rufe ich […] aber vielleicht sind es künstlich herbeigeführte VERWÜSTUNGSTENDENZEN, daß / damit das Schreiben noch überhaupt möglich ist, je mehr VERWÜSTUNG desto hinreißender das Schreiben, nicht wahr […], desto unzerreißbarer meine KOMPONIER SEIDE […], ach vielleicht trachte ich nach diesen VERWÜSTUNGSTENDENZEN, vielleicht komme ich nicht mehr aus ohne diese VERWÜSTUNGSTENDENZEN […]. (BR 214)

Die Abhängigkeit des schreibenden Subjekts von den dynamischen Materialanhäufungen, die ein „Kontingenz-Archiv" (Kastberger 2017, 18) darstellen, ergibt sich aus ihrer produktiven Funktion für Mayröckers aleatorische Poetik, die in metapoetischen Schreibszenen eindrücklich demonstriert wird und den Zustand der Schreibumgebung tatsächlich als „GLÜCKS VERLOTTERUNG" (BR 256) erscheinen lässt.

An der „Mayröckers Werk […] lange begleitenden medialen Ikonographie der Wohnung" (Arteel 2020, 293) lassen sich Verschiebungen in der räumlichen Inszenierung von (weiblicher) Autorschaft ausmachen. So lässt sich auf einer Photographie von Otto Breicha aus dem Jahr 1965 die spezifische Verortung der Dichterin in ihrem Wohnraum, die mit Blümchen in ihren brav gefalteten Händen und in anzüglicher Pose am Rande eines Bücherregals platziert ist, als parodistische Performanz interpretieren, mit der Mayröcker das auch in der avantgardistischen Szene der Zeit virulente Bild der schreibenden Frau am Rande des Literaturbetriebs souverän persifliert (vgl. Arteel 2020, 293–297). Demgegenüber ist eine Photographie von Ernst Jandl mit dem Titel „La Casa di Frederica" aus der Zeit um 1970, die das abgebildete Bücherregal deutlicher als im Foto von Breicha als pars pro toto einer Dichterwerkstatt inszeniert, durch die augenfällige Absenz der Autorin gekennzeichnet, die derart „als mysteriöser, schöpferischer Geist des Hauses" (Arteel 2020, 299) evoziert wird. Dieser ‚Geist' materialisiert sich im Augenblick der Betrachtung aber auch momenthaft im Blick der in der Bildmitte platzierten schwarzen Puppe, der den Betrachter bannt. Sie ist Teil einer Objektkonstellation, die gegenüber dem bei Breicha noch überschaubaren Arrangement von Dingen durch eine Erweiterung um Stoffpuppen und die Anhäufung heterogener (Papier-)Materialien geprägt ist. In dem exponierten Sammelsurium an Dingen lässt sich „eine Verlagerung von Autorschaft und Kreativität in die Objektwelt" (Arteel 2020, 299) ausmachen.

In den Fotos, die drei Dekaden später in Krallers Foto-Text-Band erscheinen, hat die Dingwelt derart überhandgenommen, dass für die Autorin kaum Platz bleibt. In Mayröckers raffinierter Verzahnung von Leben und Schreiben wird aber auch auf selbstironische Weise der Kunst- und Konstruktcharakter exponiert, der diesen – scheinbar die ‚Wirklichkeit' abbildenden – photographischen Darstellungen ihres ‚Chaos' eignet. So findet das ‚reale' Foto-Shooting für *Die herrschenden Zustände* als Wirklichkeitspartikel Eingang in den in Entstehung begriffenen Prosaband *brütt*. Das Autor-Ich des Textes setzt darin seine „Kult Werkstatt" (BR 212) in Szene, in die auch ein „Chronist mit der Hasselblad-Kamera" (BR 327) kommt, um sie photographisch zu erfassen. Die ‚Wirklichkeit' dieser Intervention wird gleichsam durch die Abbildungen von Mayröckers Wohnung beglaubigt, die im Foto-Text-Band veröffentlicht sind, zumal diese – wie die beigegebenen fototechnischen Daten dokumentieren – mit einer Hasselblad-Kamera hergestellt worden sind. Die Fotos bestechen mit ihrem zur Schau gestellten Kunstcharakter, dessen technische Bedingungen anhand der akribisch gelisteten fototechnischen Details im Anhang des Bandes transparent gemacht werden (vgl. Öhner/Kraller 1999, [112]).

Dieser Kunstcharakter kommt den Photographien allerdings nicht nur aufgrund ihrer spezifischen Gemachtheit zu, der Art und Weise, wie sie ihr Objekt, die Wohnung, präsentieren, sondern auch aufgrund des Objekts der Darstellung selbst, dessen Ordnung im parallel entstehenden Prosaband als sowohl gegeben wie auch als gemacht, als Phänomen der Wirklichkeit wie der Kunst, inszeniert wird. So lässt das Autor-Ich in *brütt* Zweifel aufkommen, ob der ‚Wirklichkeit' der ‚herrschenden Zustände'. Der Schreibraum, der mit seinen „Papierwucherungen […], hängenden Gärten" (BR 55), zu Beginn des Textes als Garten konfiguriert wird, hat sich nämlich, als er vom Photographen aufgesucht wird, nicht ohne Zutun des Autor-Ichs zu einem Dschungel ausgewachsen: „1 bißchen war es Berechnung […], denn ich wußte, K. würde in wenigen Stunden kommen um hier zu fotografieren, also ließ ich alles verstreut, auf dem Fußboden, auf Tischen und Schränken, *1 wenig um anzugeben*, mit diesem Phönix Buch Original Buch, diesem Urwald, um anzugeben mit diesem Urwald" (BR 346–347).

Mit Blick auf das offensichtliche Vexierspiel, das das Autor-Ich mit der an seiner ‚Behausung' interessierten Öffentlichkeit betreibt, ist deren Zustand weniger als Manifestation eines „Messietums" (Kastberger 2017, 17) zu begreifen, denn als Teil eines durchaus kunstvollen Arrangements, das auf die Dekonstruktion des bürgerlichen Dichterverständnisses hin angelegt ist. Der Dichterwerkstatt in der genieästhetischen Tradition, die in ihrer Ordnung und Reinheit den dichterischen Einfall nicht zu kontaminieren droht, setzt Mayröcker einen Produktionsort der Poesie entgegen, der vor ostentativer Unordnung und Materialfülle strotzt und gerade dadurch als Raum der Inspiration zu fungieren vermag. Es ist, wie Mayröcker in Übereinstimmung mit den an den Produktionen ihrer Mutter hervorgehobenen materialästhetischen Überlegungen vorführt, die Nachbarschaft mit den heterogenen Dingen, aus denen das Autor-Ich ihrer Prosa seine Schreibimpulse bezieht, wobei die Dinge selbst – insbesondere solche, die sich auf dem Tisch der Schreibenden finden – auch in den poetischen Akt intervenieren, eine eigentümliche *agency* entfalten (vgl. Strohmaier 2023, 183–186; s. Kap. 55).

Mayröcker profiliert dabei das von Roland Barthes mit seinem Konzept des *scripteur* eingeführte Modell von Autorschaft, mit dem in Rückgriff auf die historischen Avantgarden und im Kontext des Poststrukturalismus und seiner Kritik an idealistischen Vorstellungen von Ursprünglichkeit das Originalgenie verabschiedet wird. Der *scripteur* erweist sich nicht länger als Schöpfer originärer Kunstwerke, sondern als eine Instanz, deren Tun und Werk im Ab-, Um- und Überschreiben von vorgegebenem Sprachmaterial besteht, und die sich von der Materialität des involvierten Schreibzeugs affizieren lässt (vgl. Strohmaier 2024, 88–94). Mayröcker verkörpert nicht nur indirekt, durch ihren Einsatz von Praktiken der intertextuellen Collage und der Materialmontage, das Konzept des ‚Schreibers' im Sinne Barthes', sondern stellt ihr Selbstverständnis als *scripteur* auch expressis verbis heraus. Das schreibende Ich in *brütt*, das in dem für Mayröckers Prosa kennzeichnenden autofiktionalen Spiel seinen Namen als „MARTHA ADAM YPSILON RICHARD ÖSTERREICH CÄSAR KARL EMIL RICHARD" (BR 268) buchstabiert, exzerpiert aus Roland Barthes' Schriften und bezeichnet sich selbst als „Scriptor" (BR 297).

Besonders anschaulich konkretisiert sich diese Konzeption von Autorschaft, wie sich mit Bezug auf Christiane Holms Ausführungen zum paradigmatischen Produktionsmöbel der Poesie argumentieren lässt, am Schreibtisch des *scripteur*, der im Unterschied zur genieästhetischen Tradition nicht eine *tabula rasa*, sondern eine *tabula plena* repräsentiert (vgl. Holm 2018, 426; vgl. dazu Strohmaier 2023, 185–186). In Mayröckers *brütt* wird der „Fetisch (Tisch)" (BR 255) mit seiner Ansammlung von Schreibsachen, Papierfetzen, Speiseresten und Alltagsdingen als ein Umschlagplatz von Welt in Wort inszeniert, der mit seiner Ausstattung konkret in den Schreibakt eingreift (vgl. etwa BR 217). Dass sich die Anhäufung von Zeug gleichsam als Conditio sine qua non seines Schreibtischs erweist, wird durch das Ich etwa auch durch die von ihm imaginierte Ausstattung seines paradiesischen Schreibortes vor Augen geführt. Der „Schreibplatz", den es für seine Produktion „im Jenseits", in seiner „künftigen Behausung", anvisiert, ist „über, neben, zwischen den Konfektschachteln, über, neben, zwischen der Teebäckerei, den Milchkonserven, Kaffeetassen, [...] zwischen, neben und über den verschlossenen Honiggläsern, schmutzigen Suppenlöffeln" (BR 336) eingerichtet. In dieser Nachbarschaft mit den Dingen wird der Schreibtisch zum „Hausaltar" (BR 336) erhoben.

Die Intervention der Dinge in den poetischen Prozess wird nicht nur literarisch inszeniert, sondern durch die im Archiv versammelten Alltagsgegenstände, die dem Schreiben einverleibt wurden, auch gleichsam dinglich beglaubigt. So findet sich im Nachlass der Autorin eine Serviette mit der Aufschrift „Kabinett Notizen" (LIT 493/W66/276), eine Wendung, die unter anderem auch in *brütt* eingegangen ist (vgl. BR 82). An der Archivalie schlägt sich Mayröckers Inkorporation von Tischgegenständen in den Schreibakt und die für ihre poetische Praxis kennzeichnende Verschränkung von Werkstatt und Werk materialiter nieder. Indem die Serviette die auf sie notierte Genrebezeichnung gleichzeitig auch verkörpert, entfaltet sie darüber hinaus ein selbstreflexives Potential, durch das dem ursprünglichen Alltagsding ein ästhetischer Wert zuwächst: der von Mayröcker mit Bezug auf die Praktiken ihrer Mutter herausgestellte Prozess der Hervorbringung von Originellem aus Vorgefundenem als konstitutives Prinzip ihres Kunstmachens wird konkret greifbar (vgl. Strohmaier 2024, 96).

Die von Mayröcker literarisch inszenierte Bedeutung der *tabula plena* für ihre poetische Produktion, wie sie durch die Serviette realiter bezeugt wird, tritt besonders anschaulich in den Film- und Fotoporträts von Mayröckers Werkstatt zutage. Die Diskrepanz zum Tisch des Dichters in der Tradition des Originalgenies zeigt sich augenfällig im Foto-Text-Band *Im Schreiben zu Haus* (1998) von Herlinde Koelbl, der die Leserschaft zunächst mit den nahezu leeren Schreibplätzen Peter Handkes konfrontiert (vgl. Koelbl 1998, [11]), bevor nach einer Serie weiterer Schreibtischporträts Mayröckers überbordendes Zimmer präsentiert wird, das mit seiner Materialfülle besticht (vgl. Koelbl 1998, [139]). Ein Bekenntnis zum Chaos auf dem Schreibmöbel, das zum Kosmos wird, legt Mayröcker mit ihrem zuerst 2005 erschienenen Text *mein Arbeitstisch mein Universum* (MB

VI, 247–248) vor. Der Tisch, dem sie dieses Denkmal setzt, ist voll mit einer „Unzahl von Schreibtisch Gegenständen Schreibtisch Utensilien" (MB VI, 247), es herrscht ein „Wildwuchs von Papierzeug, Büchern, Zettelchen, Notizheften, Wollknäueln, Stiften und Kluppen" (MB VI, 247). Dass die *tabula plena* als populäres Requisit in Mayröckers Inszenierung von Autorschaft zu diesem Zeitpunkt bereits Kultstatus angenommen hat, wird dabei selbstironisch reflektiert. So ironisiert Mayröcker die auratische Aufladung des Schreibmöbels durch die literarische Öffentlichkeit, wenn sie vom „Besuch" spricht, der „in Andacht und stummer Bewunderung dem Arbeitstisch" gegenübersteht (MB VI, 248).

Neben der Inszenierung von Autorschaft und der gleichzeitigen Ironisierung dieser Inszenierung dient die von Mayröcker hyperbolisch als „RÄUBERHÖHLE" (HZN 72) präsentierte Dichterwerkstatt mit ihrem Wäscheplunder und (Schmutz-)Geschirr als zentrale Realie in ihrer Dekonstruktion der bürgerlichen Geschlechterordnung (s. dazu auch Kap. 55). Am ‚Zimmer für sich allein' (vgl. dazu auch Arteel 2012, 30) macht Mayröcker im Gespräch mit Hermine Koelbl ihre Existenz als Schriftstellerin fest: „Dieses Zimmer ist meine Welt. Ich arbeite hier, ich schlafe hier und nehme zum Teil auch meine kärglichen Mahlzeiten hier ein, also ein Frühstück und eine Päckchensuppe zu Mittag" (Koelbl 1998, 140). Der damit verbundene emanzipatorische Gestus – en passant erwähnt durch die (indirekte) Ansage, dass an diesem Ort nicht gekocht wird – wird gerade von Ernst Jandl, mit dem Mayröcker bekanntlich über Jahre „getrennt zusammen" (Koelbl 1998, 141) lebt, hervorgehoben. In seinem Gespräch mit Koelbl betont auch er die räumliche Autonomie als Bedingung der Liebes- und Arbeitsbeziehung mit der Dichterin und mutmaßt über die Konsequenzen, die ein Zusammenwohnen bedeutet hätte: „Vor allem Friederike hätte es zu sehr eingeengt. Sie wäre Hausfrau geworden." (Koelbl 1998, 134)

Der Häuslichkeit als Attribut des Weiblichen in der bürgerlichen Geschlechterordnung setzt Mayröcker mit der hyperbolischen Inszenierung der in ihrer Wohnung „vorherrschende[n] räumliche[n] Anarchie" (HZN 43) eine *andere* Ordnung entgegen, wobei sie auch Baudelaires Konzept vom Dichter als Lumpensammler aufgreift und geschlechtsspezifisch wendet. Baudelaires Analogisierung des Dichters mit dem Lumpensammler, die Walter Benjamin zu einer Philosophie des Sammelns und Archivierens weiterentwickelt hat, hebt die Bedeutung der stofflichen Reste, des Abfalls und des Verworfenen für die Ästhetik der Moderne hervor, die im Verfahren der Montage ihre paradigmatische Realisierung erfährt (vgl. Thums 2016, 547, 556). Mayröcker situiert sich in dieser Tradition. In ihrer Rede anlässlich der Verleihung des Anton-Wildgans-Preises 1982 spricht sie von der „Poetin als Gassenfegerin! Krämerin! Lumpenfrau!" (MB I, 29). Dieses Selbstkonzept der Dichterin geht auch wörtlich in *Reise durch die Nacht* (1984) ein, wo sich das schreibende Ich als „Streunerin, Lumpenfrau" (RN 51) bezeichnet und die ‚Verwahrlosung' ihres Haushalts hyperbolisch ausgestaltet (vgl. etwa RN 67–68, 133). Während die Selbstinszenierung als Lumpensammler bei ihren männlichen Kollegen durchaus als Habitus des Dichters wahrgenommen und mit einem poetischen Programm in Verbindung gebracht wird, sind diesbezügliche Gesten bei Mayröcker vornehmlich mit psychologischen Syndromen (als Auswüchse eines ‚Messietums') assoziiert worden. Dabei hat, so scheint es, wohl auch ihre Nonkonformität mit dem bürgerlichen Weiblichkeitsideal, wie es sich in der autofiktionalen Inszenierung eines „vollkommen heruntergekommenen HAUSUNWESEN[S]" (RN 65, vgl. RN 133) niederschlägt, eine nicht unerhebliche Rolle gespielt.

Hyperbolische Posen und *parler femme*

Im Prosatext *Ernst Jandl und seine Götterpflicht*, der zuerst im Rahmen einer Publikation zum 60. Geburtstag des Autors 1985 erscheint, positioniert sich die Schreibende in augenfälliger Subordination gegenüber der im Titel benannten männlichen Autorität: „ach ganz gemein und gewöhnlich bin ich in meinen Gedanken wenn ich sie an den seinen messe"

(MB II, 67). Die männliche Ratio wird hyperbolisch überhöht und der Dichter zu einer Lichtgestalt stilisiert: „seine Geistigkeit flößt mir Liebe und Hochachtung ein, er ist [...] ein Meteor in einer Dunkelheit, er ist ein freier Geist" (MB II, 66). Wie die männlichen Instanzen ihrer Prosabücher, die in Referenz auf die ägyptische, griechische und christliche Mythologie mit dem Licht als Erscheinungsform des Göttlichen assoziiert werden (vgl. Strohmaier 2008, 49–50), wird dem Gefeierten das Licht als Symbol der Erkenntnis attribuiert. Die Deifikation, die damit vordergründig verbunden erscheint, wird aber gleichzeitig durch die persiflierende Übertreibung dekonstruiert. Die mokante Degradierung der Schreibenden – „eine Erniedrigung hat mich erfaßt, eine Subordination auf allen Linien, als literarischer Underdog grüße ich aus meiner Versteinerung" (MB II, 67), wie die Schreibende es drastisch schildert – mutiert, insbesondere auch im Kontext ihrer Prosabücher mit ihrer extensiven und exzessiven Inszenierung der patriarchalen Ordnung, zur indirekten Kritik am kulturellen System und der ihm immanenten Organisation der Geschlechterrollen. Durch die Hyperbolie in der Inszenierung ihrer Unterwerfung wird die subalterne Position der Schreibenden gerade nicht affirmiert, sondern ironisch verkehrt (vgl. Strohmaier 2008, 161–164). Neben den hyperbolischen und ironischen Diskursstrategien sowie den metafiktionalen Verfahren, durch die in Mayröckers Prosa die gleichzeitige Affirmation und Dekonstruktion der maskulinen Autorität erfolgt (vgl. Strohmaier 2008, 165–169), kommt im Text *Ernst Jandl und seine Götterpflicht* der performative Widerspruch als Strategie der subtilen Kritik an einem männlich dominierten Literaturbetrieb zum Tragen – legt der Text doch auch Zeugenschaft ab von *ihrer* Dichtkunst.

Diese gleichsam paradoxale Strategie tritt noch deutlicher in Mayröckers Rede anlässlich der Aufnahme in die Deutsche Akademie für Sprache und Dichtung zutage, in der sie auf ihrem Mangel an Geist und Vernunft insistiert: „Auch stand es immer nur mäßig gut um meinen Verstand, von Intelligenz gar nicht zu reden" (MB II, 124). Angesichts der „Genien",

die ihre literarischen „Blutsbrüder" verkörpern, wähnt sie sich als „Schwächling, [...] Schweiger, [...] fragwürdige[] Marginalexistenz" (MB II, 130). Diese vordergründige Selbstdegradierung konvergiert mit der hyperbolischen Herabsetzung des schreibenden Ich ihrer Prosatexte, dieses bezeichnet sich etwa als ein „ganz und gar unwissender Mensch" (RN 52), als mit einem „Kükenhirn" (ST 142) ausgestattet, als „Maulschlepp, Nachttölpel, Simpel" (ST 161), als „Versager, Stotterer, nicht imstande, Dinge zu formulieren, stummer Popanz" (BR 55), und stellt auf provokative Weise ‚weibliches' Schöpfertum überhaupt in Frage: „daß ich nicht lache : *weiblicher Genius!*" (RN 120) Wie aber auch die schreibende Instanz ihrer Prosatexte ihre Macht gegenüber den männlichen Autoritäten dadurch demonstriert, dass sie diese als ihre Schöpfungen ausweist und ihre vorgebliche kreative Unzulänglichkeit ins Gegenteil verkehrt (vgl. dazu Strohmaier 2008, 165–166), so erscheint die von ihr behauptete ‚Geistlosigkeit' in ihrer Rede anlässlich der Aufnahme in die Deutsche Akademie für Sprache und Dichtung mehr als zweifelhaft, spricht sie doch – in Übereinstimmung mit ihrer Auto(r)inszenierung als *poeta vates* – von „dem heiligen Geist" (MB II, 128), der in ihr wirkt, und vom „Ingenium" (MB II, 128), das ihre „Schreibkunst", die sie auch mit der „Vernunftkunst" (MB II, 127) in Zusammenhang bringt, auszeichnet. Nicht zuletzt wird die in ihrer Rede behauptete Inferiorität durch den konkreten Anlass der Rede – ihre Aufnahme in die Deutsche Akademie für Sprache und Dichtung – konterkariert.

Mayröcker rekurriert damit auf Strategien, wie sie im Umfeld des Poststrukturalismus für die Dekonstruktion hegemonialer (Geschlechter-)Ordnungen proklamiert werden. Derridas Konzept des Schreibens als *différance* involviert den Prozess einer irreduziblen Sinnverschiebung und -destabilisierung, deren subversives Potential für eine Praxis des *parler femme* in Anspruch genommen wird. Die historisch dem Weiblichen zugedachte Produktionsweise der Mimikry wird als Dialektik von Wiederholung und/als Kritik zu einer dekonstruktiven Praxis gewendet, bei der symbolische Ordnungen in der verschiebenden Wiederholung vorgeführt und gleichzeitig verworfen werden (vgl. Strohmaier 2008, 189–194). Das Schreiben wird dadurch zu einer eminent politischen Praxis, die mit analogen Bestrebungen der österreichischen Neoavantgarde der 1950er- und 1960er-Jahre konvergiert, an denen Mayröcker mit der experimentellen Sprachkunst ihres Frühwerks partizipiert. Es geht dabei, wie Jürgen Serke über Mayröcker in *Frauen schreiben* konstatiert, um die „Neuentdeckung von Sprache als Form, das Gesellschaftliche von den Entstellungen des Faschismus zu befreien" (Serke 1979, 106). Ist diese „Sprachzertrümmerung" (Serke 1979, 106) primär auf den Signifikanten bezogen, so bringt das *parler femme* auch das Signifikat mit ins Spiel. Wenn die Sprache derart zum Organon der Kultur- und Gesellschaftskritik wird, gilt es, wie Mayröcker in einem Interview es tut, einem gelegentlich an sie herangetragenen Vorwurf zu widersprechen: „[M]ir wurde [...] vorgeworfen, eine unpolitische Autorin zu sein. Das ist ganz falsch. Deshalb falsch, weil jeder Text politisch ist, und gerade ein literarisch hochstehender Text ist besonders politisch." (Kraller/Famler 1999, 23) Die Widerständigkeit, die nicht nur in dem liegt, was der Text sagt, sondern auch in dem, was er tut, wenn er etwas sagt, bedingt eine Koalition von Sprach- und/als Sozialkritik, die sich auch dann entfaltet, wenn ein „Text gar nicht unmittelbar politisch" ist. Für Mayröcker erweist sich diese Art des politischen Engagements nachgerade als Gütekriterium poetischer Praxis: „Der ganze politische Kosmos ist in einem Text, wenn es ein guter Text ist." (Kraller/Famler 1999, 23)

Heimliche ‚*poeta docta*'

In einem Text für die *Neue Zürcher Zeitung* schreibt Mayröcker über ihren Bücherbestand: „Lückenhaft, chaotisch diese meine Bibliotheken, die famosen Werke angelesen, aufgegeben, mit Lesezeichen vertröstet" (Mayröcker 2007). Dem Zustand ihrer Bibliothek entsprechend wird der Akt des Lesens in ihrer Prosa als fragmentarische Aneignung und ‚wilderndes Lesen' konfiguriert. So hebt das Ich etwa in *Stilleben* seine „zersplitterte[] Lektüre" (ST 16) hervor. Das Lesen wird zudem als eine Aktivität inszeniert, in der die Lesende weniger den Sinn als die Sinnlichkeit der Zeichen erfasst (vgl. etwa ST 9, 16). Auch in Gesprächen mit Literaturwissenschaftlerinnen hat Mayröcker für sich ein Lektüreverhalten reklamiert, das es eher auf die Materialität der Buchstaben als auf deren Bedeutung abgesehen hätte. Eine Einsichtnahme in zentrale Bücher aus Mayröckers Nachlassbibliothek (vgl. LIT 493/19), die Mayröcker auch in Leseszenen ihres Werkes thematisiert, offenbart demgegenüber eine eigentümliche Diskrepanz zwischen dem in ihren Selbstinszenierungen und ihren Texten dargestellten Umgang mit diesen Büchern und ihrem tatsächlichen Gebrauch. Die spezifischen Bearbeitungs- und Gebrauchsspuren der Bücher widersprechen der von Mayröcker kolportierten Lesepraxis.

Die Behauptung der Autorin widerlegend, sie habe nur den ersten – literarisch orientierten – Band von Derridas *Die Postkarte* (frz. 1980, dt. 1982) besessen und gelesen, weist der Bestand ihrer Nachlassbibliothek beide Bände auf (vgl. LIT 493/19), wobei beide von Lesepuren gekennzeichnet sind. So finden sich auch im zweiten, philosophisch ‚anspruchsvollen' Teil der *Postkarte* einige Markierungen in Form von Randstrichen. Und auch im ersten Band ist die Lektüre nicht auf die ‚literarischen' Sendungen beschränkt geblieben, wie eine Markierung in den paratextuellen Anmerkungen zur Übersetzung bezeugt. Der Zustand der Bücher widerspricht zudem der in den fiktionalen Leseszenarien von Mayröckers Prosa vorgeführten Praxis ihrer Aneignung. Wenn das Ich in *brütt* „bei diesem Buch : DIE POSTKARTE von Derrida" (BR 303) eine durchaus materielle Inbesitznahme insinuiert – ich „wälzte mich unappetitlich in seinem Papierwerk" (BR 89) –, durch die sich die „winzigen Holzspäne des brüchigen Buches" (BR 88) in seinem Zimmer verteilen, so entbehren die realen Exemplare Zeichen derartiger Auflösungserscheinungen.

Ähnliches gilt für das Buch *Jacques Derrida. Ein Porträt* (frz. 1991, dt. 1994), das aus einer systematischen Abhandlung zur Philosophie

Derridas besteht, verfasst vom britischen Literaturwissenschaftler Geoffrey Bennington, sowie einer literarischen Autobiographie von Derrida selbst, die sich in Form von 59 Paragraphen unter dem Haupttext von Bennington erstreckt. Die Lektüre dieses Buches wird in Mayröckers Prosa als gleichsam körperlicher Akt dargestellt, der einer Einverleibung des Buches als Liebesobjekt gleichkommt (vgl. etwa AF 94), wobei in den dargestellten Leseszenen – Mayröckers wiederholt geäußerter Passion für den Philosophen und die literarische Qualität seiner Schriften entsprechend – auf die Lektüre der Autobiographie Derridas fokussiert wird (s. Kap. 31; vgl. dazu auch Encke 2008). Ein Blick in das im Nachlass befindliche Buch aus dem Besitz der Autorin bietet demgegenüber ein ganz anderes Bild. Das Buch trägt kaum Spuren einer in ihrer Prosa als ‚wildes' Lesen inszenierten Handhabung. Die – durchwegs dezenten – Markierungen, die im Widerspruch stehen zum Lesen als materiellem Exzess, betreffen zentrale Passagen, die sich als unmarkierte Zitate auch in Mayröckers Prosa nachweisen lassen. Darüber hinaus zeigt sich, dass Mayröckers tatsächliche Lektüre keineswegs auf den unteren Rand, also Derridas Text beschränkt blieb, sondern, wie anhand von Unterstreichungen deutlich wird, auch den philosophischen ‚Haupttext' einschloss. Zudem belegen Markierungen auch in diesem Buch Mayröckers Studium der Paratexte, in diesem Fall der biographischen Daten im Anhang. An Mayröckers Exemplar von Jacques Derridas Buch *Aufzeichnungen eines Blinden* (frz. 1990, dt. 1997), das sich in ihrer Nachlassbibliothek befindet, manifestiert sich zudem ihr Studium des Nachworts von Michael Wetzel (vgl. LIT 493/19).

Vor dem Hintergrund von Mayröckers Auto(r)inszenierungen lassen sich die in ihren Texten dargestellten Lektüreszenen weniger als realistische Abbildungen ihres Leseverhaltens verstehen denn als Selbstdarstellungen, die mit ihrem Bild der Autorin als *scripteur* konvergieren. Als Akteur, der im Unterschied zum traditionellen „*Autor*-Gott[]" (Barthes [1967] 2000, 189) nicht den Anspruch erhebt, ein in seiner Originalität singuläres Werk hervorzubringen, sondern der seinen Text als „Gewebe von Zitaten aus unzähligen Stätten der Kultur" (Barthes [1967] 2000, 189) wirkt, ist der Schreibende im Sinne Roland Barthes auf das Lesen angewiesen. Der Tod des Autors in seinem gleichnamigen Essay geht mit der „Geburt des Lesers" (Barthes [1967] 2000, 193) einher. Wie der ursprüngliche Publikationskontext seines Essays nahelegt – er erschien zuerst 1967 in der Doppelnummer 5 und 6 von *Aspen*, einem als dreidimensional angelegten, in Form einer Multimedia-Box realisierten US-amerikanischen Magazin zusammen mit anderen Texten, aber auch Zeichnungen, Partituren oder Bastelanleitungen auf Papier sowie Vinyl-Schallplatten und einer Super-8-Filmspule –, ist Lesen dabei keineswegs nur ein lineares Geschehen, das auf den Sinn der Zeichen abstellt, sondern das in seiner Materialität auch die Hand angeht (vgl. dazu Strohmaier 2024, 88–89). Dass „[L]esen […] eine Bedingung für das Schreiben" (MB I, 26) ist, stellt Mayröcker in ihrer Rede anlässlich der Verleihung des Anton-Wildgans-Preises dezidiert heraus. In ihrer Prosa präsentiert sie das poststrukturalistische Konzept des Textes als hervorgegangen aus einem sich als Zusammenspiel entfaltenden „Schreiben-Lesen" (Kristeva [1967] 1996, 335), indem sie, wie man mit Elisabeth Strowick formulieren könnte, „Lesen als *material event*" (Strowick 2005) inszeniert.

Es scheint, dass Mayröckers Selbstinszenierung als „Scriptor" (BR 297), auch im Kontext ihrer hyperbolischen Herabsetzung als ‚Simpel' und vermeintlich ‚einfältiger Schreiberling', den Blick auf Mayröckers Selbstanspruch als ‚*poeta docta*', wie er sich an ausgewählten Exemplaren ihrer Nachlassbibliothek niederschlägt, verstellt hat. Spätestens 1963 scheint sich der Gemeinplatz formiert zu haben, dass, wie der Dichterkollege Andreas Okopenko behauptet, Mayröcker „keine intellektuelle Dichterin" ist (Okopenko 1963, 11). Was als Forschungsdesiderat geboten erscheint, sind Ansätze, die Mayröcker nicht nur als Dichterin, sondern auch als Denkerin zu würdigen wissen und die ihr Werk, wie das Ich in *Reise durch die Nacht* von seiner Schrift sagt, als „Ort der Erkenntnis" (RN 30) erschließen.

Literatur

Arteel, Inge: Friederike Mayröcker. Hannover 2012.

Arteel, Inge: „Vom Küssen der Zunge, im Sinne von Sprache". Schreiben und Umwelt in Friederike Mayröckers Lyrik und Prosa sowie im fotografischen Paratext. In: Michael Fisch/Christoph Schmidt (Hg.): Transkulturelle Hermeneutik I. Vorträge auf Einladung des Walter Benjamin-Lehrstuhls für deutsch-jüdische Literatur- und Kulturwissenschaft an der Hebräischen Universität in Jerusalem. Berlin 2020, 291–308.

Barthes, Roland. Der Tod des Autors [1967]. In: Fotis Jannidis et al. (Hg.): Texte zur Theorie der Autorschaft. Stuttgart 2000, 185–193.

Encke, Julia: Ich hatte immer Zweifel. Auf der Suche nach dem knallroten Freud und dem Geheimnis ihrer Poetik: Ein Treffen mit der Schriftstellerin Friederike Mayröcker im „Cafe Imperial" in Wien. In: Frankfurter Allgemeine Sonntagszeitung (Frankfurt) vom 2.3.2008, 29.

Fetz, Bernhard: „Ich denke in langsamen Blitzen". Friederike Mayröcker: Ein Schreibleben. In: Gerhard Melzer/Stefan Schwar (Hg.): Friederike Mayröcker. Graz/Wien 1999, 237–244.

Foucault, Michel: Die Heterotopien [1966]. In: Ders.: Die Heterotopien. Les hétérotopies. Der utopische Körper. Le corps utopique. Zweisprachige Ausgabe. Aus dem Französischen von Michael Bischoff. Frankfurt a. M. 2005, 7–22.

Holm, Christiane: Möbel. In: Susanne Scholz/Ulrike Vedder (Hg.): Handbuch Literatur & Materielle Kultur. Berlin/Boston 2018, 425–427.

Kastberger, Klaus: Die widersetzliche Benennung der Welt. Friederike Mayröckers unablässiges Schreiben. In: Bernhard Kraller (Hg.): Friederike Mayröcker – die herrschenden Zustände. [Foto-Text-Band zum 75. Geburtstag] Wien 1999, 10–15.

Kastberger, Klaus: Chaos des Schreibens. Die Werkstatt der Dichterin und die Gesetze des Archivs. In: Ders./Stefan Maurer (Hg.): Die Werkstatt des Dichters. Berlin 2017, 13–28.

Kling, Thomas: „Parallelsprachen, Nervenausschnitte". Über Mayröckers *Heiligenanstalt*. In: Friederike Mayröcker: Gesammelte Prosa. Bd. II: 1978–1986. Hg. von Klaus Kastberger. Frankfurt a. M. 2001, 619–623.

Koelbl, Herlinde: Im Schreiben zu Haus. Wie Schriftsteller zu Werke gehen. Fotografien und Gespräche. München 1998.

Kraller, Bernhard/Famler, Walter: „Das ist wirklich die heiligste Ordnung". Gespräch mit Friederike Mayröcker. In: Bernhard Kraller (Hg.): Friederike Mayröcker – die herrschenden Zustände. [Foto-Text-Band zum 75. Geburtstag] Wien 1999, 16–27.

Kristeva, Julia: Bachtin, das Wort, der Dialog und der Roman [1967]. In: Dorothee Kimmich/Rolf Günter Renner/Bernd Stiegler (Hg.): Texte zur Literaturtheorie der Gegenwart. Stuttgart 1996, 334–348.

Mayröcker, Friederike: Meine Bibliothek. „wir hatten alle Hände voll damit zu tun, Feldblumen zu pflücken". In: Neue Zürcher Zeitung (Zürich) vom 1.12.2007, 29. https://www.nzz.ch/wir_hatten_alle_haende_voll_damit_zu_tun_feldblumen_zu_pfluecken-ld.448956 (10.4.2024).

Okopenko, Andreas: Friederike Mayröcker. In: Wort in der Zeit 3/9 (1963), 8–18.

Öhner, Reinhard/Kraller, Bernhard: Fototechnische Daten. In: Bernhard Kraller (Hg.): Friederike Mayröcker – die herrschen-den Zustände. [Foto-Text-Band zum 75. Geburtstag] Wien 1999, [112].

Rettenwander, Susanne: Von den Anfängen. Leben und Schreiben im Nachlass. In: Bernhard Fetz/Katharina Manojlovic/Dies. (Hg.): „ich denke in langsamen Blitzen". Friederike Mayröcker. Jahrhundertdichterin. Wien 2024, 28–39.

Schmidt, Siegfried J.: „Es schießt zusammen". Gespräch mit Friederike Mayröcker (März 1983). In: Ders. (Hg.): Friederike Mayröcker. Frankfurt a. M. 1984, 260–283.

Schmidt, Siegfried J.: „Lebensirritationsvorstellungen": Gespräch mit Friederike Mayröcker am 16. April 1986 in Wien. In: Ders.: Fuszstapfen des Kopfes: Friederike Mayröckers Prosa aus konstruktivistischer Sicht. Münster 1989, 121–142.

Serke, Jürgen: Frauen schreiben. Ein neues Kapitel deutschsprachiger Literatur. Hamburg 1979.

Strohmaier, Alexandra: Logos, Leib und Tod. Studien zur Prosa Friederike Mayröckers. München 2008.

Strohmaier, Alexandra: „Verwirklichte Utopien". Friederike Mayröckers Schreib- und Texträume. In: Nicole Streitler-Kastberger/Martin Vejvar (Hg.): Utopie und Dystopie. Beiträge zur österreichischen und europäischen Literatur vom 18. bis zum 21. Jahrhundert. Berlin/Boston 2023, 181–192.

Strohmaier, Alexandra: Friederike Mayröcker – Scriptor. Zur Materialisierung von Autorschaft an Dingen des Archivs. In: Bernhard Fetz/Katharina Manojlovic/Susanne Rettenwander (Hg.): „ich denke in langsamen Blitzen". Friederike Mayröcker. Jahrhundertdichterin. Wien 2024, 88–98.

Strowick, Elisabeth: Lesen als *material event*. Materialität in Literatur und Literaturtheorie. In: Thomas Strässle/Caroline Torra-Mattenklott (Hg.): Poetiken der Materie. Stoffe und ihre Qualitäten in Literatur, Kunst und Philosophie. Freiburg i. Br. 2005, 77–93.

Thums, Barbara: Im Zweifel für die Reste: Lumpensammler und andere Archivisten der Moderne. In: Sarah Schmidt (Hg.): Sprachen des Sammelns. Literatur als Medium und Reflexionsform des Sammelns. Paderborn 2016, 545–559.

Teil II

Lyrik

Tod durch Musen. Poetische Texte (1966)

Sonja Martinelli

Tod durch Musen. Poetische Texte ist Friederike Mayröckers erster großer Gedichtsammelband. Der Band umfasst Gedichte aus zwei Jahrzehnten und erschien erstmals 1966 im Rowohlt Verlag. Eine zweite Ausgabe folgte 1973 bei Luchterhand (vgl. Beyer 1992, 122). Einige Gedichte aus *Tod durch Musen. Poetische Texte* waren bereits zuvor in Zeitschriften und in zwei vorangehenden Publikationen zu lesen, im Band *metaphorisch* von 1964 und in *Texte* von 1966 (vgl. Beyer 1992, 32–34; Çentoğlu 2007, 9). Mit der Publikation bei Rowohlt wurde ein Querschnitt aus Mayröckers jahrzehntelanger Produktion einer breiteren Leserschaft zu einer Zeit zugänglich, in der Mayröcker, so wie viele innovativ und experimentell Schreibende in Österreich, zunehmend mit Publikationsschwierigkeiten konfrontiert war (vgl. Beyer 1992, 28–35). Mayröckers „Debüt auf dem deutschsprachigen Markt" (Beyer zit. n. Lehmkuhl 2016, 30) bietet somit zugleich einen Einblick in das 25-jährige Schaffen einer Dichterin (vgl. Beyer zit. n. Lehmkuhl 2016, 30).

Der Band gliedert sich in vier Zeitabschnitte, die jeweils mit einer Jahresangabe markiert werden: 1965, 1945–1950, 1950–1960 und in den längsten, 1960–1965. Den ersten, 1965, macht der Zyklus *Tod durch Musen* aus, der dem Band seinen Titel gibt und durch seine Voranstellung fast programmatisch auf die Zusammenstellung der Gedichte wirkt, als seien diese nach einem ‚Tod durch Musen' zu lesen. Die Zeitabschnitte bilden weitestgehend den Entstehungszeitraum der Gedichte ab, wenngleich eine eingehendere Studie von Mayröckers Typoskripten Inkongruenzen aufgezeigt hat (vgl. Çentoğlu 2007, 11). Mit dem ausgedehnten Entstehungszeitraum der Gedichte geht eine technische und thematische Vielfalt einher, die außerdem durch die schiere Länge vieler Gedichte noch gesteigert wird. Die Bandbreite reicht von einem achtzeiligen Gedicht wie HELLROTE HORTENSIE UND bis zu einem elfseitigen wie *L'argot Exodus und amor*, das zu Mayröckers „‚freie[n]' oder ‚totale[n]' Gedicht[en]" (Mayröcker 1967, 371) gezählt werden kann (vgl. Jandl [1974] 2016, 30). Interpretatorische Unsicherheiten bestehen bezüglich der Textgrenzen und der Textgattung. So hat Mayröcker selbst darauf aufmerksam gemacht, dass der letzte Abschnitt des Bandes als „ein langes Gedicht" (Beyer 1992, 92) gelesen werden kann. Die Titel- und Gattungsbezeichnung ‚poetische Texte' wiederum könnte sowohl literaturhistorisch auf jenen Textbegriff verweisen, der „zum klassifikatorischen Signum für die literarische Dichtung der (Neo-) Avantgarde nach 1945" (Eder 2007, 669) wurde, als auch ein frühes Zeugnis für einen zentralen Zug von Mayröckers Poesie sein: das Erproben von gattungshybriden Formen bzw. von

S. Martinelli (✉)
Wien, Österreich
E-Mail: sonja.martinelli@web.de

Gattungsneugestaltungen (vgl. Baumann 2020, 5–9; s. Kap. 49).

Mayröckers Schreiben nach 1945

In den 1950er-Jahren wurde die Bekanntschaft mit Andreas Okopenko, H. C. Artmann, und Ernst Jandl, den sie 1954 kennenlernte, zu einem wichtigen Entwicklungsmotor für Mayröckers Schreiben (vgl. Beyer 1992, 25). Sie kam in Kontakt mit Strömungen und Techniken wie „Dada, Expressionismus, der konkreten Poesie" und den „damit verbundenen Textgenerierungsverfahren wie Montage und Collage" (Beyer 1992, 25), die ihr Schreiben nachhaltig beeinflussen sollten. Dies zeigt sich insbesondere, aber nicht ausschließlich, im letzten Abschnitt des Bandes. In diesen ihren langen Gedichten entwickelt Mayröcker „her own variation of concrete poetry" (Arteel 2021). Dabei wird der Materialcharakter der Sprache auf möglichst vielen Ebenen, einer phonetischen, semantischen, syntaktischen und graphematischen, für die Textprogression auf der Textfläche aktiviert (vgl. Kühn 2002, 51–55). Mayröckers lange Gedichte bilden einen „experimentellen Beitrag zum langen Gedicht" (Kühn 2002, 42), der im Kontext einer literarischen Debatte steht, die Walter Höllerer mit den *Thesen zum langen Gedicht* 1965 auslöste und in der u. a. der Realitäts- und Wirklichkeitsbezug von Gedichten befragt wurde (vgl. Kühn 2002, 41–49; vgl. Mengeringhaus 2020; Arteel 2021).

Ihre langen Gedichte erforschen das Verhältnis von Schreiben und Subjektivität und bringen eine „selective recreation of experienced reality" (Arteel 2021) zum Ausdruck, in der „unterschiedliche Aspekte von Wirklichkeit gleichberechtigt nebeneinanderstehen" (Kühn 2002, 45). Mayröcker selbst beschreibt ihre langen Gedichte als „einen Ausschnitt aus der Gesamtheit meines [= Mayröckers, Erg. d. Verf.] *Bewusstseins von der Welt*" (Mayröcker 1967, 371). Zur Wirklichkeit dieser Gedichte und des gesamten Bandes gehören auch die „Spuren der Zerstörung" (Waterhouse 2016, 67; vgl. Martinelli 2020, 105–106; Martinelli 2021, 53–70) des Zweiten Weltkriegs. Der einleitende Zyklus *Tod durch Musen* verdeutlicht, in welchem sprachlichen, literatur- und kulturhistorischen Zusammenhang Mayröckers Schreiben von Poesie zwischen 1945 und 1965 steht: Die Sprache der Kriege, deren gewaltsame Sedimente, sind den acht Gedichten eingeschrieben, die als Modelle betitelt die Namen der neun Musen aus der griechischen Mythologie tragen, der „Schutzgöttinnen der Künste und Wissenschaften" (Brodersen/Zimmerman 2006, 399). Die Gedichte zeigen, wie in mehr oder weniger expliziten Formen die gewaltsame Kriegssprache die paradigmatischen Wissens- und Kunstbereiche westlicher Kultur durchzieht, und setzen diese dadurch einer entblößenden Kritik aus (vgl. Lartillot 1997, 102; Le Née 2013, 227). Dem Band ist so ein (selbst-)kritischer Beginn vorangestellt (vgl. Le Née 2013, 227; Martinelli 2021, 58): In diesem „kommen tatsächlich die Verausgabung an die Kunst, die Schönheit und der totale Terror zusammen, sie stehen nebeneinander, es gibt nichts Ausgleichendes" (Beyer zit. n. Lehmkuhl 2016, 38). Der Zyklus schreibt dadurch gegen jegliche ideologische Vereinnahmung an (vgl. Le Née 2013, 236; Martinelli 2021, 3–4, 58) und drückt eine „Auflehnung gegen eine Zwang-Totalisierung des Sinnes, die an Totalitarismus angrenzt" (Lartillot 1997, 118), aus, die sich in Mayröckers langen und freien Gedichten durch eine radikale Textoffenheit (vgl. Le Née 2013, 239) fortsetzt.

Techniken zwischen Lyriktradition und Experiment

In *Tod durch Musen. Poetische Texte* ist alles vielfältig: die Schreibtechniken, Themen, Intertexte und Intermedien. Als den Band kennzeichnende, textübergreifende Aspekte gelten das Aufeinandertreffen von experimentellen Techniken und einem traditionsgebundenen lyrischen Sprachmaterial (vgl. Arteel 2021; Weibel 1984, 39), „die rege intertextuelle Bezugnahme auf externes Material und die zahlreichen

Schemata und Figuren der Kommunikation" (Arteel 2020, 23). Es finden sich „biblische und mythologische Stoffe" (Arteel 2020, 23) sowie Kommunikationsstrukturen aus „der Oden-, Litanei- und Lieddichtung" (Arteel 2020, 23) zitiert. Einzelne Gedichttitel verweisen zudem auf lyrische Gattungsformen, wie *Romanze mit Blumen* oder *Ode an einen Ort*, und eröffnen ein „Spiel mit den Konventionen und Gattungsmerkmalen" (Baumann 2020, 9). Thematische Anknüpfungen bestehen auch zur barocken Lyriktradition: WIRD WELKEN WIE GRAS verarbeitet z. B. die Vanitas-Motivik in barocker Tradition (vgl. Schmidt 2022, 248–252).

Einen Überblick formaler Art bietet die Betrachtung der poetisch-syntaktischen Struktur: Der freie Vers ohne „fixierte Vers-Schemata" (Jandl [1974] 2016, 19) zeichnet den zweiten Abschnitt (1945–1950) des Bandes aus. Eine rekurrierende Form bildet zudem die Litanei-Struktur mit ihrem „Ruf-Bitte-Schema" (Jandl [1974] 2016, 23), wie z. B. in WIRD WELKEN WIE GRAS. Strukturbildend wirkt außerdem die wiederholende und leicht variierte „Reihung von Verszeilen" (Jandl [1974] 2016, 25), die an permutative Techniken erinnert. IM WALDE VON KATYN besteht z. B. aus einer Abfolge von vier punktuell variierenden Versen.

Eine elliptische, fragmentarische und „reduzierte[] Syntax" (Jandl [1974] 2016, 28) bestimmt die Gedichte im dritten Abschnitt (1950–1960). So bildet eine Aneinanderreihung von Partizipien das Gedichtgerüst von DAS GE-SCHWADERBLAUE DAS HANFGELBE GETRÄNK DES TRIUMPHS (vgl. Jandl [1974] 2016, 27). Im letzten Abschnitt (1960–1965) entfaltet sich Mayröckers langes Gedicht. Der Text nutzt die gesamte Buchseite als Ausdrucksfläche, ähnlich den Techniken der visuellen Poesie (vgl. Le Née 2013, 239). Dabei strukturieren und rhythmisieren Interpunktionszeichen den Text und die Groß- und Kleinschreibung dient der Akzentsetzung (vgl. Jandl [1974] 2016, 30). Mehrsprachige Passagen, intertextuelle und intermediale Verweise unterschiedlichster Art (vgl. u. a. Çentoğlu 2007, 124–127) sind in eine Textprogression collagiert, die sich durch Wiederholungen, Paronomasie, Assonanzen, Alliterationen, Anagramme (vgl. Martinelli 2021, 13, 24, 56–61) und freie Assoziationen (vgl. Kühn 2002, 67) entwickelt, während „alltagssprachliche Metaphern metapoetisch" (Kühn 2002, 45) verwendet und dabei „entmetaphorisiert" werden (Kühn 2002, 45).

Literatur

Arteel, Inge: Konstellationen des Stimmhaften und der Anrede in Mayröckers Lyrik. In: Dies./Eleonore De Felip (Hg.): Fragen zum Lyrischen in Friederike Mayröckers Poesie. Stuttgart 2020, 17–34.

Arteel, Inge: Friederike Mayröcker (2021). In: Online Encyclopedia of Literary Neo-Avant-Gardes, https://www.oeln.net/friederike-mayrocker (4.6.2023).

Baumann, Karoline: Hybridität und Gattung. Versuch über die Gattungspoetik Friederike Mayröckers. In: Inge Arteel/Eleonore De Felip (Hg.): Fragen zum Lyrischen in Friederike Mayröckers Poesie. Stuttgart 2020, 1–16.

Beyer, Marcel: Friederike Mayröcker. Eine Bibliographie 1946–1990. Frankfurt a. M et al. 1992.

Brodersen, Kai/Zimmerman, Bernhard: Musen. In: Dies. (Hg.): Metzler Lexikon Antike. Stuttgart/Weimar ²2006, 399.

Çentoğlu, Isabel Z.: Die Gedichte Friederike Mayröckers von 1945 bis 1965 anhand von *Tod durch Musen. Poetische Texte*. Dissertation, Univ. Wien 2007.

Eder, Thomas: Konkrete Poesie. In: Ursula Heukenkamp/Peter Geist (Hg.): Deutschsprachige Lyriker des 20. Jahrhunderts. Berlin 2007, 660–677.

Jandl, Ernst: Die poetische Syntax in den Gedichten von Friederike Mayröcker [1974]. In: Ders.: Werke in 6 Bänden. Bd. 6: Mein Gedicht und sein Autor. Hg. von Klaus Siblewski. München 2016, 15–39.

Kühn, Renate: Herme(neu)tik. Zur ersten Sequenz von Friederike Mayröckers ‚langem Gedicht' „Text mit den langen Bäumen des Webstuhls". In: Dies. (Hg.): Friederike Mayröcker oder „das Innere des Sehens". Studien zu Lyrik, Hörspiel und Prosa. Bielefeld 2002, 41–104.

Lartillot, Françoise: Les choix de Friederike Mayröcker et Ernst Jandl: Tierce voix de la poétologie quand le syndrome fait rage/en Autriche? In: Austriaca 45 (1997), 93–118.

Lehmkuhl, Tobias: „„…könnt ihr mir die lyra runterwerfen?" Auf den Spuren von Friederike Mayröckers Zyklus „Tod durch Musen". [Manuskript zur Radiosendung] Deutschlandradio Kultur. Sendung vom 14.8.2016. In: https://assets.deutschlandfunk.de/FILE_17ea7f05c6ebba0b314f17a9ef7b6039/original.pdf. (27.12.2023).

Le Née, Aurélie: La poésie de Friederike Mayröcker – une « œuvre ouverte ». Bern et al. 2013.

Martinelli, Sonja: Friederike Mayröckers *Text mit Linné's berühmter Blumen-Uhr*. Vom Öffnen und Schließen der Blüten und Wörter. In: Inge Arteel/Eleonore De Felip (Hg.): Fragen zum Lyrischen in Friederike Mayröckers Poesie. Stuttgart 2020, 93–113.

Martinelli, Sonja: Blumen lesen in Friederike Mayröckers *Tod durch Musen. Poetische Texte*. Wien: Masterarbeit, Univ. Wien 2021.

Mayröcker, Friederike: Friederike Mayröcker. In: Walter Höllerer (Hg.): Ein Gedicht und sein Autor. Lyrik und Essay. Berlin 1967, 361–378.

Mengeringhaus, Maximilian: Die Thesen vom langen Gedicht. Walter Höllerer und das deutschsprachige Langgedicht. In: Zeitschrift für Germanistik 30/3 (2020), 594–608. https://doi.org/10.3726/92167_594.

Schmidt, Antje: „Wiese sein". Vanitas und melancholische Naturbetrachtung bei Friederike Mayröcker und Marion Poschmann. In: Victoria von Flemming/Julia Catherine Berger (Hg.): Vanitas als Wiederholung. Berlin/Boston 2022, 237–266. https://doi.org/10.1515/9783110761047-011.

Waterhouse, Peter: Die Poesie ist heiter. In: Ders.: Der Fink. Einführung in das Federlesen. Berlin 2016, 60–99.

Weibel, Peter: Musik, kundig der Sehnsucht? Aspekte zur Lyrik von Friederike Mayröcker und anderen. In: Siegfried J. Schmidt (Hg.): Friederike Mayröcker. Frankfurt a. M. 1984, 36–42.

In langsamen Blitzen (1974)

Michaela Nicole Raß

„komm ich nehme dich mit (Fra Angelico Botticelli Primavera [/] der Föhrenwald in der Hand)" (LB 20), lockt das lyrische Ich im *Todes- und Liebeslied*, einem vermutlich zwischen 1960 und 1962 entstandenen Gedicht (vgl. GG 829) aus dem 1974 publizierten Band *In langsamen Blitzen*. Es weist damit auf Denk- und Schreibpfade voraus, die das Gesamtwerk Mayröckers durchziehen werden: Das sprechende Subjekt, zumeist ein lyrisches Ich bzw. Text-Ich in den Prosaarbeiten, führt auf die Spur der bildenden Kunst und der Musik durch direkte Erwähnungen von Werktiteln oder Künstlernamen oder durch indirekte, verrätselte Verweise auf Fragmente, Bilddetails, einzelne Motive oder Details aus dem Künstlerleben. Im Bereich der Musik werden Verweisstrukturen auch dadurch etabliert, dass musikalische Formen wie Lieder, Arien oder Kantaten angesprochen werden. Gleichzeitig lässt sich damit die Spur der engen Verwobenheit von Liebe und Tod, Freude und Leid verfolgen, die in späteren Werken zu vielfachen Reflexionen von Mayröckers Beziehung zu ihrem „HAND- und HERZGEFÄHRTEN" (R 12) Ernst Jandl führen wird. Auch Spuren von Vegetations- und Tiermetaphern, des Naturerlebens und der stimmungsvollen Wetterphänomene mäandern durch diesen Band. Schon in diesem frühen Lyrikband werden also solche fürs Gesamtwerk zentrale poetische Strukturen, Sinnherstellungsverfahren, Motive und Methoden der Aneignung von Fremdmaterial entwickelt.

Gleichzeitigkeit von Gegensätzen

Das lyrische Ich führt auf dunkle, bisweilen schmerzhafte Pfade ins Unbewusste des Schlafs, ins Gefühlsleben, Innerliche, hin zur innigen Verbundenheit mit einem Du, die geprägt ist von der Gleichzeitigkeit von intellektuellem Austausch, von Verletzlichkeit und dem Streben nach emotionaler und geistiger Nähe: „komm ich führe dich ich geleite dich ich nehme dich mit [/] an meine Schmerzlippe in den Schlaf in das Innere meines Herzens" (LB 20). Doch ist die Beziehung zum Liebesobjekt gleichzeitig von Entzug und Verlust aufgrund des Freiheitsdrangs des Begehrten, der Verweigerung oder der Geste des Abwendens geprägt. Dadurch entsteht eine facettenreiche, ständig neu auszulotende Beziehungskonstellation, eine Volatilität, die eine Deutungsoffenheit bedingt bzw. eine Vieldeutigkeit ermöglicht. Das Streben zum Gegenüber hin kann zu einem geradezu bedrohlichen Insistieren auf Nähe führen, denn es bleibt unbestimmt, wer da von Liebe spricht: ein irdisches Wesen oder der Tod selbst. Oder ist es das Ich, das dem Tod zu folgen bereit ist in einer

M. N. Raß (✉)
München, Deutschland

Absolutheit, die an Selbstaufgabe und Opferbereitschaft erinnert, jedoch zugleich Selbstbestätigung ist, die Beschwörung des eigenen Seelenlebens: „mit dir überall hin [/] ich fürchte mich nicht [/] mit dir überall hin überall hin" (LB 20)?

Nicht nur Figurenkonstellationen, sondern auch Orte werden als schwankend zwischen Gegensätzen oder als Vereinigung von Kontrasten charakterisiert. Die Gleichzeitigkeit vom unbestimmten, allumfassenden, ortlosen Überall einerseits und vielfachen Beschreibungen und Verweisen auf konkrete Orte, wie beispielsweise die eigene Wohnung, andererseits kennzeichnet diesen Lyrikband. Im Gedicht *Wir haben jetzt Zähne aus Kerzenstummel* (LB 30) werden Räume im Präsens mittels der Schilderung charakteristischer Sinneseindrücke dargestellt und einander entgegengesetzt: Die Schilderung des Außenraums, des unpersönlichen „Drauszen" (LB 30) in der ersten Strophe, kontrastiert mit jener des Innenraums und der intimen Zweisamkeit im „Jetzt [...] nach vielen Monaten" (LB 30) in der fünften und letzten Strophe des Gedichts. Die Morgenstimmung und das weltzugewandte sich Öffnen – konkretisiert mittels des Bildes eines sich öffnenden Fensters – bilden in der zweiten Strophe einen Gegensatz zur dominanten Darstellung der Nacht und der Heimkehr, des Rückzugs in den Intimraum, in den Innenraum in der vierten Strophe. Die Skizze des Abends, der Dämmerung „auf der anderen Seite des Tages" (LB 30) in der dritten Strophe hat eine Scharnierfunktion, sie bildet den Abschluss der kurzen, skizzenhaften Umschreibungen der Außenräume und einen Übergang zur Thematisierung der Nacht. Die Erwähnung der offenen Handtasche und der eklektischen Sammlung der darin verwahrten, materiell wertlosen Erinnerungsstücke beschließt das Gedicht und vereint Innen und Außen: Das Objekt ist ein Transfergegenstand, durch den persönliche Gegenstände in einem kleinen Innenraum im Außenraum für Außenstehende verborgen herumgetragen werden. Bereits dieser kurze Blick auf das Gedicht offenbart, wie die semantischen Felder nicht dem inspirierten Einfall folgend willkürlich angeordnet sind, sondern einer Ordnung folgen, die sich auf allen Ebenen des Gedichts abbildet.

In den Gedichten *Horizont* und *Im Elendsquartier* werden ebenfalls Motive und Formeln entwickelt, die im Gesamtwerk variiert werden, etwa die Darstellung der eigenen Wohnung, sentimental-ironisch als „Elendsquartier" (LB 31, 33) bezeichnet, mit „Hurrikanen aus Staub" (LB 31). Während in *Horizont* die Isolation des lyrischen Ichs beschrieben wird, der es durch Kontaktaufnahmen via Telefon oder Brief entflieht, wird im zweiten Gedicht die Interaktion eines literatur- und musikbegeisterten Paares umrissen. Für die Schilderung der Paarbeziehung charakteristisch sind der Wechsel von einer unbestimmten Sehnsucht nach traditionellen Beziehungsritualen und -formen einerseits und der zunehmenden Verwerfung derselben sowie die Gleichzeitigkeit von Isolation andererseits. In einem anderen Gedicht heißt es: „du hast meine Tür verriegelt [/] du hast alles abgesperrt" (LB 17). Dadurch entsteht eine Konzentration bzw. Fixierung auf den oft abwesenden oder sich entziehenden, ausschließliche Intimität verweigernden Geliebten. Der Kontakt mit dem Freundeskreis bleibt dahingegen stabil und konstant. Folglich werden zwei Arten der Liebesbeziehung einander gegenübergestellt und in ein volatiles Verhältnis gesetzt. Im relativ frühen Lyrikband werden also Beziehungsmuster angedeutet, die im Gesamtwerk gattungsübergreifend wiederholt umschrieben werden, beispielsweise in *Und ich schüttelte einen Liebling* (2005). Wie in späten Prosawerken wird auch in diesem frühen Gedicht die inspirierende Wirkung der Auseinandersetzung mit dem Geliebten und der Sehnsucht nach ihm thematisiert (vgl. LB 9).

Wechselspiel von Eigenem und Fremdem

Neben den wiederholten Darstellungen der Wohnung wie in *Wir haben jetzt Zähne aus Kerzenstummel*, *Im Elendsquartier* oder *Horizont*, werden im Band auch Orte in Frankreich (vgl. LB 30), „Belgien" (LB 32), England (vgl. LB 32), Italien (vgl. LB 11, 12, 20, 30, 32), Griechenland (vgl. LB 13), Japan (vgl. LB 36), Deutschland (vgl. LB 21, 36) und Österreich (vgl. LB 27, 35) erwähnt. Das kontrastreiche Wechselspiel von Innen- und Außenräumen wird dadurch um die Facetten des Bekannten, des Eigenen und des Fremden, Angeeigneten ergänzt. Zu ersterem gehört auch die Befragung der österreichischen Identität und Geschichte (vgl. LB 29).

Die Überkreuzung von Eigenem und Fremden wird auch bezüglich der angeeigneten Sprache und der Verweise auf andere Künste wie der Musik und der bildenden Kunst reflektiert, wobei die Struktur des Verweisens auch Parallelen suggeriert. In *Horizont* wird die Methode der produktiven Aneignung von Bemerkungen von Freunden und Zitaten angesprochen: „Worte von Freunden [/] der Anblick von angeregneten Blumen im Hof [/] (‚Cezanne hätte seine Freude daran gehabt…')" (LB 31). Durch die Struktur des Gedichts wird eine Gleichartigkeit und Gleichwertigkeit des Zugriffs und der Anverwandlung suggeriert. Für das Gesamtwerk Mayröckers ist diese hier angesprochene Methode, auf Fremdmaterial zuzugreifen und es zu arrangieren, wodurch künstlerische Verfahren der klassischen Avantgarde wie die Collage oder Montage zitiert werden, charakteristisch. Hier zeigt sich auch, dass Mayröcker gleichermaßen auf Methoden der bildenden Kunst, Werke, Werktitel und Künstlernamen sowie Aussagen von Künstlern verweist. Die Varianz der Bezugsebenen bezieht sich auch auf die kunstgeschichtlichen Epochen: Neben dem Impressionisten Cézanne werden im Lyrikband noch der für seine Schnittbilder bekannte Avantgardekünstler Lucio Fontana (vgl. LB 36), der mit Mayröcker bekannte Wiener Schriftsteller, Komponist und bildende Künstler Gerhard Rühm (vgl. LB 36), der Frührenaissancekünstler Giotto (vgl. LB 37), der Surrealist René Char (vgl. LB 35), der Philosoph Rousseau (vgl. LB 37), die Kunsttheoretikerin und Dichterin Gertrude Stein (vgl. LB 33) oder der Dichter E. E. Cummings (vgl. LB 33–34) sowie Cicero (vgl. LB 36) erwähnt. Neben den Künsten rekurriert Mayröcker in diesem Lyrikband wie im Gesamtwerk oft auf Motive der christlichen Religion und der antiken Mythologie. Werkrelevant ist auch die Erwähnung des „LAMM GOTTES" (LB 11), denn Mayröcker wird sich immer wieder mit der christlichen Religion, ihrer Symbolik, ihren Sprach- und Darstellungsformeln, Anbetungsformen und -formulierungen auseinandersetzen (vgl. LB 7, 29). Reibungsflächen bieten die griechische und römische Mythologie (vgl. LB 8, 9).

Die reflektierten Wahrnehmungserfahrungen sind multisensorisch, wobei eine Konzentration auf die optische Wahrnehmung, die als lustvolle und ganzkörperliche Erfahrung beschrieben wird, festzustellen ist (so zum Beispiel: „mein Auge hat gebadet [/] in weiszen Arabesken", LB 8). Die Wahrnehmung von Kultur und Welt ist kontrastreich: Neben Blickwechseln findet sich auch der Wechsel der Wahrnehmung der Welt als Panorama und als „Guckkasten" (LB 23). Bühlbäcker sieht einen engen Zusammenhang zwischen Welt- und Selbstwahrnehmung im Gedicht *Der Aufruf* (LB 23): „Der Wechsel vom wahrgenommenen Rundgemälde zum Längenbild entspricht dem im Text vollzogenen Wechsel der Wahrnehmung der eigenen Existenz." (Bühlbäcker 2002, 32).

Der Kontrast von Panorama und Guckkasten, beide mit kunst- und theatergeschichtlich in unterschiedlichen Epochen verankerten Darstellungstraditionen verknüpft, illustriert weitere Gegensatzpaare wie Entgrenzung und Begrenzung, Gesamtschau und (Bild-)Detail, in rasender, turbulenter Weltsicht und ‚langsamen Blitzen'. Diese Blitze begreift Suchy als „typisch surrealistische contradictio in adjecto", die besagt, „daß die Bilder zwar wie ein Blitz aufleuchten, daß aber dann durch das poietische Denken der Dichterin die Räume, in denen diese Bilder aufblitzen, langsam und oft mühevoll erhellt werden" (Suchy 1984, 24; vgl. auch Wimmer 1975).

Das Umspringen und die Vereinigung von Widersprüchlichem, die auch das Bild der ‚langsamen Blitze' prägt, zeigt sich ebenfalls im Wechselspiel mit dem Ganzen und dem Einzelnen oder Vereinzelten in der Naturmetaphorik, oft verbunden mit der Entwicklung einer Farbsymbolik zur Evokation von Gemütszuständen

(„aber jetzt [/] ist mein Herz gelb", LB 18). Diese Herstellung einer Entsprechung von Materiellem und Immateriellem spiegelt sich auch in der Beziehung von Natur und Sprache und wird als Übersetzung, auch im semantisch nahen „übergesetzt" (LB 22), reflektiert. Aurélie Le Née gibt zu Bedenken, dass die „Naturelemente in Mayröckers Lyrik [...] polysemisch behandelt" würden und dass die Autorin „Spuren und Versatzstücke der lyrischen Tradition (symbolistische Poesie, Volkslied) mit experimentellen Verfahren wie Collage und ‚Sabotage'" mischen würde (Le Née 2020, 90). Die Naturmetaphorik Mayröckers entsprießt oft ihren Erinnerungen an die Kindertage in Deinzendorf, an „gemeinsame Kindertage der Fantasien" (LB 24), wie es in dem Gedicht mit dem bedeutungsträchtigen, auf religiöse Redeformen verweisenden Titel *Litanei nach der Natur* heißt. Le Née fasst zusammen: „Hier liegt eine Verbindung zwischen Natur, Autobiographie und Poesie, bzw. Poetik vor, wobei das literarische Schaffen letztlich das Wichtigste ist" (Le Née 2020, 82). Ähnlich wie im Gedicht *Der Aufruf* wird auch in *Litanei nach der Natur* das Subjekt in seinem Verhältnis zu Welt und Lebenslauf ausgelotet. In dem titellosen Gedicht, das den Titel des Bandes liefert, werden Inspiration und Distanz, Uneinholbarkeit, Präsenz in der Erinnerung und Flüchtigkeit im Vergessen in einen kausalen Zusammenhang gesetzt: „Freilich die heitere Zeit ist flüchtig [/] und ich denke in langsamen Blitzen [/] und ich spreche zu dir weil du fern bist wie die Maulbeerbäume meiner Kindheit" (LB 14).

Literatur

Bühlbäcker, Hermann: „Vom erinnerten Urbild zur poetischen Textur". Zur Konstruktion poetischer Subjektivität in Mayröckers *Der Aufruf*. In: Renate Kühn (Hg.): Friederike Mayröcker oder „das Innere des Sehens". Studien zur Lyrik, Hörspiel und Prosa. Bielefeld 2002, 25–38.

Le Née, Aurélie: Die Natur in Friederike Mayröckers Frühlyrik am Beispiel von vier Gedichten. In: Inge Arteel/Eleonore De Felip (Hg.): Fragen zum Lyrischen in Friederike Mayröckers Poesie. Stuttgart 2020, 77–91.

Suchy, Victor: Poesie und Poiesis, dargestellt am Werk Friederike Mayröckers. In: Siegfried J. Schmidt (Hg.): Friederike Mayröcker. Frankfurt a. M. 1984, 239–259.

Wimmer, Herbert J.: Friederike Mayröcker, In langsamen Blitzen. In: Literatur und Kritik 10/96–97 (1975), 437–438.

Gute Nacht, guten Morgen (1982)

Inge Arteel

Der 1982 erschienene Gedichtband *Gute Nacht, guten Morgen* enthält 102 Gedichte, die, so legt die Erwähnung der Entstehungsdaten am Ende des Bandes nahe, mehrheitlich 1981 entstanden sind. Eine kleinere Anzahl wurde 1980 verfasst. Der Band enthält zudem drei Gedichte aus dem Zeitraum Oktober/November 1978 und zwei Gedichte des Dezembers 1979. Alle Gedichte tragen einen Titel; fast ein Drittel ist unterhalb des Textes mit einer Widmung versehen, zwei Gedichte sind dem 1978 verstorbenen Vater der Autorin gewidmet, ein Gedicht der Mutter.

Die Gedichte dieses Bandes fallen durch ihre Kürze auf, sowohl hinsichtlich der Anzahl als auch der Länge der Verszeilen. Es gibt ein paar Fünf- und Sechszeiler, mehrere Gedichte, die nicht mehr als eine halbe Seite füllen, und einige, die sich bis auf anderthalb Seiten erstrecken. Bloß acht Gedichte ließen sich als das ‚lange' oder ‚totale' Gedicht charakterisieren, das Mayröcker vor allem in den 1960er-Jahren schrieb und womit sie auf mehreren Seiten ein vielfältiges, collage-artig präsentiertes Weltbewusstsein evozierte. Diese acht Gedichte sind alle vor 1981 entstanden und im Vergleich zu den älteren langen Gedichten weniger komplex. Auch die einzelnen Verszeilen sind in *Gute Nacht, guten Morgen* im Durchschnitt eher kurz. Nur selten reichen sie bis zum Blattrand. In einigen Gedichten bestehen mehrere Zeilen sogar aus nur einem Wort. Die Zeilen enden vielfach mit einer auffallenden Zeichensetzung: einem Schrägstrich, Gedankenstrich, Trennungsstrich oder aus zwei Punkten bestehenden Auslassungspunkten. Diese Satzzeichen finden sich auch häufig innerhalb der Verszeilen.

Phatische Funktion der Lyrik

Mit *Gute Nacht, guten Morgen* zitiert der Titel des Bandes das Gedicht *Gute Nacht und guten Morgen* (Rückert [1834] 2007, 487), eines der über 400 Gedichte, die Friedrich Rückert anlässlich des Todes zweier seiner Kinder 1833/1834 schrieb und die postum unter dem Titel *Kindertodtenlieder* gesammelt wurden. Fünf dieser Gedichte wurden in der Vertonung durch Gustav Mahler bekannt. Die freundlichen, oft bedenkenlos geäußerten Grußformeln ‚gute Nacht' und ‚guten Morgen', die Rückert in dem Gedicht als einen täglichen, glücklichen Brauch mit seinen Kindern erinnert, gehören zu dem alltäglichen Sprachgebrauch, der primär auf Kontaktnahme und nicht so sehr auf Verständigung oder Informationsübertragung zielt. Diese in Roman Jakobsons Kommunikationsmodell ‚phatisch' genannte Funktion der Sprache wird in der Lyrik mit der Qualität eines existentiellen Rituals aufgeladen, das Lyrik als

I. Arteel (✉)
Vrije Universiteit Brussel (VUB), Brüssel, Belgium
E-Mail: inge.arteel@vub.be

Teilhabe an einem sozialen Gefüge versteht. Umso prägnanter tritt diese existentielle Dimension in Erscheinung, wenn die lyrischen Grüße verstorbene Subjekte erinnernd ansprechen und diese in der Anrede anwesend stellen. Damit lässt sich die traditionsreiche rhetorische Figur der Apostrophe, der Anrufung abwesender Lebewesen oder auch nicht-lebendiger Wesen oder Dinge, verbinden (vgl. Culler 2015, 211–243; Arteel 2020, 19). Rückerts Gedicht erinnert daran, wie der banale Gruß mit Emotionen der Zuneigung und des gegenseitigen Beglückens einherging, und führt vor, wie die Lyrik in der wiederholenden Erinnerung eine Spur dieses einfachen Glücks im Jetzt der lyrischen Zeit wiederherzustellen versucht, dabei die verstorbenen Kinder apostrophierend.

Kommunikation als Bewegung der Sprache

Die Suggestion einer kommunikativen Situation zwischen dem lyrischen Ich und einem Du kennzeichnet eine Mehrzahl der hier versammelten Gedichte (vgl. Hinderer 1982). Die Kommunikation wird als alltägliches Ritual evoziert, wobei die Sprache in einem Register der „unscheinbare[n]" (Schafroth 1982) Einfachheit verbleibt. Allerdings ist diese Kommunikation auch ungesichert und stets mit einem schnellen Vergehen der Zeit, mit Vergänglichkeit, verbunden: „guten Morgen, ein [/] schöner Tag, die [/] Zeit wieder viel zu kurz – [/] dein Atem [/] am zeitigen Morgen im Telephon" (NM 50), „gute Nacht guten Morgen, [/] so rasch vergehen [/] jetzt die Tage" (NM 102). In dem Jetzt-Moment des poetischen Sprechens ist das Du bald abwesend – „jetzt [/] ohne dich" (NM 8) –, bald wird mit Emphase, aber vergeblich um die Anwesenheit in eben dem lyrischen Jetzt-Moment gerungen: „aber jetzt aber [/] jetzt" heißt es wiederholt in dem Gedicht *im Traghimmel, schmachten und warten* (NM 36), in der letzten Wiederholung wird die Phrase mit dem Zusatz „jetzt du hast mich [/] vergessen" versehen.

Die Inquit-Formeln, die gattungsübergreifend in Mayröckers Gesamtwerk vorkommen, fallen in diesem Gedichtband besonders auf. Immer wieder wird hier ‚gerufen', und dies sowohl von dem Ich als auch von dem Du, womit eine pathosbeladene Stimmhaftigkeit suggeriert wird, als ob einfaches ‚Sagen' für das Sprechen nicht ausreicht. Tatsächlich bringt das Rufen den Äther zum Schwingen und kann sich das Gerufene wellenartig von dem rufenden Mund bis ans Ohr unbestimmter Personen in den Raum fortbewegen: „[E]s ist etwas, was nicht so an der Erde klebt, sondern durch die Luft geht und nicht fixiert ist" (Schmidt 1984, 281), so Mayröcker über das Rufen. Sowohl der Ursprung als auch das Ziel des Gerufenen werden damit in eine schwebende Unbestimmtheit verlegt und Kommunikation vor allem als Aufruf zur lebensnotwendigen sprachlichen Bewegung verstanden, als „Umlauf der Sprache [/] zwischen uns" (NM 126).

Die Bewegung der Sprache realisiert sich in dem vorliegenden Band auch auf einer intratextuellen Ebene. In der Anordnung der Gedichte fällt auf, wie oft ein Gedicht über die Variation eines bestimmten Wortes oder über eine gleichlautende Phrase mit dem unmittelbar darauffolgenden Gedicht verbunden ist. „[D]as niedere Tier" (NM 14) mutiert zu „das Elentier" (NM 15) im darauffolgenden Gedicht und dieses wiederum zu „das Tier" (NM 16) im nächsten. Die schon zitierte Phrase „aber jetzt aber [/] jetzt" (NM 36) aus *im Traghimmel, schmachten und warten* wird im darauffolgenden Gedicht *Palmen-Waage* (NM 37) identisch wieder aufgenommen. Das Wort „Maschinensaal" aus dem Gedicht *Samum* (NM 68) wird in französischer Übersetzung zum Titel des darauffolgenden Gedichtes: „*Salle des Machines*" (NM 69). Durch den Band hindurch entsteht so eine Art Kette von Verbindungen, Berührungen und Transfers auf der formalen Wort-Ebene. Gelegentlich werden daraus auch semantische Isotopien, etwa wenn die Feststellung „ich friere" (NM 34) im darauffolgenden Gedicht als „die Hände [/] eisig" (NM 35) konkretisiert wird.

Die auffallendste Isotopie zeigt sich in dem semantischen Komplex der Jahreszeiten. Am häufigsten tauchen dabei Verweise auf den Frühling auf (quantitativ an zweiter Stelle steht wohl der Winter), oft schon im Titel (vgl. etwa NM 48, 50, 58, 129). Der Frühling wird metonymisch variiert mit der Tageszeit des frühen Morgens (vgl. etwa NM 9, 45, 46, 66, 90, 109, 132); gleich das erste Gedicht der Sammlung trägt den Titel *Aufbruch am frühen Morgen* (NM 7). Auch die Monate März (vgl. etwa NM 11, 48, 67, 92) und Mai (vgl. etwa NM 9, 30, 61, 97) verweisen metonymisch auf die Frühlingszeit. Das Gedicht *mitten im Frühling* (NM 129), das die metapoetische Verszeile „bukolischer Frühling" enthält, amalgamiert rudimentäre Versatzstücke aus der Lyrikgeschichte von der bukolischen (u. a. „Hirtenknabe") bis zur symbolistischen Poesie („dunkles Flüstern"), auf eine Weise, die den unausweichlichen Tod und die Fremdheit „mitten" in der Naturpoesie situiert (vgl. Le Née 2013, 197–199).

Rufen als Apostrophe

Auch der Bezug auf den christlichen Kalender mit den Hinweisen auf Ostern und Pfingsten (in einer Reihe von Gedichten, vgl. NM 51–56) bettet das Thema des Todes, aber auch der erhofften Wiederauferstehung, in einen frühlingshaften Kosmos ein. Dazu passen auch mehrere Gedichte, die den Tod der Vaterfigur thematisieren sowie die Sehnsucht, ihn wieder zu beleben und ihm zu begegnen. Das Rufen des lyrischen Ich gewinnt hier explizit die Qualität einer beschwörenden Apostrophe, zum Beispiel als Versuch, der photographischen Abbildung des Vaters Leben einzuhauchen: „etwas Atmendes, rufe ich [/] etwas kaum wahrnehmbar sich Regendes [...] aber das Foto! rufe ich, [/] *er atmet auf diesem Foto!*" (NM 75–76). In dem langen Gedicht *mit meinem toten Vater, von der flammenden Spitze des Berges blickend* (NM 85–88) verabschiedet das lyrische Ich sich von dem Vater, indem es sich gemeinsam mit ihm in einer traumhaften, etwas unheimlichen Welt an der Grenze des Totenreichs imaginiert, ihn auf seiner letzten Fahrt begleitend. Dreimal klingt in diesem Gedicht das Rufen des Ich und einmal, in der Mitte des Gedichtes, ruft auch die Vater-Figur. Das lyrische Ich ist hier nicht nur ein rufendes, sondern auch selbst ein angerufenes, das momentweise teilhat an der Existenz auf der Schwelle zum Totenreich. In dem langen Gedicht *vom Tode* (NM 92–96) wirkt die reziproke Anrufung dagegen weniger stark. In auffallend nüchternen Worten hält das Ich fest, anlässlich des Todes des Vaters die Konfrontation mit dem ‚realen' Tod und der eigenen Sterblichkeit vermieden zu haben: „hätte ich es damals [/] gewagt meinem toten Vater ein letztes Mal [/] ins Gesicht zu sehen, ich hätte vermutlich alles [/] über das Ende [/] erfahren, mein eigenes [/] Todesgesicht [/] erkannt" (NM 93).

Mehrere Gedichte verweisen metareferentiell auf die Dichtkunst, das Schreiben oder Kunst im Allgemeinen. Oft suggerieren allein schon die Gedichttitel die Qualität eines poetologischen Programms. Der Titel *gefundenes Gedicht* (NM 31) referiert auf die Avantgarde-Ästhetik des *objet trouvé*, während *äuszerst gebunden* (NM 29) wiederum die Tradition der gebundenen poetischen Form anspricht. Das Gedicht *während du Beckett exzerpierst* (NM 43), das im Titel die aktive Lektüretätigkeit des Du anspricht, evoziert ein „Zettelzimmer", das wegen dieser Aktivität des Du geradezu ins Schwingen versetzt wird: „(der Fuszboden bebt!)". Auch dieses Du ruft, und mit diesem Rufen beschwört es das Bild einer transparenten Bewusstseinsvorstellung herauf, das an die Poetologie der Beckett'schen Bewusstseinsprosa erinnert: „alles durch- [/] sichtig, rufst du, die [/] Menschen- [/] köpfe!" (NM 43) Hin und wieder blitzt auch unvermittelt eine metapoetische Verszeile in den Gedichten auf, so die Aussage *„ich lebe ganz bewuszt in einem Poesie-Reservat"* (NM 128) im Gedicht *das Licht der Welt*. Der Satz greift den Mayröcker-Topos der Durchdringung von Leben und Schreiben auf, situiert das schreibende Subjekt und dessen Poesie aber auch in einem ambivalenten Raum, da ein Reservat sowohl Schutzbedürftigkeit als auch Marginalisierung signalisiert. Gerade die Bedürftigkeit des lyrischen Subjekts lässt sich als Movens für Mayröckers apostrophische Lyrik festhalten: „Die Bedürftigkeit des sprechenden Ich ist dabei fundamental: Es kann sich ohne die Beziehung zum angeredeten Anderen nicht bilden, die Anrede erfolgt auf etwas Ungewisses hin." (Utler 2016, 104).

Literatur

Arteel, Inge: Konstellationen des Stimmhaften und der Anrede in Mayröckers Lyrik. In: Dies./Eleonore De Felip (Hg.): Fragen zum Lyrischen in Friederike Mayröckers Poesie. Stuttgart 2020, 17–34.

Culler, Jonathan: Theory of the Lyric. Cambridge/London 2015.

Hinderer, Walter: Poesie zum Beißen und Kauen. In: Frankfurter Allgemeine Zeitung (Frankfurt) vom 3.7.1982.

Le Née, Aurélie: La poésie de Friederike Mayröcker – une « œuvre ouverte ». Bern et al. 2013.

Rückert, Friedrich: Kindertodtenlieder und andere Texte des Jahres 1834. Göttingen 2007.

Schafroth, Heinz F.: Nicht trost-, aber trotzspendend. Friederike Mayröckers Gedichtband „Gute Nacht, guten Morgen". In: Frankfurter Rundschau vom 2.10.1982.

Schmidt, Siegfried J.: „Es schießt zusammen". Gespräch mit Friederike Mayröcker (März 1983). In: Ders. (Hg.): Friederike Mayröcker. Frankfurt a. M. 1984, 260–283.

Utler, Anja: „manchmal sehr mitreißend". Über die poetische Erfahrung gesprochener Gedichte. Bielefeld 2016.

Winterglück (1986)

Karoline Johanna Baumann

Der 1986 erschienene Gedichtband *Winterglück* enthält 107 Gedichte, die zwischen 1981 und 1985 entstanden sind, und stellt damit in gewissem Sinne die Fortsetzung von *Gute Nacht, guten Morgen. Gedichte 1978–1981* (1982) dar. Wie die genauen Datierungen der Gedichte im Inhaltsverzeichnis belegen, wurden sie, mit einer einzigen Ausnahme – *Krypta* von 1983 (WG 124) –, entweder 1981/82 oder 1985 verfasst. Während der Arbeit an den beiden zwischenzeitlich erschienenen Prosabänden *Reise durch die Nacht* (1984) und *Das Herzzerreißende der Dinge* (1985) ruhte die Gedichtproduktion demnach offenbar, und wurde im Anschluss fortgesetzt. Zusätzlich zu den (in den meisten Fällen auf einen einzigen Tag) datierten Gedichten findet sich nach dem Inhaltsverzeichnis noch eine alphabetisch sortierte Liste der Personen, welchen einzelne Gedichte gewidmet sind. 25 der Gedichte haben eine solche Widmung. Den Personennamen wird in dieser Liste jeweils die Seitenzahl des betreffenden Gedichts zugeordnet.

Thematik

Einige der Gedichte tragen Titel, die thematisch zum Titel des Bandes passen: *sieben Tage vor Weihnachten* (WG 62), *Befreiung durch Lesen, ein Weihnachtsbrief* (WG 117), *Bußwinter und Schemen* (WG 37) und natürlich das Titelgedicht (vgl. WG 130) selbst; andere beziehen sich schon in ihrem Titel explizit auf Monate aus anderen Jahreszeiten, wie *Paradies- und Schlangenbaum, Ende August* (WG 16), *Frühabend im September* (WG 36) oder *mit dem Fortschreiten des April* (WG 40). Auch in den Gedichten selbst kommen (sämtliche) Jahreszeiten immer wieder zur Sprache: „ich liebe den Herbst er [/] wittert, posaunt die Farben heraus" (WG 43), „schon äst [/] aber Vorfrühlingsschein im Hangschnee" (WG 57). Aus den Eigenheiten der Jahreszeiten und aus anderen Naturbeobachtungen werden Stimmungen abgeleitet, z. B.: „es wird mir düster im Himmel im [/] Sinn" (WG 29), aber auch Zeichen gelesen: „die rötliche Heckenschrift bei untergehender Sonne" (WG 30), „kryptische Botschaften" (WG 101) der Beete. Diese „Botschaften" enthalten selbstreferentielle Aussagen, in denen sich der Text als Text präsentiert und das lyrische Ich sich (auch) als Autorin: „Sie lesen schon recht, – überhaupt alles [/] richtig hier wenngleich teilweise unverständlich" (WG 98), „verschwinde

K. J. Baumann (✉)
Universität Debrecen, Debrecen, Ungarn
E-Mail: karoline.baumann@arts.unideb.hu

im [/] Zeilenbruch" (WG 105). Auch wenn der Text von anderen Texten spricht, etwa von einer „Knotenschrift alter magischer [/] Text komplizierte Thematik" (WG 117), liegt darin ein Hinweis auf seine eigene Textualität, seinen Zeichencharakter, seine sprachliche Verfasstheit und die Möglichkeiten, die diese bietet (wie eine Vielzahl von Bedeutungen aufzurufen, während ein endgültiger Sinn sich letztlich entzieht) – sowie die Tatsache, dass er an ein Gegenüber gerichtet ist. Denn so wie die Leserinnen und Leser direkt als solche angesprochen und ermutigt werden („Sie lesen schon recht", WG 98), enthält auch der im Text bezeichnete ‚magische Text' eine unterstützende Anleitung: „Sie können ihn in der Pappschachtel [/] lassen, ihn mit den Händen halten ihn mit den Augen [/] lesen" (WG 117). Dass dies sich auch auf die im Band enthaltenen Gedichte beziehen kann, wird dadurch unterstrichen, dass die „BEFREIUNG DURCH LESEN" (WG 117), die die Knotenschrift in dem als Zitat ausgewiesenen Text in Aussicht stellt, in den Titel des Gedichtes aufgenommen wird. Dieses verspricht nun ebenfalls eine „Befreiung durch Lesen", wie der imaginäre Text, von dem es handelt.

Auch in anderen Gedichten wird die Grenze zwischen eigenem und fremdem Text und damit auch die zwischen Autorin und Leserschaft verwischt, denn auch die Verfasserin der Gedichte ist eine Leserin: „das ist ein Zitat" (WG 42) steht in *Furor : Klage Anklage Ohnmacht*, ohne einen Hinweis, auf welche Passage dies genau zu beziehen ist.

Form

Die Länge der Gedichte reicht von vier Zeilen wie in *ausgewürgtes Herz* (WG 69) zu fast sechs Seiten wie bei *drei Traumwahrheiten* (WG 94–99). Die Länge der Zeilen rangiert von kurzen Versen, die nur ein einziges Wort oder auch nur einen Wortteil enthalten, zu fast ganz ausgefüllten Zeilen. Gelegentlich gibt es einzelne Strophen oder zumindest Verse (zwei bis vier), die von den übrigen abgesetzt sind. Die typographische Gestaltung ist auffällig: Kapitälchen, Anführungsstriche, Leerstellen innerhalb der Zeile, Klammern, zwei aufeinanderfolgende Punkte, Schrägstriche, abgesetzte Doppelpunkte, Bindestriche, Kursivsetzungen einzelner Wörter oder Zeilen sowie Zeileneinzüge finden sich in nahezu jedem Gedicht. Die Gedichte tragen ausnahmslos einen (kursiv gesetzten) Titel, der den Anfang deutlich markiert. Ihr Ende hingegen wird offener gehalten, nur in den seltensten Fällen enden die Gedichte mit einem Punkt. Wenn sie überhaupt mit einem Satzzeichen enden, ist dies eine Klammer, ein Bindestrich, zwei aufeinanderfolgende Punkte, ein Fragezeichen, häufig ein Ausrufezeichen oder, noch öfter, ein Komma. Besonders dieses Komma am Ende des letzten Verses, die stärkste Abweichung von den Konventionen der Zeichensetzung, wirkt, als solle das Gedicht nur vorläufig ausgesetzt werden, als würde es in das nächste Gedicht übergehen oder als solle es, ähnlich wie die Leerstellen innerhalb einer Zeile, von den Leserinnen und Lesern ergänzt werden. Das Ende wird auf diese Weise (wie die Bedeutung) aufgeschoben bzw. in der Schwebe gehalten. Den Eindruck von etwas Provisorischem, Unabgeschlossenem vermittelt auch die in den Text immer wieder eingestreute Formel „was weiß ich".

Die Gedichte haben kein Reimschema, enthalten aber zahlreiche Binnenreime („federt und fiedert", WG 101; „*lupend lumpend*", WG 100; „blinken und blicken", WG 136). Sie besitzen kein durchgehendes Metrum, da auch die Zeilen von unregelmäßiger Länge sind, enthalten aber rhythmische Passagen. Phonetische Assoziationen führen zu Lautwiederholungen, Alliterationen und Assonanzen, beispielsweise „wie Orchideen (Iden/Ideen) um meine Ohren [/] wachsen wehen" (WG 121), „in Parma, unter perlmuttfarbener [/] Pergola deines Lids, Licht- [/] einfall" (WG 121) oder „du wächst [/] oder wälzt oder wählst" (WG 89), die die akustische Ebene betonen und den Gedichten teils schon musikalischen Charakter verleihen. Auch die Wiederholung von Wörtern und Satzteilen trägt zu Rhythmisierung und Musikalisierung bei:

als Gras im Mund ich
bringe meine Tage hin
durch meinen Mund wächst
schon das Gras ich
bringe meine Tage um (WG 73)

Stimmen

Der Titel *Winterglück* wurde von Liesl Ujvary, die laut der Liste am Ende des Buchs auch eine Widmung erhalten hat, nämlich die des Gedichtes *die Übertragung* (vgl. WG 48), in einer ursprünglich 1986 erschienenen Rezension in *Die Presse* (Wien) als Kombination von Unvereinbarem gelesen, als „unmögliches Glück" (Ujvary [1986] 1999, 196). ‚Glück' sei ohnehin das Abwesende, „das, wonach wir uns am meisten sehnen, was uns am meisten fehlt" (Ujvary [1986] 1999, 196). Demnach würde ‚Winterglück' diese generelle Abwesenheit von Glück auf den zweiten Blick eher unterstreichen, als dass es einen Widerspruch ausdrückt. In dem Gedicht, dessen Titel der Band trägt, ist es die Vogelstimme, das Gezwitscher, das „eine Erlösung eine Offenbarung" (WG 130) verheißt, aber gerade *nicht* zu hören ist, „jemand [/] anderer an einem anderen Ort wird es wird dieses Gezwitscher [/] Vogelstimme Stimme empfangen an meinerstatt jetzt in dieser [/] Stunde Sekunde" (WG 130). Nach Ansicht von Mathias Mayer kann sich hier die Leserin oder der Leser des Gedichts angesprochen fühlen als dieser „jemand [/] anderer" (vgl. Mayer 2002, 111). Die Tatsache, dass es „jetzt in dieser Stunde Sekunde", und damit im Moment des Lesens, geschieht, unterstützt diese Lesart. Das Zwitschern wäre dann das Gedicht selbst oder die im Gedicht lebende Stimme. Die Präsenz dieser Stimme entzieht sich beim Lesen jedoch ebenso, lyrisches Ich und lesendes Subjekt schieben sich diese sozusagen gegenseitig zu, ohne über sie zu verfügen. Eine ähnliche Pendelbewegung stellt Gert Ueding in seiner zuerst in der *Frankfurter Allgemeinen Zeitung* erschienenen Rezension „Wort im Schatzhaus der Wirklichkeit" für die Worte der Gedichte selber fest; diese funktionierten „wie Pendel, die sich gegenseitig anschlagen, aufleuchten für einen Augenblick und dann, ohne Erinnerungsspuren zu hinterlassen, von den nächsten abgelöst werden" (Ueding [1986] 1987, 261). Dieses Hin und Wider in der Beziehung der Worte untereinander und zwischen Dichterin und Leserschaft lässt sich auch für das lyrische Ich selbst konstatieren, das in seiner zeitlichen Ausdehnung ebenso wenig präsent und mit sich selbst identisch ist wie die Stimme: „alle sieben Jahre du weißt [/] kehrt unser Leben sich um, es ist wieder so weit!" (WG 100). Die Wiederholung in der hier beschriebenen Umkehrung ist keine Wiederkehr des Gleichen: Wenn im Gedicht *wie eine Photographie* die Aussage getroffen wird: „*ich bin wie damals*" (WG 77), wird durch das „wie" sowohl die Ähnlichkeit als auch der Unterschied herausgestellt. Der Satz wird zudem von einem Du gesprochen, das während seiner Äußerung von außen beobachtet wird: „nachdenklich [/] sagst du es" (WG 77).

In den Gedichten kommen immer wieder „*Erinnerung[en] und Vorblick[e]*" (WG 78) zur Sprache, die sowohl vom lyrischen Ich als auch von anderen Figuren, auf die sich das lyrische Ich in gewissem Sinne aufteilt, artikuliert werden, etwa von der Mutter: „von ihrem [/] Alter habe sie mehr erwartet, die Welt sei nun [/] nicht mehr schön" (WG 79). Ebenso wie die Mutter projiziert das lyrische Ich sich in die Zukunft, und zwar ähnlich pessimistisch: „nicht viele Tage bleiben mir noch, also [/] schnellstens und schnell" (WG 70). Auch die „*Erinnerung*" an das frühere Ich („Februar 27 [/] Rubenspark : [/] dreijährig ich [/] mit Zipfelmütze [/] baumelnden [/] Fausthandschuhen" (WG 76) geschieht mit Betonung dieser ‚Aufspaltung' des Ichs und seiner Nicht-Identität mit sich selbst, denn hier betrachtet das Ich sich selbst von außen, auf einem „*frühen Foto*" (WG 76).

Weniger experimentell und weniger hermetische Abschnitte enthaltend als Mayröckers Gedichte aus den 1960er-Jahren, sind die Gedichte dieses Bandes gleichwohl darin konsequent, keine außerhalb des Textes liegende Wirklichkeit realistisch zu präsentieren, sondern sie fluktuieren zwischen Sinneseindrücken,

Empfindungen, Erinnerungen und Projektionen auf die Zukunft, traumhaft surrealistisch anmutenden Sequenzen aus (vergrößerten) winzigen Wirklichkeitsausschnitten und rein durch phonetische Rekurrenzen motiviert scheinenden Sprachspielen aus Lautwiederholungen und -verschiebungen. An der in ihnen zum Ausdruck kommenden „Wunderblüte Welt" (WG 100), die aus einem Nebeneinander von Disparatestem besteht, erstaunt vor allem die nicht abreißende Vielzahl immer neuer Facetten und Details.

Literatur

Mayer, Mathias: Das „Winterglück" des Lesens. Ein Titelgedicht Friederike Mayröckers. In: Renate Kühn (Hg.): Friederike Mayröcker oder „das Innere des Sehens". Studien zu Lyrik, Hörspiel und Prosa. Bielefeld 2002, 105–112.

Ueding, Gert: Wort im Schatzhaus der Wirklichkeit [1986]. In: Volker Hage (Hg.): Deutsche Literatur 1986. Stuttgart 1987, 259–264.

Ujvary, Liesl: Die Wunde Wahrnehmung [1986]. In: Gerhard Melzer/Stefan Schwar (Hg.): Friederike Mayröcker. Graz/Wien 1999, 196–198.

Das besessene Alter (1992)

Aurélie Le Née

Struktur

Die 1992 bei Suhrkamp veröffentlichte Gedichtsammlung enthält 127 poetische Texte aus den Jahren 1986 bis 1991, wobei mehr als die Hälfte der Gedichte zwischen 1989 und 1991 verfasst wurde. Die Sammlung ist nicht chronologisch geordnet. Die Reihenfolge der Texte zeigt eher den Wunsch, Verbindungen zwischen Gedichten herzustellen, die nicht zur selben Zeit verfasst wurden, wie z. B. die drei Vierzeiler *Vierzeiler für E.J.* (01.03.1982/Juli 1991), *Vierzeiler für die Klasse 4b der Schule Krolland, Bremen* (24.05.1991) und *die windböige Frau* (10.06.1989; BA 61–62, 64), oder die beiden Gedichte über die Mutter der Dichterin *Mutter, dreiundachtzig, Krankenhaus* (29–30.07.1989) und *an meine Mutter, 84* (11.02.1991/Juli 1991; BA 132–133). So entstehen kleine Einheiten in der Sammlung. Gleiches gilt für die Serie *Winterserie, 1–5* (BA 42–46), zwischen November 1989 und Februar 1991 verfasst, oder die drei Gedichte *der Krieg nimmt Formen an* (12.02.1991), *LECTION, nach Olaf Nicolai* (12.02–20.03.1991) und *LECTION, Hörspiel* (12.02–20.03.1991; BA 105–108), inspiriert von der Graphik *Lection* von Olaf Nicolai aus dem Jahr 1990. In ihrer Rezension für die *Süddeutsche Zeitung* hebt Sibylle Cramer die Parallelen zwischen dem ersten Gedicht (*Proëm von der verspäteten Schwalbe*, 31.05.1991) und dem letzten (*instant theater / oder Kutscher im Nebellicht im Dämmer verschwindend*, 23.–26.07.1990) hervor (vgl. Cramer 1993). In einigen Fällen trägt hingegen die Struktur der Sammlung dazu bei, Gedichte, die zur selben Zeit entstanden sind, im Band zu verteilen, wie z. B. die Gedichte, die Andrea Zanzotto nennen (BA 82–83, 94–95, 112–113). Die vier Gedichte wurden in wenigen Tagen zwischen dem 5. und dem 9. Juli 1990 geschrieben, wobei das letzte im Juli 1991 wiederbearbeitet wurde. Sie werden aber nicht nacheinander in die Sammlung integriert, was der um Andrea Zanzotto zentrierten Intertextualität in der Totalität des Bandes eine größere Tragweite verleiht und die Idee der Vernetzung zwischen den Gedichten unterstreicht.

„Obsession"

In der kurzen Präsentation auf der Innenseite des Covers ist zu lesen, dass das Alter im Titel nicht als Eintritt in eine neue, abnehmende Phase des Lebens zu verstehen sei. Allerdings verhinderte dies nicht, dass die Rezeption in Zeitungsartikeln der 1990er-Jahre den Titel als Verweis auf das Altern interpretierte (vgl. z. B. Braun

A. Le Née (✉)
Université de Strasbourg, Strasbourg, Frankreich
E-Mail: lenee@unistra.fr

1992; Hartl 1992; Lucka 1993). In einem Interview aus dem Jahre 1993 präzisiert Mayröcker:

> Zu diesem Titel, der sich selbstverständlich auf meine Schreib-Besessenheit bezieht, gibt es eine Vorgeschichte. Bereits der Prosaband *mein Herz mein Zimmer mein Name* hätte *Obsession* heißen sollen, aus verlagsinternen Gründen war das damals aber nicht möglich. Ich habe dann darüber nachgedacht, wie ich diesen Titel doch noch retten könnte. Bei der Zusammenstellung des neuen Gedichtbandes hat sich hierfür eine Möglichkeit geboten, und da habe ich jetzt die „Obsession" in einer anderen Form hineingebracht. Das Alter, das sich im Titel zu diesem Buch auch findet, meint im übrigen nicht den biologischen Prozeß des Alterns, sondern bezieht sich eher auf die Beharrlichkeit, auf die Konstanz dieser Besessenheit. (Kastberger 1993).

Zentral im Titel ist also das Wort „besessen", das an mehrere andere Texte und Interviews erinnert, in denen die Autorin von ihren dichterischen Anfängen vor dem brennenden Busch (vgl. MB I, 87) sowie vom heiligen Geist spricht, der sie beim Schreiben begleite (vgl. u. a. Steiner 1997; Prillmann 2001). Das ‚Alter' wäre in diesem Zusammenhang eher synonym für ‚Zeitalter', aber auf der Ebene eines Lebens, jenes der Dichterin. Der Titel ist auch der eines im Band enthaltenen Gedichts (vgl. BA 134–135).

Das auf 26. Juli 1990/Juli 1991 datierte Gedicht *das besessene Alter* gehört zu den langen Texten der Sammlung (2 bis 4 Seiten), die in Kontrast zu den kurzen Texten stehen (2 bis 20 Verse). Indem das Gedicht Mayröckers Gewohnheit evoziert, nachts Zeilen zu notieren (V. 30–36), spielt es indirekt auf diese Schreibbesessenheit an, welche die Dichterin sogar im Schlaf befällt. Im Gedicht enthält die Anfangszeile – „das Gedicht ist gefesselt besudelt" (BA 134) – eine prägnante Formulierung der poetologischen Dimension, die programmatisch gelesen werden kann: „Keine Reinheit des Ausdrucks wird verfolgt, keine Ungebundenheit der Sprache wird für möglich gehalten. Die Radikalität fesselt. Eine Besessenheit ist hier am Werk, die sprachlich in der Welt wühlt." (Reitani 1996, 53) Auffallend im Gedicht *das besessene Alter* ist aber auch die fragmentarische Dimension, die durch die Schrägstriche betont wird. Dieses Verfahren kommt mehrmals im Band vor, besonders im Gedicht *Lob des Fragments* vom 4. Mai 1989 oder auch in *Junifragment / für Inger Christensen* (vgl. BA 93, 120). Dadurch versucht die Autorin, das simultane Nebeneinander von unterschiedlichen Wahrnehmungssplittern und die verschiedenen Teilfacetten der Realität ans Licht zu bringen.

Parlando-Stil

Neben dem Fragment kann der Parlando-Stil als Kennzeichen der Gedichtsammlung betrachtet werden. Das Wort „Parlando" kommt dreimal im Band vor – „mein schnelles Parlando", „schnelles [/] Parlando", „im Parlandogebrauch" –, der Ausdruck „mein Parlieren" einmal (BA 24–25, 42, 78, 17). Die zahlreichen Wiederholungen der Formulierung „sage ich", die den Band durchziehen, sind Zeichen des Parlando-Stils, sowie die vielen Enjambements oder die offenen Enden. Die Gedichte enden in der Tat sehr selten mit einem Punkt. Sehr oft gibt es am Ende der Texte keine Interpunktion, manchmal ein Komma (vgl. z. B. BA 35, 93, 117) oder die Formel „undsoweiter", „usw." oder „etcetera" (BA 38, 87, 119). Diese Offenheit, ein wichtiges Charakteristikum von Mayröckers Werk überhaupt, zeigt sich auch in der dialogischen Dimension, zu der Widmungen, Intertextualität und Intermedialität beitragen.

Widmungen, intertextuelle und intermediale Verweise

Die Gedichtsammlung enthält viele Widmungen, eine Tendenz, die in den folgenden Gedichtbänden fortgesetzt wird und von der Rezeption hervorgehoben wurde. Mayröcker erklärte dazu, dass sie einer bestimmten Person ein Gedicht widme, weil sie mündliche oder schriftliche Worte dieser Person in dem Text verwende oder weil die Person den Impuls für das Gedicht bilde (vgl. Kastberger 1993). Die Widmungsgedichte sind oft den Gelegenheitsgedichten nah, wie z. B. das Gedicht *für Walter Höllerer zum 65. Geburtstag am 19.12.1987* (BA 50). Die Widmungen bilden in manchen Fällen auch gleichzeitig intertextuelle Verweise.

Schon das erste Gedicht der Sammlung endet mit einem Zitat von Dante. Weitere klassische Autoren und Autorinnen werden erwähnt, wie Büchner, Caterina von Siena, Trakl, John Donne (BA 25, 27, 42, 85), aber auch dichterische ‚Blutsbrüder' wie Marcel Beyer (BA 16, 54), Hölderlin (BA 33, 34) und Thomas Kling (BA 27, 30). Die Vielfalt der intertextuellen Verweise gilt auch für die intermedialen. Mayröcker nennt Komponisten wie John Dowland oder John Cage (BA 134, 115, 116), aber vor allem bildende Künstler und Künstlerinnen: Tintoretto, Giacometti, Magritte, Paul Klee, Olaf Nicolai und Brueghel (vgl. BA 24, 40, 68, 71, 106, 139). Weiters spielen Titel wie *Stilleben*, *Winterserie* oder *Wiederholung eines farbigen Themas* (BA 39, 42–46, 80) auf Gattungen oder gewöhnliche Titel von Kunstwerken an, wobei der Titel *Stilleben* auch an den gleichnamigen Prosaband der Autorin erinnert, in dem es darum geht, „Zustände der Besessenheit zu provozieren" (ST 53). Diese Phänomene der Intermedialität und Intertextualität beschränken sich nicht auf Zitate und Verweise, sie führen auch zu einem Bedenken der visuellen Anordnung der Texte auf der Buchseite und zu poetologischen Aussagen.

Rezeption

Die Rezeption des Bandes blieb bisher eher gering. In der Bibliographie des Dossier-Bandes *Friederike Mayröcker* werden zwölf Rezensionen, hauptsächlich aus Zeitungen, aufgelistet (vgl. Melzer/Schwar 1999, 290–291). Im Dossier-Band selbst wird eine Rezension von Wendelin Schmidt-Dengler wieder aufgenommen, die erstmals am 17. Juli 1993 in *Die Presse* veröffentlicht wurde (vgl. Schmidt-Dengler [1993] 1999, 206–208). Schmidt-Dengler betont darin das Authentische der Gedichte, den Platz, den die Vögel im Band einnehmen, und die dialogische Dimension, insbesondere den Dialog mit Ernst Jandl.

Luigi Reitanis Forschungsbeitrag untersucht Hauptmerkmale von Mayröckers Schreiben wie das Fragment oder die visuelle Wahrnehmung anhand von Gedichten aus der Sammlung – *plötzliches Zurück*, *Lob des Fragments*, *Proëm von der verspäteten Schwalbe*, *von Malerei* (vgl. Reitani 1996). Auch Edith Anna Kunz' Kommentar des Gedichts *als ob schielend am Fenster* (BA 160) befasst sich mit der Rolle des Sehvermögens in Mayröckers Poesie (vgl. Kunz 2017). Einige Beiträge untersuchen den Dialog zwischen Poesie und Kunst (bildender Kunst oder Musik) am Beispiel von einem oder mehreren Texten: „*auf der Suche nach der verlorenen Stille*" (*John Cage*) (BA 116–117; vgl. De Felip 2017) oder *eine Postkarte aus Treviso, oder das Mannawunder nach Tintoretto* (BA 24–25; vgl. Le Née 2013, 322–327; Reumkens 2013, 84–94; Sommerfeld 2020, 38–39). Jutta Schloon analysiert das Thema ‚Alter' in Mayröckers Lyrik, u. a. anhand des Gedichts *Ultraschall* (BA 96; vgl. Schloon 2022). Klaus Jeziorkowski hinterfragt die Begriffe ‚Wahrheit', ‚Lesen' und ‚Schreiben' im Gedicht VERITAS, *oder die Geste des Futterstreuens* (BA 138–139; vgl. Jesiorkowski 2002).

Schließlich werden oft poetologische Passagen aus *Das besessene Alter* in Rezensionen oder wissenschaftlichen Beiträgen zitiert. Dies gilt insbesondere für den Auszug aus *Supplement über die Inspiration*: „ein Gedicht [/] ist nämlich etwas von DRÜBEN / OBEN [/] *ein Gedicht eine Gnädigkeit ist* [/] eine Prosa hingegen eine Übung in strenger Lust, usw.," (BA 150) und den Auszug aus *Seepurpur, Monika Köhn*, der den Unterschied zwischen Prosa und Lyrik noch einmal betont: „BEI DER PROSA SITZ ICH ANDERS AN DER MASCHINE [/] ALS BEIM VERSESCHREIBEN, etc." (BA 154). Aus dem letzten Gedicht des Bandes werden besonders gern die Aussage über das Misstrauen gegenüber der Fiktion zitiert („ich weiß wie sehr [/] die Fiktion uns in ihren Bann schlagen kann") sowie die Erinnerung an die dichterischen Anfänge („als Kind schon dieser Hang zu Neologismen sage ich"; BA 165, 166).

Literatur

Braun, Michael: Erlkönigs Töchter. Neue Gedichte von Sarah Kirsch, Friederike Mayröcker, Karin Kiwus und Evelyn Schlag. In: Die Tageszeitung (Berlin) vom 30.9.1992.

Cramer, Sibylle: Scherben eines gläsernen Frauenzimmers. Friederike Mayröcker auf dem Höhepunkt ihrer Sprachkunst in ‚Das besessene Alter'. In: Süddeutsche Zeitung (München) vom 16./17.1.1993, 57–58.

De Felip, Eleonore: „auf der Suche nach der verlorenen Stille" (John Cage). Die Sehnsucht nach Stille und ihre ‚Übersetzung' in Poesie bei Friederike Mayröcker. In: Concordia Discors vs. Discordia Concors 8 (2017), 25–49.

Hartl, Edwin: Rätselhafter Gedankenstrom ohne Punkt und ohne Komma. Gedichte der Friederike Mayröcker aus ihrem „besessenen Alter", 1986–1991. In: Salzburger Nachrichten (Salzburg) vom 26.9.1992.

Jesiorkowski, Klaus: Die Salzflut. In: Renate Kühn (Hg.): Friederike Mayröcker oder „das Innere des Sehens". Studien zu Lyrik, Hörspiel und Prosa. Bielefeld 2002, 15–24.

Kastberger, Klaus: „Ich stehle ziemlich schamlos". Golfkrieg, Ultraschall und fremde Texte: Gespräch mit Friederike Mayröcker. In: Die Presse (Wien) vom 23.1.1993, Literaricum VII.

Kunz, Edith Anna: Poetisches Schielen: Fensterblicke. In: Johann Georg Lughofer (Hg.): Friederike Mayröcker. Interpretationen, Kommentare, Didaktisierung. Wien 2017, 81–89.

Le Née, Aurélie: La poésie de Friederike Mayröcker – une « œuvre ouverte ». Bern 2013.

Lucka, Thomas: Der Schmerz am Rande der Lust. In: Hessische Allgemeine (Kassel) vom 25.2.1993.

Melzer, Gerhard/Schwar, Stefan (Hg.): Friederike Mayröcker. Graz/Wien 1999.

Prillmann, Hilke: Die Droge Dichtung. Hölle, Höhle oder Himmel. In: Welt am Sonntag (Hamburg) vom 15.7.2001.

Reitani, Luigi: Verwandlungen und Fragmente. Zur späten Lyrik Friederike Mayröckers. In: Klaus Kastberger/Wendelin Schmidt-Dengler (Hg.): In Böen wechselt mein Sinn. Zu Friederike Mayröckers Literatur. Wien 1996, 53–68.

Reumkens, Noël: Kunst, Künstler, Konzept und Kontext. Intermediale und andersartige Bezugnahmen auf Visuell-Künstlerisches in der Lyrik Mayröckers, Klings, Grünbeins und Draesners. Würzburg 2013.

Schloon, Jutta: Perspektivierungen des Alters in der Lyrik Friederike Mayröckers. In: Dies./Thorsten Päplow/Maike Schmidt/Julia Ilgner/Michael Grote: Alter & Ego. (Auto)fiktionale Altersfigurationen in deutschsprachiger und nordischer Literatur. München 2022, 51–69.

Schmidt-Dengler, Wendelin: „Aber damals auf silbernen Schienen der Horizont" [1993]. In: Gerhard Melzer/Stefan Schwar (Hg.): Friederike Mayröcker. Graz/Wien 1999, 206–208.

Sommerfeld, Beate: „Wenn die Flamme aus der Leinwand schiesst". Faltungen inspirierten Sprechens in der ekphrastischen Lyrik Friederike Mayröckers. In: Inge Arteel/Eleonore De Felip (Hg.): Fragen zum Lyrischen in Friederike Mayröckers Poesie. Stuttgart 2020, 35–55.

Steiner, Bettina: „Man fängt mit dem Chaos an und schreitet zum Kosmos fort". In: Die Presse (Wien) vom 3.10.1997, 6.

Notizen auf einem Kamel (1996)

Aurélie Le Née

Titel und Komposition

Der 1996 veröffentlichte Gedichtband umfasst 122 Gedichte, die zwischen 1991 und 1996 verfasst wurden, wobei mehr als die Hälfte zwischen 1994 und 1995 geschrieben wurde. Er ist nicht chronologisch geordnet und enthält einige sehr bekannte Gedichte Friederike Mayröckers, u. a. *was brauchst du* (NK 7) – das Eröffnungsgedicht, das auch auf dem Cover zu lesen ist –, *bin jetzt mehr in Canaillen Stimmung* (NK 30), *auf eine jüngst gestorbene Nachtigall* (NK 47), *wie und warum ich dich liebe* (NK 107) und, als letztes Gedicht, *Picassos Bildnis eines Knaben mit braunem Haar, oder REPETITION* (NK 138). Diese Titel deuten schon zwei Hauptmerkmale des Bandes an: die autobiographische Dimension und den Einfluss der bildenden Kunst.

Auf der Innenseite des Covers wird präzisiert, dass der Titel des Bandes auf „ein Element eines Satzes aus dem Werk Flauberts, von irgendwoher" zurückgreift. Im Gedicht *Tränenzeile, für Wendelin Niedlich* (NK 34) ist zu lesen: „Notizen auf einem Kamel / bei Flaubert /", was an das Buch *Reise in den Orient* des französischen Schriftstellers erinnert. In einem Interview spricht Mayröcker aber von einer anderen möglichen Quelle für den Titel ihrer Sammlung: Sie habe eine Postkarte von Marcel Beyer aus einem fernen Ort bekommen, auf der u. a. die Formulierung „Notizen auf einem Kamel" zu lesen war (vgl. Segebrecht 2009). Das im Band variierte Wort „Notizen" („Baumnotizen", NK 21, 24; „Manschettennotizen", NK 59) verweist auf kurze Formen, was der Länge der meisten Gedichte der Sammlung entspricht: Nur acht Gedichte sind länger als eine Seite, während Gedichte mit 10 bis 15 Zeilen die Mehrzahl der Texte bilden. Klaus Kastberger spricht von einem „Beschleunigungseffekt" im „Unterschied zur vorangegangenen Lyrikproduktion" (Kastberger 1997, 108). Hingegen wird in der Erläuterung auf der Innenseite des Covers auf die Langsamkeit des Kamels hingewiesen: „Ein großes stillschweigendes Tier, [...] also kein Galopp, nur diese stete Bewegung, die rhythmisierte Langsamkeit, das Unaufhörliche des Notierens". Kürzere Texte mit längeren Zeilen, so könnte man die Gedichte kennzeichnen. Weiters vermitteln die offenen Enden den Eindruck des Unabgeschlossenen.

Tiere finden sich eher selten in den Titeln von Mayröckers Werken, obwohl sie in ihren Texten und in den Titeln von einzelnen Gedichten sehr oft vorkommen und eine große Rolle im Leben und Werk der Dichterin spielen (vgl. Schuh 1996; s. Kap. 62). Schuh merkt an, dass das Kamel in Mayröckers Werk ein „exzentrisches Exemplar" sei. Als tierisches Alter Ego erwähnt

A. Le Née (✉)
Université de Strasbourg, Strasbourg, Frankreich
E-Mail: lenee@unistra.fr

er den Hund. In *Notizen auf einem Kamel* sind, wie in vielen anderen Sammlungen, aber vor allem die Vögel zu nennen: Die Schwalbe, die Nachtigall oder einfach der Vogel kehren in den Gedichten immer wieder, vor allem als Inspirationskraft: „was für ein Tier [/] in meinem Schädel / mit rotem Gefieder vermutlich" (NK 90; über das Thema ‚Tiere' im Gedicht *schwarzer Titel*, vgl. De Felip 2017).

Notizen aus dem Leben der Dichterin

In den Rezensionen der 1990er-Jahre wird die Zugänglichkeit der Texte betont (vgl. Melzer 1996; Steinert 1998). Dies gilt besonders deutlich für die ersten Gedichte der Sammlung (vgl. NK 7–10), sowie für weitere Gedichte, die vom Alltag des Ich oder von seinen Reisen erzählen (vgl. z. B. NK 15, 121, 134). Es liegt nahe, das Ich mit der Autorin zu identifizieren, aufgrund von Widmungen oder von Verweisen, die als autobiographisch gelesen werden können, insbesondere Verweise auf Deinzendorf, den Tod der Mutter, die Freundschaft mit der Künstlerin und Philosophin Elisabeth von Samsonow und die Liebe zu Ernst Jandl.

„Deinzendorf" und die Abkürzung „D." kommen viermal im Band vor. Der idyllische Ferienort der Kindheit wird mit der Berufung als Dichterin unter dem Schutz des Engels (vgl. NK 19, 20, 86) oder mit Erinnerungen an Familienmitglieder (Großvater, Mutter) assoziiert (vgl. NK 129, 47). Die 1994 verstorbene Mutter ist eine zentrale Figur der Gedichtsammlung. In deren Mitte bilden die der Mutter gewidmeten Texte eine Einheit (vgl. NK 46–59) – aber auch davor und danach wird die Mutter mehrmals evoziert (NK 18, 21–22, 73, 85, 93, 106, 115, 130–131). Diese elegischen Gedichte thematisieren die Vergänglichkeit (vgl. u. a. NK 49–50), die Ablehnung des Todes (vgl. NK 48) und Selbstvorwürfe des Ich (vgl. NK 56). Zur autobiographischen Dimension tragen auch die Gedichte bei, die Elisabeth von Samsonow gewidmet sind oder diese nennen (vgl. NK 26, 28, 46, 70, 86, 92, 114). Auch die Gedichte, die Ernst Jandl gewidmet sind – einige anlässlich seines Geburtstags am 1. August (vgl. z. B. NK 79–80, 95, 107) – sind Teil des autobiographischen Aspekts des Bandes.

Die poetische Sprache ist in *Notizen auf einem Kamel*, wie in der Gedichtsammlung *Das besessene Alter*, durch Enjambements, Variationen und offene Enden gekennzeichnet. Die anscheinende ‚Leichtigkeit', wie sie an einzelnen Texten ausgemacht werden kann, bedeutet aber nicht, dass die Dichterin das „Sprachspiel ganz auf[ge]geben" hätte (Steinert 1998). Unerwartete Assoziationen, Paronomasien und Neologismen sind ebenfalls zu finden. Auch die Formulierung „ich meine", die im Band oft vorkommt, soll nicht als ein Synonym für eindeutige Erklärung gelesen werden, sondern führt eher zur Polysemie (vgl. Melzer 1996). Der Alltag des lyrischen Ich ist in der Tat von Poesie bestimmt. So kann z. B. der Honigtisch (vgl. NK 35, 53, 70) als Metapher des Schreibens und der Inspiration interpretiert werden (zum Honig vgl. auch Beyer 1999, 135–136). Die Gedichtsammlung enthält mehrere poetologische Passagen: über Neologismen (vgl. NK 23), das Zusammenspiel von „Zufall" und „Berechnung" (NK 45), von Poesie und Leben (vgl. NK 63).

Poesie und bildende Kunst

Die Verweise auf bildende Künstlerinnen und Künstler sind zahlreich und vielfältig: Dalí (NK 8), Gauguin (NK 38, 42), Maria Lassnig (NK 53), Andy Warhol (NK 67), Tàpies (NK 131), oder Olaf Nicolai (NK 85). Als zentrale Gestalt erscheint Henri Matisse, dessen Name mehrmals vorkommt (NK 12, 13, 43, 77). Das siebente Gedicht der Sammlung, *die Anrichte, rote Harmonie, nach Matisse* (NK 13) bezieht sich auf Matisses Gemälde *La desserte, harmonie rouge* (1908). Außerdem wird das Wort „Anrichte" in zwei weiteren Gedichten der Sammlung wieder aufgenommen (NK 87, 105), was die Präsenz Matisses im Band noch verstärkt. Erstaunlicherweise ist die wichtigste Farbe im Gedicht nicht die Farbe Rot, sondern Gelb. Die Dichterin reagierte vielleicht, wie oft, wenn sie Bilder betrachtete, auf farblich dominante Details des

Bilds: die Mimosen, die gelben Früchte, die gelben Punkte im Gras. Gelb kommt oft im Band vor, die Farbe legt eine Verbindung mit dem Kamel als Tier der Wüste nahe. Dass die Sammlung mit einem Gedicht endet, das Picassos Gemälde *Paul dessinant* (*Paul zeichnend*, 1923) gewidmet ist (vgl. NK 138), betont noch einmal die Bedeutung der bildenden Kunst. Das Gedicht, das sich im zweiten Teil seines Titels als „REPETITION" (NK 138) des Gemäldes zu erkennen gibt, stützt sich auf die Variation einiger Details des Bilds und drückt die hypnotische Faszination aus, die Kunstwerke auf die Dichterin ausüben, wie diese im poetologischen Text *Vereinigungen der Disparaten – Das Innerste aller Kunst* erklärte (vgl. Mayröcker 1992, 7). Die Positionierung des Gedichts am Ende der Sammlung kann auch als Übergang zum 1998 veröffentlichten Prosawerk *brütt oder Die seufzenden Gärten* interpretiert werden, in dem Picassos Gemälde in Schwarz-Weiß reproduziert ist (vgl. BR 271). Dies betont die Intertextualität zwischen den Werken Mayröckers. Der Band *Notizen auf einem Kamel* bietet mehrere weitere Beispiele dafür, z. B. die Namen Andrea Zanzotto (NK 23, 29, 45) oder Hölderlin (NK 55, 64, 69–70, 97), die bereits einen bedeutenden Platz in *Das besessene Alter* einnahmen. Diese Namen verweisen zugleich auf intertextuelle Bezüge zu Werken anderer Künstler oder Autoren, die auch in *Notizen auf einem Kamel* eine wichtige Rolle spielen.

Rezeption

Im von Gerhard Melzer und Stefan Schwar herausgegebenen Sammelband sind 21 Artikel über *Notizen auf einem Kamel* aus Zeitungen und Zeitschriften aufgelistet (vgl. Beyer/Schwar 1999, 293–294). Sibylle Cramers Artikel aus der *Süddeutschen Zeitung* vom 04.12.1996, der das Alter, die Zeitlichkeit und die bildende Kunst im Band thematisiert, ist auch hier zu finden (vgl. Cramer [1996], 1999). Das Alter ist ebenfalls Thema von Jutta Schloons Arbeit (2022), die das Gedicht *Mutters Hostienblatt Mutters Seehöhe / vernichtende Selbstanklage* (NK 56) neben Gedichten aus *Das besessene Alter* und

dieses Jäckchen (nämlich) des Vogel Greif kommentiert, sowie von Marcel Beyers Beitrag über Erwachsenwerden, Geschlechtswechsel und Wahrnehmungsperspektive des Ich v. a. in *Notizen auf einem Kamel* (vgl. Beyer 1999). Mehrere Beiträge analysieren *die Anrichte, rote Harmonie, nach Matisse* und *Picassos Bildnis eines Knaben mit braunem Haar, oder REPETITION* (vgl. Le Née 2013, 315–320; Raß 2014, 379–422; Sommerfeld 2020). Diese Beiträge erläutern die für Mayröcker spezifische Bearbeitung von Bildern und hinterfragen die Tradition der Bildgedichte oder der Ekphrasis. In diesem Kontext sind auch die Arbeiten von Edith Anna Kunz oder jene von Andrea Winkler erwähnenswert, auch wenn sich ihre Analysen der intermedialen Bezüge zu Matisse und Picasso vor allem mit Prosatexten Mayröckers befassen (vgl. Kunz 2002, 2004, 71–88; Winkler 2004, 112–121). In seinen „20 Fußnoten zu Friederike Mayröcker" kommentiert Kastberger kurz zwei Texte aus *Notizen auf einem Kamel* – *bin jetzt mehr in Canaillen Stimmung* und „*polyphone Spur*" (NK 91) – insbesondere in Verbindung mit der Assoziation von Poesie und Leben (vgl. Kastberger 2012, 42–45). Anna Babka ihrerseits untersucht die „Sprache der Liebe" im Gedicht „*deinetwegen ist .."* (*Pindar/Hölderlin*) (NK 69) anhand der Theorie von Werner Hamacher und Paul de Man (vgl. Babka 2017).

Literatur

Babka, Anna: Entferntes Verstehen und/oder die Sprache der Liebe in Friederike Mayröckers „*deinetwegen ist . ."* (*Pindar/Hölderlin*). In: Johann Georg Lughofer (Hg.): Friederike Mayröcker. Interpretationen, Kommentare, Didaktisierung. Wien 2017, 105–115.

Beyer, Marcel: Übergänge zum Mannesalter, in Arbeiten Friederike Mayröckers. In: Gerhard Melzer/Stefan Schwar (Hg.): Friederike Mayröcker. Graz/Wien 1999, 126–148.

Beyer, Marcel/Schwar, Stefan: Auswahlbibliographie Friederike Mayröcker. In: Gerhard Melzer/Stefan Schwar (Hg.): Friederike Mayröcker. Graz/Wien 1999, 247–300.

Cramer, Sibylle: Poetische Karawanserei. Süddeutsche Zeitung 4.12.1996. In: Gerhard Melzer/Stefan Schwar (Hg.): Friederike Mayröcker. Graz/Wien 1999, 214–217.

De Felip, Eleonore: Zur Neuperspektivierung zeitgenössischer Lyrik durch die *Literary Animal Studies* am Beispiel Friederike Mayröckers. In: Ana Maria Bernardo/Fernanda Mota Alves/Ana Margarida Abrantes (Hg.): Vom Experiment zur Neuorientierung. Forschungswege der Germanistik im 21. Jahrhundert. Berlin 2017, 119–133.

Kastberger, Klaus: Boom der Gefühle. Friederike Mayröcker: *Notizen auf einem Kamel*. In: Wespennest (1997), H. 106, 108.

Kastberger, Klaus: Auf der Bleistiftspitze des Schreibens. 20 Fußnoten zu Friederike Mayröcker. In: Françoise Lartillot/Aurélie Le Née/Alfred Pfabigan (Hg.): „Einzelteilchen aller Menschengehirne". Subjekt und Subjektivität in Friederike Mayröckers (Spät-)Werk. Bielefeld 2012, 31–45.

Kunz, Edith Anna: Bild und Textordnung – Friederike Mayröckers Auseinandersetzung mit Henri Matisse. In: Inge Arteel/Heidy Margrit Müller (Hg.): „Rupfen in fremden Gärten". Intertextualität im Schreiben Friederike Mayröckers. Bielefeld 2002, 71–85.

Kunz, Edith Anna: Verwandlungen. Zur Poetologie des Übergangs in der späten Prosa Friederike Mayröckers. Göttingen 2004.

Le Née, Aurélie: La poésie de Friederike Mayröcker – une « œuvre ouverte »: Essai d'introduction. Bern et al. 2013.

Mayröcker, Friederike: Vereinigungen der Disparaten – Das Innerste aller Kunst. In: Dies.: als es ist. Texte zur Kunst. Salzburg 1992, 7.

Melzer, Gerhard: Das ewige Leben der Worte. Ein neuer Gedichtband von Friederike Mayröcker. In: Neue Zürcher Zeitung (Zürich) vom 1.10.1996, B7.

Raß, Michaela Nicole: Bilderlust – Sprachbild. Das Rendezvous der Künste. Friederike Mayröckers Kunst der Ekphrasis. Göttingen 2014.

Schloon, Jutta: Perspektivierungen des Alters in der Lyrik Friederike Mayröckers. In: Dies./Thorsten Päplow/Maike Schmidt/Julia Ilgner/Michael Grote (Hg.): Alter & Ego. (Auto)fiktionale Altersfigurationen in deutschsprachiger und nordischer Literatur. München 2022, 51–69.

Schuh, Franz: Anarcher Kunstverstand. Über das Geheimnis der Poesie in Friederike Mayröckers Gedichten. In: Die Zeit (Hamburg) vom 4.10.1996, 4.

Segebrecht, Wulf: Des Rätsels Lösung ist ein Rätsel. In: Frankfurter Allgemeine Zeitung, (Frankfurt a. M.) vom 24.12.2009, Beil. Bilder und Zeiten Z5.

Sommerfeld, Beate: „Wenn die Flamme aus der Leinwand schiesst". Faltungen inspirierten Sprechens in der ekphrastischen Lyrik Friederike Mayröckers. In: Inge Arteel/Eleonore De Felip (Hg.): Fragen zum Lyrischen in Friederike Mayröckers Poesie. Stuttgart 2020, 35–55.

Steinert, Hajo: Friederike Mayröcker: *zugeschüttetes Gedicht*. In: Frankfurter Allgemeine Zeitung (Frankfurt a. M.) vom 10.1.1998, Beil. 4.

Winkler, Andrea: Schatten(spiele): Poetologische Denkwege zu Friederike Mayröcker in *brütt oder Die seufzenden Gärten*. Hamburg 2004.

Mein Arbeitstirol (2003)

Aurélie Le Née

Lyrisches Tagebuch

Der 2003 veröffentlichte Gedichtband enthält 157 Texte, die zwischen 1996 und 2001 verfasst wurden. Im Gegensatz zu den Rezensionen über die Gedichtsammlungen *Das besessene Alter* oder *Notizen auf einem Kamel* kommentieren die Rezensionen von *Mein Arbeitstirol* den Titel selten. Franz Haas spricht von einem „wohl unerklärlichen Titel" (Haas 2003, 35). Für Rüdiger Görner ist der Titel Synonym für „poetische Enklave" (Görner 2003, VI). Samuel Moser wagt eine ausführlichere Interpretation: „,Mein Arbeitstirol heißt der Band listig, sich der Arbeit unterziehend und sie gleichzeitig dahin verweisend, wo sie hingehört: nach Tirol" (Moser 2003, A 6). Vielleicht lässt sich die Erwähnung von ‚Tirol' im Titel eines Bandes, in dem Ernst Jandl einen sehr großen Platz einnimmt, als eine Anspielung auf die Begegnung beider Autoren in Innsbruck im Jahre 1954 verstehen, eine Begegnung, die einen wichtigen Einfluss auf Mayröckers Schaffen ausübte. Der Band enthält außerdem ein Gedicht mit dem Titel *mein Arbeitstirol, usw.* (AT 105–106). Darin geht es um alltägliche Momentaufnahmen, Erinnerungen an die Künstlerin Cora Pongracz oder an die Eltern, und poetologische Aussagen, wie den in Rezensionen oft zitierten Passus: „Habe Sehnsucht nach meinen (noch) nicht [/] geschriebenen [/] Werken." (AT 106). Die Rezensionen zitieren aber nicht die unmittelbar auf dieses Zitat folgenden Zeilen, die auch die letzten des Gedichts sind: Hier werden diese „(noch) nicht [/] geschriebenen [/] Werke" mit einer Metapher der Weisheit besonders angesichts des Todes („Sokrates mit dem Akanthusblatt an der Schläfe") verbunden, die dem Ich als Offenbarung erscheint: „in 1 maßlosen Feuerbusch mir erscheint, usw." (AT 106) Diese Offenbarung mit dem brennenden Busch erinnert an Mayröckers Text über ihre poetischen Anfänge (vgl. MB I, 87). Dies suggeriert eine Verknüpfung zwischen dem Frühwerk und den kommenden Werken, eine rein lineare Entwicklung des Werks wird also in Frage gestellt.

Im Unterschied zu den vorangegangenen Gedichtsammlungen ist der Band *Mein Arbeitstirol* chronologisch geordnet und sogar explizit nach Jahresangabe gegliedert, was die Rezensenten dazu veranlasste, von einem „literarischen", bzw. „lyrischen Tagebuch" zu sprechen (Essig 2003, 37; Hartung 2003, 36; Schmidmaier 2004, 66). Die chronologische Reihenfolge der Texte versinnbildlicht die vergehende Zeit, ein bedeutendes Motiv in diesem Band. Sie hebt auch noch stärker die Zäsur hervor, die Jandls Tod am 9. Juni 2000 in Mayröckers Leben markiert.

A. Le Née (✉)
Université de Strasbourg, Strasbourg, Frankreich
E-Mail: lenee@unistra.fr

In Rezensionen ist immer wieder die Rede von einer „Produktionspause" (Weinzierl 2003, 4) oder einer „Lücke von vier Monaten" (Haas 2003, 35; vgl. auch Moser 2003, A 6: „eine viermonatige Lücke") – nämlich zwischen Juni und Oktober 2000. Die Rezensionen betonen auch die zentrale Stelle von Jandl im Band. Ihm sind 18 Gedichte gewidmet. Auch Tod und Vergänglichkeit werden als wichtige Motive genannt (z. B. Dobretsberger 2003, 11; Hartung 2003, 36).

Alter, Tod, Trauer

Tod und Trauer werden in erster Linie mit Jandl assoziiert. Die Sammlung enthält zwei Gedichte, die schon in *Requiem für Ernst Jandl* (R 28–30) veröffentlicht wurden: *oder Vermont, an Ernst Jandl* und *Knöpferauschen, und Attersee* (AT 128–129). Diese Texte drücken die Traurigkeit des Ich aus, heben die Vergänglichkeit und die Trennung vom verstorbenen Geliebten hervor: „Geliebtem : Gestorbenem", *„du sichtbar nicht mehr nicht wieder"* (AT 128). Die Trennung vom und die Abwesenheit des Geliebten kehren im Band immer wieder, z. B. im Vierzeiler *sagt er :* (AT 171), wo die Trennung durch eine leere Stelle in der Mitte der ersten Zeile visuell markiert ist: „bin jetzt hier   bist noch dort" und durch die elegische letzte Zeile *„oh daß du mir verloren bist"*. Auch das Gedicht *an seiner Seite hätte ich sogar die Hölle ertragen* (AT 175) unterstreicht durch die viermalige Wiederholung des Adverbs „wo" von Anfang an die Tatsache, dass das Du für das Ich verloren ist. Im Gedicht *Sonnenfinsternis'99 / Bad Ischl* (AT 134) wird „SEINE ewige Finsternis" herausgestellt. Das unbetitelte letzte Gedicht der Sammlung (AT 207), das Jandl gewidmet ist, betont noch einmal – durch die Wiederholung des Worts „niemand" – die Abwesenheit des vertrauten Lebensgefährten und die Einsamkeit des Ich. Zugleich kann die poetische Evokation des Geliebten die physische Abwesenheit kompensieren. Der Geliebte erscheint auch als Projektionsfigur für das Ich, das im Altern und im Tod des Partners eine Widerspiegelung seiner eigenen Vergänglichkeit sieht. Dies wird durch einen Titel wie *wenn ich vor ihm gestorben wäre* (AT 169) oder durch die Gedichte, in denen das Ich über sein Alter klagt (z. B. AT 22, 50, 64, 75), suggeriert. Neben dem verstorbenen Lebensgefährten werden auch die verstorbene Mutter, die schon in *Notizen auf einem Kamel* eine zentrale Figur darstellt und in *Mein Arbeitstirol* als „sterbendes Azaleenbäumchen" (AT 149) symbolisiert wird, aber auch der verstorbene Vater heraufbeschworen (z. B. AT 17, 37, 143, 155). Der Ton des Bandes ist hauptsächlich melancholisch. Ein auf den 20.03.1999 datiertes Gedicht heißt in der Tat *Melancholie, oder das 3. Gedicht dieses Tages*. Das Verb „weinen" (z. B. AT 51, 77, 205) und Substantive wie „Tränen", „Trauer" und „Spleen" (z. B. AT 53, 204) durchziehen die Gedichtsammlung, die Weinzierl mit dem „Genre der Wehklage" assoziiert (vgl. Weinzierl 2003, 4), während Hartung von „Texte[n] der Trauer und Klage" spricht (Hartung, 2003, 36). Gleichzeitig ist in mehreren Texten eine vitale Kraft vorhanden, die als Widerstand gegen den der Dichterin so verhassten Tod erscheint.

Schreiben gegen den Tod

In seiner Rezension schreibt Essig: „Viele Gedichte schreien und brüllen so" (Essig 2003, 37). Tatsächlich kommen die Verben „schreien" und „brüllen" in einigen Texten nach Jandls Tod vor (AT 152, 182). Diese Wut gegen die Sterblichkeit des Menschen verwandelt sich in eine schöpferische Kraft, welche dem Ausdruck der Lebensbejahung des Ich dient, wie im Gedicht *dies dies dies dieses Entzücken ich KLEBE an dieser Erde* (AT 127). Die Lebensfreude des Ich, die von Anfang an deutlich präsent ist, wird in den letzten Zeilen des Gedichts wiederholt und mit der Poesie verbunden: „ach ich KLEBE an diesem [/] Leben an diesem LEBENDGEDICHT." Die letzten Zeilen mancher Gedichte scheinen sogar den Triumph des Lebens nach der Evokation des Sterbens zu formulieren, wie z. B. im Gedicht *„vor Abgrund"* (AT 46): „*salute und abermals und retour*", die die Wiederholung wider die Endlichkeit einsetzt. Die Poesie lässt ein Wiedersehen erhoffen (vgl. AT 186), sie ermöglicht es, den Dialog mit den Verstorbenen weiterzuführen, wie die Widmungen an Jandl auch nach dessen Tod andeuten. Der Kampf gegen die Endlichkeit wird zudem durch die zahlreichen „usw." am Ende der Gedichte, aber auch innerhalb derselben, sowie durch die offenen Satzfragmente, aus denen die Texte bestehen, versinnbildlicht. Auch die Konjunktion „während", die den Akzent auf die Gleichzeitigkeit legt, kann als Ablehnung der Zeitlichkeit interpretiert werden. Die intertextuellen Bezüge, die *Mein Arbeitstirol* sowie das ganze Werk der Dichterin kennzeichnen, gehen aus einer vernetzenden Schreibweise hervor, welche die Zeitlichkeit in Frage zu stellen versucht.

Rezeption

In der Rezeption werden zwei Gedichte des Bandes mehrmals untersucht: *dies dies dies dieses Entzücken ich* KLEBE *an dieser Erde* (AT 127) und *5. Brandenburgisches Konzert* (AT 130). Aus der Perspektive der *cognitive poetics* und Bergsons Konzept der ‚metaphysischen Intuition' analysiert Eleonore De Felip im erstgenannten Gedicht die paradoxen Trauermetaphern, die den unvermeidlichen Tod erkennen lassen, aber gleichzeitig die Kraft der Dichtung ausdrücken (vgl. De Felipe 2021). Daniela Strigl kommentiert dasselbe Gedicht in ihrem Beitrag über Mayröckers Affektpoetik als „eine Transformation der heiligen Begeisterung […] in eine Naturerotik als Naturmystik" (Strigl 2009, 65). In einem späteren Beitrag konzentriert sich Strigl auf den Affekt der „Liebe" in Mayröckers Poesie und greift dabei auf Roland Barthes' *Fragmente einer Sprache der Liebe* (frz. 1977, dt. 1984) zurück (vgl. Strigl 2020). Sie bespricht hier zwei Gedichte aus *Mein Arbeitstirol*: *2 feuchte Lappen : Seele und Leib* (AT 141–142) und *5. Brandenburgisches Konzert* (Strigl 2020, insbes. 65–66, 69–70). 2002 hatte schon Michael Vogt dem letztgenannten Gedicht einen ausführlichen Kommentar gewidmet (vgl. Vogt 2002). Er stellte die Bilder des Todes, der Nichtigkeit und der Vergänglichkeit in den Vordergrund und versuchte auch Anklänge zwischen Mayröckers Text und Bachs Komposition zu finden. In Valérie Baumanns Beitrag ist Bach der Ausgangspunkt eines Close Readings des Gedichts mit Verweisen auf Orpheus und Eurydike, Brentano, die barocke Tradition, aber auch auf andere Texte der Dichterin (vgl. Baumann 2009). Eine weitere Perspektive auf das Gedicht *5. Brandenburgisches Konzert* wird in Beate Sommerfelds Analyse des Textes in Verbindung mit seiner polnischen Übersetzung von Ryszard Wojnakowski präsentiert, wobei ein besonderes Augenmerk auf die Übertragung der intertextuellen und intermedialen Bezüge in die andere Sprache und Kultur gerichtet wird (vgl. Sommerfeld 2016). Die Intertextualität ist auch ein zentraler Begriff im Beitrag von Aurélie Le Née, dessen Ziel es ist, am Beispiel des Bandes *Mein Arbeitstirol* zu zeigen, dass das Subjekt sich selbst in der Sprache findet, und zwar nicht nur in der eigenen, sondern auch in der Sprache der Anderen (vgl. Le Née 2012). Dies wird besonders deutlich im Gedicht *aus der Schneekiste* (AT 69–70), in dem das Ich von seiner Faszination für das Wort „Blanche" spricht und schließlich nur noch aus diesem Wort besteht.

Literatur

Baumann, Valérie: „Mein Ding liegt zutage wie 1 Skelett". 2 Gedichte von Friederike Mayröcker *für Fritzi* gelesen von Valérie B. In: Alexandra Strohmaier (Hg.): Buchstabendelirien. Zur Literatur Friederike Mayröckers. Bielefeld 2009, 75–86.

De Felip, Eleonore: Metaphern gegen den Tod. Friederike Mayröckers ekstatische Trauergedichte. In: Gianna Zocco (Hg.): The Rhetoric of Topics and Forms. Berlin/Boston 2021, 29–38.

Dobretsberger, Christine: Labyrinth aus Worten. Friederike Mayröckers jüngster Gedichtband „Mein Arbeitstirol". In: Wiener Zeitung (Wien) vom 26.11.2003, Beil. Extra, 11.

Essig, Rolf-Bernhard: Ausgespuckte Tage. Friederike Mayröckers neue überraschende Gedichte. In: Die Zeit (Hamburg) vom 10.7.2003, 37.

Görner, Rüdiger: „Luftseele und soweiter". F. Mayröckers lyrischer Einspruch gegen den Tod. In: Die Presse (Wien) vom 5.7.2003, Beil. SPECTRUM, VI.

Haas, Franz: Ein herzzerreissend poetisches Larifari. Friederike Mayröckers neuer Gedichtband „Mein Arbeitstirol". In: Neue Zürcher Zeitung (Zürich) vom 26.6.2003, 35.

Hartung, Harald: Wie süß sind verständliche Worte. Emotionsgesättigt: Neue Gedichte von Friederike Mayröcker. In: Frankfurter Allgemeine Zeitung (Frankfurt a. M.) vom 26.11.2003, 36.

Le Née, Aurélie: Subjekt und Intertextualität im Gedichtband *Mein Arbeitstirol*. In: Françoise Lartillot/Aurélie Le Née/Alfred Pfabigan (Hg.): „Einzelteilchen aller Menschengehirne". Subjekt und Subjektivität in Friederike Mayröckers (Spät-)Werk. Bielefeld 2012, 57–69.

Moser, Samuel: Gnadenlose Wörtlichkeit. Friederike Mayröckers Gedichtband „Mein Arbeitstirol". In: Der Standard (Wien) vom 3.5.2003, Beil. ALBUM, A 6.

Schmidmaier, Irmgard: Ewiges Spiel mit der Sprache. Zum 80. Geburtstag der Schriftstellerin Friederike Mayröcker. In: Gießener Allgemeine (Gießen) vom 18.12.2004, 66.

Sommerfeld, Beate: „Ich denke in langsamen Blitzen..." – Lyrikübersetzung als emergenter Vorgang am Beispiel des Gedichts „5. Brandenburgisches Konzert" von Friederike Mayröcker und seiner polnischen Übersetzung von Ryszard Wojnakowski. In: Dies. (Hg.): *Transgressionen im Spiegel der Übersetzung*. Festschrift zum 70. Geburtstag von Prof. Maria Krysztofiak-Kaszynska. Frankfurt a. M. 2016, 187–200.

Strigl, Daniela: Vom Rasen (Furor). Ein Versuch zu Friederike Mayröckers Affektpoetik. In: Alexandra Strohmaier (Hg.): Buchstabendelirien. Zur Literatur Friederike Mayröckers. Bielefeld 2009, 51–73.

Strigl, Daniela: „ich liebe deine Seele Geist und hl.Leib". Mayröckers lyrisches Denken und Bedenken von der Liebe. In: Inge Arteel/Eleonore De Felip (Hg.): Fragen zum Lyrischen in Friederike Mayröckers Poesie. Stuttgart 2020, 57–75.

Vogt, Michael: Elegie im Zeichen der Negation. Zu Friederike Mayröckers Gedicht „5. Brandenburgisches Konzert". In: Renate Kühn (Hg.): Friederike Mayröcker oder „das Innere des Sehens". Studien zu Lyrik, Hörspiel und Prosa. Bielefeld 2002, 113–133.

Weinzierl, Ulrich: Es scherbt der Knochen spinnenkraus. In: Die Welt (Hamburg) vom 26.7.2003, Die Literarische Welt, 4.

Scardanelli (2009)

Stefania Siddu

Entstehung

Scardanelli, 2009 erstmals bei Suhrkamp erschienen, umfasst vierzig Gedichte mit unterschiedlichen Entstehungsdaten und Widmungen, die der Leitbezug zu Friedrich Hölderlin verbindet. Einem breiteren Publikum dürfte der titelgebende Name Scardanelli, mit dem der schwäbische Dichter vermutlich ab dem Jahr 1841 einige seiner Gedichte im Tübinger Turm mit fiktiven Daten unterschrieb, wohl weniger als Hölderlins Nachname vertraut sein. Das rätselhafte Pseudonym dient dem Band Mayröckers jedoch nicht prinzipiell als Lockmittel, sondern kündigt zentrale poetologische Aspekte und formale Verfahren mittelbar an. Hölderlin zu lesen, bedeutet in der Tat für Mayröcker, die die Interaktion mit unterschiedlichen Quellen in ihren Werken thematisiert und programmatisch anwendet, Anregung und Herausforderung zum Schreiben, wie auch die Entstehungsgeschichte von *Scardanelli* bestätigt. Anfang 2008 bitten der Schriftsteller Julian Schutting und der Direktor der Alten Schmiede in Wien, Kurt Neumann, Mayröcker und andere Autorinnen und Autoren, zu ihrem Lieblingsgedicht ein oder zwei eigene zu verfassen, um sie zu einem späteren Zeitpunkt – bei der Veranstaltung „Unter Fixsternen der Dichtung" im Rahmen des Festivals Europäischer Dichtungen – vorzutragen. Diese Anfrage veranlasst die Autorin, auf das aus dem Jahr 2004 stammende Gedicht *erschrecke zuweilen dasz der zu dem ich* zurückzugreifen, das einen Bezug zu Hölderlins Turmgedicht *Wenn aus dem Himmel ...* aufweist und später das zweite Gedicht im Band *Scardanelli* darstellen wird. Eröffnet wird der Band mit dem 1989 entstandenen *Hölderlinturm, am Neckar, im Mai*. Anders als ursprünglich geplant, steigt die Zahl der durch die Hölderlin-Lektüre inspirierten Gedichte jedoch allmählich; das letzte entstand im September 2008 nach der erwähnten öffentlichen Lesung. 2009 werden diese zusammen mit weiteren von 2004 bis 2009 geschriebenen Gedichten in den Lyrikband *dieses Jäckchen (nämlich) des Vogel Greif* aufgenommen und veröffentlicht. Die gesonderte Veröffentlichung der *Scardanelli*-Sammlung, die in der Literaturkritik (vgl. Mergenthaler 2020, 211) und in der Forschung (vgl. Thums 2020, 139) mitunter als Zyklus bezeichnet wird, gehe auf die Gewohnheit einer Freundin der Autorin, Christel Fallenstein, zurück, die 2008 entstandenen und auf Hölderlin bezogenen Gedichte separat zu sammeln (vgl. Fallenstein 2012). Für die Entstehungsgeschichte des Bandes gilt es aber festzuhalten, dass Mayröcker selbst *Scardanelli* nicht als Zyklus wahrgenommen hat (vgl. Fallenstein 2012, 60).

S. Siddu (✉)
Universität Leipzig, Leipzig, Deutschland
E-Mail: stefania.siddu@zv.uni-leipzig.de

Hauptbezüge

Hölderlin-Bezüge sind keine seltene Erscheinung in Mayröckers Werk und bekanntlich kein Unikum in der Lyrik des 20. Jahrhunderts. *Scardanelli* scheint eher eine Fortsetzung der jahrelangen Auseinandersetzung Mayröckers mit Hölderlins Werk und Leben darzustellen (vgl. Ott 2017), die auch nach 2008 fortbesteht. Die konzentrierte Gestaltung des Bandes ermöglicht jedoch eine genauere Betrachtung des Vorgangs der Hölderlin-Rezeption bei Mayröcker und ihres schöpferischen Umgangs mit dem vorhandenen Textmaterial, das in ein neues komplexes intra- und intertextuelles sowie intermediales Geflecht eingebettet wird.

Darüber hinaus können diese Gedichte als eines der relevantesten Beispiele für die Produktivität der literarischen Nachwirkung Hölderlins gelten (vgl. Reitani 2008). Sie stehen in einem Beziehungsnetz sowohl zu Gedichten anderer Autorinnen und Autoren, die denselben Bezugsautor zitieren, als auch zu den wissenschaftlichen Studien sowie zahlreichen poetologischen, philosophischen und politischen Lesarten, die Hölderlin als „Konstrukt", „Selbstprojektion" oder „Zerrbild" (Gaier 2020, 511) in unterschiedlicher Form präsentieren.

Weit davon entfernt, Hölderlin in parodistischer und sarkastischer Absicht zu zitieren, wie z. B. Rühmkorfs *Variation auf „Gesang des Deutschen" von Friedrich Hölderlin* (Rühmkorf [1962] 2000, 233–235) es tut, greift Mayröcker, mit einer Präferenz für Hölderlins Oden um 1800 sowie die Hymne *Patmos*, auf thematische und motivische Elemente zurück, wie den Aspekt der prophetischen Begeisterung des Dichters und seiner Hybris, der Wehmut und der Trauer um das Verlorene sowie auf die Naturidylle in Hölderlins Spätwerk und Turmdichtung (vgl. Siddu 2018; Philipsen 2020; Thums 2020). Dabei verzichtet sie nicht auf eine dialogische Spannung zum Prätext, jedoch bleibt sie fern von ideologischen Verfälschungen. Ein Beispiel dafür ist *der lächelnde weisze Schwan auf dem weiszen Badetuch = Scardanelli Version* (SC 25–26), das Wörter wie „Gesang" und Formulierungen wie „und scheu der Vogel der Nacht trauert" aus der Ode *Gesang des Deutschen* (Hölderlin [1846] 1984, 629) aufnimmt, aber auf eine Weise neu konfiguriert, dass die geschichtsphilosophische Utopie von Hölderlins Ode fehlt. Allerdings verweist *Scardanelli* nicht nur auf die Lyrik und die Biographie Hölderlins, sondern auch auf andere Autoren. Der verstorbene und von Mayröcker geschätzte Dichter Thomas Kling (vgl. Le Née 2011) wird im genannten Gedicht als Verbindungsfigur zu der auch intratextuell vernetzenden Assoziation Dichter-Vogel erwähnt. Diese Assoziation verdichten das obige Hölderlin-Zitat und der Titel von Mayröckers Gedicht. So wäre es wünschenswert, die vielschichtige Vernetzung von Hölderlin-Zitaten und wichtigen literarischen Verweisen wie denjenigen auf Kling weiter zu untersuchen.

Die Forschung hat mehrere Funktionen der Hölderlin-Bezüge in *Scardanelli* ermittelt. So können die Verweise dem trauernden Ich als „intertextuelle ‚Eselsbrücke'" (Philipsen 2020, 117) im Spannungsfeld zwischen Erinnern und unvermeidlichem Vergessen dienen (vgl. Philipsen 2020, 120). Dabei werden Ferne und Nähe zu Verstorbenen wie Hölderlin inszeniert (vgl. Philipsen 2020, 118).

Was Daniela Strigl in Mayröckers Auseinandersetzung mit der hymnischen und elegischen Tradition in den vor 2009 veröffentlichten Gedichten erkennt (vgl. Strigl 2009), gilt auch für *Scardanelli*: Mayröcker experimentiert mit der kategorialen Einordnung von Hymne und Elegie und lockert sie rigoroser als Hölderlin, ohne sie aufzulösen. Dazu nutzt sie für ihren Gedichtband den intertextuellen Dialog mit Hölderlin (vgl. Siddu 2018). Da die Gedichte aus *Scardanelli* nicht nur intertextuell, sondern oft auch intermedial konzipiert sind, treten Ton, Sprache und Bild als akustische und optische Wahrnehmungen in einen Austauschprozess untereinander – z. B. Hölderlins Verse und ein Lied Brahms' (vgl. SC 43) oder ein Bild Picassos (vgl. SC 38) – ein Aspekt, der mehr Raum in der Forschung einnehmen könnte. Die intertextuelle und intermediale Kombination lässt den enthusiastisch-hymnischen Schwung und das elegisch-melancholische Gefühl vom Verlorenen miteinander interagieren, die jeweils durch spezifische Mittel wie z. B. den Ausruf „o du prophetische" (SC 25) oder „ach" (SC 15) in einer rhetorischen Affektrede kulminieren.

Auch für die Liebesszenerie rekurriert Mayröcker auf die Opposition von Hymne und Elegie; aber diese lyrischen „Formen performieren die positiv konnotierte Haltung des poetischen ‚Furors', des ‚Rasens', in dessen Verlauf Enthusiasmus und Bewunderung immer wieder in schmerzliches Vermissen umschlagen – und umgekehrt" (Strigl 2020, 65).

Trotz des Titels bringt die Sammlung, zumindest nicht markiert, keine Verse aus den Scardanelli-Gedichten von Hölderlin, der 1806 als psychisch krank diagnostiziert wurde. Mayröcker gibt jedoch eine von deren Besonderheiten wieder, indem sie eines ihrer Gedichte mit der Signatur „Scardanelli" (SC 18) versieht und somit deren Funktion als Maske des Dichters (vgl. Reitani 2001, 1864) wieder aufgreift. Die Übernahme der Signatur in *Scardanelli* könnte u. a. als Inszenierung des Wahnsinns gedeutet werden (vgl. Siddu 2018, 195–209). Dann würde sich Platons auch Hölderlin bekannter Dialog *Phaidros*, in dem „die dichterische Inspiration als die bedeutendste von verschiedenen Zuständen […] des Wahnsinns" (Bohrer 2015, 59) gilt, mit der Mythisierung von Hölderlins Wahnsinn verflechten. Diese Aufwertung der psychischen Krankheit des Dichters entsteht mit Bettina von Armin und reicht bis zu Bertaux' umstrittener Theorie von Hölderlins Simulation des Wahnsinns in seinem Turmrückzug (vgl. Burdorf 1993, 86–87), die Mayröcker 1993 in der Rede zur Verleihung des Hölderlin-Preises erwähnt (GP IV, 510). Auf dieser Folie wäre die Simulation des Irreseins bei Mayröcker ein kalkulierter dichterischer Gestaltungsmodus, der durch einen ekstatischen Sprachgestus realisiert wird (vgl. Siddu 2018, 267–274). Zwar fühlt das Ich in der „Schreibszene des einsamen, wahnsinnigen Dichters" (Thums 2020, 149) mit Scardanelli mit. Im Gegensatz zu den nach Maß strebenden idyllischen und „ichlosen" (Oelmann 1996, 203) Turmgedichten Hölderlins artikuliert sich das Ich in *Scardanelli* jedoch „im Zeichen einer dionysischen Entgrenzung, die mit der Maske Scardanelli Figurationen des Wahnsinns und Figurationen des Idyllischen" (Thums 2020, 150) zusammenschließt. Sind Dissonanzen zwischen dem ‚Gesicherten' und dem Grenzenlosen in Hölderlins spätesten Gedichten ferner „nur noch angedeutet" (Oestersandfort 2006, 122), reflektiert das Ich in Mayröckers Gedichtband, auch im Dialog mit einem Du, über disparate Themen und bringt Gegensätze unmittelbar und spannungsgeladen zusammen. So stehen u. a. die Kindheit, das Altwerden, der Tod, die Lebensfreude, die Angst, der Übermut, die Einsamkeit, die Liebe, das Schreiben und die Naturerscheinungen, wie die aus der Hölderlin-Lektüre gespeisten wiederkehrenden „*Schaafe*" (SC 12), „*Veilchen*" (SC 13) und die „Welle" (SC 18) in einem unauflösbaren Spannungsverhältnis zueinander.

Formale Aspekte

Unter den wichtigen Traditionslinien, auf denen sich ihr Schreiben bewegt, nennt Mayröcker „jene[] Hölderlins", die „des Surrealismus" (GP IV, 509) und „Dada" (GP III, 690). In diesem Zusammenhang sollte neben der avantgardistischen Montage auch die harte Fügung Erwähnung finden, die Hellingrath als Hauptmerkmal besonders der späten Hymnen Hölderlins hervorhebt. Gerade in dem Versuch, das Wort in seiner „körperhafte[n] Sinnlichkeit" (Brokoff 2014, 60) durch syntaktische Isolierung zu erschließen, könnte eine Verbindung – trotz aller Divergenzen poetologischer Art – zwischen den zwei Traditionen bzw. deren Rezeption auffindbar sein. Mayröcker erhält Impulse aus diesen Traditionen für das Weiterspinnen ihrer nicht linearen Denkvorgänge „in Bildern" (GP IV, 486). Diese Anregungen entwickelt sie durch die Fragmentierung und die radikalisierte elegisch-hymnische Verflechtung weiter (vgl. Siddu 2020, 177).

Durch Kleinschreibung am Anfang sowie umfunktionalisierte oder fehlende Zeichensetzung am Ende lässt sich jedes aus stilisierten Fragmenten bestehende Gedicht selbst als Fragment im Sammlungsgeflecht erkennen. Außerdem rekurriert Mayröcker auf die fragmentarischen Vorstufen in Sattlers Hölderlin-Ausgabe und intensiviert deren Fragmentarizität, indem sie diese bruchstückhafte Diktion aufgreift bzw. variiert.

Die ungereimten, unstrophischen und manchmal dem „,inneren' Parlando-Stil angenäherte[n]" (De Felip 2013, 90) Gedichte unterschiedlicher Länge erzeugen eine semantische Überlappung durch assoziative Verknüpfungstechniken sowie die Variation von Sprachelementen, Themen und Motiven, die die Forschung als „Verwandlung" (Kaminskaja 2021, 8) bezeichnet. Mayröcker zielt zudem auf die Generierung von Rhythmen, indem sie u. a. Hölderlins Umgang mit der alkäischen Odenform sowie dem Enjambement erweitert und an seine späteren freirhythmischen Gesänge anknüpft (vgl. Previšić 2020, 192), sodass die Forschung dabei nicht nur von Intertextualität, sondern auch von „Inter-Rhythmizität" (Previšić 2020, 182) spricht.

1999 durften Autorinnen und Autoren ihre eigene Auswahl von Gedichten des 20. Jahrhunderts in einem Sonderband von Text+Kritik präsentieren. Die Aufnahme des Nachtgesanges *Hälfte des Lebens* in den Band geht auf Mayröckers Vorschlag zurück, der zeigt, dass die Autorin Hölderlin als zeitlich verwandt und modern betrachtet. Modern an den Nachtgesängen ist die „Sprachkritik" (Behre 1999, 121). In *Scardanelli* wird – wenn auch indirekt – die Kritik am institutionalisierten und alltäglichen entleerenden Sprachgebrauch betrieben: durch die Überschreitung der Grenzen von Sprache und Text sowie der Trennungslinie zwischen den Medien.

Literatur

Behre, Maria: Hölderlin in der Lyrik des 20. Jahrhunderts. In: Text + Kritik. Sonderband: Lyrik des 20. Jahrhunderts (1999), 107–124.

Bohrer, Karl Heinz: Das Erscheinen des Dionysos. Antike Mythologie und moderne Metapher. Berlin 2015.

Brokoff, Jürgen: Norbert von Hellingraths Ästhetik der harten Wortfügung und die Kunsttheorie der europäischen Avantgarde. In: Ders./Joachim Jacob/Marcel Lepper (Hg.): Norbert von Hellingrath und die Ästhetik der europäischen Moderne. Göttingen 2014, 51–69.

Burdorf, Dieter: Hölderlins späte Gedichtfragmente: „Unendlicher Deutung voll". Stuttgart/Weimar 1993.

De Felip, Eleonore: Zur Simultaneität von Glück und Schmerz in Friederike Mayröckers Gedicht „und so schreie ich zu mir / wie die Lämmer im Feld". In: Mitteilungen aus dem Brenner-Archiv 32 (2013), 89–100.

Fallenstein, Christel: Brief an Theo. In: Matrix. Zeitschrift für Literatur und Kunst 28/2 (2012), 59–63.

Gaier, Ulrich: Nachwirkungen in der Literatur. In: Johann Kreuzer (Hg.): Hölderlin – Handbuch. Leben – Werk – Wirkung. Berlin ²2020, 511–529.

Hölderlin, Friedrich: Gesang des Deutschen [1846]. In: Ders.: Sämtliche Werke. „Frankfurter Ausgabe". Historisch-kritische Ausgabe. Bd. V. Hg. von Dietrich Eberhard Sattler und Michael Knaupp. Basel/Frankfurt a. M. 1984, 629–630.

Kaminskaja, Juliana V.: … Verwandlungen … Zu Friederike Mayröckers *Scardanelli* und anderen Gedichten. Wien 2021.

Le Née, Aurélie: Le dialogue poétique entre Friederike Mayröcker et Thomas Kling. In: Études germaniques 262/2 (2011), 431–446.

Mergenthaler, May: Mayröckers *Scardanelli* als Herausforderung für die Lyrikkritik. In: Inge Arteel/Eleonore De Felip (Hg.): Fragen zum Lyrischen in Friederike Mayröckers Poesie. Stuttgart 2020, 199–227.

Oelmann, Ute: Fenstergedichte. Zu *Der Frühling* und *Der Herbst*. In: Gerhard Kurz (Hg.): Interpretationen. Gedichte von Friedrich Hölderlin. Stuttgart 1996, 200–212.

Oestersandfort, Christian: Immanente Poetik und poetische Diätetik in Hölderlins Turmdichtung. Tübingen 2006.

Ott, Herta Luise: *wo die verborgenen Veilchen sprossen*. Anmerkungen zu Friederike Mayröckers *Scardanelli*-Band. In: Johann Georg Lughofer (Hg.): Friederike Mayröcker. Interpretationen, Kommentare, Didaktisierungen. Wien 2017, 57–80.

Philipsen, Bart: „Knallharte Gedächtniskunst": Friedrich Hölderlin als Intertext in Friederike Mayröckers *Scardanelli*. In: Inge Arteel/Eleonore De Felip (Hg.): Fragen zum Lyrischen in Friederike Mayröckers Poesie. Stuttgart 2020, 115–135.

Previšić, Boris: Hölderlins Polyphonie in Mayröckers *Scardanelli*: Von der alkäischen Ode zur Inter-Rhythmizität. In: Inge Arteel/Eleonore De Felip (Hg.): Fragen zum Lyrischen in Friederike Mayröckers Poesie. Stuttgart 2020, 181–197.

Reitani, Luigi: Poesie della torre. In: Friedrich Hölderlin: Tutte le liriche. Hg. von Luigi Reitani. Milano 2001, 1860–1865.

Reitani, Luigi: „Hörst Du Hölderlin noch?" Zur lyrischen Nachwirkung Hölderlins nach 1945. In: Ute Oelmann (Hg.): Hölderlin-Entdeckungen. Studien zur Rezeption. Stuttgart 2008, 31–45.

Rühmkorf, Peter: Variation auf „Gesang des Deutschen" von Friedrich Hölderlin [1962]. In: Ders.: Gedichte. Werke 1. Hg. von Bernd Rauschenbach. Reinbek bei Hamburg 2000, 233–235.

Siddu, Stefania: „ich möchte leben Hand in Hand mit Scardanelli". Friederike Mayröcker in dialogo con

Friedrich Hölderlin nella raccolta lirica *Scardanelli*. Dissertation Univ. Udine und Leipzig 2018.

Siddu, Stefania: Zur (Nicht-)Diskursivität in *Scardanelli*: Ein Versuch über Friederike Mayröckers Verhältnis zu Friedrich Hölderlin. In: Inge Arteel/Eleonore De Felip (Hg.): Fragen zum Lyrischen in Friederike Mayröckers Poesie. Stuttgart 2020, 157–179.

Strigl, Daniela: Vom Rasen (Furor). Ein Versuch zu Friederike Mayröckers Affektpoetik. In: Alexandra Strohmaier (Hg.): Buchstabendelirien. Zur Literatur Friederike Mayröckers. Bielefeld 2009, 51–73.

Strigl, Daniela: „ich liebe deine Seele Geist und hl.Leib": Mayröckers lyrisches Denken und Bedenken von der Liebe. In: Inge Arteel/Eleonore De Felip (Hg.): Fragen zum Lyrischen in Friederike Mayröckers Poesie. Stuttgart 2020, 57–75.

Thums, Barbara: „und immer noch voll Sehnsucht": Figurationen des Idyllischen in Friederike Mayröckers *Scardanelli*. In: Inge Arteel/Eleonore De Felip (Hg.): Fragen zum Lyrischen in Friederike Mayröckers Poesie. Stuttgart 2020, 137–156.

dieses Jäckchen (nämlich) des Vogel Greif (2009)

Karoline Johanna Baumann

dieses Jäckchen (nämlich) des Vogel Greif. Gedichte 2004–2009 erschien zu Mayröckers 85. Geburtstag Ende 2009 und enthält 309 Gedichte, die, so gibt es ihre fortlaufende Datierung an, zwischen dem 23.06.2004 und dem 22.03.2009 entstanden sind, darunter auch die 40 Gedichte, die im selben Jahr bereits in dem Band *Scardanelli* veröffentlicht worden waren und die sich durch ihren verstärkten Hölderlin-Bezug von den übrigen abheben (s. Kap. 11).

Selbstreferentialität der Titel

Neben den ‚Hölderlin'-Gedichten beziehen sich zahlreiche weitere Gedichte auf Dichterinnen und Dichter, die meisten von ihnen auf Ernst Jandl, der allerdings weniger als Dichter erscheint denn als der schmerzlich vermisste verstorbene Geliebte. Allein neun Gedichte tragen im Titel „an EJ" (JVG 98, 225), „für EJ" (JVG 70, 131, 276), „für Ernst Jandl" (JVG 179) und ähnliche Kombinationen wie „mit EJ" (JVG 198), zwei weitere heißen einfach *E.J.* (JVG 163, 256). Auch bei anderen Gedichten sind schon durch Titel wie *nach Heinrich Heine* (JVG 290), *an Sappho* (JVG 332) oder *für Marcel Beyer* (JVG 9) intertextuelle Bezugnahmen abzulesen.

Diverse weitere Dichter und Autoren erscheinen in den Titeln, wie Paul Gerhardt (vgl. JVG 155), James Joyce (vgl. JVG 208), Durs Grünbein (vgl. JVG 214), Dylan Thomas (vgl. JVG 33) und andere, sodass die Titel ein hohes Maß an literarischer Selbstreferentialität erkennen lassen. Aber auch auf Maler und Malerinnen wie Velázquez (vgl. JVG 218), Jackson Pollock (vgl. JVG 287), Francis Bacon (vgl. JVG 268), Maria Lassnig (vgl. JVG 82) und, ebenso häufig wie auf Jandl, Maria Gruber (vgl. JVG 15, 32, 49, 51, 79, 135, 143, 152, 154) wird in den Titeln referiert, ebenso auf Denker wie Augustinus (vgl. JVG 291), Nietzsche (vgl. JVG 87), Jacques Derrida (vgl. JVG 303, 341) und Komponisten wie Vivaldi (vgl. JVG 49) oder Mozart (vgl. JVG 108). Neben diesem schon durch die Titel gespannten dichten Netz aus intertextuellen und intermedialen Bezügen, die die mediale Verfasstheit der Gedichte exponieren und auf ihre Poetizität verweisen, sind zahlreiche Gedichte privaten Bekanntschaften (vgl. etwa „Valérie B." oder „Edith Schreiber", JVG 68, 274) gewidmet, in deren Kontext eingebettet sich der Band ebenfalls präsentiert.

Doch auch eine Pflanze erhält eine solche Widmung (*an 1 gestorbene Amaryllis Blüte*, JVG 309). Eine Anthropomorphisierung ähnlich der der „gestorbenen" und (trotz ihres Todes) angeredeten Pflanze wird auch an Naturerscheinungen vorgenommen, in Titeln wie *die Grausamkeit des Tageslichts* (JVG 334) oder *ich hab gesehen den Mond das gebückte Gestirn in seinem Alter zart* (JVG 315). Andersherum werden mit Naturphänomenen wie den unterschiedlichen Jahreszeiten oder Wetter- und Lichtverhältnissen menschliche Gemütszustände verbunden (*Vergletscherung des Herzens*, JVG 299). Eine Parallele zur hier beobachtbaren Durchlässigkeit der Grenze zwischen Mensch, Tier, Pflanze und Naturerscheinung lässt sich in der Hybridisierung von Genrebezeichnungen ausmachen, in Titeln wie *Gedicht in Prosa (1)* und *Gedicht in Prosa (2)* (JVG 170, 172). Zahlreiche Gedichte tragen Gattungsbezeichnungen im Titel, in denen ein experimenteller Umgang mit literarischen Genres zum Ausdruck kommt (*Fragmente von.*, JVG 87; *Lied ohne Worte*, JVG 128; *gegaukeltes Gebrauchsgedicht, virtuelles Lobgedicht auf 1 Gastgeberpaar*, JVG 257). Ebenfalls auffällig ist der häufige Verweis auf Kommunikationsformen und -medien in den Titeln (*Gruszwort, geflüstert*, JVG 199; *Briefkomet an Angelika Kaufmann*, JVG 151), wodurch erneut die Selbstreflexivität des Bandes herausgestellt, aber auch sein Kommunikationscharakter betont wird.

Form

Die Gedichte sind nur in Ausnahmefällen über eine Seite lang, die meisten füllen etwa eine halbe Seite aus. Während ein Drittel der Gedichte titellos bleibt, sind sie alle am Ende mit einem Datum versehen, teils zusätzlich auch noch mit einer Ortsangabe („Bad Ischl", JVG 74–80) oder einer Uhrzeit (dann üblicherweise früh morgens, „5 Uhr früh", z. B. JVG 13, 123, 156; „½ 5 Uhr früh", JVG 278; „½ 6 Uhr früh", JVG 151). In Rezensionen wurden sie daher auch als „lyrisches Tagebuch" (Radisch 2010, 43; vgl. Segebrecht 2009) bezeichnet. Bei einigen ist unten, zwischen dem Gedichtende und dem Datum, eine Widmung an Bekannte oder Freundinnen und Freunde eingefügt (einmal aber auch „für 1 ungenannt zu Bleibenden", JVG 236), in seltenen Fällen steht die Widmung kursiv unterhalb des Titels. Einigen ist nach Art eines Mottos noch ein kürzerer Text vorangestellt. Die Gedichte enthalten weder ein Reimschema noch ein gleichmäßiges Metrum und weisen keine Strophen auf. Eine Ausnahme bildet *haiku* (JVG 138–141), ein in dreiundzwanzig drei- bis vierzeilige, durchgehend nummerierte Strophen unterteiltes Gedicht, das die Gattung des Haiku frei variiert. *Klagelied in 5 Strophen* besteht aus fünf nummerierten, strophenähnlichen Abschnitten, die zwischen fünf und siebzehn Verse zählen. Typographisch fallen sowohl Kursivsetzungen als auch Kapitälchen auf sowie die häufige Verwendung von Klammern, (freistehenden) Doppelpunkten, (freistehenden) Schrägstrichen, französischen Anführungszeichen, Bindestrichen und zwei aufeinanderfolgenden Punkten. Statt Zahlwörter werden Ziffern verwendet – das Indefinitpronomen ‚ein' wird als 1 geschrieben – und es tauchen gelegentlich Leerstellen innerhalb der Zeile auf, sodass der Text auch visuell die Aufmerksamkeit auf seine Textform, seine schriftliche Gefasstheit lenkt. Die unkonventionelle Typographie korreliert in mehreren Gedichten mit einer Grenzüberschreitung der Gattungskonventionen, wenn die Buchseite die langen, als Prosasätze strukturierten und lesbaren Zeilen nicht ‚fassen' kann und notgedrungen ein Zeilenumbruch erfolgt, der das letzte Wort rechtsbündig auf die nächste Zeile stellt. Der Prosasatz wird so materiell und visuell in eine lyrische Form eingebunden und der Lesefluss unterbrochen und verfremdet.

Themen

Inhaltlich fällt eine schon aus den Titeln ersichtliche häufige Thematisierung von Tod und Abschied auf, z. B. „*das Leichentuch liegt bereit [...]*" (JVG 294), „*wir setzen uns in Tränen nieder denn unser Leben war zu kurz*" (JVG 293), und – dazu passend – die wiederholte Referenz auf Tränen wie *in Tränen in Tränen wenn ich den Wellen Blumen gebe* (JVG 298), *77*, oder *wollen Sie mit mir über Tränen sprechen, Jacques Derrida* (JVG 341; s. auch Kap. 64) und Titel wie *Melancholia* (JVG 129), *Elegie auf die Stele von Algund* (JVG 191) oder

Lamentationen (JVG 175). Dem häufigen Bezug auf den Tod wird aber auch ‚Unsterbliches' an die Seite gestellt: In *am Fenster lehnend mit dem Finger die unsterblichen* beispielsweise werden die „unsterblichen Höhen [/] nachgezeichnet" (JVG 178), mit dem Finger am Fenster, aber auch im übertragenen Sinne durch ihr Nachzeichnen in der Literatur, wo sie festgehalten und „unsterblich" gemacht werden. Unter „Höhen" sind ebenso die Berge vorm Fenster zu verstehen wie euphorische, ja ekstatische Gemütszustände, von denen der Gedichtband ebenso spricht wie von Tod, Trauer, Melancholie und Abschied (s. Kap. 63). Im genannten Gedicht werden jubilierend „die schönen Schwalben die Lerchen" umarmt, das lyrische Ich hat „das blaue Licht in den Augen" und spricht von „der heiszgeliebten Erde", dem „seligste[n] Leben". Die Angabe, dass es darin um den „Garten [...] von damals" geht, und das Losungswort „in D." zeigen an, dass hier Erinnerungen an die Kindheitssommer in zum verlorenen Paradies gewordenen Deinzendorf aufgerufen werden (s. Kap. 3 und 59). Im Gedicht ist nicht klar, welche der beschriebenen Impressionen Teil der Kindheitserinnerungen sind und welche zu einem späteren Zeitpunkt wahrgenommen und durch die Erinnerung angereichert wurden, der „Morgen" darin kann auch der symbolische ‚Morgen' des Lebens sein, die Kindheit, jetzt am ‚Abend' der zum Zeitpunkt der Niederschrift des Gedichts zweiundachtzigjährigen Autorin.

Den vielen Tränen („*ich weine ich weine*", JVG 184; „1 Regengusz die Thränen", JVG 222; vgl. Segebrecht 2009) steht das Ekstatische, Jubelnde gegenüber, ein ‚rasendes Jauchzen', mit dem gleich das erste Gedicht beginnt: *und Pflanzen rasend jauchzend in Juni Garben* (JVG 7), so dessen Titel. Das Gedicht evoziert eine Welt, in der „alle Sternbilder [/] Lüster leuchteten [...] mit einem einzigen Glanz [/] überschüttet" und „das Vogelherz jubiliert" (JVG 7). Sämtliche Lebewesen und Naturerscheinungen beteiligen sich an diesem Jubelsang, das Vogelherz ebenso wie/als das Herz der Dichterin. Ein Oszillieren zwischen Jubel und Trauer tritt immer wieder in den Gedichten zutage in einer Weise, die die Abhängigkeit der beiden Gefühlszustände voneinander suggeriert, beispielsweise als „Schmerz beim Schwingen der Flügel" (JVG 11).

Das zweite Gedicht mit dem ähnlich auf Begeisterung deutenden Titel *ganz verknallt* spricht zugleich von der „Angst vor dem Tod" (JVG 8), wie auch der Titel des späteren Gedichts *mein Tod mein Tyrannchen meine Lebensglut ohne Ende* (JVG 260) die Interdependenz der vermeintlichen Oppositionen andeutet: Tod und „Lebensglut" bedingen einander, die Trauer entspringt der Verbundenheit mit der Welt und einer überwältigenden Affiziertheit durch sie, ihre Lebewesen und ebenso die in ihr enthaltenen dinglichen Gegenstände, die für die Dichterin gleichermaßen zu ihren „wunderbaren [...] Geschöpfen" (JVG 274) zu zählen scheinen. Die Endlichkeit, die das lyrische Ich daran hindert, alles zur Genüge erfassen, bearbeiten, aussprechen zu können, ist in hohem Maße ursächlich für die Trauer, sodass das letzte Gedicht des Bandes fordert (und auch verspricht): „nur nicht enden möge diese Seligkeit dieses Lebens nur nicht enden ich [/] habe ja erst angefangen zu schauen zu sprechen zu schreiben zu weinen" (JVG 342). Eine Hervorhebung der wechselseitigen Bedingtheit von Jubel und Leid („mein Schmerz mein Glück", JVG 295) ist für die Gedichte durchaus charakteristisch und durchzieht den Band, am anschaulichsten vielleicht visualisiert im „Sturz in die Lüfte" (JVG 342), der „das äuszerste / Schwärmen" (JVG 7), von dem das erste Gedicht spricht, ebenso umfasst wie das „ich zerbrach" (JVG 342) des letzten, und der der Ambivalenz eines Gefühlszustands, der schnell wieder in sein Gegenteil umschlagen kann und muss, eine Form leiht (und dem lyrischen Ich erneut den Körper eines Vogels).

Das lyrische Ich erscheint in diesem Band auch als ein lesendes: es hat „1 [/] hinreiszendes Gedicht gelesen und wiedergelesen" (JVG 7). Damit wird gleich zu Beginn des Bandes die (wiederholte) Lektüre gerade von ‚hinreißenden' Gedichten als eine Aktivität thematisiert, die das lyrische Ich potentiell mit der Lektüre-Erfahrung der Leserinnen und Leser verbindet. Das durch häufige Erwähnung von Kommunikationsformen in den Gedichttiteln nahegelegte Kommunikationsangebot kann so eingelöst werden.

In den zahlreichen Wiederholungen lassen sich „musikalische Kompositionsprinzipien, Reprise, Rezitativ" (Radisch 2010) erkennen. Neben den häufigen inhaltlichen Referenzen auf Musiker und Musikerinnen, von John Dowland (vgl. JVG 297) bis Patti Smith (vgl. JVG 14), wären hier noch die vielen Vogelstimmen zu nennen, Lerchen, Schwalben, Nachtigallen, Rotkehlchen, Distelfink, Eule, Kuckuck, „IMMER SINGEN DIE VÖGEL" (JVG 206). Die Stimme einer Sängerin und die eines Vogels werden übereinandergelegt: „Maria Callas' Stimme Vogel Musik" (JVG 231), ebenso werden immer wieder Parallelen zwischen einer Vogelstimme und der eines Dichters oder einer Dichterin hergestellt: „und scheu der Vogel der Nacht trauert [/] wie einst Thomas Kling" (JVG 231). Aber auch Umgebungsgeräusche wie Waldbrausen (vgl. JVG 16), das Heulen des Windes (vgl. JVG 73) oder „Das Ächzen der Taubenschwingen" (JVG 11) sind omnipräsent und bekommen musikalische Qualität zugeschrieben: „die Musik aus den Wipfeln der Bäume" (JVG 266), „habe heute früh den Wind rauschen [/] gehört vor meinem Fenster eigentlich Orgelpfeifen" (JVG 58), die Stimme am Telefon spricht in „vertraute[r] Tonart" (JVG 10), „im Garten musizierten die Grillen" (JVG 89). Ebenso wird zwischen lebendigen und leblosen Erscheinungen wenig Unterschied gemacht, sie alle kommunizieren mit dem Ich und zeigen Verhaltensweisen, die auf existentielle Gefühle schließen lassen: „Der Regen [/] fällt die Träne quillt" (JVG 155). Das Ich nimmt beinahe chamäleonartig seine Umgebung auf, versprachlicht sie nicht nur, sondern verkörpert sie, gleicht sich ihr an, wird zu ihr. So wie der Vogel im Titelgedicht ein anthropomorphisierendes „Jäckchen" (JVG 311) trägt, während zugleich der oder die Geliebte wie ein wildes Tier die Wälder durchstreift und das Haus nicht betritt, sind die Ähnlichkeiten zwischen Menschen, Tieren und Dingen in Bezug auf Verhaltensweisen, Gefühle, Aussehen usw. größer als die Unterschiede, eine Korrespondenz, die noch über die Bezeichnung ,metamorphotisch' (nämlich Mayröckers Fähigkeit, jeden Stoff zu Poesie werden zu lassen, vgl. Bleutge 2009) hinausgeht: Die Gedichte evozieren eine ,Transformation', die „an den ontologischen Merkmalen des Menschen rüttelt" (Arteel 2007, 99). Emotionen und ihre Artikulation werden sowohl menschlichen als auch nichtmenschlichen Lebewesen wie auch der Dingwelt zugestanden und können von einer Welt zur anderen kommuniziert werden.

Literatur

Arteel, Inge: gefaltet, entfaltet. Strategien der Subjektwerdung in Friederike Mayröckers Prosa 1988–1998. Bielefeld 2007.
Bleutge, Nico: Wange an Wange mit dem Gedicht. In: Neue Zürcher Zeitung (Zürich) vom 24.12.2009, 46.
Radisch, Iris: Die andere Welt. In: Die Zeit (Hamburg) vom 14.1.2010, 43.
Segebrecht, Wulf: Des Rätsels Lösung ist ein Rätsel. In: Frankfurter Allgemeine Zeitung (Frankfurt) vom 24.12.2009, Z5.

Von den Umarmungen (2012)

Eleonore De Felip

Entstehung und Einordnung ins Werk

Der Band *Von den Umarmungen. Gedichte* erschien 2012 im Insel Verlag, Berlin. Er umfasst 28 Gedichte und drei Zeichnungen der Autorin. Entstanden sind die Gedichte in rascher Folge zwischen 10.01.2010 und 08.07.2010, die Gedichte 1 bis 26 gar innerhalb von drei Monaten (zwischen 10.01. und 16.03); es folgte noch ein Gedicht am 03.06.2010 und eines datiert mit 06.–08.07.2010. *Von den Umarmungen* wurde wohl als einziger Lyrikband von der Autorin als Zyklus konzipiert, was sich nicht zuletzt in den auffallend ähnlichen Gedichttiteln zeigt, die Variationen über ein Thema sind: *über das Küssen* (10.01.2010); *von den Umarmungen* (11.01.2010); *vom Küssen der Zunge, im Sinne von Sprache* (13.01.2010); *vom Küssen der Drossel im Mai* (14.01.2010); *vom Küssen der Achselhöhle* (16.01.2010); *vom Herzen und Küssen des Alpenlichts* (17.01.2010) u. a. Der Gedichtband entstand parallel zum Prosaband *vom Umhalsen der Sperlingswand, oder 1 Schumannwahnsinn* (2011), welcher im März/April 2010 geschrieben wurde. Der Prosatext wird von zwei Gedichten gerahmt, die auch im Gedichtzyklus aufscheinen: Am Beginn steht das Gedicht *vom Umhalsen der Sperlingswand mitten im Epheu* vom 10.01.2010 (Mayröcker 2011, 7), das im Gedichtband mit leicht abgewandeltem Titel *vom Umschlingen der Sperlingswand mitten im Epheu*, ansonsten unverändert, erscheint; am Ende das Gedicht *vom Umarmen des Komponisten auf dem offenen Soffa* vom 19.02.2010, welches identisch ist mit dem im Gedichtband abgedruckten. Ob die zwei Gedichte ursprünglich für den Prosaband oder für den Gedichtzyklus entstanden sind, kann nicht festgestellt werden. Ihre Präsenz in beiden Bänden ist Teil von Mayröckers textübergreifendem Zitierverfahren, das Selbstzitate miteinschließt. Der Gedichtband und der Prosaband verweisen inhaltlich aufeinander und zitieren einander. Gemeinsam sind sie der Ausdruck einer Phase intensiver Produktivität.

Die Zeichnungen

Die erste Zeichnung (U 18–19) zeigt eine kniende Strichfrau (an ihrer Fransenfrisur als stilisiertes Mayröcker-Ich erkennbar), mit geschwollenem Knie, welche einen riesengroßen Blumenstrauß einem am linken Bildrand stehenden Strichmännchen reicht (an der Brille als Ernst Jandl erkennbar). Ein Pfeil zeigt auf ihr Knie; darunter steht „wehes Knie, trotzdem kniend". Diese Zeichnung könnte eine sehr einfache ‚Illustration' der emotionalen Ausrichtung

E. De Felip (✉)
Universität Innsbruck, Innsbruck, Österreich
E-Mail: eleonore.defelip@uibk.ac.at

aller Gedichte in diesem Bändchen sein, nämlich der Sehnsucht nach dem verlorenen Du; im Besonderen könnte sie sich auf die Anfangsverse des Gedichts *vom Behauchen eines Schmetterlings* vom 23.01.2010 beziehen: „in der eisigen Nachtluft im Schnee auf dem Pflaster der [/] Prachtstrasse wie 1 *frommer Hund* flach liegend auf Knien [/] mit ausgestreckten Armen flehentlich geöffneten Händen den [/] Kopf zur Erde gesenkt : ich kniete nieder zu ihm und weinte –" (U 16). Die zweite Zeichnung (U 23) zeigt einen großen Finger mit längerem Nagel (einen Frauennagel?); aus einer kleinen Wunde wächst ein Zweig mit einer Rose, von der Blütenblätter abfallen. Daneben steht „der Rosendorn in Deinem Finger sprießt ………". Die Zeichnung bezieht sich vermutlich auf die wiederholte Erwähnung der verletzten Haut des lyrischen Ich im Gedicht *vom Küssen der Füsze der Braut* auf der gegenüberliegenden Seite: „ich habe diese Haut dieses Fell meiner Haut meine Haut zerrissen meine [/] Haut in Fetzen zerfetzt zerschossen dieses Fell meiner Haut" (U 22). Die dritte Zeichnung (U 37) zeigt eine Strichfrau mit Engelsflügeln und Heiligenschein (an ihrer Fransenfrisur als Mayröcker-Ich erkennbar), in jeder Hand einen stilisierten Koffer tragend, darunter die Worte „Talisman für sich allein packend Koffer / auch Schutzgeist". Ob und auf welche Weise sich diese Zeichnung auf das gegenüber abgedruckte Gedicht *vom erleuchtenden Küssen der Morgenstunde* bezieht, lässt sich nicht eindeutig feststellen.

Inhaltliche Aspekte

Die Klage um den fernen, verstorbenen Geliebten bleibt auch in *Von den Umarmungen* ein durchgehendes Thema. Die Gedichte sind von tiefer Trauer und Einsamkeit geprägt. Sowohl die Titel als auch die Gedichte deuten Szenen zärtlicher Nähe an. Wie in allen Bänden nach Jandls Tod fungiert auch hier das „Schreiben als Trauerarbeit und Liebesakt" (Strohmaier 2008, 195). Mayröckers Poetik der Liebe zeigt sich auch hier im ungebrochen ‚erotischen', poetisierenden Blick auf die Welt, in der Liebe des lyrischen Ich zu Tieren, Pflanzen und vor allem zur Poesie. Durchgehend alle Gedichttitel enthalten Signalwörter, die zärtliche Sehnsucht und erotische Nähe signalisieren: *vom Herzen und Küssen des Alpenlichts, vom Küssen des Scheitels, vom grenzenlosen Küssen der Lider, vom Behauchen eines Schmetterlings* usw. Der Kuss als Symbol innigster Verbundenheit wird fortan bis zum letzten Buch ein wiederkehrendes Motiv bleiben. So heißt es in *da ich morgens und moosgrün. Ans Fenster trete*: „mehr als alles, küszt uns der Wald ach wie uns der Wald küszt, Wäldchen, küszt!" (MMF 2020, 156). Mayröckers „Schreiben sucht ein Begehren nach dem Verlorenen einzuholen und die Vereinigung mit ihm im Symbol zu vollziehen" (Strohmaier 2008, 213). Solange sich das Ich schreibend in eine Dimension tiefer Verzückung versetzt, solange kann es sich selbst davor bewahren, von der Trauer überflutet zu werden. In *Von den Umarmungen* neigt sich die lyrische Instanz mit äußerster Aufmerksamkeit den unscheinbaren Dingen zu. Wie mit einer Kamera mit Zoom holt sie die stillen und winzigen Manifestationen der Welt sehr nah an sich heran, so nah, dass die Dinge plötzlich fremd und sonderbar werden. Sie sind nicht mehr nur einfach sie selbst, sondern erscheinen durch den ‚umarmenden' Blick wie verzaubert. Die Dinge werden zu abgründigen Erscheinungen, die ihre Qualität vielfach verändern. Das besondere Interesse der wahrnehmenden Instanz gilt indes den verborgenen Dingen, die sich hinter die sichtbare Oberfläche zurückgezogen haben und die von einem aktiven (liebevollen) Blick abhängig sind, um zu erscheinen (vgl. De Felip 2020, 236). Wenngleich alle Gedichte durch ein enges Geflecht wiederkehrender Motive verbunden sind (u. a. Weinen/Tränen, Abschied, Blumen/Rosen, Gräser, feuchte Manschette, Nacht, Mond, Schnee, Haut, zerreißen/zerrissen/Messer), liegt der Fokus jedes einzelnen Gedichts dennoch woanders, gemäß der Überzeugung: „man musz die Sprache empfinden, hier und da ein Gewicht daraufleegen oder wegnehmen wie Apothekerwaage, so musz es stimmen, so musz es *tönen*" (Mayröcker 2011, 25). Auf die Affinität zwischen den lyrischen Phänomenen bei Mayröcker und kunstphilosophischen Gedanken bei Gilles Deleuze weisen Lartillot (2010) und De Felip (2020) hin. Besonders erhellend erscheinen hierbei drei philosophische Konzepte, die Deleuze teils alleine, teils gemeinsam mit Félix Guattari, entwickelt hat: zum einen das Konzept der *Intensität* und damit verbunden des *Intensiv-Werdens*, zum anderen das des *Verborgenen* oder *Nicht-Wahrnehmbaren* und damit verbunden des *Nicht-Wahrnehmbar-Werdens* und schließlich das Konzept des *Ritornells* (vgl. De Felip 2020). Die vielen Aussparungen, die Mayröckers Sprache kennzeichnen, das Nicht-Gesagte, das Zerklüftete und die offenen Konturen finden ihr symbolisches Äquivalent in den zahlreichen fraktalen Gebilden, die sich durch die Gedichte ziehen (zum Begriff des ‚Fraktalen', vgl. Soentgen 1997), z. B. im Unrat, im Honig, in den „*ausgebüschelten* Flügeln" (U 7), im Schnee, Kristall, in den Eisblumen und der nassen Papiermanschette. Der Begriff ‚Fraktal' bezeichnet Stoffe, die in ihrer Form zerrissen und zerstreut erscheinen und die man daher nicht gut als Dinge definieren kann. Entscheidendes Merkmal ist die zerbrochene, sich verändernde Oberfläche bei gleichbleibender Substanz.

Formale Aspekte

Von den Umarmungen ist Mayröckers letzte Veröffentlichung, die den Untertitel „Gedichte" trägt. Der Gedichtband ergibt zusammen mit dem gleichzeitig entstandenen Prosaband *vom Umhalsen der Sperlingswand, oder 1 Schumannwahnsinn* ein ‚Proem' (s. Kap. 49). Fortan werden bei Mayröcker beide Gattungen ineinanderfließen. In ihren letzten Büchern wird die Autorin die Hybridität ihrer Texte betonen, so etwa wiederkehrend in *da ich morgens und moosgrün*: „schreibe Proeme" (MMF 116, 131, 149, 151). Formal gesehen, sind die Gedichte in *Von den Umarmungen* „Variationen über ein Thema" (Mayröcker 2011, 22), wie es in *vom Umhalsen der Sperlingswand* wörtlich heißt, „leidende[] Variationen" (Mayröcker, 2011, 26). Alle Überschriften (mit Ausnahme von *über das Küssen*) werden etwa durch die Präposition ‚von' eingeleitet. In *vom Zaudern von der nassen Papiermanschette des Mondes* wird ‚von' im Laufe des Gedichts noch 13-mal auftauchen (vgl. U 33). Von dieser Präposition kann nicht mit Sicherheit gesagt werden, welche Funktion sie hat. Sie bildet eine Art Brücke zwischen Titel und Gedicht; sie ist der rote Faden, an dem entlang eine Handvoll Motive mehrfach wiederholt und variiert wird, wie etwa in folgender Sequenz: „vom Zaudern vom Wäschezuber in D., vom Weinen des März vom [/] Zaudern und [/] Weinen des Monds vom halsstarrenden Mond oder März" (U 33). Irgendjemand beginnt aus dem Nichts zu sprechen: spricht vielleicht davon, wovon er oder sie sprechen wird, oder davon, wovon einmal die Rede war, oder auch von all dem, wovon die Rede möglicherweise handeln könnte. Es ist der mehrfach wiederholte Anfang einer Rede, der in der Variation zum Refrain mutiert. Das Gedicht endet, bevor die ‚eigentliche' Rede beginnt. Das ‚Eigentliche' zerfließt und bleibt verborgen. Zurück bleibt der ruhige Klang der Sprache, der fließende, wellenartige Rhythmus der Verse. Zurück bleibt ein *Ritornell*, wie es Deleuze und Guattari nennen (vgl. Deleuze/Guattari 1992, 424). Orientierung in der Dunkelheit der Trauer bietet demnach nicht das Tasten, sondern der Gesang. Das Ritornell bietet Orientierung in der Konfusion; die Wiederholung eines Refrains beschwichtigt die Angst und die Einsamkeit. Durch das ‚Labyrinth' des Gedichts zieht sich ein Ariadnefaden aus Klängen und Bildern. Gesponnen wird er aus der Wiederholung bestimmter betonter Buchstaben wie dem Z (in „Zaudern", „-zuber", „zerrissen", „zerklüftet"), dem W (in „Wäsche-" und „Weinen") und dem M (in „Mond", „-manschette", „März" und „Mund"). Im Ritornell wird die reine Wiederholung durch Variation gebrochen: so wird z. B. der weinende Mond zum „halsstarrenden", später zum „zerrissenen […] zerklüfteten […] Mond" (U 33). Nicht nur auf der inhaltlichen Ebene, sondern auch auf der klanglichen kommt es zu ‚Umarmungen': So umhüllen im Gedicht *vom Zaudern von der nassen Papiermanschette des Mondes* in den letzten drei Versen die weichen Wortklänge in „bleichen Balkonen" und „Mond" die scharfen s-Laute in

„zerrissenen Fuszes, vom zerrissenen Mond zerklüfteten nassen Mond" und mildern sie ab, sodass diese im letzten Vers zu „*Küssen*" werden (U 33; vgl. De Felip 2020, 240).

Literatur

De Felip, Eleonore: *„von der nassen Papiermanschette des Mondes"*. Die Intensität der verborgenen Dinge bei Friederike Mayröcker. In: Inge Arteel/dies. (Hg.): Fragen zum Lyrischen in Friederike Mayröckers Poesie. Stuttgart 2020, 229–252.

Deleuze, Gilles/Guattari, Félix: Kapitalismus und Schizophrenie. [2] Tausend Plateaus [frz. 1980]. Berlin 1992.

Lartillot, Françoise: Le mille plateaux de Friederike Mayröcker. In: Dies. (Hg.): Corps-image-texte chez Deleuze / Körper-Bild-Text bei Deleuze. Bern et al. 2010, 165–173.

Mayröcker, Friederike: vom Umhalsen der Sperlingswand, oder 1 Schumannwahnsinn. Berlin 2011.

Soentgen, Jens: Das Unscheinbare. Phänomenologische Beschreibungen von Stoffen, Dingen und fraktalen Gebilden. Berlin 1997.

Strohmaier, Alexandra: Logos, Leib und Tod. Studien zur Prosa Friederike Mayröckers. München 2008.

Teil III

Prosa

Larifari. Ein konfuses Buch (1956)

Michaela Nicole Raß

Der Band *Larifari. Ein konfuses Buch* (1956) umfasst zwischen 1951 und 1956 entstandene, zuvor verstreut publizierte Kurzprosa. Die Texte sind nicht chronologisch geordnet. Der Band besteht aus sechs Abschnitten, wobei der erste und der sechste Abschnitt jeweils nur einen kurzen, titelgebenden Text enthalten (*Ansätze* bzw. *Larifari*). Mit dieser Anordnung lässt sich auch an der Makrostruktur des Bandes das poetische Prinzip ablesen, das mit dem Titel zum Ausdruck kommt: „Larifari – ein scherzhaftes Spiel mit den Solmisationssilben – la, ri, fa – zielt auf die Veränderung der Anordnung, in die wir die Worte und Dinge gebracht wissen wollen" (Schmidt-Dengler 2001, 595). Verbunden mit dem Verweis auf die Musik und die Wortmusik im Titel sind die Methoden der Sinnherstellung und Sinnverweigerung, die Absage an traditionelle Schreibverfahren bei gleichzeitigem starken Formwillen und ein Bekenntnis zur Avantgardekunst.

Über das Anfangen

Bereits *Ansätze* ist programmatisch. Der 1956 erstmals publizierte Text enthält verknappte, geradezu aphoristische Aussagen über das Anfangen und Aufs-Neue-Ansetzen, über Inspiration und Materialauswahl, den Schreibprozess und die Praxis der produktiven poetischen Aneignung von Wahrnehmungseindrücken, alltäglichen Beobachtungen, Betrachtungen und Zitaten. Das „Verlangen, etwas zu schreiben" (LKB 7), wird als Schreibanlass und Triebfeder benannt, nicht das Wissen um das Motiv oder das Thema. Die Unschlüssigkeit über den Textinhalt verhindert aber nicht den körperlich ausgeführten Akt des Anfangens, des Einspannens eines kleinformatigen Blatts in die Schreibmaschine, sondern durch eine meta-reflexive Wende wird eben diese Unschlüssigkeit im Text selbst thematisiert und poetologisch begründet: „Vielleicht könnte man […] erzählen", setzt das schreibende Subjekt unpersönlich an, um dann, mit zunehmender Ideen- und Beschreibungsdichte, von der Selbstreflexion zu schreiben: „Ich könnte erzählen" (LKB 7).

Mayröcker spricht in ihrem frühen Text bereits jene Ängste und grundsätzliche Situationen an, die sie auch noch im Alterswerk zur Sprache bringen wird, wie „das seltsame Gefühl […], das einen begleitet, wenn etwas Unangenehmes bevorsteht, eine ärztliche Untersuchung, eine Arbeit, die man nicht zu bewältigen glaubt, […] die Notwendigkeit, ohne Scheu eine Tatsache zu bekennen, eine Operation" (LKB 7). Auch die Überlegung, dass man „über die vielerlei Arten der Unrast […] oder über den Ärger, den man empfindet, wenn das

M. N. Raß (✉)
München, Deutschland

Gedächtnis versagt" (LKB 7), schreiben könnte, wird vielfach im Gesamtwerk aufgegriffen. Dem eigenen Schreiben in seiner körperlichen, materiellen, auditiven und poetischen sowie poetologischen Dimension wird zudem ein fremdes Schreiben gegenübergestellt, das Eigene wird in ein produktives Verhältnis zum Fremden, zum Unbekannten und zum Außen gesetzt. Beyer stellt fest: „Was als Selbstbefragung, Selbstvergewisserung begonnen hat, als Bedenken der eigenen Schreibmöglichkeit, wird nach einer Weile zum Lauschen, wie ein anderer schreibt" (Beyer 2001, 587). Mayröcker macht sogar die Störung des Schreibprozesses, die metareflexiv als Schreibanlass für das Autoren-Ich des Textes gefasst wird, literarisch produktiv (vgl. LKB 8). Die Vereinigung der Selbstreflexion mit der Metareflexion der unterschiedlichen Schreib- und Textmedien und Textarten, verbunden mit der subjektiven Wahrnehmung, ist für *Ansätze* wie für das Gesamtwerk charakteristisch, wie Beyer bemerkt: „Zwanzig Jahre später wird der Blick erneut auf den Schreibgrund, auf das beschriebene Papier gelenkt. [...] Figuren, die versunken über einem Blatt Papier sitzen und schreiben oder zeichnen, finden sich bis heute an zentralen Stellen in Friederike Mayröckers Werken" (Beyer 2001, 588).

Natur und Architektur

Der Titel des zweiten Abschnitts, „Schöner Garten" (LKB 9), zeigt zum einen an, dass die Texte der Naturbeschreibung zuzuordnen sind, worunter auch Architektur- und Stadtbeschreibungen im Wechsel der Jahreszeiten subsumiert werden können, zum anderen verweist der Titel auf Mayröckers Bevorzugung von Naturmetaphorik. Im ersten Text, *Schöner Garten, schöne Träume*, werden die Gartenanlagen von Schloss Belvedere als Ort der Erinnerung an unterschiedliche Phasen der Kindheit und Jugend geschildert (vgl. LKB 11–12). Die Betrachtung der im fünften, an der Grenze zum vierten Wiener Gemeindebezirk liegenden „Kirche zur heiligen Thekla" (LKB 12) im gleichnamigen Text dieses Abschnitts folgt der Tradition der Architekturbeschreibung und ist ein Beispiel für Mayröckers „Kürzesttexte" (Schmidt-Dengler 2001, 602). Im Text *Jacquingasse* dominieren Impressionen von visuellen und akustischen Eindrücken, jedoch scheint kein Flaneur zu sprechen, sondern ein mit „du" angesprochener Ruderer, der zum anteilnehmenden Lauschen und Betrachten ermahnt wird, denn: „Das kannst du nur spüren, wenn du die Ruder einlegst und schweigst" (LKB 12). In *Wann, wann schenkst du mir wieder* spricht das Text-Ich ein Du an, mit dem es den Haushalt teilt (vgl. LKB 13), in einem verrätselten Sprachgestus, für den eine Kombination widersprüchlicher, keinem logischen Zusammenhang folgender Bilder charakteristisch ist. Dem Unpersönlichen „man" wird das Eigene, das Ich, entgegengesetzt (vgl. LKB 13). Im Text *Von der Reichsbrücke aus* spiegelt das Wasser zunächst ein sich auflösendes „man" – „Über die Brüstung gebeugt, wird man zum strömenden Wasser" (LKB 14). Der Wechsel vom „man" zum „Ich" geht mit der Abwendung des Blicks von der Wasseroberfläche zur „Mitte des Stroms" und „in die Weite" (LKB 14) einher. Damit verbunden ist ein Perspektivwechsel, ausgelöst von der im Erhabenheitsdiskurs gedeuteten und mit den Bildern des Gebirges und des Ungestalteten verbundenen Emotion des Schreckens: „Der Blick geht zur Mitte des Stromes und in die Weite, und ich empfinde Schrecken: wie ein Gebirge dem Strömen aufgesetzt, wuchtet es grau und undurchdringlich: der ferne Strom, der ungestalte, ungreifbare, nie erreichbare, wundersame, geliebte, der hier und dort fließende, in den Himmel ragende Strom!" (LKB 14). Der Text veranschaulicht – ebenso wie der darauffolgende Text *Kritzendorfer Abend* – Mayröckers Methode, durch den Einbezug von Denkfiguren der Philosophiegeschichte und Ästhetik in Beschreibungen, geistesgeschichtliche Referenzen zu etablieren. Während diese Texte mit dem Wechsel von „ich" und „man" spielen, veranschaulicht der Kürzesttext *Riederberg* das Verhältnis von Ich und Du: „du wie ich" (LKB 15). In der noch knapperen Schilderung einer Autofahrt über die „Neunkirchener Allee" in dem gleichnamigen Kürzesttext vereinigen sich Ich und Du zu einem Wir in einer Metapher, die in surrealistischer Manier Widersprüchliches verknüpft: „Wir sind ein Stern, der ruhend rast" (LKB 15).

Innenschau, Variation, Ironie

Mayröckers Präferenz für die Innenschau und die Ich-Form (lyrisches Ich oder Text-Ich) sowie ihre Vorliebe für autofiktionale Aussagen und verknappte ‚Beschreibungen' zwischenmenschlicher Begegnungen und Erfahrungen wie Akte der Liebe und Freundschaft werden an den Texten des Abschnitts „Bei mir" (LKB 17) anschaulich. Das Interesse am Menschen wird damit begründet, dass er ein Geschichten- und Geschichtsspeichermedium sei: „Alle Menschen sind in ihrer Einmaligkeit wichtig und voll Geschichte" (LKB 20). Die programmatisch lesbare Aussage „Was ich auch immer sage, es ist nicht endgültig gesagt" (LKB 25) begründet Mayröckers poetische Methode der stetigen Variation von ‚Beschreibungen' und Formulierungen, die Wiederholung von Themen und Bildern. Für die Kurzprosa dieses Abschnitts ist ein von Ironie gebrochener pathetischer Sprachduktus charakteristisch. Während der Text *Bei mir* Selbst- und Weltbeobachtungen versammelt, variiert der darauffolgende, *Friedhof*, diese mit Reflexionen von Geisterfiguren und umherirrenden Geistern von Schlafenden. Durch den Einfluss des Surrealismus und den lakonischen Sprachduktus entsteht Witz: „Ich legte meinen Körper hin und ging weg. Das muß geübt sein, es gelingt nicht aufs erste" (LKB 23). Die ergreifende Wirkmächtigkeit der Musik wird in der Kurzprosa *Auf Flügeln des Gesanges* angesprochen und zugleich wird der Parallelismus von Ton und Wort illustriert: „Ein paar Töne und ein paar Worte [...] genügen, um jenes tatsächlich ungreifbare Etwas heraufzubeschwören, das man allgemein mit: Heimat, Zuhause, Österreich, oder: Festland, Wien, Musik, oder Gottweißwie, benennt." (LKB 24) Gleichzeitig wird die Semantik derartiger, in den 1950er-Jahren noch von der Politik und der Kultur der jüngsten Vergangenheit geprägten Begriffe wie ‚Heimat' oder ‚Zuhause' ironisch infrage gestellt, indem die Bedeutungsoffenheit und damit die Unbestimmtheit und Austauschbarkeit der Semantik mit dem Begriff „Gottweißwie" offengelegt werden.

Dem Text, in dem Heimat thematisiert wird, folgt *Was ich auch immer sage*, in dem die Sehnsucht nach der Fremde, exemplarisch nach Italien und Großbritannien, zur Sprache kommt und zu einem Bild voller Ironie gerinnt: „England: Weißbrotschnitten essende junge Frau auf dem mattglänzenden Lederfauteuil in der National Gallery" (LKB 25). In diesem Text, der das Genre des Reiseberichts unterläuft, wird die Abkehr von Restriktionen im persönlichen und künstlerischen Bereich gefordert: „Verpflichtet mich zu nichts, ich will frei sein" (LKB 26). Dazu gehört auch die Abkehr von konventionellen poetischen Verfahren, denn autoreflexiv fordert das Text-Ich Freiheit, „um Reime zu machen, ungelenke Reime und Reimpaare, und dabei schwimmt man vor Rührung davon, es ist so schön, zum erstenmal zu reimen. Der Reiz ist unwiderstehlich" (LKB 26). Dem Ruf nach Freiheit folgt mit *Bruchstücke* die Beschreibung einer Beziehung, in der die bewusste Annahme tradierter Rollen- und Handlungsmuster als Liebesbeweis aufgefasst wird (vgl. LKB 27). Der Text *Wirf dein Herz* (LKB 30) reflektiert in ungewöhnlich pathetischem Sprachduktus den Einfluss, den die Identität als „Dichter" (LBK 30) auf zwischenmenschliche Beziehungen hat. Mayröcker rekurriert auf den Topos des sich isolierenden, inspirierten Künstlers, der Liebesbande aller Art zerstört, „um endlich allein zu sein: allein mit der Garbe Licht, die dich aus dem geliebten Auge traf, und der Pfeil sitzt mitten drin im Herzen, allein mit dem berauschenden Wort, das dich erreicht hat im Traum" (LKB 30).

Mythologische Figuren und musikalische Referenzen

In den Texten, die zu *Mythologische Stücke* zusammengefasst sind, setzt sich Mayröcker mit der griechischen Mythologie und der antiken Literatur, insbesondere Homers *Odyssee* und Ovids *Metamorphosen*, auseinander. Mythologische Figuren wie der Königssohn Paris und die Sphinx und Paare wie Odysseus und Nausikaa, Medea und Jason oder Orpheus und Eurydike treten darin auf, wobei die Empfindungswelt und das Gefühlsleben der Figuren thematisiert werden. Schmidt-Dengler stellt mit Blick auf diese Texte fest: Die „Besonderheit dieser Prosa braucht nicht nur negativ durch den Verzicht auf die Story definiert zu werden; durch deren Auflösung werden vielmehr neue Energien freigesetzt, so daß erkennbar wird, was hinter den Geschichten verborgen war" (Schmidt-Dengler 2001, 596). Die Texte „können zwar auf die Muster bezogen werden, auf die sie deutlich anspielen, entscheidend ist aber das Prinzip der Verwandlung, die auf die Vorgänge verzichtet und an deren Stelle Evidenzen setzt, die des Narrativen nicht mehr bedürfen." (Schmidt-Dengler 2001, 596).

Der Titel des fünften Abschnitts, „Schlaf sanft, mein Kind" (LKB 39), ist dem Refrain eines von Herder unter dem Titel *Wiegenlied einer unglücklichen Mutter* (1778) übersetzten englischen Liedtextes entnommen, des von Thomas Percy aufgezeichneten *Lady Ann Bothwell's Lament* (1765). In den Texten dieses Abschnitts hinterfragt Mayröcker die Beziehung von Mutter und Kind, variiert die im Lied thematisierten Beziehungskonstellationen und überträgt sie auf unterschiedliche Zeiten und Orte. In *Was gibt uns denn noch Aufschwung* wird die Frage nach der größeren Aussagekraft von Wort und Körpersprache zugunsten letzterer entschieden: „Worte sagen nicht viel, aber ein Blick, der feuchte Rand eines Lids, der halbgeöffnete Mund, schon zum Sagen bereit, aber wieder sich schließend; denn manches sagt sich nicht. Es ist zuviel gesagt worden, und die Worte haben viel verloren von ihrem Sinn." (LKB 41) Im dritten Text dieses Abschnitts wird der Einbruch des männlichen Begehrens in einen paradiesähnlichen Raum evoziert, im vierten, *Mao* überschrieben, die Entscheidung des Mannes, sich vom häuslichen Familienidyll abzuwenden. Im fünften Text verweist Mayröcker auf die Legende des heiligen Christophorus und imaginiert die Wahrnehmung eines Menschen, der dem Göttlichen begegnet und von ihm in seiner Hingabe erprobt wird, womit gleichzeitig das Verhältnis von Mann und Kind, Vater und Sohn, wie es in *Mao* dargelegt wurde, abgewandelt wird: Das Verhalten des sich dem Kind entziehenden Mao kontrastiert mit der interaktionsbereiten Zuwendung des Christophorus. Der Titel des letzten Textes in diesem Teil, *O Engel Leonore*, verweist auf eine Arie des Florestan in Ludwig van Beethovens Oper *Fidelio* (2. Akt, 1. Auftritt). Die Wirkung der Stimme des geliebten Menschen und die Wirkung von Musik werden einander gegenübergestellt: „Ich kann nicht sagen, was mich schöner hinwegnimmt: Worte aus dem geliebten Mund oder der Griff in die Saiten." (LKB 44).

„Larifari"

Der letzte Text des Bandes, *Larifari*, ist wie der erste, *Ansätze*, programmatisch zu verstehen. In ihm wird das Erzählverfahren ausgestellt, unterschiedlichste Motive, Wahrnehmungseindrücke, Zitate, Situations- und Beziehungsschilderungen zu kombinieren und dabei Verfahren der Montage, Collage und Demontage zu variieren (vgl. Schmidt-Dengler 2001, 597–605). Durch die formale Struktur des Bandes und seine Untergliederung macht Mayröcker deutlich, dass viele kurze Texte und Sätze, die auf unterschiedliche Lebensbereiche und Thematiken verweisen, mit künstlerischer Gestaltungsabsicht und starkem Formwillen kombiniert werden. Die Hervorhebung der Unschlüssigkeit in Bezug auf die Thematik, die das Text-Ich im Gesamtwerk wiederholt proklamiert, täuscht, eine Gleichsetzung der Aussagen des Text-Ich mit den Aussagen der Schriftstellerin Friederike Mayröcker zu ihrem eigenen Werk ist trügerisch. Mayröckers erster Prosaband und dessen letzter Text tragen die „Programmatik des Verwirrens als die legitime Möglichkeit der poetischen Produktion im Titel […]. Diese frühen Prosaetüden sind keine Übungsstücke, in denen die Tonleiter eingeübt werden soll" (Schmidt-Dengler 2001, 595). Zusammenfassend stellt Schmidt-Dengler fest: „Nur wer sich auf die Offenheit dieses Schreibens einläßt und diese Offenheit auch respektiert, kann diesen Texten gerecht werden. Sie schlagen den hermeneutischen Anwandlungen der Leser fortwährend ein Schnippchen, allerdings fordern sie diese dann doch wieder heraus, und so entsteht eine immerwährende Irritation, die zu den schönsten und fruchtbarsten Anstrengungen zwingt" (Schmidt-Dengler 2001, 605).

Literatur

Beyer, Marcel: Friederike Mayröcker: lesen. In: Friederike Mayröcker: Gesammelte Prosa. Bd. I: 1949–1977. Hg. von Marcel Beyer. Frankfurt a. M. 2001, 587–594.

Schmidt-Dengler, Wendelin: Demontagen, Variationen und Übergänge. In: Friederike Mayröcker: Gesammelte Prosa. Bd. I: 1949–1977. Hg. von Marcel Beyer. Frankfurt a. M. 2001, 595–605.

Minimonsters Traumlexikon. Texte in Prosa (1968)

Andreas Puff-Trojan

Nach *Tod durch Musen. Poetische Texte* (1966) erschien 1968 *Minimonsters Traumlexikon. Texte in Prosa* als zweite Publikation Friederike Mayröckers im Rowohlt Verlag. Das dritte Buch in diesem renommierten Verlagshaus kam 1971 heraus: *Fantom Fan* – ebenso Prosaarbeiten. Die beiden zuletzt genannten Publikationen bezeichnete die Autorin als Teil ihrer experimentellen Texte: „1971 hatte ich plötzlich genug vom sogenannten experimentellen Prosaschreiben. […] Ich hatte plötzlich das Bedürfnis, Prosa zu schreiben, die ganz weggerückt vom experimentellen Arbeiten und mit verhältnismäßig einfachen Sätzen arbeitet." (Schmidt 1984, 264–265). Den Begriff ‚experimentelle Poesie' wiederum bezieht man nach dem Zweiten Weltkrieg meist auf die Konkrete Poesie, die Gruppierung deutschsprachiger Dichter (ab 1954). Zu ihnen zählen unter anderem Max Bense, Claus Bremer, Eugen Gomringer, Helmut Heißenbüttel, Franz Mon, aber auch zwei Dichter der Wiener Gruppe, Friedrich Achleitner und Gerhard Rühm. Ebenso werden zwei weitere österreichische Autoren miteinbezogen: Heinz Gappmayr und Ernst Jandl. Friederike Mayröcker gehört – offiziell – nicht zur Gruppe. Das ist deswegen interessant, da zu *Tod durch Musen* Eugen Gomringer ein Nachwort verfasste und zu *Minimonsters Traumlexikon* Max Bense. Auch bei Rezensionen zu den genannten Publikationen Mayröckers taten sich Vertreter der Konkreten Poesie hervor.

Dada, Konkrete Poesie und die poetischen Verfahren des Textes

Was die Texte aus *Minimonsters Traumlexikon* mit einer experimentellen Schreibweise – und damit auch mit der Konkreten Poesie – verbindet, ist unter anderem das Spiel der freien Assoziation. Das heißt, Gedanken, Sprachbilder sollen gleichzeitig oder direkt nachfolgend aufs Papier fließen. Dabei wird Kontrolle durch das ordnende Bewusstsein minimiert. An beinahe jeder Textstelle lässt sich dieses Verfahren nachverfolgen – etwa am Beginn von „Die Rosen von Soho":

> Die wölfische Amplitude der Gesetze trifft irgendwo die Hinterbacken der Revolution; (die mannesnamen, die weintolle Betrübnis, o schleichende Kaiser, Rothschilds und gekachelte dürer!) – Die genesis der Rosenberge, der halbösterreichischen Vierteltschechen; und die bescheidenen Zwingherren in Kochstücke zerhauen; und alles simultan, all dies: ein Käfer auf dem Rücken liegend, greifend; die Blumenwiese männlicher Haut […]. (MT 60)

Die Simultanität der in Sprache geformten Begebenheiten war eine erwünschte Strategie der

---

A. Puff-Trojan (✉)
Ludwig-Maximilians-Universität, München, Deutschland
E-Mail: Andreas.Trojan@lrz.uni-muenchen.de

© Der/die Autor(en), exklusiv lizenziert an Springer-Verlag GmbH, DE, ein Teil von Springer Nature 2024
A. Strohmaier und I. Arteel (Hrsg.), *Mayröcker-Handbuch*, https://doi.org/10.1007/978-3-662-69435-0_15

Dadaisten – „alles simultan" ist auch die Devise Mayröckers. Die Signifikantenkette überlagert dabei die Struktur der Signifikate. Sprache bedeutet sich selbst, ist als Material bedeutsam.

Sprache als poetisch-experimentelles Material anzusehen, ist auch ein Anliegen der Konkreten Poesie. Ein Gutteil der Textarbeiten aus der Wiener Gruppe, zu der Ernst Jandl in einem engeren Verhältnis stand als Mayröcker, gehört ebenso hierher. Hierbei könnte man von *concordia discors* sprechen (vgl. Beyer 1992, 26–27). Wichtig dabei ist, dass sowohl die Dichter der Wiener Gruppe als auch der Konkreten Poesie die Texte und Manifestationen der Dadaisten für sich wiederentdeckten. Mayröcker wird durch sie auf dadaistische Wortkunst aufmerksam geworden sein. In dem Kurztext *Dada* von 1972 meinte die Dichterin, sie sei „zuzeiten eingekeilt zwischen den beiden Monstren Dadaismus und Surrealismus" (MB 335). Experimentelle Schreibweisen – von Dada bis zu Konkreter Poesie – wurden Mayröcker vermittelnd nahegebracht. In ihrer langen Auseinandersetzung mit dem Surrealismus ging sie dann eher einen solitären Weg (s. Kap. 46).

Minimonsters Traumlexikon besteht aus 29 Prosaarbeiten unterschiedlicher Länge. Diese Texte werden in vier Abteilungen thematisch geordnet. „I Gespräche. Filmisches. Protokolle": Die Texte wie „Angels' Talk" oder „Drei Zehnsekundenspiele" haben Gesprächscharakter bzw. können als Kurzstücke mit Sprechern bezeichnet werden. „‚Tu nel tuo letto'– Fiktivfilm" und „‚Hommage à Doc' – eine Tele-Vision" erfassen den Bildbereich. „Simultangespräche mit pyknischen Feinden" kann man als eine Art protokollarische Prosa bezeichnen. Ähnliche Zuordnungen der Texte innerhalb der weiteren drei Abteilungen ließen sich ohne große Mühe handhaben. Diese lauten: „2 Personales. Brustbildliches. Grausames"; „3 Landschaft, Ländliches, Rückblickendes"; „4 Instruktionelles. Lexikalisches, Lehrtexte". In dieser letzten Abteilung gibt es tatsächlich einen Lehrtext mit lexikalischen Elementen. Denn in „Strahlinge mitsamt einer wahren zierlichen Fußnote" montiert Mayröcker Teile aus dem Brockhaus Konversationslexikon von 1894–1896: „‚I. Saturnalis rotula. .2. Stylospira Dujardinii. .3. Tetrapyle turrita." (MT 75) bis zur Brockhaus-Anmerkung: „*(Alle Figuren stark vergröszert!)*" (MT 75). Insgesamt wird damit ersichtlich, dass *Minimonsters Traumlexikon* thematisch äußerst klar strukturiert ist.

Die Vertreter der Konkreten Poesie haben mehrfach ihre poetischen Hauptverfahren vorgestellt (etwa in dem seit 1972 erscheinenden Reclam-Band *konkrete poesie*). Dazu zählt etwa die „Konstellation": Hierbei werden einige (wenige) Worte auf eine Fläche (das Papier) gruppiert, wobei sich die semantische Korrelation durch die Position im Raum ergibt und (eher) nicht durch syntaktische Mittel. Bezieht man beim Verfahren der Konstellation die Techniken der Kombination und Permutation mit ein, so lässt sich dieses Verfahren auch in *Minimonsters Traumlexikon* finden. In „Angels' Talk" singt der „Angels' Chorus" in einer alphabetisch angeordneten Kombinatorik: „Wir amseln arten barten baumen [/] beeren birken blättern buchsen [/] deutschen dornen edeln eiden" (MT 10). Und zum Schluss heißt es: „trollen unken üben weichen [/] wettern winden zahnen zotten" (MT 11). In 21 Versen und Worten wird das Alphabet in einem Subjekt („Wir") und in den dazugehörigen Prädikaten (Verbformen) durchgespielt. In „‚Tu nel tuo letto' – Fiktivfilm" durchzieht das Verb „fließen" in seiner Flexion und in Präfixbildungen den Text. Zudem bildet „fließen" ein kleines Wortfeld zu „sinken" aus (vgl. MT 13–14). Das Arbeiten mit Wortfeldern gehört auch zu den (erweiterten) Verfahren der Konkreten Poesie (etwa Eugen Gomringers *das stundenbuch* von 1965).

Während viele Texte der Konkreten Poesie einen hohen Grad an Hermetik aufweisen, sucht Mayröcker in *Minimonsters Traumlexikon* das Hermetische zu durchbrechen. Zu den experimentellen Arbeiten der Dichterin gehört immer auch ein sprachspielerisches Element, das zuzeiten auch die Unsinns-Poesie nicht meidet. In diesem Sinn sind einige Texte aus *Minimonsters Traumlexikon* den Arbeiten der Dadaisten näher als denjenigen der Konkreten Poesie. Und dennoch hat diese Gruppierung auf die Texte Mayröckers aus ihrer experimentellen

Phase Einfluss gehabt, wie wiederum ihre Arbeiten die Aufmerksamkeit der Dichter der Konkreten Poesie nach sich zogen.

Zur Rezeption: Max Bense und Ernst Jandl

Es ist Max Bense, der das Nachwort zu *Minimonsters Traumlexikon* verfasst hat. Bense kann als der Theoretiker der Konkreten Poesie bezeichnet werden. Er verband einerseits Philosophie mit Mathematik und Semiotik, andererseits auch mit ästhetischen Positionen. Zu der von ihm initiierten „Stuttgarter Gruppe" (Ende der 1950er-Jahre) zählten unter anderem Helmut Heißenbüttel, Reinhard Döhl, Franz Mon und Ernst Jandl (ab 1963). Mayröcker widmete ihre kleine Prosaarbeit „Jonas & der Fisch" in *Fantom Fan* (1971) „Max Bense: dem großen Propheten" (GP I, 172). Bense trat auch als Dichter hervor, in Anthologien zur Konkreten Dichtung wie auch in eigenen Lyrikbänden. In seinem Nachwort geht er von der kommunikativen Relevanz der Sprache aus. Literatur ist ebenfalls kommunikativ, jedoch darüber hinaus „kreativ". Das „analoge Sprachsystem der Bilder" bei Mayröcker besteht aus „assoziativen, evokativen und interjektiven Wortordnungen" (Bense 1968, 86) – etwas, das sich auch dem Dadaismus zuordnen ließe (etwa Arps *Wolkenpumpe*). Für Bense ist damit *Minimonsters Traumlexikon* eine „experimentelle Kreation" (Bense 1968, 86). Und er verweist dabei auf die rhetorische Figur der Hypotypose, bei der ein (abstrakter) Sachverhalt durch sprachliche Gestaltung veranschaulicht wird. Bense betont für Mayröckers Buch die Realisierung von Metaphern. Als Referenz führt er den Text „‚Auch der Winter treibt seine Scherze' (Brustbild H. C. Artmann)" an. Wenn man nun das „Brustbild" des Dichters Artmann als abstrakten Sachverhalt bezeichnen wollte (der Eigenname als abstrakter Verweis auf das dichterische Subjekt), so veranschaulichen erst die Metaphern Mayröckers im Text das Wesen des Autors. In Punkt 2 heißt es: „Um die Reinpresse der Zeit, vererbt ‚er' unväterlich und schwedisch, durch neinsagen, durch stapfen, Spanien, Schweden, den Stiefel; verkrustet in Deutschland, verkohlt in Wien; sattgesehen an Irland" (MT 40). Artmann hat seit 1954 ausgedehnte Reisen unter anderem nach Spanien und Irland unternommen, von 1961 bis 1965 lebte er in Schweden. Bei all seinen Reisen („stapfen", „Stiefel") nahm er sich die Zeit, die jeweilige Sprache (dichterisch) zu erforschen („Reinpresse der Zeit"). Und so entkam Artmann als poetischer Grenzgänger („neinsagen") dem Konservatismus seiner Heimat („verkohlt in Wien") und der konventionellen Auffassung von Literatur („verkrustet in Deutschland"). Trotz allem bleibt Artmann seiner Heimat mental verbunden (als Mitglied der Wiener Gruppe und als Poet von Wiener Dialektgedichten): „Während das Pratermuseum seine Korpusse als geweiszte Stock-Holme ausstellte & damit selbst Vororte entkräftete, wurde dieses Brustbild vollkommen überschneit" (MT 41). Bei diesem Text handelt es sich nicht um personifizierte Metaphern, sondern der Bildbereich lädt das (abstrakte) Brust-Bild des Dichters Artmann personifizierend auf.

Bense nennt als stilistische Hauptmerkmale „offene Prädikate", „Metaphern", „Einzelwörter oder Folgen von Einzelwörtern" (Bense 1968, 90). Das gekonnte Zusammenspiel der Elemente ergibt das Besondere von *Minimonsters Traumlexikon*: „Es wird eine Textwelt aufgebaut, die uns den unendlichen, aber nicht abzählbaren Zusammenhang aller Wörter demonstrieren möchte, und die Entitäten, die wir zu identifizieren meinen, haben nicht die Natur von wirklichen Objekten, sondern die Natur von wahrscheinlichen Bedeutungen." (Bense 1968, 90) Das Erzählte verweist auf das Unabzählbare des Erzählbaren. Auch hier überlagert bis zu einem gewissen Grad die Signifikantenkette die Signifikate. Wobei die Ebene der Bedeutungen einer Dekonstruktion – was eben Neu-Konstruktion miteinschließt – unterliegt und keinesfalls einer Destruktion. Mit Chris Bezzel gesprochen, zeige sich in den Texten Mayröckers ein poetologisches „NICHT-NICHTIDENTISCHES". *Minimonsters Traumlexikon* sei daher „ein äußerst genaues textbuch zur neuen ästhetik" (Bezzel 1978, o. S.).

Neben Max Bense hat sich Ernst Jandl dem Band *Minimonsters Traumlexikon* ausführlicher angenähert. Mayröcker, so Jandl, handhabe ein „konstantes Strukturmodell" und ein „variables Formmodell" (Jandl 1984, 51). Strukturell gesehen folgt die Dichterin in ihren Texten dem vorgegebenen Modell der Prosa. Doch sie durchbricht es, ohne es gänzlich zu negieren. Formal gesehen bietet ihr Prosaband klassische Text- und Sprechgegebenheiten wie „Gespräch", „Filmisches", „Protokolle", „Lexikalisches", „Lehrtexte". Doch auch hier wird die Leseerwartung an eine bekannte Textform mit literarischen Mitteln desavouiert. Mit anderen Worten: Mayröcker dekonstruiert Strukturen und Formen, was nicht Destruktion des literarischen Ausdrucks meint, sondern Um- und Neukonstruktion. Anhand von „Angels' Talk" führt dies Jandl aus: Der Text folgt sowohl einem „traditionelle[n] Prosamodell", entfernt sich von diesem, um dann in eine „rhythmische Wortkette" (Jandl 1984, 52) überzugehen. Zitiert wird ein Auszug aus dem Textteil „A 2": „mit Tripel und Doppel mit duo und trio mit Grube und Dick mit Werk und Wickel mit Flasch und Nase mit Düssel und Dorf mit Eis und Stahl mit Blatt und Hals mit Gurt und Rille mit Riegel und Neigung mit Hütte und Hörde" (MT 8). Bei diesem Textteil (in seiner Gesamtlänge) handelt es sich nicht nur um eine Wortkette, sondern Mayröcker eröffnet ihrer Leserschaft das Zusammenspiel von Alliterationen, Wortfeldern und Neukomposita („Blatt und Hals"=Blatthals; „Gurt und Rille"=Rillengurt).

Für Jandl ist *Minimonsters Traumlexikon* der Textband einer an „Sprüngen, Brüchen, Stockungen, Eingesprengtem, Überraschenden, Unauflösbaren reichen Prosa […], die in erster Linie aussagt, was Prosa überhaupt sein kann, was Prosa zu leisten vermag." (Jandl 1984, 53) Denn in dieser zeigt sich die sprachliche Natur von „wahrscheinlichen Bedeutungen", wie es Bense formuliert (Bense 1968, 90). Das Vermögen und die Stärke poetischer Texte aufzuzeigen, hat Friederike Mayröcker in *Minimonsters Traumlexikon* realisiert. Wenn dabei auch Textpassagen vorkommen, die eher einer klassischen Erzählweise zuzuordnen sind, so darf man nicht vergessen, dass das Spiel mit ganz verschiedenen Erzählperspektiven auch ein Anliegen einiger Mitglieder der Wiener Gruppe gewesen ist – im Besonderen von H. C. Artmann und Konrad Bayer. Und wenn die Dichterin festhält, dass sie Anfang der 1970er-Jahre genug gehabt habe vom „sogenannten experimentellen Prosaschreiben" (Schmidt 1984, 264–265), so sollte man auch festhalten, dass sich die damals angewendeten Verfahren in ihren späteren Prosaarbeiten auf elaborierte Weise wiederfinden.

Literatur

Beyer, Marcel: Friederike Mayröcker. Eine Bibliographie 1946–1990. Frankfurt a. M. et al. 1992.
Bense, Max: Nachwort. In: Friederike Mayröcker. Minimonsters Traumlexikon. Texte in Prosa. Reinbek bei Hamburg 1968, 85–91.
Bezzel, Chris: zu f. Mayröckers MINIMONSTERS TRAUMLEXIKON, in: jardin pour friederike Mayröcker. neue texte Nr. 20/21 (1978), o. S.
Jandl, Ernst: Ein neuer poetischer Raum. Zur Prosa von Friederike Mayröcker. In: Siegfried J. Schmidt (Hg.): Friederike Mayröcker. Frankfurt a. M. 1984, 51–57.
Schmidt, Siegfried J.: „Es schießt zusammen". Gespräch mit Friederike Mayröcker (März 1983). In: Ders. (Hg.): Friederike Mayröcker. Frankfurt a. M. 1984, 260–283.

Fantom Fan (1971) und Arie auf tönernen Füszen. Metaphysisches Theater (1972)

Inge Arteel

Von Anfang an kennzeichnen Formen der Genre-Hybridisierung Friederike Mayröckers Prosa. Was sich für die ersten Bände, *Larifari. Ein konfuses Buch* (1956) und *Minimonsters Traumlexikon. Text in Prosa* (1968), festhalten lässt (s. dazu Kap. 14 und 15), gilt auch für die beiden darauffolgenden, kurz nacheinander veröffentlichten Bücher *Fantom Fan* (1971) und *Arie auf tönernen Füszen. Metaphysisches Theater* (1972), die Texte von Ende der 1960er- und Anfang der 1970er-Jahre enthalten. Ihre Hybridität wird sowohl von einer intra-literarischen Gattungsvariation der Prosa bewirkt, die Prosa mit lyrischen Formen, Techniken der Konkreten Poesie und Merkmalen des dramatischen Schreibens kombiniert, als auch von intermedialen, E- und U-Kultur vermischenden Verweisen auf Theater, Oper und popkulturelle Phänomene wie Filme, Fernsehserien und Comics (vgl. Bense [1971] 1984, 59). Wie in *Minimonsters Traumlexikon* entwirft Mayröcker auch in diesen Bänden ihre eigene spielerische Variante von Dadaismus und Surrealismus. Exemplarisch und einführend seien hier drei auffallende Formen vorgestellt: didaktische Formate, dramatische Szenen und Prosagedichte (vgl. Arteel/Dera 2020, 108–115; Arteel 2017, 142–144).

I. Arteel (✉)
Vrije Universiteit Brussel (VUB), Brüssel, Belgien
E-Mail: inge.arteel@vub.be

Didaktische Formate

Mehrere Texte werden als didaktische Entwürfe präsentiert, die suggerieren, Handbüchern, Anleitungen oder Lexika entnommen zu sein. Ihre imperative, „deklamatorische Haltung" (Beyer 2001, 591) möchte augenscheinlich zu ästhetischem Betragen anregen. *Pick mich auf, mein Flügel… Anleitungen zu poetischem Verhalten* (FF 9) spielt im Titel einerseits auf den mystischen Topos der inspirierten Elevation an, andererseits hebt der sachliche Untertitel poetisches Verhalten als einen Lernprozess hervor. Das Setting des Textes kombiniert auf parodistische Weise die Banalität des täglichen Lebens mit der hohen Kultur, sollten doch die Instruktionen offenbar dazu dienen, den Schmerz nach einem Zahnarztbesuch mittels eines Spaziergangs an einem literarisch höchst assoziationsreichen Wiener Ort zu lindern: „Gehn Sie abends im Mai nach schmerzhafter Zahnbehandlung über die Strudlhofstiege langsam abwärts" (FF 9), so heißt es am Anfang. Die ersten Sätze schwanken fortwährend zwischen einer dadaistischen Präsentation von vorgefundenen Sprachbildern und hermetischeren, surrealistisch anmutenden Metaphern hin und her – der Abstieg der Stufen gleicht einer Wanderung durch ein absurdes poetisches Universum. Danach gleitet der Text definitiv in den präskriptiven Modus. Zwei Seiten lang werden, in einer langen, assoziativen Permutation der gesiezten Imperativ-Form,

Vorschriften laut – als laut gerufen kann man sich diese Zeilen wegen der Imperative und Ausrufezeichen durchaus vorstellen. Bald regen sie zu absurdem, anarchistischem Verhalten an, bald zu traumhaften Phantasien. Gegen Ende dominieren die metalinguistischen Äußerungen. Die Adressierten werden explizit dazu angehalten, mit Sprache zu experimentieren und mit Worten zu spielen, um sie aus den Beschränkungen von Grammatik und Referentialität zu befreien: „Lassen Sie die Wörter aufjaulen! [/] Machen Sie öfters mal boingg-boingg! [/] Vergessen Sie die ganze Sprache! [/] Legen Sie Silben aufs Eis! […] Stören Sie die Sprache ein wenig mehr! [/] Drücken Sie sie gegen die Wand bis sie schreit!" (FF 12; vgl. Bense [1971] 1984, 60) Mit Mayröckers Aussage im Auge, dass sie „eingekeilt zwischen den beiden Monstren Dadaismus und Surrealismus" (MB 335) schreibe, lässt sich dieser Text gar als eine humorvolle Instruktion in Mayröckers spielerische Variante einer solchen dadaistisch-surrealistischen Poetik lesen (vgl. Schmidt-Dengler 2001, 599).

Als eine Erprobung dieser Poetik an dem populären Unterhaltungsmuster des Krimis kommt der Text *Horror Fibel* (FF 42) daher. Jedes standardisierte Strukturelement eines im Fernsehen oder in der Literatur vermittelten Kriminalfalls – etwa „(Spannungsmoment)" (FF 43), „(Verhör)" (FF 43), „(Fiktive Horror Einschübe)" (FF 45) – und die Sensationslust, die vorausgesetzt und bedient wird, werden persifliert oder in einem Sprachspiel desautomatisiert, etwa in der dadaistisch ver-rückten Auflistung der Utensilien im „Arsenal des Mörders" (FF 42) oder in der Tabelle von mit Mord verbundenen Reimwörtern unter dem Leitspruch „(Wer Horror liebt muss Horror reimen)" (FF 45).

Eine auffallende Variante des Formats der Anleitungstexte findet sich in *PNEUMA oder die Domestikation des Schauspielers* (AR 55–57), der den didaktischen Modus mit dem Schauspielberuf verbindet. Wiederum liegt hier ein kontrastreicher Titel vor: Das altgriechische Wort *pneuma*, ‚Atem‘, verweist auf die inspirierte, künstlerische Kraft, während gleich danach unverblümt die normalisierende Zurichtung dieser Kraft erwähnt wird. Der Text besteht aus einer langen Liste parallel gebildeter Imperative, die alle mit der Aufforderung „Stellen Sie sich vor" anfangen. Danach folgt die Beschreibung der verhofften ‚Vorstellung‘, die manchmal semantisch verständlich klingt – „Stellen Sie sich vor jemand spuckte Kürbiskerne gegen Sie!" (AR 55) –, oft aber wie eine dadaistische Collage daher kommt – „Stellen Sie sich vor Sie müßten Ihren Wohnplatz mit riesigen Lobelien Polsterflox und dryadischer Unterwäsche teilen .." (AR 55) – oder ein komprimiertes surrealistisches Narrativ entwickelt: „Stellen Sie sich vor jemand hauchte Sie anachronistisch (wie's einhorn von nebenan) auf die Plakatwandnämlich während der schwan („schwan") auf dem plattenteller mit gabel & messer simuliert SSSSSSSSSSSSSSSSSSSSs! – – *dann werden Sie noch schwindlig ..*" (AR 56).

Dramatische Szenen

An die Gattung des Dramas und das Medium des Theaters wird vor allem in dem Band *Arie auf tönernen Füszen* häufig referiert (vgl. Kratzer [1973] 1984, 62), der im Untertitel als *Metaphysisches Theater* angekündigt wird. Hier fallen Texte auf, welche die Konventionen einer dramatischen Szene als Bühne für das Auf- und Abtreten mit anderen Medien verknüpfen und in einem dadaistischen Gestus sprengen. Immer wieder geht es dabei um die Möglichkeit und vor allem die Unmöglichkeit, auf einer Bühne zu sprechen oder auch zu singen. Die dreiseitige Skizze *comicstrip, eine Oper* (AR 7–9), die zur Gänze als Nebentext lesbar ist, ist in dieser Hinsicht exemplarisch. Hier begegnet uns die Primadonna „maria callas" mit ihrem männlichen Begleiter namens „snoopy". Maria Callas kann nicht singen, einerseits weil bei ihr „die Beweglichkeit der mundpartie [/] sichtlich gelitten" hat (AR 8), andererseits weil große Chöre die Bühne besetzen und sich gegenseitig mit lautem Schreien und assonantischer, „monströs[er]" (AR 8) Musik bekämpfen, bis „von oben ein weiterer chor herab" (AR 9) senkt, der ein Nies- und Hustenkonzert anfängt. Da kann sich die Callas nur die Ohren zuhalten und „ein spitzentaschentuch vor mund [/] und nase" halten (AR 9). Am Ende der Szene wird tabula rasa gemacht: In einem Bombenattentat wird Callas mitsamt den Chören von der Bühne entfernt. Die einzige verbleibende Figur auf der leeren Bühne ist die Gestalt Snoopy.

Mit der gewalttätigen Entfernung der weiblichen Künstlerin lädt diese Szene zu einer genderorientierten Lektüre ein. Auch in anderen Szenen wird die Verhinderung weiblichen Künstlertums parodistisch inszeniert. Die Unmöglichkeit solistisch zu singen steht im Mittelpunkt der Skizze *Arie auf tönernen Füszen* (AR 11–13; nicht zu verwechseln mit dem Hörspiel gleichen Titels, s. dazu Kap. 40). Eine triadische Struktur bestimmt die Figurenkonstellation in diesem zweiseitigen Text: Eine Opernsängerin, ihr männlicher Begleiter am Klavier und eine Souffleuse, eine Vorsagerin, teilen sich die Bühne. Der Text inszeniert den Verlust der vokalen und musikalischen Meisterschaft und die Unmöglichkeit, zusammen zu musizieren. Er tut dies weder in der üblichen dramatischen Form des Dialogs noch in der Prosaform des Erzählens, sondern als eine Art elaborierte, ekphrastische Bühnenanweisung, die detailliert das Chaos beschreibt, das die Sängerin am Singen und den Begleiter am Klavierspielen hindert. Arien sind die Gesangspartien, mit denen die Solisten gemeinhin virtuos glänzen und in denen die Konventionen der semantisch bedeutungsvollen Sprache überschritten werden: Artikulierte Sprache transformiert in Schreie und Seufzer, die die somatische und sinnliche Komponente des vokalen Gesangs zum Klingen bringen. Im Singen der Arie verlieren die Singstimmen ihre Souveränität, die Figuren verfügen nicht mehr über ihre Stimme, die Stimme wird „unverfügbar" (Krämer 2006, 288), wie Sibylle Krämer es in Bezug auf die Oper genannt hat. Indem Mayröckers Sängerin die Unverfügbarkeit ihrer Stimme auf radikale Weise verkörpert, überwindet sie diese aber auch: Aus ihr wird eine akrobatische Tänzerin, die eine pantomimische Choreographie von absurden Gesten und Körperhaltungen ausführt und dabei gelegentlich auch schreit. In der Form eines Skripts für eine szenische Performance subvertiert dieser kurze Text die Vorstellung von künstlerischem Können als Meisterschaft und insbesondere das klischeehafte Bild der Sängerin oder Operndiva, das sowohl von hysterischer Exzentrik als auch von einer natürlichen vokalen Perfektion geprägt wird, die die Zuhörerschaft in den musikalischen Himmel entrücken soll. Wird in *comicstrip, eine Oper* der Körper der Künstlerin mit einer Art Terroranschlag entfernt, so rückt er in *Arie auf tönernen Füszen* als ein unverfügbares Medium in den Mittelpunkt, was quasi einen genderbezogenen Kommentar zu den kunstzertrümmernden Initiativen der Wiener Gruppe ein Dezennium vorher darstellt.

Prosagedichte

Als dritte auffallende Form sei hier auf Texte hingewiesen, die ansatzweise Modalitäten zum Erzählen einer Geschichte erkunden. Diese Texte weisen Gemeinsamkeiten auf mit der hybriden Gattung der Prosagedichte: (sehr) kurze Texte ohne Versbau, deren Struktur von den lyrischen Prinzipien der Wiederholung und Variation, von Parallelismen und Kontrasten geprägt ist, und die eine ausgeprägt selbstreferentielle Qualität aufweisen. „SANDIG" ein Katalog (FF 48) besteht aus sieben als Prosa gesetzten kurzen Texten, die jeweils mit dem Nebensatz „Während er [...]" anfangen und von einem Hauptsatz mit einem weiblichen Subjekt vervollständigt werden. Sieben Mal wird damit eine mikronarrative Entwicklung suggeriert, mit dem Motiv eines Verhältnisses zwischen einem Mann und einer Frau, einem kausal-temporalen Zusammenhang zwischen ihren Handlungen und einem Ergebnis oder Schluss. Im Gegensatz zu der klaren, repetitiven grammatischen Struktur der Entwürfe ist ihre Bedeutung alles andere als leicht analysierbar. Die sieben Einträge in diesem ‚Katalog' präsentieren allesamt Momentaufnahmen einer surrealen, halluzinatorischen Zweisamkeit.

Ein anderes, noch radikaleres Beispiel liegt in *HIOBS-POST oder die 19 auftritte* (AR 21–22) vor. Der Text besteht aus 19 Zeilen, denen 19 Sätze entsprechen. Jeder Satz wirkt wie ein komprimierter Paragraph: Jedes Mal wird auf äußerst knappem Raum das Schema eines Mikronarrativs reproduziert („als dieser ... kam ein anderer..."), dessen Basisbausteine serienmäßig vervielfältigt, syntaktisch variiert und semantisch ausgetauscht werden: Aus dem ersten Satz „als dieser noch redete kam ein anderer und sprach" wird im zweiten „als dieser sprach kam ein anderer und verkündete" (AR 21), und so weiter. Die Referentialität von Figuren und Handlungen wird verunsichert: Liegen hier 19 Variationen mit denselben zwei Personen vor oder findet eine Akkumulation statt, wobei jeweils zwei neue Personen sich zu den vorigen gesellen? Das Erzählen geht nicht über das Schema hinaus, ein Schema, das überdies ausgeprägte theatrale Merkmale aufweist – darauf deutet auch der Untertitel –, indem „dieser", der „redete", von „einem anderen" unterbrochen wird, der die Bühne betritt und das Wort ergreift: „noch redete dieser als ein anderer kam und sprach" (AR 21). Allerdings bleibt gerade das Gesagte, der Figurendialog, ausgeblendet (vgl. Beyer 2001, 593).

Mit den didaktischen Formaten und den dramatischen Szenen verbindet diese Prosagedichte der Versuchscharakter, zu einer ‚eigenen' ästhetischen Stimme zu finden oder eine ‚eigene' Geschichte zu erzählen, ohne dass sich dieser Versuch je in einer schlüssig identifizierbaren Form realisiert. *HIOBS-POST oder die 19 auftritte*, 1969 verfasst, lässt sich insbesondere als eine Art Fingerübung für den 1971 geschriebenen Text *als der bau knecht erstmals ins haus kam* lesen, der als Teil von *je ein umwölkter gipfel* (1973) ausführlicher und expliziter die Frage nach einem unkonventionellen Erzählen verhandelt. Eine Verbindung zu bestimmten textuellen Formen der Wiener Gruppe lässt sich auch hier ausmachen. Konrad Bayer, zum Beispiel, hat mehrmals die theatrale Struktur eines Auf- oder Eintretens mitsamt den davon verursachten narrativen Störungen variiert, so etwa in *als die herolde den garten betraten* oder *als er die tür öffnete* (Bayer 1996a, 1996b). Sowohl die gattungs- und medienbezogenen Besonderheiten der Texte in *Fantom Fan* und *Arie auf tönernen Füszen* als auch ihre Verbindungen zu und Abgrenzungen von Vorgängertexten – zum Beispiel als parodistische Korrektur mancher Künstlerposen der Wiener Gruppe –, stellen ein großes Forschungsdesiderat dar.

Literatur

Arteel, Inge: Nonsovereign voices in Friederike Mayröcker's aural texts. In: Partial Answers. Journal of Literature and the History of Ideas 15/1 (2017), 135–150.

Arteel, Inge/Dera, Jeroen: Hybrid Hydra-Heads. Friederike Mayröcker versus Lucienne Stassaert. In: Dies./Lars Bernaerts/Olivier Couder (Hg.): Confrontational Readings. Literary Neo-Avant-Gardes in Dutch and German. Cambridge 2020, 93–127.

Bayer, Konrad: als die herolde den garten betraten. In: Ders.: Sämtliche Werke. Hg. von Gerhard Rühm. Wien 1996a, 48–49.

Bayer, Konrad: als er die tür öffnete. In: Ders.: Sämtliche Werke. Hg. von Gerhard Rühm. Wien 1996b, 414.

Bense, Max: Fantom Fan [1971]. In: Siegfried J. Schmidt (Hg.): Friederike Mayröcker. Frankfurt a. M. 1984, 58–61.

Beyer, Marcel: Friederike Mayröcker: lesen. In: Friederike Mayröcker: Gesammelte Prosa. Bd. I: 1949–1977. Hg. von Marcel Beyer. Frankfurt a. M. 2001, 587–594.

Krämer, Sibylle: Die „Rehabilitierung der Stimme": Über die Oralität hinaus. In: Doris Kolesch/Dies. (Hg.): Stimme. Annäherung an ein Phänomen. Frankfurt a. M. 2006, 269–295.

Kratzer, Walter: Friederike Mayröcker: Arie auf tönernen Füszen [1973]. In: Siegfried J. Schmidt (Hg.): Friederike Mayröcker. Frankfurt a. M. 1984, 62–63.

Schmidt-Dengler, Wendelin: Demontagen, Variationen und Übergänge. In: Friederike Mayröcker: Gesammelte Prosa. Bd. I: 1949–1977. Hg. von Marcel Beyer. Frankfurt a. M. 2001, 595–605

je ein umwölkter gipfel. erzählung (1973)

Inge Arteel

Entstehungskontext

Der 1973 publizierte Band *je ein umwölkter gipfel. erzählung* enthält 23 kurze Prosatexte, die laut Angabe am Anfang des Buches (UG o. S.) zwischen dem 20.10.1971 und dem 04.11.1972 verfasst wurden. Die Texte sind chronologisch nach ihrem Entstehungsdatum geordnet. Die ersten fünf Texte und der achte wurden in unterschiedlichen Zeitschriften erstveröffentlicht (vgl. GP I, 612). Das Buch, von dem Mayröcker 1983 behauptete, dass es „das erste und einzige Buch [war], das wirklich gut gegangen ist" (Schmidt 1984, 266), bildete den Höhe- und zugleich auch den Endpunkt ihres kurzen Aufenthalts beim Luchterhand Verlag. Der damalige Wechsel in der Verlagsleitung ging mit einer „Säuberungsaktion" – so Helmut Heißenbüttel (zit. n. Beyer 1992, 40) – einher, die dazu führte, dass mehrere experimentelle Autoren den Verlag verließen. Außerdem konnte oder wollte der Verlag sich nicht für eine zweite Auflage des Buches engagieren. Mit dem Manuskript ihres nächsten Werkes, *Das Licht in der Landschaft* (1975), das Mayröcker als die Fortsetzung ihrer ersten „erzählung" betrachtete, wandte sich die Autorin an den Suhrkamp Verlag.

Das Buch wurde von Mayröcker als Wendepunkt in ihrem schriftstellerischen Werdegang bezeichnet, namentlich als Übergang zum Schreiben längerer, weniger experimentell ausgerichteter Prosatexte. In einem Interview aus dem Jahr 1983 begründet Mayröcker diese Änderung mit einem plötzlichen Überdruss am Experiment: „1971 hatte ich plötzlich genug vom sogenannten experimentellen Prosaschreiben. (Das muß nach dem Amerika-Aufenthalt gewesen sein). Ich hatte plötzlich das Bedürfnis, Prosa zu schreiben, die ganz weggerückt vom experimentellen Arbeiten und mit verhältnismäßig einfachen Sätzen arbeitet." (Schmidt 1984, 264–265). Zugleich relativiert sie die Radikalität der Änderung: Ihr Schreiben bewege sich zwar „zu einer Erzählhaltung" hin, ihre „Arbeit als Erzählung zu bezeichnen" lehne sie aber nach wie vor ab: „Ich will nicht in einem üblichen Sinne erzählen, sondern mich an ein ganz unkonventionelles, unorthodoxes Erzählverhalten annähern, wenn man so sagen kann." (Schmidt 1984, 267–268) Textgenetisch betrachtet begleitet der Amerika-Aufenthalt, den Mayröcker hier als möglichen Initiator ihrer poetologischen Umorientierung andeutet, wohl eher den Anfang der neuen Phase, als dass er sie auslöste: Die USA-Reise fand erst im April und Mai 1972 statt. An der von Klaus Kastberger detailliert rekonstruierten Entstehungs- und Publikationsgeschichte der einzelnen Texte zeigt sich, dass etwa die Hälfte vor der Reise, die

I. Arteel (✉)
Vrije Universiteit Brussel (VUB), Brüssel, Belgien
E-Mail: inge.arteel@vub.be

andere Hälfte nach der Reise verfasst worden ist (vgl. Kastberger 1991; GP I, 612–613; vgl. Arteel 2012, 59–62). Die erste Bestätigung des Neuanfangs fand Mayröcker bei Otto Breicha, dem Herausgeber der *protokolle*, der sie dazu ermutigte, eine längere Arbeit, gar ein Buch zu schreiben: „Als ich ihm die ersten Kapitel von *je ein umwölkter gipfel* zeigte, die ich für die *Protokolle* [sic] gemacht hatte (und die ja dann auch abgedruckt wurden), hat er mich ermuntert weiterzumachen." (Schmidt 1984, 265) In der Forschung, die darin der Selbstaussage der Autorin folgt, wird der Stellenwert des Buches im Gesamtwerk durchweg als „Wendepunkt" (Kastberger 2001, 153) oder „Schlüsselposition" (Mayer 1986, 12) bezeichnet.

Formale, semantische und thematische Kohärenz

Gemessen an einem realistischen, epischen Erzählen präsentiert sich die Narrativität von *je ein umwölkter gipfel* tatsächlich als äußerst ‚unkonventionell' und ‚unorthodox'. Dennoch sind gewisse kohärenzstiftende Merkmale unübersehbar. Auch wenn sich „erzählung" als Gattungszuschreibung im Untertitel durchaus ironisch lesen lässt, so setzt Mayröcker hier zum ersten Mal ihre Prosa zu einer narrativen Gattung in Beziehung. Dass die einzelnen Texte in der Buchausgabe chronologisch Eingang gefunden haben, weist auf die Absicht einer zeitlich-linearen Aufeinanderfolge hin. Auch der größere Umfang des Buches ist neu. Natürlich lassen sich die 23 jeweils mit einer Überschrift versehenen Textteile separat lesen; dennoch entfaltet sich zwischen den Kapiteln – als „kapitel" (UG [7]) werden die Teile in der dem Text vorangestellten Widmung bezeichnet – ein mehrschichtiger Zusammenhang.

So werden alle Kapitel von den Inquitformeln ‚sagte er' und ‚sagte sie', die von da an zum Grundinventar der Mayröcker-Prosa gehören sollten, strukturiert. Die dialogische Struktur eines Gesprächs wird immer wieder ansatzweise erprobt, ohne sich je zu einer erfolgreichen und vollendeten Kommunikation zu entfalten. Wie die Kapitel wiederholt einen Anlauf zum Dialog nehmen, so versuchen sie auch mehrmals eine Erzählung aufzubauen, indem Fragmente von Erinnerungen, Erfahrungen und Ereignissen oder Anekdoten eingeführt werden, Fäden, die schnell wieder abreißen. Die Ansätze bleiben auf „narrative Mikrostrukturen" (Kastberger 2001, 154) beschränkt, die weder durchgängig entwickelt noch abgeschlossen werden. Manchmal bildet bloß der von der Konjunktion „als" eingeführte Nebensatz das Signal, dass auf das narrative Schema eines zeitlich-kausalen Zusammenhangs Bezug genommen werden soll, ohne dass der darauffolgende Hauptsatz die Erwartung erfüllt. Oder der erwartete Hauptsatz fehlt überhaupt, sodass der Eindruck entsteht, „als ob nur das Nebensächliche gesagt würde, so wie es einem Nebensatz zusteht, während das, was in der Tat gesagt werden sollte, durch das Fehlen des Hauptsatzes verweigert wird" (Schmidt-Dengler 2001, 601). Ein auffallendes Beispiel findet sich im Kapitel „handlung eines glaubens" (UG 55), das aus einer langen Liste von als-Nebensätzen besteht. Das Erzählen ist hier tatsächlich an den Rand, in den Nebensatz gewandert, denn jeder von ihnen erprobt die Möglichkeit der Versprachlichung von winzigen, handlungs- oder erfahrungsbezogenen Wirklichkeitspartikeln:

> als ich zurückkehre.
> als ich zurückgekehrt war.
> als ich mich erinnerte.
> als ich mich erinnert hatte.
> als ich glaubte mich zu erinnern. (UG 59)

Die „vielen anaphorischen Einsätze" (Schmidt-Dengler 2001, 601) verleihen dem Text eine lyrische, „litaneiartige" (Schmidt-Dengler 2001, 601; Mayer 1986, 12) Qualität. Dass jeder Nebensatz linksbündig gesetzt wird, lässt die Sätze wie Gedichtzeilen aussehen, oder auch wie unentwickelte Absätze.

Dass sich die Mikrostrukturen nicht zu einer Makrostruktur entwickeln, schafft laut Kastberger, der sich auf die semantische Erzählforschung von Manfred Schmeling bezieht (vgl. Kastberger 2001, 153–155), Raum für die

Entfaltung semantischer Isotopien. Als eine solche kann „das Ankommen-an- und das Aufbrechen-von-einem-Ort" (Kastberger 2001, 155), das in zahlreichen Wiederholungen und Variationen die Kapitel durchzieht, bezeichnet werden. Diese Isotopie gewinnt eine klare metareferentielle Dimension, indem „das Auffinden eines Ortes […] mit dem Auffinden einer Sprechmöglichkeit" (Kastberger 2001, 155) einhergeht. Die Isotopie des Hauses und des Unbehaustseins, des Ortes und der Ortlosigkeit, die auch zu der Opposition zwischen heimischer Vertrautheit des Innen und unheimlicher Fremdheit des Außen abstrahiert wird, versinnbildlicht die Suche nach Sprech- und Erzählmöglichkeiten. Dabei fallen die Trennungen zwischen den oppositionellen Paaren immer wieder weg, indem sie gleichrangig und „unverbunden aneinandergereiht" (Kastberger 2001, 157) werden.

Das selbstreflexive poetologische Sprechen ist im ganzen Buch besonders ausgeprägt: Ständig äußern sich die Stimmen zu Fragen des Sprechens, des Erzählens und der Versprachlichung von Wirklichkeit, sodass die Texte „auf die Bedingung ihrer Möglichkeit reflektieren und ihre eigenen Voraussetzungen Gegenstand des Textes werden" (Mayer 1986, 10). Wörtlich spielen sie, in einer Art performativen Metalepse (vgl. Kap. 51), auf Merkmale an, die im Text selbst vorgeführt werden. So heißt es im Kapitel „lehrstück liliengracht": „hat im sprechen die kunst erlernt, sagte er, alles in frage zu stellen; oben-unten, innen-außen, erschüttert jegliches in seinem grunde. […] nun waren wir gekommen, sagte er, alle zusammen nicht nur im erzählen darüber sondern wirklich, in der wirklichkeit, *aus der wirklichkeit*." (UG 12–13) Hier wird die poetische Verwirrung von Oppositionen angesprochen sowie die poetische Transformation „*aus der Wirklichkeit*" in die Wirklichkeit des Textes, wie sie durch die poetische Äußerung gleichzeitig auch vollzogen wird.

Das Kapitel mit dem metapoetischen Titel „erzählen einer erzählung" (UG 35) kündigt sich als Reflexion über die Gattungszuschreibung des Buches an. Der Text präsentiert eine Art schematischen Dialog zwischen ‚er' und ‚sie', in dem divergierende poetologische Positionen vorgeführt und miteinander konfrontiert werden, ohne dass sich eine dialektische Synthese einstellt. Aus minimalen phonemischen Verschiebungen gehen fundamentale Bedeutungsunterschiede hervor (vgl. Schmidt-Dengler 2001, 600). Die Anfangssequenz des Kapitels sei hier exemplarisch zitiert:

> rot, sagte er, rot und kalkhart.
> kalk ist nicht hart, sagte sie.
> rot, sagte er, und kalkhart, und von allem herstellbar, sagte er.
> von allen, sagte sie, von allen herstellbar, poesie musz von allen herstellbar sein.
> von allem, sagte er.
> revolutionspoesie, sagte sie.
> nein, sagte er, nein. (UG 35)

Später in dem Kapitel greift ‚sie' die Worte aus „lehrstück liliengracht" wieder auf und präzisiert in ihrem poetologischen Aufruf die gewaltige transformierende Kraft der Dichtung: „du muszt ausreisen, sagte sie, *aus der wirklichkeit*, aber sie mit dir hinunter reiszen, in den abgrund während du fällst." (UG 36)

Reisespuren

Im anfangs zitierten Interview erwähnt Mayröcker rückblickend, sie habe in *je ein umwölkter gipfel* „vieles Biographische hineingenommen, das in dieser Zeit passierte" (Schmidt 1984, 265). Tatsächlich erzeugen mehrere biographisch lesbare Verweise auf Realien, unter anderem Ortsangaben aus Berlin und Referenzen auf die Reise in die USA, eine weitere kohärenzstiftende Spur. Vor dem Hintergrund der Verbindung zwischen der Isotopie der Behausung und der poetologischen Suche nach einer Verortung des Sprechens und Schreibens kommt diesen Hinweisen auf Reisen, Ortswechseln und fremden Orten besondere Bedeutung zu. Ähnlich wie in dem späteren Prosabuch *Reise durch die Nacht* (1984) eröffnet die Reise als (imaginierte) Transportation an einen anderen Ort, einen spannungsvollen, Nähe und Ferne, Vertrautheit und Fremdheit überblendenden Raum für die poetische Gestaltung von „welthaltigen Wirklichkeitsspuren" (Mayer 1986, 12).

An den im Text verstreuten Spuren von Flugreisen lässt sich das exemplarisch aufzeigen. So wird das Kapitel „auf dem luftozean" (UG 71; vgl. dazu Mayer 1986, 16) lesbar als die Evokation eines imaginären „transport[s] von dichtern" (UG 74) in eine vergangene Kindheit, als das Kind, „schmachtend [...] nach dem glanz der wörter", „verzweifelte versuche unternahm", sich „die sprache *einzuverleiben*" (UG 73) um so den Einklang von Wort und Ding, von Subjekt und Sprache wenigstens versuchsweise wiederherzustellen. Gleich danach, im Kapitel „die nachbildung einer palme" (UG 75), heißt es: „gingen wir nieder in ihren tropen" (UG 76) und es erfolgt eine Flugbewegung hinunter in eine tropische Küstenlandschaft: „ausgestreut wie asche unserem flugzeug das zur küste des atlantik zielte, sagte er, das niederflog meerwärts schwenkte" (UG 75). Die Landung in der Fremde bewirkt „stummes rasen" und „sprachstücke schwermütig hackend" und macht „sprachlos" (UG 76). Nicht der kindlich ersehnte Glanz der Wörter kündigt sich hier an, sondern „künstliche Berieselung" (UG 76). Die räumliche und zeitliche Überblendung von biographischer, aber auch historischer Nähe und Ferne vollzieht sich besonders offenkundig auch in dem Kapitel „im weiszen westen" (UG 97). Die Anspielung auf den US-amerikanischen ‚Wilden Westen' und die Erwähnung „der reise" (UG 97) evozieren die Amerika-Reise als gleichsam biographische Spur. Gleichzeitig enthält das Kapitel explizit Erinnerungen an das Kriegsjahr 1941. Mit der Erwähnung des sächsischen Kurortes Bad Elster wird die Reise der 15-jährigen Mayröcker und ihrer Mutter zu dem in Polen stationierten Vater aufgerufen. Der Krieg und die kriegshistorische Front zwischen Deutschland und dem Westen werden hier über die leitmotivisch wiederholte Formel „im weiszen westen" mit dem Narrativ der USA-Reise enggeführt.

„wir bewegen uns, sagte er, vielleicht zu achtlos in den vorhandenen spuren" (UG 128) heißt es gegen Ende des Buches. Gerade gegen eine solche Achtlosigkeit wehrt sich *je ein umwölkter gipfel*. Weder bekennt sich das Buch ausschließlich zu experimentellen Verfahren – obwohl die konsequente Anwendung der Kleinschreibung (im Gegensatz etwa zu den Bänden *Minimonsters Traumlexikon* und *Fantom Fan*) durchaus noch als Tribut an die ‚überwundene' experimentelle Phase lesbar ist –, noch folgt es auf unreflektierte Weise einer konventionellen Erzählspur (vgl. Kastberger 2000, 21). Ebenso wird hier für das poetische Sprechen weder ein eindeutiger Ort gefunden noch ein vollendetes Haus gebaut. Ähnlich wie in dem 1963 entstandenen Gedicht *Ode an einen Ort* (GG 101), in dem sich der unbestimmte Ort aus dem Titel zu der geschätzten Ortlosigkeit als Ort der Poesie entfaltet, zu einer Art *commonplace* oder Gemeinplatz (vgl. Arteel 2020, 29), oszilliert die angestrebte Behausung hier zwischen der Frage nach dem Bleiben und Ansiedeln – „warum wollen wir hier nicht immer wohnen oder wenigstens versuchen uns hier anzusiedeln" (UG 16) – und der Erprobung eines nicht-fixierbaren, überall lebbaren Zuhauses: „ja überall an allen plätzen der erde, sagte er. aber nicht angesiedelt, sagte er, nicht angesiedelt, nirgends. (UG 48)

Literatur

Arteel, Inge: Friederike Mayröcker. Hannover 2012.
Arteel, Inge: Konstellationen des Stimmhaften und der Anrede in Mayröckers Lyrik. In: Dies./Eleonore De Felip (Hg.): Fragen zum Lyrischen in Friederike Mayröckers Poesie. Stuttgart 2020, 17–34.
Beyer, Marcel: Friederike Mayröcker. Eine Bibliographie. Frankfurt a. M. et al. 1992.
Kastberger, Klaus: „einzelne Stücke, aus welchen sich das Ganze insgeheim zusammensetzt...": produktionsästhetische und textanalytische Merkmale der Prosa Friederike Mayröckers; dargestellt anhand der „erzählung": je ein umwölkter gipfel. Dissertation, Univ. Wien 1991.
Kastberger, Klaus: Reinschrift des Lebens. Friederike Mayröckers *Reise durch die Nacht*. Edition und Analyse. Wien et al. 2000.
Kastberger, Klaus: *je ein umwölkter gipfel*. Friederike Mayröckers Suche nach einem poetischen Ort. In: Helmut Lang/Hermann Harrauer (Hg.): Mirabilia Artium librorum Recreant Te tuosque Ebriant. Festschrift zum 66. Geburtstag für Hans Marte. Wien 2001, 153–162.

Mayer, Friederike und Mathias: Schreiben als Ent-Fernnung [sic]: Anmerkungen zur poetischen Wirklichkeit in Friederike Mayröckers Prosa. In: protokolle 21/2 (1986), 8–56.

Schmidt, Siegfried J.: „Es schießt zusammen". Gespräch mit Friederike Mayröcker (März 1983). In: Ders. (Hg.): Friederike Mayröcker. Frankfurt a. M. 1984, 260–283.

Schmidt-Dengler, Wendelin: Demontagen, Variationen und Übergänge. In: Friederike Mayröcker: Gesammelte Prosa. Bd. I: 1949–1977. Hg. von Marcel Beyer. Frankfurt a. M. 2001, 595–605.

Fast ein Frühling des Markus M. (1976)

Laura Tezarek

Fast ein Frühling des Markus M. erschien 1976 im Suhrkamp Verlag. Die 15 Kapitel von jeweils wenigen Seiten sind alternierend den beiden Figuren Markus (acht Kapitel) und Hilda (sieben Kapitel) zugeordnet, auf sie folgen unter der Überschrift „Anhang" 17 Briefentwürfe Hildas an die Figur Ekke Hagen.

Der Text ist in der Mayröcker-Rezeption bisher kaum beachtet worden (vgl. Arteel 2012, 66). Es handelt sich, nach *Das Licht in der Landschaft* (1975), um das zweite Buch von Mayröcker, das im Suhrkamp Verlag erschien. Wie *je ein umwölkter gipfel* (1973) und *Das Licht in der Landschaft* (1975) gehört *Fast ein Frühling des Markus M.* zu jener Phase, in der Mayröcker sich, wie sie in einem Interview sagte, vom „puren experimentellen Arbeiten abgewandt" hatte (Dobretsberger 2009, vgl. auch Arteel 2012, 65–66), zu der sie mit der nächsten Veröffentlichung bei Suhrkamp, *Heiligenanstalt* (1978), allerdings wieder zurückkehrte. Gemeinsame Merkmale der genannten Texte sind u. a. Briefsegmente, die zunehmend mehr Raum einnehmen und in *Heiligenanstalt* schließlich den ersten Teil des Buches ausmachen.

In *Fast ein Frühling des Markus M.* wird eine Liebesbeziehung in verschiedenen (Auflösungs-)Stadien aus unterschiedlichen Perspektiven lesbar, ohne dass eine eindeutige Handlung in linearer Abfolge gegeben ist. Während die erwähnten Ortsnamen darauf hindeuten, dass das Geschehen der äußeren Vorgänge in Westberlin verortet werden kann – etwa: Kurfürstendamm, Gedächtniskirche (vgl. FM 17), Friedenau, Schöneberg, Zehlendorf (vgl. FM 91) –, so wird der zeitliche Rahmen nicht auf ein spezifisches Jahr festgelegt, sondern nur durch die Abfolge der Jahreszeiten und die Nennung einzelner Monatsnamen abgesteckt: Vom Knallen der letzten „vereinzelte[n] Feuerwerkskörper" (FM 10) im ersten Kapitel bis zu den „Böller[n], an diesem letzten Tag des Jahrs" (FM 90) im letzten Kapitel.

Entstehungskontext und wichtige Bezugstexte

Es ist kein Zufall, dass eine Westberliner Wohngemeinschaft den Knotenpunkt des Textes darstellt: Friederike Mayröcker lebte 1970/71 und wieder 1973 in Berlin, als zuerst Ernst Jandl und dann ihr selbst ein Stipendium des Berliner Künstlerprogramms des DAAD zugesprochen wurde; Max Frisch überließ den beiden seine Wohnung in Berlin-Friedenau von Mai bis November 1973. Während der Arbeit am Text

L. Tezarek (✉)
Universität Wien, Wien, Österreich
E-Mail: laura.tezarek@univie.ac.at

suchte Mayröcker 1975 Max und Marianne Frisch erneut in ihrer Berliner Wohnung auf, um, wie sie in den *manuskripten* zur Entstehung des Textes Auskunft gibt, „mögliche weitere Anregungen für die bereits zur Hälfte gediehene Arbeit zu gewinnen" – doch ohne dass der abermalige Aufenthalt etwas „Wesentliches eingebracht" (Mayröcker 1976a, 59) hätte.

Die Textfassungen des in der ersten Buchauflage etwa hundertseitigen Prosatexts datieren vom 10. Januar 1975 bis 6. Januar 1976 und wurden in chronologischer Reihenfolge in Wien verfasst (vgl. Beyer 1992, 42). Mayröcker nennt zwei Anstöße, die sie zur Arbeit an *Fast ein Frühling des Markus M.* geführt hätten: Ein Brief der Malerin Daniela Rustin vom 10. Januar 1975, „seiner auszergewöhnlichen Spontaneität wegen" (Mayröcker 1976a, 58), und eine Anregung Otto Breichas von Anfang Januar 1975, etwas für die *protokolle* zu schreiben.

In den Vorlassmaterialien zum Text, die sich in der Wienbibliothek im Rathaus befinden, sind verschiedene Vorarbeiten und Textstufen aufbewahrt: Notizzettel, Zeitungsseiten und -ausschnitte, Briefe und Listen, die zum Teil Eingang in den Text gefunden haben. In den *protokollen* erschienen die Kap. 1, 4, 6, 9 und 11 in der zweiten Nummer 1976 unter dem Titel *In ihrer Fiebrigkeit. Passagen eines längeren Prosa-Buches* mit kleineren Abweichungen in Interpunktion, Absatzgestaltung, Typographie, Kursivierungen, vereinzelten Hinzufügungen und Auslassungen von Sätzen und Abweichungen auf Wortebene, etwa: „Seine Träume zu beschildern" (Mayröcker 1976b, 8), „Seine Tränen zu beschildern" (FM 39); das dritte und vierte Kapitel wurden außerdem vorab in *Die Presse* im August 1976 (Mayröcker 1976c) abgedruckt. Lesungen Mayröckers aus dem Text im Laufe des Jahres 1976 wurden vorwiegend wohlwollend besprochen (vgl. u. a. Frankfurter 1976; John 1976, 31).

Neben dem „heftige[n] Auftreten von Erinnerungsbildern eines längeren Berlinaufenthaltes" sowie „eine[r] Frühlingsreise nach Meran, ein[em] Autorentreffen in Knokke, ein[em] Satie-Konzert in Wien" (Mayröcker 1976a, 58) nennt Mayröcker in den *manuskripten* die Lektüre dreier Texte als Inspiration für das Schreibvorhaben: Wolfgang Hildesheimers *Masante* (1973), ein nicht näher genannter Text (oder Texte) von Max Ernst, und Daniel Paul Schrebers *Denkwürdigkeiten eines Nervenkranken* (1903), die auch in den Text eingegangen sind. Markus zitiert eine Stelle zu den „gewunderten Vögeln" (FM 38) aus den *Denkwürdigkeiten*, aber auch in anderen Textpassagen wird Anleihe an Schreber genommen (vgl. FM 43–44). Darüber hinaus finden sich u. a. die Namen Hildesheimer (vgl. FM 28), Freud, Breton (vgl. FM 32), Ovid (vgl. FM 95) und eine Schwitters-Anspielung („das *vermerzte* Haus", FM 50) im Text.

Zentrale inhaltliche Aspekte

Dass *Fast ein Frühling des Markus M.* keinen nacherzählbaren linearen Verlauf aufweist, bedeutet nicht, dass es nicht auch narrative Elemente in den Wahrnehmungen der Figuren, ihren Alltagsbeobachtungen, Erinnerungen, Träumen, der Wiedergabe der Rede anderer Personen usw. gibt, die auch zu späteren Zeitpunkten wieder aufgegriffen werden und Kapitelgrenzen überschreiten. Der narrative Diskurs bleibt durchgängig in anachronischer Schwebe, wie sich an Markus' und Hildas Liebesbeziehung zeigt, die durch hohe Intensität und Labilität gekennzeichnet ist. So sieht Markus Hilda „wie ein Ertrinkender das Ufer hofft" (FM 10) und hat „unstillbare[s] Verlangen nach ihrem Leib ihrer Seele, wie der vereitelte Griff nach jenem Schluck Wasser der vor dem Verdursten retten kann." (FM 29) Dies wird allerdings retrospektiv berichtet; im selben Satz heißt es: „Jetzt wäre eine Begegnung mit ihr sagt Markus, nicht viel mehr als das lächelnde Wohlgefallen an schönem Wetter" (FM 29).

Der Liebesdiskurs, der einen zentralen Stellenwert im Werk Mayröckers einnimmt (vgl. Strigl 2020, 58; s. auch Kap. 61), drückt sich hier vor allem in der Einsicht in die Fragilität der Liebe aus und verknüpft sich dabei einerseits mit dem Wissen um die Vergänglichkeit des eigenen Daseins – und andererseits mit der Einsicht der prinzipiellen Unerkennbarkeit des geliebten Menschen, in den sich das Ich hineinprojiziert. Das virulente Problem der Mitteilbarkeit zwischen den Liebenden verschränkt der Text mit dem Problem des Mitteilbaren im Schreiben. So beklagt Markus, dass die „geheimsten Erlebnisse" hinter einer „*Maskenform*" (FM 41) vom Schreibenden verborgen werden würden. Das Nach-Außen-Bringen von Sprache für die Sache der Mitteilbarkeit nimmt dabei durchaus extreme grotesk-körperliche Formen an. Bei Markus ist es das Erbrechen („als müsse ich mich auf das weiße Blatt vor mir übergeben, um *etwas aus meinem Innersten* hervorbringen zu können", FM 35), bei Hilda eine Schwangerschaft: „als hätte ich seine Worte wie Kinder auszutragen gesucht" (FM 63) – wobei die Worte, mit denen sie schwanger geht, bezeichnenderweise jene von Markus sind.

Dass „jeder von uns kam und ging wie es ihm gefiel, außer am Nachmittag wenn wir uns alle im Küchenraum versammelten" (FM 26), dass Markus seinen eigenen Schlafraum hat und dass Hilda und er sich nachts am Weg zur Küche begegnen (vgl. FM 13) legt nahe, dass es sich um eine Wohngemeinschaft handelt, in die, außer Hilda und Markus, noch weitere Personen involviert sind. Neben Hilda tauchen die Frauennamen Reseda, Flora, Lukrezia, Teresa, Ida, Clementine, Luise, Agave und Lena auf – oft in asyndetischer Aufzählung ohne Komma aneinandergereiht.

Der einzige Mann, der neben Markus namentlich genannt wird, ist Ekke Hagen, an den die den Text abschließenden Briefentwürfe Hildas gerichtet sind. Auffällig ist, dass es sich nicht um Briefe, sondern um Briefentwürfe handelt, die die Vorläufigkeit von Hildas Gedanken betonen. Während Ekke im zweiten Kapitel von Hilda als lange zurückliegende Bekanntschaft erwähnt wird – „Ekke – hatte er Ekke geheißen? *Ekke Hagen.*" (FM 18) – ,wird Markus' Name in den Briefentwürfen nicht genannt. Im Unterschied zur Beziehung mit Markus stehen Körperlichkeit und Erotik auch nicht im Mittelpunkt des Verhältnisses von Hilda und Ekke; der Text endet damit, dass Hilda sich fragt, ob sie nur Muse für Ekke sei: „Dennoch, sagen Sie es mir, treffe ich etwa nur Ihre Phantasie und lasse alle übrigen Bedürfnisse ungestillt?" (FM 105).

Formale Verfahren

Markus und Hilda sprechen grundsätzlich jeweils aus ihrer Perspektive, d. h. in der ersten Person Singular. Oft berichten sie aber auch über einander oder geben in direkter Rede wieder, was der/die jeweils andere oder Dritte gesagt haben; manchmal wird auch ein Du angesprochen. Die direkte Rede wird dabei nicht durch Anführungszeichen gekennzeichnet: „ach wie lange du fortgewesen bist flüstere ich ihr zu, ach nur eine Wolke flüstert sie mir zurück" (FM 10). Daher bleibt trotz der Kapitelzuordnung an die beiden Figuren oft unklar, ob sie selbst sprechen oder wiedergeben, was andere gesagt haben – selbst dann, wenn Inquitformeln eingesetzt werden: „alles füßchengänger wundschuh! kichert sie, mit drückenden Schuhen, aber vielleicht hast du es gemerkt sage ich, als du heute zweimal statt deinem Mund deine Wange, als ich dich zu küssen suchte sage ich, mir zuwandtest, eine Brandstätte." (FM 8) Mayröcker unterläuft damit auch potentielle Leseerwartungen, indem sie mehrfach die Zuordnung zu binären Geschlechtsidentitäten konterkariert. Die Zwei- bzw. Vieldeutigkeit in einer nur vermeintlich eindeutigen Redesituation führt immerzu zur Frage: Wer spricht gerade zu wem über wen?

Das Verwirrspiel zeigt sich insbesondere dort, wo Frauennamen aufgezählt werden, die in Markus' Kopf durcheinanderwirbeln (vgl. FM 8): „Du vertauschst auch immerzu unsere Namen sagt Lena, einmal nennst du mich Ida, Clementine, Teresa, ein anderesmal Flora, Lukrezia, Luise." (FM 59) Darüber, ob die Frauen tatsächlich andere Personen innerhalb des Textuniversums sind, ist sich die Sekundärliteratur bzw. sind sich die Rezensentinnen und Rezensenten uneinig: Nennt Markus Hilda nur mit verschiedenen Frauennamen? Handelt es sich um Rollen, die Markus und Hilda einnehmen? (vgl. Kahn 1984, 80, 83) Handelt es sich bei den genannten Frauen „vielleicht auch nur [um] Alter Egos von Hilda"? (Arteel 2012, 65) Oder bestehen die Figuren nur in Hildas Kopf, „hat sich Hilda in Wirklichkeit so abgekapselt, daß sie Figuren erfunden hat"? (Haider 1976, 5).

Eine nicht entwirrbare Polyphonie ist damit ein zentrales Element des Textes, das sich auch ganz explizit zeigt, indem, im Zusammenhang mit den Frauennamen, von Stimmen gesprochen wird, die sich „verflechten" und „durcheinandertönen" (FM 22); das immer neue Eingehen von immer neuen Verbindungen geschieht auch auf Ebene der narrativen Struktur (vgl. Arteel 2012, 66). Die Stimmen, die mit dem Motiv der Vögel zusammengebracht werden (vgl. FM 8, 50), lassen an Schrebers sprechende „gewunderte" Vögel denken, denen er ebenfalls Mädchennamen gibt und die er „durch willkürliches Zusammenwerfen ähnlich klingender Worte" (Schreber [1903] 2003, 154) verwirrt – Mayröckers Eigenart, phonetisch ähnliche Ausdrücke miteinander in Verbindung zu setzen (vgl. Kastberger 2000, 36), zeigt sich auch in *Fast ein Frühling des Markus M.* an Beispielen wie „Krähen (Kähnen)" (FM 37), „Parkschwäne, -schwärze" (FM 98) oder „manche Frauen (Pfauen)" (FM 99). Auch graphische Eigenheiten Mayröckers, die auch in anderen Texten auftauchen, finden sich hier wieder, wie die Verwendung von Kapitälchen, Kursivsetzungen, der Einsatz von Schrägstrichen und Klammern; außerdem fingierte Zitate und Neologismen.

Formal auffällig sind auch die Moduswechsel zwischen Indikativ und Konjunktiv; insbesondere fällt die Verwendung des Futur II im Konjunktiv ins Auge: „Wenn wir nach Jahren wiedergekommen sein würden sagt Markus, den alten Platz wiederzusehen wo wir so lange gelebt hatten" (FM 51). Im Gespräch mit Siegfried J. Schmidt gab Mayröcker an, dass sie den Konjunktiv seit *Licht in der Landschaft* verwende, weil er sie „nicht so festlegt und die gefürchtete Erzählhaltung wieder aufhebt [...]. Auf jeden Fall ist es nicht eine Fixierung; und das ist mir beim Schreiben überhaupt ganz wichtig." (Schmidt 1984, 282) Im Text zeigt sich durchgehend das Spiel mit Möglichkeiten, mit „potentielle[n] Welten" (Kasper 1999, 169), das

So-tun-als-ob. Und Bodo Hell schreibt dazu in seiner Rezension des Textes: „Die Autorin gibt nicht vor, zu wissen, was getan werden muß, sondern sie stellt etwas von dem dar, was gesagt werden kann, eine sanfte Attacke gegen jene Art von Realität, wie sie das funktionale Alltagsbewußtsein unbefragt herstellt und akzeptiert." (Hell 1977, 11).

Literatur

Arteel, Inge: Friederike Mayröcker. Hannover 2012.
Beyer, Marcel: Friederike Mayröcker. Eine Bibliographie 1946–1990. Frankfurt a. M./Wien 1992.
Dobretsberger, Christine: Friederike Mayröcker und Bodo Hell. In: Wiener Zeitung (Wien) vom 19.6.2009, https://www.wienerzeitung.at/h/friederike-mayrocker-und-bodo-hell (28.11.2023).
Frankfurter, Johannes: Die Sprachbilder einer sinnlichen Innenwelt. In: Neue Zeit (Graz) vom 16.6.1976.
Haider, Hans: Küsse und Schmerzen. In: Die Presse (Wien) vom 27.10.1976, 5.
Hell, Bodo: Chaos gesteigerter Labilität. In: Die Furche (Wien) vom 4.2.1977, 11.
John, Rudolf: Wie Markus M. die Frauen sieht. In: Kurier (Wien) vom 15.10.1976, 31.
Kahn, Lisa: Mayröckers *Markus M.*: Welt steter Wandlungen. In: Siegfried J. Schmidt (Hg.): Friederike Mayröcker. Frankfurt a. M. 1984, 79–86.
Kasper, Helga: Polyphone Aussagestruktur im Werk Friederike Mayröckers. In: Cahiers d'Études Germaniques 37/2 (1999), 163–172. https://doi.org/10.3406/cetge.1999.1498.
Kastberger, Klaus: Reinschrift des Lebens. Friederike Mayröckers *Reise durch die Nacht*. Edition und Analyse. Wien/Köln/Weimar 2000.
Mayröcker, Friederike: Zu: Fast ein Frühling des Markus M. In: manuskripte. Zeitschrift für Literatur 15/52 (1976a), 58–59.
Mayröcker, Friederike. In ihrer Fiebrigkeit. Passagen eines längeren Prosa-Buches. In: protokolle 11/1 (1976b), 1–15.
Mayröcker, Friederike: Fast ein Frühling des Markus M. [Auszüge]. In: Die Presse (Wien) vom 7./8.08.1976c, 20.
Schmidt, Siegfried J.: „Es schießt zusammen". Gespräch mit Friederike Mayröcker (März 1983). In: Ders. (Hg.): Friederike Mayröcker. Frankfurt a. M. 1984, 260–283.
Schreber, Daniel Paul: Denkwürdigkeiten eines Nervenkranken [1903]. Berlin ²2003.
Strigl, Daniela: „ich liebe deine Seele Geist und hl.Leib". Mayröckers lyrisches Denken und Bedenken von der Liebe. In: Inge Arteel/Eleonore De Felip (Hg.): Fragen zum Lyrischen in Friederike Mayröckers Poesie. Stuttgart 2020, 57–75.

Heiligenanstalt (1978)

Inge Arteel

Mit dem Band *Heiligenanstalt* (1978) wandte Mayröcker sich erneut dem experimentelleren Schreiben zu, von dem sie in den drei vorangehenden Büchern, *je ein umwölkter gipfel* (1973), *Das Licht in der Landschaft* (1975) und *Fast ein Frühling des Markus M.* (1976), teilweise abgekehrt war. Die Anregung für das Buch kam von Otto Breicha, dem Herausgeber der Literaturzeitschrift *protokolle*, der die Autorin um eine „Schubert-Montage" gebeten hatte: „Aber mach mir keine richtige Biographie, sondern es muß eine Collage sein", soll Breicha Mayröcker instruiert haben (zit. n. Beyer 1992, 43). Das Buch besteht aus vier unterschiedlichen Teilen, in denen jeweils ein Komponist oder eine Konstellation von Komponisten im Mittelpunkt steht. Der zweite, dritte und vierte Teil wurden in den *protokollen* erstveröffentlicht (vgl. Mayröcker 1976, 1977, 1978). Im publizierten Buch wurden diese drei Teile um einen Abschnitt ergänzt, der unter dem langen Titel *Tisch der Materie oder, die gänzlich verschollenen Briefe des Frédéric Chopin an seinen Freund Titus Wojciechowski* das Buch eröffnet. Abgeschlossen wird der Band mit einem Quellenverzeichnis der zitierten Bücher sowie der gehörten Plattenaufnahmen, denen Mayröcker „[w]ertvolle Anregungen für [ihre] Arbeit" (H 109) verdanke. Mit diesem Anhang stellt Mayröcker ihr Buch explizit in die Nachfolge älterer Werke der österreichischen experimentellen Literatur: Konrad Bayer fügte seinem Buch *der kopf des vitus bering* 1963 einen „index" hinzu und Oswald Wiener schloss *die verbesserung von mitteleuropa, roman* (1962–1967) mit einer seitenlangen Liste an „literaturhinweise[n]" (vgl. Kling 2001, 619).

Experimentelle Metabiographien

Für den von Breicha geäußerten Leitsatz hat Mayröcker in den vier Teilen jeweils eine andere Art fragmentarischer, experimenteller Biographie versucht. Herkömmliche, durch die gewissenhafte Verarbeitung authentischer Materialien beglaubigte Porträts liefert diese Prosa nicht: Weder das biographische Gesicht des angeblich Porträtierten noch dessen Geschichte lassen sich hier einfach ausmachen. Die vier Abschnitte sind in erster Linie als formbewusste Gattungsexperimente lesbar, die die Frage in den Raum stellen, auf welche Art überhaupt über „die Weltmeister-Garde der E-Musik des 19. Jahrhunderts" unter dem „Label der biographischen Literatur" (Kling 2001, 619) geschrieben werden könne. Damit radikalisiert der Band die Ansätze der sogenannten fiktionalen Metabiographie (vgl. Nadj 2006), die sich seit dem Anfang des 20. Jahrhunderts neben der

I. Arteel (✉)
Vrije Universiteit Brussel (VUB), Brüssel, Belgien
E-Mail: inge.arteel@vub.be

dominanten, sich als faktenbezogen und wirklichkeitsgetreu präsentierenden Biographik positioniert. Die drei Hauptmerkmale, welche die Biographieforschung für dieses reflexive Genre festhält (vgl. Nünning 2009, 134–135; vgl. Wolf 1993), lassen sich auch in dem vorliegenden Band ausmachen: die Problematisierung der sprachlichen Referentialität, d. h. die Frage danach, wie ein vergangenes Leben und dessen Welt nachträglich mit Sprache dargestellt werden können; die Aufmerksamkeit für die Metaebene der (Re-)Konstruktion, oft mittels einer „auffällig gestaltete[n] Ebene der sprachlichen und narrativen Vermittlung" (Nünning 2009, 134); und die selbstbewusste Bloßlegung der Gemachtheit und Fiktionalität. Die fiktionale Metabiographie hört allerdings nicht bei der Problematisierung von biographischen und, allgemeiner, von historiographischen Fragen auf, sondern sie erneuert und erweitert diese auch „durch neue – z. B. dekonstruktivistische oder konstruktivistische – Vorstellungen" (Nünning 2009, 135, mit Bezug auf Nadj 2006).

Der Titel des ersten Teils formuliert schon gleich eine widersprüchliche Ausgangslage: Lässt „*Tisch der Materie*" noch die Vorstellung eines mit Archivmaterialien bedeckten Schreibtisches aufkommen, so gibt der zweite Teil, „*oder, die gänzlich verschollenen Briefe des Frédéric Chopin an seinen Freund Titus Wojciechowski*", vor, dass die „Briefe", die „Materie" also, verschwunden seien – tatsächlich gelten viele Briefe des polnischen Komponisten, sowohl von ihm als auch an ihn, als verschollen (vgl. Weber 2021, 430). Die „Briefe" werden somit als nicht-existent und die nachfolgenden Texte als Fiktionalisierungen ausgestellt. Das literaturgeschichtliche Muster eines frühromantischen Briefromans aufgreifend, folgen die Briefe der triangulären Struktur, in der das schreibende Ich dem Brieffreund über die Liebe zu einer Frau berichtet. Die Konvention, dabei auf Literatur und Kunst zu verweisen, wird von Mayröcker radikalisiert: Zahlreich sind die markierten und nicht-markierten (vermeintlichen) Zitate, die historische Ebenen vermischen und die Identität der Brief-Subjekte als ästhetische Entitäten ausweisen: Ein Verweis auf „ARTAUD'S Poesie in welcher wir lasen" (H 10) folgt auf die Erinnerung an ein gemeinsam erlebtes Gewitter, dessen Beschreibung in ihrem emotionalen Pathos an den Sturm und Drang und genauer noch an die berühmte Szene aus Goethes *Die Leiden des jungen Werther* (1774) erinnert, in der Werther und Lotte nach dem Ball gemeinsam am Fenster in die gewittrige Nacht schauen. Die narrative Vermittlung wird selbstreflexiv als „die *collagierte Erfindung*" (H 29) von fragmentarischen Bewusstseinsvorstellungen oder als „Nervenschau : so viele Spielarten" (H 15) benannt. Die schriftliche Vermittlung sticht in der auffallenden Anwendung der Satzzeichen hervor: in der Hervorhebung von Wortfolgen durch Kursivierung und Kapitälchen und dem häufigen Gebrauch von Schrägstrichen, Klammern, Fragezeichen und auf zwei Punkte beschränkten Auslassungspunkten. Vor allem die häufige Verwendung von acht Punkten zwischen eckigen Klammern fällt im Schriftbild auf. Diese Auslassungen scheinen auf die unvollständige Qualität der Texte zu verweisen und legen so eine Verbindung zum verschollenen Charakter der Originalbriefe nahe, oder aber sie suggerieren Verschwiegenes und Ausgespartes. Mit einem aktuellen Blick betrachtet, ließe sich darin gar ein Verweis *under erasure* auf Chopins angebliche erotische Beziehung zu seinem Freund Titus finden, zumal wenn man bedenkt, dass diverse Briefe Chopins von Unbekannten streng zensuriert wurden (vgl. für eine Neulektüre von Chopins Korrespondenz Weber 2021, 438).

Auch in den anderen drei Abschnitten wird jeweils eine auffallende Form der biographischen Vermittlung in den Mittelpunkt gestellt. Der zweite Teil, *Heiligenanstalt*, der an die biographische Konstellation der komplexen Ménage-à-trois – „unser platonischer Haushalt" (H 51) – von Clara Schumann, Robert Schumann und Johannes Brahms anknüpft, besteht aus 19 nummerierten kurzen Abschnitten, die zur Gänze aus (vermeintlichen oder realen) Zitaten zusammengesetzt sind: Jeder Satz steht zwischen doppelten Anführungszeichen; als authentische Quellen der Zitate werden Briefe von „Clara", „Brahms" und „Schumann" suggeriert.

Thematisch kreisen die Sätze vor allem um die geistige Umnachtung Robert Schumanns und die Annäherung zwischen Clara Schumann und Brahms, worin Komponieren und Musizieren eine große Rolle spielen. Formal werden die kurzen Abschnitte als Prosagedichte präsentiert, wobei jeder Satz als eine separate Zeile gesetzt ist. Das steigert den Montage-Effekt der Texte, da keine stringente narrative Verbindung zwischen den Zitaten sichtbar wird.

Odéon Bruckners Ödgarten, der kurze dritte Teil dieses Bandes, enthält 13 nummerierte Prosaminiaturen, in denen Gesprächs- und Briefzitate eines „B." mit Zitaten einer als Ich-Erzählerin auftretenden Gesprächs- und Briefpartnerin und Erinnerungen eines „wir" vermischt werden. In der Beziehung zu B. nimmt die Ich-Erzählerin unterschiedliche, schwer fassbare Identitäten an. Bald verschwindet sie hinter den kolportierten Worten von B., bald tritt sie mit einem allwissenden auktorialen Gestus in Erscheinung, etwa in dem verschiedene Zeitebenen verbindenden Kommentar über die Geburt Anton Bruckners im Jahr 1824 als „das erste Surrealistische Manifest um 100 Jahre vorwegnehmend" (H 67). Überhaupt ist auch die Gestalt B. nicht klar umrissen, weist doch schon der Name im Titel, Odéon Bruckner, statt auf die biographische Gestalt des Komponisten auf eine fiktionalisierte Textgestalt oder gar auf ein „Textgebäude" (Kling 2001, 621), da unter ‚Odéon' „ein größeres Gebäude, in dem Theater-, Musik-, Film- und/oder Tanzvorführungen stattfinden" (Kling 2001, 621), verstanden wird. Das letzte Wort des Titels, Ödgarten, steht zu diesem ästhetisch ambitionierten Kulturraum in scharfem Kontrast.

Franz Schubert oder, Wetter-Zettelchen Wien schließlich enthält 20 nummerierte, jeweils mit „Wetter" überschriebene vignettenartige Prosafragmente, die vorgeben, großteils aus Schubert'schen Briefzitaten zusammengestellt zu sein. Allerdings erfolgt der Umgang mit den Originaltexten auch in diesem Teil äußerst frei und werden Zitate zur Unkenntlichkeit manipuliert oder auch einfach herbeifingiert, denn gerade die Briefe von Schubert an seine Jugendliebe Therese Grob, aus denen hier vielfach zitiert wird, sind nicht überliefert (vgl. Ammon 2024, 301). Das Kompositum „Wetter-Zettelchen" aus dem Titel verbindet die marginale materielle Qualität von Notizen mit dem Wetterphänomen, das gerade im 19. Jahrhundert mit der physischen und psychischen Befindlichkeit des Menschen in seiner Sensibilität gegenüber Wetterlagen verbunden wurde (vgl. Becker 2017, 284–285). Naturerfahrungen, der atmosphärische Zustand des Gemüts und Bemerkungen über das Komponieren werden in den Vignetten als Kleinstpartikel auf engstem Raum zusammengeführt: „aber das Grasfieber, wie die Länge der Nacht – harmonische Fundamente." (H 104) Wie im ersten Teil des Bandes wird auch hier die Aneignung des (früh-)romantischen Diskurses ausgestellt: „Psyche! Zuspiel! Allewetter! [...] man debattiert über Magnetismus, *geöffneten Himmel*, *über das Schwimmen*, Juristerei; Lieblingsgarten *etwas brillant.*" (H 105)

Biographie als Möglichkeitsraum

Mayröckers experimentelle Biographien schöpfen die Möglichkeiten des Fragments und der Zitatmontage voll aus. Sie reflektieren damit sowohl das Problem der Materialbewältigung bei dem Verfassen historischer Porträts als auch die Unvollständigkeit, Ungesichertheit oder gar Abwesenheit von Quellen. Dass sich Mayröcker die großen romantischen Komponisten vornimmt und deren Leben sozusagen in Fetzen präsentiert, Fetzen, die außerdem auffallend oft von extremen Gefühlen und Wahnsinn handeln, verleiht dem Buch auch die Qualität einer parodistischen Intervention in der älteren, populären und popularisierenden Biographik dieser Künstler, die oft von „Betulichkeit", „Pathos und Kitsch" (Ammon 2024, 302) geprägt war. Sie stellt damit die Frage nach der selektiven und konsumierbaren Qualität von Biographik als Form der Wissensvermittlung und Medium des kulturellen Gedächtnisses.

Zugleich präsentiert der Band eine alternative Herangehensweise, eine Welt der „Parallelsprachen" und „Nervenausschnitte" (Kling 2001, 619), „was man den biographischen

Möglichkeitsraum nennen könnte", einen Raum, der „nahezu grenzenlos ist" (Ammon 2024, 301) und in dem historisches Wissen und Gegenwart sich überblenden können. Das einzige Porträt, das hier ansatzweise aufscheint, ist das einer Autorinstanz, die sich problemlos zu den historischen Komponisten gesellt und gar die eigenen poetologischen Ansichten bauchrednerisch als Aussagen der historischen Gestalten ausgibt (vgl. Arteel 2012, 66–68). So spricht zum Beispiel Brahms einen poetologischen Satz, in dem sich die Poetik des Textes, mit ihrer Absage an der konventionellen Abbildung, spiegelt: „sobald ich die Erfahrungen des Lebens ins Abbildende übertragen soll, ist mir jeder Anreiz, mit dem Komponieren fortzufahren, verdorben" (H 54). Von dieser Stimmenmanipulation bleibt das Bild der klassischen Komponisten nicht unberührt: Indem Mayröcker diese ‚Heiligen' der romantischen Musik mit der Avantgarde zusammenführt, reflektiert sie deren Genieästhetik als mögliche Wegbereiterin der Modernität und das Nachwirken der Romantik in der Avantgarde. Das alternative Bild ist somit „ein offenes und insofern für die avancierte Gegenwartsliteratur anschlussfähiges" (Ammon 2024, 303). Die ‚Heiligen' werden aus der Begrenzung ihrer (Irren-)Anstalt des 19. Jahrhunderts herausgeführt und in das „Sprachasyl" (Kling 2001, 619) gerettet.

Literatur

Ammon, Frieder von: Singen und Schreiben. Friederike Mayröcker und die Musik – am Beispiel Franz Schuberts. In: Bernhard Fetz/Katharina Manojlovic/Susanne Rettenwander (Hg.): Friederike Mayröcker Jahrhundertdichterin. Wien 2024, 296–310.

Arteel, Inge: Friederike Mayröcker. Hannover 2012.

Becker, Karin: Nebel. Ästhetik des Unbestimmten im Werk Guy De Maupassants. In: Urs Büttner/Ines Theilen (Hg.): Phänomene der Atmosphäre. Ein Kompendium Literarischer Meteorologie. Stuttgart 2017, 281–291.

Beyer, Marcel: Friederike Mayröcker. Eine Bibliographie. 1946–1990. Frankfurt a. M. et al. 1992.

Kling, Thomas: „Parallelsprachen, Nervenausschnitte". Über Mayröckers *Heiligenanstalt*. In: Friederike Mayröcker: Gesammelte Prosa. Bd. II: 1978–1986. Hg. von Klaus Kastberger. Frankfurt a. M. 2001, 619–623.

Mayröcker, Friederike: Franz Schubert oder, Wetter-Zettelchen Wien. In: protokolle 2 (1976), 41–60.

Mayröcker, Friederike: Heiligenanstalt. In: protokolle 1 (1977), 165–169.

Mayröcker, Friederike: Odéon Bruckners Ödgarten. In: protokolle 1 (1978), 40–46.

Nadj, Juliana: Die fiktionale Metabiographie: Gattungsgedächtnis und Gattungskritik in einem neuen Genre der englischsprachigen Erzählliteratur. Trier 2006.

Nünning, Ansgar: Fiktionale Metabiographien. In: Christian Klein (Hg.): Handbuch Biographie. Stuttgart 2009, 132–136.

Weber, Moritz: Chopins Männer. In: Itamar. Revista de investigación musical 7 (2021), 428–475.

Wolf, Werner: Ästhetische Illusion und Illusionsdurchbrechung in der Erzählkunst. Tübingen 1993.

Die Abschiede (1980)

Sabine Kyora

Entstehung und Einordung ins Werk

Friederike Mayröcker selbst ordnet *Die Abschiede* in die Phase ihrer Arbeit ein, die mit *je ein umwölkter gipfel* 1973 begonnen hat. Für ihre längere Prosa, die seitdem entstanden ist, hält sie, nach der Abkehr von rein experimentellen Verfahren, die Verbindung von autobiographischen, sprachlich materialen und erzählerischen Elementen für bestimmend (vgl. Schmidt 1984, 267–268). Ein Ergebnis dieser Verbindung ist, dass Mayröcker für *Die Abschiede* (1980) wie für die späteren Prosaarbeiten von *Reise durch die Nacht* (1984) bis *brütt oder Die seufzenden Gärten* (1998) eine ähnliche Struktur entwickelt, die durch eine spezifische Form der Leitmotivik bestimmt ist. Darüber hinaus besitzen diese Texte einen hohen Anteil an Dialogen, es werden also direkt oder indirekt Gespräche wiedergegeben und Briefe mit unterschiedlichen Partnern gewechselt, von denen einer meist ein Geliebter des schreibenden, weiblichen Ichs ist. In den Sprachfluss der Dialoge werden zudem die Assoziationen und Wahrnehmungen der Schreibenden integriert, die mit Reflexionen des Schreibvorgangs verwoben werden.

S. Kyora (✉)
Universität Oldenburg, Oldenburg, Deutschland
E-Mail: sabine.kyora@uni-oldenburg.de

Die Abschiede wurden im April 1978 begonnen und im Januar 1980 abgeschlossen (vgl. A 259; Stauffer 1984, 202). Während der Niederschrift der ersten Fassung stirbt Mayröckers Vater, eine Erfahrung, die laut Mayröcker die Entwicklung des Buches beeinflusst hat (vgl. Stauffer 1984, 202–203). *Die Abschiede* werden in vielen großen Zeitungen und im Radio mit Respekt und Zustimmung besprochen, eher kritisch ist allein die Rezension von Ernst Nef in der NZZ. Auffällig ist es sicher, dass sich mit Heißenbüttel (Deutschlandfunk), Priessnitz (Neue Presse) und Gisela Lindemann (Die Zeit) Kritiker und Kritikerinnen äußern, die auch Autoren der experimentellen Literatur sind oder das Werk Mayröckers über lange Zeit sympathisierend begleiten.

Inhaltliche Aspekte

Ein Grund für die positiven Rezensionen ist die Erkennbarkeit einer „Handlungsidee", wie Mayröcker selbst es nennt, die durch die Motti „Introitus" und „Exodus" eingeführt wird (vgl. Stauffer 1984, 201–202). Trotz Mayröckers Ablehnung der „story" als Form des konventionellen Erzählens finden sich in *Die Abschiede* Elemente, die den Text als Prozess der Trennung lesbar machen. Wie in den Motti angedeutet, geht es um den Anfang und das Ende einer vertrauten Beziehung zwischen einem „er" und einer „sie". Die Variationen der Abschiede, die im Text umkreist werden, sind damit eingeführt, gleichzeitig ist erkennbar, dass es nicht um einen spezifischen Abschied geht. Vielmehr hält der Text die Schwebe zwischen Weggang und Tod des männlichen Partners, „die" Abschiede meint also viele oder alle Abschiede, vom Tod des Partners, des Liebhabers, des Freundes bis zur (temporären) Trennung. Man kann von einer „Anatomie des Verlassenwerdens" (Lindemann [1980] 1999, 174) sprechen, die gleichzeitig von der Dichterexistenz der beiden Beteiligten geprägt ist.

Inszeniert wird ein Gespräch zwischen der Ich-Erzählerin und ihrem männlichen Gegenüber Valerian, das (auch) in Briefen stattfindet (vgl. Vogel 1996). Neben der Konzentration auf das Schreiben und diese Liebesbeziehung spielen noch zwei weitere weibliche Figuren, Giselle und Beatrice, eine Rolle, wobei Giselle gelegentlich wie eine jüngere Konkurrentin um die Zuneigung von Valerian wirkt. Schon die Namen der Figuren weisen auf eine gewisse Zeitlosigkeit und ihre intertextuelle Unterfütterung: Giselle als Protagonistin des gleichnamigen romantischen Balletts aus dem Jahr 1841, Beatrice als ideale Geliebte Dantes und Valerian mit einem ungewöhnlichen Vornamen, der nicht nur der Name eines römischen Kaisers, sondern auch die englische Bezeichnung für die Pflanze Baldrian ist. Dabei ist Valerian über seinen Anfangsbuchstaben mit den vielfältigen Vögeln im Text ebenso verbunden wie über die Vögel wiederum mit den „gefiederten Bildern" und der Schreibfeder als Accessoire des Dichters. Genauso können durch die intertextuellen Verbindungen die weiblichen Figuren als Inszenierung eines bestimmten Frauenbilds gelesen werden, das von der körperlosen Seelenverwandtschaft geprägt ist (vgl. Ledanff 1984, 164).

Die Bewegung der Prosa wird durch die strukturelle Metaphorik (vgl. Ledanff 1984, 149) bzw. Leitmotivtechnik (vgl. Heißenbüttel 1981, Lindemann [1980] 1999, 174) gelenkt, die zudem auch im Text reflektiert wird: „ein Wandern durch ein Motiv" (A 56). Einerseits ist diese Bewegung durch die Variationen der Metaphorik bestimmt, andererseits aber auch durch den permanenten Dialog zwischen dem erzählenden Ich und Valerian. Beides rekurriert aufeinander und verbindet sich in einer Form der Assoziativität, die wie die Verarbeitung von Traummaterial wirkt. Tatsächlich hat sich Friederike Mayröcker zur Zeit der Entstehung mit Freud beschäftigt (vgl. Schmidt 1984, 275). Nicht nur deswegen erscheint es plausibel, die Struktur und die Knotenbildung der Metaphorik mit den von Freud entwickelten Mechanismen der Traumarbeit, Verdichtung und Verschiebung, zu beschreiben (vgl. Riess-Beger 1995, 170–180; Kyora 1992, 283–287, 293–294), Priessnitz spricht sogar von einer „Psychomontage" (Priessnitz 1999, 178). Diese Verdichtungen der Metaphorik entstehen im Laufe des Textes nicht nur durch variierende Bilder von Vögeln oder Gefiedertem, sondern auch durch die Motivik von Pfauen/Augen und der Reise (vgl. Ledanff 1984). Die Verdichtung und Verschiebung von Traummaterial ist allerdings nicht autobiographisch reduzierbar, sondern unterstützt die Biographielosigkeit des schreibenden Ich (vgl. Schröder 1984).

Die Varianten der Vogelmetaphorik reichen von Anspielungen, die um Hermes als Götterbote, als Seelenführer und als Erfinder der Schrift kreisen, über Fliegen und Flugträume bis zur Taube als Symbol für den (Heiligen) Geist; diese Bilder sind häufig mit Valerian verknüpft (vgl. Ledanff 1984, 150–157). Auch die Motivik des Pfauenauges entsteht über diesen Bildkomplex, verbindet aber auch die „gefiederten Bilder" mit den Wahrnehmungsmetaphern und -visionen. Denn wie die Schreibfeder ein Zeichen für die Dichterexistenz ist, so sind das erzählende Ich und Valerian auch „im Augengewerbe tätig" (A 40). In ihrer Mischung von Konkretheit und übertragener Bedeutung nimmt die Metaphorik in den *Abschieden* metaphysische oder religiöse Aspekte mit auf: Die einzelnen Ausprägungen der „gefiederten Bilder" sind Metaphern für die Seelenwanderung wie Anspielungen auf die antike Mythologie, Bilder für den Heiligen Geist wie für die Auffahrten in den Himmel, stehen für körperliche Wesen wie Schwäne und gleichermaßen für mystische Erhebungen. Sie sind aber auch der Versuch, den abwesenden oder toten Geliebten wenigstens mit der Sprache zu umkreisen und festzuhalten.

Im Zusammenhang mit Elevationen werden zudem Traditionen von Askese aktualisiert (vgl. Thums 1999, 70), die zum Hungerrausch der Ich-Erzählerin führen. Der Zusammenhang von Fasten, Körperlichkeit und Schreiben wird dabei für Valerian anders inszeniert als für die weiblichen Figuren, die unter dem Fehlen von Valerian leiden und vom Sprachverlust bedroht sind (vgl. Thums 1999, 73–74). Giselle zeigt dadurch eine Symptomatik, die nahe an der Freud'schen Beschreibung der Hysterie verortet werden kann (vgl. Kyora 1992, 287–293), ebenso wie insgesamt die Prosaarbeiten Mayröckers „auf den Hysteriediskurs referieren" (Strohmaier 2008, 83). Sowohl die Elevationen und ‚gefiederten Bilder' wie die Metapher des „Augengewerbes" sind Teil der Reflexion der dichterischen Produktivität, die beim schreibenden Ich immer eine gefährdete ist. So heißt es an einer Stelle, „manchmal fühle sie sich nur als DIE KÜCHENMAGD DER POESIE" (A 138). Kontrastiert wird diese Empfindung durch die programmatische Formulierung der „poetischen Erfahrungen und Erkenntnisse", die „im kalten Feuer einer wahnhaften und süßen Besessenheit […] gewandelt, schließlich in einer anderen neuen (reflektierten) Wirklichkeit wiedererstanden erscheinen" (A 55). Die ‚wahnhafte und süße Besessenheit' zitiert die Inspiration als wichtigste Garantin der dichterischen Produktivität, die aber als ‚kaltes Feuer' auch einen reflektierten Text entstehen lässt. Der Inspiration ist also ein Anteil von Intellekt beigemischt, dadurch unterscheidet sie sich vom tradierten Konzept und lässt den literaturgeschichtlichen Standort des schreibenden Ich erkennen. Diese Form der Vermittlung von Poesie und Poetik kann mit Friedrich Schlegels Konzept der romantischen Universalpoesie verbunden werden (vgl. Mayer 1984, 189), sie zeigt aber auch das spezifische Verhältnis zwischen Kunst und Leben, das das schreibende Ich als Prozess konstruiert.

Wenn Friederike Mayröcker schreibt, dass ihre Arbeitsweise davon geprägt sei, „in den Sog jenes Rhythmus zu kommen, der einem wunderbarerweise das Schreiben zum Leben macht und das Leben zum Schreiben" (GP II, 284; vgl. Mayer 1984, 178), dann ist damit keine Variante des Schreibens gemeint, die man als autobiographisch oder autofiktional einordnen könnte. Tatsächlich hat das Ich in *Die Abschiede* weder einen Namen, noch ist es erkennbar die Autorin Friederike Mayröcker, auch Zeit und Raum seiner Lebensumstände sind nicht identifizierbar. Was hier Leben heißt, ist ganz überwiegend psychisches Leben – deswegen auch die Nähe zur Reflexion – und hat wenig mit realistischen Bedingungen, unter denen das Ich lebt, und seiner Umwelt zu tun. Selbst wenn der Körper als materielle Grundlage der Existenz ins Spiel kommt, ist die körperliche Empfindung nur insofern interessant, als sie zu Erfahrungen des Bewusstseins führt, die z. B. im Hungerrausch gemacht werden können (vgl. Thums 1999, 69). Die Trauer und die Gefährdung des Ich, die Besessenheit und die Visionen sind Spezifika seiner Wahrnehmung und seiner Psyche. Hier entspringt der „Sog", der die psychische Bewegung und die sprachliche synchronisiert. *Die Abschiede* sind damit gleichzeitig die subjektive Erfahrung des Abschieds wie dessen Reflexion, aber auch die Versprachlichung der Erfahrung und die Reflexion dieses Prozesses.

Sprachverständnis und Textbild

Ausgehend von diesem Zusammenhang wird auch das Sprachverständnis im Text mitreflektiert: „nämlich auf *das Haltloseste und Diszipliniertste* des Schreibens seien ihre Anliegen damals ausgerichtet gewesen" (A 61). Während sich die Disziplinierung in der strukturierenden Metaphorik der *Abschiede* zeigt, lässt sich die Bewegung des Textes auch als haltlos bezeichnen, weil die Variationen der Bildlichkeit sich aus dem sprachlichen Material scheinbar von selbst entwickeln: „*aber manchmal müsse man der Sprache schon ihren Willen lassen!*" (A 255) Die Haltlosigkeit im ganz wörtlichen Sinn ist ebenfalls daran erkennbar, dass der gesamte Text als ein einziger Satz gelesen werden kann, es gibt nur am Ende einen Punkt. Statt der Punkte am Ende eines Satzes wird der Text durch Gedankenstriche, Längsstriche, Klammern, Versalien und Kursivierungen strukturiert (vgl. Schmidt 1984, 280–281). So entsteht ein Textbild, das sich auch graphisch von konventionell erzählten Texten unterscheidet und der Mayröcker'schen Prosa eine eigene Rhythmik verleiht, die an die Stelle der konventionellen Zeichensetzung tritt. Als ein ähnliches Mittel gegen konventionelles Erzählen versteht Mayröcker auch den häufig verwendeten Konjunktiv (vgl. Schmidt 1984, 281–282), den sie zudem als Mittel der Distanzierung gegenüber zunächst in der Ich-Form geschriebenen Formulierungen einsetzt. Als grammatische Form für die indirekte Rede zeigt er aber ebenfalls die Wiedergabe der Briefe oder der Zitate an.

Das Sprachverständnis und die Deutungsoffenheit der *Abschiede* wird darüber hinaus am Umgang mit dem, was der Text selbst „Unterfütterung" nennt, erkennbar: „nicht zu vergessen, der kontrollierte Zufall, als Unterfütterung, reinliches Zeichen, einer Redefigur!" (A 255) Gemeint ist damit eine bestimmte Form der Assoziativität, die neben der Verknüpfung und Bewegung der Bildlichkeit auch Zitatfragmente aus anderen Texten einbezieht (vgl. Ledanff 1984, 143). Deswegen kann man die Unterfütterung als Element der Intertextualität und als Ausdruck der Bachtin'schen Dialogizität verstehen (vgl. Riess-Beger 1995, 141–150). Als Quellen für die intertextuelle Unterfütterung hat Mayröcker für *Die Abschiede* neben Freuds Untersuchungen auf surrealistische Prosa hingewiesen, explizit nennt sie André Bretons Texte *Nadja* (1928) und *L'amour fou* (1937) als Inspirationsquellen ebenso wie „Bücher von Max Ernst" und Bilder von René Magritte (Schmidt 1984, 272; zum Zusammenhang von Hysterie, Surrealismus und den Texten Mayröckers vgl. Strohmaier 2008, 91–108). Darüber hinaus ist im Kontext der Rauscherfahrungen auch Henri Michauxs Drogentext *Unselige Wunder. Das Meskalin* (*Misérable Miracle*, 1956) von Belang (vgl. Kyora 1992, 299). Über die Surrealisten hinaus macht Ledanff auf eine ganze Reihe von Zitaten und Anspielungen von der griechischen Mythologie, über die romantische Landschaftsmalerei bis zu Selbstzitaten aufmerksam (vgl. Ledanff 1984, 146–156). Heißenbüttel weist zudem auf die Nähe des Briefstils zu „Hölderlins Briefen an Diotima" hin (Heißenbüttel 1981). Diese Zitate und Anspielungen sind allerdings kleinteilig in den Text montiert und seiner Prozessualität ebenso untergeordnet wie dem Variantenreichtum der Metaphorik.

Literatur

Heißenbüttel, Helmut: Wie sich der Fluß der Rede kaum unterbrechen lässt. Deutschlandfunk 22.2.1981. In: https://www.logbuch-suhrkamp.de/helmut-heissenbuettel/wie-sich-der-fluss-der-rede-kaum-unterbrechen-laesst/ (7.3.2023).

Kyora, Sabine: Psychoanalyse und Prosa im 20. Jahrhundert. Stuttgart 1992.

Ledanff, Susanne: „Gefiederte Bilder". Die metaphorische Erfindung einer Geschichte. Zur Metaphorik Friederike Mayröckers (*Die Abschiede*). In: Siegfried J. Schmidt (Hg.): Friederike Mayröcker. Frankfurt a. M. 1984, 141–173.

Lindemann, Gisela: Reise in die vergangene Zukunft [1980]. In: Gerhard Melzer/Stefan Schwar (Hg.): Friederike Mayröcker. Graz/Wien 1999, 169–177.

Mayer, Mathias: Friederike Mayröckers *Die Abschiede*: Eine Arabeske als Form der Selbstreflexion. In: Siegfried J. Schmidt (Hg.): Friederike Mayröcker. Frankfurt a. M. 1984, 174–199.

Priessnitz, Reinhard: Friederike Mayröckers *Abschiede*. In: Gerhard Melzer/Stefan Schwar (Hg.): Friederike Mayröcker. Graz/Wien 1999, 178–180.

Riess-Beger, Daniela: Lebensstudien. Poetische Verfahrensweisen in Friederike Mayröckers Prosa. Würzburg 1995.

Schmidt, Siegfried J.: „Es schießt zusammen". Gespräch mit Friederike Mayröcker (März 1983). In: Ders. (Hg.): Friederike Mayröcker. Frankfurt a. M. 1984, 260–283.

Schröder, Brigitte: Biographielosigkeit als Lebenshaltung. Zu den *Abschieden* Friederike Mayröckers. In: Siegfried J. Schmidt (Hg.): Friederike Mayröcker. Frankfurt a. M. 1984, 125–140.

Stauffer, Robert: Gespräch mit Friederike Mayröcker über *Die Abschiede*. In: Siegfried J. Schmidt (Hg.): Friederike Mayröcker. Frankfurt a. M. 1984, 200–203.

Strohmaier, Alexandra: Logos, Leib und Tod. Studien zur Prosa Friederike Mayröckers. München 2008.

Thums, Barbara: Metamorphosen von Leib und Seele. Die Schreibexerzitien Friederike Mayröckers in *Die Abschiede, mein Herz mein Zimmer mein Name* und *Stilleben*. In: Gerhard Melzer/Stefan Schwar (Hg.): Friederike Mayröcker. Graz/Wien 1999, 65–90.

Vogel, Juliane: Nachtpost. Das Flüstern der Briefstimmen in der Prosa Friederike Mayröckers. In: Klaus Kastberger/Wendelin Schmidt-Dengler (Hg.): In Böen wechselt mein Sinn. Zu Friederike Mayröckers Literatur. Wien 1996, 69–85.

Reise durch die Nacht (1984)

Arnhilt Inguglia-Höfle

Friederike Mayröckers *Reise durch die Nacht* erschien 1984 bei Suhrkamp und sollte zu ihrem bis dahin erfolgreichsten Buch werden. Es reiht sich in die zunehmend an Umfang gewinnenden, großen assoziativen Prosawerke ein, die in den 1980er-Jahren mit *Die Abschiede* (1980), *Das Herzzerreißende der Dinge* (1985) und *mein Herz mein Zimmer mein Name* (1988) eine neue Schaffensphase der Autorin markierten. Das Gerüst des Werks bildet die Reise der Hauptfigur, einer Schriftstellerin, im Nachtzug von Paris nach Wien. Aus der äußeren Reise wird, charakteristisch für literarische Reisetexte, so auch bei Mayröcker eine innere Reise durch das eigene Bewusstsein und Leben, durch vergangene Zeiten und Orte. Im Sommer 1991 wurde der adaptierte Text unter dem Titel *NADA. NICHTS.* bei den Wiener Festwochen als Theaterstück uraufgeführt sowie vom Süddeutschen Rundfunk als Hörspiel produziert.

Textgenese

Mayröcker kehrte in der Nacht vom 16. auf den 17. Juni 1983 gemeinsam mit Ernst Jandl im Schlafwagen von einer zehntägigen Lesereise

A. Inguglia-Höfle (✉)
Österreichische Nationalbibliothek, Wien, Österreich
E-Mail: arnhilt.hoefle@onb.ac.at

aus Frankreich zurück. Noch im Zug hatte sie sich erste Notizen gemacht, die sie später fast wörtlich an den Beginn des Buches stellte: „Wir sind jetzt aus Frankreich zurück mein VORSAGER und ich und eben noch in dem Schlafabteil habe ich die kalthängenden Wiesengründe an mir vorüberwischen sehen" (RN 7). Wie die Archivmaterialien in der Wienbibliothek im Rathaus belegen, fertigte sie in den folgenden Monaten eine Textsammlung von fast 70 Seiten an (vgl. die Edition und ausführliche Analyse in Kastberger 2000a; dazu auch Kastberger 1998a, 1998b; Vanscheidt 2014). Diese fügte sie in einem zweiten Schritt mit einer bereits bestehenden Textsammlung anderen Ursprungs zusammen. Ausgangspunkt dieser Sammlung war eine Einladung von Otto Breicha im Herbst 1982 gewesen: Mayröcker sollte für die von ihm herausgegebene Literaturzeitschrift *protokolle* zu mehreren Graphiken des spanischen Künstlers Francisco de Goya (1746–1828) jeweils einen kürzeren Prosatext verfassen. Sie hatte zwei kürzere „Versuche" unternommen und bis Mai 1983 ein Materialkonvolut von fast 100 Seiten angelegt, verwarf das ursprüngliche Schreibprojekt dann aber (vgl. das Gesamtverzeichnis der Materialien bei Kastberger 2000a, 453–461). Zwischen Oktober und Dezember 1983 verzahnte und verdichtete sie schließlich beide Materialsammlungen zu einer ersten Reinschrift und dann Druckvorlage für *Reise durch die Nacht*.

© Der/die Autor(en), exklusiv lizenziert an Springer-Verlag GmbH, DE, ein Teil von Springer Nature 2024
A. Strohmaier und I. Arteel (Hrsg.), *Mayröcker-Handbuch*, https://doi.org/10.1007/978-3-662-69435-0_21

Reisen durch Orte und Zeiten

Die Ich-Erzählerin reflektiert in *Reise durch die Nacht* ausführlich über ihre eigene Erzählweise (vgl. das Kapitel „Poetische Poetologie" in Kastberger 2000a, 15–41). Programmatisch ist ihr Widerstand gegen „das nackte Erzählen" (RN 31). Sie schreibt nichts, „was eine Handlung hat oder andeuten könnte" (RN 32, vgl. auch RN 105, 121). Während das nächste Buch *„ein ganz glattes Buch"* werden sollte, darf dieses noch *„ein wenig aus der Norm geraten also struppig"* sein (RN 98). Auf Motive des Reisens, Wanderns, Pilgerns und Vagabundierens griff Mayröcker seit *Die Abschiede* immer wieder zurück (vgl. Kyora 2009). *Reise durch die Nacht* handelt von einer „bedrückenden ja glücklosen" (RN 14), einer „nicht endenwollenden Reise" (RN 10, 12, vgl. etwa auch RN 50): „die Nacht scheint endlos, jetzt ist es halb vier Uhr früh, ich bin sehr schwach, wünsche mir sehnlich das Ende dieser Nachtreise, ich halte den Atem an, ich vergrabe die Nägel ins Fleisch" (RN 61). Während der schlaflosen Nacht blickt die Erzählende immer wieder durch das Abteilfenster nach draußen, wo Felder und pittoreske Städtchen vorbeiziehen (vgl. etwa RN 11, 121) und es öfters „blitzt" (RN 13, vgl. z. B. RN 11, 136), wobei sogleich hinterfragt wird, was eigentlich „draußen" (RN 11, 136) ist. „Blitzartig" (RN 66) kehren nämlich auch die Erinnerungen, „blitzschnell" (RN 37) die Gedanken wieder, während oft viele „Assoziationsblitze" gleichzeitig aufleuchten und „gewissermaßen ein Feuerwerk, elektrisches Funkensystem" (RN 37) entfalten. Der eigentliche Aufenthalt in Frankreich ist in wenigen Sätzen zusammengefasst: Aufgrund der Schwierigkeiten des Paares miteinander wie auch mit den Abläufen und der Sprache im fremden Land war es „überhaupt keine gute Zeit" (RN 7). Die Ich-Erzählerin befindet sich nun wieder in ihrer Arbeitswohnung, doch wird sie von der Zugfahrt eingeholt, oft abrupt mitten im Satz. Dazwischen werden Naturidyllen der Kindheit und ländliche Urlaubsorte, vor allem „Allerheiligen Espang" (RN 29), eine literarische Anspielung auf Rohrmoos in der Steiermark, als Erinnerungsorte heraufbeschworen. Sie ‚reist' durch ihre inneren Welten, ihre Empfindungen, Gedanken, Erinnerungen und Träume: „vielleicht spielt sich alles nur in meinem Kopf ab" (RN 13). Die Beweglichkeit des Reisens wird also zur Metapher, die den Text inhaltlich und narrativ charakterisiert.

Auf Chronologie und Kausalität wird dabei verzichtet. Die Gleichzeitigkeit und Relativität der Zeit manifestiert sich in den nicht-linearen, sprunghaften Abfolgen der Inhalte: „ich streune ich strome ja nur so herum […] ein gutes Dutzend Dinge kann ich gleichzeitig denken, erfühlen, verstehen, mir ins Gedächtnis rufen" (RN 12–13). Die Zeit ist „so verweht" (RN 136) bzw. läuft „gleicherweise vor und rückwärts" (RN 135). Dieselben Formulierungen, Themenkomplexe, Motive, Beobachtungen, Ereignisse, Zitate etc. kehren teils identisch, teils in Variationen viele Male wieder. Diese „Repetitionsmechanik", ein „hypnotischer Kreisgang" (RN 105), verleiht dem Text seine iterative Struktur (vgl. zur Schreibweise auch Albertsen-Corino 1999; Bjorklund 2001; Knierzinger 2021; Schmidt-Dengler 1995, 507–520). Ein „dem Leben abgelauschtes Wiederholungsprinzip" (RN 105) wird auch in den vielen Bezügen zum zyklischen Lauf der Sonne symbolisiert (vgl. RN 37, 105, 116, 135, 136). So bildet die Ankunft im Endbahnhof kreisförmig sowohl den Anfang wie auch das Ende des Buches: „Wir sind jetzt aus Frankreich zurück: einerseits war es zu lange, rufe ich, andererseits zu rasch vorüber" (RN 136). Als rhetorische Mittel dienen litaneihafte Inquit-Formeln (z. B. „sage ich", „um die Wahrheit zu sagen" etc., vgl. Hell 1986, 49) ebenso wie Vieldeutigkeiten und metaphorische oder phonetische Ähnlichkeiten (z. B. „das Dämmern (der Dämon)", RN 125; vgl. Kastberger 1996, 106). Typographische Markierungen wie die Kursivierung und Kapitälchen werden gezielt eingesetzt (vgl. Biebuyck 2000, 114; zu Typographie und Textgenese siehe Vanscheidt 2014).

Verschmelzende Figuren

Auf der Reise begleitet wird die namenlos bleibende Ich-Erzählerin von JULIAN, ihrem Lebensgefährten. Mit ihm verbringt sie die Sommermonate in „Allerheiligen Espang". Sie bezeichnet ihn als ihren „VORSAGER", also eine Person, „die mir alles vorsagt und einsagt was ich zur Aufrechterhaltung dieses meines allgemeinen und äußeren Lebens nötig habe" (RN 131–132). Seine Äußerungen sind zumeist kritisch und vorwurfsvoll. Er mokiert sich zum Beispiel über ihre „*Aufmachung*" (RN 61) im Zug. Überhaupt vernachlässige sie sich (vgl. RN 48, 51). Für sie gebe es nur die „EINBAHN" (RN 79) der Gedanken. Neben JULIAN positioniert sie sich „zärtlich unterwürfig also wie eine Taube" (RN 121): „ich bin sehr abhängig von ihm in diesen Augenblicken, ganz ohne Würde" (RN 40).

Während die Schreibende und JULIAN so oft „stundenlang schweigend" (RN 114) nebeneinandersitzen, sprühen die Erinnerungen an den ehemaligen Geliebten LERCH hingegen vor Leidenschaft. Auch Jahrzehnte später erinnert sie sich an stunden-, ja nächtelange Gespräche und Telefonate (vgl. etwa RN 9, 63, 69, 87, 114) sowie an den intensiven Briefwechsel (vgl. etwa RN 12, 23, 37, 105). Die beiden waren sowohl intellektuell, wenn sie sich etwa über Kafka oder Derrida austauschten, als auch in ihrer körperlichen Lust, einer „pausenlose[n] verzehrende[n] Glut" (RN 67), miteinander verbunden. Die Trennung stürzte die Ich-Erzählerin in eine so große Krise, dass sie ihr Haus über Monate nicht mehr verlassen konnte (vgl. RN 78–79).

Doch wie sich *Reise durch die Nacht* einer stringenten Handlung, einer klaren zeitlichen oder räumlichen Verortung verweigert, so verschwimmen auch die Figuren, sodass es „an manchen Stellen schwerfällt zu sagen WO JULIAN AUFHÖRT UND LERCH ANFÄNGT, oder umgekehrt, die beiden Gestalten scheinen manchmal innig miteinander verschmolzen, ihre Abgrenzung unsicher" (RN 45, vgl. auch 113). Selbst die Identität der Hauptfigur wird permanent in Frage gestellt: „und bin ich nicht vielmehr ein Mann Goya ist zum Beispiel mein Vater, bin ich vielleicht mein Vater mein eigener Vater, mein Vatervergolder, oder meine Mutter, oder bin ich vielleicht mein VORSAGER auch JULIAN genannt" (RN 10, vgl. auch 54). Selbst ihr Spiegelbild, aus dem ihr der Vater entgegenblickt, wird unzuverlässig (vgl. RN 54, 59). Gegen Ende des Textes kommt es vollständig zur Defiguration: „Abtragung eines Gesichts, ich bestehe nur noch aus unzusammenhängenden Teilen" (RN 133).

Themenkomplexe

Ein zentraler Themenkomplex von *Reise durch die Nacht* ist das Erinnern und Vergessen. Während ein großer Teil des Texts aus Erinnerungsfragmenten besteht, ziehen sich Äußerungen zu Erinnerungslücken und zu einer fortschreitenden Erinnerungslosigkeit leitmotivisch durch: „ich bin ein Mensch ohne Erinnerung geworden" (RN 132, vgl. auch RN 18, 28, 66, 113, 127, 128, 136; vgl. zu diesem Aspekt Kastberger 1996, 113). Erinnerungen an den vor fünf Jahren verstorbenen Vater sind dabei besonders präsent (vgl. z. B. RN 21, 23, 53–55, 72, 109–110). Getrauert wird auch über den Verlust der „abhandengekommenen Kinder" (RN 42, vgl. auch RN 8, 12, 27, 48), James und Susanna: „Und wären uns unsere Kinder erhalten geblieben, *brauchte jetzt, in unserem Alter nicht einer den anderen an Kindes Statt lieben*" (RN 70–71).

Die eigene Sterblichkeit und die Angst vor dem Tod werden ebenfalls wiederholt thematisiert (vgl. RN 20, 52, 66, 115–116), der unumgängliche körperliche und geistige Zerfall als „erniedrigender Körperzustand" (RN 27) vor allem für Frauen verflucht. Szenarien eines Zugunglücks (vgl. etwa RN 8) ergänzen seit der Reise im Nachtzug die bisherigen Ängste (vor Erblindung, Ertaubung, Verkrüppelung, Sprachverlust, Flugzeugabsturz, Tod auf der Straße, Erdbeben etc., vgl. RN 52).

Einzig die „pausenlose lebenserhaltende *Schreibarbeit*" (RN 131, vgl. auch 31, 60) kann den Todesängsten, die sie zu verschlingen drohen, entgegenhalten. Aber auch das Schreiben führt die Hauptfigur zuweilen in tiefe Abgründe. Von der Schreibarbeit wird sie bis in die Träume verfolgt oder stundenlang wachgehalten (vgl. RN 112). Die Angst vor dem Schreibverlust steht dem Schreibwahn gegenüber. Die Voraussetzungen für das Schreiben, ihre *„Schreibgründe, Schreibabgründe"* (RN 30), findet sie nur zuhause vor, sodass sie im geliebten Sommerort einen *„Wortuntergang"* (RN 32), eine traumatische Schreibblockade erleidet, die tiefe Spuren hinterlässt.

Neben Bezügen zu Derrida (vgl. Kastberger 2000a, 129–131) stellt das Leben und Werk von Goya ein weitläufiges Assoziationsfeld in *Reise durch die Nacht* dar, was eng mit der Textgenese zusammenhängt (vgl. Kastberger 2000b; Kahn 1986). Der Umschlag der ersten Auflage von 1984 zeigt Goyas Gemälde *Schlafende Frau*. Als Titel hatte Mayröcker in Anlehnung an eine Radierung des Künstlers zunächst *Nada.Nichts.* (ursprünglich ohne Leerzeichen) vorgesehen, was vom Verlag jedoch abgelehnt wurde (zur Titelfindung vgl. Kastberger 2000a, 54–55). Das Bild aus der Serie *Los Desastres de la Guerra* (spanisch für ‚Die Schrecken des Krieges') zeigt einen sterbenden Mann auf dem Schlachtfeld, der „Nada" auf ein Blatt Papier schreibt. Das Nichts wird im Text mehrfach thematisiert (vgl. etwa RN 15, 26). Neben dem immer wieder evozierten „Goyarot" und der leuchtend roten „Goyahose", die sich die Protagonistin bisweilen überzieht, kommen Lebensstationen Goyas wie auch konkrete Bilder und Serien, ihre Titel oder Figuren (insbesondere die jungen *Majas* und *Majos* bzw. Greisinnen und Greise) als assoziative Bezugspunkte vor (vgl. etwa RN 9–10, 15, 29, 54, 60, 88, 103, 117, 121).

Bearbeitungen

Reise durch die Nacht wurde vom Suhrkamp Verlag mittlerweile mehrfach aufgelegt, zuletzt 2020 erneut als Nr. 923 der Bibliothek Suhrkamp, und in mehrere Sprachen übersetzt (vgl. das Verzeichnis der Übersetzungen im Anhang).

Im Sommer 1991 wurde der adaptierte Text unter dem Titel *NADA. NICHTS.* bei den Wiener Festwochen im Rahmen der Reihe *Zeit/Schnitte* als Theaterstück inszeniert. Die Einladung der Direktion der Wiener Festwochen, ein abendfüllendes Theaterstück zu schreiben, hatte Mayröcker im Sommer 1990 erreicht. Von September bis Dezember arbeitete sie an der Bühnenfassung, wie die Nachlassmaterialien im Literaturarchiv der Österreichischen Nationalbibliothek (ÖNB) dokumentieren (vgl. Inguglia-Höfle 2024, 166–172). In den von ihr als „Klebefassungen" bezeichneten Vorarbeiten schnitt sie Segmente aus Kopien des Buches aus und arrangierte sie neu. Während das Stück in den ersten mit „Versuch" überschriebenen Typoskripten noch in nummerierte Szenen gegliedert war, ähnelt der final publizierte Bühnentext wieder dem Textgeflecht des Prosabuchs (vgl. Mayröcker 1991, 1992; vgl. zum Stück auch Fischer 2002; Kastberger 2005). Im Untertitel zwar als „Konversationsstück" deklariert, fällt der größte Teil des Textes der Rolle der „Schriftstellerin" zu, die beiden anderen Sprechrollen, JULIAN und LERCH, schalten sich nur zwischendurch in den Monolog ein. Hauptschauplatz des Stückes ist das Arbeitszimmer der Hauptfigur, über akustische und visuelle Ereignisse werden u. a. die Erinnerungsorte angezeigt. Für die Inszenierung im Schauspielhaus in Wien, wo das Stück am 12. Juni 1991 uraufgeführt wurde, wurde der Bühnentext auf eineinhalb Stunden und damit deutlich gekürzt. Regie führte Reinhard F. Handl, Regieassistentin war Maria Grandegger, das Bühnenbild gestaltete Michael Zerz. Die Besetzung (Silvia Fenz als Schriftstellerin, Dietrich Hollinderbäumer als JULIAN und Reinhard Hauser als LERCH) wurde durch Bertl Gestettner, als einen in der Bühnenvorlage nicht vorkommenden Pantomimen, ergänzt. Bis 22. Juni 1991 fanden neun weitere Vorstellungen statt. Das Stück erhielt trotz gemischter Rezensionen großes internationales Medienecho (vgl. Inguglia-Höfle 2024, 173). *NADA. NICHTS.* wurde 1998 unter der Regie von Christoph Prückner mit Liane Wagner, Heinrich Herki und Rochus Millauer noch einmal neu inszeniert und im Theater Brett in Wien aufgeführt (Bühnenbild: Linde Waber).

Es folgte die tschechische Erstaufführung dieser Inszenierung im Mai 1998 im Centrum Experimentálního Divadla (CED) in Brno mit Nika Brettschneider, Ludvík Kavín und Jakub Kavín. 2012 wurde *Reise durch die Nacht* von der britischen Regisseurin Katie Mitchell am Schauspielhaus Köln bearbeitet und inszeniert (s. Kap. 66).

Am 15. Juli 1991 strahlte der Süddeutsche Rundfunk erstmals eine Hörspielfassung des Werkes aus. Regie der knapp 58 Minuten langen Sendung, die sehr stark mit der Technik der Stereophonie arbeitet, führte Norbert Schaeffer; es sprechen u. a. Elfriede Irrall, Walter Pfeil und Ulrich Matthes. Die Deutsche Akademie der Darstellenden Künste wählte *Nada. Nichts.* zum „Hörspiel des Monats Juli". Die Materialien im Nachlass an der ÖNB veranschaulichen wiederum die Kürzungen und Überarbeitungen (v. a. akustische Anweisungen wie „Stille" oder „Zugfahrtgeräusche"), die Mayröcker für die Hörspielbearbeitung vorgenommen hatte (vgl. Inguglia-Höfle 2024, 173–174).

Literatur

Albertsen-Corino, Elisabeth: Gesteuerte Halluzinationen. Friederike Mayröckers *Reise durch die Nacht* und *Das Herzzerreißende der Dinge*. In: Annette Daigger/ Renate Schröder-Werle/Jürgen Thöming (Hg.): Westöstlicher Divan zum utopischen Kakanien. Hommage à Marie-Louise Roth. Bern 1999, 443–448.

Biebuyck, Benjamin: Gewalt und Ethik im postmodernen Erzählen. Zur Darstellung von Viktimisierung in der Prosa P. Handkes, E. Jelineks, F. Mayröckers, B. Strauß' und G. Wohmanns. In: Henk Harbers (Hg.): Postmoderne Literatur in deutscher Sprache: Eine Ästhetik des Widerstands? Amsterdam/Atlanta, GA 2000, 79–122.

Bjorklund, Beth: Mysteries of the Subject. Friederike Mayröcker's *Reise durch die Nacht*. In: Paul F. Dvorak (Hg.): Modern Austrian Prose. Interpretations and Insights. Riverside, CA 2001, 247–268.

Fischer, Eva: „das stück, darin ich keine rolle spiele ist meines". Das Schreiben mit autobiographischen Zügen und die Autobiographie als Lebenshaltung, dargestellt an Ernst Jandls *Aus der Fremde* und Friederike Mayröckers *Nada.Nichts*. Diplomarbeit, Univ. Salzburg 2002.

Hell, Bodo: Zu Friederike Mayröckers „Reise durch die Nacht". In: Wespennest 63 (1986), 48–53.

Inguglia-Höfle, Arnhilt: Aus *Reise durch die Nacht* wird *NADA. NICHTS*. Zu den Transformationen eines Werks von Friederike Mayröcker mit Blick in den Nachlass. In: Bernhard Fetz/Katharina Manojlovic/ Susanne Rettenwander (Hg.): „ich denke in langsamen Blitzen". Friederike Mayröcker. Jahrhundertdichterin. Wien 2024, 165–175.

Kahn, Lisa: Nada: Friederike Mayröcker und Goya. In: Literatur und Kritik 207/208 (1986), 298–304.

Kastberger, Klaus: Lebensmetapher / Todesallegorie. Friederike Mayröckers *Reise durch die Nacht*. In: Ders./Wendelin Schmidt-Dengler (Hg.): In Böen wechselt mein Sinn. Zu Friederike Mayröckers Literatur. Wien 1996, 102–118.

Kastberger, Klaus: Friederike Mayröcker (geb. 1924): Reise durch die Nacht. In: Ders./Bernhard Fetz (Hg.): Der literarische Einfall. Über das Entstehen von Texten. Wien 1998a, 20–26.

Kastberger, Klaus: Zu einer Philologie des Schaffensaktes. Anhand Friederike Mayröckers „Reise durch die Nacht". In: Sichtungen 1 (1998b), 107–124.

Kastberger, Klaus: Reinschrift des Lebens. Friederike Mayröckers *Reise durch die Nacht*. Edition und Analyse. Wien/Köln/Weimar 2000a.

Kastberger, Klaus: Friederike Mayröcker und Francisco de Goya. Eine genetische Studie. In: Adolf Haslinger/ Herwig Gottwald/Hildemar Holl (Hg.): Textgenese und Interpretation. Vorträge und Aufsätze des Salzburger Symposions 1997. Stuttgart 2000b, 122–138.

Kastberger, Klaus: Vom vom zum zum. Mayröcker bei Jandl und umgekehrt. In: Bernhard Fetz (Hg.): Ernst Jandl. Musik Rhythmus Radikale Dichtung. Wien 2005, 158–179.

Knierzinger, Lucas: „Es ist so ein Feuerrad". Zum *ductus* der Prosa in Friederike Mayröckers *Reise durch die Nacht*. In: Sina Dell'Anno/Achim Imboden/Ralf Simon/Jodok Trösch (Hg.): Prosa: Theorie, Exegese, Geschichte. Berlin 2021, 225–249.

Kyora, Sabine: „ob es nicht mühsam sei am Rand der Straße zu wandern". Wandern, Pilgerschaft und Vagabundieren in Friederike Mayröckers Prosa. In: Alexandra Strohmaier (Hg.): Buchstabendelirien. Zur Literatur Friederike Mayröckers. Bielefeld 2009, 141–155.

Mayröcker, Friederike: Nada. Nichts. Ein Konversationsstück. Frankfurt a. M. 1991.

Mayröcker, Friederike: Nada. Nichts. Ein Konversationsstück. In: Spectaculum 53 (1992), 101–145.

Schmidt-Dengler, Wendelin: Bruchlinien. Vorlesungen zur österreichischen Literatur 1945–1990. Salzburg 1995.

Vanscheidt, Philipp: Vom struppigen Beginn der *Reise durch die Nacht*. In: Ders./Markus Polzer (Hg.): Fontes Litterarum. Typographische Gestaltung und literarischer Ausdruck. Hildesheim 2014, 243–258.

Das Herzzerreißende der Dinge (1985)

Alexandra Strohmaier

Der 1985 erschienene Prosaband besteht aus 16 Kapiteln, die zwischen Februar 1984 und Januar 1985 in chronologischer Reihenfolge entstanden sind (vgl. Kunz 2004, 17). Parallel dazu verläuft die im Text dargestellte Zeit, die sich, wie anhand der Angabe von Monaten und Jahreszeiten evoziert wird, linear von Februar bis Dezember erstreckt, also ein knappes Jahr umfasst (vgl. dazu Kunz 2004, 124). Ist das Vorgängerbuch *Reise durch die Nacht* (1984) durch die Auseinandersetzung mit Francisco de Goya gekennzeichnet, so wird dieser in *Das Herzzerreißende der Dinge* durch Salvador Dalí als dominante Referenzfigur der bildenden Kunst abgelöst. Im Bereich der Musik werden die Klavierstücke Erik Saties (vgl. HD 131–132) als zentrale Inspirationsquelle ausgewiesen; als Objekt eines der Vergangenheit angehörenden, intensiven „Musikverlangens" (HD 131) wird Keith Jarrett genannt (vgl. HD 115, 131). Literarische Bezugsgrößen bilden Marguerite Duras und Gertrude Stein. Das Ich stellt die Lektüre von Duras' *Sommer 1980* (1980) als eindringliche Erfahrung dar (vgl. HD 157–158) und zitiert aus Steins Band *Erzählen* (vgl. HD 73), einer Sammlung literaturtheoretischer Vorträge aus dem Jahr 1935, die in *Und ich schüttelte einen Liebling* (2005) zu einem der maßgeblichen Intertexte avancierte (s. Kap. 29).

Dalí und das „Herzzerreißende der Dinge" (*mono no aware*)

Das letzte Kapitel von *Das Herzzerreißende der Dinge* beginnt mit einem als Zitat ausgewiesenen Kommentar von Louis Aragon zur Collagetechnik Dalís: „‚Die aufgeklebten Teile des Farbfotos erscheinen wie gemalt und die gemalten wie geklebt', Louis Aragon 1930 über Dalís Collagen" (HD 157). Dass dieser Kommentar als Motto des Buches fungierte, wie anhand von Archivmaterial nachgewiesen werden kann (vgl. Kunz 2004, 42, Anm. 28), schlägt sich im Prosaband im Über- und Ineinander diverser Wirklichkeitsebenen nieder, das vom Ich metapoetisch reflektiert wird. Die Unmöglichkeit, zwischen verschiedenen Erscheinungsweisen dargestellter Wirklichkeit eindeutig zu differenzieren, wie sie Aragon an Dalís Collagen hervorhebt, trifft in den Augen des Ich auch auf das eigene Schreiben zu (vgl. HD 157), das – in Übereinstimmung mit der surrealistischen Programmatik – eine grundsätzliche Differenz zwischen Traum und Wirklichkeit in Frage stellt (vgl. HD 142).

Die Bedeutung, die Dalí in diesem Band zukommt und die im Text dezidiert herausgestellt

A. Strohmaier (✉)
Universität Graz, Graz, Österreich
E-Mail: alexandra.strohmaier@uni-graz.at

wird – „meine Schreibarbeit verdankt Dalí sehr viel" (HD 86) –, manifestiert sich auch an Kapitelüberschriften, die Titel seiner Gemälde zitieren. So erweist sich die Überschrift des sechsten Kapitels – „‚sechs Erscheinungen Lenins auf einem Flügel'" (HD 57) – als wörtliche Referenz auf das gleichnamige Gemälde des Künstlers aus dem Jahr 1931, dem die Autorin 1991 einen eigenen Prosatext widmet (vgl. MB IV, 58–65; s. Kap. 46). Die Überschrift des 13. Kapitels – „weiche Uhren" – referiert auf das prominente Gemälde „Die Beständigkeit der Erinnerung" (1931), besser bekannt unter den im Text zitierten Namen „[D]ie verrinnende Zeit" oder „[Die] weiche[n] Uhren" (HD 97). Hervorgehoben wird damit das Thema der Vergänglichkeit, das den Text durchzieht und besonders deutlich durch die Sequenz artikuliert wird, die das 13. Kapitel beschließt: „meine Tage rinnen dahin .." (HD 134).

Diese Sequenz wird in weiterer Folge in syntaktischer Nähe zu dingbezogenen Überlegungen (vgl. HD 134) und Zitaten – „lauter Gegenstandswesen, (Dalí)" (HD 144) – wiederaufgenommen (vgl. HD 143, 145, 148), wodurch eine Verschränkung der Vanitas- und Dingthematik erfolgt, wie sie mit dem Titel des Prosatextes dezidiert zum Ausdruck kommt. Er ist identisch mit der deutschen Übersetzung des für die japanische Ästhetik und Philosophie zentralen Begriffs des *mono no aware*, der eine grundlegende empathische und identifikatorische Haltung den Dingen gegenüber angesichts der Vergänglichkeit ihrer Existenz meint: „Das Herzzerreißende (*aware*) der Dinge (*mono*) erfaßt den Menschen [...] im Sinne einer akuten Sensibilität für die pathoserregenden Qualitäten [...] der Dinge" (Pörtner/Heise 1995, 319) – eine Affizierung, die aus der Unbeständigkeit herrührt, die sich an ihnen niederschlägt (vgl. Parkes/Loughnane 2023). Derart vermögen die Dinge das Bewusstsein auszurichten auf den Wandel als Strukturprinzip des Seins, was vom Ich ausdrücklich hervorgehoben wird. Eingebunden in den Fluss des Lebens – „*ich ströme fort*" (HD 135) – wird es durch die Dinge auf das verwiesen, was es ausmacht. So bemerkt das schreibende Subjekt, dass „die mich umgebenden Gegenstände [...] die Grundstruktur meines Wesens veranschaulichen, widerspiegeln, erklären, nämlich wie meine Existenz sich von einer Stunde zur anderen verändert" (HD 135).

Unter dieser Perspektive lässt sich auch die Entstehungsgeschichte von Dalís berühmtem Gemälde in der ästhetischen Tradition des *mono no aware* situieren. Das Ich fokussiert auf ein Detail des Bildes – auf das „über einen ins Bild ragenden schwarzen Ast rinnende[] Stück Camembertkäse : weiche Uhren, die verrinnende Zeit" (HD 97). An dem Bilddetail wird nicht nur das festgehalten, was tatsächlich zu sehen ist – die „weiche Uhr[]" –, und das, was die Uhr symbolisiert (die Vergänglichkeit), sondern auch das, woraus sie, einer in Mayröckers späterer Prosa reflektierten Selbsterzählung Dalís zufolge (vgl. AF 144–145), hervorgegangen ist: aus dem Anblick eines in Auflösung begriffenen Dings, eines zerrinnenden Stücks Camembert, der als Impuls für Dalís berühmtes Gemälde über das Vergehen von Zeit gilt (vgl. dazu etwa Descharnes/Néret 1993, 173–174). Dass Dalí sich in diese ästhetische Tradition des Affiziert-Werdens durch die Dinge einreihen lässt, wird auch durch eine – mit dem bildenden Künstler assoziierte – Reflexion nahegelegt, die als Appell verstanden werden kann, auf die Dinge zu hören: „*es geht um das was die Dinge sagen wollen (Dalí)*" (HD 155).

Für das Ich, das sich auf die Sprache der Dinge einlässt (s. dazu auch Kap. 55), bedeutet der Umgang mit ihnen das Bewusstwerden der eigenen Endlichkeit, das sich vor allem auch in der Begegnung mit leblosen Naturdingen einstellt. Der Anblick eines „Vogelkopf[s] in der Straße mit blutig gekrauster Kehle" (HD 12) geht einher mit der Einsicht in die Unabwendbarkeit des Todes (vgl. HD 12). Die geliebten Dinge von Dauer – „meine Schätze : die Bücher" (HD 143) und die eigenen Schriften – animieren zur Auseinandersetzung mit dem Tod, indem sie dem Ich vor Augen führen, dass sie es überleben werden (vgl. HD 143). Die Vorstellung, sich von ihnen „trennen zu müssen, sie einfach zurücklassen zu sollen" (HD 144), entbindet dabei nicht nur Trauer auf Seiten des Subjekts.

Einhergehend mit der affektiven Aufladung der Dinge gesteht das Ich in der Vorwegnahme des eigenen Todes auch ihnen eine Verlusterfahrung zu: „ich gebrauche jetzt ganz bewußt das Wort VERWAIST. Wer von uns würde das Verwaistsein schlimmer erfahren, meine geliebten Bücher, Schriften, Bilder und Andenken oder ich selbst" (HD 144). Das „Herzzerreißende der Dinge" lässt sich mithin – zusätzlich zu „Schlaf und Traum als auf den Tod vorbereitende Aktivitäten" (Arteel 2002, 72) – als Prinzip bestimmen, welches dem vom Ich kultivierten „Todesbewußtsein" (HD 138) zuarbeitet. Es ist „auf solche Weise hilfreich in der Einübung des kommenden unvermeidbaren Endes" (HD 145).

Metamorphosen

Das geistige Vorlaufen zum Ende des Daseins, das vor allem auch ein Aufbegehren gegen den Tod (vgl. HD 12) und unermessliche „Angst vor dem NICHTS" (HD 116) provoziert (vgl. dazu auch Strohmaier 2008, 234–235), wird in seiner existenziellen Bedrohlichkeit durch die Denkfigur der Metamorphose aufgefangen (vgl. Arteel 2002, 73–77). Dabei findet das für Mayröckers Werk besonders produktive „Prinzip der unendlichen Verwandlung" in diesem Prosaband „seine Verankerung auch im Existenziellen" (Kunz 2004, 97), indem Verwandlung nicht nur textgenetisch und textstrukturell wirksam wird, sondern als lebenserhaltender Prozess verhandelt und dem Tod entgegengehalten wird. Inszeniert und reflektiert wird eine „von der Hingabe an die Naturelemente vollführte Metamorphose" (Arteel 2002, 74), die die Transformation von Bewusstseinszuständen involviert – die das Ich aber auch, wie suggeriert wird, in seiner elementaren Erscheinungsform erfasst, wenn es die Verwandlung in andere – auch nicht-menschliche – Existenzen imaginär vollzieht (vgl. auch Kunz 2004, 117–118). Es stellt sich nicht nur „pausenlos eine Verwandlung in Personen" (HD 161) vor, die es umgeben, sondern es versetzt sich auch in die Position eines Hundes (vgl. HD 17, 64, 87), imitiert „das Atmen des Tigers" (HD 161) oder begehrt – Ovids *Metamorphosen* aufrufend –, sich „in ein Blumenwesen verwandeln zu können" (HD 128). Gemäß der Ovid'schen Formel „omnia mutantur, nihil interit" (Ovidius Naso [c. 1–8] 2010, 816) – „alles wandelt sich, nichts geht unter" –, wie sie vor allem auch in Mayröckers letzten beiden Prosabüchern bedeutsam wird (vgl. Strohmaier 2024), ist mit der Verwandlung das Versprechen „einer ewigen kosmischen Wiederkehr" (Arteel 2002, 73) verbunden, das die Angst, die das Ich angesichts des Todes befällt – „ich könnte tobsüchtig werden vor Angst [...] ich könnte rasend werden vor Angst, daß ich diesem Ende verpflichtet sein soll" (HD 160) –, vorübergehend zu bannen vermag. Dabei fungiert die Natur als bevorzugte Sphäre, der das Ich „das Geheimnis ihrer ewigen stofflichen Wiederkehr ablauschen" (Arteel 2002, 74) möchte: „ich bin durch den Garten gestreift, habe die Bäume und Blumen betrachtet und sie bewundert, sie beneidet wie sehr sie sich erneuern können so bar jeglicher Anstrengung, wie schwer fällt Erneuerung uns!" (HD 52) Dass die Metamorphose als Prinzip gedacht wird, das dem Ende das zyklische Werden entgegenzuhalten vermag, zeigt sich insbesondere auch an dem mit dem Ende des Lebens gleichgesetzten Ende des Textes (vgl. HD 160), wo es heißt: „ich bin in Verwandlung begriffen" (HD 164). Insistiert wird auf eine das eigene Ende überwindende Bewegung, auf deren Bedeutung der Text im Kapitel „Das Ende der Allegorien" vorausgreifend hingewiesen hat: „da kündige sich etwas wie eine Metamorphose an, DA KÜNDIGT SICH ETWAS NEUES AN [...] undsofort. Ein pausenloser Phönix [...] *ich ströme fort*" (HD 137). Als Inkarnation der mythologischen Vogelfigur verkörpert das Ich am Ende des Textes die Dynamik des Wiederauferstehens selbst: „ich habe mich umgestülpt, mit Ärmeln [...] und Flügeln : ein neuer Mensch" (HD 164).

Wie an Mayröckers „metamorphotischer Poetik" (Strohmaier 2024) generell beobachtbar, realisiert sich Verwandlung auch in *Das Herzzerreißende der Dinge* als Transformationsbewegung des Textes selbst, die sich aus der Wiederholung und Variation von Motiven, Strukturen, Verfahren, sprachlichen Sequenzen und der Rekombination von Signifikanten ergibt, wobei die Dynamik der Textbewegung durch sprachliche „Übergangstechniken" (Kunz 2004, 79), wie den exzessiven Einsatz der Fortsetzung simulierenden Kürzel „usw." und „etc." oder der Virgel (/), welche Synonymreihen und dabei entstehende „Wortverwandlungsprozesse" (Kunz 2004, 93) sichtbar macht, mikrostrukturell befördert wird (vgl. Kunz 2004, 135). Die Textkonstitution vollzieht sich als ein gleichsam selbstrekursiver Prozess, der auf das (Selbst-)Zitat setzt: „ich plagiiere mich selbst" (HD 154, 159). Mit dem Rekurs auf Textelemente vorangegangener Prosateile und -bücher und ihrer differenzierenden Wiederholung als textgenetischer Strategie aktualisiert Mayröcker die für Ovids Opus magnum kennzeichnende Iteration und Variation von (motivischen) Textelementen als Strukturprinzip der *Metamorphosen*. So wie Ovid in seinem Vorwort sein Epos als ein „perpetuum [...] carmen" (Ovidius Naso [c. 1–8] 2010, 6) charakterisiert, das sich mit seiner iterativen Struktur scheinbar zäsurlos über die verschiedenen Hauptteile hinweg entfaltet, so lässt sich Mayröckers Prosawerk insgesamt als eine „Scriptura continua" (Schmidt-Dengler 1991, 131) fassen. Es erscheint als ein ununterbrochener Textfluss (vgl. Kunz 2004, 135), der sich im folgenden Prosatext *mein Herz mein Zimmer mein Name* (1988) – dieser erstreckt sich punktlos auf 337 Seiten als einziger Satz – paradigmatisch verdichtet.

Das Herzzerreißende der Dinge geht, wie vor Augen geführt wird, aus seinem Vorgängerbuch, *Reise durch die Nacht*, hervor. Das Ich schreibt seinen Titel dem in Entstehung begriffenen Text ein, indem es gleichsam dessen metaphorische Implikationen konkretisiert – „Ich meine die letzte Reise, die endgültig letzte Reise" (HD 125) –, und auch dessen ursprünglich vorgesehener Titel, „Nada", wird als „NICHTS" ins Spiel gebracht (HD 44, 45, 146). Der Anfang des Prosabuchs wird als Wiederaufnahme und Fortschreibung des vorangegangenen Buches inszeniert, indem der Übergang von Goya zu Dalí – als neuer künstlerischer Bezugsfigur – syntaktisch als Wiederholung und Veränderung vollzogen wird: „ich gehe mit Goya um, ich gehe mit Dalí um" (HD 7). Die triadischen Konstellationen in Form eines familialen Dreiecks und seiner erotischen Duplikation – im Vorgängerbuch besteht es aus dem Ich, JULIAN und LERCH – wird wieder aufgegriffen und variiert. Die familiale Triade wird mit Stella als Mutterfigur (vgl. HD 19) und „FEDOR/VATER" (HD 50, 79, 94, 133) besetzt, das erotische Dreieck als Triade aus der schreibenden Instanz, Laura und einer als M. S. signifizierten männlichen Figur reorganisiert. Das Kürzel steht, wie aus den Vorstufen zum Text hervorgeht, in Verbindung mit Merkurius (vgl. Kunz 2004, 119), dem römischen Pendant des Hermes, der spätestens mit *Die Abschiede* (1980) zu einer mythologischen Leitfigur wird, deren Attribute als wesenhafte Eigenschaften auf die männlichen Protagonisten der Prosa Mayröckers übertragen werden (vgl. Strohmaier 2008, 47–50).

Als Teil einer werkübergreifenden Transformationsformationsbewegung ist dem *Herzzerreißenden der Dinge* aber auch bereits das Nachfolgebuch eingetragen. Dessen Titel scheint im *Herzzerreißenden der Dinge* als Geste auf, mit der das Ich auf die Dinge verweist, aus denen sein Schreiben hervorgeht: „Da ist das ist mein Herz : mein Zimmer, mein Tisch, mein Bett. Stuhl und Maschine" (HD 24). Und auch der ursprünglich für *mein Herz mein Zimmer mein Name* vorgesehene Titel („Obsession") ist in Form der vom Ich reflektierten „Schreibbesessenheit" (HD 69) präsent, deren Exzesse – in *mein Herz mein Zimmer mein Name* als „Flächenblutung" (HZN 93) charakterisiert – sich im *Herzzerreißenden der Dinge* als „Blutfestival" (HD 112) ankündigen.

Schließlich wird *Das Herzzerreißende der Dinge* selbst einer (medialen) Metamorphose unterzogen, indem es vom bildenden Künstler Markus Vallazza in eine Serie von Radierungen und Kaltnadelarbeiten auf Zink transponiert wird (vgl. Vallazza 1992; s. Kap. 66). Diese bilden die literarische Wirklichkeit nicht ab, sondern fungieren gleichsam als deren „künstlerisches Echo" (Breicha 1992, [1]). Wie sich im Prosatext das Ich durch die Dinge der Wirklichkeit affizieren lässt, so erscheint der Prosatext für Vallazza gleichsam als Agens, auf das die graphische Kunst nicht mimetisch, sondern ihrerseits poetisch reagiert.

Literatur

Arteel, Inge: Stirb und werde. Der Subjektbegriff in Friederike Mayröckers *Das Herzzerreißende der Dinge*. In: Germanistische Mitteilungen 55 (2002), 67–77.

Breicha, Otto: [Vorwort]. In: Markus Vallazza: Vom Herzzerreissenden der Dinge. Zeichnungen zu Friederike Mayröcker. Bozen 1992, [1].

Descharnes, Robert/Néret, Gilles: Salvador Dalí. Das malerische Werk. Bd. 1: 1904–1946. Köln 1993.

Kunz, Edith Anna: Verwandlungen. Zur Poetologie des Übergangs in der späten Prosa Friederike Mayröckers. Göttingen 2004.

Ovidius Naso, P.: Metamorphosen [c. 1–8 n. Chr.]. Lateinisch/Deutsch. Übers. und hg. von Michael von Albrecht. Stuttgart 2010.

Parkes, Graham/Loughnane, Adam: Japanese Aesthetics: In: Edward N. Zalta/Uri Nodelman (Hg.): The Stanford Encyclopedia of Philosophy (Winter 2023 Edition), https://plato.stanford.edu/archives/win2023/entries/japanese-aesthetics/ (14.2.2024)

Pörtner, Peter/Heise, Jens: Die Philosophie Japans. Von den Anfängen bis zur Gegenwart. Stuttgart 1995.

Schmidt-Dengler, Wendelin: „ich lebe ich schreibe". Friederike Mayröckers *mein Herz mein Zimmer mein Name*. In: Paul Michael Lützeler (Hg.): Spätmoderne und Postmoderne. Beiträge zur deutschsprachigen Gegenwartsliteratur. Frankfurt a. M. 1991, 131–143.

Strohmaier, Alexandra: Logos, Leib und Tod. Studien zur Prosa Friederike Mayröckers. München 2008.

Strohmaier, Alexandra: Ontologische Transgressionen unter dem Signum des Kults: Zur Verlebendigung der Zeichen im (Spät-)Werk Friederike Mayröckers. In: Beate Sommerfeld (Hg.): Dimensionen des Transgressiven in Friederike Mayröckers Spätwerk. Wiesbaden 2024. [in Vorbereitung]

Vallazza, Markus: Vom Herzzerreissenden der Dinge. Zeichnungen zu Friederike Mayröcker. Bozen 1992.

mein Herz mein Zimmer mein Name (1988)

Alexandra Strohmaier

mein Herz mein Zimmer mein Name galt der Autorin lange Zeit als ihr „Hauptwerk" (Beyer 1992, 45). Der Text, in den Jahren 1986 und 1987 entstanden und 1988 erschienen, erstreckt sich auf 337 Seiten als einziger, nur durch Kommata strukturierter Satz. Anders als der Prosaband *Die Abschiede* (1980), der ebenfalls nur am Ende einen Punkt aufweist, aber durch Absätze und Leerräume gegliedert ist, präsentiert sich der Text im Schriftbild ohne Zäsur. Die sich derart abzeichnende „Scriptura continua" (Schmidt-Dengler 1991, 131), welche die für Mayröckers Gesamtwerk charakteristische Dynamik eines unaufhaltsamen Schreibens plastisch vor Augen führt, bildet auch die syntaktische Entsprechung zu der mit dem Text vollzogenen Radikalisierung der früheren Prosaschreibweise (vgl. dazu Kastberger 2007, 326).

Produktionsästhetisch scheint diese Radikalisierung mit dem ursprünglich vorgesehenen Titel „Obsession" zusammenzuhängen, der als „Leitidee" und „wesentlicher Motor während der gesamten Arbeit an diesem Text" (Beyer 1992, 45) fungierte, aber aus titelschutzrechtlichen Gründen vom Verlag abgelehnt wurde. Die Bedeutung von „Obsession" für die Autorin zeigt sich auch darin, dass sie mit der Titelgebung ihres 1992 erschienenen Gedichtbands *Das besessene Alter* die Möglichkeit verband, die ursprüngliche Titelidee dennoch, wenn auch in anderer Form und für ein anderes Projekt, zu realisieren (s. Kap. 8). Darüber hinaus wurde „Obsession" für das Hörspiel herangezogen, das aus der Bearbeitung des Prosabuchs hervorging und unter der Regie von Heinz von Cramer erstmals 1993 in zwei Teilen im Bayerischen Rundfunk ausgestrahlt wurde (vgl. Beyer/Schwar 1999, 255). Das mit dem Arbeitstitel in den Text eingebrachte Thema wird als „Leib-und-Seele-Besessenheit" (HZN 191) im Text selbst reflektiert, wobei diese in Anlehnung an Flaubert und die Surrealisten als Begleiterscheinung einer poetischen Praxis inszeniert wird, welche die psychische und physische Manipulation des Dichterkörpers involviert (vgl. Strohmaier 2008, 109–115, 134–145).

Bei aller körperlichen und geistigen Verausgabung, die mit dem Schreiben einhergeht, wird der Text aber – in Übereinstimmung mit zahlreichen metapoetischen Stellungnahmen und Selbstaussagen Mayröckers – als Ergebnis von Exzess *und* Disziplin ausgewiesen (vgl. HZN 191; dazu etwa auch Arteel 2017, 53–55). Die Praxis von Überschreitung und Zügelung, zu der sich das schreibende Ich anhält, ruft – insbesondere mit Blick auf den finalen Titel – Assoziationen zu einer bekannten Zeichnung der Autorin auf. Diese zeigt ein auf vier Füßen gehendes überproportional großes Herz, das von

---

A. Strohmaier (✉)
Universität Graz, Graz, Österreich
E-Mail: alexandra.strohmaier@uni-graz.at

einer menschlichen Figur an einer Leine geführt wird. Das Herz ist, wie es in der Bildunterschrift heißt, „an die kandare genommen" (MB II, [167]; vgl. dazu Fetz 1999, 237).

Rezeptionsästhetisch geht mit der Substitution des Punkts durch das Komma eine Steigerung der für die Prosa Mayröckers generell kennzeichnenden, an den Rhythmus gebundenen suggestiven Wirkung einher. Diese wird durch das den Text strukturierende Diktum „sage ich", das *in mein Herz mein Zimmer mein Name* 868-mal gesetzt wird, intensiviert. Durch die ausgeprägte Rhythmik des Textes gestaltet sich das Lesen als ein sowohl semantisches als auch affektives Geschehen, in dem Sinn und Sinnlichkeit, Bedeutungskonstitution und körperliche Wahrnehmung ineinander spielen (vgl. dazu Weber 2010, 202).

Mit der anstelle von „Obsession" gewählten titelgebenden Sequenz, die auch als Variation einer Wendung aus *Das Herzzerreißende der Dinge* gelesen werden kann – „Da ist das ist mein Herz : mein Zimmer, mein Tisch, mein Bett. Stuhl und Maschine" (HD 24) –, wird die Bedeutung hervorgehoben, die dem Körper und dem Raum für die im Text inszenierte Autorschaft zukommt. Das „Herz", das als zentrales Organ der Schmerzerfahrung und Medium göttlicher Inspiration in der Mystik gilt, ruft Assoziationen zur Tradition religiöser Autorschaft auf (vgl. Strohmaier 2008, 117–134). Der im Titel genannte Ort schreibt den Text dezidiert in die Genretradition der Zimmerreise ein (vgl. dazu Strohmaier 2023, 187). Der religiösen Metaphorik entsprechend erfolgt die Zimmerreise in Form von „tagelangen Fußwallfahrten durch unser verlottertes Hauswesen Hausunwesen" (HZN 42).

Autofiktion und Metafiktion

Die Possessivpronomina des Titels in ihrer Nähe zum Namen der Autorin auf dem Buchumschlag eröffnen ein „autofiktionale[s] Spiel" (Dröscher-Teille 2021, 201), das zunächst – befördert durch die auf dem Cover abgebildete Photographie von Mayröckers realem Schreibraum – Authentizität suggeriert, aber bereits auf der ersten Seite in offensichtliche Fiktionalität umschlägt. Der für die Autobiographie kennzeichnende Wahrheitsanspruch wird dabei paradoxerweise gerade dadurch unterminiert, dass das Ich seinen textinternen Gesprächspartner als „Ohrenbeichtvater" (HZN 7) adressiert. Dadurch wird die als Bekenntnis seiner „Lebensfehler" (HZN 7) charakterisierte Rede des Ich zwar in die christliche Tradition der Beichte mit ihrem Wahrheitsgebot gestellt, durch die neologistische Bezeichnung der in der katholischen Bußpraxis als Repräsentant Gottes gedachten patriarchalen Instanz aber hyperbolisch parodiert (vgl. dazu auch Arteel 2007, 81–82).

Gegen Ende des Textes lässt das Ich den Ohrenbeichtvater wie alle anderen Figuren des Textes – die als (Schmerzens-)Mutter dargestellte Rosa, den Briefpartner Wilhelm, die Freundin Maria und die als Konkurrentin in einer *ménage à trois* mit dem Ohrenbeichtvater aufscheinende X. – demonstrativ verschwinden (vgl. HZN 335). Durch diese Geste, die sich narratologisch als Metalepse charakterisieren lässt – als Eingriff der Erzählinstanz in die von ihr erschaffene fiktionale Welt –, veranschaulicht die Erzählerin, dass sie es ist, die den Figuren ihre Existenz (in der fiktionalen Wirklichkeit) verliehen hat (s. dazu auch Kap. 51). Deutlich wird, dass auch die maskuline Autorität des Textes, der im Text inszenierte ‚Herr', seine Herrschaft dem schreibenden Ich verdankt (vgl. Strohmaier 2008, 165–166). Damit wird auch der für religiöse Schriften in der Tradition der Frauenmystik charakteristische Beichtvater-Topos ironisiert (vgl. dazu Strohmaier 2008, 127–128).

Die mit der Autofiktion einhergehende ontologische Ambivalenz, das Oszillieren zwischen Wirklichkeit und Fiktion, wird, wie auch in anderen Prosabüchern der Autorin, durch das so genannte Lügner-Paradox metapoetisch reflektiert. Indem das Ich seinen Text als Lüge denunziert (vgl. HZN 28), weist es die Frage nach Wahrheit oder Dichtung als unentscheidbar aus (vgl. Strohmaier 2008, 20–21). Die Verschränkung von Leben und Literatur wird zudem in einer berühmt gewordenen Sequenz, die in ihrer interpunktionslosen Struktur an den Titel erinnert, konstatiert und gleichzeitig – durch das fehlende Satzzeichen – performativ vollzogen: „ich lebe ich schreibe" (HZN 33).

Körper und Körperlichkeit

Die körperliche Dimension des poetischen Akts wird durch den Dialogpartner und Kommentator des im Entstehen begriffenen Textes hervorgehoben: „eine Flächenblutung dein Schreiben, sagt mein Ohrenbeichtvater [...], ich wünschte du könntest noch einmal ein Buch schreiben ohne das Thema der Selbstzerfleischung" (HZN 93–94). Das Martyrium der Schreibarbeit und die Körperlichkeit der daraus hervorgegangenen Schrift erinnern an die für die Viten spätmittelalterlicher Asketen zentrale Strategie einer wechselseitigen Konversion von Wort und Fleisch, wobei die durch die Schrift vermittelte blutige Passion Christi am eigenen Leib wiederholt und die dabei gemachte Erfahrung abermals verschriftlicht wird (vgl. Strohmaier 2008, 116–117). Die Fleischwerdung des Zeichens rekurriert auch auf das katholische Theorem der Transsubstantiation, der Verwandlung der sakramentalen Zeichen in den Leib und das Blut Christi, das als zentrale poetologische Bezugsfigur auch in Mayröckers Spätwerk erscheint und den Text zum Textkörper im wörtlichen Sinn transformiert. Dabei wird der Text, wie auch in der zitierten Bemerkung des Ohrenbeichtvaters, analog zum Korpus Christi als blutender Leib imaginiert (vgl. Strohmaier 2024, s. Kap. 51).

Das Prinzip einer wechselseitigen Verkörperung der Schrift und der Verschriftlichung des Körpers schlägt sich im Text auch als Effekt der Rezeption Flauberts nieder, der die religiöse Tradition im Zeichen einer Ästhetisierung der Hysterie, wie sie mit der medizinischen Rationalisierung der Mystik ab der Mitte des 19. Jahrhunderts einhergeht, reaktualisiert (vgl. Strohmaier 2008, 109–117). Wie Flaubert und dessen Protagonisten verkörpert das Ich dabei die Symptomatik der Hysterie als eine ästhetische Körpersprache (vgl. Strohmaier 2008, 119–134). Darüber hinaus lässt sich das verbale und visuelle Bildrepertoire des Surrealismus als Quelle für die sich an den weiblichen Figuren des Textes manifestierenden Zeichen der Hysterie ausmachen (vgl. Strohmaier 2008, 91–104).

Die durch Flaubert und die Surrealisten tradierten Phantasmen hysterischer Weiblichkeit erfahren in *mein Herz mein Zimmer mein Name* eine spezifische Nuancierung, indem der von Versehrtheit und Verfall gezeichnete alternde Körper „Selbstsezierungen schonungslos" (HZN 214) ausgesetzt wird (s. dazu auch Kap. 53). Das schreibende Ich, das bereits mit dem ersten Satz „in das Alter hineingerissen" (HZN 7) erscheint, formuliert, seiner poetologischen Überzeugung entsprechend, dass es „die wirkliche Körperwelt und die wirkliche Geisteswelt" sind, die „das Material [...] für jegliche Schreibarbeit" (HZN 328, 329) abgeben, „immer neue Varianten in der Darstellung der eigenen Hinfälligkeit" (HZN 251). Die Insistenz auf dem Mangel entlarvt in ihrer Überzogenheit die Machtasymmetrien der kulturell etablierten Konnexion von Weiblichkeit, Verwundbarkeit und Verwesung (vgl. Strohmaier 2008, 153–154). Darüber hinaus zeigt sich an der obsessiven Negation des Körpers eine auch für die asketische Körperverneinung kennzeichnende widersprüchliche Logik: Sie bringt den Körper gerade nicht zum Verschwinden, sondern stellt ihn vielmehr in den Vordergrund (vgl. Strohmaier 2008, 155–157).

Raum und Räumlichkeit

Der mit dem Titel als Protagonist der Prosa annoncierte Schreibraum wird durch anthropomorphisierende Metaphern als Akteur in Szene gesetzt (vgl. HZN 56, 57, 81, 88, 227, 232, 331), der mit den in ihm angehäuften Dingen auch in den Schreibprozess interveniert. Dem klassischen Ort dichterischer Offenbarung, der in seiner Reinheit die poetische Inspiration nicht zu kontaminieren droht, setzt das Ich einen Produktionsort der Poesie entgegen, der vor Unreinheit strotzt und gerade in seinem elenden Zustand als Ort des Segens charakterisiert wird (vgl. Strohmaier 2023, 188). Zumal der

Schreibort in seiner überbordenden Materialfülle die poetische Praxis sowohl bedingt als auch bedroht, wird er metaphorisch als ambivalenter Raum, als „Räuberhöhle" (HZN 72) wie als „Paradies" (HZN 308), kodiert, wobei letzteres durchaus konkret ausgestaltet wird, wenn Pflanzen im Zimmer wachsen und Schwalben es durchqueren (vgl. HZN 333, 86, 93).

Die Räumlichkeit des Textes, die metapoetisch hervorgehoben wird, wenn einer seiner fiktionsinternen Leser ihn als „nachtschwankende Zeilenlandschaft" (HZN 24) charakterisiert, wird als Ergebnis raumgebundener Praktiken der Anhäufung und Aufschichtung, des Ausstreuens, Einsammelns, Anordnens und Wiederverwendens von Schreibzetteln inszeniert (vgl. etwa HZN 63, 166, 214). Der Schreibraum mit seiner spezifischen Ausstattung und den Handlungen, die er veranlasst, materialisiert sich derart auch im Textraum (vgl. dazu Strohmaier 2023, 193). Darüber hinaus sind es die als Metalepsen charakterisierbaren Transgressionen zwischen verschiedenen realen und fiktiven Welten, die sich aus der Montage von Wahrnehmungen, Träumen, Erinnerungen, Halluzinationen und metapoetischen Reflexionen ergeben, die dem Text eine räumliche Qualität verleihen. Der zwischen verschiedenen ontologischen Ebenen oszillierende Textraum wird dabei auch mit den „Stiegenhäusern auf Escher-Bildern" (HZN 192) verglichen, die als paradigmatische Manifestationen der Metalepse in der bildenden Kunst gelten können (vgl. dazu auch Strohmaier 2023, 191). Die rezeptionsästhetische Wirkung dieser paradoxalen Raumfigurationen wird durch den Text selbst herausgestellt. Auf die Erfahrung der „*Bodenlosigkeit*" (HZN 311), in welche die Lesenden im Wirbel durch verschiedene mögliche Welten versetzt werden, wird im Text selbst mit architektonischen Metaphern angespielt. Evoziert wird der Eindruck, als habe sich, wie es über das Schreibzimmer heißt, „ein Teil des Fußbodens [...] gesenkt [...], diese zusammensackende Landschaft" (HZN 311). Schließlich verdichtet sich die räumliche Qualität des Textes in seiner dreidimensional anmutenden Gestalt als „Textblock" (Arteel 2007, 81). In dieser Form konkretisiert das Buch das, was Jandl bereits 1984 an der Prosa Mayröckers bemerkt: Es zeigt sich als „ein neuer poetischer Raum" (Jandl 1984, vgl. dazu auch Weber 2010, 167).

Literatur

Arteel, Inge: gefaltet, entfaltet. Strategien der Subjektwerdung in Friederike Mayröckers Prosa 1988–1998. Bielefeld 2007.

Arteel, Inge: Friederike Mayröckers ekstatisches Schreiben. Im Rhythmus der vielen wahren Worte. In: Katharina Manojlovic/Kerstin Putz (Hg.): Im Rausch des Schreibens. Von Musil bis Bachmann. Wien 2017, 50–64.

Beyer, Marcel: Friederike Mayröcker. Eine Bibliographie. 1946–1990. Frankfurt a. M. et al. 1992.

Beyer, Marcel/Schwar, Stefan: Auswahlbibliographie Friederike Mayröcker. In: Gerhard Melzer/Stefan Schwar (Hg.): Friederike Mayröcker. Graz/Wien 1999, 247–300.

Dröscher-Teille, Mandy: Negativität und Differenz. Friederike Mayröckers essayistische Meta-Prosa-Fläche *mein Herz mein Zimmer mein Name* (1988) – mit Seitenblicken auf Bachmann und Jelinek. In: Sina Dell'Anno et al. (Hg.): Prosa: Theorie, Exegese, Geschichte. Berlin/Boston: de Gruyter 2021, 197–223.

Fetz, Bernhard: „Ich denke in langsamen Blitzen". Friederike Mayröcker: Ein Schreibleben. In: Gerhard Melzer/Stefan Schwar (Hg.): Friederike Mayröcker. Graz/Wien 1999, 237–244.

Jandl, Ernst: Ein neuer poetischer Raum. Zur Prosa von Friederike Mayröcker. In: Siegfried J. Schmidt (Hg.): Friederike Mayröcker. Frankfurt a. M. 1984, 51–57.

Kastberger, Klaus: Blut, Tränen und Milch. Friederike Mayröcker: *mein Herz mein Zimmer mein Name*. In: Ders./Kurt Neumann (Hg.): Grundbücher der österreichischen Literatur seit 1945. Wien 2007, 321–327.

Schmidt-Dengler, Wendelin: „ich lebe ich schreibe". Friederike Mayröckers *mein Herz mein Zimmer mein Name*. In: Paul Michael Lützeler (Hg.): Spätmoderne und Postmoderne. Beiträge zur deutschsprachigen Gegenwartsliteratur. Frankfurt a. M. 1991, 131–143.

Strohmaier, Alexandra: Logos, Leib und Tod. Studien zur Prosa Friederike Mayröckers. München 2008.

Strohmaier, Alexandra: „Verwirklichte Utopien". Friederike Mayröckers Schreib- und Texträume. In: Nicole Streitler-Kastberger/Martin Vejvar (Hg.): Utopie und Dystopie. Beiträge zur österreichischen und europäischen Literatur vom 18. bis zum 21. Jahrhundert. Berlin/Boston 2023, 185–196.

Strohmaier, Alexandra: Ontologische Transgressionen unter dem Signum des Kults: Zur Verlebendigung der Zeichen im (Spät-)Werk Friederike Mayröckers. In: Beate Sommerfeld (Hg.): Dimensionen des Transgressiven in Friederike Mayröckers Spätwerk. Wiesbaden 2024. [in Vorbereitung]

Weber, Julia: Das multiple Subjekt. Randgänge ästhetischer Subjektivität bei Fernando Pessoa, Samuel Beckett und Friederike Mayröcker. München 2010.

Stilleben (1991)

Alexandra Strohmaier

Der zwischen September 1988 und Februar 1990 entstandene, 1991 publizierte Prosaband ist durch ein augenfälliges Schriftbild gekennzeichnet, das sich als ikonische Annäherung an die mit dem Titel aufgerufene Bildkunst lesen lässt. Dem unaufhaltsamen Sprachstrom, der sich in *mein Herz mein Zimmer mein Name* (1988) in den fehlenden Satzschlusszeichen und einem schriftraümlichen Kontinuum äußert, wird in *Stilleben* schriftbildlich Einhalt geboten – durch eine „gestockte Struktur" (Arteel 2007, 134), die sich aus der gleichsam flächigen Anordnung des Textes in zwölf – ihrerseits in verschiedene Teile segmentierte – Kapitel ergibt. Die dadurch entstandenen Zäsuren werden zusätzlich durch die Beigabe von Textteilen akzentuiert, die am Anfang jedes (Unter-)Kapitels am Rand des Textes stehen. Diese selbstreferentiell als „Marginalien" ausgewiesenen Stellen bilden „das Diskontinuum […] des Textes" (ST 114). Damit findet auch die im Text wiederholt kommentierte Praxis des nicht-linearen Erzählens (vgl. etwa ST 150, 174) eine visuelle bzw. schriftraümliche Entsprechung.

Intertextualität und Autorschaft

Stilleben verweist wiederholt auf das Vorgängerbuch *mein Herz mein Zimmer mein Name*, als dessen Autorin sich das schreibende Ich inszeniert. Im Dialog mit der als Mutterfigur präsentierten Laura sowie mit Samuel, dem textinternen Leser und Kommentator des entstehenden Textes, werden die punkt- und absatzlose Struktur sowie der körperliche und psychische Exzess reflektiert, die das Vorgängerbuch des Ich kennzeichnen (vgl. ST 22, 31, 40, 111). Auch die Namensgebung einer seiner Figuren wird kritisch kommentiert (vgl. ST 30). Die Identität von Autor- und Erzählinstanz, die dadurch suggeriert wird, dass sich das Ich die Autorschaft an Mayröckers *mein Herz mein Zimmer mein Name* zuschreibt, wird zudem gleichsam namentlich beglaubigt, wenn die Initialen des Ich – die mit jenen der realen Autorin korrespondieren – herausgestellt werden: „Und in den Schnee gezeichnet die Initialen, Samuel zeichnet sie in den Schnee, mit Riesenlettern mein F und mein M" (ST 35; vgl. Strohmaier 2008, 18).

Die damit in den Text eingetragene Signatur kann als Element der „Auto(r)fiktion" (Wagner-Egelhaaf 2013) verstanden werden, wobei die Initialen als Ausweis der Selbstbehauptung in einem (selbst-)ironischen Spiel mit dem Namen der Autorin fungieren, das die Rezipientinnen und Rezipienten zwischen autobiographischen und fiktionalen Lesarten oszillieren

A. Strohmaier (✉)
Universität Graz, Graz, Österreich
E-Mail: alexandra.strohmaier@uni-graz.at

lässt. Als Teil dieses Spiels erscheint auch die von Samuel eingebrachte – und ebenso für die reale Rezeption Mayröckers zutreffende – Beobachtung, dass „alle immer deinen Vornamen verwechseln" (ST 107). Wie auch in der zeitgenössischen literarischen Öffentlichkeit scheint es sich dabei, so wird (selbst-)ironisch indiziert, um den Vornamen der „Kollegin […] J." zu handeln, in deren Aufzeichnungen – sie erscheinen dem Ich als „*sehr wollüstig*, was zu erwarten war", aber „sympathisch getippt" (ST 186) – das Ich im Traum liest, und von denen es im Fortgang nicht mehr weiß, wer sie „geschrieben hatte, J. oder ich" (ST 186–187). Das Spiel im Gestus der Auto- bzw. Autorfiktion, das auf die Verwechslung des Vornamens der realen Autorin mit jenem der Autorin etwa von *Lust* (1989) in der außertextuellen Wirklichkeit gewitzt Bezug nimmt, wird dadurch akzentuiert, dass die Frage eines Journalisten „meinen Sie eigentlich eine bestimmte Kollegin, wenn Sie von J. schreiben?" (ST 187) vom Ich sowohl uneindeutig mit „VIELLEICHT" als auch zustimmend mit einem Kopfnicken beantwortet wird und zur Bezeichnung des aktuellen Buchs die Genrebezeichnung „SCHLÜSSELROMAN" (ST 187) fällt.

In der Auseinandersetzung mit dem Vorgängerbuch, das *Stilleben* eingeschrieben ist und von dem es sich abzusetzen sucht, erhält die für Mayröckers Prosa generell charakteristische „Palimpsest-Poetologie" (Arteel 2007, 165) eine spezifische Ausprägung. Die „intertextuelle Streichung und Neueinschreibung des vorigen Buches des schreibenden Ich" (Arteel 2007, 62) wird durch den Imperativ Samuels vorangetrieben, der (mit Ausnahme des ersten) jedes Kapitel eröffnet: „das Buch muß wieder von neuem beginnen, sagt Samuel, oder fortgesetzt werden" (ST 26, 38, 51; vgl. Arteel 2007, 162–163). Als womöglich einziges Schreibmodell, das „den Widerspruch zwischen Neu-Anfang und Fortsetzung in sich vereinen kann" (Arteel 2007, 161) fungiert das Palimpsest nicht nur als implizite Matrix des Textes, sondern wird in seiner poetologischen Bedeutsamkeit auch explizit herausgestellt. Der mit dem Titel evozierten visuellen Kunst entsprechend, wird das Palimpsest als Übereinander von Bildern inszeniert, die in ihrer Materialität konkrete Spuren an den Wand- und Bodenflächen des Schreibzimmers hinterlassen haben (vgl. ST 32, 54). Konkretisiert wird damit das Derrida'sche Theorem der Schrift, die ‚sous rature' unzählige Prätexte in sich trägt (vgl. Arteel 2007, 161).

Die ostentative Präsenz von Prätexten wird in *Stilleben*, das zu jenen Büchern Mayröckers zählt, die „recht eigentlich Leseprotokolle" (Sommerfeld 2020, 321) darstellen, zudem als Effekt der Lektüre ausgewiesen. Mit seinen zahlreichen Lesszenen, die „immer auch zugleich Schreibszenen" (Sommerfeld 2020, 321) sind, veranschaulicht *Stilleben* das poststrukturalistische Konzept des Textes als hervorgegangen aus einem sich als Zusammenspiel entfaltenden „Schreiben-Lesen" (Kristeva [1967] 1996, 335). Dabei lassen „Mayröckers Lese-Schreibszenen" (Sommerfeld 2020, 323) und die daraus entstandenen – genuin intertextuellen – Werke die ästhetische Autonomie und die auktoriale Autorität nur vordergründig brüchig werden. Die Pluralität der im Werk manifesten Intertexte erscheint weniger als Bedrohung, denn vielmehr als Signum eines als originär ausgewiesenen Stils, wie das Ich selbstbewusst betont, wenn es seine „großartige parasitäre Poesie" (ST 40) affirmiert. Wie auch an den Produktionen Lauras, der maternalen Instanz des Textes, die in ihrer (dem Beruf der realen Mutter der Autorin entsprechenden) Rolle als Modistin sich alles „[ab]schaute […], was in den Schaufenstern der Hutgeschäfte ausgestellt war", und alles „kopierte", was ihr „gefallen hatte" und dabei ein „*ureigenstes* Modell", eine „*ureigenste* Modeschöpfung" hervorbrachte (ST 193–194), erscheint die Aneignung des ‚Anderen' als Voraussetzung für das ‚Eigene', die Kopie als Bedingung des Originals (vgl. Strohmaier 2008, 188). Durch die Analogie, die derart zwischen der Arbeit an Texten und der – historisch mit dem Weiblichen assoziierten – Arbeit an Textilien herausgestellt wird, situiert sich das Ich außerdem in der Tradition weiblicher Produktion, deren vermeintliche Sekundarität in einer gleichsam dekonstruktiven Volte als Manifestation ursprünglicher Genialität ausgewiesen wird (vgl. Strohmaier 2008, 189–194).

Im Zeichen des Surrealismus

Neben dem Werk Becketts, dem durch die Figur des Samuel ein zentraler Stellenwert eingeräumt wird (vgl. dazu Van Hulle 2002; s. Kap. 45), sind es Themen, Motive und Verfahren des Surrealismus, die in *Stilleben* besonders deutlich hervortreten. Sie werden durch die verbalen und visuellen Prätexte tradiert, auf die *Stilleben* rekurriert. So bezieht sich das Ich wiederholt auf ein „*Kopfbuch / Kopierbuch*" (ST 62, 130, 175; vgl. ST 168), bei dem es sich – wie die zahlreichen wörtlichen (aber nicht als Zitat ausgewiesenen) Referenzen belegen – um Max Ernsts 1929 publizierten Collagenroman *La femme 100 têtes* handelt (vgl. dazu Strohmaier 2008, 102–103). Darüber hinaus wird der von Max Ernst und Paul Éluard 1922 herausgegebene Band *Répétitions* zitiert, indem Ekphrasen der visuellen Darstellungen dieses Werks in *Stilleben* eingearbeitet sind (vgl. ST 36, 52; vgl. Strohmaier 2008, 102–104). Die als Überschrift zum dritten Kapitel von *Stilleben* fungierende Sequenz „Repetitionen, nach Max Ernst" verweist nicht nur auf die konkreten Bezüge, die sich zu seinem Werk ausmachen lassen, sondern indiziert auch dessen Rolle für die indirekte Vermittlung surrealistischer Konzeptionen des weiblichen Körpers, die sich das Ich, wie suggeriert wird, performativ aneignet (vgl. Strohmaier 2008, 91–104). Dabei wird die durch den Gleichklang von ,100' (*cent*) mit *sans* (,ohne') bedingte Mehrdeutigkeit des Titels *La femme 100 têtes* reduziert. An den Körperinszenierungen des Ich zeigt sich nämlich, dass es die Phantasmen der *femme sans tête* – der kopflosen und nicht der hundertköpfigen Frau – sind, die simuliert und – durch hyperbolische Überzeichnung – ansatzweise subvertiert werden (vgl. dazu Strohmaier 2008, 100–102).

Der kopflose Körper des schreibenden Ich (vgl. ST 18–19, 118, 125, 161, 175, 214) repräsentiert dabei auch die im Surrealismus für die künstlerische Praxis geforderte Suspendierung der Vernunft zugunsten einer Rehabilitierung des Unbewussten, des Traums und des Wahnsinns, deren notwendige Operationalisierung im Dienste der poetischen Produktion das Ich immer wieder hervorhebt. Träumen und Halluzinieren werden als integrale Praktiken des Schreibens ausgewiesen (vgl. etwa ST 142, 152, 215, 53), wobei das gezielte „Herstellen von Visionen und Wahnvorstellungen" (ST 146), wie das Ich in Anlehnung an die Surrealisten herausstellt, durch chemische Substanzen stimuliert wird (vgl. ST 108, 152, 180, 183, 210). Das Ich äußert den Wunsch, „eine Gabe [zu] besitzen […], auf Zeit zu erkranken, Halluzinationen zu erzeugen […], also Zustände der Besessenheit zu provozieren" (ST 53). Der Rekurs auf den Surrealismus mit der für ihn charakteristischen Simulation von ,Geisteskrankheiten' zur Aktivierung einer dem Bewusstsein entzogenen ästhetischen Erkenntnis wird durch den Verweis auf „*Breton*" und dessen „*Zeitschrift Littérature*" hervorgehoben (ST 53), der als Marginalie der zitierten Textstelle beigeordnet ist (vgl. dazu Strohmaier 2008, 135).

Wie bei den Surrealisten lässt sich die angestrebte Transgressionserfahrung kulturhistorisch in der Praxis der Mystik situieren, die ihrerseits in der – durch den antiken Topos des *poeta vates* begründeten – Tradition des Dichters als göttlich inspiriertes Medium steht (vgl. Strohmaier 2008, 117–134; dazu etwa Löschburg 2019, 170–179; s. Kap. 3). Das Ich erfährt die Zustände des ,Außer-sich-Seins' als „religiöse Ekstase" (ST 114; s. Kap. 56). Neben antiken „Symbole[n] für die inspirierte Seele" (Arteel 2007, 154), wie Flügeln und Vögeln, wird auch die christliche Metaphorik aufgegriffen, etwa wenn das Ich die göttliche Geisteskraft anruft: „komm heiliger Geist du schöpferisch" (ST 212). In Anschluss an die surrealistische Praxis wird Schreiben als ein Akt inszeniert, der an die Manipulation des Körpers gebunden ist. Das Ich arbeitet mit „künstliche[r] Melancholie […], mit erfundenem Schmerz, Zärtlichkeit und Zerfleischung" (ST 39), um ästhetische Erfahrungen zu generieren, die – ins Symbolische konvertiert – dem Text einverleibt werden können. Schreiben involviert – wie bei den Surrealisten – eine „schmerzliche Metamorphose des Körpers" (Gauthier 1980, 45; vgl. Strohmaier 2008, 144).

Nicht zuletzt ist es das Verfahren der Collage, durch das sich die Ästhetik des Surrealismus in *Stilleben* niederschlägt, wobei die diesem Verfahren immanente Privilegierung der räumlichen Dimension zusätzlich durch die in Kursivschrift gesetzten Marginalien visuell exponiert wird. Die Bedeutsamkeit dieses Verfahrens und die ihm immanente Räumlichkeit werden immer wieder metapoetisch herausgestellt. Im – vom Ich gelegentlich auch ironisierten – Bemühen dem enigmatischen Charakter des entstehenden Textes hermeneutisch beizukommen (vgl. Strohmaier 2008, 15–16), reflektiert Samuel etwa dessen spezifische Struktur. Die Prosa wird als „simulierter Collage-Roman" und dessen schriftliche Ikonizität als „Wasserpflanzenschriftbild" ins Spiel gebracht (ST 43).

Zeit- und/als Raumkunst: Transformationen der *natura morta*

In seinem Bruch mit der zeitlichen Linearität arbeitet das raumgebundene Verfahren der Collage der Aufhebung der linearen Narration zu. Es entsteht „kein Erzählfluss", präsentiert werden „lauter stillzustehen scheinende Geistesspektakel" (ST 150). Mit seiner an die bildende Kunst als Raumkunst angenäherten Verfasstheit erscheint der Text auch als Versuch der Realisierung dessen, was das Ich angesichts des Todes vergeblich begehrt: das Anhalten der Zeit. Zudem ist es die Objekthaftigkeit des Textes, die durch das Collage-Verfahren profiliert wird. Die in der Collage montierten (zufällig gefundenen) Textobjekte – als *objet trouvés* im wörtlichen Sinn – erscheinen dabei auch als formales Äquivalent der im Text exponierten Dingwelt, wobei sich an deren ästhetischer Wahrnehmung und Ordnung die Formprinzipien des bildkünstlerischen Mediums des Stilllebens ausmachen lassen (vgl. Arteel 2007, 173–175). Im Unterschied aber zu den Objekten des kunsthistorischen Genres – das, wie das Ich in fast wörtlicher Zitation aus einem Kunstlexikon des 18. Jahrhunderts hervorhebt (vgl. Arteel 2007, 173), „still liegende Sachen", „unbewegliche Dinge" (ST 115) fokussiert – geraten die Gegenstände in *Stilleben* in Bewegung. Der Mortifikation in der Bildkunst wird die Verlebendigung der Dinge in der Dichtung entgegengehalten: Die „Dinge beginnen von selbst zu sprechen" (ST 190, vgl. ST 176). Inszeniert wird damit auch der Eigensinn – die „Aufsässigkeit der Dinge" (ST 101) –, wobei die Objekte gleichsam zu Akteuren werden. Durch sie erfährt der Anthropozentrismus eine Irritation, die cartesianische Subjekt-Objekt-Dichotomie wird unterminiert (s. Kap. 55). Die Animation der Dinge, „eine Art Beseelung" (Arteel 2007, 179), die erfolgt, transformiert das Stilleben, die *natura morta*, in ein stilles Leben (vgl. Arteel 2007, 172–181): Was das Werk präsentiert, ist „etwas mehr als ein Stilleben, man könnte es ein halblautes flüsterndes Leben nennen" (ST 115).

Literatur

Arteel, Inge: gefaltet, entfaltet. Strategien der Subjektwerdung in Friederike Mayröckers Prosa 1988–1998. Bielefeld 2007.

Gauthier, Xavière: Surrealismus und Sexualität. Inszenierung der Weiblichkeit. Aus dem Französischen von Heiner Noger. Wien/Berlin ²1980.

Kristeva, Julia: Bachtin, das Wort, der Dialog und der Roman [1967]. In: Dorothee Kimmich/Rolf Günter Renner/Bernd Stiegler (Hg.): Texte zur Literaturtheorie der Gegenwart. Stuttgart 1996, 334–348.

Löschburg, Joris: Die Poetik der Selbstüberschreitung. Figurationen transgressiver Subjektivität in der Literatur der Moderne. Berlin/Boston 2019.

Sommerfeld, Beate: „ein Umgang, welcher im Unendlichen sich verliert". Leseszenarien in der Prosa Friederike Mayröckers. In: Irina Hron/Jadwiga Kita-Huber/Sanna Schulte (Hg.): Leseszenen. Poetologie – Geschichte – Medialität. Heidelberg 2020, 321–342.

Strohmaier, Alexandra: Logos, Leib und Tod. Studien zur Prosa Friederike Mayröckers. München 2008.

Van Hulle, Dirk: „Usw.": Beckett – Mayröcker, still – eben. In: Inge Arteel/Heidy Margit Müller (Hg.): „Rupfen in fremden Gärten". Intertextualität im Schreiben Friederike Mayröckers. Bielefeld 2002, 153–164.

Wagner-Egelhaaf, Martina: Einleitung: Was ist Auto(r)fiktion? In: Dies. (Hg.): Auto(r)fiktion Literarische Verfahren der Selbstkonstruktion. Bielefeld 2013, 7–21.

Lection (1994)

Uta Degner

Entstehungskontext

Mayröckers dritte ‚große' Prosaarbeit *Lection* entstand einer Angabe am Ende des Bandes zufolge zwischen dem 14.10.1992 und dem 03.05.1993 in Wien und erschien 1994 im 70. Lebensjahr der Autorin. In einer dem Text nachgestellten kurzen Notiz stellt sie heraus, dass sie den Titel des Buches „Olaf Nicolai (Leipzig)" verdanke, „dessen bildnerisches Werk" ihr „Freude und Anregung" (LE 228) gewesen sei. Der 1962 geborene Künstler und die Wiener Autorin begegneten sich erstmals im Frühjahr 1991 (vgl. http://www.burgart-presse.de/Drucke/druck08.htm). Nicolai arbeitete damals neben seinen künstlerischen Projekten an einer Doktorarbeit zur Wiener Gruppe, war also sehr literaturaffin. 1993 erschien das in *Lection* erwähnte, von Mayröcker und Nicolai gemeinsam gestaltete Künstlerbuch *Nimbus der Kappe* (vgl. etwa LE 60) in einer Auflage von 140 Exemplaren in der Thüringer Burgart-Presse. *Lection* eignet sich – ebenso wie zwei auf Februar/März 1991 datierte, im Band *Das besessene Alter* (1992) enthaltene Gedichte Mayröckers „nach Olaf Nicolai" (BA 106, 108) – den Titel von Nicolais gleichnamiger erster eigenständiger Publikation an, die 1990 mit dem Untertitel „materialien, fundstücke" erschienen war. Tatsächlich gibt es Analogien in der Komposition zwischen Nicolais und Mayröckers *Lection*: Nicolai präsentiert neben eigenen bildnerischen Arbeiten literarische Texte von Barbara Köhler, Frank Eckart und Bert Papenfuß-Gorek. Entsprechend der etymologischen Bedeutung von ‚Lection' als ‚Lektüre' und ‚Lese' bildet die collageartige Arbeitsweise, die Fremdes mit Eigenem verbindet, ein Grundprinzip der Publikation. In einem einleitenden Statement betont Nicolai die Offenheit seines Verfahrens, das den „materialcharakter" der „fundstücke" bewahren wolle. Die „scheinbare disparatheit einzelner elemente" soll „die möglichkeit für die eigene vernetzung eröffnen" (Nicolai 1990, o. S.; vgl. hierzu auch Fetz 1996, 93). Diese Anregung nimmt Mayröcker auf: auch ihre *Lection* ist ein Vernetzen disparater Lektürefundstücke, von Erinnerungen und Träumen.

Motti

Zum Prinzip der ‚Lese' passt, dass gleich drei Motti anderer Autoren dem Text vorangestellt sind. Das erste von André Breton enthält das Motiv überwuchernder Kleidung, die sich dem Helden in den Weg legt und in *Lection* vielfach aufgenommen ist – bis zur Schlusssentenz: „*ganze Kongregation von Überkleidern.*" (LE

U. Degner (✉)
Universität Innsbruck, Innsbruck, Österreich
E-Mail: uta.degner@uibk.ac.at

227) Relevant sind dabei zunächst biographische Reminiszenzen: „erinnerst du dich, sagt Mutter, Helene hatte vor dem Schlafengehen immer ihre Kleider auf dem Boden verstreut, am Morgen wieder eingesammelt und angezogen, erinnerst du dich, erinnerst du dich, wie viel ich gehandarbeitet habe" (LE 21–22). Nähen ist eng mit der Schreibgenealogie des Ich verknüpft: „einmal, mit elf, begann ich zu schreiben, auf Papieren, die ich zu einem Heftchen zusammennähte –" (LE 24). Marcel Beyer hat gezeigt, wie gerade die Kleider-Motivik poetologisch den Doppelcharakter von Mayröckers Schreiben reflektiert (vgl. Beyer 1996): Die Stoffe sind zugleich Textil und Textur und spielen vielfach eine selbstreflexive Dimension an, das Ich schreibt etwa „*patchwork*" (vgl. LE 56). Viele „abgelegte Nachtkleider, Hosen und Oberteile, Wollsocken, Revolverjacken, etc." spiegeln als „Sammelstücke eines paranoiden Geistes" (LE 191) das Textverfahren von *Lection*: Das Anhäufen vielerlei Stoffe und Text(ili)en steht für May*röcker*s palimpsesthaftes Autorschaftsmodell.

Zwei weitere Motti von Botho Strauß thematisieren zentrale poetische Textprinzipien von *Lection*: „ein hochauflösendes Bewußtsein" sei „übergenau im Detail", aber „verloren im Zusammenhang" (LE 7). Mayröckers Bewusstseins-Ich widmet sich in der Tat mit ganzer Aufmerksamkeit der irreduziblen Singularität unterschiedlichster Details und es erfordert eine einfallsreiche Erweiterung der Sprachgrenzen, um ihnen jeweils gerecht zu werden. Damit verbunden ist die Absage an eine teleologische Ausrichtung des Erzählens, wie das zweite Strauß-Motto schon zu Beginn behauptet: „wenn eine Geschichte ein Ziel hat, wird sie schon unglaubwürdig..". Entsprechend hat *Lection* keine Handlung im engeren Sinne, sondern ist die verdichtete Sammlung einer „Kopfmaschine [...] auf Hochtouren" (LE 9), die ununterbrochen reflektiert, wahrnimmt, sich erinnert und sich nicht zuletzt in einem kontinuierlichen mündlichen und schriftlichen Austausch befindet. Wie eine im Umschlagtext wiederholte Passage betont, lässt sich der Text als ein „[s]prachliches perpetuum mobile" „an irgendeiner beliebigen Stelle aufschlagen" (LE 147).

Verknüpfungen

Statt Chronologie beherrscht den Text eine Logik des Verknüpfens. Die Metaphorik des klebrigen Honigs verbildlicht das Schreiben als eine Technik des Verklebens, die „seltsame Überschneidungen, Schneidungen, -schneiderungen" (LE 142) erschafft. Dabei kann alles zum Material werden. Unter Einbeziehung des Zufallsprinzips bedingt das Vernähen als Praxis der Kombinatorik dabei zum einen die Herauslösung einzelner Teile aus ihrem konventionellen Zusammenhang – sie rücken dadurch in ihrem individuellen Einzelcharakter in den Blick. Zugleich schafft die Verknüpfung mit anderen Elementen neue Bezüge und dichte Kombinationen. An seinem „*Honigtisch*" (LE 13) schneidert das Ich seine Erinnerungen, Erlebnisse und Träume zu vielgestaltigen „Gedankenverknüpfungen" (LE 18), denn „mehrere Gedanken übereinandergeschichtet" bereiten „ein besonderes Vergnügen" (LE 215).

Die Nacht ist dafür ein bevorzugter Raum, denn sie bringt die Dinge in Bewegung: „bei Nacht, da gerät alles ins Rutschen *Bewegungsschlittern* bei Nacht, plötzlich, wie nächtliches Beben, in verschiedenen Schichten meines Begreifens, so rutschig wie Schneehang" (LE 20). Dass Trauminhalte keine geringe Rolle spielen, hat am Entstehungsort Wien freilich eine besondere Bewandtnis: Sigmund Freuds *Traumdeutung* hat die Affinität von Dichten und Träumen, literarischen Verfahren und der Traumarbeit erwiesen. Die von Freud herausgearbeiteten Prinzipien von Verdichtung und Verschiebung sind auch ästhetische Verfahrensweisen des nächtlich schreibenden Ich, das „die Barrieren zwischen der Sprache des Realitätsprinzips und der des Traumes einzuebnen, den Tag ins Träumerische zu entrücken" (Drews [1994] 1999, 211) versucht. Die traumspezifische Verdichtung von Gedanken in Bildern ist ein Spezifikum der Freud'schen Traumlogik, die sich in *Lection* wiederfindet (vgl. Sommerfeld 2020, 334).

Auf der Wort- und Satzebene zeigt sich die Poetik der Verknüpfung durch zahlreiche ungewöhnliche Kompositabildungen wie den „*Honigtisch*", die oft kursiv oder in Kapitälchen gesetzt und dadurch besonders exponiert sind; mitunter sind es Mutationen, die durch ein paronomastisches Spiel entstehen wie „KÜSTENPERSÖNLICHKEIT" (LE 19) als Bezeichnung für den friulanischen Maler Giuseppe Zigaina (1924–2015). Die Verschiebung ist zugleich eine Bedeutungsverdichtung, hat die Küste als Motiv in seiner Kunst doch einen hohen Stellenwert.

Intermediale Bezüge

Quantitativ und qualitativ ist Zigaina, Jahrgangsgenosse der Autorin, in *Lection* die auffallendste Referenz auf die Bildende Kunst. Auch wenn das Ich „überhaupt […] jetzt an viele Maler" schreibt, „auch an verstorbene Maler, Gerstl zum Beispiel, Goya, Max Ernst" (LE 19), und betont, es „lese so viele Bilder" (LE 89), ist Zigaina durchgehend der wichtigste Briefpartner und sein Gemälde *Über den Feldern des Erzherzogs* von 1983 dient als Covermotiv der Erstausgabe. Das Ich besitzt den 1983 anlässlich einer Einzelausstellung in der Innsbrucker Galerie Bloch erschienenen Katalog (vgl. LE 100), in welchem das mit Mischtechnik gestaltete Bild auf S. 39 abgebildet ist (vgl. Zigaina 1983, 39). Zigainas Kunst affiziert das Ich auf intensive Weise: „ich fühle mich in Frage gestellt aber auch *hochgeboren* beim Anblick Ihrer Bilder ich meine ich bin dann eine *hochgeborene Familienperson* im Kreis Ihrer Werke, oder, gedrängter gesprochen : ein Bildgegenstand in der Versammlung Ihrer Gemälde" (LE 23). Es ist ihm beim Anblick von Zigainas Bildern „zum Weinen" (LE 100), was auch damit zu tun hat, dass diese einen Resonanzraum für eigene Erinnerungen bereitstellen. Von Relevanz ist der Bezug zur Malerei nicht zuletzt als Reflexionsfolie für das eigene Schreiben, geben deren Darstellungsmöglichkeiten zwischen figurativ und abstrakt doch Denkanstöße in Hinblick auf noch unentdeckte sprachliche Spielräume: „[G]ibt es eine nonfigurative Literatur, ein nonfiguratives Erzählen?" (LE 33) In dem Einleitungsessay zu dem genannten Ausstellungsband wird Zigaina als ein Maler vorgestellt, der zwar „die vorgegebene Realität […] als Ausgangspunkt" wähle, dessen Ziel jedoch „das Irreale oder Surreale, das Unaussprechliche, das jenseits des Verbalisierten Liegende" (Rodiek o. J, 10) sei: „Dort, wo das in einem System gefangene verbale Denken Visionäres und Stimmungshaftes nicht mehr auszudrücken vermag, beginnt das, was Zigaina als ‚l'altra faccia del pensiero' (‚Die andere Seite des Denkens') bezeichnet hat." (Rodiek o. J., 12) Zigaina löse einzelne Elemente der Realität aus ihrem Kontext heraus und verknüpfe sie neu. Seine Bilder situieren sich in ihrem Ergebnis auf der Schwelle zwischen Figuration und Abstraktion. Indem Mayröcker die poetische Funktion der Sprache in den Vordergrund stellt und durch partielle Auflösung ihrer Referenzfunktion den Materialcharakter herausarbeitet, kreiert sie einen Zigainas Bildern analogen Schwellentext zwischen figurativer Referenz und abstrakter Sprachkunst.

Einverleibte Lektüre: Piraterie und In*spiration*

Doch nicht nur Bilder ‚liest' das Ich, wie bereits die Motti belegen. Viele Intertexte werden gar nicht ausgewiesen, sondern in einem Akt der „Piraterie" (Schmidt-Dengler, 161) als kaum wahrnehmbare Kryptozitate dem eigenen Text stillschweigend einverleibt und adaptiert. Die Aneignung bleibt dabei nicht auf Hochliterarisches von Hölderlin oder Celan beschränkt, sondern umfasst zudem nicht-fiktionale Texte, wie etwa am Beispiel einer Textpassage aus einem CD-Booklet nachgewiesen wurde (vgl. Hüsgen 2002, 40–41).

Intertextualität ist allgemein eines der werkbestimmenden Verfahren Mayröckers (vgl. den

Sammelband von Arteel/Müller 2002). *Lection* jedoch stellt Mayröckers Lektürepoetik zugleich metapoetisch aus, der Akt des Lesens wird auf vielerlei Art exponiert. Es finden sich zahlreiche explizite Lektüreerwähnungen, so etwa die wiederholte Lektüre von Gerard Manley Hopkins, dessen *Journal* das Ich von Peter Waterhouse erhalten hat (vgl. LE 158) – Mayröcker wird es in einem Beitrag für die deutsche Wochenzeitung *Die Zeit* 1999 als ihr „Jahrhundertbuch" (Mayröcker 1999, o. S.) bezeichnen. Wenn das Ich in *Lection* die „Hopkins Hostie auf die Zunge" nimmt und „verschluckt" (LE 63), aktualisiert die religiöse Metaphorik, wie Sommerfeld gezeigt hat, Vorstellungsbereiche einer Alterität (vgl. Sommerfeld 2020, 337), die vom Ich nicht gefügig zu machen ist. *„Verschnitte aus Hopkins und Dalí zum Beispiel"* werden „KOPFVAMPYRE", denen das Ich „nicht mehr entkommen kann" (LE 210), es ist „Landeplatz für den Inspirationsvogel, wie wir ihn aus der Ikonographie der Annunziata-Darstellungen kennen" (Hell 1996, 13). Das Ich ist inspiriert im wörtlichen Sinne: Fremde Stimmen atmen in seinem Kopf – auch sie sind Piraten, derer es sich nicht mehr entledigen kann. Die Lektion von *Lection* besteht in einer „drift", wie schon Nicolai die offene Bewegung einer „suche […] nach dem anderen" nannte, in der „das eigene als das andere" (Nicolai 1990, o. S.) erfahren wird. Analog betrachtet sich Mayröckers Ich „in einer Entfernung zu mir selber" und „als eine Person", die mit sich selbst „nicht identisch" (LE 175) ist. Es verfällt dem „Sog der poetischen Rede" (Fetz 1996, 97) und verstärkt ihn auch seinerseits. Die Grenzen zwischen Lesen und Leben werden so „beinahe sprachmagisch" (Schmidt-Dengler 1996, 153) aufgehoben und Leseransprachen – „fühlen Sie sich miteinbezogen, geschätzter Leser" (LE 191) – appellieren auch an die Lesenden, sich diesem Potential ästhetischer Erfahrung und ihrer „Unabschließbarkeit" (Steinlechner 2003, 139) zu öffnen.

Literatur

Arteel, Inge/Müller, Heidy Margrit (Hg.): „Rupfen in fremden Gärten". Intertextualität im Schreiben Friederike Mayröckers. Bielefeld 2002.

Beyer, Marcel: Textur: Metaphorisierung und Ent-Metaphorisierung in Friederike Mayröckers *Lection*. In: Klaus Kastberger/Wendelin Schmidt-Dengler (Hg.): „In Böen wechselt mein Sinn". Zu Friederike Mayröckers Literatur. Wien 1996, 140–150.

Drews, Jörg: Mein Lesekopf glüht [1994]. In: Gerhard Melzer/Stefan Schwar (Hg.): Friederike Mayröcker. Graz/Wien 1999, 209–213.

Fetz, Bernhard: Herzwäsche. Zur Poetik des Sozialen in den Prosabüchern Friederike Mayröckers seit Anfang der 80er Jahre. In: Klaus Kastberger/Wendelin Schmidt-Dengler (Hg.): „In Böen wechselt mein Sinn". Zu Friederike Mayröckers Literatur. Wien 1996, 86–101.

Hell, Bodo: Textporträt Friederike Mayröcker (Einführung zu einer Lesung der Autorin aus *Lection*). In: Klaus Kastberger/Wendelin Schmidt-Dengler (Hg.): „In Böen wechselt mein Sinn". Zu Friederike Mayröckers Literatur. Wien 1996, 11–21.

Hüsgen, Lucas: Sonnenblumen aus Arkadien – Über *Lection* von Friederike Mayröcker. In: Inge Arteel/Heidy M. Müller (Hg.): „Rupfen in fremden Gärten". Intertextualität im Schreiben Friederike Mayröckers. Bielefeld 2002, 27–42.

Mayröcker, Friederike: Mein Jahrhundertbuch. In: Die Zeit vom 15.4.1999.

Nicolai, Olaf: Lection. materialien, fundstücke. Leipzig 1990.

Rodiek, Thorsten: „Die andere Seite des Denkens". In: Giuseppe Zigaina: Zeichnungen. Mischtechnik. Radierungen 1973–1983. Esslingen o. J., 7–12.

Schmidt-Dengler, Wendelin: Lektionen. Zur großen Prosa der Friederike Mayröcker, in: Klaus Kastberger/Wendelin Schmidt-Dengler (Hg.): „In Böen wechselt mein Sinn". Zu Friederike Mayröckers Literatur. Wien 1996, 151–166.

Sommerfeld, Beate: „ein Umgang, welcher im Unendlichen sich verliert". Leseszenarien in der Prosa Friederike Mayröckers. In: Irina Hron/Jadwiga Kita-Huber/Sanna Schulte (Hg.): Leseszenen. Poetologie – Geschichte – Medialität. Heidelberg 2020, 321–342.

Steinlechner, Gisela: „Offene Adern". Von der Unabschließbarkeit des Schreibens in Friederike Mayröckers *Lection*. In: Bernhard Fetz/Klaus Kastberger (Hg.): Die Teile und das Ganze. Bausteine der literarischen Moderne. Wien 2003, 139–154.

Zigaina, Giuseppe: Zeichnungen, Mischtechnik, Radierungen, 1973–1983. [Katalog zur Ausstellung in der Galerie Bloch, Innsbruck 13. September–1. Oktober 1983] Esslingen 1983.

brütt oder Die seufzenden Gärten (1998)

Uta Degner

Entstehungskontext

Der 1998 im Suhrkamp Verlag veröffentlichte Prosatext *brütt oder Die seufzenden Gärten* entstand der Datumsangabe am Ende des Bandes zufolge zwischen dem 19.04.1995 und dem 14.09.1997 in Wien (vgl. BR 351). Diese Datierung setzt sich in Konkurrenz zu den Tages- und Monatsangaben, die den einzelnen Textpassagen jeweils vorangestellt sind. Sie beginnen an einem 13.09. und sind im letzten datierten Abschnitt (dem noch ein kurzes „Supplement" ohne Datumsangabe folgt) mit „17.06.–4.07" (BR 331) überschrieben. Die bestimmbare fiktionale Erzählzeit verteilt sich also über ein knappes Jahr und erzeugt durch die Datierung die Anmutung eines faktualen Tagebuchs. Die exakte Datumsangabe am Textende allerdings erweist den zeitlichen Rahmen als fiktiv. Insgesamt lässt sich der Prosatext damit – wie viele Texte Mayröckers – als autofiktionales Spiel verstehen (vgl. Strohmaier 2008, 18–20): Textexterne und textinterne Wirklichkeit können nicht klar voneinander abgegrenzt werden, fallen aber auch nicht zusammen. Mayröckers *brütt* situiert sich damit ästhetisch am Puls der Zeit: Die deutsche Übersetzung von Philippe Lejeunes Studie *Der autobiographische Pakt* war 1994 in Mayröckers Hausverlag Suhrkamp erschienen. Lejeune thematisiert darin die Möglichkeit eines „phantasmatischen Pakts" (Lejeune [1975] 1994, 47), der die Unterscheidung von faktualer Autobiographie und fiktionalem Roman aufhebt, indem fiktionale Texte sich als autobiographische lesen lassen – eine Spielart dessen, was Serge Doubrovsky in einem allerdings erst 2004 ins Deutsche übersetzten Aufsatz ‚Autofiktion' nannte (vgl. Doubrovsky [1993] 2008, 123). Mayröckers Grenzgängertum zwischen Fiktionalität und Faktualität, ihr Spiel mit den Gattungen und ihr Entwurf von Subjektivität, wie sie sich in ihren Prosaarbeiten der 1980erund 1990er-Jahre entwickelt hatten, stießen in diesem von Ideen der Postmoderne und Dekonstruktion begleiteten, erweiterten Verständnis eines Ich-zentrierten Schreibens auf wachsendes Interesse (vgl. etwa Arteel 2007; Bjorklund 2002; Riess-Beger 1995; Weber 2010, 155–210; Lartillot et al. 2012), wie den positiven Rezensionen zu *brütt* abzulesen ist (eine Auswahl ist abgedruckt in: Melzer/Schwar 1999, 221–233).

Autofiktional ist *brütt* in der autobiographischen Selbstdarstellung des Ich als alter Frau, wie sie gleich der erste Eintrag präsentiert: Dieser schildert die Mühsal eines Alltags, dessen äußerer Radius sich aufgrund zunehmender Gebrechlichkeit immer mehr einschränkt. Allein zuhause findet das Ich „noch Gleichgewicht und Geborgenheit, immerhin" und ist

U. Degner (✉)
Universität Innsbruck, Innsbruck, Österreich
E-Mail: uta.degner@uibk.ac.at

„endlich wieder für sich" (BR 10). Zur Zeit der Abfassung des Textes hat Mayröcker ihren 70. Geburtstag überschritten; *brütt* situiert sich im Spätwerk der Autorin, die sich ihrer Endlichkeit und der ihres Schreibens eindringlich bewusst ist: „Hier bricht jetzt alles zusammen, [...] mein ganzer Naturschatz ich meine Wortschatz ist im Untergehen begriffen" (BR 67).

Liebe und Schrift im Zeichen der Vergeblichkeit

Das im Klappentext der Erstausgabe angekündigte Sujet einer „Liebesgeschichte" erweist sich schon zu Beginn als intrikat. Dem Text vorangestellt, zwischen Motto und dem ersten datierten Eintrag, ist ein Zitat „aus einem Brief von X. (oder Wilhelm oder Ferdinand)" (BR 7), wie es sie auch im Haupttext zahlreich gibt. Explizit wird hier, dass das Ich seinen „Prosa Anfang" von seinem Korrespondenzpartner „geliehen" hat (BR 7), er von diesem im doppelten Sinne vorgeschrieben ist: „,*Ich erlebe nun eine Liebesgeschichte : meine letzte*' muss es heißen" (BR 7), schreibt X. (oder Wilhelm oder Ferdinand). Das „ERLEBNISKOLORIT" (BR 7) also ist aus zweiter Hand; was vom Ich gefunden werden soll, ist hingegen etwas, das als individuell vorgestellt wird: seine Sprache (vgl. BR 7). Auf der poetologischen Ebene, die den gesamten Text durchzieht, geht es damit auch um die Verhältnisbestimmung von Eigenem und Fremdem – und die Unmöglichkeit, beides zu trennen. Das markanteste Stilmerkmal hierfür ist die Durchmischung von fremder und eigener Rede: „Blum spricht zu mir, aber ich denke an Joseph, sage ich zu Lily, hinter den Rehen her, sage ich, denke ich an Joseph, während Blum zu mir spricht" (BR 230). Das Erzählen erweist sich als eine Art Sammelgefäß, das Disparates in kondensierter Form in sich aufnehmen kann. Die Figur Blum als ein Hauptadressat der Rede des Ich bleibt selbst im Dunkeln, ihm ist „1 ART SCHWEIGEPART ZUGEWIESEN", er fungiert dem Ich zufolge als „FIKTIVES OHR, ODER UM MIR BEHILFLICH ZU SEIN : 1 GANZ BESTIMMTE SCHREIBHALTUNG BEIBEHALTEN ZU KÖNNEN" (BR 202). Sommerfeld versteht ihn als „alter ego der Ich-Figur" (Sommerfeld 2019, 221).

Die Figur „X. (oder Wilhelm oder Ferdinand)" bleibt dem Ich fremd: „im Grunde verstehe ich nichts von ihm, ich kenne ihn kaum, ich erkenne ihn kaum, obwohl wir einander so oft begegnet sind, einander so oft geschrieben haben" (BR 17), sie scheint vor allem aufgrund ihrer „Querverbindung" zu Joseph interessant, es gibt nämlich „zwischen ihnen hin- und herfliegende[] Briefe" (BR 17; zur Relevanz von Briefkommunikation im Werk Mayröckers vgl. Vogel 1996).

Joseph, das Objekt der – unerfüllt bleibenden – Liebe des Ich ist wie die anderen Figuren hauptsächlich als Abwesender anwesend: in den Gedanken und Gefühlen des Ich. Die daraus resultierende Erfahrung des Entzugs affiziert auch die literarische Produktion: Die Melancholie angesichts der ‚rasenden' Zeit und des schlussendlich vergeblichen Versuchs, etwas von ihr festzuhalten, bringt das Ich in das Bild einer Welle, die man zwangsläufig aus dem Auge verliert: „einfach verschwindend die Zeit, und wie sie einfach verschwindet, verstreicht – wohin? wie eine ganz bestimmte Welle in einem Bach, die wir lange verfolgen können, dann fort – " (BR 11). Vergeblich sind demgegenüber auch die Bemühungen, zu „exzerpieren, um nicht gleich wieder zu vergessen, was einen glücklich gemacht hat", denn auch dieses ist „bald wieder vergessen" (BR 11).

Doch gerade diese letzte Liebe verjüngt das Ich und sein Schreiben auf paradoxe Weise. Was der Briefpartner mit dem ungeklärten Namen bereits bezeugt: „daß ich in einem nie gewollten Ausmaß wieder wie jung und dumm bin" (BR 7), erfährt in Folge neuerlich das Ich: „diese alte Schrift, schon halb verdorben, sage ich, scheint zu neuem Leben erwacht" (BR 13). Medium dieser Belebung ist ein „*überspringende[r] Blick*" (BR 12), der auch dann nicht zum Erliegen kommt, als das Ich realisiert, dass Joseph seine Liebe nicht erwidert. Im Gegenteil scheint das Bewusstsein von der flüchtigen Fragilität des Augenblicks sein Erleben zu intensivieren, die Wahrnehmung steigert sich zu Euphorie.

Poetik des Übersprungs und gemischte Gefühle

Der Text ist bestimmt von einer Poetik des Übersprungs, die vermeintliche Oppositionen wie Innen und Außen, Wirklichkeit und Imagination interferieren lässt. Die ‚Magie' der Liebe befreit das Ich aus seiner personalen Identität und lässt es an der ‚Seele' des Anderen teilhaben – nicht nur des Liebesobjekts, sondern der gesamten es umgebenden Welt (vgl. Arteel 2007, 256–257): Nicht von ungefähr hört es die Gärten seufzen, wie der Titel ankündigt. Von zentraler Bedeutung ist das sinnliche Erleben, Giordano Bruno ist in *brütt* „eine der wichtigsten intertextuellen Bezugsfiguren" (Arteel 2007, 248). Als Forschungsobjekt von Elisabeth von Samsonow, die in *brütt* als Korrespondenzpartnerin auftaucht, geht es um Brunos „Aufwertung der Materie und des Leibes" (Arteel 2007, 248), die Sinnlichkeit als Erkenntniswerkzeug versteht.

Romantische Affinitäten einer solchen grenzsprengenden ‚Universalpoesie' bestehen in einer direkten Zusammenführung von Poesie und Leben (vgl. Thums 1999, 89) und spezifischer noch in der Steigerung des Gefühls. Das häufige Fließen von Tränen ist wie im Horizont des 18. Jahrhunderts ein Signal für ein im konkreten Sinne *bewegtes* Gefühl, sodass es nur folgerichtig ist, wenn meist gar nicht zu klären ist, ob das Ich aus Trauer oder Glück weint – oder aus einer Mischung von beidem (s. dazu Kap. 64). Bereits Moses Mendelssohn hebt darauf ab, „daß das Weinen eine aus Lust und Unlust vermischte Empfindung sey" (Mendelssohn [1771] 2009, 256), die aus dem vergleichenden Kontrast eines gegenwärtigen und eines vergangenen Gefühlszustandes entsteht. Die imaginative Kopräsenz zweier unterschiedlicher Seelenzustände wirkt emotional bewegend und das Fließen der Tränen ist äußeres Zeichen dieser inneren Bewegtheit, über die das Ich keine Kontrolle besitzt: „wie sich von einem Augenblick zum nächsten alles umkehren kann" (BR 29; zu Mayröckers „Affektpoetik" vgl. Strigl 2009).

Die Durchdringungskraft der Bilder

Insbesondere die Welt der Bilder kennt eine solche Affizierungskraft, wie das Ich in Anspielung auf das von Roland Barthes in *Die helle Kammer* entwickelte *punctum*-Konzept konstatiert: „1 Bild kann dich mit Pfeilen durchbohren – der Beschauer setzt sich, ob er es will oder nicht, dieser schmerzhaften Durchdringung aus" (BR 84). Eine solche Poetik der Durchdringung stellt auch ein Ideal des eigenen Schaffens dar: „die Schreibenden […] möchten es der Malerei gleichtun, wir schleudern mit glühenden Wortmaterialien umher, […] auch wir, wir Schreibenden, vielleicht dürfen auch wir Pfeile schleudern, blitzende Pfeile" (BR 84). Intermediale Bezugnahmen stellen ein Grundcharakteristikum von Mayröckers Schreiben dar – aber in *brütt* „ist die Liste der aufgeführten Namen länger denn je und reicht von Lorenzetti über Rembrandt und van Gogh bis hin zu Matisse, Picasso, Bacon und Thomkins" (Sommerfeld 2019, 219). Unter dem Datum 12.02. findet sich sogar eine Schwarz-Weiß-Reproduktion eines Bildes von Pablo Picasso, dessen Bedeutung die Mayröcker-Forschung schon einige Aufmerksamkeit gewidmet hat. Sommerfeld betont die Interaktion von Ich und Bildfigur, die als ein lebendiges Gegenüber erscheint: „Das Bewusstsein des erzählenden und betrachtenden Ich interagiert mit der imaginären Psyche der Bildfigur, die durch diese Spiegelung belebt erscheint" (Sommerfeld 2019, 225). Die Bildbetrachtung wird von der Erinnerung an Joseph überblendet, die „ästhetische Erfahrung wird so als erotische Vereinigung umschreibbar" (Sommerfeld 2019, 225; vgl. auch Winkler 2005).

Ein Übersprung zwischen Bild und Betrachterin ereignet sich auch am Beispiel eines zweiten wichtigen Referenzbildes: Francis Bacons *Self-Portrait 1973*, das 1995 in der Ausstellung *Identità e alterità* der Biennale in Venedig zu sehen war (vgl. Brusatin/Clair 1995, 393). Heißt es zunächst „Francis Bacon […] konnte ich mich jederzeit *anvertrauen*" (BR 28), erkennt das Ich in der verwischten Figur und der dunklen Wolke zu ihren Füßen eine Verbildlichung der eigenen *conditio humana*: „wir schleppen uns hin mit dieser schweren und schwarzen Tinte an unserem Leib und Geist, und schwappen über" (BR 28; zu dem Bild vgl. auch BR 228). Affinitäten erkennt es auch zum Geliebten: „Joseph ist immer wie Francis Bacon mit untergeschlagenen Beinen gesessen..." (BR 229). Noch 2016 vergleicht Mayröcker in einem Interview ihr Schreiben mit der Kunst von Francis Bacon: „Er hat zwar keine starken Farben verwendet, aber Wahnwitziges gemacht. Und mein Schreiben ist ja auch ein Wahnwitz." (Mayröcker 2016; vgl. auch Arteel 2007, 258–271).

„brütt"

Eine intermediale Anleihe aus der Welt der bildenden Kunst ist bereits das Titelwort *brütt*, eine lautspielerische ‚Verdeutschung' des von Jean Dubuffet in den 1940er-Jahren geprägten Begriffs *Art brut*. Er bezeichnet Werke von gesellschaftlich Marginalisierten, die sich selbst gar nicht als Künstler oder Künstlerinnen verstehen und in großer Distanz zur akademischen Kunstwelt und dem Markt praktizieren. Oft sind es die Werke psychisch Kranker, wie in der durch Leo Navratils Wirken bekannt gewordenen Anstalt in Maria Gugging. 1997, zur Entstehungszeit von *brütt*, gab es im Wiener Kunstforum die vielbeachtete Ausstellung *Kunst & Wahn*, die sich mit der Kunst der *Art brut* befasste – auch von österreichischen Kunstschaffenden. Im Ausstellungskatalog wird Jean Dubuffets Charakterisierung der *Art brut* ausführlich zitiert: Diese existiere „außerhalb der herrschenden Ordnung" und stelle sich gegen die „gewohnte Kunst [...] nach der Mode der Zeit", da ihre Künstlerinnen und Künstler „alles [...] aus ihrem eigenen Inneren und nicht aus den Klischees der klassischen Kunst oder gerade aktuellen Kunstströmung" bezögen. *Art brut* sei „ungezähmt und flüchtig [...] wie ein Reh" (Franzke 1997, 371).

Die Beschreibung von Mayröckers künstlerischer Position als *Art brut* ist natürlich nicht zutreffend – zu sehr partizipiert ihre Kunst an den ästhetischen Diskursen der Zeit. Umso sprechender ist allerdings ihre eigene spielerische Zuordnung zur ‚brütten' Kunst, wie sie in der Affirmation des Narrentums und in der Orientierung am Außenseitertum zutage tritt. Damit verbunden ist die Tilgung eines normativen Kunstanspruchs und eine Absage an Marktorientierung ebenso wie eine Nivellierung der Grenze zwischen ‚Hohem' und ‚Trivialem', paradigmatisch für die Avantgarden, die wohl nicht zuletzt deshalb immer wieder Interesse an der *Art brut* bewiesen haben. Das „euphorische Auge" (Kahn 1984) der Mayröcker'schen Poetik ist ein ‚verrücktes', es lässt sich nicht mit konventionellen Wahrnehmungsmustern vermitteln und hat in *brütt* eine genialisch-inspirierte und eine spleenige Seite. Alles wird als beseelt und lebendig wahrgenommen, pars pro toto bereits im zweiten Teil des Titels die „seufzenden Gärten". Das Vernarrtsein nicht nur in einen Menschen, sondern in die Liebe an sich und das mit ihr verbundene intensive Erleben katapultiert das Ich – gefördert durch seine altersbedingte soziale „Narrenfreiheit" (Arteel 2007, 237) – an die Grenzen der Lächerlichkeit. Doch diese prekäre Position wird bejaht: Das Ich affirmiert sie in Form einer übermütigen, über sich selbst lachenden Verdrehtheit, die in zahlreichen Paronomasien und Neologismen Sprachschabernack treibt. Noch der letzte Satz lässt nicht nur Blum, sondern auch uns Lesende wissen: „Weil wenn Du nicht tollkühn bist, tollwütig bist, geht gar nichts" (BR 351).

Literatur

Arteel, Inge: Gefaltet, entfaltet. Strategien der Subjektwerdung in Friederike Mayröckers Prosa 1988–1998. Bielefeld: Aisthesis 2007.

Bjorklund, Beth: Das Ich erschreiben – Derrida, Picasso und Bach in Mayröckers *brütt*. In: Inge Arteel/Heidy Margrit Müller (Hg.): „Rupfen in fremden Gärten".

Intertextualität im Schreiben Friederike Mayröckers. Bielefeld 2002, 107–122.

Brusatin, Manlio/Clair, Jean (Hg.): Identità e alterità. Figure del corpo 1895 / 1995. 46. Esposizione Internazionale d'arte la Biennale di Venezia. Venedig 1995.

Doubrovsky, Serge: *Nah am Text [1993]*. Aus dem Französischen von Claudia Gronemann. In: *Kultur & Gespenster* Nr. 7 (2008), 123–133.

Franzke, Andreas: Jean Dubuffet und die Art brut. In: Ingried Brugger/Peter Gorsen/Klaus Albrecht Schröder (Hg.): Kunst & Wahn. Köln 1997, 371–382.

Kahn, Lisa: Lasset freundlich Bild um Bild herein. Das „euphorische Auge" Friederike Mayröckers. In: Text + Kritik Nr. 84 (1984), 79–87.

Lartillot, Françoise/Le Née, Aurélie/Pfabigan, Alfred (Hg.): „Einzelteile aller Menschengehirne". Subjekt und Subjektivität in Friederike Mayröckers (Spät-)Werk. Bielefeld 2012.

Lejeune, Philippe: Der autobiographische Pakt [1975]. Übers. von Wolfram Bayer und Dieter Hornig. Frankfurt a. M. 1994.

Mayröcker, Friederike: „Ich schreibe um mein Leben". Dichterin Friederike Mayröcker über das Nichtsuchen und Nichtfinden, ihren Heiligen Geist der Erleuchtung und den Tod als Skandal. Interview mit Renate Graber. In: Der Standard (Wien) vom 23. 4. 2016. https://www.derstandard.at/story/2000035216000/mayroecker-ich-schreibe-um-mein-leben (16.3.2024).

Melzer, Gerhard/Schwar, Stefan (Hg.): Friederike Mayröcker. Graz/Wien 1999.

Mendelssohn, Moses: Rhapsodie oder Zusätze zu den Briefen über die Empfindungen (nach der umgearbeiteten Fassung von 1771). In: Ders.: Ausgewählte Werke. Studienausgabe. Bd. I: Schriften zur Metaphysik und Ästhetik 1755–1771. Hg. von Christoph Schulte/Andreas Kennecke/Grazyna Jurewicz. Darmstadt 2009, 241–271.

Riess-Beger, Daniela: Lebensstudien. Poetische Verfahrensweisen in Friederike Mayröckers Prosa. Würzburg 1995.

Sommerfeld, Beate: „Vom Wahnsinn, über Bilder zu sprechen". Das Kunstgespräch als Paradigma des Künstlerdiskurses in Friederike Mayröckers Roman *brütt oder Die seufzenden Gärten*. In: Nina Nowara-Matusik (Hg.): Facetten des Künstler(tum)s in Literatur und Kultur. Studien und Aufsätze. Berlin et al. 2019, 219–234.

Strigl, Daniela: Vom Rasen (Furor). Ein Versuch zu Friederike Mayröckers Affektpoetik. In: Alexandra Strohmaier (Hg.): *Buchstabendelirien. Zur Literatur Friederike Mayröckers*. Bielefeld 2009, 51–73.

Strohmaier, Alexandra: Logos, Leib und Tod. Studien zur Prosa Friederike Mayröckers. München 2008.

Thums, Barbara: Die Frage nach der „Schreibexistenz". Zum Verhältnis von Intertextualität und Autorschaft in Mayröckers *brütt oder Die seufzenden Gärten*. In: Inge Arteel/Heidy Margrit Müller (Hg.): „Rupfen in fremden Gärten". Intertextualität im Schreiben Friederike Mayröckers. Bielefeld 2002, 87–105.

Vogel, Juliane: „Nachtpost: Das Flüstern der Briefstimmen in der Prosa Friederike Mayröckers. In: Klaus Kastberger/Wendelin Schmidt-Dengler (Hg.): In Böen wechselt mein Sinn. Zu Friederike Mayröckers Literatur. Wien 1996, 69–85.

Weber, Julia: Das multiple Subjekt. Randgänge ästhetischer Subjektivität bei Fernando Pessoa, Samuel Beckett und Friederike Mayröcker. München 2010.

Winkler, Andrea: Polaroides Geheimnis. Zum Bild des „Picasso Knaben" in Friederike Mayröckers *brütt oder die seufzenden Gärten*. In: Konstanze Fliedl (Hg.): Kunst im Text. Frankfurt a. M. 2005, 149–159.

Requiem für Ernst Jandl (2001)

Gisela Ecker

Struktur: Text und Datum

Mayröckers *Requiem für Ernst Jandl*, 2001 bei Suhrkamp erschienen, nimmt im Werk der Autorin eine Sonderstellung ein, indem sich der gesamte Text auf ein zentrales Ereignis, den Tod des Gefährten Ernst Jandl, konzentriert, der das schreibende Ich in allen Dimensionen erschüttert. In der Forschung ist man sich – mit Ausnahme der Position von Naqvi, die dem Text den Affekt der Melancholie zuschreibt (vgl. Naqvi 2007) – darin einig, dass die Textarbeit gleichzeitig Trauerarbeit leistet (vgl. Arteel 2012, 88–91; Kastberger 2009, 28; Thums 2009, 179–180) und von einer ganz besonderen Dringlichkeit gezeichnet ist. Die Datierung – ein im Grunde geläufiges Verfahren im Werk Mayröckers – der sieben Teile des *Requiem* erschafft eine komplexe Struktur, über die jedes Teilstück auf das Datum des Todes – am 9. Juni 2000 – enggeführt werden kann. Der inhaltliche Fokus fordert geradezu auf, dies im Prozess der Rezeption zu tun: In Teil 1, mit „Paraphrase auf 1 Gedicht von Ernst Jandl" betitelt, wird Jandls Gedicht *in der küche ist es kalt* von der Autorin drei Tage vor dem Tod um- und weitergeschrieben. Dieses Gedicht Jandls wird dann in Teil 3 mit Bezug auf seine Aussage und den „Realitätshintergrund" (R 23) seiner Entstehung im Winter 1988 als Produkt völliger Verzweiflung erklärt und interpretiert; datiert ist dieser Kommentar auf 1990, also zehn Jahre vor dem Tod. Das Gedicht mit der Paraphrase und die Texterklärung rahmen den zweiten Teil, das Kernstück des Buchs, das, noch einmal als „*Requiem*" bezeichnet, vier Wochen nach dem Tod als Totenklage entstand. Teil 4 und 5 sind Gedichte, vier Monate nach dem Tod verfasst. Darauf folgt als sechster Teil eine Fortsetzung der Totenklage, „*the days of wine and roses*" (R 31–42), datiert auf den August 2000, also einen Monat nach dem Beginn der Totenklage und als Anrede an Leo N. formuliert. An den Schluss gestellt ist wieder ein Kommentar zu einem Gedicht Jandls, *ottos mops* aus dem Jahr 1976, gefolgt von einer die gesamte Komposition abschließenden Nachschrift vom 19.07.2000, in der das Ich sich wenigstens ein gemeinsames Jahr mit dem verlorenen Freund zurückwünscht: „wie intensiv würde ich es leben, wie behutsam und glücklich." (R 45)

Totenklage

Der zweite Abschnitt, im Titel als „*Requiem*" benannt und ergänzt durch pastorale Bildlichkeit – „*will nicht mehr weiden*'" (R 9) –, ist als zentraler Textteil im Juli 2000 verfasst, einen Monat

G. Ecker (✉)
Siegburg, Deutschland
E-Mail: gisecker@aol.com

nach dem Tod Jandls, und damit am engsten an das bestimmende Todesdatum gebunden. Er kann als eine der großen weiblichen Klagereden der Weltliteratur gelesen werden.

Mit überzeugenden Argumenten ist man in der Forschung zur Autorin von biographisch enggeführten Auslegungen abgerückt (vgl. Arteel 2012, 83–84; Kastberger 2000, 139–152), und dennoch gilt es hier, den Anlass als auslösendes biographisches Moment und durchgehende thematische Bezugsgröße der Textproduktion zu verstehen, jedoch in Bezug auf weitere biographische Auslegungen Zurückhaltung zu üben. Die feuilletonistische Rezeption des *Requiem* hat allerdings zunächst eine Fülle von Besprechungen hervorgebracht, die das Paar in den Mittelpunkt rücken, Mayröcker und Jandl zusammen würdigen und Details aus dem *Requiem* vorwiegend biographisch deuten. Auf die Verarbeitung des Todes von Jandl und den Prozess des Trauerns in Mayröckers Werk wird in der Forschung dann eher mit Bezug auf *Und ich schüttelte einen Liebling* (2005) und spätere Texte eingegangen, während das *Requiem* insbesondere zu musikalischen Bearbeitungen inspiriert hat.

Im Modus der poetischen Prosa der Autorin entfaltet sich in der Klage ein Schreiben „im Zeichen eines Ausnahmezustands" (Thums 2009, 179), in dem sich das schreibende Ich seinem Schmerz hingibt, die Erschütterung bis in Facetten des Körperausdrucks, ohne Beachtung von Tabugrenzen und in einer Bandbreite von pathetisch bis pietätlos in Sprache fasst: „Alles wird Kunst in dieser Kunst" (Kastberger 2009, 27). Emotionaler Affekt und höchst bewusst eingesetzte Sprachmittel treiben sich gegenseitig an. Eine Vielzahl von Ausdrucksformen des Trauerns über den Tod eines geliebten Menschen, die in psychologischen Phasenmodellen und populärwissenschaftlichen Präsentationen erforscht und diskutiert wird, tritt hier in hastiger, scheinbar unsortierter, assoziativer Reihenfolge auf; die Bilder und Emotionen erscheinen dem Schock und den überbordenden Affekten geschuldet und sind gleichzeitig in Form gebracht durch Mayröckers experimentierende Sprachkunst. Das Ich wird von Erinnerungen an Szenen vor und nach dem Tod des Geliebten, an gemeinsam besuchte Orte, an Pflanzen und Vögel – vieles davon bereits bekannte Motive im Werk – überflutet, die als so drängend auftauchen, dass es bei keiner einzigen verweilen kann. Wasser spielt nicht nur in der exzessiven Hingabe an die Körperlichkeit des Weinens – im Rückzug in die „Wasserstube" (R 18, 20) – eine Rolle, sondern auch in Anklängen an klassische Bildlichkeit von Fluss und Wellen, die den Toten forttragen, und in Erinnerungen an gemeinsame Ausflüge an Flüssen und Seen.

Die Trauernde klagt, Elke Erb zitierend, den Tod als „1 Zerbrecher und Verstörer" (R 10) an. Ihre Realitätsprüfung durchläuft Stadien der Leugnung des Todes und schockartigen Erkennens im Anblick der Leiche. Im detaillierten Blick auf den toten Körper wird die Rezeption auf schmerzhafte Weise herausgefordert (vgl. Kastberger 2009, 28). Das Ich demonstriert Körpergesten, die eine Nähe fortsetzen sollen („hineinweinen ins *ungefegte* Nachtgewand", R 17), und setzt in der direkten Adressierung des Toten die Existenz des verlorenen Geliebten fort. Es ist außer sich in der Fremde (und gleichzeitig im etymologischen Sprachspiel) des „ELLEND" (R 10), und in der Erschütterung verliert es die Fähigkeit der differenzierten sinnlichen Wahrnehmung bis sich alles im ‚Egalen' sowohl der Ununterscheidbarkeit als auch der emotionalen Indifferenz verliert: „lauter EGALE Büsche und Zweige und Stauden und das EGALE Sprechen der Freunde und das EGALE Zirpen von Weltfülle – alles EGAL, hatte nicht Augen noch Ohren für Ding und Wort und Bild und Strauch und Buch und Blume" (R 11).

Nicht nur in der Gesamtkomposition des *Requiem*, sondern auch in den beiden darin enthaltenen Prosatexten der Totenklage wird jegliche Chronologie aufgebrochen, wenn sich Zeitebenen ineinander schieben, wenn im Vorgriff das Ich sagt „ich hatte es jahrelang in meinem Bewußtsein vorvollzogen" (R 9), und „ich nach Hause kommen werde, sage ich, und du nicht da sein wirst, sage ich, und ich dein Zimmer betreten werde und dein Kissen berühren werde und ich deine Schuhe in den Regalen betrachten werde und dein Gewand und deine

Schirmkappe, Brille und Schweizermesser" (R 13). Die Liste beschwört damit eine durch Dinge verbürgte Präsenz, die im Text mit vielen weiteren Mitteln heraufbeschworen wird.

Hingabe an den Schmerz, Außer-Sich-Sein, Verausgabung, alles das kennzeichnet Mayröckers affektpoetische Sprachgewalt. Merkmale ihres ‚rasenden' Stils, der kein Haushalten kennt, sondern sich dem Ausufern der Affekte hingibt und dennoch als „kalkulierte Maßlosigkeit" (Strigl 2009, 70) zu lesen ist, finden sich auch in anderen Werken der Autorin.

Kulturhistorisch betrachtet, wagt Mayröcker mit ihrem sprechenden Ich gerade jenen Exzess im Trauern, der in der abendländischen Geschichte des Umgangs mit dem Tod zusehends als ‚unschicklich' (vgl. Ariès 1980, 740–746) eingedämmt wurde und nicht an die Öffentlichkeit geraten sollte. Noch spezifischer gefasst, ist es ein Exzess, der seit der Antike den trauernden Frauen zugeschrieben und als zersetzend gefürchtet und tabuisiert wird (vgl. Loraux 1992).

Textsorten. Schreibarbeit

Die beiden lyrischen Texte, *Knöpferauschen, und Attersee* und *oder Vermont, an Ernst Jandl* (R 28–30), treten zurück vom heftigen Überfall der Trauer; sie eröffnen den Raum für Erinnerungsspuren an gemeinsam besuchte, im Titel jeweils benannte Orte und an Situationen und Stimmungen, die „am frischen Gasthaustisch" (R 28) im einen und im Alternieren von Sonnenuntergang und Wolkenbruch (R 30) im anderen Gedicht aufscheinen; als „jetzt dunkelndes [/] Erinnerungsbild" (R 29) enden sie in eher elegischem Ton: *„du sichtbar nicht mehr nicht wieder"* (R 30). Widmung und Adressierung, im ersten Gedicht „*für Ernst Jandl*", im zweiten „*an Ernst Jandl*", setzen unterschiedliche Formen der Anwesenheit voraus.

Auch der darauffolgende Prosatext *„the days of wine and roses", für Ernst Jandl*, den man als zweiten Teil der Klagerede lesen kann, lässt das Maßlose der Affekte im sprachlichen Vorgehen ein Stück weit hinter sich. Mit dem wiederkehrenden Einschub „sage ich zu Leo N." kleiden sich Klage und Erinnern in eine Form, die insofern dialogisch ist, als der sich selbst nur einmal explizit äußernde Gesprächspartner ein Vertrauter des Paares ist, mit dem auf gemeinsam Erlebtes rekurriert werden kann. Für den weiteren Verlauf der Klagerede ist als Kunstgriff ausschlaggebend, dass ein Adressat eingesetzt wird, der als Freund Empathie und Interesse am Ausgesagten als Voraussetzung mitbringt. Erst damit eröffnet sich dem Ich die Möglichkeit eines fragmentarischen, zeitlich diskontinuierlich und punktuell zerstreuten Erzählens, in dem Episoden aus dem Leben des Paares, vom gemeinsamen Alltag und auf Reisen, aus Zeiten der Krankheit des Partners und kurz vor seinem Tod, als „er" (anders ist von dem Toten nicht die Rede) nach einem Bleistift verlangt (R 38), erinnernd aufblitzen. Das Erzählen bleibt ‚zerstreut', ist jedoch durchgehend auf den toten Gefährten und die Trauer des Ich bezogen. Dabei kommt der Verstorbene im Zitat und in Traumerzählungen selbst zu Wort. Diese Form der Vergegenwärtigung erfährt eine Steigerung, als das sprechende Ich – weiterhin in das Gespräch mit dem Freund Leo N. eingebettet – den Toten direkt anspricht, ihn befragt und über ihren Alltag berichtet: „bin ganz verzweifelt, sage ich zu ihm, schaust du mir über die Schulter, was soll ich essen, wohin soll ich essen gehen" (R 36); „ich bin so unbewohnt, sage ich zu ihm, ich bin so ungewohnt, mit Menschen umzugehen, seit du nicht mehr da bist, sage ich" (R 39). Die Trauernde berichtet, was sie nach seinem Tod erlebt, welche Orte sie nicht mehr besuchen will, weil sie zu viel Erinnern wachrufen, welche Intimität sie auch im Tragen der Kleidung des Verstorbenen wiederherstellen will. Ungeschönt auftretender Bericht wechselt mit Reflexionen: „*ach zerrissene Zeichen, jetzt droht alles zum Fetisch zu werden, nicht wahr*" (R 41).

Requiem

Anders als sonst im Werk Mayröckers wird in *Requiem* bereits im Titel eine klare Aussage über die Textintention gemacht: Es geht um den verstorbenen Gefährten Ernst Jandl, und es geht um ein Trauerritual. Dass dieses auch Formen wählen kann, die nicht mehr in den religiös-ritualisierten Formen der historischen Praxis aufgehen müssen, sondern in profanierter Ausprägung vielerlei Gestalten annimmt (vgl. R 22), ist seit der Moderne selbstverständlich geworden. Eine ganze Reihe dort wiederkehrender Themen wie Anklage des Todes, Würdigung von Leben und Werk des Verstorbenen, Ausdruck der Trauer und offene Fragen, auf die es keine Antwort mehr geben kann, findet sich – in diskontinuierlicher und punktueller Form – auch in *Requiem* wieder und verteilt sich auf die einzelnen Texte. Die große Trauerrede, in der sich das Ich seinem Schmerz, der Erschütterung und dem Schock hingibt und die in ihrem zweiten Teil dialogisch eingebettet ist, nimmt dabei eine zentrale Stelle ein. Das Experiment, das im ‚rasenden Stil' der poetischen Prosa der Trauerrede den Schmerz bis in den Körper hinein vermittelt, ist allerdings nicht isoliert zu sehen, sondern wird ganz entscheidend von den übrigen Texten begleitet und erweitert, wobei Kommentar und Interpretation sich im zielgerichteten, kohärenten Sprachstil auf extreme Weise von den übrigen Texten unterscheiden. Die dabei eingesetzten Textsorten leisten damit ihren jeweils spezifischen Beitrag: die Fortschreibung von *in der küche*, die Gedichtinterpretationen, einmal mit biographischen Details, einmal als Kommentar, aus dem der Affekt zurückgenommen ist, die beiden Gedichte mit Szenen des gemeinsamen Lebens. Alle zusammen fließen in ein mehrstimmiges Ganzes ein, das die Autorin als „Requiem" und Gefäß für Trauer bestimmt.

Weiterschreiben

Elke Erb, die als eine erste Trösterin und Ratgeberin im Text auftritt, fordert vom trauernden Ich: „du mußt wieder lesen lernen, nein nicht nur leben lernen, lesen lernen" (R 10), was dem Ich kaum möglich erscheint und sich im „Trödel von Spuren" (R 10) verliert. Genau in der Performanz des gewagten und atemlosen Bezugs auf den Tod und im Verfolgen von sich verlaufenden Spuren kommt es in *Requiem* zu einem Weiterschreiben (vgl. Ecker 2008) mit der ganzen experimentierenden Bandbreite von Ausdrucksformen, im Sinne einer „Verflechtung von Sprach- und Trauerarbeit" (Thums 2009, 189). Das reicht vom Wunsch, „alles auszuspucken" („mich selbst und alles alles, schreie ich", R 35) bis zur intermedialen Aneignung: „1 heftige Zitierfreude hat mich ergriffen" (R 17). Herangezogen werden Bacons deformierte Körper (vgl. R 17), Becketts selbstentfremdete Figuren (vgl. R 17) und Bach („und steh mit einem Fuß im Grabe : Johann Sebastian Bach.", R 19). „[W]ir halten uns an die Schrift, weil, ein anderes Geländer haben wir nicht, schreibt Thomas Kling" (R 37), zitiert das Ich. Mit ihrer „*Innensprache*" (R 22) setzt die Schreibende im Weiterschreiben dem Topos der ‚Unsagbarkeit' der Trauer die eigene Sprachmacht entgegen.

Literatur

Ariès, Philippe: Geschichte des Todes. München 1980.
Arteel, Inge: Friederike Mayröcker. Hannover 2012.
Ecker, Gisela: Gender in the Work of Grief and Mourning: Contemporary *Requiems* in German Literature. In: Helen Fronius/Anna Linton (Hg.): Women and Death. Representations of Female Victims and Perpetrators in German Culture 1500–2000. Rochester/New York 2008, 203–219.
Kastberger, Klaus: Reinschrift des Lebens. Friederike Mayröckers *Reise durch die Nacht*. Wien 2000.
Kastberger, Klaus: Auf der Bleistiftspitze des Schreibens. Friederike Mayröckers *Gesammelte Prosa/Gesammelte Lyrik*. In: Alexandra Strohmaier (Hg.): Buchstabendelirien. Zur Literatur Friederike Mayröckers. Bielefeld 2009, 19–32.
Loraux, Nicole: Die Trauer der Mütter. Weibliche Leidenschaft und die Gesetze der Politik. Frankfurt a. M./New York 1992.
Naqvi, Fatima: The Literary and Cultural Rhetoric of Victimhood: Western Europe 1970–2005. Basingstoke 2007.
Strigl, Daniela: Vom Rasen (Furor). Ein Versuch zu Friederike Mayröckers Affektpoetik. In: Alexandra Strohmaier (Hg.): Buchstabendelirien. Zur Literatur Friederike Mayröckers. Bielefeld 2009, 51–73.
Thums, Barbara: Schreiben im „Ausnahmezustand": Friederike Mayröckers *Und ich schüttelte einen Liebling*. In: Alexandra Strohmaier (Hg.): Buchstabendelirien. Zur Literatur Friederike Mayröckers. Bielefeld 2009, 177–194.

Die kommunizierenden Gefäße (2003)

Fatima Naqvi

Friederike Mayröckers schmaler Band *Die kommunizierenden Gefäße* (2003) kann als Schlüssel zu ihrer mittleren Schaffensphase und insbesondere ihrem Spätwerk dienen. Darin entwirft sie eine für diese Periode typische Poetologie, die sich der melancholischen Wiederholung verschreibt. Ein autofiktives, alterndes Ich reflektiert über den eigenen Schreibdrang, den Hang zur „Stenographie" (KG 9) und zur „Bildmächtigkeit" (KG 14), die „WORTLANDSCHAFT[en]" und Naturreflexionen („WORT WALDLANDSCHAFT[en]") kreiert (KG 25). In dem aus circa 140 Abschnitten bestehenden Text, der von Mayröckers Strichzeichnungen durchsetzt ist, kreisen die assoziativen Gedanken um das eigene Schreiben und den Bezug zur Kunst, um erinnerte Gespräche und schriftlichen Austausch mit Bekannten, Freunden und Freundinnen. An zentraler Stelle steht Mayröckers 2000 verstorbener Lebensgefährte Ernst Jandl. Der im Text als „EJ" apostrophierte Dichter wird zu einem abwesenden Dialogpartner, dessen Kritik, Anregungen und Ansporn das Ich zitiert – um seine negativen Urteile implizit zu widerlegen, die vermeintliche Schwäche zu hinterfragen und in eine Position der Stärke zu verwandeln. André Bretons *Les vases communicants* (1932),

F. Naqvi (✉)
Yale University, New Haven, Connecticut, USA
E-Mail: Fatima.naqvi@yale.edu

von dem Mayröckers Titel entlehnt ist, dient als Leitbild für ihr Schreiben ab den 1980er-Jahren: Die Grenzen zwischen Traum und Wachsein, Tod und Leben, Inner- und Äußerlichkeit lösen sich zugunsten eines ausbalancierenden Fließens auf. Dieses Fließen erlaubt die Abkehr von der Melancholie (s. hierzu Kap. 63), die Mayröcker im Text thematisiert; Ichverlust und Ichverarmung im melancholischen Haften am Vergangenen werden angesprochen und als Conditio sine qua non fürs Dichten umgewertet.

Schreiben als Einverleibung des Kanons

Mayröcker verhandelt in diesem Text die eigene Stellung innerhalb eines von Männern geprägten Kanons durch den Rückgriff auf Sigmund Freud. In *Die kommunizierenden Gefäße* rekurriert Mayröcker explizit auf den Psychoanalytiker, den sie in einem Interview mit Siegfried J. Schmidt als eines ihrer wenigen wissenschaftlichen Interessen anführt (vgl. Schmidt 1984, 275). Sie erwähnt Freuds *Totem und Tabu* (1912/13) mit einer Notiz zum „ersten Fest der Menschheit" (Freud [1913] 1999, 172), der Totemmahlzeit für den von der brüderlichen Urhorde getöteten Vater: „Es war schon ¼ 3 früh und ich hatte noch nicht geschlafen, vielmehr nahm ich alte Manuskripte und notierte auf ihrer Rückseite meine Nerven (andantino)

Stenographien, Hemingway war auch im Konzert [...] nahm DEMETRIN in der Hoffnung, schlafen zu können, *vielleicht das erste Fest der Menschheit* (Sigmund Freud)" (KG 16). Das jenen Mord kommemorierende „erste Fest" wird nach Freud zum Ursprung für die „sozialen Organisationen, die sittlichen Einschränkungen und die Religion" (Freud [1913] 1999, 172). In der Toten- und Totemmahlzeit gilt es, diesen Mord in ritualisierter Form zu wiederholen und die sozialen Bande zu stärken. Mayröcker übernimmt das von Freud beschriebene Gefühl des Opferseins – der Söhne durch den Vater, des Vaters durch die Söhne – und der Ambivalenz vis-à-vis dem Urvater und transmutiert sie in eine neue Sozialität begründende Zwiesprache, zu der auch Fragmente einer erneuerten Sprache der Liebe (vgl. KG 41) und postalische Grüße an Unbekannte gehören. Um den männlichen Vorgängern die Reverenz zu erweisen (als Kürzel fungiert hier die Nennung des für seinen Machismo bekannten Hemingway), müssen sie inkorporiert, wiederholt und verändert, ihre Dominanz muss untergraben werden. Dies wird zur Bedingung für die Möglichkeit eines ‚weiblichen' Schreibens. Mayröckers seit den 1980er-Jahren gepflegte autofiktionale Vorgehensweise verleibt sich die männlichen Vorgänger somit als „eßbare Funken" ein, um der Auflösung in Sprache Einhalt zu gebieten und das „Leibliche (Stoffliche)" (KG 34) ihrer Texte zu unterstreichen. Auch in diesem Buch sind derer viele, die einverleibt werden müssen: Antoni Tàpies, André Breton, Roland Barthes, Gerard Manley Hopkins, Per Kirkeby, Joseph Beuys. Die Liste ließe sich verlängern.

Die Kritik der Figur EJ im Text (deren Kunstcharakter nicht vergessen werden darf) an ihrem Schreibstil und Modus Vivendi, ihrer *„Auswendigkeit"* (KG 68) im Umgang mit anderen, wird also nicht unwidersprochen hingenommen. Die ‚Externalität' und der resultierende Solipsismus, die EJ dem Ich vorwirft, werden zuerst vorgeführt und dann zurückgenommen. So kommt das Ich zu einem dialektischen Umkehrpunkt, von dem aus die „ruinösen Zweifel während der Arbeit" (KG 50) in ein empathisches Mit-anderen-Kommunizieren umschlagen können. In der Mitte des Textes kommt dieser springende Punkt, der die Veränderung des Ichs vorführt:

> [...] ergriffen nämlich ergreifend, um ergreifen zu können, muß man selber ergriffen sein, usw., großes Werk, aber immer von neuem die ruinösen Zweifel während der Arbeit, [...] Selbstzerfleischungen, schreien und toben, der unergiebige Weg, kein Wort und kein Satz vorhanden, der absolute Zusammenbruch des Gehirns, die absolute Skelettierung der Seele, das sich Zusammenfalten und Zusammenkrümmen des Leibes, bis nichts mehr da, keine Ausdehnung mehr möglich, mein Selbst geschrumpft zum dreckigen nackten PUNKT, I übersehbarer PUNKT auf I schmierigen Zeichenblatt, usw. Ich selbst I unbedeutendes armseliges Ding [...]. (KG 50)

Mit der Ersetzung des unbestimmten Artikels „ein" durch die römische Zahl „I" schält sich ein englisches *I* aus dem Indistinkten: „Ich selbst I". Angesichts von Mayröckers oft erwähnter Derrida-Lektüre (zentral in diesem Kontext das Buch *Die Postkarte von Sokrates bis an Freud und jenseits* [frz. 1980, dt. 1989] des französischen Philosophen, vgl. KG 51) und ihrer Familiarität mit dem Englischen passt dieses multilinguale Wortspiel zu ihrem kunstreichen Text, zu ihrem von Anspielungen, Anakoluthen, Anaphern und Alliterationen geprägten Schreibstil. Wiederholungen („kein", „absolute"), Abwandlungen der Tempi („ergriffen" – „ergreifend" – „ergreifen"), Stabreime („Skelettierung" – „Seele", „Zusammenfalten" – „Zusammenkrümmen") und Zischlaute nähern sich lautmalerisch einer poetischen Arm-*Seligkeit* an. Wo das melancholische, von Selbstzweifeln und -vorwürfen charakterisierte Ich war, entsteht ein sich dem Leben zuwendendes, hoffnungsvolles *I*: „Ich selbst I unbedeutendes armseliges Ding, und *das funkelt im Herzen*" (KG 50 [Herv. d. Verf.]). Eine *arte povera* entsprießt dem Anhaften am Vergangenen, der Selbstzurücknahme und der Ambivalenz.

Nur indem Mayröckers Ich Autobiographie und Fiktion, Autorin und Erzählerin, Tradition und Imagination ‚kommunizieren' lässt und sich einer ins Positive gewendeten Melancholie verschreibt, gelingt es ihr, dem *„plane[n] Erzählen"* (KG 84) zu entkommen und sich in einen männlich dominierten Kanon einzuschreiben. Ihre Suche nach „Blutsbrüder[n]" (GP III, 131) begleitet sie von Anbeginn ihres Schreibens. Schon 1986 nennt sie im Kontext ihrer Aufnahme in die Deutsche Akademie für Sprache und Dichtung Vorgänger wie „Beckett und Brecht, Roland Barthes und Breton, Max Ernst und Jean Paul, Hölderlin, Arno Schmidt, Michaux, Claude Simon" und, als einzige Frau, „Duras" (GP III, 131). Durch beschwörendes Evozieren der illustren Namen verleibt sich das Ich Bruchstücke aus der westeuropäischen Tradition ein, um sie durch Nachzeichnen und Umschreiben in flatterhaften Gedankenfetzen und dialogischen Wendungen wieder auftauchen zu lassen. So werden dem „Schwächling", „Schweiger", „Wetterdichter mit Wandertasche" und der „fragwürdige[n] Marginalexistenz" einerseits ihr unzeitgemäßer Status als „Fremdling der Welt" (GP III, 131) klar. Andererseits feiert die dematerialisierte ‚schreibende Frau' so ihre Wiederauferstehung als rematerialisierter „Dichter" (GP III, 139). Die Materialität des Alltags wird mit einer weiblich konnotierten Innerlichkeit verbunden. Einem Wiederholungsprinzip folgend, kreist sie hypnotisiert um den Kanon, um diesen von innen heraus zu verändern.

Es ist bemerkt worden, dass Mayröcker sich die romantische Form des Briefromans zu eigen gemacht und auf ihre idiosynkratische Weise in Richtung kontemporärer Kommunikationsformen wie Fax, E-Mail reformatiert hat (vgl. Vogel 1996, 84). Ebenso könnte man behaupten, dass ihre surrealen Bilder die misogyne Wirkmächtigkeit ihrer avantgardistischen Vorgänger zu Transgender-Positionen hinwenden. Man denke hier an die Erwähnung von Bretons *Nadja* (vgl. KG 41) wie auch des Avantgardekünstlers Peter Weibel, der ein Kätzchen wie „1 Penis" in seinem offenen Hemd trägt und dem dann „1 weibliche Brust" (KG 9–10) verliehen wird. Der Wiederholungszwang innerhalb der Melancholie wird seiner negativen Konnotation entledigt und im Sinne des von Mayröcker beschriebenen „obsessionelle[n] Looping[s]" (KG 77) umdefiniert: „[A]ch, schreibe ich an Georg Kierdorf-Traut, ich bin gerne melancholisch, weil da das Schreiben besser geht : 1 Tränenstrom!" (KG 54–55) Nur durch die ewige Rückwendung zum Vergangenen kann eine partielle Übereinstimmung zwischen ‚I' und ‚Du', Ich und Welt, dem Einen und dem Unbestimmten erreicht werden. Dieses Looping wird zur Conditio sine qua non für *Poiesis*, die sich der „poetische[n] Überlagerung divergenter Daseinsbereiche" (KG 76) und deren palimpsesthaftem Nachzeichnen verschreibt.

Zeichnen als Übersetzungsarbeit

Die Übersetzbarkeit von Materie in Sprache, von prosaischer Erfahrung in Poesie wird zudem durch die eingestreuten Zeichnungen von Mayröckers Hand unterstrichen. Der erste Teil von *Die kommunizierenden Gefäße* erschien schon 2002 – also ein Jahr früher – in einem Handpressendruck unter dem Titel *Wildfieber* im Verlag Rommerskirchen, in einer 990 handsignierte Exemplare umfassenden Auflage. Ein Vergleich mit der bei Suhrkamp erschienenen Variante lohnt sich. In der Reihe „Signatur: Zeit Schrift Bild Klang Objekt", die Werke von Günther Grass, Horst Bienek, Eugène Ionesco, Per Kirkeby, Arik Brauer und Sarah Kirsch inkludiert, wird Mayröckers großformatiges Buch als Gesamtkunstwerk für Buchliebhaber und Buchliebhaberinnen publiziert. Ihre eingestreuten Zeichnungen, die in der Suhrkamp-Edition schwarz auf weiß gedruckt sind, werden hier bunt (rot, orange, gelb, grün, lila, blau, schwarz) wiedergegeben. Gelegentlich werden sie auf Dünndruckpapier vergrößert. Manche Bilder zeigen Strichmännchen, die in der Suhrkamp-Variante nicht vorkommen; das Titelbild, das zwei schemenhafte, miteinander verbundene Figuren als kommunizierende Röhren darstellt, wird bei Suhrkamp leider gänzlich weggelassen. Die Signatur-Variante umfasst ungefähr ein Drittel des später veröffentlichten Textes: Sie endet mit einem Gruß EJs aus dem Jenseits: „EJ sagt, er habe während seines Aufenthaltes in dem anderen Bereich beobachtet, wie sich die Engel gegenseitig die Zunge herausstreckten" (Mayröcker 2002, o. S.). Die Themen Tod,

Melancholie, Anamnese, Durchlässigkeit, Dialogizität und Einschreibung in eine Traditionslinie werden hier angereichert durch Mayröckers eigene melancholische ‚Übersetzungsarbeit' in der bibliophilen Ausgabe. *Wildfieber* gibt sich als temporäres Konvolut. Es beinhaltet auch von ihr beschriebene Umschläge, Post-It-Notes und Anmerkungen an den Rändern, die keinen Eingang in die Suhrkamp-Version finden. Mayröcker scheint sich somit des Verlustes in der Übertragung klar und begreift *Wildfieber* als eine mögliche Permutation des bald zu verlierenden Objektes, das heißt: des eigenen Textes, der in einer zweiten, erweiterten Fassung im Suhrkamp Verlag erscheinen wird.

Das Kunstbuch entwirft somit eine Poetik des Für-andere-Seins im Akt der divergierenden Übertragung. Es wiederholt in vielschichtigen Umwandlungen das im titelgebenden Bild veranschaulichte Desiderat. Innerhalb der kommunizierenden Röhren-Männchen auf dem Cover steht zu lesen „‚–. wir knootzten (lümmelten) Schulter an Schulter'" (Mayröcker 2002, o. S.). Die im Text wiederkehrende Wendung wird so als Alternative zum offiziellen Titel vorgeschlagen und übersetzt zudem das umgangssprachliche, imaginative Verb ‚knootzten' ins Hochdeutsche ‚lümmeln'. Die Phrase synkopiert jazzartig die folgenden Seiten, wo sie zurückkehrt, zusammen mit Abwandlungen der Strichmännchen-Figuren, die mal vergrößert, mal verkleinert, mal mit Augen, mal ohne vorkommen. Diese Ausgabe verleiht den Zeichnungen einen supplementären Charakter zu den mit Rotstift edierten Textfahnen; sie illustrieren das Gesagte *und* gehen darüber hinaus.

Blättert man langsam das Buch durch, sieht man auch, wie Strichfiguren sich überblenden und zu Bewegtbildern werden. Die „zusammengeknickt[e]" (KG 20) Ich-Figur wird in *Wildfieber* zum Beispiel mit einer in Blau reproduzierten Figur zusammengeführt. Diese zweite auf einer ganzen Dünndruckseite wiedergegebene Zeichnung zeigt eine ähnliche Strichfigur mit der für Mayröcker charakteristischen struwweligen Frisur, „weinend auf dem Hügel (der Erinnerung)" (Mayröcker 2002, o. S.). Sie ist angelehnt an einen grob skizzierten Hang. Obzwar melancholisch gekrümmt, scheint sie eine wörtliche Stütze in der Natur und eine metaphorische in der Erinnerung zu finden. Durch Umblättern überlagert die angelehnte Figur die abgeknickte. Sie verschmelzen wie bei einem Laufbild, und die Figur scheint sich aufzurichten. Aus der melancholischen Verarmung wird eine Wiederauferstehung. Durch weiteres Blättern wird zudem die Dünndruckseite mit der folgenden Hochglanzseite zusammengebracht, die dieselbe sich anlehnende Figur schwarz auf weiß und im Großformat zeigt. Durch die spiegelverkehrte, symmetrische Doppelung der Figur wächst sich der halbe Hang zu einem ganzen Hügel aus. Nun lehnen eine blaue und eine schwarze Figur an beiden Hängen des „Hügel[s] (der Erinnerung)" (Mayröcker 2002, o. S.). Auch sie sind, wie die Figuren am Titelblatt, nach dem Prinzip der ‚kommunizierenden Gefäße' verbunden.

Das mit Text-Bild, Handschrift-Typographie, Text-Text-Interaktion spielende und mit der Geste des Vorläufigen ausgestattete Buch evoziert in seiner wunderschönen Gemachtheit die ‚arm-selige' und melancholische Vorgehensweise, die Mayröckers Sprachkunst zugrunde liegt. Die einfachen Zeichnungen offenbaren bei näherem Hinsehen eine ungeheure Komplexität. Und die zweite Ausgabe des Textes führt das melancholische, „obsessionelle Looping" (KG 77) weiter: Die Werke des katalanischen Künstlers Antoni Tàpies, die in der Fortsetzung in der Suhrkamp-Edition ausführlich beschrieben werden, werden durch neue Zeichnungen Mayröckers imitiert und ins Persönlich-Graphologische übertragen. In *Die kommunizierenden Gefäße* werden sie zum Auslöser einer empathischen Übereinkunft mit der Welt der Dinge, nicht nur der Menschen. So spinnt sich das Buch aus dem Jahre 2003 als eigene Permutation und Übersetzung weiter, die Rückkehr zu Vorgängern und Vergangenem thematisierend und die Entstehung von Eigenem aus Einfachem veranschaulichend.

Literatur

Freud, Sigmund: Totem und Tabu [1913]. In: Ders.: Gesammelte Werke. Bd. 9. Frankfurt a. M. 1999.

Mayröcker, Friederike: Wildfieber. Remagen-Rolandseck 2002.

Schmidt, Siegfried J.: „Es schießt zusammen". Gespräch mit Friederike Mayröcker. In: Ders. (Hg.): Friederike Mayröcker. Frankfurt a. M. 1984, 260–283.

Vogel, Juliane: Nachtpost. In: Klaus Kastberger/Wendelin Schmidt-Dengler (Hg.): In Böen wechselt mein Sinn. Wien 1996, 69–85.

Und ich schüttelte einen Liebling (2005)

Alexandra Strohmaier

Der 2005 erschienene Prosaband lässt sich zusammen mit *Requiem für Ernst Jandl* (2001) und *Die kommunizierenden Gefäße* (2003) zu einer Trilogie der Trauer zusammenfassen, deren realen Ursprung der Tod des Lebensgefährten Ernst Jandl darstellt. Bei dem im Titel genannten „Liebling" handelt es sich allerdings nicht, wie im Feuilleton gelegentlich insinuiert wird, um den verstorbenen Geliebten (vgl. dazu auch Arteel 2012, 89), der im Buch mit den Initialen EJ erscheint, sondern um die Sprache. Sie ist es, die als Liebesobjekt apostrophiert wird – nicht zuletzt deshalb, weil sie es erlaubt, dem Verlust symbolisch beizukommen. Das distinkte Profil dieser Prosa, auf das die Autorin in Interviews selbst hingewiesen und das sie mit ihrer intensiven Lektüre Gertrude Steins in Zusammenhang gebracht hat, ist durch den ursprünglich vorgesehenen Titel „Narration" mitgeprägt (vgl. Radisch 2004). Dieser entspricht dem englischen Originaltitel der im Buch in Form von Zitaten präsenten Sammlung erzähltheoretischer Vorträge, die Gertrude Stein 1935 an der Universität von Chicago gehalten und die Ernst Jandl unter dem Titel *Erzählen* ins Deutsche übertragen hat. Mayröckers Auseinandersetzung mit Steins avantgardistischer Konzeption eines realistischen Erzählens, das auf die Sinnlichkeit der Wahrnehmung und der Zeichen setzt und dem Prinzip einer variierenden, lebendigen Wiederholung als „Ausdrucksform des ‚Existierens'" (Thums 2009, 180) verpflichtet ist, manifestiert sich nicht nur an Zitaten aus Steins *Erzählen* (vgl. etwa SL 162), sondern auch an einer im Werk Mayröckers durchaus singulären „Hinwendung zum Narrativen" (Thums 2009, 179). Die Bedeutung Steins für den Prosaband zeigt sich auch quantitativ. Aus den ihr gewidmeten Passagen ging ein eigenes Hörspiel hervor, das im Mai 2005 erstmals gesendet wurde (s. Kap. 42).

Die mit dem narrativen Profil der Prosa ins Spiel gebrachte Linearität geht einher mit einer Häufung an Referenzen auf das – seit Lessing mit der Zeitkunst der Dichtung identifizierte – Medium der Musik, wobei das Spektrum der Bezugsgrößen von Bach (vgl. SL 87, 147) und Mozart (vgl. 97, 103) über Maria Callas (vgl. SL 98, 102, 105, 109, 113, 140, 151, 156, 159, 162, 176, 181, 198, 223) bis Keith Jarrett (vgl. 49, 67, 68, 105, 108, 113, 141) reicht. Der wiederholte Verweis auf die Musik als Inspirationsquelle des Schreibens erscheint als performativer Widerspruch, der die Selbstcharakterisierung des Ich – „ich sage das Akustische ist mein Stiefkind : bin Augenmensch" (SL 229) – ostentativ konterkariert.

A. Strohmaier (✉)
Universität Graz, Graz, Österreich
E-Mail: alexandra.strohmaier@uni-graz.at

Erinnerungsbuch

Und ich schüttelte einen Liebling kann tatsächlich, wie es im Klappentext heißt, als ein „Buch der Erinnerung" charakterisiert werden, als ein Buch aus und über Erinnerung. Seine diesbezügliche literaturwissenschaftliche Bedeutsamkeit liegt allerdings nicht primär in dem, was als Erinnertes präsentiert wird, sondern darin, dass es die Praxis des Erinnerns selbst inszeniert, die sich, wie vor Augen geführt wird, unweigerlich im Medium der Zeichen vollzieht. Der selbstreflexiven Tendenz von Mayröckers Prosa entsprechend wird die Literarizität des Erinnerten im Text metapoetisch herausgestellt, und zwar durch die Zitation von Werken, die als paradigmatische Realisierung bzw. als avantgardistische Aktualisierungen der ‚Gedächtnisgattung' Autobiographie gelten können und sich ihrerseits selbstreferentiell auf das Phänomen des Erinnerns beziehen.

Das Ich zirkuliert um das verlorene Liebesobjekt: „ich kreise um dich, sage ich zu EJ, ich kreise unaufhörlich um dich und ich weine um dich schon so viele Jahre eine so lange Zeit" (SL 86). Die in den zirkulären Bewegungen gegen die Leerstelle aufgebotenen Erinnerungen versagen den Leserinnen und Lesern allerdings die sentimentale Befriedigung eines konventionellen Erinnerungsbuches, zumal die Beziehung, wie sie das Ich durch die dem abwesenden Geliebten zugeschriebenen Zitate konfiguriert, auch die ambivalenten Abgründe dessen, was man Liebe nennt, zutage treten lässt. Kränkung, ein Widerfahrnis, das dem Ich auch gleichsam wörtlich begegnet – „und ich finde auf einem Notizblatt die Worte: tiefe Kränkung" (SL 175) –, wird vom Geliebten als unabdingbares Element liebevoller Verbundenheit ausgewiesen. Diese erscheint paradoxerweise gerade als das, was die Verletzung des Liebesobjekts bedingt: „Und wie er, EJ, immer sagte, man müsse gerade jene Menschen die einen ins Herz geschlossen haben immer wieder verletzen" (SL 132). Zudem ist es gerade die Vergegenwärtigung des Verlorenen, was die Gewissheit seiner Unwiederbringlichkeit hervorbringt und Erinnerung als eine keineswegs nostalgische, sondern vielmehr schmerzliche Angelegenheit ausweist. In der Annäherung des Vergangenen an die Gegenwart durch die erinnernde Wiederholung zeigt sich gerade der Entzug der Präsenz: „es nähert sich alles was war aber es ist nicht da" (SL 87, 122, 135; vgl. SL 172). Dem Ich wird die vergangene Präsenz in ihrer ‚Gewesenheit' bewusst, Erinnern wird als widersprüchliche Operation inszeniert, die das Verlorene sowohl vergegenwärtigt, als auch (dadurch) als Verlust installiert.

In seinem – wenn auch als vergeblich ausgewiesenen – Versuch, des toten Geliebten in der Erinnerung habhaft zu werden, ihn in seiner ‚Identität' zu fassen, rekurriert Mayröckers Erinnerungsbuch indirekt auf ein Gründungsnarrativ der antiken Mnemotechnik. Wie in der Legende vom griechischen Dichter Simonides von Keos, dem es gelang, nach dem Einsturz eines Festsaals die Toten anhand der Erinnerung an die von ihnen eingenommenen Plätze am Tisch zu identifizieren, heftet das schreibende Ich seine Bilder vom Verlorenen an die von ihnen besuchten Orte. Neben „Berlin" (SL 18), „Boston" (SL 22), „Washington" und „New York" (SL 19; vgl. SL 34–35) werden etwa „Ruszland Moskau St. Petersburg : Phantome von Örtlichkeiten" (SL 94) als Stationen von Reisen aufgerufen, die als Wegmarken zweier gemeinsam geführter Schriftstellerleben erscheinen und eine – in der späten Prosa Mayröckers singulär anmutende – literarische Topographie aufspannen.

Am nächsten scheint das Ich dem toten Geliebten durch die als „Fetische" (SL 30) bezeichneten Dinge zu kommen, die es im Alltag mit seiner dagewesenen Gegenwart konfrontieren: das „Badetuch, […] zuletzt von EJ" (SL 32) benutzt, „die mottenzerfressenen Anzüge Windjacken von EJ" (SL 62), „EJs Handschuh" (SL 155), „sein Stock", bei dessen Berührung das Ich vermeint, „die Wärme seiner Hand zu spüren" (SL 228), nicht zuletzt „seine Handschrift", die „noch überall hier herum" liegt (SL 228). Die Attraktion dieser „*Verlassenschaftssachen*" (SL 157) für das Ich rührt daher, dass sie etwas von der Leiblichkeit des Geliebten zurückbehalten haben (vgl. dazu auch

Ecker 2016, 581–589). Die Inschrift des Körpers, die sich an ihnen abzeichnet, ist aber nur lesbar, weil sich der Körper von den Gegenständen, die die Spuren seiner Berührung tragen, abgelöst hat. Körperliche Spuren sind, wie die Schreibende im Zusammenhang mit den zurückgelassenen Dingen als „Fetische[n]" konstatiert, „zerrissene Zeichen" (SL 41). Sie bezeugen die vergangene Anwesenheit des geliebten Körpers und verweisen gleichzeitig auf seine Abwesenheit als Bedingung ihrer Sichtbarkeit.

Wie körperliche Spuren so evozieren auch und gerade Photographien diese irreduzible Ambivalenz der Erinnerung, was insbesondere anhand eines photographischen Doppelporträts inszeniert wird. Dessen Bedeutung wird zudem dadurch ersichtlich, dass es in zwei späteren Werken der Autorin als Faksimile reproduziert erscheint (vgl. AF 182; PS 208). Seine Betrachtung „schnürt" dem Ich „den Hals" (SL 85) – eine Reaktion, deren Violenz durch Wiederholung akzentuiert wird (vgl. SL 85). Der Affekt scheint dadurch bedingt, dass die Wirkung von Photographien – wie Roland Barthes, den das Ich „aus dem Gedächtnis" (SL 181) zitiert, herausgearbeitet hat – nicht primär darin besteht, den abwesenden Körper zu vergegenwärtigen, als darin, seine faktische ‚Dagewesenheit' zu beglaubigen (vgl. Barthes [1980] 1985, 92–99). Der Akt der Vergegenwärtigung des verlorenen Objekts mittels der Photographie involviert mithin die Bewusstwerdung der Uneinholbarkeit der durch sie verbürgten Präsenz, der vergangenen Einmaligkeit des Verlorenen, und bedingt, dass immer auch Gedanken an die eigene Vergänglichkeit aufgerufen werden (vgl. Barthes [1980] 1985, 103). Weit entfernt von einer nostalgischen Sehnsucht nach der Vergangenheit provoziert das Foto, das neben dem Körper des toten Geliebten auch jenen des schreibenden Ich ikonisch festhält, die Angst vor (dem einzig Gewissen) der Zukunft. Die Todesangst, die das Ich heimsucht (vgl. dazu etwa auch SL 186, 197), wird denn auch metaphorisch analog zu dem Affekt gefasst, den die Betrachtung der Photographie beim Ich bewirkt: „ach die Todesschärpe wird mich erdrosseln" (SL 140).

Die Erinnerungstätigkeit als konstitutive Funktion des Buches und ihre konstruktive und kreative Dimension werden insbesondere durch die spezifischen Intertexte reflektiert, (an) die das Buch erinnert. Mit den expliziten Referenzen auf Steins *Autobiographie der Alice B. Toklas* (1933; vgl. SL 51, 117–118, 198, 210) und *Jedermanns Autobiographie* (1937; vgl. SL 224) werden Texte zitiert, die in ihrer Revision zentraler Genrekonventionen und Verfahren klassischer (Auto-)Biographik Erinnern als eine Operation thematisieren, die nicht eindeutig auf Wirklichkeitsreferenz festgelegt werden kann. Daneben ist es insbesondere das vom Ich emphatisch rezipierte Buch *Jacques Derrida. Ein Porträt* (frz. 1991, dt. 1994) von Geoffrey Bennington und Jacques Derrida – aus dem zahlreiche Sequenzen wörtlich wiederholt werden (vgl. etwa SL 30, 70, 120, 194) –, das die Aporien des Erinnerns und seiner (Re-)Produktion im Medium der Schrift problematisiert. Dabei integriert Derridas Text über sich selbst, der unter dem Titel „Zirkumfession" im Buch *Jacques Derrida* enthalten ist, seinerseits die *Confessiones* (397–401) des Augustinus als Urtext der modernen Autobiographie, welcher Erinnertes nicht nur in Form seines Inhalts präsentiert, sondern (im X. und XI. Buch) den Akt des Erinnerns selbst zum Thema macht. Wie Augustinus gedenkt Derrida (des Todes) der Mutter (vgl. etwa Bennington/Derrida [1991] 1994, 25–27, 31, 34, 46–47, 110, 133). Voller Reminiszenzen an die (sterbende) Mutter ist auch das Erinnerungsbuch Mayröckers (vgl. etwa SL 28, 39, 46, 47, 90, 115–116, 126, 193, 220). Erinnert wird zudem eine Liebe zu Ely (vgl. etwa SL 24, 88, 99, 104), einer (fiktiven) Figur, deren Name eine Variante von „Élie" (Derrida/Bennington [1991] 1994, 63, 95), des „verborgenen Namens" (Derrida/Bennington [1991] 1994, 96, 100), darstellt, den sich Derrida (in Erinnerung an den Propheten Elias) in „Zirkumfession" zuschreibt. Via Derrida gehen auch die *Confessiones* des Augustinus, die in ihrer Konzeption von Bekenntnis als Performanz an poststrukturalistische Konzeptionen autobiographischer Praxis anschließbar sind (vgl. Fuhrer 2008, 186), in Mayröckers Text ein (vgl. etwa SL 92, 133, 157).

Neben der selbstreferentiellen Reflexion auf Erinnerung und die mit ihr assoziierten literarischen Genres, die durch die Präsenz dieser Prätexte geleistet wird, erfolgt durch ihre Zitation gleichzeitig auch eine ironische Unterminierung der vom Ich vordergründig behaupteten Authentizität des Erinnerten. Das Ich besteht darauf, die „Selbstentblößung noch nie vorher […] so weit so schamlos getrieben" (SL 139) zu haben. Die Transparenz des Dargestellten wird allerdings ausgerechnet durch Berufung auf jene für sein Erinnerungsbuch so bedeutsame Autorin suggeriert, deren Anspruch auf Wahrheit in ihren autobiographischen Texten äußerst zweifelhaft ist: „und Gertrude Stein sagte *ich glaube ich schreibe so klar dasz ich mir darüber Sorgen mache*" (SL 91). Nicht zuletzt wird die Glaubhaftigkeit, auf der das Ich insistiert, dadurch fragwürdig, dass das Ich die Grenzen zwischen seinem Text und dem ihm eingetragenen – zwischen Faktualität und Fiktionalität oszillierenden – Werk Steins aufhebt: „man weisz nicht wo Gertrude Stein anfängt und mein eigener Text endet, oder umgekehrt" (SL 80). Auf ähnliche Weise situiert sich das Ich mit seinem Text zum einen in der von Augustinus begründeten autobiographischen Tradition der Bekenntnisschrift: „ich lege jetzt eine Beichte ab in meinem neuen Buch" (SL 119). Zum anderen stellt es mit der Zitation Derridas, der in „Zirkumfession" mit Rückgriff auf Augustinus argumentiert, „daß ein Bekenntnis nichts mit der Wahrheit zu tun hat" (Bennington/Derrida [1991] 1994, 121), die Wahrhaftigkeit seiner „Selbstentblößung" (SL 139) in Abrede (vgl. dazu auch Strohmaier 2012, 118–119).

Figuralität

Und ich schüttelte einen Liebling realisiert das für Mayröcker „neue poetologische Programm des figuralen Schreibens" (Thums 2009, 185), was durch die repetitive Formel *„ich schreibe jetzt figural"* (SL 15; vgl. SL 61, 87, 109, 116, 139) auch dezidiert herausgestellt wird. Mayröckers Poetik des Figuralen lässt sich literatur- und kunsthistorisch mit den im Text aufgerufenen ‚literarischen Porträts' Gertrude Steins sowie den Porträtbildern Maria Lassnigs und Francis Bacons in Verbindung bringen, für die es charakteristisch ist, dass sie – im ursprünglichen Sinn des Begriffs *figura* – die menschliche Gestalt in ihrer Dynamik und Beweglichkeit in Szene setzen (vgl. Thums 2009, 185–187). Darüber hinaus lässt sich das Konzept des „‚figuralen Kunst-Machens'" (Thums 2009, 179) in der Tradition der christlichen Figuraldeutung verorten, die – wie auch der im Text besonders prominent ausgestaltete antike Topos des *poeta vates* – einer Modernisierung im Zeichen des Ästhetischen unterzogen wird (vgl. Thums 2009, 179, 188–194).

Aber nicht nur hinsichtlich seiner poetischen Verfahren lässt sich das Buch mit Rückgriff auf den Begriff der *figura* in seiner Spezifität erfassen, gerade auch in seiner Konzeption von Sprache orientiert es sich an der antiken *figura* und der ihr eigentümlichen, ursprünglichen Betonung der Plastizität der Darstellung. Die Sprache selbst wird in Mayröckers Text zu einer lebendigen Gestalt. Mit seiner Strategie, „sich ganz hinein[zu]steigern in die Materialität der Sprache" (SL 63), kreiert das Ich eine *„leibhaftige Sprache"* (SL 73). So lässt bereits die Verbmetapher des Titels die Körperlichkeit des geliebten Objekts hervortreten. Der Titel selbst erscheint wiederum als Paraphrase auf eine poetologische Forderung, die im Buch *brütt* (1998), an dessen Entstehung das Ich sich erinnert (vgl. SL 146), erhoben wird und die die Körperlichkeit des Symbolischen betont: „hin- und hergerüttelt müsse werden die Sprache" (BR 162). Derart in ihrer Materialität affirmiert, vermag die Sprache gleichsam konkret für das verlorene Liebesobjekt einzustehen.

Literatur

Arteel, Inge: Friederike Mayröcker. Hannover 2012.
Barthes, Roland: Die helle Kammer. Bemerkungen zur Photographie [1980]. Aus dem Französischen von Dietrich Leube. Frankfurt a. M. 1985.

Bennington, Geoffrey/Derrida, Jacques: Jacques Derrida. Ein Porträt [1991]. Aus dem Französischen von Stefan Lorenzer. Frankfurt a. M. 1994.

Ecker, Gisela: „Ausgesparte Gummiringe nie benutzte Griffel". Nicht-sterbliche Überreste in der Gegenwartsliteratur. In: Sarah Schmidt (Hg.): Sprachen des Sammelns. Literatur als Medium und Reflexionsform des Sammelns. Paderborn 2016, 577–592.

Fuhrer, Therese: De-Konstruktion der Ich-Identität in Augustins *Confessiones*. In: Alexander Arweiler/Melanie Möller (Hg.): Vom Selbst-Verständnis in Antike und Neuzeit. Notions of the Self in Antiquity and Beyond. Berlin/New York 2008, 175–188.

Radisch, Iris: Die Welt ist so reich. Zum 80. Geburtstag der großen Wiener Dichterin Friederike Mayröcker: Ein Gespräch über die Unbegreiflichkeit des Lebens. In: Die Zeit (Hamburg) vom 16.12.2004, https://www.zeit.de/2004/52/L-Mayr_9acker/komplettansicht (25.7.2023).

Strohmaier, Alexandra: „Bekenntnisse haben nichts mit der Wahrheit zu tun." Zur Performativität der Prosa Friederike Mayröckers. Punktuelle Anmerkungen. In: Françoise Lartillot/Aurélie Le Née/Alfred Pfabigan (Hg.): „Einzelteilchen aller Menschengehirne". Subjekt und Subjektivität in Friederike Mayröckers (Spät-)Werk. Bielefeld 2012, 115–130.

Thums, Barbara: Schreiben im „Ausnahmezustand": Friederike Mayröckers *Und ich schüttelte einen Liebling*. In: Alexandra Strohmaier (Hg.): Buchstabendelirien. Zur Literatur Friederike Mayröckers. Bielefeld 2009, 177–194.

Paloma (2008)

Arnhilt Inguglia-Höfle

Datiert über einen Zeitraum von knapp einem Jahr, vom 3.5.2006 bis zum 5.4.2007, besteht Friederike Mayröckers *Paloma* (2008) aus 99 nummerierten Briefen an einen „lieben Freund". *Paloma* ging aus einer Auftragsarbeit hervor: Die deutsche Wochenzeitung *Die Zeit* hatte Schriftstellerinnen und Schriftsteller gebeten, eine Postkarte an eine Freundin oder einen Freund einzuschicken (vgl. Arteel 2012, 73). Die eingeschickte Postkarte steht als Nummer 1 am Anfang des Werkes. Das Buch ist *Zeit*-Feuilletonleiterin Iris Radisch gewidmet.

Zentrale inhaltliche Aspekte

Der Titel *Paloma* (spanisch für ‚Taube') ruft eine ganze Reihe an Assoziationen mit reichhaltiger Symbolik hervor: der Form naheliegend die Brieftaube, die Friedenstaube oder die Taube als Symbol für den Heiligen Geist. Der Welthit *La Paloma*, einer der meistinterpretierten Schlager aller Zeiten, handelt vom Abschied des Seemanns von der Geliebten. Tauben kommen auch im Text vor und decken dieses Spektrum in ihrer Mehrdeutigkeit ab: „damals meine Mutter wollte mit dem Sterben nicht warten auf mich […] durchaus Tauben im Flieder : zum Himmel aufgefahren. *Meine Pilgerschaft meine Paloma* – habe deine Stimme im Ohr, da liegt alles drin was du bist" (P 21); „heute Fronleichnam und Taubengurren" (P 32). Tiermotive (in *Paloma* auch andere Vögel wie Finken, Fittiche, Albatrosse oder das Mischwesen des Vogel Greif), die Themen der Pilgerschaft und Transzendenz stellen Elemente dar, die in Mayröckers Werk generell verbreitet sind. Erst in *Paloma* wird die Verbindung der Taube mit dem Tod jedoch so deutlich (vgl. Kyora 2009, 151). Für Erika Tunner steht die Taube vor allem für die Bewegung des Fliegens, das für sie auch zum Bild für Mayröckers Schreibart wird (vgl. Tunner 2009, 202).

Paloma ist hochkarätig besetzt mit Figuren, die auf reale Personen aus dem Bekanntenkreis der Autorin und dem Literatur- und Kulturbetrieb anspielen. Sie sind mit vollem Namen oder mit dem Vornamen und der Initiale des Nachnamens kenntlich gemacht: H. C. Artmann, Paul Celan, Bodo Hell, Elfriede Jelinek, Angelika Kaufmann, Maria Lassnig, Gerhard Rühm, Ginka Steinwachs u. v. m. Immer wieder wird von Peter Handke berichtet oder geträumt (vgl. P 38, 83, 108, 114), der auch zum Anlass für poetologische Überlegungen wird: „Immer nur Beschreibungen Beschreibungen, sagt Peter H., *nie Reflexionen*" (P 18). Die Pariser Germanistin Erika Tunner, die selbst im Buch als „Erika T." erwähnt wird, macht in ihrem Aufsatz zu den „Menschen Verhältnissen" in *Paloma* auf

A. Inguglia-Höfle (✉)
Österreichische Nationalbibliothek, Wien, Österreich
E-Mail: arnhilt.hoefle@onb.ac.at

das Eigenleben dieser Figuren aufmerksam (vgl. Tunner 2009).

Über den Adressaten der 99 Briefe, den „lieben Freund", wird im Text nichts Spezifischeres offenbart. Am 2.7.2006 wird er nach seiner Ferienadresse gefragt, er befindet sich offenbar im Urlaub (vgl. P 38). Das Ich träumt immer wieder von ihm (vgl. P 44, 98) und gelegentlich wird telefoniert (vgl. P 81, 152). Für die (im Buch nicht wiedergegebenen) Antwortbriefe wird ihm überschwänglich gedankt: „ach dieser dein jüngster Brief ist eine Arzenei" (P 95). Dass sich mehr aus der freundschaftlichen Beziehung hätte entwickeln können, kommt im allerletzten Brief heraus: *„vielleicht hätte ich dich lieben können, wenn nicht ER immer noch in meinem Herzen"* (P 198).

Die Briefschreiberin träumt intensiv von „IHM", ihrem verstorbenen Lebensgefährten, der ebenfalls namenlos bleibt. Sie erinnert sich an gemeinsame Alltagssituationen, Gespräche, Reisen und Veranstaltungen. Auch intime Situationen werden geschildert, die sowohl Zärtlichkeiten („ER betrachtete meinen Nabel, dieser Hauch von Liebe zwischen UNS", P 86), aber auch Konflikte und Gewalt zum Vorschein bringen („heftige Kopulation die mir Schmerzen verursachte", P 52). Die Beziehung zwischen den „*Kontrastpersonen*" (P 33) erscheint nicht nur als harmonisch, es wird auch von Kränkungen, Wutausbrüchen und gegenseitiger Untreue berichtet: „WIR sind stets Verbündete gewesen, auch im Versagen an einander, im Gegenspiel, in wechselseitigen Verrat Situationen" (P 68). Das Vermissen und die Trauer über seinen Tod, der im Traum und im Wachzustand oft vergessen wird und nicht akzeptiert werden möchte, zählen zu den dominantesten Themen dieses Textes. Anhand der Fülle an scheinbar (auto-)biographischen Details ist in dieser Figur eine fiktionalisierte literarische Anspielung auf Ernst Jandl zu erkennen (vgl. auch andere Veröffentlichungen Mayröckers seit Jandls Tod im Jahr 2000, z. B. *Requiem für Ernst Jandl, Die kommunizierenden Gefäße, Und ich schüttelte einen Liebling* etc.). Neben „SEINEM" Tod spielt in *Paloma* auch der Tod der Eltern und der eigene Tod eine große Rolle: „stelle mir vor : bald mein eigenes totes Gesicht usw." (P 71). Ob der Tod Erlösung sein kann, wird angezweifelt (vgl. P 80).

Ein zentrales Thema in *Paloma*, wie auch in anderen Werken Mayröckers (etwa in *brütt* oder *mein Herz mein Zimmer mein Name*), ist im Besonderen die Angst vor dem Alter und vor Krankheiten. Das „Schreck Gespenst meines Alters" (P 44) wird der Schreibenden wohl an sich als auch anderen in ihrem Umfeld (v. a. bei „IHM") allzu oft bewusst. Misstrauisch beobachtet sie den verfallenden Körper und Geist: „bin rapide langsam geworden, ein Altersschub usw." (P 137). Die eigene körperliche Gebrechlichkeit wird minutiös inspiziert und dokumentiert: „entdecke täglich ja stündlich neue Krankheiten (Malaisen)" (P 13). Die ehemalige Schreibwohnung wird dabei zum Sinnbild ihres alternden Körpers: „verwildert, vergreist, seelenlos, hinfällig wie ich selbst" (P 69). Besonders häufig berichtet sie von Schwindelanfällen und hohem Blutdruck, aber auch von Husten- und Erstickungsanfällen, Geruchsstörungen, Herz-, Augen- und Blasenbeschwerden, einer Sehnenscheidenentzündung im Fuß sowie diversen Schmerzen und Phobien (v. a. Menschenscheu). Sie besucht u. a. Augen-, HNO- und Lungenfachärztinnen und -ärzte, unterzieht sich Blutabnahmen und einer Gastroskopie, nimmt Medikamente und wird von ihnen abhängig. Die detailreichen Schilderungen fasst sie im vorletzten Brief programmatisch zusammen: *„habe ein Buch über Körperbewusztsein geschrieben"* (P 197).

Eng damit zusammen hängt die Angst vor dem Vergessen: „bin ich dement?" wird der „liebe Freund" am 4.11.2006 gefragt (P 86). Erwähnungen und Ausführungen zu Demenz und Alzheimer durchziehen das Werk (vgl. etwa P 9, 24, 72, 154, 190). Die Briefschreiberin befürchtet, sich selbst nicht mehr wiederzuerkennen („wundere ich mich im Spiegel frage im Stillen, ob ich das bin", P 133) und „IHN" zu vergessen (vgl. z. B. P 24, 31). Wörter und Namen fallen ihr nicht mehr ein (vgl. P 163, 165, 174, 188). Auch in Träumen wird sie davon heimgesucht: „bin demenzkrank, meine Figur löste sich auf, konnte mich schlieszlich nur noch kriechend vorwärtsbewegen, versinke in Isolation und Traurigkeit" (P 172). Dass *Paloma* die Auswirkungen von Demenz auf das Sprechen und Schreiben nicht nur reflektiert, argumentiert Alexander Schwieren in seinem Aufsatz mit dem Titel „Zwischen Demenz und Korrespondenz" (vgl. Schwieren 2015). Durch die spezifische Form des Werkes, einer tagebuchartigen, monologischen Korrespondenz, wird sie poetisch auch dargestellt. Anna Pastuszka analysiert *Paloma* über die Fragestellung der Schwellenerfahrungen und ästhetischen Grenzüberschreitungen (vgl. Pastuszka 2024). Die Phänomene Demenz, Alterserscheinungen und Todesbewusstsein identifiziert sie dabei als zentrale Phänomene, die eng mit Prozessen der Auflösung und der Verwandlung des Subjekts zusammenhängen.

Besonders eklatant ist die Furcht zu sterben, bevor das Buch zu Ende geschrieben ist (vgl. z. B. P 119, 152–153, 159, 181). Generell alternieren die vielen Reflexionen der eigenen Arbeit zwischen einer lustvollen Körperlichkeit des Schreibens – „die sanfte Glut des inbrünstigen Schreiben Wollens, die süsze Drangsal des Schreiben Wollens" (P 132; vgl. auch P 56) – und einer bis zur Schreibkrise eskalierenden Verzweiflung: „ich kann nichts mehr schreiben, ich habe noch nie etwas geschrieben" (P 142). Dem doch vollzogenen Abschluss von Text(teilen) folgt ein ekstatischer Zustand: „als ich das Kapitel abgeschlossen hatte, breitete ich die Arme aus, brüllte die Wahnsinnsarie der Maria Callas und flog in der ganzen Wohnung umher" (P 173). Zugleich steht aber auch mit zunehmender Seitenanzahl die Angst vor dem Zu-Ende-Bringen im Raum: „einerseits möchte ich das Manuskript bald abschlieszen, andererseits habe ich Angst davor : was werde ich dann weiter schreiben?" (P 165).

Zentrale formale Verfahren

Mit seinen 99 kurzen Einzelbriefen ist *Paloma* formal als Briefroman gestaltet, der auf den ersten Blick den Gattungskriterien entspricht: In sich geschlossene Segmente sind chronologisch aneinandergereiht, visuell voneinander abgegrenzt und mit Datumsangaben versehen, während der Empfänger jeweils formelhaft angesprochen wird. Die Gegenbriefe des „lieben Freundes" fehlen, was an Klassiker des Genres, allen voran Goethes *Die Leiden des jungen Werthers*, erinnert und den Fokus auf die Unmittelbarkeit, Subjektivität und Nähe zum schreibenden Ich intensiviert.

Das Schreibtempo der Briefe ist rasant: Im Durchschnitt werden neun Korrespondenzstücke pro Monat verfasst, insgesamt 99 in elf Monaten. Die Briefe sind unregelmäßig datiert, oft beträgt der Abstand ein bis drei, manchmal bis zu zehn Tage, selten sind zwei Briefe vom selben Tag, immer wieder erstreckt sich die Datumsangabe auf einem Brief über mehrere Tage. Der Lauf der Zeit, der Jahreszeiten und metaphorisch der Wechsel der Stimmungen ist durch den häufigen Blick durch das Fenster und die Beschreibung von Blumen und Pflanzen nachvollziehbar. Das Fenster als Leitmotiv in Mayröckers Werk öffnet auch in *Paloma* einen Schwellen- und Grenzraum (vgl. Lartillot 2012, 26). Vor allem die Beschreibung des „Fensters vis-à-vis", also die Blickrichtung durch das eigene Fenster von innen auf ein anderes Fenster von außen, ist ein Motiv in *Paloma*, das in vielen Variationen wiederkehrt, was Inge Arteel mit einer „Art seriell angefertigter Stillleben" vergleicht (Arteel 2012, 35).

Mit Ausnahme von kurzen Bekundungen der Freude und des Dankes (z. B. P 38, 52, 72, 95, 196) geht der einseitige Schriftverkehr kaum auf die Antworten des Gegenübers ein. Die Dialogizität ist also auch inhaltlich auf ein Minimum reduziert. Der „liebe Freund" ist kein gleichberechtigter, aktiv schreibender Korrespondenzpartner. Vielmehr wird er, wie Alexandra Strohmaier analysiert, als „interner Leser" performativ, durch das „Ritual der wiederholten Anrede gleichsam ins Leben gerufen" (Strohmaier 2012, 127) – ähnlich den Gesprächs- und Briefpartnern vorangegangener Prosatexte (Valerian, Julian, Wilhelm, Samuel, Blum, Lerch, der Ohrenbeichtvater etc.).

Was Julia Weber in ihrer Studie zu den Prosabüchern der 1980er Jahre (*Reise durch die Nacht*, *Das Herzzerreißende der Dinge* und *mein Herz mein Zimmer mein Name*) festgestellt hat, gilt somit auch für *Paloma*: Mayröcker knüpft an die etablierten Erzählformen der Autobiographie und des Briefromans an. Doch anstatt einfach mit ihnen zu brechen, setzt sie ausgewählte Elemente für ihr „subtiles Spiel mit Subjektivität und Subjektivitätskonstitution" ein (Weber 2010, 169). Die sonst charakteristische Mehrstimmigkeit von Briefromanen, die Weber im Kontrast zum einstimmigen autobiographischen Erzählen sieht (vgl. Weber 2010, 176–177), entschärft sich in *Paloma* allerdings bereits durch die rein einseitige, monologische Überlieferung des postalischen Austausches. Auch Juliane Vogels Erkenntnisse zu Mayröckers Verwendung von Briefen von 1996 ist weiterhin gültig: Es geht nicht um den reinen „Transfer von Botschaften", sondern vielmehr um „eine endlose postalische Potenzierung alles Geschriebenen" (Vogel 1996, 83).

Die komplette Ausblendung der Antwortbriefe und die chronologische Datierung und Länge der Texteinheiten rücken *Paloma* formal auch in die Nähe der Tagebuchliteratur. Die formale Verwandtschaft von Diaristik und Korrespondenz dient als Ausgangspunkt für Alexander Schwierens Aufsatz zu Demenz in *Paloma* (vgl. Schwieren 2015).

Kurz vor der Hälfte des Buches, im 40. Brief, sehnt das schreibende Ich „schon das Ende unseres Briefwechsels herbei" und bezeichnet ihr Schreiben als „pneumatische Fetzensprache etc." (P 81). Reflexionen der eigenen Schreibverfahren sind auch in *Paloma* keine Seltenheit. „Wie ein Brettspiel diese Aufzeichnungen dieses dauernde Hin- und Herschieben von Worten und Sätzen" (P 97), seufzt die Briefschreiberin wenig später. Der sich selbst attestierte „Wiederholungszwang" (P 67) ist programmatisch. Die einzelnen Briefe in *Paloma* konstituieren sich tatsächlich aus inhaltlich wie syntaktisch vielfältig verflochtenen, fragmentierten und sich unzählige Male in Variationen wiederholenden Elementen: Beobachtungen, Beschreibungen, Reflexionen, Assoziationen, Traumbilder und (Kindheits-)Erinnerungen, Exzerpte aus Lektüren, Gesprächen, Telefonaten. Dabei wird sowohl Komplex-Erhabenes wie auch Banal-Alltägliches abgehandelt. Massiv in die Prosa der 99 Briefe eingeflochten sind wiederum Briefe, was für *Paloma* eine doppelte „postalische Modalität" (Vogel 1996, 70) bedeutet: Neben der formalen Gesamtanordnung des Werkes als Briefroman sind die einzelnen Briefe von kaum voneinander ein- und abgrenzbaren Versatzstücken aus Briefwechseln mit anderen Korrespondenzpartnerinnen und -partnern durchzogen. Juliane Vogel bezeichnete diese „latente Korrespondenzhaltung" bereits 1996 als wesentliche Struktur von Mayröckers Prosa (Vogel 1996, 70).

Zentrale intertextuelle Bezüge

Das ‚Namedropping' in *Paloma* betrifft nicht nur die persönlichen Bekanntschaften des schreibenden Ichs. Erwähnungen von René Char, Paul Éluard, Goethe, Michel Leiris, Joan Miró, Jean Paul, Picasso, Francis Ponge u. v. m. eröffnen ein breites Spektrum an Bezügen von der Klassik und Romantik bis zum Surrealismus und Dadaismus. Explizite Bezüge zum Philosophen und Begründer der Dekonstruktion Jacques Derrida sind allgegenwärtig: „Jacques Derrida hat mir dazu verholfen, meine verlorene=untergegangene Sprache=Stimme wiederzugewinnen" (P 19; vgl. etwa P 13, 15). Die theoretisch-philosophischen Schriften Derridas sind zentral für Mayröckers Schreiben. Schon allein aufgrund der Struktur des Liebes- und Briefromans kommt seinem Werk *Die Postkarte* (frz. 1980, dt. 1982) hier noch einmal besondere Bedeutung zu. In fiktiven „Envois" („Sendungen") und Abhandlungen nimmt Derrida eine äußerst komplexe Auseinandersetzung mit der Medien-, Kommunikations- und Erkenntnistheorie sowie der Psychoanalyse vor. Arteel bezeichnet Mayröckers Werk daher als „Neuschreibung der Derrida'schen *Postkarte*" in einer „subtilen Formvollendung" (Arteel 2012,

73). Für Schwieren steht sowohl bei Mayröcker als auch Derrida die Nähe der Schreibweisen von Brief- und Tagebuch-Form im Mittelpunkt (vgl. Schwieren 2015, 539).

Neben Derrida ist Nathalie Sarrautes *Tropismen* (frz. 1939, dt. 1959) ein zentraler intertextueller Anschlusspunkt in *Paloma*: „die französischen Lektionen der Nathalie Sarraute lassen mich wieder hoffen (,Tropismen')" (P 81). Mit traditionellen Erzählformen brechend, gilt die französische Schriftstellerin als Wegbereiterin des *nouveau roman* in Frankreich. Ihr Lebenswerk ist der Kunst der Wahrnehmung, Entschlüsselung und Darstellung minimalster elementarer Gefühlsbewegungen gewidmet, die sie als „Tropismen" bezeichnete. Die Faszination mit diesem Schreibverfahren und Sarrautes „Tropismen" prägt zweifelsohne auch das Mayröcker'sche Schreiben, das den Fokus auf feinste psychische Regungen lenkt. Das Ich in *Paloma* verschlingt das Buch regelrecht und sehnt sich nach mehr: „Es ergriff mich das ungestüme Verlangen, weitere Bücher von Nathalie Sarraute zu bekommen" (P 63).

Rezeption

Paloma wurde kurz nach der Veröffentlichung in mehreren Rezensionen besprochen (vgl. u. a. Drews 2008; Kastberger 2008; Pohl 2008; Wiesner 2008). Inzwischen beziehen sich einzelne Aufsätze mit besonderem Fokus (vgl. Tunner 2009; Schwieren 2015) oder in der Zusammenschau mit anderen Werken Mayröckers (vgl. Kyora 2009; Arteel 2012, 73–74; Lartillot 2012; Strohmaier 2012) auf das Buch. Im Rahmen der internationalen Online-Tagung „Dimensionen des Transgressiven in Friederike Mayröckers Spätwerk" im Mai 2021, veranstaltet von der Universität Poznań in Zusammenarbeit mit dem Österreichischen Kulturforum Warschau, war *Paloma* ein Vortrag gewidmet (vgl. Pastuszka 2024).

Literatur

Arteel, Inge: Friederike Mayröcker. Hannover 2012.
Drews, Jörg: „Mir schwebt etwas Zartes vor". Inneres Gemurmel: Friederike Mayröckers Briefbuch „Paloma". In: Süddeutsche Zeitung (München) vom 14.5.2008, 16.
Kastberger, Klaus: Bin an die reclam Erde gefesselt. In: Die Presse (Wien) vom 1.3.2008, IX.
Kyora, Sabine: „ob es nicht mühsam sei am Rand der Straße zu wandern". Wandern, Pilgerschaft und Vagabundieren in Friederike Mayröckers Prosa. In: Alexandra Strohmaier (Hg.): Buchstabendelirien. Zur Literatur Friederike Mayröckers. Bielefeld 2009, 141–155.
Lartillot, Françoise: Subjektivität im Spätwerk von Friederike Mayröcker. Erfahrbarkeit des Überraschenden. In: Françoise Lartillot/Aurélie Le Née/Alfred Pfabigan (Hg): „Einzelteilchen aller Menschengehirne". Subjekt und Subjektivität in Friederike Mayröckers (Spät-)Werk. Bielefeld 2012, 11–30.
Pastuszka, Anna: Schwellenerfahrungen und ihre poetische Gestaltung in Friederike Mayröckers *Paloma*. In: Beate Sommerfeld (Hg.): Dimensionen des Transgressiven in Friederike Mayröckers Spätwerk. Wiesbaden 2024. [in Vorbereitung]
Pohl, Ronald: Die Täubchen tragen Trauer. In: Der Standard (Wien) vom 15.3.2008, A6.
Schwieren, Alexander: Zwischen Demenz und Korrespondenz. Friederike Mayröckers diaristisches Schreiben in „Paloma". In: Zeitschrift für Germanistik XXV/3 (2015), 536–550.
Strohmaier, Alexandra: „Bekenntnisse haben nichts mit der Wahrheit zu tun". Zur Performativität der Prosa Friederike Mayröckers. Punktuelle Anmerkungen. In: Françoise Lartillot/Aurélie Le Née/Alfred Pfabigan (Hg): „Einzelteilchen aller Menschengehirne". Subjekt und Subjektivität in Friederike Mayröckers (Spät-)Werk. Bielefeld 2012, 115–130.
Tunner, Erika: Schreibarbeit und ‚Menschen Verhältnisse' in *Paloma*. In: Alexandra Strohmaier (Hg.): Buchstabendelirien. Zur Literatur Friederike Mayröckers. Bielefeld 2009, 195–203.
Vogel, Juliane: Nachtpost. Das Flüstern der Briefstimmen in der Prosa Friederike Mayröckers. In: Klaus Kastberger/Wendelin Schmidt-Dengler (Hg.): In Böen wechselt mein Sinn. Zu Friederike Mayröckers Literatur. Wien 1996, 69–85.
Weber, Julia: Das multiple Subjekt. Randgänge ästhetischer Subjektivität bei Fernando Pessoa, Samuel Beckett und Friederike Mayröcker. München 2010.
Wiesner, Herbert: Taubenblaue Briefe gegen das Vergessen. Friederike Mayröckers Prosaband „Paloma" ist ein Roman in 99 Briefen. In: Die Welt (Berlin) vom 14.6.2008, 3.

ich bin in der Anstalt. Fusznoten zu einem nichtgeschriebenen Werk (2010)

Alexandra Strohmaier

Der 2010 erschienene Prosaband ist durch ein Formprinzip gekennzeichnet, das die Autorin im Bereich der Lyrik bereits 1995 in ihrem Gedicht *Fusznoten* eingesetzt hat. Beide Texte bestehen aus nummerierten Sequenzen bzw. Passagen, die durch die Titel als Fußnoten ausgewiesen werden. Deutet im Gedicht lediglich der Autorenname „Derrida" (GG 628) auf den für Mayröckers „Fusznoten-Poetik" (Braun 2012, 262) zentralen Prätext *Jacques Derrida. Ein Porträt* (frz. 1991, dt. 1994) von Geoffrey Bennington und Derrida hin, so wird dieser im Prosaband als Objekt einer wiederholten Lektüre ausgewiesen, deren Effekt einer Einverleibung gleichkommt: „als ob ich verschlungen hätte ı immer wieder gelesenes Buch (Derrida / Bennington)" (AF 94; vgl. AF 88). Die Faszination für dieses Buches gilt, wie die Autorin etwa auch in ihrem 2004 entstandenen, dem französischen Philosophen gewidmeten Text *J.D.* hervorhebt (vgl. MB VI, 210; vgl. dazu Baumann 2009, 73–74), Derridas darin enthaltenem autobiographischen Text „Zirkumfession", der aus 59 nummerierten Paragraphen besteht, welche die von Derridas Co-Autor Geoffrey Bennington verfasste Abhandlung „Derridabase" ergänzen. Während Derrida in seinem ‚Buch' im Buch aber schrifträumlich an der Konvention der Fußnote festhält, indem er die Paragraphen am unteren Rand der Seite positioniert und damit als Rahmung von Benningtons Text setzt, geht Mayröcker weiter. Die Beschneidung des Haupttextes, die Derridas „Zirkumfession" vornimmt, wird radikalisiert. In Mayröckers Text sind an die Stelle des Haupttextes 243 Fußnoten getreten, die selbst das Werk ausmachen.

Damit wird auch die Umkehrung der Hierarchie von Werk und Beiwerk, Haupt- und Paratext, Zentrum und Rand, Innen und Außen, wie sie Derrida mit seinem Projekt der Dekonstruktion verfolgt, bei Mayröcker konkret in Szene gesetzt. Das Marginale ergänzt bei Mayröcker nicht lediglich, wie Derrida anhand der Logik des Parergons, des Rahmens, in *Die Wahrheit der Malerei* argumentiert (vgl. Derrida [1978] 1992, 74–75), das Zentrum, sondern beansprucht dessen Platz – durchaus auch im wörtlichen, typographischen Sinn. Die Fußnoten verweisen nicht länger als vermeintlich Randständiges oder Äußerliches auf ein Inneres als angeblich Wesentliches, sondern stellen sich selbst als das Wesentliche ins Zentrum (vgl. Strohmaier 2012, 120). Mayröckers etwa in *Pathos und Schwalbe* (2018) reflektierte „Ästhetik des Unscheinbaren" (PS 80), die sich durchaus auch als Hingabe an das Marginale im wörtlichen Sinn erweist – „erliege dem Kleinstgedruckten, Mottoartigen [...] Fusznoten-Gemäszen" (PS 218) –, wird durch die schrifträumlich als Haupttexte deklarierten Paratexte sinnfällig vor Augen gestellt. Die für Mayröckers Poetologie kenn-

---

A. Strohmaier (✉)
Universität Graz, Graz, Österreich
E-Mail: alexandra.strohmaier@uni-graz.at

zeichnende Rehabilitierung des Nebensächlichen als Wesentliches nimmt konkrete Gestalt an.

Bekenntnis und Performanz

Das im Klappentext als „Bekenntnisschrift" annoncierte Werk dementiert bereits im ersten Satz jeden Zusammenhang mit Authentizität: „Bekenntnisse haben nichts mit der Wahrheit zu tun" (AF 9). Diese Feststellung erweist sich als unmarkiertes Zitat aus Derridas „Zirkumfession", der in seiner Re-Lektüre der *Confessiones* (397–401) des Augustinus in Fußnote 21 konstatiert, „daß ein Bekenntnis nichts mit der Wahrheit zu tun hat" (Bennington/Derrida [1991] 1994, 121), und sich dabei auf einen wörtlich zitierten Gedanken aus dem X. Buch der *Confessiones* bezieht: „Ich will jetzt die Wahrheit tun – in meinem Herzen vor dir mit meinem Bekenntnis, in meinem Buch" (Bennington/Derrida [1991] 1994, 61). Augustinus' Anspruch „die Wahrheit [zu] tun" (*veritatem facere*) korreliert nach Derrida mit seiner Behandlung der (von Derrida in Fußnote 1 zitierten) Frage, warum wir Gott bekennen, der doch alles (von uns) weiß. Dem allwissenden Gott gegenüber, so Derrida in Anlehnung an Augustinus, bedarf es nicht der Enthüllung des Selbst, das dieser ja kennt. Bekennen läuft demnach, wie auch Mayröcker in Fortschreibung der Derrida'schen Überlegungen vor Augen führt, nicht auf Repräsentation hinaus, sondern auf Performanz. Es geht nicht primär darum, dass ein vom Geständnisgeschehen unabhängiges Ich einem Gegenüber Begebenheiten mitteilt, die seinem Sprechen vorausgehen. Weniger um wahrhafte Abbildung von Taten durch das Sprechen ist es dem Ich zu tun, als um die Aufführung des Sprechens selbst als Tun, seiner Vollzugshaftigkeit und Wirkmächtigkeit (vgl. Strohmaier 2012, 118–119; s. Kap. 51).

Das Bekenntnis wird dabei als schonungslose Exposition des sprechenden Subjekts in seiner Körperlichkeit in Szene gesetzt, die auch die Adressaten affiziert und diese zu Mit-Autoren des Geständnisses macht. Vergleichbar mit den Akteuren der Body Art im Kontext des Wiener Aktionismus, exponiert das Ich in seinen radikalen Selbst-Inszenierungen die unhintergehbare Gebundenheit des künstlerischen Subjekts an seinen Körper, dessen leiblich bedingte Kontingenz und Endlichkeit. Die diesbezügliche Anknüpfung an die vom Boulevard als ‚Fäkalkunst' denunzierte Body Art des Wiener Aktionismus, die mit ihrer schonungslosen Selbstsezierung die für das Geständnis zentrale Strategie der Selbstenthüllung radikalisiert, stellt das Ich heraus, wenn es hyperbolisch konstatiert, dass „der Leser [...] da *Fäkalienhaftes* vor sich hat" (AF 184). Wie auch der Wiener Aktionismus mit Versatzstücken aus der christlichen Tradition operiert, steht auch das Bekenntnis des Ich im Zeichen religiöser Praxis. Die Orientierung am christlichen Sündenbekenntnis geht etwa so weit, dass, wie die Bekennende äußert, „ich [...] in [...] 1 Tränenstrom der Selbstanklage [...] aufs Knie falle, um Vergebung flehe" (AF 9). Der religiöse Impetus wird aber subvertiert, wenn das Ich das Ablegen der Beichte – an die ‚häretischen' Tendenzen des Wiener Aktionismus anschließend – mit dem Ausscheidungsakt vergleicht (vgl. AF 129–130).

Wie auch in der Performance-Kunst werden die Rezipientinnen und Rezipienten in diesem Akt der Selbstexposition zu mitwirkenden Akteuren. Die Adressatin – das Ich appelliert bereits im ersten Satz an den „wohlmeinende[n] Leser", die „erhabene Leserin" (AF 9) – bleibt nicht länger stumme Zeugin der vom Ich „abgelegte[n] Beichte" (AF 129), sondern wird zu ihrem Mit-Schöpfer – eine Funktion, die dezidiert hervorgehoben wird, wenn das Ich die Rezipientin zur Ko-Autorin ihres Geständnisses macht, indem es sie zur Re-Organisation der Textelemente auffordert, die seine Geschichte ausmachen: „diese Fusznote, erlauchter Leser, können Sie auch an das Ende dieses Buches stellen" (AF 187).

Augenkunde

Mit Rekurs auf Jacques Derridas *Aufzeichnungen eines Blinden* (frz. 1990, dt. 1997), auf deren Lektüre explizit verwiesen wird (vgl. AF 13, 24, 31) und die auch in Form von Text- und Bildzitaten in Mayröckers Prosabuch eingegangen sind (vgl. AF 27, 57, 90), installiert die Autorin das Auge als physisches Organ und entzieht dem Augenmotiv dabei die in der literarischen Tradition dominante Sinnbildlichkeit. Damit leistet Mayröcker in *ich bin in der Anstalt* für das Auge als eines der prominentesten Symbole der abendländischen Literatur das, was sie in ihrem Spätwerk in Weiterführung der von Derrida in *Glas* (frz. 1974, dt. 2006) vorgenommenen Dekonstruktion der traditionellen Floriographie anstrebt: eine literarische Revision der klassischen Theorie der Metapher, wobei die Symbolhaftigkeit der Zeichen nicht länger über ihre Materialität gestellt wird (s. dazu Kap. 32 und 35).

Das Auge fungiert in *ich bin in der Anstalt* nicht primär als Symbol, sondern wird – als das blutende Auge (vgl. AF 15), „das *ausgebrannte* Auge" (AF 17), das „entzündete[] Auge[]" (AF 133), das kranke, tränende und verklebte Auge (vgl. AF 175) oder durch „1 Bluterguss im Auge" (AF 97) – in seiner konkreten Materialität ausgestellt. In Referenz auf Derrida, dessen viral bedingte Lähmung der linken Gesichtshälfte im Juni 1989 eine Erstarrung seines Auges mit sich brachte, die als autobiographische Erfahrung sowohl in „Zirkumfession" als auch in den *Aufzeichnungen eines Blinden* Eingang findet, kommentiert das Ich die Wahrnehmung seines Sehorgans im Spiegelbild und akzentuiert dessen Körperlichkeit, indem es das Auge in seiner Versehrtheit anthropomorphisiert: „mein linkes Auge : auf Krücken gehendes *ermordetes* linkes Auge erschrocken blinzelndes linkes Auge wie bei Jacques Derridas Gesichtslähmung" (AF 120–121). Das Auge, das in seiner Invalidität des Behelfs bedarf, gewährt, bar der Sehkraft, einen Anblick, in dem sich das Reale des Auges – der Augenkörper – zeigt. Visuell hat Mayröcker dieser Vorstellung eines durch Versehrtheit exponierten Auges in einer mit „August '93" datierten Zeichnung Ausdruck verliehen, die die Bildunterschrift „Autodestruktion, oder ERZ-AUGE" trägt: Die Zeichnung präsentiert ein großes, gleichsam invalides Auge auf einem Rollwagen, der von einer Strichfigur gezogen wird (vgl. Mayröcker 1995, [47]).

Der Schwund der Sehkraft geht auch mit der Anverwandlung der von Augustinus und Derrida reflektierten Praxis des Weinens einher, wobei die vom Ich vergossenen „Schwärme von Tränen" (AF 48), sein Bekenntnis zur „Wollust der Tränen" (AF 160), durch Übernahme und Variation von Sequenzen aus „Zirkumfession" und den *Aufzeichnungen eines Blinden* kommentiert werden (s. dazu auch Kap. 64). Das Ich zitiert Derrida, der in „Zirkumfession" seine Nähe zu Augustinus' Hingabe an das Weinen herausstellt (vgl. Bennington/Derrida [1991] 1994, 111; AF 37, 64) und in den *Aufzeichnungen eines Blinden* die *Confessiones* des Augustinus als „Buch der Tränen" (Derrida [1990] 2008, 122) charakterisiert. Dabei wird die von Derrida in den *Aufzeichnungen eines Blinden* vorgenommene Apologie der Tränen für die Dekonstruktion der klassischen Augenmetaphorik funktionalisiert. Das von Tränen verschleierte Auge erscheint Derrida nämlich weniger als Symbol für ein unzugängliches Inneres denn – wie das von Mayröcker inszenierte versehrte Auge – als konkretes Organ, das sich, indem es sich dem Anblick des Anderen aussetzt und diesem den anerkennenden Blick versagt, in seiner Körperlichkeit exponiert. Die Tränen am Augenrand rücken das nackte Auge in seiner Leibhaftigkeit in den Fokus.

Der Betonung der Körperlichkeit der Augen in Mayröckers Dekonstruktion der klassischen Augenmetaphorik, wie sie ironisch etwa durch Referenz auf den „Schlager ‚du hast ja Tränen in den Augen'" (AF 152) erfolgt, korrespondiert die Rehabilitierung der Materialität der Zeichen, wobei die Signifikanten zahlreiche neue

Kombinationen eingehen, die sich durchs Werk ziehen und bei denen – wie etwa an „Der Auslug = das *Auge Gottes*" (AF 33) – die Buchstabenbewegungen, die den Text vorantreiben, an der Oberfläche sichtbar bleiben. Nicht zuletzt erscheinen die Signifikanten – bar jeder semantischen Dimension – in dem häufig zitierten Namen des Autors des von Derrida emphatisch rezipierten „Buch[s] der Tränen" (Derrida [1990] 2008, 122). Die Aufwertung der materiellen gegenüber der ideellen Dimension der Zeichen zeigt sich auch an einer Sequenz, die einen weiteren zentralen Begriff aus dem Motivfeld des Auges aufgreift und diesen in eine syntaktische Fügung stellt, die auch etymologische Bezüge sichtbar macht: Die Feststellung, dass *„dann die Pupillen so leiden*, ‚pupils', die Schüler" (AF 126) kombiniert zwei Begriffe (‚Pupille', ‚pupil') aufgrund ihrer buchstäblichen Ähnlichkeit und stellt dabei deren wortgeschichtlichen Konnex heraus (das englische Wort ‚pupil', das sowohl ‚Pupille' als auch ‚Schüler' bedeutet, ist – wie das deutsche ‚Pupille' – dem lateinischen Substantiv ‚pupilla' als Verkleinerungsbildung zum lateinischen ‚pupa' entlehnt, wobei sich die Bedeutungsübertragung von ‚Püppchen' zur anatomischen Bezeichnung ‚Pupille' darauf bezieht, dass diese den Betrachter als Püppchen spiegelt). Mayröcker deckt dabei indirekt das poetische Prinzip auf, das etwa auch E.T.A. Hoffmanns Kombination des Augen- und Puppenmotivs in *Der Sandmann* (1816) – einem der literarhistorisch wohl bedeutsamsten Werke zum Motivkomplex des Sehens – motiviert und das vor diesem Hintergrund in seiner materiellen Ausrichtung hervorgehoben wird.

Mayröckers Installation des Auges als konkreter Körper entspricht auch das von ihr in Rekurs auf Herder und Goethe ins Spiel gebrachte Konzept eines gleichsam fühlenden Sehens, in dem Sehen und Berühren, Schauen und Tasten, Visuelles und Taktiles zusammenfallen. Herders Plädoyer für den Tastsinn als privilegiertes Organ der Kunstwahrnehmung, wie er es in seiner *Plastik* (1778) formuliert, wird aufgerufen, wenn das Ich auf „die liebhabenden Augen und Hände, Herder" (AF 56) verweist. Goethes daran anknüpfende Vorstellung, dass es „mit fühlendem Aug'" zu sehen und mit „mit sehender Hand" (Goethe [1795] 1981, 160) zu fühlen gelte (vgl. dazu Wetzel 2008, 144–145), findet durch die von Goethe an anderer Stelle tradierte Anekdote von Demokrits Blendung, wie sie auch in den *Aufzeichnungen eines Blinden* zitiert wird (vgl. dazu Wetzel 2008, 142), indirekt Eingang in Mayröckers Prosabuch (vgl. AF 15). Eine Konkretisierung erfährt diese Vorstellung eines taktilen Sehens durch Mayröckers Referenz auf „Herbert Bayer und seine berühmte *Fotocollage : Auge im Inneren einer Hand*" (AF 94). Es handelt sich dabei um ein Bildmotiv, das Mayröcker selbst auch visuell realisiert hat: Eine ihrer Zeichnungen zeigt eine Hand mit einem großen Auge – sie trägt den Titel „Augensensation" (Mayröcker 1995, [89]).

Mayröckers Konzept eines taktilen Sehens geht einher mit einer Vorstellung von visueller Wahrnehmung, die auf die Affizierung des Auges durch die Materialität der Dinge setzt. Für das Ich sind etwa „[t]aktile Rosenblumen herzlich mit meinen Augen" (AF 39). Der Gegenstand des Blicks involviert die zärtliche Berührung des Auges und die Kontiguität von Subjekt, Objekt und Organ des Sehens in seiner Körperlichkeit. In diesem Sinn erweist sich für das Ich auch nicht das ‚Ein-Sichtige', sondern das ‚Be-Griffene' (im wörtlichen Sinne) als evident. Evidenz, etymologisch verstanden als das, was aus dem Sehen hervorgeht, hat, so wird angedeutet, mit Be-Greifen zu tun: „ich *griffelte* in die voll erblühte englische Rose […] in ihre Üppigkeit in ihre *Evidenz*" (AF 114). Von daher erschließt sich auch Mayröckers poetologische Praxis des körperlichen Sehens, wie sie es in ihrem Text *zur Entstehung von „1 Nervensommer"* anlässlich des 2002 im Kunsthistorischen Museum Wien gezeigten gleichnamigen Zyklus – bestehend aus Texten der Autorin und Bildern von Andreas Grunert – formuliert hat. Grunerts Kunst, auf die das Ich auch in *ich bin in der Anstalt* verweist (vgl. AF 73), involvierte, wie Mayröcker an der Entstehungsgeschichte des Zyklus rekapituliert, eine Aneignung mit den „Fingerspitzen, […] Augenspitzen" (MB VI, 139), wobei das „Schauen sich wälzte in seinen Bildern. Es ist 1 rein körperliches Geschehen" (MB VI, 139).

Literatur

Baumann, Valérie: Circa-Confession. Oder wie viel Derrida braucht das Ich bei Mayröcker. In: Françoise Lartillot/Aurélie Le Née/Alfred Pfabigan (Hg.): „Einzelteilchen aller Menschengehirne". Subjekt und Subjektivität in Friederike Mayröckers (Spät-)Werk. Bielefeld 2012, 71–84.

Bennington, Geoffrey/Derrida, Jacques: Jacques Derrida. Ein Porträt [1991]. Aus dem Französischen von Stefan Lorenzer. Frankfurt a. M. 1994.

Braun, Stephan: Allmählich Tritt fassen. Friederike Mayröckers Fusznoten-Poetik. In: Weimarer Beiträge 58/2 (2012), 262–275.

Derrida, Jacques: Die Wahrheit in der Malerei [1978]. Hg. von Peter Engelmann. Aus dem Französischen von Michael Wetzel. Wien 1992.

Derrida, Jacques: Aufzeichnungen eines Blinden. Das Selbstporträt und andere Ruinen [1990]. Hg. und mit einem Nachwort versehen von Michael Wetzel. Aus dem Französischen von Andreas Knop/Michael Wetzel. München ^{2}2008.

Goethe, Johann Wolfgang: Römische Elegien [1795]. In: Ders.: Werke. Hamburger Ausgabe in 14 Bänden. Bd. 1. Hg. von Erich Trunz. München 1981, 157–173.

Mayröcker, Friederike: *den fliegenschrank aufgebrochen*. (Bildgedichte). Hg. von Siegfried J. Schmidt. Münster 1995.

Strohmaier, Alexandra: „Bekenntnisse haben nichts mit der Wahrheit zu tun". Zur Performativität der Prosa Friederike Mayröckers. Punktuelle Anmerkungen. In: Françoise Lartillot/Aurélie Le Née/Alfred Pfabigan (Hg.): „Einzelteilchen aller Menschengehirne". Subjekt und Subjektivität in Friederike Mayröckers (Spät-)Werk. Bielefeld 2012, 115–130.

Wetzel, Michael: „Ein Auge zuviel". Derridas Urszenen des Ästhetischen. In: Jacques Derrida: Aufzeichnungen eines Blinden. Das Selbstporträt und andere Ruinen [1990]. Hg. und mit einem Nachwort versehen von Michael Wetzel. Aus dem Französischen von Andreas Knop/Ders. München ^{2}2008, 129–155.

ich sitze nur GRAUSAM da (2012)

Barbara Thums

Der 2012 erschienene Prosaband *ich sitze nur GRAUSAM da* reiht sich in das umfassende Spätwerk Friederike Mayröckers ein, dessen „Buchstabendelirien" (Strohmaier 2009) im Angesicht von Alter, Krankheit und Tod ein „Schreiben im Ausnahmezustand" (Thums 2009) formieren. Mayröckers immense Produktivität sowie die Gegenwärtigkeit ihrer Texte geben Anlass, das Alterswerk nochmals zu unterteilen: Bereits für die Prosaarbeiten aus den 1980er- und 1990er-Jahren wird eine Abkehr von ‚klassischen' Verfahren der Avantgarde zugunsten von verbindend Kontinuierlichem, auch im Sinne der Gleichsetzung von „Weiter*schreiben*" und „Weiter*leben*" (Kunz 2004, 131), konstatiert. Mit mystisch-ekstatischen Schreibexerzitien (vgl. Thums 1999) und Praktiken der „Schriftbewässerung" (Vogel 2002, 43), fokussiert auf das Ideal eines unabschließbaren Textes und im Modus parodierender Wiederholung von Stimmen männlicher Autoritätsinstanzen, entwerfen die Texte ein weibliches Konzept von Autorschaft (vgl. Arteel 2012, 41–42; Strohmaier 2008, 203–209). Der Tod Ernst Jandls im Jahr 2000 markiert den Einsatz einer späteren Phase, in der das nahe Lebensende sowie Sehnsucht, Trauer und Vergegenwärtigung der verlorenen Liebe die Schreibhaltung prägen. *ich sitze nur GRAUSAM da* ist die zweite Publikation einer letzten Phase, die mit *ich bin in der Anstalt. Fusznoten zu einem nichtgeschriebenen Werk* (2010) eröffnet wird. Ihr gehört neben der Trilogie *études* (2013), *cahier* (2014) und *fleurs* (2016) auch *Pathos und Schwalbe* (2016) sowie *da ich morgens und moosgrün. Ans Fenster trete* (2020) an. Für diese tagebuchartigen Texte, die durch eine überbordende Blumenmetaphorik gekennzeichnet sind, hat Mayröcker den Begriff „zarte Prosa" (Mayröcker 2018; vgl. Lartillot 2020) geprägt. Ihre radikal transgressive Schreibweise, die herkömmliche Vorstellungen von Gattung, Zeit und Alter obsolet werden lassen, hat generelle „Fragen zum Lyrischen in Friederike Mayröckers Poesie" (Arteel/De Felip 2020) initiiert.

Schriftgläubige Knospenkunst

ich sitze nur GRAUSAM da versammelt Aufzeichnungen, die im Sommer 2010 einsetzen und mit einem auf den „*19.2.2011*" datierten, nicht paginiertem „*Supplement*" enden. Dieser Paratext imaginiert die Wiederbegegnung mit dem geliebten Du nach dem Tod des schreibenden Ich. Außerdem zitiert er den Titel und initiiert einen auf Wiederholung angelegten Kreislauf, der – darauf machen die für ihren

B. Thums (✉)
Johannes Gutenberg-Universität Mainz, Mainz, Deutschland
E-Mail: thums@uni-mainz.de

betörenden Duft und ihre gefüllten Blüten bekannten Parmaveilchen aufmerksam – an Prozessen der Natur orientiert, jedoch nicht darauf beschränkt ist: Die Parmaveilchen sind assoziiert mit dem verstorbenen Geliebten – der letzte Texteintrag vom 18.2.2011 bezeichnet die Beziehung zum „Intimus" Ely als „Veilchen Verhalten" und schließt ab mit *„Ende Februar der 2. Knospenspaziergang steht bevor"* (IG 141).

Die Phrase ‚ich sitze nur grausam da' kennzeichnet eine ambivalente, zwischen Trauer, Melancholie und Lebensbejahung schwankende Schreibhaltung. Sie wird fortlaufend wiederholt und intoniert eine zyklische, an organologischen Prozessen der Natur orientierte Textstruktur mit einem schreibenden Ich, das von Bäumen, Sträuchern, Zweigen und v. a. von Blumen umgeben ist, die bei Spaziergängen, in Ausflugslokalen und Blumenläden ebenso wie auf dem Fenstersims, dem Tisch oder Boden der eigenen Wohnung begegnen. Ausgehend davon inszeniert der Text vielgestaltige Verhältnisbeziehungen zwischen Menschen, Tieren, Pflanzen und materiellen Dingen sowie eine Sprache der Liebe als mitfühlende Teilhabe auch mit Mehr-als-Menschlichem. Die Verschlingung von Zeiten und Gefühlswelten ist dabei Thema und Verfahren zugleich – was etwa die „Tränen vor Glück" (IG 105) anzeigen, die in „Erwartung" des künftigen Buchprojekts vergossen werden. Im Anschluss an lang erprobte Praktiken metonymischen Schreibens und Verfahren der ‚Schriftbewässerung' werden die Tränensprache und die Blumensprache der Liebe mit dem Ziel zusammengebunden, die altersbedingten Verhärtungen durch ein Trachten „nach Verzauberung und Verklärung und Schönheit, *knospenden Giottobäumen* ......" (IG 72) aufzulösen.

Die Analogisierung von Knospe und Sprache erschließt, dass das botanische Prinzip der Metamorphose für diese schriftgläubige Knospenkunst leitend ist; und sie bestimmt das auf Verfahren verwandelnder Verjüngung basierende Schreibprogramm, das mit seinen botanischen Knospen-Bildungsprozessen an romantische Verjüngungs- und Verwandlungskonzepte erinnert: etwa an Friedrich Schlegels Bestimmung der romantischen als progressiver und durch Verfahren der Potenzierung ausgezeichneter Poesie, oder an die Ethopoetik von Friedrich Hölderlins *Hyperion*, die auf die beständig neues Leben hervorbringende Erneuerungs- und Verwandlungskraft der Natur setzt (s. Kap. 44). Den in enzyklopädischer Fülle den Text überschwemmenden Blumen, konkreter der Verknüpfung von Liebe, Sexualität und Erotik, die bis zu Linnés Befruchtungstheorie der Pflanzen zurückverfolgt werden kann, kommt in dieser botanisch wie ästhetisch metamorphotischen Knospenkunst eine Schlüsselstellung zu: Mit Bezug auf Derridas *Glas* (frz. 1974, dt. 2006) sowie Verfahren der Intertextualität und -medialität wird so die traditionelle Floriographie in eine die Wandelbarkeit, Ambiguität und Widersprüchlichkeit der Bedeutung von Blumen inszenierende Poetologie des Vegetabilen transformiert.

Exemplarisch zeigt dies die Phrase *„übersät mit Parmaveilchen"* aus dem Supplement-Eintrag: Parmaveilchen wird eine heilende Wirkung bei Augenkrankheiten, Sehschwächen und Melancholie nachgesagt; in der Blumensprache des 19. Jahrhunderts symbolisieren sie Genügsamkeit und Demut; und in Marcel Prousts *À la recherche du temps perdu* schmücken sie den Salon Odette Swanns, einer ehemaligen Prostituierten. Insofern die Phrase aus Jean Genets *Notre-Dame-des-Fleurs* stammt und von Jacques Derrida in *Glas* (Derrida [1974] 2006, 32) zitiert wird, wird ihre symbolische Lesbarkeit jedoch dekonstruiert und die strukturbildende Funktion von Genets und Derridas Text für Mayröckers Schreibweise der Dissémination (vgl. Martinelli 2020, 95) und „Poetik à la Derrida" (Lartillot 2020, 270) unterstrichen.

Transformationen traditioneller Floriographie

In methodischer Hinsicht sind Bezüge zu den *Environmental Humanities*, dabei v. a. zum *Material Ecocriticism*, zum *Nature Writing*, zu Konzepten der *Natureculture*, des Anthropozän und des Ökofeminismus aufschlussreich. Besonders ergiebig sind die Bezüge zu den *Plant* und *Animal Studies*, die Tieren und Pflanzen in der Kultur wie in literarischen Texten Sichtbarkeit verleihen und ihre für die Menschen existentiellen Dimensionen sowie die ihnen eigene Handlungs- und Wirkmacht (*agency*) betonen. *ich sitze nur GRAUSAM da* setzt einen aktiv an der Welt teilhabenden weiblichen Körper in Szene – „ich vermähle mich mit den Objekten, nehme ihre Gestalt an" (IG 127) –, der als offenes und für andere Elemente durchlässiges System präsentiert wird: Körperflüssigkeiten – Tränenströme, Ausdünstungen, Erbrochenes, Schleim und Blut – verströmen sich in die Umwelt, umgekehrt dringen Düfte, Sensationen sowie Pflanzen und Tiere in den Körper ein. Wechselseitige Verflechtungen von Pflanzlichem und Menschlichem werden als symmetrische Beziehungsverhältnisse gestaltet, die das Verbindende – Pflanzen und Menschen teilen die Lebendigkeit, aber auch die Sterblichkeit – hervorheben: Etwa wenn das Ich von „1 Glyzinienbusch" umschlungen wird; oder wenn Pflanzenknospen anthropomorphisiert und „MENSCHENKNOSPEN die sich nie haben entfalten können" zu Figuren des Vegetabilen werden und der Anblick des „1 wenig verkrüppelte[n] Apfelbäumchen[s]" auch deshalb „herzzerreißend[es]" Mitleid erregt, weil die „kränkelnde[n] Knospen [...] in ihrer Jungfräulichkeit gealtert waren" und „sich nicht entfalten" konnten (IG 95). Vorstellungen von der Pflanzensexualität, ohne die es keine Früchte geben kann, und von intertextuellen und intermedialen Befruchtungen, ohne die es keine Texte geben kann, werden in dieser Knospenkunst, die ganz im Sinne der Romantik mit der ganzen Natur auch das Mehr-als-Menschliche einschließt, wechselseitig aufeinander bezogen.

Die in *ich sitze nur GRAUSAM da* entworfene Knospenkunst ist in ihrer Orientierung an semiotischen und sprachphilosophischen Ansätzen aus Rhetorik und Dekonstruktion grundlegend metapoetisch – die dargestellte anorganische wie organische Natur ist immer auch bloße Textnatur, die den eigenen Textkörper nährt: Knospen sind Produkte, die sich durch textuelle Propfungen bilden, Blüten das Versprechen immer neuer Texte und Früchte das Ergebnis einer gelungenen textuellen und medialen Befruchtung. Versteht der für das *Nature Writing* und die *Plant Studies* wichtige *Material Ecocriticism* Materialität als kreative Wechselwirkung zwischen Anorganischem und Organischem (vgl. Iovino/Oppermann 2014), so fokussiert Mayröcker stets auch die Materialität der Schrift selbst. In dieser Perspektive sind explizite Hinweise auf die traditionelle Floriographie, etwa „*ich bin dein Efeu*" (IG 13) oder „Max Ernst pflanzte die Akelei als Blume der Melancholie" (IG 14), sowie allgemein auf die „Sprache der Blumen" (IG 30, 90) ebenso von Interesse, wie die Vielzahl an Referenzen auf die Blumensprache Jean Genets (vgl. u. a. IG 37, 43, 45, 87, 124) und Derridas (vgl. u. a. IG 14, 59, 126), auf die Lektüre von Derridas *Glas* (vgl. u. a. IG 61, 77, 97) sowie schließlich Hinweise auf Derridas Auseinandersetzung mit Genet, etwa „(,es hatte den Anschein, dasz Genet, indem er der Passion des Schreibens nachgab, sich zu einer Blume gemacht hat ..' JD)" (IG 108). Im Zentrum des dichten floriographischen Verweisungsnetzes steht Derridas *Glas*, das eine bereits bei Jean Genet zu findende Textgestalt aufgreift – die typographische Gestaltung zweier gleich breiter Spalten, die das auch Mayröckers Texte strukturierende Prinzip der Dialogizität inszeniert. Die linke, Hegels *Phänomenologie des Geistes* gewidmete Spalte, die eine Blumenreligion entfaltet, wird auf die rechte, der erotisierten, ein homosexuelles Liebesideal feiernden Blumenmetaphorik aus Jean Genets *Notre-Dame-des-Fleurs* gewidmete Spalte bezogen: Die Spalten kommentieren sich wechselseitig und thematisieren das auch für Mayröckers Texte konstitutive Verhältnis von Geist und Körper. In die beiden Spalten schneidet immer wieder eine dritte, nochmals kleinere Schrifttype ein, mit der zugleich die Semantik des Bindens und des Schneidens – etwa mit Bezug auf Messer, abgeschlagene Köpfe, sich verstreuende Blumensamen, ins Grab fallende oder welkende Blumen – produktiv gemacht wird: Blumenduft und Körperausdünstungen, Blumen, Tod und Kunstproduktion werden ebenso miteinander assoziiert wie die Geschlechtlichkeit von Blüten, die

Dissemination, das Gleiten des Signifikanten und das Wuchern der Bedeutung. Derridas Floriographie setzt so seine metaphysikkritische Theorie der Metapher performativ um und dekonstruiert mit der traditionellen Floriographie jede Blumenrhetorik, die von der Symbolhaftigkeit von Blumen bzw. von der Eindeutigkeit von Metaphern ausgeht (vgl. Derrida [1974] 2006, 48).

Mayröckers *ich sitze nur GRAUSAM da* poetisiert Derridas sprachphilosophische Analysen, indem es deren Bildfelder – zu denen überdies das Bild des im Geäst sitzenden Adlers, das der volkstümlich als „Handschuhe Unserer Lieben Frau" genannten Akelei und das des Diebstahls gehören – in immer neuen Varianten wiederholt. Dabei wird die Implikation, dass das Verblühen ohne das Blühen nicht zu denken ist, als Wechselverhältnis von Blühen und Verblühen für die Gestaltung eines lebendigen, potentiell unabschließbaren Textkörpers produktiv gemacht. Damit gehen neue Akzentsetzungen einher: Erstens eine praktizierte Ethik des Schreibens, die Verfahren der Intertextualität und -medialität als gewaltvolle Einverleibungen und Diebstahl problematisiert. Zweitens führt das Wörtlichnehmen von Metaphern der Fruchtbarkeit, Blütenpracht, Jungfräulichkeit und Heiligkeit, die für Derridas Theorie vom Entzug der Metapher zentral sind, zu einem Schreiben, das in und durch die Sprache ekstatische Zustände belebender Verzückung ermöglicht und damit eine floriographische Schreibweise des *Nature Writing* entwirft, die das Prinzip ansteckender Befruchtung als schöpferisches Sprachprinzip und lebendigen Prozess versteht, der seinerseits belebende Effekte erzeugt. Drittens wird die in *Glas* angelegte autobiographische Dimension stärker akzentuiert. Der systematische Ausschluss der Mutter bei Hegel, den *Glas* mit seiner Relektüre von dessen Philosophie der Familie philosophisch rückgängig macht, wird dabei durch den wiederholten Verweis auf die Blumen schneidende und Sträuße bindende Mutter insofern autobiographisch und poetologisch lesbar, als Rückblicke in die Familiengeschichte und in idyllische Kindheitsszenen ein Narrativ der Lebendigkeit formieren, das den Ängsten und Bedrohungen des Alters standhalten soll. *ich sitze nur GRAUSAM da* ist mithin gleichermaßen für semiotische, dekonstruktivistische und kulturwissenschaftliche Lesarten ergiebig, zumal die Zurückweisung starrer und hierarchisch organisierter Oppositionsverhältnisse auch für die Aufwertung mitfühlender Teilhabe und für ein Verständnis von Kultur als Poiesis von Lebendigkeit konstitutiv ist. Das *Nature Writing* von *ich sitze nur GRAUSAM da* ist offen für das, was in der nichtliterarischen Umwelt geschieht und damit auch für Positionen, die für den *Material Ecocriticsm* von Interesse sind. Insofern jedoch ein besonderer Fokus auf ästhetischen Möglichkeiten des Umgangs mit der Trauer und Melancholie des Alters und den Ängsten angesichts des nahenden Todes liegt, wäre es verfehlt, „Mayröckers Schreiben einem aktivistischen ‚ecocriticsm' unterzuordnen" (Arteel 2020, 291). Vielmehr sind Perspektiven des *Ecocritism* einer Poiesis des Lebendigen untergeordnet, die darauf zielt, immer wieder aufs Neue Entdifferenzierungen zwischen Menschen, Tieren, Pflanzen und anderen materiellen Dingen poetologisch realisieren zu können.

Literatur

Arteel, Inge: Friederike Mayröcker. Hannover 2012.
Arteel, Inge/ De Felip, Eleonore (Hg.): Fragen zum Lyrischen in Friederike Mayröckers Poesie. Stuttgart 2020.
Arteel, Inge: „Vom Küssen der Zunge, im Sinne von Sprache". Schreiben und Umwelt in Friederike Mayröckers Lyrik und Prosa sowie im fotografischen Paratext. In: Michael Fisch/Christoph Schmidt (Hg.): Transkulturelle Hermeneutik I. Vorträge auf Einladung des Walter Benjamin-Lehrstuhls für deutsch-jüdische Literatur- und Kulturwissenschaft an der Hebräischen Universität in Jerusalem. Berlin 2020, 291–308.
Derrida, Jacques: Glas [frz. 1974]. Aus dem Französischen von Hans-Dieter Gondek und Markus Sedlaczek. München 2006.
Iovino, Serenella/Oppermann, Serpil: Material Ecocriticism. Bloomington 2014.
Kunz, Edith Anna: Verwandlungen. Zur Poetologie des Übergangs in der späten Prosa Friederike Mayröckers. Göttingen 2004.

Lartillot, Françoise: Friederike Mayröckers Blumenwerk in *Pathos und Schwalbe*. In: Inge Arteel/Eleonore De Felip (Hg.): Fragen zum Lyrischen in Friederike Mayröckers Poesie. Stuttgart 2020, 253–280.

Martinelli, Sonja: Friederike Mayröckers *Text mit Linné's berühmter Blumen-Uhr*. Vom Öffnen und Schließen der Wörter. In: Inge Arteel/Eleonore De Felip (Hg.): Fragen zum Lyrischen in Friederike Mayröckers Poesie. Stuttgart 2020, 93–113.

Mayröcker, Friederike: „Gespräch mit Jonathan Larson." BOMB 142 (2018). In: https://bombmagazine.org/articles/friederike-mayröcker/ (19.5.2023).

Strohmaier, Alexandra: Logos, Leib, Tod. Studien zur Prosa Friederike Mayröckers. München 2008.

Strohmaier, Alexandra (Hg.): Buchstabendelirien. Zur Literatur Friederike Mayröckers. Bielefeld 2009.

Thums, Barbara: Metamorphosen von Leib und Seele: Die Schreibexerzitien Friederike Mayröckers in „Abschiede", „mein Herz mein Zimmer mein Name" und „Stilleben". In: Gerhard Melzer/Stefan Schwar (Hg.): Friederike Mayröcker. Graz/Wien 1999, 65–90.

Thums, Barbara: „Schreiben im „Ausnahmezustand": Friederike Mayröckers *Und ich schüttelte einen Liebling*". In: Alexandra Strohmaier (Hg.): Buchstabendelirien. Zur Literatur Friederike Mayröckers. Bielefeld 2009, 177–194.

Vogel, Juliane: Liquid Words oder die Grenzen der Lesbarkeit – Schriftbewässerung in der Prosa Mayröckers. In: Inge Arteel/Heidy Margrit Müller (Hg.): „Rupfen in fremden Gärten". Intertextualität im Schreiben Friederike Mayröckers. Bielefeld 2002, 43–55.

études (2013)

Beate Sommerfeld

études (2013) ist der erste Teil der Trilogie Friederike Mayröckers, die mit *cahier* (2014) und *fleurs* (2016) fortgeführt wird. Die kompositorische Einheit der Bände wird durch die Titel in Form von Faksimiles der Handschrift Mayröckers hervorgehoben, die zudem eher auf den Schreibprozess und seine körperliche Anbindung als auf das abgeschlossene Produkt verweisen. Der Text besteht aus losen Notizen, niedergeschrieben vom 22.12.2010 bis zum 16.12.2012, also in einem Zeitraum von fast tagesgenau zwei Jahren. Mayröcker folgt einer Poetik der „Fetzchen" (ET 49), die sich zu einem flüchtigen Zettelwerk verbinden: „alles nur Bricolage" (ET 9) – heißt es gleich zu Beginn. Die Verweigerung klassischer Erzählkonzepte wird zum Schreibprogramm, dem Band wird das Motto „und ich hasse doch, sogar im Roman, alles Erzählen so sehr (Jean Paul)" vorangestellt. Wie auch die folgenden Bände der Trilogie lässt *études* die Gattungsgrenzen endgültig hinter sich und entzieht sich, zwischen Lyrik und Prosa changierend, den Konventionen der Genres.

Thematisch wird die Wehmut über das Alter, die Hinfälligkeit von Glück und den nahenden Tod ins Spiel gebracht. Mit fast klinischer Genauigkeit werden Prozesse des körperlichen und mentalen Verfalls sowie die in den Körper eingeschriebenen Altersspuren festgehalten: „an allen Ecken und Enden bin ich krank an allen Ecken und Enden bin ich elend" (ET 74). Auch dem Skandalon des Sterben-Müssens, dem am Ende des Lebens wartenden „Tödlein" (ET 74), wird nicht ausgewichen. Der Band ist damit eine Einübung des Abschieds, stellt aber auch ein Protokoll von memorialen Prozessen dar, wobei Erinnerungen an die Kindheit und den Lebensgefährten Ernst Jandl im Vordergrund stehen.

Intermediale Räume, Musikalisierung

Wo in *études* der Erzählfluss durchbrochen wird, tritt die Musik als Leitmedium auf den Plan. Musikstücke wie John Dowlands „flow my tears" (ET 163) werden als Katalysatoren von Erinnerungen und Emotionen wirksam. Musik fließt thematisch, über intermediale Einzelreferenzen auf Musikkompositionen und Komponisten in den Text ein, wobei die Nennung eines Komponistennamens oder eines Musikstücks zuweilen einen Einstieg in die strukturelle Kontaktaufnahme der Medien bildet. Solche Systemreferenzen finden über den Rekurs auf musikalische Formen wie das Nocturne oder auf Kompositionstechniken wie die Etüde Eingang in den Text, wodurch das Schreiben dem Komponieren angeglichen bzw. darüber

B. Sommerfeld (✉)
Adam Mickiewicz-Universität Posen, Poznań, Polen
E-Mail: bsommer@amu.edu.pl

reflektiert wird: Immer wieder ist die Rede vom „Komponieren" (ET 82, 186) der Texte.

Altermediale Verfahren und Artikulationsformen werden assimiliert bzw. strukturell im Text nachgebildet und lösen das Erzählen ab. Bereits der Titel eröffnet ein breites intermediales Feld, indem er den Band an der Schnittstelle mehrerer Künste positioniert: Die Etüde, die als poetische oder bildkünstlerische Stilübung verstanden werden kann, bezeichnet im musikalischen Bereich eine Übung, in welcher ein spieltechnisches Problem mehrmals in abgewandelter Form repetiert wird. Die produktive Aneignung der musikalischen Form der Etüde zeigt sich in *études* in einer imitativen Inszenierung im Sinne des intermedialen Vorgangs des *showing*, indem immer wieder ein und dasselbe Motiv variierend wiederholt wird. Die Motive werden teilweise im oberen Teil der Seiten skizziert und im darunter stehenden Text entfaltet und entstehen mittels des Verfahrens der Phrasierung, in dem das Sprachmaterial in iterierbare Motive zerlegt wird, die miteinander verwoben werden. Durch die Auflösung der Satzstrukturen wird eine syntaktische Mehrbezüglichkeit der Elemente herbeigeführt, mit der sich immer neue Bezüge herstellen lassen, womit sich der Schreibprozess dem Komponieren annähert und der Text einer Musikalisierung unterworfen wird. Analog zur Abwandlung selbst kleiner Motive in der Etüde werden noch die kleinsten klingenden Elemente in immer neuen Gefügen und Wortzusammenhängen variiert. Es wird damit eine „composition tonale" (Lartillot 2014, 574) hervorgebracht, in der die Wörter und Morpheme über den Klang neue Verbindungen eingehen und so neue Bedeutungsebenen erschließen, welche auf der akustischen Materialität der Sprache gründen. Die syntaktischen, semantischen und klanglichen Ebenen wirken so zusammen bei der Erzeugung eines Effekts, der dem Hören von Musik nahekommt.

Darüber hinaus sind Mayröckers Etüden von einer Vielzahl von Ebenen des Musikalischen durchzogen: Unterstreichungen, Faksimiles handschriftlicher Einschübe und Sonderzeichen wie der Notenschlüssel geraten zu textuellen Entsprechungen musikalischer Kodierungen und gleichen den Text einer Partitur an. Die Demontage der Syntax, das Zerlegen und Neukombinieren der Wörter bzw. ihrer Morpheme sowie eine graphische Behandlung des Textes und der Typographie sind avantgardistische Techniken, die Mayröcker mit der Wiener Gruppe verbinden. Dabei realisieren die Texte das dekonstruktive Programm der aufgeschobenen Bedeutung, indem Koppelungen von Signifikat und Signifikant gelöst werden und immer wieder auf andere Zeichen und Zeichensysteme referenziert wird, wobei die Iterabilität des sprachlichen Zeichens produktiv gemacht wird. Das musikalische Medium wird somit bei Mayröcker zum Medium des Aufschubs, das die Finalität des Textes suspendiert und flüchtige und fragile Arretierungen des Sinns vor der Endgültigkeit der Schrift ermöglicht. Poetologischer Fluchtpunkt von Mayröckers literarischer Simulierung musikalischer Formen scheint die A-Semantizität der Musik zu sein, die sich von allen signifikativen Funktionen befreit hat und als reiner Ausdruckswert bestehen bleibt. Über den Rekurs auf die Musik soll so ein Zustand permanenter affektiver Erregung hervorgerufen werden, der ein ekstatisches Schreiben hervorbringt: „bin exzessiv am Komponieren" (ET 186), wobei es zu intermedialen Friktionen zwischen der Sprache und der Musik kommt, die sich der sprachlichen Darstellbarkeit entzieht und auf den Ausdruck der Gefühle drängt.

Poetik des Vegetabilen

Wo die Worte versagen und das Erzählen an seine Grenzen gerät, kommen in *études* Blumen und Pflanzen ins Spiel und bewirken wie die Musik eine Emotionalisierung des Textes. Sie sind in Schreibszenen integriert, bilden das Schreibmaterial und verbinden sich mit der im Band entfalteten Thematik. So konfrontiert das Welken der Blumen das schreibende Ich mit Vergänglichkeit und Verfall, wenn etwa das Gras als Vanitas-Metapher ins Spiel gebracht wird (vgl. ET 109). Zugleich ist die Zerbrechlichkeit und Flüchtigkeit der Blumen ein Gleichnis für den Zyklus des Lebens und das Ewige im Fließenden. Es wird so eine Temporalität ins Feld geführt, die sich an der Seinsweise von Pflanzen orientiert und damit eine biozentrische Poetik entfaltet. Die Eigenzeit des Vegetabilen stiftet den Erfahrungshorizont des Schreibens, Pflanzen geben die Zeitlichkeit und Rhythmen vor und bedingen Prozesse der Transition und Transformation. Pflanzen adressieren in *études* auch Fragen der Lebenskraft, Verlebendigung und Wiederbelebung: „auf dem Frühstückstisch in der Küche hat das Mimosenbäumchen sich neu belebt zaghaft 1 neuer Trieb wie Händchen mir entgegen haben meine Tränen seine Blätter neu belebt" (ET 52). Tränen stehen hier für Trauer, aber auch fruchtbaren Regen und werden zugleich mit der ‚belebenden' poetischen Rede kurzgeschlossen.

Durch ihre zeitstrukturierende Dimension besitzen Pflanzen das Potential der sinnlichen Evokation von Vergangenem. So sind Erinnerungen an die Kindheit in Deinzendorf und den Lebenspartner an florale Motivik gekoppelt und verbinden sich mit erotischen Reminiszenzen. Blumen sind in die Liebeskommunikation eingebunden – ‚durch die Blume' wird ausgedrückt, was sprachlich nicht artikuliert werden kann: „jemand schenkt mir 1 Rosenblatt es verschliesst meine Lippe so dasz ich kein Wort mehr" (ET 185, vgl. auch 192). Damit scheint sich die in *études* entfaltete ‚Sprache der Blumen' auf dem Terrain der Floriographie zu bewegen, in der Blumen Gefühlszustände codieren, die im Zusammenhang mit Liebe und Erotik stehen. Mayröcker schöpft aus dem reichen Archiv der Pflanzensymbolik und partizipiert an einem kulturellen Wissen über die Zuordnung von Blumen zu bestimmten Gefühlen, dekonstruiert jedoch die floriographische Praxis, indem sie sich auch kulturell weniger codierten Blumen zuwendet oder Gender-Zuschreibungen wie die Parallelisierung von Blume und Frau dadurch unterläuft, dass der Lebenspartner Ernst Jandl mit Blumen verglichen wird. Die Durchkreuzung symbolischer Bedeutungen vollzieht sich über eine quasi-musikalische Phrasierung von Blumennamen, wobei diese ambig und vieldeutig werden, wie etwa in der Phrase „Gladiolen ihr süszen Schwerter" (ET 186). Blumen werden so zu poetischen Sprachfiguren, die zu Leitmotiven avancieren, welche miteinander verwoben werden und textübergreifend in den Abwandlungen des Ritornells wiederkehren. Von einer ‚Sprache der Blumen' im Sinne einer eindeutig lesbaren Chiffrierung von Gefühlen ist Mayröckers Blumensprache weit entfernt, Blumen und Pflanzen werden vielmehr zu Trägern von Emotionen, die sich einfachen Symbolisierungen entziehen, sie zersetzen die Schrift und lassen Bedeutungen diffundieren.

Poetologische und intertextuelle Dimensionen

Mayröckers Texte sind dabei auch hinsichtlich der poetologischen Relevanz des Floralen zu befragen. So werden Blumen und Pflanzen in *études* in poetologische Metaphern umgedeutet. Vor allem das polyvalente Element des Ästchens wird zum Inbild der Poesie als Sprache der Gefühle und der Ekstase. Wenn das Ästchen zum Sinnbild des Schreibens aufrückt, ist dies das Ergebnis hochgradig selbstreferentieller Imaginationsprozesse, welche eine konventionelle Blumensymbolik hinter sich lassen. So wird das Ästchen mit dem Textprinzip der Etüde gleichgesetzt (vgl. Kastberger 2013), es steht für das poetologische Prinzip der Verästelung und markiert damit eine Anverwandlung des Schreibens an vegetabile Strukturen und zugleich eine filigrane Verzweigung des floriographischen Zuordnungssystems von Blumen und deren Symbolbedeutungen, die immer neue Blüten treibt.

Der Umgang mit dem Floralen wird damit in eine poetische Praxis überführt und bringt eine rhizomatisch wuchernde Schreibweise hervor, die sich zu „Flächen von wildem Sprach Fleisch" (ET 44) ausbreitet, wobei die Gedankensprünge in verschiedene Richtungen wie eine Art Mimesis der Vernetzungsformen von Natur selbst wirken. Das Flechtwerk vegetabiler Formen gibt das Modell ab für ein entgrenztes Schreiben, das sich zu einem „assoziativen

Geflecht[]" (Kastberger 2013) aus Verästelungen mehrdeutig verzweigter Wortfelder und verflochtener Satzästchen auswächst und sich im „Gestrüpp auf dem Schreibtisch" (ET 61) materialisiert, das nicht in eine Ordnung zu bringen ist. Mayröcker unterläuft die Floriographie als eine entschlüsselbare ‚Sprache der Blumen', das Schreiben über Blumen affiziert vielmehr das Schreiben selbst, lässt es ausufern und in unvorhersehbare Richtungen treiben.

Es wird damit auch die Möglichkeit einer Verwandlung der Abundanz einer ekstatischen Sprache der Blumen und Gefühle in die Schrift verhandelt. Der in *études* mehrfach erscheinende Titel des folgenden Bandes *cahier* fungiert dabei als poetologisches Kürzel für die prekäre Schriftwerdung poetischen Sprechens, und mit der Vorausschau auf die in *fleurs* entfaltete ekstatische Blumensprache – „bin sehr verwildert alles in uferlos FLEUR" (ET 111) – wird ein Bogen zum letzten Band der Trilogie geschlagen. In *études* sind damit die zentralen Fragen von Mayröckers Trilogie angelegt, wobei die Bezüge auf die darauffolgenden Bände auf die kompositorische Verbundenheit des Schreibprojekts verweisen. Zugleich schafft der Text damit die Bedingungen für seine eigene Reflexivität, indem er die konstitutiven Rahmen textueller Identität in Frage stellt und den Text zum Ausstellungsort seiner eigenen Poiesis macht (vgl. Lartillot 2014, 563).

Intertextuell vermittelt ist die metapoetische Reflexion durch das Dreigestirn Francis Ponge, Jean Genet und Jacques Derrida, deren Texte sich, verstärkt seit dem der Trilogie vorausliegenden Band *ich sitze nur GRAUSAM da* (2012), durch Mayröckers späte Schaffensphase ziehen. So lehnen Mayröckers rhythmische Prosagedichte sich an die hybride Gattung des Proëms an – „(ich schreibe Proëme)" (ET 75) – und rekurrieren damit auf eine Vorform des poetischen Textes analog zur Etüde als vorbereitender Übung, die bei Ponge den Status einer autonomen poetischen Form erhält (vgl. Lartillot 2014, 569, Anm. 229) und ein frei fließendes, nicht in Gattungskonventionen gezwängtes ekstatisches Schreiben ermöglichen soll. Über Genet findet eine unter dem Zeichen der Erotik stehende Blumensprache Einlass in den Text (vgl. Lartillot 2014, 574), und Derridas diffraktive Lektüre Hegels und Genets in *Glas* (frz. 1974, dt. 2006), mit der er eindeutige Bedeutungszuweisungen der Blumen ad absurdum führt, steht für eine poetische Sprache, die sich von metaphorischen und symbolischen Bedeutungen löst und damit die floriographische Praxis gefährdet. Zahlreiche weitere intertextuelle Referenzen, wie etwa der Verweis auf die „Ex-Blüten" (ET 45, 72, 75) der Gedichte Ann Cottens, umkreisen das Problemfeld der Überführung dichterischer Ekstase in den Text, wohingegen die Musik sowie auch die bildende Kunst als zweites wichtiges Referenzmedium die ekstatische Erfahrung illustrieren, die noch nicht zur Schrift geronnen ist bzw. nicht ins ‚cahier' gelangt ist.

Es wird damit im ersten Band von Mayröckers Trilogie ein intermedialer und intertextueller Echoraum eröffnet, der den eigenen Text entgrenzt und ins Unendliche tendierende Möglichkeiten des Beschreibens oder Beschwörens von Blumen und Gefühlen in ein potentiell unendliches Netzwerk von Verästelungen einträgt. Die Offenheit des Textes, der sich über seine Grenzen hinausschreibt und für einen Neuanfang offenhält, signalisiert das „Ästchen" am Ende von *études* (ET 193), das über den Rahmen des Textes hinausweist (vgl. Lartillot 2014, 576) und damit ein Weiterschreiben anzeigt, das an kein Ende kommen will und damit auch die Finalität des Todes zu suspendieren sucht.

Literatur

Kastberger, Klaus: „so internet und gelenkig FM". In: Die Presse (Wien) vom 2.11.2013.

Lartillot, Françoise: Lire le poststructuralisme en poète. Résistance tropologique de Friederike Mayröcker dans les *études* (2013). In: Études germaniques 276/4 (2014), 559–580.

cahier (2014)

Beate Sommerfeld

Mit *cahier* legte Friederike Mayröcker 2014 den zweiten Teil ihrer Trilogie vor. Die Aufzeichnungen umfassen den Zeitraum vom 19. Dezember 2012 bis zum 19. März 2014 und schließen unmittelbar an den ersten Band *études* (2013) an. Auch *cahier* demonstriert somit eine Kontinuität im Schaffen Mayröckers. Nach den ‚Fingerübungen' des ersten Bandes steht nun das Projekt einer Niederschrift des eigenen Lebens im Zentrum, das auf den poetologischen Grundlagen der Etüden aufbaut. Im Unterschied zu *études* stehen in *cahier* wie später auch in *fleurs* (2016), dem letzten Teil der Trilogie, alle sequenzhaften Abschnitte in Anführungszeichen, was darauf verweisen könnte, dass beide Bände als eine performative Einlösung des in *études* angelegten poetologischen Programms zu lesen sind. Die Texte konstituieren sich damit als Formen uneigentlicher Rede, wobei eine das Geschriebene beglaubigende Instanz nicht mehr ausgemacht werden kann. Wie in der gesamten Trilogie verweisen die Faksimiles von Mayröckers Handschrift im Titel und innerhalb der Eintragungen auf den Schreibprozess und tragen die Spuren des Körpers und die Emotionen der Schreibenden in die Texte ein.

B. Sommerfeld (✉)
Adam Mickiewicz-Universität Posen, Poznań, Polen
E-Mail: bsommer@amu.edu.pl

Gegen das Erzählen

Die datierten Eintragungen in Mayröckers ‚Schreibheft' lassen an Tagebuchaufzeichnungen denken, allerdings grenzt Mayröcker sich dezidiert von diaristischen Praktiken und Formen ab: „Nein dies ist kein Diarium" (CA 23). Nicht das fortlaufende Protokoll der Tage steht im Zentrum (worauf bereits die Vagheit der Datierungen hindeutet, die zuweilen mit dem Zusatz „bis" versehen sind oder nur den Monat der Niederschrift angeben), sondern der Gestus eines Umgreifens des eigenen Lebens, das allerdings nicht narrativ bewältigt werden soll. Die Aufzeichnung des Lebens wird vielmehr in Anlehnung an Roland Barthes als langsamer Prozess der Selbsterfindung aufgefasst: „lese in Roland Barthes' ÜBER MICH SELBST. Es braucht so 50, 60 Jahre sich selbst zu erfahren: erfinden" (CA 27). Wie zuvor in *études* verwahrt sich Mayröcker gegen das Erzählen und alles Anekdotische: „wünsche mir die Zerstörung der Anekdote" (CA 96). Das Jean Paul entlehnte Motto von *études*, „Und ich hasse doch, sogar im Roman, alles Erzählen so sehr", erscheint auch in *cahier* (CA 77), aber auch der Mayröcker nahestehende Derrida gilt als Gewährsmann für die Zurückweisung alles Narrativen: „ich habe niemals gewusst, wie man eine Geschichte erzählt, so Jacques Derrida" (CA 118).

Das Aufbrechen narrativer Einsinnigkeit und logischer Stringenz vollzieht sich über das

Protokollieren von Träumen, das einen Großteil der Aufzeichnungen ausmacht, wobei die Traummechanismen der Verschiebung und Verdichtung die Texte lyrischen Formen annähern und dem Richtsatz folgen: „der Traum stiftet die Poesie" (CA 191). Gattungsreferenzen auf lyrische Kurzformen wie den Haiku sind zahlreich, wobei zuweilen wie in *études* im oberen Teil der Seiten ein Motiv in lyrischer Verdichtung vorgegeben und im darunter stehenden Text entfaltet wird. Der Poetik der Verdichtung sekundiert die Zerstäubung syntaktischer Ordnungen durch elliptische Strukturen, welche dem Erzählen entgegenarbeitet. Durch die in *études* programmatisch entfaltete und hier fortgesetzte Poetik der elliptischen Abbreviatur, die sich sogar an die stenographische Kurzschrift anlehnt, wird der Text kürzelhaft und hermetisch, gewinnt aber auch eine kaleidoskopartige Offenheit, indem kleinste Textbausteine zustande gebracht werden, die vielfältig andockbar sind und ritornellartig in immer neuen Umgebungen wiederkehren. *cahier* schöpft dabei aus dem Inventar der immer „gleichen Phrasen" (CA 64), die durch Wiederholung an Insistenz gewinnen und meist an ein imaginäres Du, sei es der tote Lebenspartner Ernst Jandl, sei es Gott, gerichtet sind. Ferne Anklänge an die Litanei, das Gebet oder den Psalm verweisen auf Versuche einer Poetisierung religiöser Formen, wobei vor allem deren dialogische Struktur produktiv gemacht wird, um narrative Ordnungen zu durchbrechen.

Auf semantischer Ebene wird die lineare und narrative Entfaltung von Sinn durch das Derrida entliehene Verfahren der Dissemination hintertrieben, als nicht-kontrollierbare und unhintergehbare Bedeutungsstreuung, die Bedeutungen in alle Richtungen ausschlagen und wuchern lässt. Gleich auf den ersten Seiten klingt in der Feststellung „das Verschiedene ist das Konstante, nicht wahr" (CA 10), Derridas Konzept der *différance* an, das die permanente Verschiebung von Bedeutungen beim Schreiben und Lesen umschreibt. So findet auch der in *cahier* vielfach thematisierte Leseprozess als zerstäubende, textauflösende Lektüre statt, die sich auf das einzelne Wort konzentriert und dieses auf eine sich stets entziehende Bedeutung befragt.

Intermedialität

Das Aufbrechen narrativer Strukturen wird auch durch Medienwechsel bzw. die Nachbildung altermedialer Verfahren befördert. So wird etwa die Adaptierung der Gestaltungsmittel der bildenden Kunst durch metapoetische Verweise auf das „Malbuch" (CA 27) signalisiert und das Schreiben so dem Zeichnen angeglichen: „ich zeichne oft tagelang 50 Blätter voll" (CA 191). Die Entgrenzung des Textes zum Bild hin vollzieht sich performativ durch Einfügung von Faksimiles von Zeichnungen. Die Zusammenhänge von Text und Bild sind dabei oftmals verrätselt und scheinen von den Mechanismen des Traums geleitet, wenn etwa versucht wird, Traumbilder nachzuzeichnen (vgl. CA 37–38). Insgesamt folgen die Texte der dadaistischen Ästhetik der Collage bzw. Bricolage oder nehmen Anleihen beim Comic. Anklänge an die Poetik des Comics, mit denen sich der Text in dadaistischer Manier gegen einen elitären Kunstbegriff in Stellung bringt, kommen bereits mit dem Motto zum Tragen, das an eine Setzanweisung erinnert: „(rechts oben ‚Motto' = comics)" (CA 7). Die ironisch gebrochene Darstellung und die ostentativ surreale Absurdität der Strichbildchen, die zuweilen in eine karnevaleske Ambiguität rücken, stellen eine ironische Pointe auf das Gesamtkunstwerk dar. Oftmals sind die Zeichnungen nicht in den Text integriert, sondern werden auf einer eigenen Seite exponiert und gewinnen dadurch den Charakter von ‚Bildgedichten', wobei die Nähe des Bildes mit seiner sich der simultanen Wahrnehmung darbietenden Evidenz zu lyrischen Formen ausgespielt wird.

Die Durchkreuzung linearer Textordnungen wird auch über die Simulierung der Bildtechniken bestimmter Kunstströmungen anvisiert. Eine herausgehobene Stellung nehmen hierbei Referenzen auf den Kubismus ein, wobei auf Picassos kubistische Schaffensperiode angespielt wird: „bin jetzt in der kubistischen Phase" (CA 23). Die bildkünstlerischen Verfahren des Kubismus, Gegenstände zu fragmentieren und aus mehreren Blickpunkten gleichzeitig darzustellen, werden in Text und Bild performativ inszeniert: Faksimile-Zeichnungen von Porträts aus sich überlagernden Perspektiven (vgl. CA 176) korrespondieren mit abrupten Perspektivwechseln im Text, die Linearität und narrative Einsinnigkeit ins Vieldimensionale auflösen. Ebenso werden die Malweisen des Pointillismus literarisch adaptiert und bringen eine „Schreibkunst wie angetupft" (CA 54) hervor, die dem linearen Fortschreiten des Textes entgegenwirkt, indem komplexe Kompositionen miteinander korrespondierender Elemente hervorgebracht werden.

Das dem Pointillismus entlehnte Verfahren, das Material in kleinste Sinneinheiten zu zerlegen, die für neue assoziative Verbindungen verfügbar werden, erstreckt sich auf die in *cahier* erscheinenden Ekphrasen, bei denen es sich daher nur vordergründig um klassische Bildbeschreibungen handelt. So wird etwa bei der Betrachtung von Adam Elsheimers Andachtsgemälde „Flucht nach Ägypten" (CA 10) eine assoziative Auflösung des Bildsujets vollzogen, der Text setzt fortwährend Assoziationsketten frei, die sich nicht auf einen verbindlichen Sinngehalt zurückführen lassen und Eindeutigkeit zugunsten assoziativer Abläufe hintertreiben. Die ‚anekdotische' Ebene des Bildes wird damit unterlaufen und die religiöse Fabel verliert sich in einem wahllosen „Bibelstechen" (CA 10), das auf die Kontingenz des Bewusstseins zurückverweist. Der Text macht dadurch stets neue Bedeutungsangebote und entfaltet seine eigene Poetologie. So legt das bereits in *études* erscheinende Motiv der nähenden Madonna eine metaphorische Bedeutung nahe und rekurriert selbstreflexiv auf die Metapher der Textur als eines filigranen Gespinsts aus Assoziationen. Im Zuge assoziativer Verkettungen wird die Ikonographie des Gemäldes ‚gegen den Strich' gelesen, indem Nebenfiguren wie die Joseph-Gestalt sowie Tiere und Blumen ins Zentrum der Bildbetrachtung rücken und das Bild mit Ambivalenzen aufladen. Auch in den Referenzen auf Gemälde August Mackes (CA 185–186) oder Stefan Fabis (CA 130, 155) wird ein Bilder-Lesen inszeniert und zugleich verhindert, indem Bildbedeutungen ins Vieldeutige driften, wobei die Dekonstruktion von Bedeutungen, die sich der Eindeutigkeit entziehen und schillernd werden, Derridas Konzept der *différance* anklingen lassen. In Francis Bacon findet die Schreibende wiederum einen Verbündeten im Betreiben einer Kunst, die nichts erzählen will und unmittelbar zu affizieren vermag (vgl. CA 143).

Auch über intermediale Bezüge zur Musik vollzieht sich eine Emotionalisierung des Textes, welche zugleich die Sinnverfolgung erschwert. Die redundante Struktur mit ihren litaneiartigen Wiederholungen verleiht dem Text musikalische Qualitäten und nähert das Schreiben dem Komponieren an, und wie zuvor in *études* lässt das Verfahren der Phrasierung Motive entstehen, die im Text variiert werden und als Ritornelle wiederkehren, wobei die Vernetzung der Leitmotive narrative Strukturen überlagert. Die differierende Typographie mit Sperrdruck und Unterstreichungen sowie das Einfügen von musikalischen Vortragszeichen lassen eine vieldimensionale, mehrfach strukturierte Textur hervortreten, die das Schriftbild einer Partitur angleicht, womit eine Musikalisierung erzielt und die performative Ebene des Textes verstärkt wird.

Ästhetik des Vegetabilen

Auch die im Anschluss an *études* entfaltete Ästhetik des Vegetabilen unterläuft die narrative Sinnentfaltung der Lebensniederschrift. Mittels sprachlich-textueller Assimilierung vegetabiler Strukturen wird in *cahier* eine Poetik der Vernetzung verfolgt, die an jeder Stelle des Textes von dessen linearem Fortschreiten abzweigt. Das bereits in *études* vorbereitete poetische Verfahren der Verzweigung wird im selbstreferentiellen Bild des „Ästchens" figuriert, das auch in *cahier* poetologische Signalfunktion hat: „Hatte vergessen, dir zu sagen, dasz meine Schriften immer nur das Idol des ‚Ästchens' vor Augen hatten, fieberhaft verstreute Gedanken, inmitten Meeres, von Blumen" (CA 25). Poetologische Prozesse basieren somit auf der Dynamik der Pflanzen und bilden eine Phytopoetik: Mehrdeutige Wortfelder und Satzbruchstücke, die sich wie organische Verbindungen verknüpfen und jenseits sprachlicher Ordnung mutieren und permutieren, lassen den Eindruck eines unkontrolliert wuchernden, quasi organischen Schrift-Körpers entstehen. Mayröckers literarisches Verfahren basiert damit auf einer Dekonstruktion durch sprachliche Osmose natürlicher Prozesse, die zum Vorbild poetischer Gestaltungsprinzipien avancieren und eine figural-literale Rhetorik von Blütezeit, Verästelung, Wucherung und Verwandlung hervorbringen.

Pflanzen und Blumen bzw. deren Namen sind also Elemente eines Sprachgewebes, sie entstammen einer poetischen Struktur und bilden ein wichtiges „archive poétique" (Lartillot 2015, 256). Als ‚rhetorische Blumen' im Sinne Derridas (vgl. Lartillot 2015, 257) sind sie Medien der Liebeskommunikation und werden mit Emotionen aufgeladen: „(Vielliebchen. Emotionen von Blumen: Jacques Derrida)" (CA 177), sie konnotieren Trauer und Verlust: „auf dem Küchenboden das vertrocknete (trauernde) Rosenblatt" (CA 16). Vor allem der Duft von Blumen ermöglicht die sinnliche Vergegenwärtigung von Erinnerungen und damit Zeit-Ekstasen, die aus dem chronologischen Lebensverlauf ausbrechen. Zugleich steht das Ephemere der floralen Existenz für die Fragilität der Lebensschrift, die stets von Auflösung bedroht ist.

Dabei werden Blumen in *cahier* wie in der gesamten Trilogie als Wörter produktiv, ihre Namen gehen als opake Signifikanten in den Text ein, die sich nicht auf eine symbolische Bedeutung hin transparent machen lassen. Blumen- und Pflanzennamen sind vielmehr in disseminative Verfahren verstrickt, die durch Sprachwechsel eine Potenzierung erfahren. Durch kontingente Spiele mit der französischen Sprache und textinterne Translationsprozesse nehmen sie ambige Bedeutungen in sich auf und lassen die Sinnebenen ins Gleiten geraten: Wenn etwa Stiefmütterchen auf Französisch als „pensées" (CA 153) in Erscheinung treten, werden zugleich die Blume als auch die durch sie angestoßenen Gedanken bezeichnet. Indem die Sprache ihrer iterativen Eigenbewegtheit überlassen wird, werden Spracheingebungen freigesetzt, denen die Qualität des Ekstatischen zukommt: „diese Seligmachung der Sprache solch 1 Exzess u. s. w. Näglein statt Nelken" (CA 191). Blumen werden so auf ihr ekstatisches Potential abgeklopft und bahnen den Weg zur „Gewalt des Ekstatischen, Erzählerisches Anekdotisches vermeidend" (CA 189). Ergebnis der Lebensniederschrift in *cahier* ist damit ein „sehr inniges Wahrnehmungsnetz, untermischt mit Hologrammen der Erinnerung, wahnwitzigen Sprach-Partikelchen, Tränenströmen." (CA 107) Das Stocken dieses ekstatischen Schreibstroms markieren gepresste Blumen zwischen den Seiten von Büchern, die Derridas Kritik an der metaphorisch verfassten Sprache konnotieren und ebenso wie die Formel „verwelkt im cahier" (CA 187) das Scheitern der Überführung des Lebendigen in die Schrift signalisieren.

Zu Gewährsmännern einer glückenden, ekstatisch bewegten Sprache werden in *cahier* wie in der gesamten Trilogie Jean Genet, an dessen Texten Derrida in *Glas* (frz. 1974, dt. 2006) seine Apologie der Blumen ausrichtet, sowie Francis Ponge. Mit dem Ausblick auf eine an den Proëmen Ponges geschulte ausufernde Blumensprache wird ein Bogen zum darauffolgenden Band *fleurs* geschlagen: „fassungslos bin ich (bin sehr verwildert) alles so uferlos = FLEUR" (CA 179). Es wird damit ein Schreiben geltend gemacht, das sich in seiner Prozessualität begreift, jedes Ende zugleich als einen Neuanfang versteht und so gegen die Finalität des Textes und die Geschlossenheit des Lebenswerks aufbegehrt.

Literatur

Lartillot, Françoise: Les fleurs vives de Mayröcker. Au long des pages de ‚cahier'. In: Europe. Revue littéraire mensuelle 93/1033 (2015), 254–259.

fleurs (2016)

Beate Sommerfeld

fleurs (2016) ist der letzte Teil der Trilogie Friederike Mayröckers, die 2013 mit dem Band *études* begann und 2014 mit *cahier* ihre Fortsetzung fand. Wie die vorangehenden Bände besteht der Text aus datierten tagebuchartigen Eintragungen, die von März 2014 bis Mai 2015 niedergeschrieben wurden und unmittelbar an die Aufzeichnungen von *cahier* anschließen. Fast unmerklich ineinander übergehend, sind die Bände jedoch Teile eines sorgfältig durchkomponierten Schreibprojekts: Nach den Fingerübungen von *études*, in denen das sprachliche Artikulationssystem über die Anverwandlung musikalischer Kompositionsformen und vegetabiler Strukturen erweitert wird, und der sich am Floralen orientierenden Aufzeichnung des Lebens in *cahier* steht nun in *fleurs* die Entfaltung einer ekstatischen ‚Sprache der Blumen' im Zentrum.

Zur ‚Sprache der Blumen'

Von Beginn ihres Schreibens an sind Blumen ein favorisiertes Referenzmedium für die Poetik Mayröckers (vgl. Thums 2017, 102) und sie spielen auch im Band *fleurs*, in dem die Poetologisierung der Blumen bereits paratextuell im Titel markiert ist, eine prominente Rolle. Wie die vorangehenden Bände lässt sich *fleurs* im Bezugsfeld der Floriographie verorten: Blumen treten auf den Plan, wo Gefühle mitgeteilt werden sollen, sie werden zu Elementen der Liebeskommunikation mit dem Lebenspartner Ernst Jandl über die Schwelle des Todes hinweg, womit sich Mayröckers Blumenwerk auch als Totenklage begreifen lässt (vgl. Thums 2017, 109). Die Bildfelder des Verwelkens und Abschneidens reflektieren die Konfrontation mit Verlust und Tod: Verblühte, abgeschnittene und verwelkte Blumen sind allesamt Variationen auf die Vergänglichkeit der Natur und alles Irdischen, ein Motiv, das Mayröckers Alterswerk bestimmt. Auf der anderen Seite wird die Semantik des Blühens und Knospens mit Jugend und Auferstehung parallelisiert und gegen körperlichen Verfall und Tod aufgeboten.

Blumen sind in *fleurs* Statthalter von Emotionen, sie sind jedoch nicht nur als ‚rhetorische Blumen', also semiotisch im Text präsent, sondern treten auch in ihrer materiellen Präsenz in Erscheinung, die nicht im Symbolisch-Zeichenhaften aufgeht. Blumen und Pflanzen werden anthropomorphisiert, womit der Text auf den romantischen Topos einer beseelten Natur rekurriert. Sie werden mit Sinnen und Gefühlen begabt und in ein intimes Zwiegespräch eingebunden und erscheinen als Akteure symbiotischer, erotisch konnotierter Verhältnisse: „fünf blaue Hyazinthen singend [...] : haben sich

B. Sommerfeld (✉)
Adam Mickiewicz-Universität Posen, Poznań, Polen
E-Mail: bsommer@amu.edu.pl

geöffnet während niemand zuhause! flüstern […] ob ich verstehen könne […] eine Tüte Tränen begieszt ihre Augen […] ich habe geträumt dasz sie mich umhalsen, weiszt du wie können sie das," (FL 120). Es wird hier ein Schreibkonzept verwirklicht, das eine Ethik der Verwobenheit anvisiert, indem es den Menschen in ein entgrenztes, auch die Pflanzenwelt umgreifendes Begehrens- und Kommunikationsgeflecht einbindet. In der ‚Hellhörigkeit' für das Empfinden der Blumen und pflanzliche Kommunikationsbefähigung weist der Text über eine Anthropomorphisierung des Floralen hinaus und sucht sich in einer biozentrischen Sicht vegetabilen Denkformen anzunähern. Mit diesen osmotischen Austauschprozessen zwischen Mensch und Pflanze (vgl. Beyer 2018, 11) wird eine Öffnung für ein Denken und Empfinden ins Spiel gebracht, das sich an der Seinsweise von Pflanzen orientiert und einer Dezentrierung humaner Perspektiven zuarbeitet. In solchen literarischen Entwürfen einer symbiotischen, menschlich-pflanzlichen Kommunikation wird nicht nur ein Sprechen ‚durch die Blume', sondern *mit* Blumen inszeniert, bei dem Blumen ein schwebender Status zukommt, indem sie zu Objekten und zugleich Subjekten der Kommunikation werden.

In *fleurs* sind Blumen keine klassifizierbaren und hermeneutisch erschließbaren Objekte, vielmehr werden sie in ihrer Bedeutung „wandelbar und ambig" (Thums 2017, 102). Symbolische Bedeutungen werden unterlaufen, indem Blumennamen auf unterschiedliche Bedeutungsfelder übertragen werden, sodass „immer neue Verweisungszusammenhänge, Ambiguitäten, Widersprüchlichkeiten und Paradoxien produziert werden." (Thums 2017, 109) So driftet etwa die Bedeutungszuschreibung der weißen Lilie, die gemeinhin Trauer kodiert, ins Uneindeutige und wird schillernd, wenn sie sich mit den immersiven Naturerlebnissen der Kindheit verbindet (vgl. FL 14), oder das Blau der blauen Blume des Novalis wandert in Georg Trakls Gedichte hinüber und erfährt dabei eine Ambiguisierung (vgl. Thums 2017, 112). Indem Pflanzenmetaphern imitierend unterlaufen werden, entzieht sich der Text dem Symbolraster einer ‚Sprache der Blumen' und bringt Bedeutungen ins Gleiten.

Intertextuelle und interdiskursive Referenzen

Mayröckers Blumensprache entfaltet sich im Dialog mit der Floriographie und arbeitet sich an deren Symbolisierungen ab. Hierbei laufen intertextuelle und interdiskursive Ebenen zusammen, wodurch ein vieldimensionales Feld von Möglichkeiten eröffnet wird, über Blumen zu sprechen (vgl. Thums 2017, 103). *fleurs* kann damit als Florilegium angesehen werden, in dem die Tätigkeiten des Auswählens, Sammelns und Lesens übereinander geblendet werden: Zum einen konstituiert sich der Text als Katalog eines botanischen Inventars, zum anderen als Zusammenstellung von einzelnen Versen, Redewendungen und Zitaten bekannter Dichter, wie sie in den Florilegien des Mittelalters und der frühen Neuzeit praktiziert wurden. Es wird so ein literarischer und diskursiver Echoraum für ein Blüten-Lesen eröffnet, das Blumen beständig auf die ihnen zugeschriebenen Bedeutungen befragt. Darauf, dass Mayröcker die Diskurse der Floriographie stets mitlaufen lässt, verweist u. a. die Zitierung von Isabel Kranz, deren Überlegungen zu ‚sprechenden Blumen' als Referenzrahmen aufgerufen werden. Der Bezug auf die „magischen Verben = Veduten der ‚Dichterinnen-Gewächse' = von Isabel Kranz" (FL 25) gibt einen von vielen Hinweisen darauf, dass für Mayröcker die „sinnliche Pracht" der Blumen „von jener der Sprache nicht zu trennen ist" (Thums 2017, 106). Das Florale und der Schreibprozess sind vielmehr aufs Engste miteinander verflochten, und ihr In-Eins-Setzen bildet eine Klammer für Mayröckers späte Texte.

Wichtigster Referenztext für die Zusammenführung des Botanischen und des Sprachlichen ist *Glas* (dt. ‚Totenglocke'), Derridas diffraktive Lektüre von Hegels und Genets Blumenwerk aus dem Jahr 1974 (dt. 2006), mit der er eindeutigen Bedeutungszuweisungen von Blumen die ‚Totenglocke' läutet. Eine produktive

Aneignung von *Glas* lässt sich in Mayröckers Texten seit etwa 2010 nachweisen (vgl. Beyer 2018, 8), wobei vor allem das Verfahren der Dissemination, das Bedeutungen zerstreut und in alle Richtungen ausschlagen lässt, Derridas dekonstruktiver Floriographie entlehnt scheint. Wie in Derridas Metapher der Dissemination werden pflanzliche und sprachliche Vorgänge bei Mayröcker miteinander verschränkt, indem die nicht-kontrollierbare Verbreitung von Samen beim Fortpflanzungsprozess der Blumen mit dem Wuchern der Signifikanten parallelisiert wird.

Mit dem sowohl botanischen als auch sprachphilosophischen Begriff der Dissemination kann der Kern von Mayröckers Poetik des Vegetabilen benannt werden. Mit seiner Doppelgleisigkeit spielend, lässt sie daraus ihre „gläserne Sprache" (FL 56) entsprießen, eine disseminative und proliferierende Blumensprache, die dem materiellen Gebüsch der Pflanzenwelt entwächst und dabei das „Brüchigwerden jenes Zeichenverständnisses" mitdenkt, „das die traditionelle Floriographie voraussetzt" (Thums 2017, 102). Mayröckers poetisches Projekt verschreibt sich damit der Dekonstruktion als einer quasi organischen Auflösung sprachlicher Linearität und Einsinnigkeit durch Assimilation natürlicher botanischer Prozesse. Ihre Blumensprache begreift sich als fundamental disseminativ und differential, sie entzieht sich eindeutiger Lesbarkeit und ist von einer nicht still zu stellenden Dynamik der Bedeutungsstreuung befallen.

In *fleurs* werden diese Streuungsprozesse auf textueller und semantischer Ebene inszeniert. *fleurs* ist an die Struktur von *Glas* angelehnt. So wie Derridas Buch in zwei bzw. drei Kolumnen verfasst ist, verteilt sich der Text in zwei oder drei Stränge, die an jeder Stelle aufeinander bezogen werden können. Die Semantik der Blumennamen unterliegt einer Dissemination als einer nicht kontrollierbaren Dynamik der Sprache und wird in kleinste bedeutungstragende ‚Floreme' aufgesplittert, die neu kombiniert werden können. Verkettungen, die am Klang ihren Ausgang nehmen, kreative Verschreibungen, die ein metonymisches Gleiten der Bedeutungen initiieren, werden im Sinne Derridas gegen die metaphorische oder symbolische Rede mobilisiert, wohingegen gepresste und verwelkte Blumen auf die Artifizialität der Metaphernsprache hindeuten. Über metonymische Verschiebungen wird das florale Netzwerk des Schreibens als ein bewegliches und lebendiges Gefüge arrangiert, welches die insubordinaten, „mannigfaltigen Bewegungen" des Denkens spiegelt, die sich nicht „zu frommen Lauchblumen = Formulierungen" (FL 69) fügen wollen. Wie bei Derrida fungieren die Namen der Blumen damit auch für Mayröcker als „Schaltstellen zwischen sinnlicher Erfahrung und Denkbewegung" (Beyer 2018, 10). Das disseminative Verfahren hält eine nicht-sistierbare Sprach- und Denkdynamik in Gang, die in der Schrift nicht zur Ruhe kommt und die Finalität des Textes beständig aufschiebt.

Indem sie sich vegetabilen Seinsweisen zuwenden und Homologien zwischen botanischen Prozessen und poetischen Verfahren herstellen, werden in den Texten von *fleurs* Einsichten in die botanische ‚Natur' des Schreibens gewonnen. Pflanzliche Strukturen und Prozesse werden in eine poetische Praxis umgedeutet, womit Dimensionen einer floral oder pflanzlich organisierten Ästhetik im Spätwerk Mayröckers in den Blick rücken. Blumennamen markieren eine implizite poetologische Reflexion und stehen für komplexe, selbstreferentielle Imaginationsprozesse, wobei Poetologie und poetische Performanz vielfach ineinander verschlungen sind. So signalisiert die bereits in *études* eingeführte poetologische Metapher des Ästchens eine Poetik der Verästelung, die sich auch formsemantisch im Text niederschlägt. Verzweigung tritt an die Stelle von Einsinnigkeit, die räumliche Ausbreitung des Textes bis ins Layout der Seiten hinein durchkreuzt die Linearität des Textes, um sich in Anlehnung an die Pluralität und Mannigfaltigkeit der vegetabilen Formen zu verteilen und dabei Differenzen und Vielfalt zu bilden. Das Motiv des Ästchens steht damit für einen ekstatischen Schreibstrom, der sich endlos verzweigt und über die Ordnungen der Schrift hinausweist.

Zum Musterfall einer ekstatischen Blumen- als Liebessprache wird die florale

Abundanz der Blumenromane Genets, die in *Glas* exemplarisch für eine im Zeichen von Erotik und Begehren stehende Sprache figurieren. In Anlehnung an Genet werden die Raster der Blumensymbolik zu einer überbordenden, die floriographische Praxis unterlaufende Sprache der Liebe hin überschritten. Dabei wird ein Schreiben in zitternder Erregung anvisiert, das Blumen auf ihr ekstatisches Potential abklopft und dieses auf den Schreibprozess überträgt: „ach zarte Wildnis des Stadtparks in welchem die strömenden Büsche v.Jasmin, so Füllhorn-Sprache am frühen Morgen, der dem Spatz nachzitternde Zweig" (FL 124). Wie Derridas Apologie der Blumen in *Glas* mitten im Satz abbricht, endet *fleurs* „in höchster Erregung" (FL, 131), am Kulminationspunkt der Ekstase.

Wie im gesamten Spätwerk Mayröckers gilt auch in *fleurs* das von Francis Ponge übernommene Proëm als Inbegriff eines ekstatischen, die Gattungsgrenzen überschreitenden Schreibflusses. Gegen Ende des Bandes nehmen Gattungsreferenzen auf die Lyrik zu, wobei die romantische Vorstellung des In-Eins-Fallens von Innen- und Außenwelt im Augenblick dichterischer Ekstase den poetologischen Fluchtpunkt anzeigt: „die äuszere Welt musz innere Welt werden = das Empfundene. Die innere Welt musz wieder äuszere Welt werden = das Gedicht." (FL 139) Mayröckers Trilogie endet somit mit einem Bekenntnis zur idealen romantischen Naturpoesie, die gleichsam in den Modus des Zitats erhoben wird. Dabei scheint zeitweise eine weitere Auseinandersetzung mit der Naturlyrik intendiert worden zu sein, die durch die Ankündigung eines auf *fleurs* folgenden Bandes mit dem Titel „lyrics" bzw. „lyrix" (FL 60) signalisiert wird.

Intermediale Bezüge

Auch Bilder haben in *fleurs* eine poetologische Funktion: In ihnen kristallisiert sich das Programm ekstatischen Schreibens über mediale Grenzen hinweg. Die „Blüten eines Dufy" werden zur poetischen Initialzündung und setzen das Herz „in Flammen" (FL 50), die floralen Arabesken von Henri Matisse setzen die Semantik der Verästelung und Verschlingung ins Bild und die an Kritzeleien erinnernden Bilder Joan Mirós und Paul Klees oder Cy Twomblys, welche die intermediale Schwelle zwischen Wort und Bild umspielen, geben das Modell ab für ein entgrenztes Schreiben „über den Blattrand hinaus als seien es kl.Blütenblätter oder Ästchen in eine zitternde Seligkeit verstreut" (FL 55).

Bilder führen die Texte über ihre Grenzen hinaus und provozieren einen unendlichen Schreibstrom, wie „die unendlichen Texte nach Bildern von Antoni Tàpies" (FL 141), „entstanden in einem Rausch" (FL 142). Mayröcker macht sich den ekstatischen Malprozess zu eigen und überträgt ihn auf ihre Schreibpraxis. Vor allem Gemälde Andreas Grunerts werden zu Auslösern ekstatischen Außer-sich-Seins, wobei sich in der Referenz auf seine Bildserie „Musik" die intermedialen Bezüge zur bildenden Kunst und Musik überlagern (FL 10, 47). Ebenso wie Bilder setzt Musik die Euphorie des Schreibens frei: „rase in die Tonkunst" (FL 75), musikalische Vortragsbezeichnungen gleichen den Text einer Partitur an und verstärken seine performative Ebene. Auch in die Texte eingefügte Faksimiles von Zeichnungen, wie z. B. Wellenlinien, die den Wunsch nach einem unversiegbaren Schreibstrom figurieren (vgl. FL 100), haben eine metapoetische Funktion. Es entsteht so in *fleurs* ein polyphones, intermediales und florales Geflecht, wobei über die Bezüge zur Musik und bildenden Kunst Bedeutungen in die Schwebe versetzt und in einem fluiden Bereich außerhalb der Schrift gehalten werden.

Literatur

Beyer, Marcel: Friederike Mayröcker, fleurs. In: Text + Kritik Nr. 218/219 (2018), 4–12.

Thums, Barbara: *fleurs*: Friederike Mayröckers Blumensprache. In: literatur für leser 40/2 (2017), 185–199.

Pathos und Schwalbe (2018)

Beate Sommerfeld

Der auf *fleurs* (2016), den letzten Teil von Friederike Mayröckers Trilogie, folgende Band *Pathos und Schwalbe* (2018) entstand zum Großteil während einer Folge von Krankenhausaufenthalten. Die Schreibumstände bedingen seine Thematik: Die zunehmende Gebrechlichkeit, die Wehmut über das Alter, die Vergänglichkeit von Glück und den nahenden Tod lassen den Text zum „memento mori" (PS 29) geraten. Es werden Klagen über die zunehmende Vergesslichkeit laut, den sich von Tag zu Tag verringernden Wortschatz und die sich der Dichterin entziehende Sprache. *Pathos und Schwalbe* steht damit ganz im Zeichen einer Selbstvergewisserung im Schreiben.

Ähnlich wie bei den vorangegangenen Texten handelt es sich um Prosatexte unterschiedlicher Länge, die mit Datumsangaben versehen sind und dadurch den Charakter von Tagebuchaufzeichnungen annehmen. Die Eintragungen, die den Zeitraum vom Dezember 2015 bis zum September 2017 umfassen, verbinden Begebenheiten des alltäglichen Lebens mit reflexiven oder kontemplativen Passagen, die – wie es der diaristischen Form entspricht – oftmals mit einer Zeitreflexion einhergehen. *Pathos und Schwalbe* zeugt von einem Zeitschmerz, der um die Bedrohung des menschlichen Daseins durch seine Temporalität weiß und eine maßlose „poetische Trauer" (PS 39) anfacht. Vor allem Erinnerungen an die Kindheit, die Mutter und den Lebensgefährten Ernst Jandl flechten eine Trauer in den Text ein, die zu einer Kraft wird, welche das Subjekt ‚außer sich' setzt und nicht-lineare Zeitlichkeiten in die Texte einträgt. Die lineare Zeit wird aus den Fugen gehoben, Vergangenes und Gegenwärtiges sind nebengeordnet, verfalten sich ineinander und werden zum Interferieren gebracht. In einer rekursiven und iterativen Schreibbewegung vollzieht sich ein Herstellen von Bedeutung im Modus der Erinnerung, in Schleifen und immer neuen Verkettungen von Szenen, die sich als Nukleus weiterer Szenen erweisen, die das schreibende Ich mit sich selbst durchspielt. So entsteht eine Textur, die sich über assoziatives Verweben von Bewusstseinsinhalten konstituiert: Erinnerungsfragmente tauchen auf und wieder ab, wuchern rhizomartig im Bewusstsein und kehren rhythmisch als Ritornelle in immer anderen Umgebungen wieder, wobei sie neue Bedeutungen annehmen: „eine Art v. Wiederholungen als wollte man einen Gedanken korrigieren" (PS 201).

Hierbei nimmt *Pathos und Schwalbe* Anleihen beim bildkünstlerischen Verfahren der Collage. Insbesondere Max Ernsts Collagen werden als „poetologische Spiegelungen" (Sommerfeld 2020, 50) wirksam und auf die eigene Schreibpraxis bezogen: „Max Ernst's

B. Sommerfeld (✉)
Adam Mickiewicz-Universität Posen, Poznań, Polen
E-Mail: bsommer@amu.edu.pl

‚Spargel der Mondin', ich meine arbeite mit älteren Aufzeichnungen, collagiere diese mit neuen Erfindungen und Delirien so dasz ein vielgestaltiger Prosatext (entsteht)" (PS 92). Wie in den Collagen Ernsts werden Elemente früherer Texte aus ihrem Kontext herausgelöst und neu kombiniert, wobei das surrealistische Prinzip der automatischen Assoziation zum Tragen kommt, um Heterogenes und Kontingentes aus dem Unbewussten heraus zusammenzuführen. Die Abkehr vom Erzählen ist damit endgültig vollzogen: „Schwöre dem plot ab, habe längst dem plot abgeschworen" (PS 227). Die lineare Handlungsführung wird von einer beständigen Neueinspielung von Motiven und Variationen abgelöst, die im Text ko-präsent gehalten werden und durch das collagierende Verfahren stetig neue Bedeutungsangebote machen.

Pathos und Ekstase

Der Rekurs auf surrealistische Verfahren wie die Collage bezeugt Mayröckers Verwurzelung in der Avantgarde bis ins Spätwerk hinein. *Pathos und Schwalbe* steht jedoch auch unter dem Zeichen einer kritischen, bisweilen selbstironischen Auseinandersetzung mit der österreichischen Neo-Avantgarde: „oh Avantgarde! Ich bin Avantgarde! [...], dieser Rest v.Avantgarde, Rest v.Café Jelinek" (PS 217). Die Überwindung der formalen Experimente früherer Schaffensphasen vollzieht sich über eine Hinwendung zur Außenwelt und zur Natur, die in der Formel „ich schreibe l'art pour l'art Gedichte, ich möchte ins grüne" (PS 73) zum Ausdruck gebracht wird.

Während in dem die Trilogie abschließenden Band *fleurs* eine ekstatische Blumensprache erprobt wird, geht es in *Pathos und Schwalbe* um eine umfassende Auseinandersetzung mit der pathetischen Erfahrung. Bereits mit dem Titel wird ekstatische Gestimmtheit als Movens poetischer Produktion ausgewiesen. Die Schwalbe wird als Metapher für die beglückende dichterische Ekstase lesbar, die Verbindung der Schwalbenmetapher mit dem Pathos verweist auf die Ambivalenz der Entgrenzungserfahrung und bringt Pathos als Mitleiden ins Spiel (vgl. Sommerfeld 2020, 48). Zur Grundbedingung des Schreibens wird nun, „ob wir von etwas angefaszt: angeweht: angesprochen werden" (PS 46). Der Text inszeniert dieses Angerührt-Werden von der Wirklichkeit, das Zustände extremer Ergriffenheit entfesselt. Auffallend sind zahlreiche Bezugnahmen auf das Weltgeschehen: Flüchtlinge, die sich ins Wasser stürzen (vgl. PS 29, 42) oder der „Terroranschlag der IS auf Paris" (PS 35) wecken eine ins Unermessliche gesteigerte Empathie, die sich im Leitmotiv des ungehemmten Weinens kundtut: „ich weine mir die Augen aus" (PS 7, 11, 69, 240) bzw. „weine für jedermann, ersticke" (PS 45).

Vor allem die Natur wird zum Resonanzraum der pathetischen Erfahrung: Die Responsivität des Ich umfasst „Klementinen mit eingerollten Blättchen auf der Anrichte (vom Baum *gezerrt*)" (PS 41) ebenso wie „die welken Beete des Krankenhausgartens *schreiend* in der Dämmerung" (PS 257). Die Empathie mit nicht-menschlichen Wesen führt zu einer Überschreitung der Spezies-Grenzen: „habe mich in einen Gegenstand verwandelt zum Beispiel in Ränzlein oder, Schwertlilie, Wiesenschaumkraut, Glockenblume" (PS 92). Es tut sich hier ein Subjekt kund, das aus sich selbst heraustritt und sich im ekstatischen Zustand des Außer-sich-Seins über die ontologischen Grenzziehungen zwischen dem Menschlichen und Nicht-Anthropomorphen hinwegsetzt.

Sprache der Blumen

Vor allem Blumen kommt in dem in *Pathos und Schwalbe* entfalteten ekstatischen Schreiben eine tragende Rolle zu. Das Fenster, durch das der Garten des Krankenhauses betrachtet wird, wird zugleich zu einem Einlasstor in das eigene Innere und eröffnet eine florale Gegenwelt: „Traum von den nach innen offenstehenden Fenstern mit dem Blick nach einer seligen Landschaft" (PS 87). Blumen koppeln Außen- und Innenwelt aneinander, auf der einen Seite stecken sie die Jahreszeiten ab, andererseits ermöglichen sie dank ihrer Fähigkeit, „Erinnerungen sinnlich zu fixieren" (Lartillot 2020, 258) ein Heraustreten aus der kalendarischen Zeit und bewirken Zeitekstasen. Mit dem „Totengeläut" (PS 7) wird gleich zu Beginn auf Derridas *Glas* (frz. 1974, dt. 2006) angespielt, über das – wie bereits die vorangegangenen Bände beweisen – Mayröckers Verhältnis zu Blumen und zur Sprache vermittelt ist, wobei die deutsche Übersetzung des Titels, ‚Totenglocke', den Nexus von Pflanzenwelt und Sterben exponiert. So wird das Verwelken der Blumen mit dem Altern parallelisiert, das Gras wird als Vanitas-Metapher ins Spiel gebracht und eine „zerknitterte[] Rose welche schwarzes Gewand" (PS 62) verweist auf die „Ohnmacht vor dem Skandalon Tod" (Lartillot 2020, 263).

Blumen und Pflanzen werden zur „Brutstätte eines Pathos" (PS 195) und avancieren zum Inbild einer Ekstase, die zuweilen der Todeserfahrung gleichkommt: „weh mir ich sah zu wie die grüne Knospe der Amaryllis sich zu öffnen begann da hielt ich den Atem an" (PS 63). Dabei sind in Mayröckers Blumenwerk Eros und Thanatos unauflöslich miteinander verbunden. Blumen werden zu Elementen einer Liebessprache, wenn „*Collagen* v.Blumen" (PS 83) in den Briefen des Geliebten erinnert oder Blumen mit der Liebesekstase in Verbindung gebracht werden: „grünes Bouquet das mir das Herz ergrünen läszt […] wie sich die grünen Stile im Wasser wie schmiegsame, Gliedmaszen, ineinander aneinander umschlingen, *ach wie sie es treiben*" (PS 86). Mayröckers eigenwillige Variationen auf eine ‚Sprache der Blumen' unterlaufen die symbolischen Zuschreibungen der traditionellen Floriographie und haben stets auch eine poetologische Ebene. So avanciert Jean Genets Blumenwerk, auf das Derrida in *Glas* seine Apologie der Blumen stützt, zum Inbegriff ungehemmter dichterischer Ekstase: „wie stürz' ich in die Gladiolen des Jean Genet […] hoffe, dasz ich, […] *die Ketten sprenge*" (PS 11). Leitend wird eine „Poesie der überstürzten Gedanken" (PS 130), die sich einer assoziativen Schreibweise verdankt und in die botanische Metapher des Wucherns gefasst wird. Auch die Mayröckers Trilogie bevölkernden Ästchen erscheinen in *Pathos und Schwalbe* als poetologische Metapher und umschreiben eine dem Floralen entlehnte Poetik der Verästelung.

Blumennamen blitzen – wie in den vorangegangenen Texten – auf dem Wege der Dissemination im Sinne Derridas im Text auf, einer Bedeutungsstreuung, die das ekstatische Potential noch kleinster Wortelemente auslotet und sich über ein Verlesen vollzieht, das Worteingebungen zu provozieren sucht: „habe mich VERLESEN : taucht das Wort […] GÄNSEBLÜMCHEN auf" (PS 90). Durch „winzige Mutationen" (PS 130) wird ein polyvalentes Spiel mit Blumennamen betrieben, welche die Blumen mit dem Schreibprozess verklammern und der metapoetischen Reflexion Raum geben: So werden über iterative Prozesse aus Narzissen Notizen (vgl. PS 93), die Knospe mutiert zur Kopie (vgl. PS 124). Das dekonstruktive Spiel mit Blumenbezeichnungen lässt ein assoziatives Geflecht mit rhizomatischer Struktur entstehen, über kryptisch ineinander übergehende metonymische Verschiebungen wird das „florale Netzwerk des Schreibens" als ein „bewegliches Ensemble" (Lartillot 2020, 271) inszeniert. Dabei fluktuieren Blumennamen, wie Françoise Lartillot nachgewiesen hat, zwischen den Polen des Eigentlichen und Uneigentlichen: Wenn von „hingeleierten Blumen, Genets in der Vase" (PS 105–106) die Rede ist, so denotiert dies wie in einem Vexierspiel die Ginster (frz. *genêt*) oder Genet und seine litaneiartigen Aufzählungen von Blumennamen. Die Vase wiederum lässt als deutsches Äquivalent des französischen ‚Glas' anamorphotisch einen Bezug auf Derridas *Glas* durchscheinen (vgl. Lartillot 2020, 270–271) und signalisiert so die Selbstreferentialität des Textes.

Die Natur wird damit bei Mayröcker zum Raum aus instabilen Zeichen. Von der Tradition des *nature writing* hat sich *Pathos und Schwalbe* weit entfernt. So finden sich denn auch Spuren einer kritischen Auseinandersetzung mit Thoreau (vgl. PS 81). Mayröcker scheint auf der Suche nach einem neuen, kritischen Begriff des Naturschreibens zu sein, der von einer Erfahrbarkeit von Natur aus erster Hand abrückt. Das Verhältnis zur Natur ist vielfach gebrochen, idyllische Naturbilder werden ironisch als „le kitsch" (PS 22) apostrophiert. Es scheint kein direkter, sondern nur ein medialer Zugang zur Natur möglich, der sich über sprachliche, pikturale oder musikalische Zeichen herstellt.

Intermedialität

Naturerfahrungen werden in *Pathos und Schwalbe* oftmals über die bildende Kunst vermittelt, indem Bildreminiszenzen in die Wirklichkeit hineinhalluziniert werden: „die nackten Bäume wie von Schiele gezeichnet" (PS 31). Die Sommergräser auf den Bildern von Sakai Hō (vgl. PS 253) lassen die Tränen fließen. Auch die Kunst wird damit zum Trägermedium eines Pathos, welches das Subjekt überkommt und in die Position des Ausgesetztseins versetzt. So ist die Rede von einem „sehr kl. Gemälde von Raoul Dufy (mit Aura im Goldrahmen), welches mir die Tränen" (PS 36), und die Schlachthausbilder Francis Bacons wecken den Wunsch nach einem ‚schreienden', sich aus der pathetischen Erfahrung des Mitleidens speisenden Schreiben (vgl. PS 174). Bildreferenzen wirken in *Pathos und Schwalbe* kürzelhaft und sind kaum noch zu Ekphrasen ausgebaut, oft reicht allein die Nennung eines Malernamens, um Kaskaden von Affekten freizusetzen. Auch die Musik entbindet ein Pathos, das an die Seele rührt, wird zum Medium ekstatischer Gestimmtheit und setzt den Furor des Schreibens frei.

Das ekstatische Potential von bildender Kunst und Musik wird erkundet, indem altermediale Verfahren für die Schreibarbeit adaptiert werden. So lässt die in den Text eingestreute „Bildersprache von Kurzschrift" (PS 13) die Schreibarbeit zum Bildlichen hin changieren und realisiert ebenso wie die in den Text implementierten Zeichnungen, welche die Aussage „Ich zeichnete gern […] wenn mir die Wörter abhanden kommen" (PS 246) performativ einlösen, das Schreibprogramm des Collagierens. Ähnlich wie *cahier* oder *fleurs* ist der Text mit musikalischen Zeichen versehen und nähert sich dadurch einer Partitur an. Die eigenwillige, die Satzordnung unterwandernde Interpunktion der Texte wird wiederum auf die Adaption der kompositorischen Technik der Synkopierung bezogen, die der Jazzmusik entlehnt wird (vgl. PS 147). Bei all diesen Verfahren geht es um das Ausbrechen aus der Sprachlinearität, dessen Ziel es ist, „Sprachekstasen" (PS 109) zu entbinden.

Dabei werden gerade im Kontext der Musik die Möglichkeiten einer Überführung der ekstatischen Erfahrung in das Schreiben verhandelt und das Ephemere der dichterischen Eingebung herausgestellt, die sofort schriftlich fixiert werden muss, um nicht unwiderruflich verloren zu gehen: „wie Luftgeister entschweben die Worte wenn man sie nicht gleich notiert hat" (PS 55). Aus Augenblicken pathetischer Ergriffenheit hervorgegangen, haben die Texte keinen Bestand und erweisen ihre Flüchtigkeit (vgl. Sommerfeld 2020, 51). Die Möglichkeit von Text wird allein durch das collagierende Verfahren offengehalten, das ein hochkomplexes Gefüge hervorbringt, in dem Bilder, Musik und Texte miteinander verwoben sind und im poetischen Prozess in eine schwebende Ordnung gebracht werden.

Literatur

Lartillot, Françoise: Friederike Mayröckers Blumenwerk in *Pathos und Schwalbe*. In: Inge Arteel/Eleonore de Felip (Hg.): Fragen zum Lyrischen in Friederike Mayröckers Poesie. Stuttgart 2020, 253–280.

Sommerfeld, Beate: „Wenn die Flamme aus der Leinwand schiesst". Faltungen inspirierten Sprechens in der ekphrastischen Lyrik Friederike Mayröckers. In: Inge Arteel/Eleonore de Felip (Hg.): Fragen zum Lyrischen in Friederike Mayröckers Poesie. Stuttgart 2020, 35–55.

da ich morgens und moosgrün. Ans Fenster trete (2020)

Beate Sommerfeld

Das letzte zu Lebzeiten Friederike Mayröckers veröffentlichte Werk *da ich morgens und moosgrün. Ans Fenster trete* (2020) schließt sowohl zeitlich als auch thematisch nahezu nahtlos an den vorhergehenden Band *Pathos und Schwalbe* (2018) an. Die Eintragungen beginnen mit dem 22. September 2017 (nur drei Tage nach der letzten Aufzeichnung von *Pathos und Schwalbe*) und setzen mit dem Motiv des „Lämmchens" (MMF 7) ein, das am Ende des vorhergehenden Bandes das Bedeutungsfeld der Auferstehung aufruft. Während *Pathos und Schwalbe* mit der Hoffnung auf Neubeginn endet, schließt *da ich morgens und moosgrün* mit dem Klageruf: „weh mir: mein Augé," (MMF 202) worauf eine leere Textseite folgt, die das Verstummen der dichterischen Stimme performativ vorführt und die Stille des Todes antizipiert.

Poetik der Collage

Während in den vorangegangenen Bänden von zukünftigen Schreibprojekten die Rede ist, womit ihnen eine prospektive Ausrichtung eignet, kennzeichnet *da ich morgens und moosgrün* eine fast ausschließliche Rückwärtsgewandtheit.

Das eigene Leben wird aus der Perspektive der letzten Lebensphase, ja des Todes rekapituliert: „bin Krüppelchen bin Historie" (MMF 167). Die körperliche Hinfälligkeit, der Verlust der Sehkraft und die zunehmende Vergesslichkeit werden beklagt, gegen die Exerzitien der Erinnerung aufgeboten werden. Die Dichterin wendet den Blick zurück in die frühe Kindheit, selbst noch die eigene Geburt wird imaginiert (vgl. MMF 26). Indem die Eintragungen vom Ende her einen Bogen zurück an den Beginn des Lebens schlagen, ist dem Text eine zyklische Bewegung eingeschrieben. Das eigene Leben wird mit dem Zyklus der Natur parallelisiert und das in den Text montierte Zeichen für Unendlichkeit (vgl. MMF 185) setzt den Kreislauf alles Lebendigen ins Bild.

Das zyklische Prinzip realisiert sich über Rückgriffe auf frühere Werke, ein Recycling von bereits verwendeten Motiven, die zu immer neuen Assemblagen arrangiert werden. Fremd- und Eigenzitate kehren in abgewandelter Form als Ritornelle wieder, werden zum Material für die Textproduktion und sind in neuen Kontexten für überraschende semantische Konnexe verfügbar. Die Auflösung des Textes ist in keinem anderen Werk Mayröckers so ins Extreme getrieben, die Aufzeichnungen werden kürzelhaft präsentiert und fasern sich in kleinste Sinneinheiten aus, die nach dem Prinzip der Collage miteinander verwoben werden. Das bereits für *Pathos und Schwalbe* konstitutive collagierende

B. Sommerfeld (✉)
Adam Mickiewicz-Universität Posen, Poznań, Polen
E-Mail: bsommer@amu.edu.pl

Verfahren wird in *da ich morgens und moosgrün* als „cut-up Methode" (MMF 142) benannt und ikonisch durch die Zeichnung einer kleinen Schere angezeigt. Die „winzige Schere" (MMF 151), mit der an den kleinsten Bedeutungseinheiten hantiert wird, ist ein Signal der Selbstbezüglichkeit, mit welcher der Text sich selbst als Verfahren ausstellt.

da ich morgens und moosgrün verwirklicht das Prinzip der Collage durch das Aufsprengen der linearen und logischen Textordnung. Bereits im Titel arbeitet die Interpunktion den Satzstrukturen entgegen, und auch im Text werden Sätze ‚abgeschnitten' und ausgebremst, bevor sie zu einem Ende finden: „was zählt sind die unvollendeten Sätze" (MMF 155, 156). Es wird dadurch eine syntaktische Mehrbezüglichkeit befördert, welche die Elemente mehrfach andockbar macht und Gefüge ständig variierter, gegeneinander verschiebbarer und miteinander kombinierbarer Bruchstücke entstehen lässt. Konstellative Anordnungen und Verfahren der Verräumlichung überblenden die Linearität des Textes, das konventionell geordnete Schriftbild wird aufgegeben, Einzelwörter und asyntaktisch gebundene Wortgruppen werden frei über die Blattfläche verteilt, wodurch eine simultane Vision der Buchseiten erreicht wird und der Text eine Ikonisierung erfährt. Sprachliche Elemente, vom Buchstaben über das Wort, aber auch Satzzeichen und typographische Zeichen sowie Elemente der stenographischen Kurzschrift werden in ihrer bildhaften Qualität vorgeführt und zu visuellen Bedeutungsträgern montiert. Auch mittels variierter Typographie wird das Bruchstückhafte und Montierte der Materialien herausgestellt. Innerhalb des Mediums Sprache werden so Reibungsflächen und Schnittstellen erzeugt, wobei die visuelle und klangliche Materialität der Wortelemente ausgestellt wird: „gucken und lauschen" (MMF 179) lautet die Leseanweisung. Damit verweigert sich der Text einer hermeneutischen Lektüre: „verehrte Lauscher und Lauscherinnen versuchen Sie nicht das Geheimnis dieses Textes zu lüften", warnt die Autorin ihre LeserInnen und setzt in Sperrschrift darunter: „*DIE AUSSTELLUNG IST ERÖFFNET*" (MMF 45).

Die Worte sollen also „als Worte ausgestellt" werden, „ohne ihren Sinn zu entfalten" (MMF 45, 83). Sprache zieht sich hier ganz auf ihre graphische und lautliche Materialität zurück, die Initiative wird den Wörtern überlassen, die sich in reziproken Reflexen aneinander entzünden und über klangliche Resonanzen neue Verbindungen eingehen. Dabei ist das „Verlesen" bzw. „Verhören" (MMF 143) als disseminatives Verfahren der Bedeutungsstreuung konstitutiv, bei dem die Iterativität des sprachlichen Zeichens ausgespielt wird. Auch über das Changieren zwischen dem Deutschen und dem Französischen werden die Assoziationsmöglichkeiten der Wörter ausgereizt und ihr Bedeutungsspektrum erweitert. Mit jedem ‚Schnitt' entstehen neue Relationen, die Fragmente erscheinen als Ritornelle in neuen Kontexten wieder und werden dabei stets anders ins Verhältnis gesetzt. Ritornelle entfalten in *da ich morgens und moosgrün* einen Rhythmus unablässiger Differenzen und neuer Beziehungen, die Verkettung der unterschiedlichen Elemente überspielt die Brüche des Materials und stellt eine neue, künstlerische Einheit dar, die durch Rhythmus und Klang verstärkt wird.

Mayröcker knüpft an den von den Dadaisten in ihren Textmontagen erprobten und von der Wiener Gruppe in den 1950er-Jahren aufgegriffenen Umgang mit Sprache an, indem sie deren Materialität, Sinnlichkeit und Körperlichkeit exponiert. Die Montage der Materialien und Bruchstücke wird durch das Einfügen von Erinnerungsbildern, Traumpartikeln und anderen Bewusstseinsfragmenten potenziert, die narrative Einsinnigkeit durch eine Ordnung der „collagierten Bildnisse" (MMF 18) überblenden, in denen Lektüre- und Bildreminiszenzen, Wahrnehmungen oder Erinnerungsfragmente immer wieder neu kombiniert werden.

Begehrensgefüge

Der Rekurs auf die Ästhetik der Collage bzw. Montage bezeugt Mayröckers Verankerung in der Avantgarde. Wie *Pathos und Schwalbe* steht *da ich morgens und moosgrün* aber auch unter dem Zeichen einer Abkehr von den avantgardistischen Sprachexperimenten früherer Schaffensphasen und einer zunehmenden Welthaltigkeit, vor allem einer Hinwendung zur Natur, mit der an die Naturlyrik von Goethe, Klopstock und Hölderlin angeschlossen werden soll.

Mayröcker folgt dabei einem Schreibprogramm, das ein von intensiven Affekten geleitetes Naturverhältnis ins Spiel bringt. So antwortet die Autorin auf die Frage nach dem Inhalt ihres neuen Buches: „es geht um Sensationen = ich meine Empfindungen, im Sinne v.Materie, [...] es geht um den Knall den Knall der Verliebtheiten" (MMF 60). Das Verhältnis zur Natur wird als reziprokes Liebesbegehren modelliert: Pflanzen, die ihre Ärmchen ausstrecken (vgl. MMF 44), und ein küssender Wald – „mehr als alles, küsst uns der Wald ach wie uns der Wald küszt" (MMF 156) – bewegen sich verlangend dem Menschen entgegen. Dabei wird ein mannigfaltiges Liebesbegehren anvisiert, das ontologische Grenzen überschreitet und affektive Beziehungen zum Nicht-Anthropomorphen zu denken sucht – so ist vom „Kosen" von „Blumengesichtern" (MMF 77) die Rede, vom Verliebt-Sein in die „Blütenkelche einer Kornrade" (MMF 53). Die Collage kann damit als Raum begriffen werden, in dem Affekte ausgetauscht werden und ein Begehren zirkuliert. Es werden Szenarien polymorpher Sinnlichkeit entfaltet, von Berührungen und Anrührungen, die auch die Pflanzenwelt umgreifen. Das Ich ist eingefaltet in die Natur, tritt ein in Nachbarschaftszonen mit Tieren und Pflanzen und resoniert mit seiner Umwelt: „bist blaue Glyzinie bist Hundsveilchen" (MMF 118). Wie in *Pathos und Schwalbe* setzt sich die Autorin auf eigenwillige Weise mit dem „Modewort ,nature writing'" (MMF 46, 57, 97) auseinander. Es werden Begegnungen mit Naturwesen wie Wolfshunden oder Wölfen ins Feld geführt, die auf den in der amerikanischen Tradition des *nature writing* virulenten Diskurs der Wildnis rekurrieren und gegen harmonisierende Einheitserlebnisse eine unheimliche Nähe von Tier und Mensch behaupten, die von Konfusion, Transgression und Überlagerung durchdrungen ist: „bin Wölfin" (MMF 58), „bin Tannenbaum habe wölfisch' Blut" (MMF 170).

Vor allem Blumen sind fester Bestandteil von Mayröckers Affektpoetik und werden mit dem Begehren in Verbindung gebracht. In *da ich morgens und moosgrün* rekurriert Mayröcker auf die in der Trilogie und *Pathos und Schwalbe* entfaltete Blumen- als Liebessprache: Blumen in Liebesbriefen oder die Erinnerung an den Lebenspartner Ernst Jandl „mit Blumenstrauß, ohne zu sprechen" (MMF 193) evozieren ein Sprechen ,durch Blumen', welches Emotionen ausdrückt, die innerhalb der Sprache nicht artikuliert werden können und in der floriographischen Blumensymbolik nicht aufhebbar sind. Von einem erhaltenen Blumenstrauß heißt es: „tatsächlich hast du mir Schneeglöckchen's Wangen [...] im kl.Henkelglas hast du mit weiszem Faden zugeschnürt ihre weiszgrünen Hälse sie trinken auch ein wenig [...] sie können auch sprechen, das hätte ich nie gedacht!" (MMF 162) Die konventionelle Funktion von Blumenbouquets wird hier unterlaufen, die zusammengeschnürten Blumen im Glas rufen vielmehr Derridas diffraktive Re-Lektüre der Floriographie in *Glas* (frz. 1974, dt. 2006) in Erinnerung, die sich an die von Erotik und Begehren geleitete Sprache von Jean Genets Blumenromanen anlehnt. Vertrocknete oder verwelkte Blumen in Briefen sind als Anspielungen auf Derridas Kritik der Symbolsprache der Blumen und die Metaphorizität der Sprache schlechthin zu lesen. Noch im „Staubmantel" (MMF 201), in den sich das schreibende Ich hüllt, klingt das Derrida entlehnte Verfahren der Dissemination an, das Bedeutungen zerstreut, anstatt sie im Sinne metaphorischer Zuschreibungen hinter den Wörtern zu suchen. Es wird in einem Gleiten der Signifikanten performativ eingelöst, das an der Materialität der Sprache, ihrer Stofflichkeit und Klanglichkeit ansetzt. Die Blumensymbolik wird durch eine disseminative Behandlung der Blumennamen subvertiert, die als „Stehgreifblumen" (MMF 155) performativen Charakter annehmen und gegen festgeschriebene Bedeutungen ad hoc-Konstellationen je nach poetischer Eingebung ins Spiel bringen.

In *da ich morgens und moosgrün* sind das Botanische und der Schreibprozess aufs Engste miteinander verflochten. Pflanzen stehen im Modus der Uneigentlichkeit für die literarische Produktion ein: „meine Texte entstehen durch sich fortpflanzende Augen" (MMF 52), heißt es, von „Pflanzenschrift" (MMF, 125) ist die Rede und von „Knospenkunst" (MMF 14), von den Strophen eines Gedichts, die „sich von den Ästen eines Baumes lösten" (MMF 43). Wie in Mayröckers Trilogie wird die Anverwandlung vegetabiler Strukturen zugleich metapoetisch reflektiert und performativ durchgespielt in einem Schreiben, das in einem rhizomatischen Wuchern das pflanzliche Prinzip der Verästelung umsetzt und mittels unkontrollierter Bedeutungsstreuung eine vegetabile Sexualität und Materialität geltend macht.

Das Verhältnis zur Natur ist oftmals über die visuellen Künste vermittelt. So heißt es über Max Ernsts Collagen: „in seinem Wald mich verlierend rätselte ich über Max Ernst's ‚Forst und Taube', […] möchte so gerne in den Wald" (MMF 118). Hieronymus Boschs „Baummensch in einer Landschaft" (MMF 48) oder Louise Bourgeois' surrealistische Skulpturen und Kaltnadelradierungen von menschlichen Körpern, aus denen Pflanzen sprießen (vgl. MMF 149), sind bizarre *cut-ups*, die das Biomorphe mit dem Anthropomorphen zusammendrängen. Indem die Eintragungen den ‚Schnittmustern' der Avantgarde folgen, durchqueren sie die Ordnung der Spezies, wobei der bildenden Kunst ein queeres Potential abgewonnen wird. Auch die Bezüge zur bildenden Kunst sind vom Tenor des Begehrens durchzogen. Ekstatische, den Körper einbeziehende Bildwirkungen werden evoziert, die Bilder Fernando Boteros werden zum Schauplatz eines überbordenden Liebesverlangens (vgl. MMF 87) und auch Stefan Fabis Gemälde, „saugend mein Lippenpaar" (MMF 156), sind Katalysatoren eines reziproken Begehrens, das die Grenzen zum Bild verflüssigt. Bilder gehen damit in das Begehrensgefüge des Textes ein, wobei sich die Lust am Bild an dessen materieller Beschaffenheit entzündet: Materialien wie die auf einen Holzrahmen gespannte Leinwand werden explizit benannt (vgl. MMF 156) und damit zugleich die Bedeutungsfelder des Waldes bzw. der Wildnis aufgerufen.

Letztendlich markieren die Brüche und Schnittstellen von Mayröckers Collagen den Umschlagpunkt von Kunst und Natur. Mit der Frage „was souffliert uns NATUR? was souffliert uns die KUNST?" (MMF 156) wird ein Lauschen auf die Eingebungen aus Bildern und Natur ins Feld geführt, die den ‚Knall der Verliebtheiten' auslösen und den Furor des Schreibens entbinden. Gleichermaßen „verknallt" (MMF 156) in Kunst und Natur ist die Dichterin vor allem in ihr Material (vgl. MMF 156), in „die Sprache verliebt" (MMF 59) und in die „winzige Schere" (MMF 151), in der sich ihr poetisches Verfahren materialisiert, das durch das ‚Zusammenschneiden' kleinster Sinneinheiten die Domänen ineinander resonieren lässt. Wenn in *da ich morgens und moosgrün* das disseminative Verfahren des Verlesens und Verhörens aufgegriffen wird, das sich in der Materialität der Sprache verhakt und daraus neue Bedeutungen emergieren lässt, so geht es dabei letzten Endes um die Verschränkung binärer Konzepte wie Kunst und Natur. Mayröckers Werk endet dadurch mit dem unverbrüchlichen Glauben an die Wirkmächtigkeit der von den Fesseln der Sprach- und Denkordnungen befreiten poetischen Sprache, die die Dinge der Welt zum Resonieren bringt, Unvereinbares zusammenführt und miteinander koexistieren lässt.

38 Kinderbücher

Eleonore De Felip

Mayröcker hat insgesamt elf Texte geschrieben, die als ‚Kinderbücher' gelten, wenngleich die Autorin nur einige davon auch als solche bezeichnet hat oder sich in ihnen explizit an Kinder richtet (so in *KINDER Ka-LAENDER; ABC-thriller; Sinclair Sofokles der Baby-Saurier; Pegas, das Pferd; Märchen für Barbara; Ich, der Rabe und der Mond; Jimi*). Zwischen der Entstehung des ersten Texts (*KINDER Ka-LAENDER*, 1965) und dem letzten (*Sneke*, 2011) liegen 46 Jahre. Entsprechend deutlich abzulesen ist an ihnen die künstlerische Entwicklung weg von ‚eindeutigen' Kinderbüchern hin zur *cross-over*-Literatur, die sich an Kinder und Erwachsene gleichermaßen wendet.

Die einzelnen Texte

Inspiriert durch Mayröckers langjährige Tätigkeit als Englischlehrerin (vgl. Schmidt 1996, 39, Anm. 2) entstehen in den 1960er-Jahren drei Sammlungen von losen Blättern, in denen die Autorin ‚Basiswissen' kindgerecht, d. h. anschaulich und humorvoll, aufarbeitet und mit Zeichnungen illustriert. Aus dem Jahr 1965 stammt der *KINDER Ka-LAENDER*, der erst 1991 in der Edition Freibord erscheinen sollte. Aus dem Gleichklang der Silben ‚-lender' und ‚Länder' entspringt die Idee zu einer abenteuerlichen Reise durch verschiedene Länder und Kontinente („Im Januar gehts nach Alaska"; „Im Februar ans Rote Meer") und zu einer spielerischen Erkundung von Reimmöglichkeiten. So wird etwa im März der Reim etwas strapaziert („Im März zerreiszt der Nerv"), im August dann wird – um des Reimes willen – ein Wort sogar getrennt („Im August [/] zerspringt der Mann der hust-[/] en wollte") bis hin zum letzten Monat Dezember, wo gar ein zusätzliches „i" her muss, damit sich die „Tiere" auf „Sibirien" reimen: „Im Dezember gehts nach Sibirien (ins Land der [/] vielen – Tierien)" (Mayröcker [1965] 1991, 12). Angesichts dieser wandlungsfähigen Verse, denen der Reime-Schalk im Nacken sitzt, meint Karl Riha, sie enthielten so etwas wie eine neue „kleine Reimlehre" (Riha 1996, 43). „Diese Art von Schreiben und Zeichnen" könne man, so Riha (1996, 44), als „metamorphotisch" bezeichnen und in der Tradition dadaistischer Wort- und Buchstabenspiele positionieren.

1965 entsteht auch *Das Alphabet der Friederike Mayröcker*, welches erst 1993 in der Zeitschrift Freibord veröffentlicht werden wird (in einem Mayröcker-Jubiläumsband anlässlich ihres 70. Geburtstags). Auch hier werden den Buchstaben Emotionen und Fähigkeiten zugeordnet, z. B. „A der Buchstabe der Angst hat", „B der Buchstabe der Bären liebt" über „H der

E. De Felip (✉)
Universität Innsbruck, Innsbruck, Österreich
E-Mail: eleonore.defelip@uibk.ac.at

© Der/die Autor(en), exklusiv lizenziert an Springer-Verlag GmbH, DE, ein Teil von Springer Nature 2024
A. Strohmaier und I. Arteel (Hrsg.), *Mayröcker-Handbuch*, https://doi.org/10.1007/978-3-662-69435-0_38

Buchstabe dem alles zum Hals heraushängt" bis „Z der Buchstabe der zeigt was er kann" (Mayröcker [1965] 1993, 7, 8, 14, 32).

1968 entsteht der *ABC-thriller*, der 1992 auch wieder in der Edition Freibord erscheinen wird. Er ist eine Variante des Alphabets von 1965. Wieder werden die Buchstaben, so Riha (1996, 42), „in ihrer Reihenfolge von A bis Z aus jener Langeweile [erlöst], die ihnen mitunter anhaftet". Diesmal aber macht Mayröcker aus den Buchstaben das Personenarsenal eines möglichen Thrillers, das der Phantasie der Kinder bedarf, um sich zu verwirklichen (s. Kap. 51). Dem ABC vorausgeschickt ist eine Anleitung zum Spiel: „Liebe Kinder, sicherlich habt ihr Euch schon einmal einen ABC-thriller gewünscht ... Auf der folgenden Seite seht Ihr ein paar Personen und Tiere, die, wenn Ihr sie zueinander sprechen laszt, ein richtiges aufregendes Theaterstück miteinander machen – sagt mir dann, wie es ausgegangen ist." Aus den geraden und geschwungenen Linien der einzelnen Buchstaben ‚zaubert' die Autorin mit minimalen, gekonnt eingesetzten Strichen Gesichter und kleine Figuren: aus dem A etwa eine Regenschirm tragende „Aloisia, Miss Universum 70". Erst indem die Buchstaben zu Dramatis Personae werden, wird die in ihnen schlummernde *agency* sichtbar. Die Buchstaben sind viel mehr, als sie scheinen. Was sie brauchen, ist die „Intensität (Wahrheitssinn)" (Schmidt 1996, 24) des (kindlichen) Blicks. Auch bleibt das Wichtigste in diesem Buchstaben-Thriller offen, nämlich das unheimlich-spannende Moment, welches einen Thriller ergibt. Auf „Ypps, den schrecklichen Fremden" und „Zillie, das gefräßige Hechtfräulein" folgt keine Handlung, nicht einmal ansatzweise; am unteren rechten Seitenrand steht vielmehr „... und nun? ? ?" (Mayröcker [1968] 1992, 8), womit sich bereits das für die Autorin typische Abrücken von jeder ‚Story' abzeichnet. Angeboten werden nur Elemente einer potentiellen Handlung und viel Humor. Hier kündigt sich „ein an die konkrete Poesie angelehntes dadaistisch-komisches Spiel mit Buchstaben und Wörtern" (Streitler-Kastberger 2012, 25) an, welches das Ende von *Pegas*, die *Märchen*(-anfänge) *für Barbara* und viele Gedichte im *Zittergaul*-Band charakterisieren wird.

Sinclair Sofokles der Baby-Saurier (1971) ist das erste von fünf Bilderbüchern, die Mayröcker zusammen mit der bildenden Künstlerin Angelika Kaufmann gestaltet hat. (1982 wird das Buch im Insel-Verlag mit Illustrationen von Theodor Eberle neu erscheinen.) Auch in *Sinclair* werden zuerst die handelnden Personen sowie der Ort des Geschehens vorgestellt, doch diesmal folgt eine wirkliche Erzählung. Im Mittelpunkt der Handlung steht die Freundschaft zwischen einem Baby-Saurier, der ins Museum für Urzeittiere eingeliefert worden ist, und Willi Einwärts, dem Sohn des Museumsdieners. Willi weckt Sinclair durch eine zärtliche Berührung wieder zum Leben. Einen Tag lang (mehr Lebenszeit ist dem Baby-Saurier nicht gewährt) laufen die beiden Hand in Hand durch die Stadt. Eine Stoffhaube, die ihnen ein riesiger Fernseher leiht, macht sie unsichtbar. Eine schwarze Wolke, die sie zunächst für einen Elefanten halten, besteht in Wahrheit aus Hunderten Flugzetteln, mit denen Willis Vater seinen Sohn und den Baby-Saurier sucht. Als der Abend dämmert, müssen die zwei Freunde Abschied nehmen. Auf dem Rücken zweier großer Hunde („Urzeitgeister") fliegen sie auf den nahegelegenen Berg. Willi schenkt Sinclair zum Abschied seine Taschenlampe: auf seinem Weg zurück zu den Urzeitgeistern sendet der kleine Saurier seinem Freund immer wieder ein Lichtsignal durch die Dunkelheit zu: Es ist eine „liegende Acht, das Zeichen für unendlich" (Mayröcker 1971, 35).

1974 erscheint *meine träume ein flügelkleid*. Das (unpaginierte) Büchlein besteht aus zwei Texten mit Illustrationen der Autorin (vgl. dazu auch Strickner 2020, 110–113). Der erste trägt den Titel *der traum vom geburtstag. köln, 19. juni 1971*. Aus der Silhouette des Kölner Doms mit seinen zwei imposanten Türmen macht die Autorin ein Gesicht mit einer zweizackigen Krone, und schon ist der „König von Köln" geboren. Auf 16 Blättern entspinnt sich – durchgehend in Kleinbuchstaben – die Erzählung eines Traums, die ebenso einfach wie bezaubernd ist: Nach einer Nacht, in der er schlecht geschlafen hat, ruft der „König von Köln" zunächst kraft der vielen Glocken „in seinem Gehirn" viele Menschen zu sich; es ist ein freundlicher König, von dem es heißt „manchmal hatte er das Bedürfnis sie alle zu umarmen". Obwohl der Tag bereits im Begriff ist, „ein guter Tag" zu werden, wartet noch eine Überraschung auf den König: Er bekommt Besuch! Er hört auf der „großen Brücke" hinter sich merkwürdige Töne („ein knattern brummen räderrollen und hupen tappen schnarren und jaulen piepsen und zischen"). Um zu sehen, was sich da nähert, „neigt" er „sich nach hinten" und sieht eine „unmenge von tieren aller sorten", alle auf Fahrrädern. Sie bringen Instrumente mit, und dann stellen sie sich dem König zu Füßen auf und beginnen zu spielen und zu singen. Hier nun wendet sich die Erzählerin mit einer Frage an die Leserinnen und Leser „was sie spielten und sangen?", welche erst auf der nächsten Seite, nach einem spannungsvollen Moment, beantwortet wird: „happy birthday lieber König happy birthday to you ..." (Mayröcker 1974, [36]). Tiere sind bei Mayröcker ausnahmslos Sympathieträger und Identifikationsfiguren. Sie sind herzlich, sehnen sich nach Nähe und Freundschaft und sind unfähig zu lügen. Ihre Sprache ist einfach, direkt und authentisch (s. Kap. 62).

Der zweite Text trägt den Titel *16 Schutzgeister für eine Reise. für Ernst Jandl November 1967*. Was folgt, ist (auf der jeweils linken Hälfte der Doppelseiten) die Vorstellung eines Schutzengels und vis-à-vis (auf der rechten Seite) das entsprechende Bild dazu, z. B. „Schutzgeist 1 gegen Atemnot und Heiserkeit", „Schutzgeist 2 gegen Schnupfen und Kopfschmerz", bis hin zum „Schutzgeist 4 gegen böse Menschen, Feinde, etc.", oder dem „Schutzgeist 9 gegen Haarausfall und Blitzschlag" (s. auch Kap. 57). Unnötig zu sagen, dass die Illustrationen der guten Mächte alle ein wenig an die Illustratorin selbst erinnern.

Das zweite und dritte gemeinsame Werk von Mayröcker und Kaufmann – *Pegas, das Pferd* (1980) und *Märchen für Barbara* (1980 in der Zeitschrift *protokolle* erschienen) – greifen dieselbe Idee auf, nämlich die Geschichte bzw. die ‚Märchen' zwei reellen Kindern als Briefe zuzuschicken mit der Aufforderung, die Erzählung einem anderen Ende zuzuführen, wie im Fall von *Pegas*: „Vielleicht möchtest du die Geschichte lieber anders, dann schreibe sie als Postkarten-Brief an mich zurück!" (Mayröcker 1980a, [4]) oder die Märchen überhaupt erst zu erfinden, wie in den *Märchen für Barbara*: „Liebe Barbara, weil ich mich nicht entscheiden konnte, welches Märchen ich für dich aufschreiben soll, habe ich lauter *Anfänge* von Märchen aufgeschrieben, die du vielleicht fertigschreiben möchtest" (Mayröcker 1980b, [74]). Was folgt, ist in *Pegas* die Geschichte eines Hundes, der davon träumt, ein Pferd zu sein und zu fliegen. Doch nicht nur der Pferde-Hund erträumt sich eine andere Wirklichkeit, auch die Katzen-Eule tut dies (sie weiß selbst nicht so recht, was oder wer sie ist). Am Ende träumt Pegas wunderbare Wortträume: „Es wusste plötzlich die Vokabel für Bäckersfrau auf französisch und das englische Wort für Mähne." (Mayröcker 1980a, [18]) Während Kaufmanns Bilder auf der Ebene des Kindes bleiben, stehen Mayröckers Sätze an der Schwelle zur Erwachsenensprache (vgl. De Felip 2020, 45). Beinahe unmerklich sind die Übergänge von einem sprachlichen Register zum anderen: vom genuin ‚kindlichen' Sprechen zu schwierigen Fremdwörtern, von einfachen Sätzen hin zu einer hochpoetischen Sprache: „Die Regenfelder begannen zu sprießen – körniges Alphabet" (Mayröcker 1980a, [22]). Die *Märchen für Barbara* bestehen aus wenigen einleitenden Worten oder Versen – so beginnt etwa das dritte Märchen „der Muck, und Habakuk, die rauften sich, rauhreiften sich [/] zusammen, im Dezember- [/] wetter" (Mayröcker 1980b, 77) – und den bezaubernden Zeichnungen von Kaufmann, die es allesamt schaffen, das Unsichtbare/Ungesagte einzufangen. So laufen hier etwa, unter zwei tief verschneiten Bäumen, zwei Fußspuren im Schnee aufeinander zu ... Wer hier gelaufen ist, was dann passiert ist, wohin die zwei Läufer gekommen sind – all dies bleibt offen.

Ich, der Rabe und der Mond. Ein Kinderbuch zum Lesen und Weiterzeichnen (1981) mit Zeichnungen der Autorin entfaltet um ein Lieblingsmotiv von Mayröcker – die Begegnung zwischen Mensch und Tier auf Augenhöhe – eine lineare, einfache Handlung: Eine winzige Erzählerfigur (mit den Zügen der Autorin) begegnet im Park einem zunächst riesengroßen, alten, kranken Raben, der an einem Stock geht. Es entspinnt sich ein Dialog, in dessen Verlauf der Rabe immer dasselbe „Krakra-kraka-Kra" von sich gibt, was das erzählende Ich zunächst nicht versteht („da erklärte ich ihm, ich hatte Lektionen für Krakra-krakra-kra noch nicht durchgenommen, – ob er nicht übersetzen könne für mich, ausnahmsweise?"), woraufhin der Rabe scheinbar in die menschliche Sprache wechselt. Tatsächlich aber fährt er mit seinem „Krakra-krakra-kra" fort, doch plötzlich versteht ihn das Mädchen (Mayröcker 1981, [2], [3]). Der Größenunterschied schrumpft; das Mädchen nimmt Anteil am Rückenleiden des Raben, woraufhin dieser es einlädt, mit ihm in die kahlen Äste des Kastanienbaums zu fliegen. Das Mädchen willigt ein. Gemeinsam betrachten sie den aufgehenden Mond. Schon Riha (1996, 51) meinte, die Tierallegorik und Tiersymbolik sei „für die Kinderbücher der Autorin […] konstitutiv". Beachtenswert ist hier, dass sich die Sprache des Vogels nicht ändert, wohl aber gehen dem menschlichen Erzähler-Ich die Ohren auf. Dieses mühelose Überschreiten der scheinbar trennenden Grenze zwischen Mensch und Tier ist ein besonderes Merkmal aller Mayröcker-Texte (s. Kap. 62). Hier, in ihren Kinderbüchern, findet sie nur ihren unmittelbarsten Ausdruck (vgl. Strickner 2000, 110; Jahnke 2013, 92; De Felip 2020, 40, 46). Für Jahnke kann die „Überwindung einer anthropozentrischen Weltsicht" sogar als „ein Schlüssel zur Erschließung der Kinderliteratur Mayröckers betrachtet werden" (Jahnke 2013, 92–93).

1989 erscheint der Gedichtband *Zittergaul* mit Zeichnungen der Autorin, dessen verspielte, mit Sprachwitz operierende Gedichte wohl eher von einem erwachsenen Lesepublikum goutiert werden dürften. Wirklich ‚kindgerecht' sind nur ein paar Gedichte, etwa *Kinderlied* (Mayröcker 1989, 22–23), *Naturschatz* (Mayröcker 1989, 24), *Ameisen* (Mayröcker 1989, 26), *Der Strauss* (Mayröcker 1989, 28), *Wer Horror liebt muss Horror reimen* (Mayröcker 1989, 36) und das berühmte *Wie ich dich nenne wenn ich an dich denke und du nicht da bist*: „meine Walderdbeere [/] meine Zuckerechse [/] meine Trosttüte"… (Mayröcker 1989, 44–45).

Hinsichtlich der bis 1992 erschienenen Kinderbücher hält Riha fest, dass „für alle sechs […] die enge Verbindung" charakteristisch sei, „die das märchenhaft-phantastische Moment mit dem sprachreflektierenden-sprachspielerischen eingeht, das eine eigene Tiefe gewinnt." (Riha 1996, 42) In ihrer Analyse der bis 2000 erschienenen Mayröcker-Kinderbücher hat Simone Strickner bereits die folgenden wesentlichen Merkmale herausgearbeitet: die Bedeutung von Träumen, das Überwinden der Grenzen zwischen Realität und Phantasie, das wiederkehrende Motiv des Fliegens (und damit verbunden die Faszination für Vögel), das Auftauchen klassischer Märchenrequisiten (hier der Tarnkappe), die zentrale Stellung der Freundschaft sowie den Sprachwitz (vgl. Strickner 2000, 100–116).

Fast 30 Jahre nach *Pegas, dem Pferd* erscheinen noch zwei weitere Kooperationen von Mayröcker und Kaufmann: *Jimi* (2009) und schließlich *Sneke* (2011). *Jimi* ist die Geschichte einer Freundschaft zwischen dem Stofftier-Eisbären Jimi und dem Mädchen Emma (vgl. De Felip 2020, 45–47). Ihr Dialog entfaltet eine Welt an der Schwelle zwischen Wirklichkeit und Traum, in dem die alltäglichen Dinge unversehens zu einem Wunder werden.

Sneke ist ein sehr knapper Text, dessen verstörende Kraft durch Kaufmanns kongeniale Bilder intensiviert und zugleich poetisch aufgefangen wird (vgl. De Felip 2020, 47–49). Entstanden zehn Jahre nach Jandls Tod, trägt die Sneke unverkennbar die Züge der trauernden Autorin. Die einzige Freundin der Sneke ist ihre eigene Träne. Nur wenn diese glitzert, empfindet die Sneke Freude. Doch der Regen schwemmt alle Tränen der Sneke hinweg. Tränenlos zieht sie sich in ihr Haus zurück (s. Kap. 64). Die Tränen markieren den Übergang von einem Zustand der fließenden, lebendigen, noch immer kreativen Trauer in einen Zustand der tränenlosen Erstarrung, des Stillstands, dem nichts mehr folgt. Mayröckers Sprache ist hier (im Vergleich zu ihren vorausgegangenen Kinderbüchern) extrem reduziert. In seiner Düsterkeit und Ausweglosigkeit ist *Sneke* ein Anti-Märchen, ein Text, der kaum einem Genre zugeordnet werden kann, mit Sicherheit kein Text für Kinder, weil der für Kinderbücher notwendige tröstliche Aspekt fehlt.

Zweifache Adressierung: *Cross-over*-Literatur

Wenngleich sich Mayröcker selbst nicht als Kinderbuchautorin sah (vgl. Strickner 2000, 108; De Felip 2020, 34), so verzaubern diese elf Texte, die in ihrer scheinbaren Einfachheit so ganz anders sind als ihr sonstiges, hochkomplexes Œuvre, seit je ihr junges und weniger junges Lesepublikum. Eine Unterscheidung zwischen ‚Kinderbüchern' und solchen für Erwachsene scheint für Mayröcker mit den Jahren genauso obsolet geworden zu sein wie jene zwischen Prosa und Lyrik. Ihre Haltung bestätigt die These von Zohar Shavit vom ambivalenten Status aller Kinderliteratur (vgl. Shavit 1986, 63–92). Kinderbücher, so Shavit, richten sich immer auch implizit an Erwachsene. In einem wesentlichen Punkt allerdings unterscheidet sich die Poetik von einigen ‚Kindergeschichten' Mayröckers von der ihrer ‚Erwachsenenbücher'. Einige von ihnen (*Sinclair Sofokles der Baby-Saurier*; *der traum vom geburtstag*; *Pegas, das Pferd*; *Ich, der Rabe und der Mond*; *Jimi*; *Sneke*) haben, sehr im Unterschied zu allen anderen ihrer Prosawerke, eine nahezu lineare Handlung. Sie erzählen tatsächlich eine Geschichte.

Literatur

De Felip, Eleonore: Wenn die Augen und die Dinge übergehen. Die gemeinsamen Bilderbücher von Friederike Mayröcker und Angelika Kaufmann. In: Barbara Hoiss/Simone Stefan (Hg.): Übergänge. Verzweigte Wege in und zur Kinder- und Jugendliteratur. Innsbruck/Wien 2020, 33–53.

Jahnke, Uwe: Die Kinderbücher Friederike Mayröckers. In: Wirkendes Wort 63/1 (2013), 91–110.

Mayröcker, Friederike: Sinclair Sofokles der Baby-Saurier. Mit Bildern von Angelika Kaufmann. Wien 1971.

Mayröcker, Friederike: meine träume ein flügelkleid. Kinderbuch. Mit Zeichnungen der Autorin. Düsseldorf 1974.

Mayröcker, Friederike: Pegas, das Pferd. Mit Bildern von Angelika Kaufmann. Salzburg 1980a.

Mayröcker, Friederike: Märchen für Barbara. Mit Zeichnungen von Angelika Kaufmann. In: protokolle 80/2 (1980b), 74–83.

Mayröcker, Friederike: Ich, der Rabe und der Mond. Ein Kinderbuch zum Lesen und Weiterzeichnen. Mit Zeichnungen der Autorin. Graz 1981.

Mayröcker, Friederike: Sinclair Sofokles, der Baby-Saurier. Mit Bildern von Theodor Eberle. Frankfurt a. M. 1982.

Mayröcker, Friederike: Zittergaul. Gedichte. Mit 12 Zeichnungen der Autorin. Ravensburg 1989.

Mayröcker, Friederike: KINDER Ka-LAENDER [1965]. Mit Zeichnungen der Autorin. Hg. von Gerhard Jaschke. Wien 1991.

Mayröcker, Friederike: ABC-thriller [1968]. Mit Zeichnungen der Autorin. Hg. von Gerhard Jaschke. Wien 1992.

Mayröcker, Friederike: Das Alphabet der Friederike Mayröcker. In: Freibord 1993 (4/94), 5–32.

Mayröcker, Friederike/Kaufmann, Angelika (Ill.): Jimi. Frankfurt a. M. 2009.

Mayröcker, Friederike/Kaufmann, Angelika (Ill.): Sneke. Weitra 2011.

Riha, Karl: Vom ABC-thriller, KINDER Ka-LAENDER, Musenpferd Pegas, vom Baby-Saurier Sofokles, dem Raben und dem Mond und anderem mehr ... Zu den Kinderbüchern Friederike Mayröckers. In: Klaus Kastberger/Wendelin Schmidt-Dengler (Hg.): In Böen wechselt mein Sinn. Zu Friederike Mayröckers Literatur. Wien 1996, 40–52.

Schmidt, Siegfried J.: Friederike Mayröcker. „Würfe aufs Papier". In: Klaus Kastberger/Wendelin Schmidt-Dengler (Hg.): In Böen wechselt mein Sinn. Wien 1996, 22–39.

Shavit, Zohar: Poetics of Children's Literature. Athens/London 1986.

Streitler-Kastberger, Nicole: Traurige Tropen. Friederike Mayröckers Kinderbücher mit der Illustratorin Angelika Kaufmann. In: libri liberorum. Zeitschrift der österreichischen Gesellschaft für Kinder- und Jugendliteraturforschung 13/39 (2012), 20–26.

Strickner, Simone: Die Kinder- und Jugendliteratur der Avantgarde. Hans Carl Artmann, Elfriede Gerstl, Ernst Jandl, Friederike Mayröcker. Diplomarbeit, Univ. Innsbruck 2000.

Teil IV

Hörspiele

Fünf Mann Menschen (1968)

Roland Innerhofer

Entstehung und Struktur

Fünf Mann Menschen ist ein Stereo-Hörspiel, das von Ernst Jandl und Friederike Mayröcker verfasst und erstmals am 14.11.1968 in einer Produktion des Südwestfunks unter der Regie von Peter Michel Ladiges im II. Programm des SWF gesendet wurde. Dabei wurde das 14-minütige Kurzhörspiel zweimal gesendet, wobei der Wiederholung 15-minütige Erläuterungen von Hansjörg Schmitthenner, Leiter der Hörspielabteilung des Bayerischen Rundfunks, vorangestellt wurden (vgl. Schmitthenner 1982, 106–107). Der Erstdruck erfolgte 1969 in dem Band *Neues Hörspiel. Texte. Partituren* (Jandl/Mayröcker 1969). Im selben Jahr wurde *Fünf Mann Menschen* mit dem Hörspielpreis der Kriegsblinden ausgezeichnet. In der zu diesem Anlass gemeinsam mit Mayröcker gehaltenen Dankesrede meint Jandl, „daß im Nachhinein nicht mehr festgestellt werden kann, wo die Anteile jedes der beiden Autoren liegen" (Jandl/Mayröcker [1969] 1985, 151). Allerdings sind in der gemeinsamen Rede verschiedene Zugänge der Autorin und des Autors erkennbar: Jandl betont die in *Fünf Mann Menschen* nachweisbare „rationelle Produktionsweise" (Jandl/Mayröcker [1969] 1985, 152),

R. Innerhofer (✉)
Universität Wien, Wien, Österreich
E-Mail: roland.innerhofer@univie.ac.at

während Mayröcker das Widerspiel von „Intuition *und* Intellekt, Berauschung *und* Nüchternheit" (Jandl/Mayröcker [1969] 1985, 154 [Herv. i. O.]) hervorhebt. Nach Siegfried J. Schmidt deuten die unüberhörbaren Anklänge an die konkrete Poesie darauf hin, dass sich bei der Überwindung der Kluft zwischen verschiedenartigen „poetischen Standpunkte[n]" (Jandl/Mayröcker [1969] 1985, 151) in der Gemeinschaftsarbeit der Mayröcker'sche stärker dem Jandl'schen angenähert habe als umgekehrt (vgl. Schmidt 2002, 164–166).

Das Hörspiel besteht aus 14 Szenen, die exemplarische Lebensstationen wie Gebärklinik, Elternhaus, Schule, Kino, Berufsberatung, Militär, Wirtshaus, Spital, Gericht, Gefängnis und Erschießung von fünf identischen, nur durch ihre Sprechpositionen unterschiedenen Männern anklingen lassen. Die 14. Szene ist mit der ersten identisch, woraus sich eine zirkuläre Struktur ergibt. Jede Szene wird durch eine nur in der Textfassung vorhandene knappe Überschrift, die den Ort des Geschehens benennt, und ein Motto eingeleitet, das von einem Ansager in neutralem Ton gesprochen wird. Die Szenen sind mit einer Länge von 20 bis 110 Sekunden äußerst knapp und sprachlich auf ein Minimum reduziert. Etwas länger ist einzig die dreiminütige 5. Szene, die von Mayröcker und Jandl auf Wunsch der Hörspielabteilung des Südwestfunks nachträglich geschrieben wurde, da ein nur zehnminütiges Hörspiel „im institutionalisierten

Raster des Programmschemas einer Rundfunkanstalt" (Schmitthenner 1982, 105) nicht unterzubringen war.

Verfahren des Neuen Hörspiels

Klaus Schöning nahm *Fünf Mann Menschen* als Pionierstück des Neuen Hörspiels in seine Anthologie auf und stellte die Besonderheit ihrer „Partitur" heraus, die dem Regisseur oder der Regisseurin wenig Spielraum für Improvisation lasse und „Zufälligkeiten so weit wie möglich ausschließt" (Schöning 1969, 12). Jandl und Mayröcker äußern sich in ähnlicher Weise: Die spätere akustische Realisation – „Tempo, Farbe und Lautstärke der Stimmen, Musik und Geräusch, jeweilige Distanz der Vorgänge vom Hörer, räumliche Auffächerung im Fall von Stereophonie" (Jandl/Mayröcker 1970, 91) – müsse schon den Manuskript-Autoren gegenwärtig sein; allerdings schaffe die „unvollkommene[] Fixierbarkeit [...] Raum für die Freiheit des Realisationsteams" (Jandl/Mayröcker 1970, 91). Spielmaterial in *Fünf Mann Menschen* ist nach Ansicht der Autorin und des Autors in erster Linie die „gesprochene[] Sprache" (Jandl/Mayröcker 1970, 88). Die extreme Reduktion des verwendeten Sprachmaterials bis hin zu bloßen Interjektionen diene der „Überschaubarkeit", dem Freilegen der „Makrostruktur", der „Story" des Hörspiels (Jandl/Mayröcker 1970, 91, 88). Denn so scharf die Schnitte zwischen den einzelnen Szenen auch sein mögen, sie stellen doch paradigmatische Situationen und Stationen eines ‚männlichen' Lebens dar. Dabei „trägt", wie Monika Pauler schreibt, „die Verkürzung von Erzählernarration und szenischem Dialog [...] maßgeblich zum exemplarischen Charakter des Hörspiels bei" (Pauler 2010, 150). Unterstützt wird die skelettierte Erzählung durch nichtsprachliche Mittel wie Musik und (Körper-)Geräusche, deren rhythmische Wiederholung die Mechanik der Abläufe unterstreicht. In Sonderheit wird, wie Inge Arteel und Sabine Müller schreiben, das gewaltsame Geschehen in den verschiedenen Lebensphasen der ‚fünf Mann' durch nichtsprachliche Klänge in Szene gesetzt: „The sonic collectives create a continuum of serial violence that [...] points at the transitions between education, militarization and popular culture." (Arteel/Müller 2023)

Zu den markantesten Unterschieden, die *Fünf Mann Menschen* vom traditionellen Hörspiel abheben, gehört die Entindividualisierung der sprechenden Personen. An die Stelle namentlich identifizierbarer Personen treten Nummern und Rollenbezeichnungen, an die Stelle individueller Handlungen Handlungsmuster, an die Stelle subjektiver Rede Formeln, Floskeln, Redensarten, Sprüche und Slogans. Bringt das traditionelle Hörspiel persönliche, aber nicht lokalisierbare Stimmen zu Gehör, so lokalisiert *Fünf Mann Menschen* mittels Stereophonie anonyme Stimmen in einem akustischen Raum. Für die Rezeption resultiert daraus ein Vorrang des analytischen gegenüber dem empathischen Hören, oder, in den Worten von Wakiko Kobayashi, der Übergang „[v]om passiv-holistischen zum aktivselektiven Hören" (Kobayashi 2011, 178). Diese Verschiebung führt Kobayashi zufolge auch zu einem neuen „populärkulturelle[n] Hören": „Dem Rückgang der Bedeutsamkeit von ‚Sinn' entsprach die zerstreute Aufnahme von mehreren unterschiedlichen Bereichen im Neuen Hörspiel." (Kobayashi 2011, 181)

Rezeption

Schon in der zeitgenössischen Rezeption der Erstsendung von *Fünf Mann Menschen* werden diese Merkmale des Neuen Hörspiels als Mittel einer auf Sprachkritik beruhenden Gesellschaftskritik verstanden. In der Begründung der Jury für die Verleihung des Preises der Kriegsblinden heißt es: „Sie [= Jandl und Mayröcker] zeigen exemplarische Sprach- und Handlungsvorgänge, in denen der zur Norm programmierte menschliche Lebenslauf nicht abgebildet, sondern evoziert wird." (Anonym 1969a, 450) Den politischen Aspekt hebt sodann besonders Birgit H. Lermen hervor: Das Hörspiel zeige „die Manipulation des heutigen Menschen", dessen Sozialisierung als Unterordnung unter Autoritäten und gesellschaftliche Normen erscheine und der zur „Sache, die routinemäßig abgefertigt wird", erniedrigt werde (Lermen 1975, 241, 243). Insbesondere werde die Austauschbarkeit des Menschen angeprangert: „Zweck dieses Hörspiels ist die Darstellung der Vermassung, Uniformierung und Gefühlsarmut der heutigen Gesellschaft. Darum sprechen die Stimmen im Chor, darum sagen sie gelassen, routinemäßig und stereotyp alle die gleichen Worte." (Lermen 1975, 250) In dieselbe Richtung weist eine rezente Beurteilung, wonach sich *Fünf Mann Menschen* „mit dem entmündigten, vermassten Menschen" beschäftige und „Kritik an einer faschistischen Menschensicht sowie an Militär und Töten" übe (Klotz 2022, 60).

Zugleich bemerkt Klotz die im Vergleich zu den traditionellen ‚Originalhörspielen' neue „kabarettistische, sprachspielerische Machart" (Klotz 2022, 60), die aus der „radikale[n] […] Aufwertung des Akustischen" (Klotz 2022, 61) resultiere. Die komischen Effekte dieses Hörspiels bemerkt schon eine frühe Rezension: „Dieses Viertelstundenspiel ist amüsant. Es hat etwas vom Appeal und der Leichtigkeit der Beat-Generation." (Anonym 1969b, 450) Solche spielerische „Leichtigkeit", die „die Vertrautheit der Autoren miteinander sicherte" (Jandl/Mayröcker [1969] 1985, 153–154), hält auch Jandl für unverzichtbar für das Gelingen des Hörspielschreibens. Als Scharnier zwischen der Unbeschwertheit des Sprachspiels und dem Pathos der Gesellschaftskritik kann das parodistische Verfahren angesehen werden. Arteel und Müller zufolge kombiniert *Fünf Mann Menschen* „modes of shock, grotesque and Beat" (Arteel/Müller 2023). Die ästhetischen Effekte, die diese Verfahren hervorrufen, sprechen für den – von Kobayashi mit Blick auf *Fünf Mann Menschen* behaupteten – Primat des sinnlichen Hörens: „Dieses Hörspiel zwingt einen, akustische Signale […] nur erst einmal so wahrzunehmen, wie sie erklingen, bevor man nach ihrer Bedeutung fragt." (Kobayashi 2011, 176) Mit diesem sensorisch-atmosphärischen Aspekt ist das Terrain markiert, auf dem sich Jandl und Mayröcker treffen und das diese wie folgt umreißt: „Was ich vom Hörspiel fordere, ist: Es muß akustisch befriedigen, faszinieren, reizen, d. h. der akustische Vorgang muß beim Hörer eine ganz bestimmte Reaktion hervorrufen, etwas, das in der Nähe des musikalischen Genusses liegt, aber statt von Tönen von Worten und Geräuschen ausgelöst wird." (Jandl/Mayröcker [1969] 1985, 154)

Literatur

Anonym: Wortlaut der Hörspielpreis-Jury 1969. In: Klaus Schöning (Hg.): Neues Hörspiel. Texte. Partituren. Frankfurt a. M. 1969a, 449–450.

Anonym: Funk-Korrespondenz vom 3.4.1969. In: Klaus Schöning (Hg.): Neues Hörspiel. Texte. Partituren. Frankfurt a. M. 1969b, 450.

Arteel, Inge/Müller, Sabine: Reworking the Collective Body: Practices of Choric Speaking in the German and Austrian New Radio Play. In: Lars Bernaerts/Vincent Broqua/Sabine Müller (Hg.): Literary Neo-Avant-Gardes – Politics of Form Revisited (= Modernism/modernity, Special Issue) (2023). https://doi.org/10.26597/mod.0269

Jandl, Ernst/Mayröcker, Friederike: Fünf Mann Menschen. In: Klaus Schöning (Hg.): Neues Hörspiel. Texte. Partituren. Frankfurt a. M. 1969, 111–139.

Jandl, Ernst/Mayröcker, Friederike: Rede anläßlich der Verleihung des Hörspielpreises der Kriegsblinden am 22. April 69 [1969]. In: Ernst Jandl: Gesammelte Werke. Bd. 3.: Stücke und Prosa. Hg. von Klaus Siblewski. Darmstadt/Neuwied 1985, 151–155.

Jandl, Ernst/Friederike Mayröcker: Anmerkungen zum Hörspiel. „hörspiel" ist ein doppelter imperativ. In: Klaus Schöning (Hg.): Neues Hörspiel. Essays, Analysen, Gespräche. Frankfurt a. M. 1970, 88–91.

Klotz, Peter: Hörspiel und Hörbuch. Literatur als Performance. Berlin 2022.

Kobayashi, Wakiko: Paradigmenwechsel des Hörens. „Fünf Mann Menschen" von Ernst Jandl und Friederike Mayröcker. In: Neue Beiträge zur Germanistik „Doitsu Bungaku" Nr. 142 (2011), 166–182.

Lermen, Birgit H.: Das traditionelle und neue Hörspiel im Deutschunterricht. Strukturen, Beispiele und didaktisch-methodische Aspekte. Paderborn 1975.

Pauler, Monika: Bewusstseinsstimmen. Friederike Mayröckers auditive Texte: Hörspiele, Radioadaptionen und ‚Prosa-Libretti' 1967–2005. Berlin 2010.

Schmidt, Siegfried J.: Gemeinschaft(s)Arbeit: Ernst Jandls und Friederike Mayröckers Hörspiele. In: Ders.: Erfahrungen. Österreichische Texte beobachtend. Klagenfurt 2002, 156–166.

Schmitthenner, Hansjörg: Eine Stelle, wo vorher nichts war. In: Wendelin Schmidt-Dengler (Hg.): Ernst Jandl Materialienbuch. Darmstadt/Neuwied 1982, 95–109.

Schöning, Klaus: Anmerkungen. In: Ders. (Hg.): Neues Hörspiel. Texte. Partituren. Frankfurt a. M. 1969, 7–16.

Arie auf tönernen Füßen (1970)

Britta Herrmann

Fassungen und Form

Nach den gemeinsam mit Ernst Jandl verfassten akustischen Texten (*Fünf Mann Menschen, Der Gigant, Spaltungen, Gemeinsame Kindheit*) bildet *Arie auf tönernen Füßen* das erste von zahlreichen Hörspielen, die Mayröckers radiophone Arbeit „am eigenen poetischen Plan" (Jandl/Mayröcker 1981, 78) repräsentieren. Zwar wird in der Forschung gelegentlich *Mövenpink oder 12 Häuser* (Rias Berlin, Erstsendung: 19.04.1969) als erstes eigenständiges Mayröcker-Hörspiel genannt, eine Adaptation des Prosatextes gleichen Titels. Doch ist die *Arie* der eigentliche, von Mayröcker bei der Verleihung des Hörspielpreises der Kriegsblinden am 22.04.1969 dem Publikum und Jandl gegenüber angekündigte Auftakt zu den poetischen „Revolten gegen unsere vier Hörspiele" (zit. n. Ramm [1994] 2009, 50).

Laut Notiz auf dem Produktionsskript und laut Deutschem Rundfunkarchiv wurde die *Arie* am 03.12.1970 im Westdeutschen Rundfunk (WDR) ausgestrahlt. In der Forschung hingegen kursieren – unbelegt – der 05.11.1970 (Pauler 2010, 169) oder auch das Jahr 1969 (etwa bei Schmidt 1984, 365). Regie führte Heinz von Cramer, einer der prägendsten Regisseure der Nachkriegszeit, insbesondere des experimentellen Hörspiels. Sprecherin war Gisela Stein. Das Stück wurde wiederholt sowie vom Österreichischen Rundfunk (ORF) in einer eigenen Neuproduktion am 15.01.1982 ausgestrahlt (Ö1, R.: Ferry Bauer, Spr.: Marion Degler). Beides – Wiederholung und Neuproduktion – sind bei Mayröckers akustischen Arbeiten selten (vgl. Pauler 2010, 84), denn „[d]ie Hörtexte der Friederike Mayröcker haben den Nachteil, daß sie auch innerhalb einer heute offeneren Hörspielästhetik auf wenig Vergleichbares stoßen" (Schöning 1983, 27).

Das Stück hat eine Länge von 24'35", meist sind jedoch 25'00" angegeben (vgl. etwa Hiesel 1990, 430). Das Deutsche Rundfunkarchiv und das Audiofile des WDR verzeichnen 46'06", die Neuproduktion des ORF ist gar mit 49'15" notiert, dauert aber (inklusive Ansage) 21'44". Grund für die Diskrepanzen ist ein jeweils mitgezähltes zweites Stück auf demselben Band.

Beide Funk-Fassungen unterscheiden sich in der sonalen Gestaltung (vgl. Pauler 2010, 183–189), aber auch in ihrer Textgrundlage. Während das WDR-Hörspiel auf einem bislang unveröffentlichten Typoskript der Autorin beruht (Mayröcker 1970a), hat der ORF eine spätere, in verschiedenen Passagen veränderte Publikation verwendet, die zuerst 1975 in der Zeitschrift *protokolle* (Mayröcker 1975), später im Buch *Schwarmgesang* (Mayröcker 1978) erschien.

B. Herrmann (✉)
Universität Münster, Münster, Deutschland
E-Mail: britta.herrmann@uni-muenster.de

Neben den Hörspielen und ihren Printversionen existiert ein kurzer Text mit demselben Titel, aber gänzlich anderem Inhalt. Er wurde 1970 ebenfalls in den *protokollen* abgedruckt (Mayröcker 1970b), hinter Arnulf Rainers Manifest für ein psychotisches Autotheater (*Identifizierung*) und vor Otto Muehls *Klavierkonzert* (*destruktion einer beethovensonate*). 1972 wurde er in einen Sammelband mit dem Titel *Arie auf tönernen Füszen. Metaphysisches Theater* aufgenommen. Ähnlich wie die Texte von Rainer und Muehl konterkariert auch Mayröckers Text eine traditionelle Form der Bühnenkunst: Er skizziert eine konzertante Aufführungssituation mit Sängerin und Pianist, die – je nach Deutung – gänzlich misslingt oder in eine konventionszertrümmernde Performance (à la Dadaismus, Wiener Gruppe oder John Cage) mündet. Die Primadonna kommt zunächst pathetisch auf die Bühne, nimmt jedoch alsbald grotesk-lächerliche Haltungen ein: hüpft auf einem Bein, den Oberkörper fast horizontal haltend, „als ob sie auf den Händen gehen wollte" (eine Anspielung auf Celans Büchner-Preisrede von 1960?), schlägt Rad, schreit, klopft auf das Klavier, das ansonsten keinen Ton von sich gibt, steht an der Rampe, „knabbert und säuft" (AR 11, 13) – singt jedoch nicht. Verantwortlich dafür ist der Kontrapunkt, Teil einer polyphonen Kompositions- und Schreibart, der unkontrolliert auf der Bühne herumflattert, der Sängerin gar einen Nasenstüber versetzt und den monodischen Vortrag sabotiert: Der Koloss des klassischen Sologesangs wird gleichsam von seinen tönernen Füßen gestürzt (zu weiteren Deutungen des Titels vgl. Arteel 2017, 142–143).

Sowohl diesen Text als auch das Hörspiel erarbeitete Mayröcker im Herbst 1969 (vgl. Arteel 2017, 143; Mayröcker 1977, 292). Wie die kleine Groteske lässt sich das Hörspiel als „systematische Demontage" des Sologesangs bzw. – bezogen auf das Funk-Medium – „des traditionellen inneren Monologs im Hörspiel" (Schöning 1983, 273) lesen: Zu hören sind drei Stimmen derselben Frau mit je unterschiedlichen Sprechhaltungen und Textfragmenten, meist nacheinander, zuweilen sich kurz überlagernd. Dabei handelt es sich um eine Erinnerungs-, eine Gedanken- und eine Dialogstimme. Letztere richtet sich an einen unhörbaren oder imaginären Partner.

Die drei Stimmen sind grob Vergangenheit, Gegenwart und nächster Zukunft zugeordnet, doch in ihrer Gleichzeitigkeit und motivischen Verschränktheit hebt sich ihre Trennung auf. Alle Stimmen kreisen um den Tod – Krieg (Erinnerung), Zugunglück (Dialogstimme), „befund", „todaustreiber" (Gedankenstimme) – und enden mit jeweils derselben Aufzählung chemischer Stoffe (Mayröcker 1970a, 4, 3). Die Erinnerungsstimme verklingt als letzte und stellt zudem die Frage, ob diese Stoffe den Wert des Menschen ausmachen. „[D]ie Antwort wird nicht gegeben; sie wird vom Hörer gefordert" (Mayröcker 1977, 291).

Zur Strukturierung der drei Stimmenstränge, d. h. der vertikalen Hörereignisse, nutzt Mayröcker die Stereophonie und die Mikrophonpositionen links – Mitte – rechts. Der dergestalt erzeugte akustische Raum „in drei Dimensionen" (Mayröcker 1977, 291) soll, so Mayröckers Konzept, beim Hören betreten werden. Auf der horizontalen Ebene verbinden sich die alogisch organisierten Textfetzen durch ihre zeitliche Abfolge, aber auch klanglich und motivisch, miteinander und eröffnen ein alineares Spiel auf mehreren Ebenen, „mit sinn und ohne" (Mayröcker 1970a, 12). Leitendes poetologisches Prinzip ist der Kontrapunkt.

Mayröckers Skript weist eine ausgefeilte typographische Gestaltung der Stimmeneinsätze durch Spalten, Punkte, Striche, aber auch Angaben zu den Tempi oder partiell zur Modalität der Stimmgebungen auf. Diese Markierungen sind im Druck entweder weggefallen oder stark reduziert. Im WDR-Hörspiel ertönen zu Beginn knapp drei Minuten lang elektronische Klänge und elektroakustisch modifizierte, gequält bis unheimlich klingende, teilweise chorische Stimmen, die langsam lauter werden, wie aus der Unterwelt heraufzukommen scheinen und sich zehn Sekunden lang auch in die Stimmen der Frau mischen. Am Ende des Stücks folgt der Frage nach dem Wert des Menschen eine Collage abgeschnittener Artikulationsversuche und verschiedener Plosivlaute, überlagert von einem nicht genau identifizierbaren Klang zwischen schwerem Wind und Atem, der schließlich verweht. Heinz von Cramer greift hier auf die Komposition „Visage" von Luciano Berio zurück und implementiert dem Stück damit zusätzliche Deutungsspuren. Die Hörspielmusik der ORF-Fassung, die lediglich zu Beginn zu hören ist, bietet dagegen eine eher dramatische, an das Kriminalgenre angelehnte Eröffnung.

Deutungsansätze und Desiderata

Es gibt eine rudimentäre äußere Handlung: Eine Frau sitzt, in (stummer) Begleitung, im Zug. Sie befindet sich auf der Rückfahrt von einem Begräbnis, die mit der Ankunft im Bahnhof endet. Doch im Zentrum steht der mehrdimensionale Stream of Consciousness, der zeitlich zwischen Zweitem Weltkrieg und naher Zukunft mäandert. Er enthält Überlegungen zum künftigen Testament, Erinnerungen an vergangene Lieben und Sehnsüchte, an einstige Ferien (einen relativ großen Komplex nimmt das Palmenmotiv ein) und Aufenthalte im Notquartier, Beobachtungen bei der Bahnfahrt, Vorlieben für Tiere und Musik, Erwähnungen prägender Texte (z. B. die *Nibelungen* oder Murnaus Film *Tabu*), eine Agenda von zu erledigenden Dingen (etwa „platzkarten besorgen", „knöpfe nachnähen"; Mayröcker 1970a, 7–8) sowie ästhetische Standortbestimmungen. Offenkundig ist die Frau Schriftstellerin, offeriert werden metapoetische Lektüren: „dinge von / geringfügiger, / scheinbar / geringfügigster Bedeutung / … / … / beschäftigen mich immer / am meisten / ?…. zitat ponge […] nähere mich erst allmählich / der FORM, erst hier und da, / eher unrichtig, naschhaft" (Mayröcker 1970a, 9–10; abweichend: Mayröcker 1978, 102–103). Nicht nur mit dem Hinweis auf Francis Ponge, auch mit Bezügen zu Eugène Ionesco, Oswald Wiener, Ernst Jandl, Claus Henneberg oder Karl May (vgl. Pauler 2010, 178) entspannt sich – wie so oft bei Mayröcker – eine hochgradig intertextuelle Vernetzung zwischen Avantgarde und Populärkultur. Auch autobiographische Deutungsspuren sind darin enthalten: Mit Wiener und Henneberg pflegten Jandl und Mayröcker persönliche Kontakte. Die *Arie* ist poetologisches Manifest und autofiktionaler Text in einem.

Durch die stimmliche wie semantische Pluralisierung des Monologs oder Solovortrags wird die Idee eines homogenen Subjekts und (s)einer eingegrenzten Bedeutungsgebung dekonstruiert. Hier korrespondiert das Hörspiel mit Positionen des französischen Poststrukturalismus und nimmt Ästhetiken der *écriture féminine* vorweg (Cixous, Irigraray, Kristeva), knüpft aber mit seiner Montagetechnik auch an die historische Avantgarde an. Von Cramers klangliche Gestaltung eröffnet zusätzlich die Problematik der (menschlichen) Existenz in der Sprache, evoziert aber auch metaphysische Dimensionen.

Die vertikalen wie horizontalen Verläufe der Stimmen lassen sich einerseits musikalisch deuten, gestützt durch verschiedene metareflexive Hinweise im Text, etwa auf die Klangfarbenkomposition *Volumina* von Györgi Ligeti (vgl. auch Pauler 2010, 177), Maurice Ravels ‚musikloses' Crescendo *Boléro* oder auf die ‚Totalmusik' von Frank Zappa und den Mothers of Invention. Andererseits entspricht die Verflechtung der vertikalen (paradigmatischen) und horizontalen (syntagmatischen) Verläufe der gängigen Metaphorik von Text als Gewebe (vgl. Greber 2002).

Aufgrund der zeitlichen Dimension des Hörverlaufs und der je unterschiedlichen Möglichkeiten, einzelne Stimmenpositionen hörend zu fokussieren, ist dieses Gewebe sowohl prozessual als auch spatial zu erfahren. Möglichkeiten des simultanen Erzählens werden so ausgelotet, die in der Schrift allenfalls idealiter existieren (vgl. Previšić 2017, 49). Narratologisch sind derartige Textkonzepte bislang nahezu unerforscht (vgl. Moosmüller/Previšić 2020, 6).

Auch zur *Arie* gibt es wenig Forschung. Die Modifikationen der Schriftfassungen zeugen von einer fortgesetzten poetologischen und semantischen Arbeit, denn nicht nur werden einzelne Passagen inhaltlich verändert, sie werden auch in ihren horizontalen Beziehungen teilweise neu arrangiert. Doch werkgenetische Arbeiten fehlen. Neben der genauen Analyse der Hörspiele und ihrer je konkreten sonalen Gestaltung wären die vorliegenden Schriftfassungen vergleichend zu deuten und auch mit ihren akustischen Realisationen in Bezug zu setzen. In der WDR-Hörspielfassung fehlt zum Beispiel eine halbseitige Passage des Typoskripts, in der es einerseits darum geht, dem Rundfunkseelsorger einen Suizid anzukündigen und ihn dafür um Hilfe zu bitten (Gedankenstimme), andererseits darum, es doch auch einmal mit dem Medium Film zu versuchen (Dialogstimme). Kurz: Für autorschafts- und medientheoretische, editionsphilologische und poetologische Untersuchungen existiert ein weites Feld.

Literatur

Arteel, Inge: Non-Sovereign Voices in Friederike Mayröcker's Aural Texts. In: Partial Answers: Journal of Literature and the History of Ideas 15/1 (2017), 135–150.

Greber, Erika: Textile Texte. Poetologische Metaphorik und Literaturtheorie. Studien zur Tradition des Wortflechtens und der Kombinatorik. Köln/Weimar/Wien 2002.

Hiesel, Franz (Hg.): Repertoire 999. Literaturdenkmal-Hörspiel. Bd. 1. Wien 1990.

Jandl, Ernst/Mayröcker, Friederike: Rede zur Verleihung des Hörspielpreises der Kriegsblinden am 22. April 1969. In: Klaus Schöning (Hg.): Schriftsteller und Hörspiel. Reden zum Hörspielpreis der Kriegsblinden. Königstein i. Ts. 1981, 75–79.

Mayröcker, Friederike: Arie auf tönernen Füßen. WDR, 3.12.1970a (Typoskript).

Mayröcker, Friederike: Arie auf tönernen Füszen. In: protokolle 5/1 (1970b), 149–150.

Mayröcker, Friederike: Arie auf tönernen Füszen. Stereo-Hörspiel. In: protokolle 10/2 (1975), 162–174.

Mayröcker, Friederike: Zu „Arie auf tönernen Füszen". In: protokolle 12/2 (1977), 291–292.

Mayröcker, Friederike: arie auf tönernen füszen. In: Dies.: Schwarmgesang. Szenen für die poetische Bühne. Berlin 1978, 85–119.

Moosmüller, Silvan/Previšić, Boris: Polyphonie, Multiperspektivität, Intermedialität. Eine Einführung in die terminologischen Grundlagen und den Aufbau des Bandes. In: Dies. (Hg.): Polyphonie und Narration. Trier 2020, 1–19.

Pauler, Monika: Bewußtseinsstimmen. Friederike Mayröckers auditive Texte. Hörspiele, Radioadaptionen und ‚Prosa-Libretti' 1967–2005. Berlin 2010.

Previšić, Boris: Klanglichkeit und Textlichkeit von Musik und Literatur. In: Nicola Gess/Alexander Honold (Hg.): Handbuch Literatur & Musik. Berlin/Boston 2017, 39–54.

Ramm, Klaus: Bildgestöber vor wechselndem Ohr. Ein Radio-Essay zu den Hörspieltexten von Friederike Mayröcker [1994]. In: Katarina Agathos/Herbert Kapfer (Hg.): Hörspiel. Autorengespräche und Porträts. München 2009, 35–55.

Schmidt, Siegfried J. (Hg.): Friederike Mayröcker. Frankfurt a. M. 1984.

Schöning, Klaus: In Flandern, Feldern, Picardie. Vermutungen über die akustische Poesie Friederike Mayröckers. In: Ders. (Hg.): Hörspielmacher. Autorenporträts und Essays. Königstein i. Ts. 1983, 270–278.

Der Tod und das Mädchen (1985)

Eva Fauner

Der Tod und das Mädchen (Mayröcker/Fritsch 1985) ist ein vom Österreichischen Rundfunk (ORF) produziertes Hörspiel, das am 11.10.1985 erstmals gesendet wurde. Die schrifttextuelle Grundlage bildet Friederike Mayröckers Prosatext *Der Tod und das Mädchen. Hörspiel* (Mayröcker [1977] 1979). Regie führte Götz Fritsch, realisiert wurde es durch die Stimmen von Wolfgang Gasser und Elisabeth Orth. Als Hörspielmusik wird das Streichquartett in d-Moll (Deutsch-Verzeichnis D 810) von Franz Schubert eingesetzt, das den Beinamen *Der Tod und das Mädchen* trägt und in einer Aufnahme des Melos-Quartetts erklingt.

Das Hörspiel *Der Tod und das Mädchen* liegt in zwei akustischen Fassungen vor: Bereits 1977 realisierte der Westdeutsche Rundfunk (WDR) das Manuskript, allerdings entsprach hier der Musikeinsatz in Form einer Orgelimprovisation von Enno Dugend über Themen aus Schuberts Streichquartett *Der Tod und das Mädchen* explizit nicht der ursprünglichen Konzeption. So fordert eine im Manuskript enthaltene Regieanweisung, dass „in der Realisation [...] der Dialog mit der Musik zu verflechten [ist]" (Mayröcker [1977] 1979, 259). Denn dieses Hörspiel „habe ich [= Mayröcker, Anm. d. Verf.] ganz genau zur Musik von Schubert geschrieben, es dauert auch genauso lang – und die Musik soll immer im Hintergrund zu hören sein" (Bucher/Schneider 1980, o. S.). Diese Anweisung wurde erst 1985 in der Produktion durch den ORF umgesetzt. Ihr widmen sich die folgenden Ausführungen. Die Intermedialität (vgl. Wirth 2007) von musikalischem und literarischem Text ist konstitutiv für die poetischen Verfahrensweisen des Schrifttexts und seiner stimmlich-akustischen Realisierung und manifestiert sich in der Gesamtanlage der inhaltlichen und formalen Organisation des Hörspiels.

E. Fauner (✉)
Graz, Österreich
E-Mail: eva.fauner@uni-graz.at

Inhaltlich-thematische Bezüge zwischen musikalischem und literarischem Text

Inhaltlich greift der im Streichquartett und Hörspiel gleichlautende Titel den seit dem Mittelalter tradierten Topos von ‚Liebe und Tod' auf, um diesen mit subjektiven Momenten zu belegen. Paradigmatisch für die Aktivierung des Rezeptionskontextes steht der Meta-Bezug auf das Gedicht *Der Tod und das Mädchen* von Matthias Claudius (vgl. Claudius [1775] 1968), das Schubert in einem Lied vertont, dessen zweite Strophe wiederum das Thema für den Variationensatz des Streichquartetts bildet. In diesem Gedicht werden unterschiedliche Ausprägungen des Topos engeführt.

Claudius gestaltet es als ‚dialogus mortis cum homine' (vgl. Urmoneit 1997, 53) – eine Form, die Mayröcker als Grundlage für das Hörspielmanuskript heranzieht, wobei sie die Dialogsituation des lebendigen Mädchens und des personifizierten Todes durch die Bezeichnung „*(Mann)*" und „*(Frau)*" (Mayröcker [1977] 1979) modifiziert, was inhaltliche Konsequenzen in Bezug auf die Handlungsradien der im Bereich der Allegorie angesiedelten Figuren nach sich zieht. Bereits die spezifische Zeichensetzung der Klammer und die Kursivierung deuten auf ein „gleichsam imaginäres Gespräch" (Schöning 1984, 207) hin und können als Hinweis auf die ‚Scheindialogizität' sowie die ‚Entfigurierung' der Stimmen gelesen werden. So evoziert das von Mayröcker aufgegriffene Formgerüst der Wechselrede eben keinen Dialog, sondern spinnt sich als parallel geführte monologartige Rezitation fort, deren Passagen nur phasenweise interagieren.

Mann und Frau treten nicht als klar umrissene, rollenpsychologisch charakterisierte Figuren auf, sondern pendeln im Spektrum des Ausdruckspotentials von Sprache bzw. Stimme als teils leibhaftige, teils immaterielle Wesenheiten. Vor allem der männliche Part changiert zwischen Liebesspiel und Totentanz, wodurch es zu einer Parallelschaltung dieser beiden Ausnahmezustände von ‚Liebe' und ‚Tod' kommt. Gleichzeitig wird so die dem Topos inhärente erotische Konnotation hervorgestrichen, was im Hörspiel primär auf Initiative der Frauenstimme passiert, wohingegen die männliche Figur tendenziell abwartend bis abwehrend und mit Passivität reagiert (vgl. auch Pauler 2010, 290–294). Das unausgeglichene Beziehungsgefüge schlägt sich ferner im Wechsel der Anrede von ‚Sie' und ‚du' nieder, sodass mit linguistischen Mitteln symbolisch einerseits das Liebesspiel angedeutet, andererseits die Ambivalenz der Gebarung von Liebe respektive Tod ausgereizt wird, da so auf der Ebene der Personifikation das schwankende Nähe-Distanz-Verhältnis zum Ausdruck kommt (vgl. Heißenbüttel 1984, 221).

Formal-strukturelle Bezüge zwischen musikalischem und literarischem Text

Die musikalische Verarbeitung des Topos fließt allerdings nicht nur thematisch in den literarischen Text ein, sondern durchdringt auch auf formal-struktureller Ebene das Sprachsystem. Ausgehend von den drei Grundelementen musikalischer Komposition – Melodik, Harmonik und Rhythmik – ereignet sich eine „Musikalisierung der Sprache" (Pauler 2010, 219), die die Geschlossenheit des Textes und seiner Semantik zugunsten der Klanglichkeit in den Hintergrund treten lässt.

Die tragisch-düstere Harmonik und Melodik des Streichquartetts wird durch die mit Dunkelheit und Traurigkeit konnotierte Grundtonart d-Moll generiert, was sich in einem von Melancholie, Tragik und Vanitas geprägten Grundtenor im Sprachtext spiegelt. Besonders profiliert ist die rhythmische Ausarbeitung des Streichquartetts. So evozieren beispielsweise prägnante Achtel-Triolen-Figuren, das perpetuierende Gleichmaß des Daktylus oder durch Synkopen und Punktierungen erzeugte Ostinati Spannungs- und Erregungszustände, die ihren Niederschlag in der textuellen Gestaltung finden. In der Tat vollzieht sich die konkrete Verklanglichung der Sprache in erster Linie in der Kategorie der Rhythmik. Der zentrale Rhythmusgenerator basiert auf dem Prinzip der Wiederholung, das auf unterschiedlichen sprachlichen Ebenen – Silben, Wortgruppen bis hin zu Sätzen und ganzen Absätzen – zum Tragen kommt.

Exemplarisch für die Rhythmisierung auf lautlicher Ebene ist die phonetische Formation der Assonanz: Die gehäufte Wiederholung bestimmter Vokale wie „neben Erdbeben, Beeren" oder „Ausgreifen und Schleifen" (Mayröcker [1977] 1979, 263) stiftet Zusammenhänge durch klangliche Muster, wo sich die Semantik des Textes aufzulösen scheint (vgl. Jakobson [1960] 1979). Ähnliche Wirkungen erzielen die rhetorischen Mittel der Anapher, wie beispielsweise in einer Passage, in der das Wort „wie" acht Mal wiederholt wird (vgl. Mayröcker [1977] 1979, 261). Auch der Einsatz von Asyndeta, Parataxen und Ellipsen kompensiert in Form rhythmischer Muster die mit der grammatischen Reduktion einhergehende semantische Unübersichtlichkeit.

Vom Schrifttext zum Stimmtext – die akustische Realisierung des Hörspielmanuskripts

Das Manuskript enthält kaum Anweisungen zur Umsetzung in das auditive Medium, die insofern die Kreativleistung des Realisationsteams darstellt, sodass das Hörspiel *Der Tod und das Mädchen* aus der Komplexität geteilter Autorschaft resultiert. Einen der wenigen im Manuskript fixierten Parameter stellt das Zwiegespräch von Mann und Frau dar. Einen weiteren Fixpunkt bildet die zeitliche Dauer des Hörspiels, die aufgrund des Verflechtungsanspruchs von Text und Musik aus jener des Streichquartetts resultiert. Die für die ORF-Produktion herangezogene Aufnahme durch das Melos-Quartett erstreckt sich über 39 Minuten und 40 Sekunden. Die tatsächliche Dauer des Hörspiels von 39 Minuten und 44 Sekunden folgt daraus, dass der letzte Satz „Ich wäre gern mit dir." (Mayröcker [1977] 1979, 266) im Anschluss an den Schlusston des Quartetts ‚a cappella' erklingt. Dieser Satz wird durch das plötzliche Ausbleiben des ansonsten permanent erklingenden Musikstroms besonders akzentuiert und mit zusätzlicher Bedeutung aufgeladen. Die aus der ‚Musik-Stille' (vgl. Schmedes 2002, 82) hervorgehende Akzentuierung sprachlicher Äußerungen basiert auf interpretatorischen Entscheidungen des Realisationsteams. Ähnlich verhält es sich mit der radiophonen Montage. Die wiederum nur indirekt aus dem Manuskript zu filternde Anweisung, ein Gleichgewicht zwischen Stimmen und Musik zu erzielen, wird dadurch erreicht, dass die Musik durch Reduzierung der Lautstärke leicht in den Hintergrund rückt, sobald eine Stimme auftritt.

Insgesamt stellt die Transposition ins Akustische einen eigenständigen künstlerischen Akt dar, der wesentlich von Elisabeth Orth als „*(Frau)*" und Wolfgang Gasser als „*(Mann)*" geformt wird. Die akustische Realisierung verengt zwar die im Manuskript angelegte potentielle Mehrdeutigkeit durch die Festlegung auf ein spezifisches Klangbild; die der Stimme inhärente Sinnlichkeit und Affektivität ermöglicht jedoch ein emotionales Erlebnis, das die akustisch-musikalische Kapazität des Manuskripts potenziert. Sprechrhythmus, -geschwindigkeit und -dynamik richten sich nach den musikalischen Strukturen und auch die Färbungen der Stimme sind an die über die Musik evozierten Atmosphären angelehnt. So entsteht ein hochemotives Klanggebilde, das die Grenzen zwischen Sprache und Musik verschwimmen lässt.

Literatur

Bucher, Ulli/Schneider, Helmut: Neues Hörspiel: Friederike Mayröcker. In: Falter (Wien) vom 20.2.1980, o. S.

Claudius, Matthias: Der Tod und das Mädchen [1775]. In: Ders.: Sämtliche Werke. Mit einem Nachwort und einer Zeittafel von Wolfgang Pfeiffer-Belli sowie Anmerkungen und Bibliographie von Hansjörg Platschek. München 1968, 86–87.

Heißenbüttel, Helmut: Rückzug nach Innen? Vorrede zu Friederike Mayröckers Hörspiel *Der Tod und das Mädchen*. In: Siegfried J. Schmidt (Hg.): Friederike Mayröcker. Frankfurt a. M. 1984, 216–224.

Jakobson, Roman: Linguistik und Poetik [1960]. In: Ders.: Poetik. Ausgewählte Aufsätze. Hg. v. Elmar Holenstein/Tarcisius Schelbert. Frankfurt a. M. 1979, 83–121.

Mayröcker, Friederike: Der Tod und das Mädchen. Hörspiel [1977]. In: Dies.: Ein Lesebuch. Hg. v. Gisela Lindemann. Frankfurt a. M. 1979, 259–266.

Mayröcker, Friederike/Fritsch, Götz: Der Tod und das Mädchen [Hörspiel]. Produktion: ORF. Erstsendung: 11.10.1985. Stimmen: Wolfgang Gasser/Elisabeth Orth. Musik: Franz Schubert: Streichquartett in d-Moll (D 810) *Der Tod und das Mädchen* (Melos-Quartett). Dauer: 39'44".

Pauler, Monika: Bewußtseinsstimmen. Friederike Mayröckers auditive Texte: Hörspiele, Radioadaptionen und ‚Prosa-Libretti' 1967–2005. Berlin 2010.

Schmedes, Götz: Medientext Hörspiel. Ansätze einer Hörspielsemiotik am Beispiel der Radioarbeiten von Alfred Behrens. Münster 2002.

Schöning, Klaus: In Flandern, Feldern, nahe Picardie. Vermutungen über die akustische Poesie Friederike Mayröckers. In: Siegfried J. Schmidt (Hg.): Friederike Mayröcker. Frankfurt a. M. 1984, 207–215.

Urmoneit, Sebastian: Untersuchungen zu Schuberts Klavierlied *Der Tod und das Mädchen*. In: Heinrich Poos (Hg.): Franz Schubert „Todesmusik". München 1997, 44–65.

Wirth, Uwe: Intermedialität. In: Thomas Anz (Hg.): Handbuch Literaturwissenschaft. Bd. 1: Gegenstände und Grundbegriffe. Stuttgart/Weimar 2007, 254–264.

Gertrude Stein hat die Luft gemalt (2005)

Eva Fauner

Gertrude Stein hat die Luft gemalt (Mayröcker/ Schöning 2005) ist ein von Deutschlandfunk (DLF) und Österreichischem Rundfunk (ORF) produziertes Hörspiel, das am 17.05.2005 in ebendiesen Sendern erstmals ausgestrahlt wurde. Die schrifttextuelle Grundlage bildet Friederike Mayröckers Prosatext *Gertrude Stein hat die Luft gemalt. Hörspiel* (MB VI, 218–235). Regie führte Klaus Schöning, realisiert wurde es durch die Stimme von Friederike Mayröcker selbst und den Sprechgesang von Kai Wessel. Dieser singt aus den *5 Vokalisen für Countertenor* von Mauricio Kagel, was als Hörspielmusik mittels radiophoner Montage in den Sprechtext implementiert wird. Der Einsatz der Stimme für die akustische Vermittlung eines schriftlich generierten Prosatextes etikettiert das poetische Programm dieses Hörspiels, das in seinen Grundstrukturen an einer performativen Ästhetik ausgerichtet ist. Kennzeichnend hierfür ist die Fokussierung auf den Handlungscharakter von sprachlichen Äußerungen (vgl. Austin [1955] 1972) und deren mediale Beschaffenheit (vgl. Krämer 2004).

Prosa – Performanz – Publikum

Bereits in der Bezugnahme auf Gertrude Stein wird ein Kontext aufgerufen, in dem es um die performative Hervorbringung der Materialität von Sprache geht, wie dies charakteristisch für die historischen Avantgarden am Beginn des 20. Jahrhunderts und deren Fortschreibungen durch künstlerische Kollektive wie jene der *Wiener Gruppe* war, der sich auch Mayröcker verbunden fühlte (vgl. Fauner 2020, 79–83). Das Hörspiel *Gertrude Stein hat die Luft gemalt* gestaltet sich als ‚Zitatmontage', in der die ‚Gertrude-Stein'-Passagen aus dem Prosaband *Und ich schüttelte einen Liebling* extrahiert und in konzentrierter Weise dargelegt werden. Es handelt sich um die Wiedergabe einer Unterhaltung zwischen einer erzählenden Ich-Figur und der fiktionalisierten Person ‚Gertrude Stein'. So ist der Text selbst als Monolog verfasst, der das Gespräch in Form von ausgewiesener direkter Rede referiert.

Die thematische Ebene bildet eine poet(olog)ische Auseinandersetzung mit Steins Theoremen zu Praktiken des Erzählens (vgl. Stein [1935] 1971). Reflektiert wird über das Verhältnis von Literatur und Geschichte, von Innensicht und Außensicht, von Existieren und Geschehen bis hin zu den „großen Schwierigkeiten des Erzählens […] anzufangen und aufzuhören" (Stein [1935] 1971, 16) und zur konstitutiven

E. Fauner (✉)
Graz, Österreich
E-Mail: eva.fauner@uni-graz.at

Bedeutung des Zuhörens als Basis für das Erzählen überhaupt. Zuhören wird von Stein – ebenso wie das Erzählen – als ‚existentielle' anthropologische Konstante ausgewiesen. Im Zusammenhang mit der konstitutiven Bedeutung des Zuhörens installiert Stein den Begriff ‚Publikum', das „im Akt des Schreibens dessen was er [= der/die Schriftsteller/in, Erg. d. Verf.] schreibt Erkennen bewirkt" (Stein [1935] 1971, 95). Das Publikum ist im Erzählprozess omnipräsent, es existiert im und durch die erzählende Person. „So ist also das Publikum die Sache auf die es ankommt." (Stein [1935] 1971, 84)

Steins Konzeption von ‚Publikum' stiftet das Tertium Comparationis zur performativen Ästhetik von Mayröckers Hörspiel *Gertrude Stein hat die Luft gemalt*. Die für die Provenienz eines Publikums notwendige Komponente der ‚Aufführung' bildet zusammen mit dem Begriff der ‚Ausführung' die Bedeutungskoordinaten des Performanzbegriffes (vgl. Pfister 2008, 562). Der Aufführungscharakter stellt den ästhetischen Dreh- und Angelpunkt des Textes *Gertrude Stein hat die Luft gemalt* dar, der in seiner stimmlichen Mediatisierung eine *Hic-et-nunc*-Situation vorführt, von der Akteure und Akteurinnen sowie Rezipienten und Rezipientinnen gleichermaßen betroffen sind. Die Stimme potenziert dabei Merkmale des Schrifttextes, dessen Wirkungsweisen mit Theorien des Performativen genauer erfasst werden können und über Verfahren wie Selbstreferentialität, Iterabilität und Theatralität hervorgerufen werden (vgl. Strohmaier 2009, 121–122). Das Performative als Sprechhandlung, in der „etwas *sagen* etwas *tun* heißt" (Austin [1955] 1972, 33 [Herv. i. O.]), unterminiert den Repräsentationsanspruch von Sprache und lenkt die Aufmerksamkeit weg von einem (scheinbar) außersprachlichen Referenzpunkt hin zu der durch die Sprache selbst hervorgebrachten Wirklichkeit (vgl. Krämer 2004, 19). Am deutlichsten tritt dieses ‚Sagen als Tun' in der Akkumulation von Inquit-Formeln zutage, die aus der erwähnten ‚Monologisierung' eines ursprünglichen Dialogs folgt: Die ununterbrochene Kenntlichmachung dessen, was „Gertrude Stein sagt" und dessen, was „ich sage" (MB VI, 218–235, diese Zitate durchziehen den gesamten Text) „performativiert die Prosa" (Strohmaier 2009, 128; s. Kap. 51), indem explizit gesagt wird, was getan wird und getan wird, was gesagt wird bzw. indem etwas gesagt wird.

Stimmmaterialität und Sprechausdruck

Die stimmliche Realisierung dieser Sprechakte steigert deren performativen Gehalt und lädt sie mit zusätzlichen Bedeutungsfeldern auf. Die exklusive Wirkung des Hörspiels beruht großteils darauf, dass der Text von der Autorin selbst gesprochen wird. Ihre unverkennbare Stimmqualität transformiert die semantisch teils schwer fassbaren Textpassagen in eine konkrete sinnliche Erfahrung und emotionalisiert sie derart, dass ein subjektiver, höchst persönlicher Erzähleindruck entsteht. Zusätzlich suggeriert wird diese Wirkung durch das dem Text zugrunde gelegte narratologische Gefüge: In der akustischen Realisation fällt die reale Stimme der Autorin mit jener der Erzählerin im bzw. durch den performativen Vollzug zusammen, was der in der einschlägigen Mayröcker-Forschung proklamierten Gleichsetzung von Autor- und Erzählersubjekt (vgl. Strohmaier 2008, 16) scheinbar zuarbeitet und viele der Texte Mayröckers im Bereich der Autobiographie ansiedelt. Dieser Effekt wird dadurch verstärkt, dass für den Text *Gertrude Stein hat die Luft gemalt* eine Ich-Erzähl-Situation konstitutiv ist, was eine strukturelle Identität von Erzählerin und Figur zur Folge hat. Trotz dieses formalen Zusammenfalls von Autorin, Erzählerin und Figur kann das Hörspiel dennoch nicht als Autobiographie bezeichnet werden, weil nach Gérard Genette ein entscheidendes Kriterium nicht erfüllt wird, nämlich „die ernsthafte Beglaubigung einer Erzählung durch den Autor, der für ihren Wahrheitsgehalt bürgt" (Genette 1992, 85). Dieser Anspruch auf Wahrheitsgehalt wird im Hörspiel mehrfach unterlaufen, in ihm manifestiert sich eine Ambivalenz zwischen Faktum und Fiktum, sodass sich dieses Hörspiel mit Genette als ‚Autofiktion' klassifizieren lässt (vgl. Strohmaier 2008, 18–20).

Der auf der stimmlichen Artikulation basierende akustische Gesamteindruck (vgl. Bose 2010, 29, 36) von *Gertrude Stein hat die Luft gemalt* wirkt melancholisch, elegisch, nachdenklich und schwermütig und ist, wie viele Werke Mayröckers, von einem Tenor der Trauer durchzogen, der nur gelegentlich durch komisch-ironische Äußerungen aufgelockert wird. Die Empfindung von Trauer bei der Rezeption von Mayröcker-Texten (vgl. Sperl 1999, 16) wird durch die erklingende Stimme der Autorin befördert. Sie zeichnet sich durch eine dunkle, behauchte und raue Klangfarbe, eine tiefe Tonhöhe, eine langsame Sprechgeschwindigkeit, eine geringe Lautheit und einen skandierenden Sprechrhythmus aus. Es sind dies Merkmale, die charakteristisch für die anatomische Konstitution einer Altersstimme sind, der ein Memento mori eingeschrieben zu sein scheint (vgl. Dreysse 2004, 72).

Kontrastierend tritt die Stimmqualität des Countertenors auf, dessen Sprechgesang als Hörspielmusik im Manuskript angewiesen ist. Dies wird durch die von Kai Wessel gesungenen *5 Vokalisen für einen Countertenor* von Mauricio Kagel realisiert. Die (Sing-)Stimme eines Countertenors im Allgemeinen und jene Kai Wessels im Besonderen zeichnet sich dadurch aus, eine ‚Kunst-Stimme' zu sein, und steht durch die künstlich-künstlerische Handhabung in Kontrast zur Alltags-Alters-Stimme (vgl. Dreysse 2004, 69) Mayröckers. Im Hörspiel wird der Gesang hauptsächlich als Hintergrundmusik montiert, die sich nur gelegentlich vom Sprechtext emanzipiert, er erfüllt syntaktisch-gliedernde und atmosphärisch-untermalende Funktionen. Der Einsatz einer rein vokal auftretenden Stimme als „performatives Phänomen par excellence" (Kolesch/Krämer 2006, 11) intensiviert die performative Ästhetik dieses Audiotextes, was durch die Darbietung von *Vokalisen* noch gesteigert wird. Bei *Vokalisen* handelt es sich um Kompositionen, die auf der Vertonung bzw. Intonation von Vokalen beruhen und als ‚Lieder ohne Worte' die Stimme von der semantischen Ebene des Sprechens loslösen (vgl. Brüstle 2004, 125). Durch die Suspendierung eines über den Wortlaut transportierten Sinns wird die Aufführungsdimension von Sprache, bei der es „auf den Wortlaut [selbst], also auf die Äußerlichkeit der Rede an[kommt], nicht auf ihren Gehalt" (Krämer 2002, 336), noch einmal hervorgestrichen.

Literatur

Austin, John L.: Zur Theorie der Sprechakte [1955]. Deutsche Bearbeitung von Eike Savigny. Stuttgart 1972.

Bose, Ines: Stimmlich-artikulatorischer Ausdruck in der Sprache. In: Arnulf Deppermann/Angelika Linke (Hg.): Sprache intermedial. Berlin/New York 2010, 29–68.

Brüstle, Christa: Stimme als Klang – Anmerkungen aus der Musikwissenschaft. In: Doris Kolesch/Jenny Schrödl (Hg.): Kunst-Stimmen. Berlin 2004, 124–127.

Dreysse, Miriam: „Was erzählt eine alte Stimme, was eine junge Stimme nicht erzählt?". In: Doris Kolesch/Jenny Schrödl (Hg.): Kunst-Stimmen. Berlin 2004, 68–78.

Fauner, Eva: Schriften, die gehört gehören. Historische Prätexte, theoretische Konzepte und analytische Modelle zu Akustischer Literatur der Gegenwart. Heidelberg 2020.

Genette, Gérard: Fiktion und Diktion. Aus dem Französischen von Heinz Jatho. München 1992.

Kolesch, Doris/Krämer, Sybille: Stimmen im Konzert der Disziplinen. Zur Einführung in diesen Band. In: Dies.: Stimme. Annäherung an ein Phänomen. Frankfurt a. M. 2006, 7–15.

Krämer, Sybille: Sprache – Stimme – Schrift. Sieben Gedanken über Performativität als Medialität. In: Uwe Wirth (Hg.): Performanz. Zwischen Sprachphilosophie und Kulturwissenschaften. Frankfurt a. M. 2002, 323–346.

Krämer, Sybille: Was haben ‚Performativität' und ‚Medialität' miteinander zu tun? Plädoyer für eine in der ‚Aisthetisierung' gründende Konzeption des Performativen. Zur Einleitung in diesen Band. In: Dies.: Performativität und Medialität. München 2004, 13–32.

Mayröcker, Friederike/Schöning, Klaus: Gertrude Stein hat die Luft gemalt [Hörspiel]. Produktion: DLF/ORF. Erstsendung: 17.5.2005. Stimmen: Friederike Mayröcker/Kai Wessel. Musik: Mauricio Kagel: 5 Vokalisen für einen Countertenor. Dauer: 48'43".

Pfister, Manfred: Performance/Performativität. In: Ansgar Nünning (Hg.): Metzler Lexikon Literatur- und Kulturtheorie. Stuttgart/Weimar [4]2008, 562–564.

Sperl, Dieter: „Ich will natürlich immer schreiben." Gespräch mit Friederike Mayröcker. In: Gerhard Melzer/Stefan Schwar (Hg.): Friederike Mayröcker. Graz/Wien 1999, 9–30.

Stein, Gertrude: Erzählen. Vier Vorträge [1935]. Einleitung von Thornton Wilder. Übertragen von Ernst Jandl. Frankfurt a. M. 1971.

Strohmaier, Alexandra: Logos, Leib und Tod. Studien zur Prosa Friederike Mayröckers. München 2008.

Strohmaier, Alexandra: Prosa und/als Performanz. Zur performativen Ästhetik Friederike Mayröckers. In: Dies.: Buchstabendelirien. Zur Literatur Friederike Mayröckers. Bielefeld 2009, 121–140.

Landschaft mit Verstoßung (2013)

Inge Arteel

Die Initiative für das audiophone Projekt *Landschaft mit Verstoßung. Ein dreifaltiges Hörstück* (2013) stammt von Mayröckers Dichterkollegen Bodo Hell. Ein kurzer Text von Mayröcker aus dem Jahr 1985, *Landschaft mit Verstoßung* (MB 91–92), bildete die Grundlage. Der ORF-Tonmeister Martin Leitner, der schon für das Hörstück *vom Umarmen des Komponisten auf dem offenen Soffa* (2010) mit Mayröcker und Hell kooperiert hatte, steuerte sogenannte „psychoakustische Naturtöne" (Hell et al. 2014) bei. Das Hörstück wurde am 17. Dezember 2013 im ORF gesendet und 2014 im Mandelbaum Verlag als kunstvoll gestaltetes Klangbuch – mit Illustrationen von Linda Wolfsgruber – veröffentlicht. In der Klangbuchfassung ist das Stück 79'12" Minuten lang.

Die Produktion eignet sich besonders gut für eine medienspezifische Erkundung des Verhältnisses von Schriftlichkeit und Stimme sowie der Materialität und Medialität von Schreiben, Sprechen und von Tönen. Das Hörstück inszeniert eine Stimmenvielfalt ohnegleichen: Schriftliches und mündliches, menschliches und nichtmenschliches Sprechen, sogenannte natürliche und künstliche Klänge und Töne, eine ganze ‚Artenvielfalt' von auralen Phänomenen haben in dieser Klangwelt ihren Auftritt (vgl. Arteel 2025).

Stimme und Schrift

Wie viele von Mayröckers kurzen Prosatexten und Gedichten war *Landschaft mit Verstoßung* ursprünglich ein Gelegenheitstext, geschrieben im Jahr 1985 für die 25-Jahr-Feier der Stuttgarter Buchhandlung Niedlich, eines wichtigen Ortes für Netzwerke der experimentellen Literatur der 1960er-Jahre. Dieser Anlass wird in Mayröckers Text nicht direkt angesprochen, sondern er spiegelt sich darin metonymisch wider: Mayröcker schreibt über Bücher, über die Lektüre von Lieblingsbüchern und die „Heilung" (MB 92), die das Ich sich davon verspricht. Das Ich ist von einer Bücherlandschaft umgeben: „mit dem Buch im Schoße mit dem Buch in der Hand, die mehreren Lieblingsdichter vor mir auf dem Fußboden, auf dem Gebetsteppich ausgebreitet" (MB 92). Von der Lektüre dieser Bücher erhofft es sich, „dort etwas von dem wieder[zu]finden was ich verloren hatte" (MB 91), namentlich die Worte der Träume, eine Verbalisierung, die den ‚paradiesischen' Einklang von Wort und Ding darstellt. Das Lesen in dieser „Zeilen-Landschaft" wirkt „*purgatorisch*" (MB 92) und befreit das Ich von

I. Arteel (✉)
Vrije Universiteit Brussel, Brüssel, Belgien
E-Mail: inge.arteel@vub.be

der melancholischen Sehnsucht nach dem verlorenen verbalen Paradies. Mayröckers Lektüregarten ist in diesem Text keine ersehnte Utopie, sondern ein realer, wirksamer und sozialer, weil auf die Worte anderer ausgerichteter Ort. Lesen bedeutet dann die Worte und Stimmen anderer hinhörend aufzunehmen.

Das Hörspiel findet seinen Anfang in der Lektüre von Mayröckers Text durch Bodo Hell. Dieser Text, der die Lesetätigkeit als eine Möglichkeit des Zurechtfindens nach der Verstoßung andeutet, wird seinerseits von Hell zum Leitfaden für die schöpferische Auseinandersetzung mit der Idee einer Stimmen- und Artenvielfalt. Das Hörstück führt performativ den ‚heilenden' Lektüreakt „am Leitfaden von Friederike Mayröcker" (Hell et al. 2014) – wie es im Untertitel des Stücks wörtlich heißt – als akustische Sensation vor. Das Bild des Leitfadens ist wichtig: Der Mayröcker-Text strukturiert das ganze Hörspiel wie ein orientierender Faden. Die ersten neun der insgesamt elf Tracks der CD-Produktion enthalten jeweils mehrere Satzfolgen aus dem Text. Der textuelle Leitfaden ist auch ein stimmlicher: Mayröcker spricht ihren Text selbst.

Dieser Text wird allerdings nicht in einem Zug eingearbeitet, sondern er wird entzerrt und in einzelne Wortfolgen oder Satzteile aufgeteilt. Damit wird die lineare Lektüre zeitlich in die Länge gezogen und strukturell verräumlicht. Diese Entzerrung gleicht in der Montage einem aufmerksamen, detailversessenen Lektüreakt und erinnert an die Art und Weise, wie der Komponist und Hörspielregisseur Heiner Goebbels – der übrigens auch die Gattungsbezeichnung ‚Hörstück' bevorzugt – literarische Texte in seinen Produktionen einbringt: In seinem Aufsatz *Text als Landschaft* nennt er seinen Umgang ein „Lesen mit der Lupe". Es geht dabei, körperlich gewendet, darum, den Text „wie eine Expedition [zu] durchqueren" (Goebbels 1996), ein Verhalten, das sowohl die Rezeption verlangsamen und intensivieren als auch die Texte und deren Schichten transparenter machen soll. Die akustische Komposition, die sich daraus ergibt, soll ein Hören ermöglichen, das „etwas von der Schriftlichkeit der Texte transparent macht, und mit dem Lesen vergleichbar wird" (Goebbels 1996). Aus dem auf zwei Prosaseiten gedruckten Mayröcker-Text wird so eine Art Konstellation von Zeilen, die von Wiederholungen, Variationen und elliptischen Syntagmen geprägt ist. Der referentielle Charakter des Gesagten wird dadurch noch mehr zum Verschwinden gebracht; der Eindruck, einem subjektiven Bewusstsein beim inneren Formulieren zuzuhören, wird verstärkt. Der Klang und die Prosodie der Mayröcker-Stimme spielen dabei eine entscheidende Rolle: Mayröcker spricht ihre wenigen Worte jeweils zögernd, leise, die Silben in die Länge ziehend und mit einer Intonation, die einen möglichen weiteren Verlauf schwebend ankündigt, ohne ihn direkt zu realisieren.

An diesen schwebenden Fadenenden knüpfen Text und Stimme von Bodo Hell an. Hell führt die lyrischen Formulierungen Mayröckers mit deutenden, ahnenden, beschreibenden, dokumentierenden Aussagen weiter, welche die Explikation des Mayröcker-Textes mit der Verbalisierung seiner eigenen Erfahrungen und Reflexionen vermischen. Anders als die wenigen Worte und kurzen, elliptischen Syntagmen des Mayröcker-Textes, besteht Hells Sprechtext vorwiegend aus langen, barock geschachtelten Satzgefügen, d. h. aus Sätzen, die eine komplexe aber grammatisch vollendete schriftliche Komposition vorführen. Auch Hells Stimme und Prosodie kontrastieren sehr mit jenen Mayröckers. Hells Vorlesen ähnelt einem gehetzten, überbordenden Redeschwall, enthusiastisch und atemlos vorwärtsstreibend, als ob er jeglichen Verdacht der Sprachlosigkeit beheben möchte, während die Mayröcker-Stimme immer wieder zu einem offenen Ende findet.

Der Mayröcker-Text reflektiert das Lesen als eine dezentrierende, ekstatische Erfahrung, die von einem Aufgehen in die Zeilenlandschaft der Lieblingsbücher bewirkt wird. Im Hörstück beschreibt die Hell-Stimme, wie die wandernde Bewegung in der Berglandschaft eine ähnlich entrückende Erfahrung mit sich bringt, die nicht so sehr eine Verstoßung aus, sondern ein Aufgesogensein in der Landschaft bedeutet. Diese reale Erfahrung in einer konkreten Landschaftlichkeit bietet für Hell den Anlass zu einer

Neu-Lektüre des Topos von der Vertreibung aus dem Paradies: Die sogenannte Verstoßung bedeutet vor allem das Ende der zentralen Stellung des Menschen in einem Garten, als dessen Herr und Meister er sich aufführt. Dieses Zentrum zu verlassen und ein ‚marginales' Element unter vielen zu werden, ermöglicht gerade ein Aufgehen in der Landschaft.

Natur- und Kulturtöne

Mit den sogenannten „psychoakustische[n] Naturtönen" (Hell et al. 2014) wird der literarischen Sprache eine nicht-literarische klangliche Ebene aus O-Tönen hinzugefügt. Der Tonmeister Martin Leitner, der diese verantwortet, wird gleich am Anfang des Hörstücks, nachdem sich die beiden Sprechstimmen Mayröcker und Hell gegenseitig eingeführt haben, als dritte Autorinstanz präsentiert und stellt so die dritte ‚Falte' dieses ‚dreifaltigen' Hörstücks dar.

Die „psychoakustische[n] Naturtöne" umfassen menschliche Stimmen, Tierlaute, Naturphänomene wie Wasser und Wind, und auch Kulturtöne wie jene des Holzhackens und Einheizens. Mit dieser vielgestaltigen Klangspur scheint hier der Paradiesgarten als *soundscape* Gestalt anzunehmen. Die vielen ‚reinen' Natur- und Tiergeräusche, aber auch die Kulturtöne, die von einem Zusammenleben von Mensch und Natur zeugen, tragen zur Suggestion einer archaischen und zugleich exotischen Welt bei, in der die Grenzen zwischen Selbst und Welt aufgehoben sind. Dass viele Töne, zum Beispiel die dialektalen Unterhaltungen der Bauern, für Außenstehende nicht ohne weiteres einzuordnen bzw. verständlich sind und die Klangwelt also eine fremde Welt ist, verstärkt noch die Suggestion eines Paradieses, ist doch die Sprache des Paradieses jeglichem konventionellen, genormten Sprechen enthoben. Nur selten stören isolierte Klänge der Modernisierung (ein Hubschrauber, Fragmente einer Nachrichtensendung im Radio, die Hornsignale vor einer Sprengung) die paradiesische Klangwelt.

Die Klang- und Tonspur macht die fremde Welt nicht unbedingt vertraut, sondern sie bringt das Ferne und Fremde dem Ohr der Zuhörenden nahe (vgl. Meyer 2008, 69). Gerade die technische Vermittlung der Originaltöne steigert noch die Intensität ihrer sinnlichen Wirkung. Durch die besonders sensible Aufnahmetechnik ist die alpine Klangwelt alles andere als in die Ferne gerückt: Die Stimmen und Klänge erscheinen so nah, dass sich die phänomenalen Gestalten, aus denen sie hervorgehen (Bauer, Kuh, Fluss), für die Hörenden in eine sinnliche, nicht-gegenständliche Materialität auflösen und die Klänge eine abstrakte akustische Qualität als Hörsensation gewinnen. Damit vollführt die Klangspur eine kontinuierliche Vermischung von Nähe und Fremdheit, dokumentarischem O-Ton und musikalischer Komposition, sinnlicher Entrückung und kognitivem Bedeutungsüberschuss. Die Fragmente alltäglicher Konversation und die Geräusche und Klänge kontrastieren stark mit den beiden literarischen Sprechstimmen, die ja jede auf ihre Weise von einer vorrangigen Schriftlichkeit zeugen. Da sich die *soundscape* aber als technisch versierte präsentiert, unterliegt auch sie einer medienspezifischen Fixierung: Sie erscheint als *scripted*, ist sie doch Teil eines akustischen Kunstwerks. Die Art und Weise der Montage von Sprechstimmen und Klangspuren trägt durchgängig zu einer Vermischung von schriftlicher und akustischer Medialität bei.

Zwei zusätzliche Tracks komplettieren die neun Tracks, in denen der Mayröcker-Text die Vorlage darstellt. In Track 10 (Länge 8'15") spricht Hell seinen Text *Huderpfanne / Badewanne*. Darin rekonstruiert er in langen literarischen Sätzen den vergeblichen Versuch, an einem frühen Morgen balzende Auerhähne zu beobachten. Die visuelle Wahrnehmung mag misslungen sein, die akustische dagegen erfreut sich eines Erfolgs: Track 11 enthält eine 24'26" (!) Minuten lange Klangaufnahme balzender Auerhähne – Leitner ist auch ein passionierter Hobby-Ornithologe –, die eine derartige sinnliche Unmittelbarkeit suggeriert, dass man jede Modulation der Kehllaute und jedes winzige Federgeräusch zu hören vermeint. Auch hier tritt durch die Nähe der Aufnahme, aber auch durch ihre ausgedehnte Länge die Abstraktion in der

Konkretheit ein, oder genauer: Die Vogellaute werden, als Teile der weltlichen Physis, *auch* als eine ekstatische, ursprachliche Musik erfahrbar, rätselhaft verwandelnd und sinnlich belebend zugleich.

Dezentrierte Klanglandschaften

Hörspiele sind dezentrierte Kunstwerke par excellence. Ihre Realisierung hängt ja nicht nur von dem jeweiligen Autor oder der Autorin ab, sondern auch von Sprechstimmen, Ton- und Aufnahmetechnik und Produktionsbeteiligten sowie, die aktuellen Möglichkeiten der Selbstorganisation im Internet beiseitegelassen, von der ganzen Institution des Rundfunks. Aus diesem heteronomen Abhängigkeitsverhältnis macht das vorliegende Hörstück aber ein Ereignis der Zusammenarbeit. Der dezentrierten dreiteiligen Urheberschaft mitsamt ihrem kreativen Potential wird explizit Rechnung getragen; die „Dreifaltigkeit" des Untertitels erhöht dabei in einem selbstironischen Gestus die drei ‚Schöpfer' zu einer gottähnlichen Trinität. Ähnlich wie in der Vorstellung der Trinität ist hier nicht von einem kollektiven Subjekt die Rede, wobei sich die Grenzen zwischen den drei gänzlich auflösen würden, sondern sie behalten jede ihre spezifische Rolle bei, die sich aber erst in der gemeinschaftlichen Arbeit voll entfaltet. Wie im Mayröcker-Text das Lesen und bei Hell das Bergwandern als dezentrierende, ekstatische Erfahrungen reflektiert werden, so aktiviert auch die dezentrierte Klanglandschaft dieses Hörstücks das Hören als Sinn, der offen auf die Welt, auf die Stimmen anderer und die Klänge des Fremden ausgerichtet ist. Von Einklang als sehnsuchtsvollem Ziel ist da nicht die Rede, aber auch nicht von Verstoßung als Verlusterfahrung. Wohl eher entfaltet sich eine Beteiligung an einem Außen, die weder die Distanz noch die Differenz aufhebt, sondern das Risiko eingeht, dass das Vertraute fremd wird, und die es auch ermöglicht, dass das Fremde tief berührt.

Literatur

Arteel, Inge: Die Ekstase des Realen. Das Hörstück *Landschaft mit Verstoßung*. In: Eleonore De Felip/Beate Sommerfeld (Hg.): „sei du bei mir in meiner Sprache Tollheit" – Friederike Mayröckers ‚ekstatisches' Spätwerk. Wien 2025. [in Vorbereitung]

Hell, Bodo/Mayröcker, Friederike/Leitner, Martin: Landschaft mit Verstoßung. Ein dreifaltiges Hörstück. Wien 2014. [Klangbuch mit 1 CD]

Goebbels, Heiner: Text als Landschaft (1996), https://www.heinergoebbels.com/en/archive/texts/texts_by_heiner_goebbels/read/238 (30.04.2024).

Meyer, Petra Maria: Minimalia zur philosophischen Bedeutung des Hörens und des Hörbaren. In: Dies. (Hg.): *acoustic turn*. München 2008, 47–73.

Teil V

Literarische Aneignungen und Fortschreibungen

Goethezeit

Barbara Thums

Mayröckers Werk steht in vielfältigen Bezügen zu Autoren und Autorinnen, Konzepten und Denkfiguren der Goethezeit. Die Gedichte, Hörspiele und die experimentelle Prosa der frühen Werkphase, die mit der Wiener Gruppe in Verbindung gebracht werden, die an Schreibverfahren der Surrealisten erinnernden ‚Traumprotokolle', die metapoetische Verwendung von Metaphern, die exzessiven Bezüge auf die Literatur der Moderne und die zeitgenössische Kunst sowie das offensive Bekenntnis zur Poetik der Montage und zu einer Ästhetik des Hässlichen – „alle Regeln des guten Geschmacks außer acht lassen, ja: verächtlich machen, alle Begrenzungen überschreiten" (BR 15) –, des Banalen und Nebensächlichen sowie nicht zuletzt die literaturgeschichtliche Klassifizierung als „Avantgarde-Dichter" (Herrmann/Horstkotte 2016, 188) drohen indes den Blick auf die Vielfalt der Traditionsbezüge zu versperren, die hinter die Klassische Moderne zurückreichen. In ihren letzten Veröffentlichungen macht Friederike Mayröcker auf diese Einseitigkeit in der Rezeption ihres Werks explizit aufmerksam. In *ich sitze nur GRAUSAM da* (2012) wird der Wunsch formuliert „ich möchte *1 unbändiger Klassiker* werden" (IG 80), und in *Pathos und Schwalbe* (2018) durchziehen Bezugnahmen auf das Klassikerpaar Goethe und Schiller sowie auf Klassiker der Moderne wie Robert Walser, Beckett oder Günter Eich den Text. Sie zeigen die Produktivität klassizistischer ‚Rückwärtswendungen' sowie deren avantgardistische Dimension an: Diese zeigt sich insbesondere in der Vereinnahmung der ‚naturhaft-rohen' *Art Brut* von psychisch Kranken bzw. allgemeiner von Ästhetiken des Wahnsinns für eine Poetik des Ekstatischen; außerdem an textuell inszenierten Bildbegegnungen, in denen Gerhard Rühm die Schillerstatue besteigt bzw. der Dichterkult im klassischen Weimar mit Gerhard Rühms erotischen Sprachspielen konfrontiert wird (vgl. Thums 2024). In *da ich morgens und moosgrün. Ans Fenster trete* (2020) wiederum, das den berühmten, in Malerei wie Literatur vielfach inszenierten Fensterblick der Romantik im Titel anklingen lässt, weist das Ich darauf hin, „dasz ich seit langem bestrebt bin in meinem Werk Avantgardismus und Klassizismus zu verquicken": vermerkt ist dies in einer auf den „10.5.18" datierten Notiz, die durch ein Komma mit der vorausgehenden – „dies blaue Nadelkissen *lodernd*, so Marcel B., ein Verfahren der Romantik," (MMF 94) – verbunden ist.

Die Vielfalt an Bezügen zu Autoren und Autorinnen, Künstlern, Konzepten und Denkfiguren der Goethezeit kennzeichnet Mayröckers Werk von Beginn an, sie prägt alle Gattungen

B. Thums (✉)
Johannes Gutenberg-Universität Mainz, Mainz, Deutschland
E-Mail: thums@uni-mainz.de

und erfasst nicht nur die Literatur, wenn etwa die Vorbehalte gegen ein konventionell realistisches Erzählen wie in *études* mit dem Jean Paul-Motto „und ich hasse doch, sogar im Roman, alles Erzählen so sehr" begründet wird, sondern auch Malerei und Musik. Immer wieder wird etwa die Musik von Johann Sebastian Bach als Inspirationsquelle für das Schreiben genannt. Es erschließen sich Bezüge auf dessen Trauer-Musik sowohl „im Kontext einer Dichtung in Moll" (Strigl 2009, 68), etwa in *habe Bach aufgelegt* (GG 771), als auch im Kontext einer jubilatorischen Tränenpoetik, wenn es etwa in *dieses Jäckchen (nämlich) des Vogel Greif* heißt: „Träne fliesz bei Bach Musiken" (JVG 92). Auf unterschiedliche Arten und Weisen machen sie strukturelle Analogien zwischen musikalischen Kompositionsprinzipien (Partitur bzw. Fugentechnik) und Textverfahren kenntlich (vgl. Mayer 1984, 197). Auf die romantische Dimension der Verzahnung von Musik-, Natur- und Sprachbegeisterung machen überdies imaginierte Korrespondenzbeziehungen zwischen dem dichterischen Sprechen und der Sprache der Natur, oder, wie es in *Die Abschiede* heißt, zwischen dem „Lispeln" und „Stocken" von Menschen und dem „Rauschen der Bäume" (A 126–127) aufmerksam, oder es sind, wie in der Rede anlässlich der Verleihung des Friedrich Hölderlin-Preises erwähnt wird, Beschwörungen einer sich aus „zauberhaften Echos von überall her, […] aufgeladen mit assoziativer Elektrizität" (GP IV, 511) speisenden ‚Echopoetik', die diesen Konnex evozieren. Verknüpfungen zwischen romantischer Musik, moderner Medientechnik und Inspirationsästhetik wiederum erstellen die Prosagedichte in *vom Umhalsen der Sperlingswand, oder 1 Schumannwahnsinn*, wenn ein fiktiver Robert Schuman von einem „Engel des Grammophons" spricht, der „mit einer Feder aus seinem Federkleid oder Flügelkleid auf die Schallplatte" schreibt und „die Musik aus der Schallplatte, wie 1 discjockey [kratzt]" (Mayröcker 2011, 34). Für romantische Dimensionen der immensen Bedeutung von Natur und Landschaft in Mayröckers Texten sowie ihre Ästhetik des Erhabenen stehen die häufigen Bezugnahmen auf Caspar David Friedrich. Ihre Spannbreite erstreckt sich von der sogenannten „*Caspar David Friedrich Landschaft*" in Verbindung mit dem romantischen Wandermotiv, der „Taugenichts Figur" (A 10) und dem Verlangen „Unbekanntes erkunden zu wollen" (A 11), bis hin zur Auszeichnung der „Nähe Gerhard Richters zu Caspar David Friedrich" im Hinblick auf „Landschaften in Unschärfe" als „Wolken Romantik" (IG 31).

Insgesamt schließt die radikale Künstlichkeit der Konstruktion vielfach gebrochener und sich wechselseitig bespiegelnder sprachlicher Bilder sowie die Heterogenität der aus Träumen, Erinnerungen, Assoziationen, Halluzinationen und metapoetischen Reflexionen zusammengesetzten narrativen Fragmente an das kaleidoskopische Konzept von Wahrnehmung und Darstellung der Romantik an. Die immer neuen Konstellationen, die – durch „eine Art Zweifach-, Dreifach-, Mehrfachbelichtung" (HZN 35) miteinander vernetzter Sprachbilder – Ähnlichkeitsbeziehungen stiften, die „alles wie übereinanderkopiert" (RN 91) erscheinen lassen, treten vor die Augen der Leserinnen und Leser, als würden sie durch ein Kaleidoskop blicken (vgl. dazu auch Weber 2010, 159–160).

Mayröckers aisthetische Ästhetik

Für Mayröckers Werk sind Wahrnehmungs- und Darstellungsformen, die auf sinnlichen Erfahrungen und Empfindungen aufruhen, konstitutiv. Die Koppelung von Aisthesis als sinnliche Wahrnehmung, hergeleitet aus dem griechischen *aísthesis*, und Ästhetik führt in die Mitte des 18. Jahrhunderts, zu Alexander Gottlieb Baumgartens dunklem Grund der Wahrnehmung (*fundus animae*) und zur Begründung der Ästhetik als Wissenschaft. Von einer aisthetischen Ästhetik Mayröckers lässt sich allerdings nur dann sprechen, wenn die Erweiterung der Ästhetik als Lehre vom Schönen um das Hässliche im 19. Jahrhundert mitberücksichtigt wird. Gleichwohl ergeben sich, ausgehend davon, dass sich im 18. Jahrhundert im Zuge des wechselseitigen Begründungsverhältnisses von Anthropologie und

Ästhetik eine implikationsreiche Aufwertung der unteren Erkenntnisvermögen vollzieht, die mit dem Wandel der reproduktiven zur produktiven Einbildungskraft, der Herausbildung von Genie- und Autonomieästhetik einhergeht, weitreichende Anschlüsse an Motivkomplexe, Denkfiguren, Textverfahren und Gattungsbezüge in Mayröckers Werk. So ist etwa die Einbildungskraft, die im 18. Jahrhundert von der Vorstellung zehrt, dass äußere Bilder in das Innere aufgenommen, mit vorhandenen inneren Bildern verschmolzen und in einem kreativen Akt des inneren, geistigen Auges in neue, nie gesehene Bilder transformiert werden, auch für das inspiriertes Sehen und Schreiben verknüpfende *euphorische Auge* " (MB I, 24) von Relevanz. Insbesondere im Kontext ihrer – durch eine „Ästhetik des Performativen" (Sommerfeld 2020) gekennzeichneten – Ekphrasen kommt diese Kategorie auf komplexe Weise zur Geltung, wobei sich Lessings Konzept des ‚prägnanten Augenblicks' als gleichermaßen momenthaftes wie in ein zeitliches Vorher und Nachher eingeordnetes Wahrnehmungs- und Darstellungskonzept für die spezifische Art und Weise des Umgangs mit Bilddetails fruchtbar machen lässt (vgl. Arteel 2009, 107). Auch erschließt sich etwa der ostentative Gebrauch des veralteten Begriffs ‚Seele', der sich in Kontexten der dichterischen Einbildungskraft, der Mystik, der Inspirationsästhetik, der Hysterie und Melancholie sowie in Verbindung mit einer exzessiven Verwendung von Vogelflugmetaphorik und Engelsfiguren (s. Kap. 57) durch alle Texte zieht, als transformierende Aneignung von Diskursen des Leib-Seele-Dualismus sowie als Ästhetisierung religiöser Traditionen der Askese. Mayröckers längere Prosaarbeiten wie *Die Abschiede, mein Herz mein Zimmer mein Name, Stilleben* oder auch *Und ich schüttelte einen Liebling* inszenieren auf vielfältige Weise die an Praktiken der Askese geknüpfte Umschlagsfigur von Leere in Fülle, bilden körperliche und textuelle Bedingungsverhältnisse von Askese und Ekstase aufeinander ab und fassen dabei Ekstase als transmediales Konzept für eine Sprache im Zeichen der Besessenheit.

Im Horizont figurenspezifisch gegenderter Umsetzungen dieser strukturell dem psychophysischen Influxionismus des 18. Jahrhunderts vergleichbaren Leib-Seele-Problematik werden etwa in *Die Abschiede* unterschiedliche ästhetische Modelle sowie Vorstellungen einer Transzendierung des Körpers zum Geist durchgespielt und zum Material voneinander unterscheidbarer „Erfindungsbücher" (A 30) gemacht. Dabei schließt die Idee des Erfindungsbuches in ihrem Wunsch, „am liebsten [...] alles in alles einbeziehen, alles mit allem verflechten" (A 58) zu können, erkennbar an Novalis' reiztheoretisch und sprachmagisch fundierte Verknüpfung von „Erfindungskunst" (Novalis [1798/99] 1968, 388) und „Lebenskunstlehre" (Novalis [c. 1798] 1965, 599) sowie an seine Enzyklopädistik als Poetisierung aller Wissenschaften an: Mittels der paradoxen Formel einer „*Askese der Maßlosigkeit*" (HZN 191) macht der Text das unauflösliche Spannungsverhältnis von Körperlichem und Geistigem für eine „Identifizierung von Leben und Schreiben" sowie für das Ideal einer „Unabschließbarkeit der Rede" (Thums 1999, 68) fruchtbar. Vergleichbar formieren auch die anderen Prosaarbeiten eine in struktureller Hinsicht der romantischen Universalpoesie analoge und diese weiterentwickelnde arabeske Poesie der Poesie; die „offensichtliche Parallele zwischen theoretischen Positionen bei Friedrich Schlegel und Novalis sowie deren poetischer Realisierung in der Grundstruktur der *Abschiede*" hat Mathias Mayer mit Bezug auf Schlegels *Brief über den Roman*, seine *Athenäums*-Fragmente 116 und 238 sowie Novalis' Logologie herausgearbeitet (Mayer 1984, 187).

Gattungsspiele: Autobiographie, Briefroman, Idylle

Mayröckers Biographisches verwebende Texte treiben ein komplexes Spiel mit Motiven und Gattungsmustern der Autobiographie, die im 18. Jahrhundert tradierte Formen der Beichte mit neuen, psychologischen Praktiken der

Selbstbeobachtung bzw. -entblößung verknüpfte und im Wissen um die Medialität autobiographischen Schreibens Formierungen eines selbstbewussten, individuellen Subjekts auch im Blick auf die Abgründe des eigenen Ich hervorbrachte. Insbesondere die komplexen intertextuellen Spiele der großen Prosaarbeiten mit der Autobiographie, aber auch mit dem Bildungs- und Briefroman weisen die Bezüge auf diese Gattungen als Formzitate aus: Sie folgen der in *Das Herzzerreißende der Dinge* formulierten Wendung „das ins Auge Fallende wird bevorzugt, alle Stile gelten, alle Zeiten sind gefragt also schwer zu wählen" (HD 17) und widersprechen dem Wahrheitsparadigma aus Rousseaus *Les Confessions* (frz. 1782–1789) mit dem Bekenntnis „das blanke das nackte das krude Erzählen sei nicht in Betracht zu ziehen, so die Seele auf dem Papier" (HD 15); sie dekonstruieren die narrativen Grundprinzipien Chronologie und Kausalität, und sie stellen konstitutive Kategorien wie Authentizität und Selbstpräsenz in einer Weise als rein textuelle Kategorien aus, die deutlich macht, dass der experimentelle Charakter Sprache und Bewusstsein gleichermaßen betrifft. Die Forschung schlägt deshalb vor, Mayröckers auf permanente Wiederholung angelegtes Streben nach Selbstpräsenz mit Paul de Mans Konzept der Prosopopöie zu fassen (vgl. Kastberger 2000, 149) sowie ihrem Umgang mit Gattungsmustern mit einem Verständnis von Autobiographie nicht als Genre, sondern „als rhetorischem Konzept" (Arteel 2007, 23) zu begegnen.

Ein frühes Beispiel für die dekonstruierende Umschrift konventioneller Gattungen des (Auto-)Biographischen ist der Prosatext *Heiligenanstalt* (1978), mit dem Mayröcker der Aufforderung des Herausgebers der Literaturzeitschrift *protokolle*, Otto Breicha, folgt, eine „Schubert-Montage" (zit. n. Beyer 1992, 43) anzufertigen und Verfahrenstechniken der experimentellen Dichtung auf den biographischen Briefroman anzuwenden. Im Zeichen programmatischer Biographielosigkeit vollzieht der Text eine auffällig gegenderte „Stimmenmanipulation", führt die „ ,Heiligen' der romantischen Musik [...] rücksichtslos mit der Avantgarde zusammen" (Arteel 2012, 66, 68) und montiert vier Versatzstücke – zu Chopin, zum Verhältnis zwischen Brahms, Clara und Robert Schumann, zu Bruckner und Schubert – zu einer textuellen Komposition: Diese bringt keine Musikerporträts zur Darstellung, sondern macht Musik vielmehr im Erzeugen von dialogisch aufeinander bezogenen Sprach- und Klangteppichen zum Thema; d. h. auch, ins Bild gebracht werden keine authentischen Individuen, sondern ein virtuoses Sprachspiel, das den Text durch einen „Überfluss an unkonventionell verwendeten Satzzeichen" (Arteel 2012, 67), konkret durch Kursivierungen, Kapitälchen, Schrägstriche, Klammern, Fragezeichen, Doppelpunkte und Auslassungszeichen rhythmisiert und über den Satzspiegel selbst zum Bild macht. Kenntlich wird so nicht nur ein parodistischer Umgang mit der individualistischen Genieästhetik, sondern auch deren Reflexion als potentielle „Wegbereiterin der Modernität und das Nachwirken der Romantik auf die Avantgarde" (Arteel 2012, 68). Die Analyse der in *Heiligenanstalt* exemplarisch beobachtbaren, auch für die späteren großen Prosaarbeiten sowie für die spätesten Prosagedichte geltenden Sprengung des Narrativen, der performativen Hybridisierung von Gattungszitaten und der Forcierung des Dialogischen zur Dialogizität auch im Rückspiegel der romantischen Fragmentästhetik und Experimentalwissenschaft ist nach wie vor ein Desiderat der Forschung.

Die Art und Weise der Aneignung von Verfahren der romantischen Universalpoesie lässt sich als radikalisierende Metaisierung bestimmen. So stehen in den großen Prosaarbeiten weniger die aus dem traditionellen Briefroman der Empfindsamkeit bekannten Liebesbeziehungen zu den Briefpartnern im Mittelpunkt, als vielmehr die Liebe zur Praxis des Briefschreibens selbst. Anders formuliert: das schreibende Ich in seinem „verliebten Hang für den Akt des Korrespondierens" (RN 117). Im selbstreflexiven Gestus einer emphatischen Beschwörung der „Außerordentlichkeit d[es] Briefstils! als hätten alle inneren Vorgänge, und Entwicklungen, wie von selbst KORRESPONDENZHALTUNG annehmen wollen" (A 29) scheint die

Nähe zu romantischen Konzepten der Sprachmagie und Ähnlichkeit auf, wobei der Schreibgestus „latenter Korrespondenzhaltung" sowie die „postalische Modalität" (Vogel 1996, 70) gleichermaßen Thema und Struktur der Texte sind. In *brütt oder Die seufzenden Gärten* wird die Verbindung von Liebe und Schreiben mit explizitem Hinweis auf „Novalis" etwa einerseits als eine „GEMÜTSERREGUNGSKUNST" bezeichnet, die Novalis' Formel „Poesie = Gemütherregungskunst" (Novalis [1799–1800] 1968, 639) adaptiert, andererseits jedoch zugleich zum „GEMÜTSERREGUNGS KUVERT" (BR 108) verschoben. So werden die Bezüge einer selbstreflexiven Ästhetik der Entgrenzung und Gattungsmischung transparent, die – zumal mit Blick auf Friedrich Schlegels die progressive Universalpoesie ausformulierende Theorie des Romans – ihren ausgezeichneten Ort nicht von ungefähr in den umfangreichen Prosaarbeiten hat.

Vergleichbar erschließt sich *mein Herz mein Zimmer mein Name*, dessen Titel als Verweis auf die empfindsamen Kategorien Innerlichkeit und Privatheit gelesen werden kann, im Horizont romantischer Universalpoesie. So rücken hier das Herz und die Tränen als zentrale Metaphern der Empfindsamkeit schlechthin in den Fokus des Schreibverfahrens. Mit dem Ohrenbeichtvater greift der Text den Bekenntnischarakter des empfindsamen Briefs auf, gleichzeitig jedoch verkehrt er die empfindsame Priorisierung der Mündlichkeit in jene der Schriftlichkeit sowie das damit verbundene Unmittelbarkeits- und Ursprungsbegehren in das Bekenntnis eines Kreativitätsprogramms, das Medialität und Nachträglichkeit als leitende Kategorien aufwertet:

> oder ich schreibe ab, aus Büchern und Briefen, oder ich schreibe mit, was dieser und jener mir telefonierte, Erkenntnisse des inneren und äußeren Lebens, die nicht die meinen sind, alles geliehen, alles angeeignet, entwendet!, alles erpreßt!, ganze Passagen aus meinen Lieblingsbüchern, und ans Herz gepreßt, nicht wahr und zum eigensten Anliegen (Mundraub) gemacht (HZN 223).

Der empfindsame Brief bzw. der Topos vom Brief als Spiegel der Seele ist als Formzitat zwar zu erkennen, allerdings werden schreibendes Ich und Briefempfänger tendenziell ebenso ununterscheidbar wie „die Grenzen zwischen Textempfänger und Briefempfänger verwischen" (Weber 2010, 181). Die offensive Zurschaustellung der eigenen Schreibpraxis als Verfahren des Abschreibens von Gelesenem, des Mitschreibens von Gehörtem und der diebischen Entwendung fremder Empfindungen, Erkenntnisse und Rede, deren Parallelen zu Jean Pauls inauthentischem Schreiben analysiert wurden (vgl. Heinemann 2002, 215), verwandelt das Bekenntnismedium von Intimität, Privatheit und Authentizität zum Bekenntnismedium eines konstitutiv selbstreflexiven, ursprungslosen Schreibens und zu einer ästhetischen Existenz, welche – dem romantischen Subjekt vergleichbar – die grundlegende Negativität des Wechselbezugs von Ich und Nicht-Ich positiviert und zum Ausgangspunkt einer unendlichen Textbewegung macht. Die vielfach beschworenen Gefühlsexplosionen und Tränenströme – „dieser mein starker Ansturm von Gefühlen, Impulsen, dieses mein Wallen und Strömen, und in Wallung gebracht von den eigenen Tränen, vom eigenen Tränenvergießen in Wallung gebracht, in Überstürzungen, Schwebungen, Erregungen, Bewußtseinstrübungen, Wahnideen" (HZN 166)" – werden dabei als Praktiken der „Schriftbewässerung" (Vogel 2002, 43) und des metonymischen Schreibens erkennbar. Mayröckers ‚schriftbewässerte' Texte beziehen sich auf jene die Sprache der Worte überbietende Tränensprache der Empfindsamkeit, wobei sie deren Koppelung an das Unmittelbarkeitsparadox, d. h. die Ausblendung des Mitteilungsmediums im Horizont einer „Spannung von Aufrichtigkeit und Lüge, Herzblut und Maskenspiel" (Müller 1991, 287), jedoch nicht mit vollziehen. Vielmehr inszenieren sie den Wechselbezug „der Verschriftlichung des Körpers und der Verkörperung der Schrift" (Strohmaier 2009, 132), wenn das Ich etwa in *mein Herz mein Zimmer mein Name* im schriftlichen Austausch mit dem Briefpartner Wilhelm „wieder in jenen *Körperwahn* des sich Anschmiegens Anschmeichelns an ein fremdes Gebilde" (HZN 9) verfällt.

Mit Blick auf Mayröckers Lyrik ist v. a. der intensive Dialog mit der Dichtung Hölderlins zu nennen, zumal sich ausgehend davon Bezüge zur Hymnendichtung des Sturm und Drang erschließen. Gedichte wie *„deinetwegen ist.."* *(Pindar / Hölderlin)* (GG 631) oder *Furor, kupferfarbener Himmel* (GG 753–754) signalisieren das Traditionsbewusstsein des enthusiastisch-erhabenen lyrischen Sprechens, sie explizieren mit ihrem Empedokles-Motto (vgl. GG 753) die Referenz auf Hölderlins Dramenfragment *Tod des Empedokles* (1797–1800), und sie zeigen insgesamt die Affinität, die zwischen Hölderlins und Mayröckers Formierung der „Elegien zu einem literarischen Ort der Trauerarbeit" (Strigl 2009, 68) besteht. Im Gedichtband *Scardanelli* (2009) ist dieser poetische Dialog mit Hölderlin an seinen Höhepunkt gelangt. Die variierende Verarbeitung von Hölderlin-Zitaten fügt sich dort in eine Poetik des Schmerzes, welche die Grenzen herkömmlicher Trauerarbeit sprengt (vgl. Philipsen 2020, 117), wobei die Wiederaufnahme rhythmischer Verfahren Hölderlins, etwa der alkäischen Odenform, eine genuin lyrische Inter-Rhythmizität konturiert (vgl. Previšić 2020, 182) und jene bereits in Hölderlins Lyrik zu beobachtende Grenzverwischung zwischen Hymne und Elegie mit Bezug auf dessen ‚Wechsel der Töne' zu einer „Affektpoetik der Ambivalenz" (Strigl 2009, 70) radikalisiert wird. Wie Hölderlins Turmdichtung sind auch Mayröckers *Scardanelli*-Gedichte im Schiller'schen Sinne sentimentalisch, insofern sie nicht nur eine die Welt aus der Ferne des Alters betrachtende Perspektive der Sehnsucht einnehmen, sondern überdies auf die Idylle als Gattung des Sentimentalischen rekurrieren, um einstige Glückserfahrungen als belebendes Therapeutikum in die Gegenwart des Alters zu zitieren: Dass Mayröckers Bezugnahmen auf die Goethezeit dabei weit über die konkreten intertextuellen Referenzen auf Hölderlins Dichtung hinausgehen, wird mit Blick auf das Gattungswissen der Idylle um 1800 erkennbar, für das Hirschfelds Theorie der Gartenkunst ebenso wichtig ist wie die Entdeckung der Landschaft als subjektiv wahrgenommene Natur generell (vgl. Thums 2020, 151).

Natur

Die *Scardanelli*-Gedichte machen dabei auf einen systematischen Zusammenhang in Mayröckers Werk aufmerksam. Die exzessive Thematisierung von Naturphänomenen und die Formierung der heimatlichen Landschaft bzw. der Kindheitsidylle Deinzendorf zu einem die Autorschaft begründenden Mythos bilden ein Kontinuum ihrer vornehmlich experimentellen, Surrealismus und Dada verpflichteten Dichtung. Medien der Vermittlung zu Sphären des Überirdischen und die Ausgestaltung einer dichterischen Inspiration, die in der Körperlichkeit der kindlichen Wahrnehmung von Natur und Umwelt den Himmel entdeckt, lassen in der Deinzendorfer Kindheitsidylle Jean Pauls Idyllenkonzeption anklingen, wie er sie im 73. Abschnitt seiner *Vorschule der Ästhetik* (²1813) entworfen hat. Die Perspektive des Verlusts ist der Ausgangspunkt, von dem aus „ein blauer Himmel" (Jean Paul [1803/1813] 1963, 259), die Idylle, zum Raum der Wunscherfüllung wird: Sie soll das leidgeplagte Ich „in das romantische Land" eines „Kunsthimmel[s]" entführen, der es wiederum vermag, an den „kindlichen Naturhimmel […] zu erinnern" (Jean Paul [1803/1813] 1963, 257).

Dass das leidgeplagte Ich ein virulentes Thema auch von Mayröckers Poetik ist, dokumentiert ihre Dankesrede zur Verleihung des Büchner-Preises im Jahr 2001 mit dem Titel „Phantasie über Lenz von Georg Büchner oder Gedächtnisrevolution im Steintale bei Pfarrer Oberlin in der vogesischen Wüste". Wie bereits Büchner verwendet auch Mayröcker historische Quellen von und über den Sturm und Drang-Dichter Jakob Michael Reinhold Lenz – um seine melancholische Trauer und sein zerrissenes Bewusstsein darzustellen und um mit der Grenzverwischung von Perspektiven ihr assoziativ-traumbewusstes Schreibverfahren zu begründen, das der „*Sprüh- und Glühperiode der deutschen Literatur*" eingedenk ist und annimmt, „daß das was die Seele im Schlafe tue, ihr eigentliches Geschäft sei, nicht wahr" (MB VI, 97). Aus seiner krankhaften Wahrnehmung leitet sie einen poetologischen Wahn-Sinn ab, der einerseits „als

Vorgriff auf die kubistische Kunst, insbesondere bei Picasso" und derart als literaturhistorische Verortung ihres Montage-Stils „verstanden werden mag" (MB VI, 94). Andererseits machen Formulierungen wie „ach 1 Dämmern, 1 Donnern, Umhertoben, Stürmen, *nur Gefühle Gefälle von*" ihre Poetik der Ekstase und der Atmosphäre auf die Feier der äußeren und inneren Naturgewalten in der Goethezeit hin transparent, die in Gedichten wie DIES DIES DIES DIESES ENTZÜCKEN ICH KLEBE AN DIESER ERDE (GG 692–693) mit der Aufnahme des im Sturm und Drang populären Motivs der Trunkenheit auch als „Transformation der heiligen Begeisterung" in „eine Naturerotik als Naturmystik" (Strigl 2009, 64–65) kenntlich wird.

Leid als Mitleid bestimmt auch den Bezug auf die Umwelt. Beziehungsverhältnisse zwischen Pflanzlichem und Menschlichem gestalten die Texte als symmetrische, wechselseitig aufeinander bezogene Verflechtungen und akzentuieren das Verbindende – Pflanzen und Menschen teilen die Lebendigkeit, aber auch die Sterblichkeit. Wissensgeschichtlich betrachtet lassen sich die im Medium des Pflanzlichen inszenierten Verknüpfungen von Liebe, Sexualität und Erotik bis zu Linnés Befruchtungstheorie der Pflanzen und ihrer Rede von deren Hochzeitsfeierlichkeiten (Linné [1729] 1908, 14) zurückverfolgen. Linnés Rhetorik der Anthropomorphisierung hat die Gleichsetzung von Frauen und Pflanzen sowie die symbolische Codierung von Gefühlen in der traditionellen Floriographie geprägt (vgl. Kranz/Schwan/Wittrock 2016, 26). Daran, sowie an deren Dekonstruktion in Derridas *Glas* (frz. 1974, dt. 2006) schließt Mayröckers Floriographie (vgl. Thums 2017) in ihren Gattungsspielen mit dem Briefroman, aber auch in den spätesten Prosagedichten an, indem sie mit Verfahren der Intertextualität und Intermedialität eine die Wandelbarkeit, Ambiguität und Widersprüchlichkeit der Bedeutung von Blumen inszenierende Poetologie des Vegetabilen ausarbeitet. Ihre mediale Verfasstheit ausstellend, verweben Mayröckers Texte dabei Semiotisches und Materielles, Klangliches und Laut(sprach)liches, literale und metaphorische Bedeutungen und stiften Verbindungen zwischen Anorganischem und Organischem. Darin erinnern sie an lyrische Verfahren der Romantik und eröffnen das Bezugsfeld der Metamorphose, das in der Goethezeit Bildungsprozesse in der Biologie und Ästhetik zusammendenkt. Inge Arteel hat die Verwandlung der „polaren Kräfte von Leben und Tod [...] in eine produktive, re-generative Schreib- und Lebenskraft" (Arteel 2002, 69) für das schreibende Subjekt in Mayröckers *Das Herzzerreißende der Dinge* analysiert und sie mit Goethes Metamorphose-Formel „Stirb und werde" gefasst. Auf Goethes Denken der Metamorphose rekurrieren auch Mayröckers Neubearbeitungen seiner Gedichte. Das Gedicht *Ein Gleiches* (GG 419–420) etwa schreibt den berühmten Versen „Die Vögelein schweigen im Walde. [/] Warte nur balde [/] Ruhest du auch" (Goethe [1815] 1993, 142) aus Goethes gleichnamigem, unter dem Titel *Über allen Wipfeln ist Ruh* bekannt gewordenem Naturgedicht eine Geste der Selbstermächtigung weiblicher Autorschaft ein, indem es eine über Tod und Leben reflektierende Bildbeschreibung mit biographischen Versatzstücken in die Schlussverse „begraben [/] alle, ich [/] lebe" (GG 420) münden lässt. Vergleichbar rekurriert sie auf dieses Goethe-Gedicht mit *Dreizeiler am 21.2.1978* (GG 311), indem der Leben und Tod verschmelzende Reim „Wald/bald" aus Goethes Gedicht reinszeniert, jedoch im letzten Vers mit dem „Fliederbaum" (GG 311), einem der Deinzendorfer Kindheitsidylle zuordenbaren Inspirationstopos, verknüpft wird. Dass sich Mayröckers Texte Prinzipien der Metamorphose in metapoetischer Hinsicht aneignen und sie derart in ein Textverfahren umwandeln, lässt sich exemplarisch am Prosatext *Stilleben* zeigen, dessen Titel auf eine Gattung der Malerei referiert, die im 18. Jahrhundert vermehrt zum Gegenstand ästhetischer Reflexionen wurde (vgl. Arteel 2007, 173, 179). Von Beginn an werden hier Lesen, Exzerpieren, Träumen und Briefeschreiben eng aufeinander bezogen und in den Kontext metapoetischer Überlegungen gestellt. Im Verlauf der Narration werden poetologische Konzepte, Leitmotive, Metaphern und Denkfiguren aus Kontexten der Goethezeit in ästhetische Räume der Moderne transferiert. Die unter der Überschrift „Drittes Kapitel – Repetitionen, nach Max Ernst" (ST 38) erwähnte und fortan rhythmisch wiederholte Maxime „das Buch muß wieder von neuem beginnen, oder fortgesetzt werden, sagt Samuel. Aber das Buch sucht einen auch zum Weiterlesen zu verpflichten" (ST 38) impliziert als Performanz variierender Wiederholungen in immer neuen Kontexten Rückkoppelungsschleifen, so dass sich die poetologischen Konzepte der Goethezeit und der Moderne bespiegeln und im dialogischen Austausch wechselseitig kommentieren. Im Sinne von Goethes Auffassung von Natur und Kultur als geprägt durch unablässig sich wandelnde Bildungsprozesse sowie von romantischen Vorstellungen des An- und Umbildens folgt Mayröckers Textverfahren dem Prinzip der Metamorphose auch darin, dass der schöpferische Prozess, die Aufnahme von fremdem Material und dessen Verschmelzung mit den Imaginationen des Inneren, als organologisch fortschreitender Prozess der Verwandlung sowie die Sprache generell als „etwas Organhaftes" und als eine Art von „künstlichem Lebewesen" (MB I, 14) gefasst wird. Dabei wird einmal mehr deutlich, was für Mayröckers Texte insgesamt gilt. In ihren exzessiven Bezugnahmen auf Phänomene der Natur und Landschaft generell und im Besonderen auf Naturkonzepte der Goethezeit, auf die Landschaftsästhetik, die Reise- und Wanderlust der Romantik sowie auf deren ästhetische Nobilitierung des Traums und der Kindheit wird im Vergleich mit anderen Autoren und Autorinnen der experimentellen Avantgarden eine spezifische Differenz sichtbar.

Literatur

Arteel, Inge: ‚Stirb und werde'. Der Subjektbegriff in Mayröckers *Das Herzzerreißende der Dinge*. In: Germanistische Mitteilungen 55 (2002), 67–78.
Arteel, Inge: ‚gefaltet, entfaltet'. Strategien der Subjektwerdung in Friederike Mayröckers Prosa 1988–1998. Bielefeld 2007.
Arteel, Inge: Nach dem Bilder- und Berührungsverbot. in: Alexandra Strohmaier (Hg.): Buchstabendelirien. Zur Literatur Friederike Mayröckers. Bielefeld 2009, 97–120.
Arteel, Inge: Friederike Mayröcker. Hannover 2012.
Beyer, Marcel: Friederike Mayröcker. Eine Bibliographie. 1946–1990. Frankfurt a. M. et al. 1992.
Goethe, Johann Wolfgang von: Ein Gleiches [1815]. In: Ders.: Werke. Hamburger Ausgabe in 14 Bänden. Bd. 1. Hg. von Erich Trunz. München 1993, 142.
Heinemann, Paul: „Das helle Bewußtsein des Ich". Erscheinungsformen ästhetischer. Subjektivität in Prosawerken Friederike Mayröckers und Jean Pauls. In: Renate Kühn (Hg.): Friederike Mayröcker oder „Das Innere des Sehens". Studien zu Lyrik, Hörspiel und Prosa. Bielefeld 2002, 211–240.
Herrmann, Leonhard/Horstkotte, Silke: Gegenwartsliteratur. Eine Einführung. Heidelberg 2016.
Jean Paul: Vorschule der Ästhetik nebst einigen Vorlesungen in Leipzig über die Parteien der Zeit [1803/1813]. In: Ders.: Werke. Bd. 5. Hg. von Norbert Miller. München 1963, 7–456.
Kastberger, Klaus: Reinschrift des Lebens. Friederike Mayröckers Reise durch die Nacht. Edition und Analyse. Wien 2000.
Kranz, Isabel/Schwan, Alexander/Wittrock, Eike: Einleitung. In: Dies. (Hg.): Floriographie. Die Sprachen der Blumen. Paderborn 2016, 9–32.
Linné, Carl von: Praeludia Sponsaliorum Plantarum [1729]. In: Ders.: Skrifter af Carl von Linné. Utgifna af Kungl. Svenska Vetenskapsakademien. Bd. 4/1. Uppsala 1908, 1–26.
Mayer, Mathias: Friederike Mayröckers *Die Abschiede*: Eine Arabeske als Form der Selbstreflexion. In: Siegfried Schmidt (Hg.): Friederike Mayröcker. Frankfurt a. M. 1984, 174–199.
Mayröcker, Friederike: vom Umhalsen der Sperlingswand, oder 1 Schumannwahnsinn. Berlin 2011.
Müller, Lothar: Herzblut und Maskenspiel. Über die empfindsame Seele, den Briefroman und das Papier. In: Gerd Jüttemann/ Michael Sonntag/Christoph Wulf (Hg.): Die Seele. Ihre Geschichte im Abendland. Weinheim 1991, 267–290.
Novalis: Teplitzer Fragmente [c. 1798]. In: Ders.: Schriften. Die Werke Friedrich von Hardenbergs. Bd. 2. Das philosophische Werk I. Hg. von Richard Samuel in Zusammenarbeit mit Hans-Joachim Mähl und Gerhard Schulz. Stuttgart et al. 1965, 596–622.
Novalis: Das Allgemeine Brouillon [1798/99]. In: Ders.: Schriften. Die Werke Friedrich von Hardenbergs. Bd. 3. Das philosophische Werk II. Hg. von Richard Samuel in Zusammenarbeit mit Hans-Joachim Mähl und Gerhard Schulz. Stuttgart et al. 1968, 242–478.
Novalis: Fragmente und Studien [1799–1800]. In: Ders.: Schriften. Die Werke Friedrich von Hardenbergs. Bd. 3: Das philosophische Werk II. Hg. von Richard Samuel in Zusammenarbeit mit Hans-Joachim Mähl und Gerhard Schulz. Stuttgart et al. 1968, 556–693.
Philipsen, Bart: „Knallharte Gedächtniskunst": Friedrich Hölderlin als Intertext in Friederike Mayröckers *Scardanelli*. In: Inge Arteel/Eleonore De Felip (Hg.): Fragen zum Lyrischen in Friederike Mayröckers Poesie. Stuttgart 2020, 115–135.
Previšić, Boris: Hölderlins Polyphonie in Mayröckers *Scardanelli*: Von der alkäischen Ode zur Inter-Rhythmizität.

In: Inge Arteel/Eleonore De Felip (Hg.): Fragen zum Lyrischen in Friederike Mayröckers Poesie. Stuttgart 2020, 181–197.

Sommerfeld, Beate: „struggles between body and soul, word and mind". Die Ästhetik des Performativen in Friederike Mayröckers Ekphrasen im Kontext des „pictorial turn". In: Andrea Rudolph/Gabriela Jelitto-Piechulik/Monika Wójcik-Bednarz (Hg.): Geschlecht und Gedächtnis. Wien 2020, 69–88.

Strigl, Daniela: Vom Rasen (Furor). Ein Versuch zu Friederike Mayröckers Affektpoetik. In: Alexandra Strohmaier (Hg.): Buchstabendelirien. Zur Literatur Friederike Mayröckers. Bielefeld 2009, 51–73.

Strohmaier, Alexandra: Prosa und/als Performanz. Zur performativen Ästhetik Friederike Mayröckers. In: Dies. (Hg.): Buchstabendelirien. Zur Literatur Friederike Mayröckers. Bielefeld 2009, 121–140.

Thums, Barbara: Metamorphosen von Leib und Seele: Die Schreibexerzitien Friederike Mayröckers in *Die Abschiede, mein Herz mein Zimmer mein Name* und *Stilleben*. In: Gerhard Melzer/Stefan Schwar (Hg.): Friederike Mayröcker. Graz/Wien 1999, 65–90.

Thums, Barbara: *fleurs*: Friederike Mayröckers Blumensprache. In: literatur für leser 40/2 (2017), 185–199.

Thums, Barbara: „und immer noch voll Sehnsucht": Figurationen des Idyllischen in Friederike Mayröckers Scardanelli. In: Inge Arteel/Eleonore De Felip (Hg.): Fragen zum Lyrischen in Friederike Mayröckers Poesie. Stuttgart 2020, 137–156.

Thums, Barbara: Generische und mediale Transgression in Friederike Mayröckers Spätwerk. In: Beate Sommerfeld (Hg.): Dimensionen des Transgressiven in Friederike Mayröckers Spätwerk. Wiesbaden 2024 [in Vorbereitung].

Vogel, Juliane: Nachtpost. Das Flüstern der Briefstimmen in der Prosa Friederike Mayröckers. In: Klaus Kastberger/Wendelin Schmidt-Dengler (Hg.): In Böen wechselt mein Sinn. Zu Friederike Mayröckers Literatur. Wien 1996, 69–85.

Vogel, Juliane: „Liquid words" oder die Grenzen der Lesbarkeit. Schriftbewässerung in der Prosa Friederike Mayröckers. In: Inge Arteel/Heidy Margrit: „Rupfen in fremden Gärten". Intertextualität im Schreiben Friederike Mayröckers. Bielefeld 2002, 43–55.

Weber, Julia: Das multiple Subjekt. Randgänge ästhetischer Subjektivität bei Fernando Pessoa, Samuel Beckett und Friederike Mayröcker. München 2010.

Literarische Moderne

Sabine Kyora

Für Mayröckers Umgang mit Autorinnen und Autoren der literarischen Moderne gilt Ähnliches wie bei anderen intertextuellen Verweisen. Mayröckers „ZITIERWUT" (GP IV, 459) führt zur Nennung von einer Vielzahl von Autorinnen und Autoren oder zu Motiven, die die Lektüre von bestimmten Texten aus der literarischen Moderne nahelegen. Kurzzitate, die aus der momentanen Lektüre während der Textproduktion stammen können, bilden ein durchgehendes Element von Mayröckers Texten, ohne dass sie mit einem größeren Zusammenhang innerhalb des Werkes oder der Poetologie verbunden werden müssten. So finden sich vereinzelte Zitate von Paul Verlaine im Gedichtband *Mein Arbeitstirol* von 2003 (vgl. Le Née 2012, 61–62), ohne dass die Forschung bisher eine breitere Rezeption ausmachen konnte. Guillaume Apollinaire ist dagegen ein kurzer Prosatext gewidmet, der die Lektüre von „Apollinaire, zweisprachig" in die Schilderung eines Spazierganges durch Paris einfügt (GP III, 547–549). Auch die „Proust-Paraphrase", entstanden 1986/87, (GP IV, 515–516) kann in den Kontext der Rezeption von Autoren der französischen Moderne eingeordnet werden. Mayröcker übernimmt in ihrem kurzen Text das Motiv der Zeitreflexion. Obwohl keiner der genannten Autoren erkennbar die Poetik Mayröckers inspiriert, entstehen dadurch Zusammenhänge, die deutlich machen, dass Mayröcker die französischen Autoren der Moderne – darüber hinaus gehört ja auch ihre das Werk begleitende Rezeption der Surrealisten in diesen Zusammenhang – immer wieder in ihre Texte integriert.

Das Verfahren des punktuellen Zitierens kann genauso an Gedichttiteln erkennbar werden, z. B. „*die Scherben eines gläsernen Frauenzimmers*" *(Carl Einstein)* (GG 552): Im Gedicht spricht ein verstörtes weibliches Ich, das metaphorisch mit dem Titelzitat verbunden werden kann, welches den ersten Satz aus Einsteins expressionistischem Roman *Bebuquin* (1912) verkürzt zitiert („Die Scherben eines gläsernen, gelben Lampions klirrten auf die Stimme eines Frauenzimmers"; Einstein [1912] 1994, 92). Hier wird die Assoziativität des Zitierens ebenso sichtbar wie die Funktionalisierung des Einstein-Zitats zur Kennzeichnung des momentanen Zustands des lyrischen Ich.

Versucht man aber die Autorinnen und Autoren der literarischen Moderne, die Mayröcker rezipiert hat, zu ordnen, kann man einen Satz aus *brütt* hinzuziehen. Dort denkt die Ich-Erzählerin: „vielleicht möchte ich schreiben können wie Beckett *und* Jean Paul, wie Hölderlin *und* Brecht" (BR 42; vgl. Thums 2002, 99). Man könnte die Autoren der literarischen Moderne

S. Kyora (✉)
Universität Oldenburg, Oldenburg, Deutschland
E-Mail: sabine.kyora@uni-oldenburg.de

also diesen beiden Polen zurechnen: einerseits den Verweisen auf reduzierende und abstrahierende poetische Verfahren wie bei Beckett, Brecht oder auch den Dadaisten und Kafka, andererseits auf mäandernde, arabeske und iterative Verfahren wie bei Jean Paul. Hier kämen aus der Moderne die Surrealisten, Joyce und Gertrude Steins autobiographische Texte als Gegenpart in Frage. Dass Mayröcker in *brütt* Hölderlin und Jean Paul als Widerpart von Beckett und Brecht nennt, also keine Autoren der Moderne im engeren Sinn und auch nicht Zeitgenossen, kann schon darauf hindeuten, dass vor allem ihr eigenes Werk den Gegenpol zu den reduzierenden und abstrahierenden Tendenzen bilden sollte.

Innerhalb dieses Gegensatzes sind es auf der abstrahierenden Seite Kafka und Brecht, die zwar anzitiert werden, die aber strukturell eher nachrangig zu sein scheinen. So nennt die Forschung Analogien etwa zu Kafkas kurzen Erzählungen (vgl. Kasper 2002), allerdings gibt es wenig Hinweise in Mayröckers Texten, die eine längere oder tiefer gehende Kafka-Lektüre nahelegen. Kasper weist auf die kurzen und punktuellen Kafka-Erwähnungen in *Stilleben* (vgl. Kasper 2002, 141; ST 185) und in den *Magischen Blättern II* (GP III, 126), während Thums auf die Gleichsetzung von Schreiben und Leben bei Kafka und Mayröcker aufmerksam macht (vgl. Thums 2002, 90–91).

Die Brecht-Rezeption ist neben dem programmatischen Zitat in *brütt* an der Bezeichnung „lehrstück liliengracht" für das erste Kapitel von *je ein umwölkter gipfel* erkennbar. Außerdem erscheint in *Und ich schüttelte einen Liebling* ein kryptisches Zitat („,will eure Sonne schnaufen', so Brecht"; SL 145), darüber hinaus verweist eine Gedichtüberschrift „zu einem Brecht Gedicht" (GG 655) und ein sehr kurzer Prosa-Text *Brecht Postille*, der wortgleich mit dem Gedicht ist (GP V, 441), auf sein Werk. Beide Texte beziehen sich auf das Liebesgedicht von Brecht *Morgens und abends zu lesen*, das er 1937 in einem Brief an Ruth Berlau geschickt hat (Brecht [1937] 1981, 586). Diese Form des Zitierens lässt zunächst keine grundlegende Beschäftigung und Verarbeitung von Brechts Werk vermuten. Deswegen steht Brecht im Zitat in *brütt* möglicherweise vor allem für ein poetisches Verfahren, der für Mayröckers Werk wichtigere Autor ist aber – wie weiter unten dargelegt wird – Beckett.

Von den englischsprachigen Modernisten wird in der Sekundärliteratur auf die Nähe von Mayröckers Prosa zu Joyces *Ulysses* (1922) aufmerksam gemacht (vgl. Riess-Beger 1995, 241). Joyce wird allerdings bei Mayröcker erst spät zum Gegenstand eines Textes. Obwohl sein Werk für die experimentelle Literatur der 1960er-Jahre wichtig war, etwa auch für Arno Schmidt, spielt es in Mayröckers Texten explizit kaum eine Rolle, wird aber mit ihrem späten Bändchen *Kabinett Notizen* (Mayröcker 1995) gewürdigt, der nach Joyces frühem Gedichtband *Chamber Music* (1907) benannt ist. Hier scheint der Zugang über Joyces Biographie aktualisiert worden zu sein: Joyces Augenkrankheit wird erwähnt, Joyces bekanntes Zitat zum *Ulysses* wird aufgegriffen, Äußerungen von Nora Joyce und Giselle Freund über Joyce werden zitiert. Innerhalb des Textes bildet Blut, auch Menstruationsblut, die Leitmotivik, eine Struktur, die möglicherweise auf *Ulysses* deutet: Bloom denkt immer wieder darüber nach, ob die Frauen, denen er begegnet, menstruieren, im Schlusskapitel schließlich bemerkt Molly, dass sie ihre Periode bekommt. Auch in *Und ich schüttelte einen Liebling* wird mit einer Variante der Leitmotivik auf Joyce verwiesen (vgl. SL 41, 52, 173). Insgesamt würde es sich für die Forschung lohnen, noch einmal vertiefend die Parallelen zwischen Mayröcker und Joyce zu betrachten, eventuell wäre Jacques Derridas Text über Joyce, aus dem das Ich in *ich bin in der Anstalt* exzerpiert (vgl. AF 102), miteinzubeziehen.

Um Strukturähnlichkeiten zwischen Mayröckers Werk und einzelnen Autorinnen und Autoren oder Strömungen in den Blick zu bekommen, ist es sinnvoll, die Einflüsse der literarischen Moderne über Mayröckers momentanes Interesse für einzelne Autorinnen oder Autoren hinaus nach der Auseinandersetzung mit poetischen Verfahren zu ordnen. So können vier Einflussbereiche benannt werden: Rilke und Hofmannsthal hauptsächlich für das Frühwerk, der Dadaismus inklusive Kurt Schwitters vor allem für die experimentelle Phase bis Mitte der 1970er-Jahre, Gertrude Steins Texte und Poetik für das Gesamtwerk und Samuel Becketts Texte spätestens ab 1980. Neben Gertrude Steins Werk sind surrealistische Motive und Verfahren (s. Kap. 46) in Mayröckers Texten spätestens seit Mitte der 1960er-Jahre und über alle Genres hinweg bis zu ihrem Tod präsent.

Rilke und Hofmannsthal

Der Beginn von Mayröckers lyrischem Werk zeigt vor allem in der Motivik Einflüsse, die im Umfeld von Rilke verortet werden können. Während die Form der Gedichte weder ganz konventionell ist – es gibt keinen Reim oder eine erkennbare Rhythmisierung –, noch eine Anknüpfung an die experimentelle literarische Moderne zeigt, lassen sich Bildkomplexe ausmachen, die durchaus mit Rilkes Dinggedichten verbunden werden können. Der kurze Prosatext *Erinnerungen an Rilke* (GP II, 362–363), anlässlich von Rilkes 100. Geburtstag 1975 verfasst, konstruiert einen Zusammenhang zwischen Dingen und subjektiver Wahrnehmung, dadurch dass „die Beziehungen zu den Dingen [...] mit Nerven ausgestattet" sind (GP II, 362). Rilkes Hortensien-Gedichte im Kontext der Dinggedichte könnten zudem der Ausgangspunkt für Mayröckers Gedichte wie *Lied ohne Worte* (GG 24), das mit „Hellrote Hortensie" beginnt, und HELLROTE HORTENSIE UND (GG 26) sein. Darüber hinaus kann Rilkes Lyrik auch einen Ausgangspunkt für die durch Mayröckers Werk gehende Blumenmotivik bilden. Ähnlich sieht es mit dem Motiv der Engel im Frühwerk aus, das z. B. auch von Rilkes *Duineser Elegien* (1923) inspiriert sein, aber natürlich auch aus der religiösen Tradition stammen könnte. Die Konzentration auf die Wahrnehmung einer Blume ist sicher bei Mayröcker ganz anders als bei Rilke in ihre Prosa und Gedichtstrukturen integriert. Weder trägt diese Wahrnehmung das gesamte Gedicht, noch lässt Mayröcker wie Rilke den Ausgangspunkt der subjektiven Wahrnehmung in der Inszenierung des Objekts verschwinden.

Gerade in dieser letzten Hinsicht lassen sich Mayröckers Texte als Kontrafaktur zu Rilkes Dinggedichten lesen: Der Ausgangspunkt der Wahrnehmung beim schreibenden Subjekt bleibt immer präsent.

Anders als bei Rilke deutet bei Hofmannsthal wenig auf seinen Einfluss auf die Poetik und Motivik Mayröckers. Allerdings existiert ein später Text, *Brief an Lord Chandos*, der an *Ein Brief* (1902) von Hofmannsthal direkt anschließt und über das Problem der Inspiration und des Sprachverlusts handelt. Das sprechende Ich gibt Lord Chandos den Rat, Menschen zu meiden und sich der eigenen Wahrnehmung zu widmen. Fast pragmatisch berichtet die Erzählerin davon, dass ihr diese Vorgehensweise geholfen habe, die eigene Schreibkrise zu überwinden (vgl. MB VI, 112). Dadurch wird aber auch die Distanz deutlich, die zumindest das spätere Werk Mayröckers von der Artikulation der Sprachkrise um 1900 trennt.

Dadaismus, Schwitters und die Expressionisten

Im Kontext der Wiener Gruppe und auch durch die Freundschaft mit Ernst Jandl setzt in der zweiten Hälfte der 1950er-Jahre Mayröckers Rezeption der europäischen Avantgarden aus der Vorkriegszeit ein: Expressionismus, Dadaismus, Surrealismus, Schwitters und Gertrude Stein rücken in den Fokus ihres Interesses. Während dadaistische und surrealistische Aspekte ihre Schreibweise und Poetik beeinflussen, sind wenige spezifisch expressionistische Zitate oder Verfahren erkennbar. Obwohl Mayröcker 1977 der Georg-Trakl-Preis verliehen wird, gibt es im Werk wenig Bezüge zu diesem Autor. Eher schon lassen sich einige frühe Gedichte in den Kontext der Gedichte von August Stramm stellen. Im Gedicht *Der Engel* (von spätestens 1951) könnten die ungewöhnliche Substantivierung („Der Du") und der Reihungsstil auf eine Rezeption Stramms schon vor der Bekanntschaft mit Jandl und der Wiener Gruppe schließen lassen (GG 34).

Die Begegnung mit Dada führt noch deutlicher als eventuell rezipierte expressionistische

Texte zu einer Veränderung der Schreibweise für das lyrische und das Prosa-Werk bis Mitte der 1970er-Jahre. Mayröcker schreibt selbst, dass sie zu diesem Zeitpunkt: „eingekeilt zwischen den beiden Monstren Dadaismus und Surrealismus" sei (GP III, 690). Besonders für „Angels' Talk" und für einen weiteren Text der Sammlung *Minimonsters Traumlexikon* (1968) stellt sie die Einflüsse des Dadaismus heraus. Für „Das Pferd des La Monte Young das eigentlich" aus dem Band macht sie auf die Nähe zu Kurt Schwitters aufmerksam. Das Wortmaterial des Textes, in dem es um ein Pferd, spanische Dichter (nämlich Calderon, auch durch die Anspielung auf die erste Szene aus *Das Leben ein Traum*, außerdem über das Adjektiv „klapperdürr" auch auf Rosinante, das Pferd des Ritters de la Mancha, bei Cervantes) und um nicht näher beschriebene Tätigkeiten einer Gruppe von Menschen geht (vgl. GP I, 64–65), lässt sich zwar kaum auf Schwitters Texte zurückführen. Allerdings kann die Collagetechnik seiner Texte und Bilder durchaus Pate gestanden haben.

Auch bei „Angels' Talk" ist die Technik der Collage erkennbar und wird durch die Anführungszeichen im Text signalisiert, ohne dass die Anführungszeichen zu diesem Zeitpunkt tatsächliche Fremdzitate anzeigen müssen (vgl. GP I, 39–43; Schmidt 1983, 282). Hier ist im sprachlichen Material ein Bezug zu Hans Arps *Weh Unser Kaspar ist tot* und anderen Gedichten aus der Sammlung *Die Wolkenpumpe* (1920) denkbar, weil in seinen dadaistischen Gedichten ebenfalls Engel als ‚Handelnde' auftauchen. Das erscheint auch deswegen wahrscheinlich, weil die Wiener Gruppe ebenfalls diese „Arpaden" benutzte, um sich mit der eigenen Collage-Technik von der dadaistischen Arbeitsweise abzugrenzen. Wie von Rühm für die Wiener Gruppe nachträglich beschrieben (vgl. Rühm [1967] 1985, 22), macht auch Mayröcker den collagierten Charakter ihres Textes durch unterschiedliche Signale deutlich und amalgiert die Fremdmaterialien nicht. Gleichzeitig wird erkennbar, dass ihr Verfahren über die Collage-Technik, wie Rühm sie propagiert, hinausgeht: Verfolgt man nämlich einzelne Sätze in Anführungszeichen, so stößt man z. B. auf den Anfang eines Volkslieds, aber auch auf die vermutliche Verkürzung eines Zitats von Jean Paul aus dem *Hesperus* (1795) – So wird aus „Und mit ihm ging die Sorge wie ein Kibitz durch alle Gemächer" bei Mayröcker „mit kibitz raschelndem Hirn" (GP I, 41). Mayröcker zitiert also nicht ‚richtig', sondern verdichtet und grenzt sich damit auch von Verfahren ab, wie sie Tristan Tzara für die Dadaisten beschreibt, nämlich unterschiedliche Zeilen von exzerpierten Texten auf Papierschnipsel zu schreiben, diese dann zu mischen und sie nach dem Zufallsprinzip zu einem Text zusammenzusetzen (vgl. Tzara [1916] 1982, 69).

Es zeigt sich damit, dass Mayröcker das Wortmaterial stark bearbeitet, so dass der Zitatcharakter kaum noch erkennbar ist: Die collagierten Elemente fügen sich in die von Mayröcker gesetzten Sujets ein und werden darüber hinaus mit anderem Material verdichtet. Diese Tendenz nimmt im Laufe von Mayröckers Schreiben deutlich zu. In ihrem Schwitters-Text von 1987, der im *Kurt Schwitters Almanach* veröffentlicht wurde, ist das Material nicht mehr ermittelbar. *Herzaktionen im Merzbereich* scheinen sich zudem eher auf eine oder mehrere collagierte Bilder von Schwitters zu beziehen. So könnte einer der Collagen im Hintergrund „und" sein, da dort wie im Text formuliert („eulenblickender Vogel") etwas Vogelähnliches zu sehen ist, auch die Farbe „sepiabraun" und die Zahl „DREIEINS" könnten auf Partikel aus Schwitters Collagen oder auf die von ihm vorgenommene Nummerierung seiner Werke deuten (GP III, 675–676).

Gertrude Stein

Die erste Lektüre von Texten Gertrude Steins scheint zeitgleich mit der Rezeption der dadaistischen Collagen und Gedichte stattgefunden zu haben. Anders als die Dadaisten ist Gertrude Stein aber mit ihren Texten auch im Spätwerk noch präsent. Die Parallelität der ersten Stein-Lektüre mit der Rezeption der Dadaisten zeigt sich daran, dass in der ersten von Stein inspirierten Prosa, „Tender Buttons für Selbstmörder" von 1971 in *Fantom*

Fan, auch ein Raoul Hausmann zugeschriebenes Zitat auftaucht, das den Stil dadaistischer Manifeste aufnimmt – Hausmann gehörte zur Berliner Gruppe der Dadaisten. Der Verweis auf Steins Prosastücke *tender buttons* (1914) im Titel von Mayröckers Prosa lässt Steins Einfluss auf Mayröckers experimentelle Phase erkennen. Analogien sind dabei über den Titel hinaus am ehesten mit Steins mittlerem Abschnitt in *tender buttons*, der „Food" heißt, zu finden. So wie Stein in ihren Überschriften Dinge aneinanderreiht, die etwas mit Essbarem zu tun haben, bildet Mayröcker Listen von Selbstmordarten oder Heiligen und schreibt wie Stein knappe Textstücke, die zwischen Gedichten und Prosa changieren, zu Arten des Selbstmords. Nicht auszuschließen ist hier auch ein Bezug zu Dorothy Parkers Gedicht *Résumé* von 1926, in dem eine ähnliche, allerdings deutlich kürzere Liste von Selbstmordarten erscheint.

Darüber hinaus hat Jandl 1971 *Narration* übersetzt, die vier Poetik-Vorlesungen, die Stein 1935 an der Universität von Chicago gehalten hat. Zu diesem Zeitpunkt waren Mayröcker und Jandl auf Einladung des DAAD zusammen in Berlin (vgl. Riess-Beger 1995, 94). Vor allem die zweite Poetik-Vorlesung von Stein ist wichtig für Mayröckers Werkentwicklung: Hier argumentiert Stein, dass ein Erzählen, das davon ausgeht, dass es fortschreitende Geschehnisse beschreiben kann, nicht mehr zeitgemäß ist (vgl. Stein [1935] 1971, 42). Darüber hinaus prägen Wiederholungsstrukturen die Schreib- und Argumentationsstruktur. Beides sind Kennzeichen von Mayröckers Prosa: Sie sagt immer wieder (z. B. 1983 im Interview mit Siegfried J. Schmidt), dass eine *story* nicht mehr erzählt werden könne, weil das nicht mehr adäquat sei, und bezieht sich für diese Maxime auch auf Stein (vgl. Interview mit Traute Foresti [1993]; vgl. Riess-Beger 1995, 102). Steins Rhythmisierung ihrer Ausführungen in *Narration* hat ebenfalls Auswirkungen auf die Prosa, auch der nach eigener Auskunft nicht mehr experimentellen Texte ab und nach *je ein umwölkter gipfel* (1973; vgl. Schmidt 1983, 262, 265–266). Denn die Mayröckers Prosa spätestens seit *Die Abschiede* (1980) bestimmende Variante der Leitmotivtechnik kann man auch aus der Darstellungsweise von *Narration* ableiten, wobei sich bereits in *tender buttons* Ansätze zu Wiederholungsstrukturen erkennen lassen, deutlicher werden diese allerdings erst in *The Making of Americans* (1925). In *Das Herzzerreißende der Dinge* wird auch für Mayröckers Erzählweise explizit auf Stein verwiesen: „wie Gertrude Stein sagt: ES IST EINE SELTSAME SACHE DASS EINE GESCHICHTE DIE VON IRGENDWEM ÜBER ETWAS ERZÄHLT WIRD DAS NICHT WIRKLICH AUFREGEND GEWESEN IST SPANNEND IST UND EINE GESCHICHTE DIE ÜBER ETWAS ERZÄHLT WIRD DAS AUFREGEND GEWESEN IST NICHT SPANNEND IST" (HD 73) – es handelt sich um ein Zitat aus der dritten Vorlesung aus *Erzählen* nach der Übersetzung von Jandl (Stein [1935] 1971, 73) –, dabei zeigt sich die Veränderung im Zitatverfahren des Spätwerks, das jetzt deutlicher offenlegt, welche Quellen Mayröcker benutzt (vgl. Kunz 2005, 58). Dieser grundlegende Rekurs auf Stein findet sich bei Mayröcker noch 2018 in einem Interview mit Jonathan Larson, in dem sie über die in den letzten Jahren entstandenen Texte sagt, sie schreibe „tender prose" (Larson 2018).

Einen zweiten zeitlichen Schwerpunkt der Stein-Rezeption bilden die frühen 2000er-Jahre, denn die Hommage an Stein bestimmt explizit *Und ich schüttelte einen Liebling* von 2005: Hier zieht sich die Gertrude Stein-Lektüre durch den gesamten Text, das Ich liest „jetzt fast ausschliesslich Gertrude Stein" (SL 55; vgl. Thums 2009, 186–187) und vergleicht diese Art des Lesens mit der Intensität der Derrida-Lektüre, „schluckweise Gertrude Stein und Jacques Derrida" (SL 139) (oder „ausschliesslich Jacques Derrida und Gertrude Stein"; SL 166). Genannt werden von Steins Texten *The Making of Americans* (1925; SL 80, 84), *Die Autobiographie von Alice B. Toklas* (1933; SL 51, 117–118, 198, 210) und *Jedermanns Autobiographie* (1937; SL 221), neben „anderen Büchern von Gertrude Stein" (SL 118). Auch wörtliche Zitate finden sich z. B. aus der *Autobiographie von Alice B. Toklas* (vgl. SL 12; Stein [1933] 1959, 65) und zusammengefasste Argumente aus *Narration* (vgl. SL 162; Stein [1935] 1971, 47). Darüber hinaus erscheinen auch Autorinnen und Autoren aus der Zwischenkriegszeit, die zu Steins Pariser Kreis gehörten, wie T. S. Eliot (vgl. SL 46; das Ich exzerpiert aus *The Waste Land*), deren Präsenz in Mayröckers Werk sonst bisher noch nicht erkannt wurde; eventuell kann man einen Hinweis in der frühen Prosa *Larifari* (1956) auf ein englisches Gedicht mit einem deutschen Satz (vgl. GP I, 7) auf T. S. Eliots *The Waste Land* (1922) beziehen, weil dort gleich zu Anfang neben dem Starnberger See auch ein deutscher Satz auftaucht.

Die Art der Verarbeitung unterscheidet sich von der früheren Variante, weil Gertrude Stein als Gesprächspartnerin im gesamten Text präsent ist und zudem die Lektüre ihres Werkes einen Teil der Erinnerung an EJ, also Ernst Jandl, bildet. So fällt dem Ich der Aufenthalt in Berlin wieder ein (vgl. SL 17), bei dem Jandl *Narration* übersetzte, ebenso wie eine Reise in die USA. Schließlich heißt es: „diese Lektüre von Gertrude Stein hatte in mir alle Schleusen geöffnet und ich war sehr glücklich weil das Schreiben beinahe ohne Widerstände hervorsprudelte und aus der Erinnerung bislang unbekannte Bilder auftauchten" (SL 37). Schon die fehlenden Kommata nehmen dabei Charakteristika von Steins Prosa auf, die an anderer Stelle bewundernd als „dieser atemlose pausenlos hektische Stil" (SL 118) bezeichnet wird. Aus dem Umfeld dieser langen Prosa ist zudem ein Stein-Text in *Magische Blätter VI* aufgenommen: das Hörspiel weist große Parallelen zu *Und ich schüttelte einen Liebling* auf, der Text ist allerdings stark gekürzt (entstanden 2004, Ursendung 17.05.2005, s. Kap. 42).

Insgesamt lässt sich sicher sagen, dass Mayröcker Verfahren und poetologische Positionen von Stein breit rezipiert, und zwar vom experimentellen Frühwerk Steins über die Poetik-Vorlesungen bis zu den ‚zugänglicheren' späteren Texten mit autobiographischen Zügen. Während in Mayröckers Texten aus den 1970er-Jahren vor allem die Montage-Varianten zusammen mit dadaistischen Anregungen integriert werden, läuft über die Poetik-Vorlesungen die Brücke zu Mayröckers Weiterentwicklung beim Erzählen ohne *story*. *Narration* bleibt auch für die längere Prosa und das Spätwerk durch seine Verfahren wie seine Argumentation eine wichtige Anregung. Im Spätwerk Mayröckers entsprechen sich dann die offenere Prosaform mit der expliziten Nennung der Einflüsse sowie den herangezitierten Dialogpartnern und die autobiographischen Schriften Steins, die die Gespräche mit den Besuchern aus ihrem Pariser Kreis inszenieren.

Samuel Beckett

Wenn das schreibende Ich in *brütt* denkt, „vielleicht möchte ich schreiben können wie Beckett *und* Jean Paul" (BR 42; vgl. Thums 2002, 99), dann macht es damit neben der Wichtigkeit von Beckett für das eigene Konzept von Schreiben auch deutlich, dass seine Texte nur eine Hälfte dieses Konzeptes bilden. Die Sekundärliteratur ist sich einig, dass Becketts Prosa wegen der Inszenierung von Bewusstseinsprozessen in Mayröckers Prosa-Werk auftaucht (vgl. Riess-Beger 1995, 243; Van Hulle 2002, 161; Weber 2010, 212). Tatsächlich finden sich darüber hinaus auch Zitate in den Gedichten, z. B. aus *Warten auf Godot* (GG 667; vgl. Le Née 2012, 65).

Der erste explizite Hinweis auf die Rezeption von Samuel Beckett bildet der Titel eines Gedichts von 1981 *während du Beckett exzerpierst* (GG 394), hier ist auch von „Valeriana" die Rede, eine Bezeichnung, die möglicherweise auf die Figur des Valerian aus den *Abschieden* bezogen werden kann. Es liegt wegen der bereits benannten Darstellung von Bewusstseinsprozessen nahe, dass Becketts Texte besonders für Mayröckers längere Prosa nach der experimentellen Phase Anstöße gegeben haben können. Van Hulle macht darauf aufmerksam, dass – wie auch in den Gedanken des schreibenden Ich in *brütt* – die Differenz zwischen zwei Stilformen eine Rolle spielt, nämlich die zwischen analytischem und synthetischem Stil, zwischen Leere und Fülle, die seiner Ansicht nach auch in der Konfrontation von Beckett selbst mit Joyce erkennbar ist (Van Hulle 2002, 154–156). Im Gegensatz zur Rezeption von Stein wäre Beckett damit nur der abstrahierenden Seite der poetischen Verfahren, die Mayröcker interessiert haben, zuzuordnen.

Ähnlich wie Stein hat auch Beckett bei Mayröcker seine eigene lange Prosa, denn in *Stilleben* von 1991 heißt der Gesprächspartner des weiblichen Ich Samuel. Mayröcker hat hier den Hinweis geliefert, dass mit Samuel der Verweis auf Beckett intendiert ist (vgl. Riess-Beger 1995, 241), im Verzeichnis der Autoren, aus denen *Stilleben* zitiert, taucht Beckett neben Jean Paul und Ludwig Tieck ebenfalls auf (vgl. ST 217). Van Hulle vermutet, dass Mayröcker den späten Text von Beckett *Stirrings Still* gekannt und in *Stilleben* verarbeitet haben könnte (vgl. Van Hulle 2002, 157–164). Samuel ist innerhalb des Textes denn auch die Figur, die die Differenz zwischen analytischem und synthetischem Stil benennt und das schreibende Ich auffordert, mehr Leere zuzulassen bzw. sie mit analytischen Verfahren zu produzieren (vgl. ST 9). Dabei zieht sich durch den Text der Satz: „das Buch muß wieder von neuem beginnen, sagt Samuel, oder fortgesetzt werden" (ST 26, 29, 48–49, 52, 62, 79, 91, 113, 133, 135, 151, 174, 197). Diese Begleitung der Textentstehung durch die Reflexion des Prozesses findet sich auch in Becketts Prosa, etwa in *Malone stirbt* (1951), in dem die Hauptfigur ständig reflektiert, welche Geschichten sie beginnen könnte, eine beginnt und deren Fortgang mit Kommentaren immer wieder in Frage stellt (z. B. „Wie langweilig." Beckett [1951] 1969, 253). Dabei versucht auch Mayröckers Text – und das unterscheidet *Stilleben* von anderer langer Prosa – den Reflexionsprozess permanent gegenwärtig zu halten: „ich schreibe, daß ich schreibe" (ST 71).

Gleichzeitig betont Samuel schon zu Anfang von *Stilleben*: „freilich ist es mir schmeichelhaft gewesen, ruft Samuel, als einer deiner Anreger Erwähnung gefunden zu haben […], aber vor allem diese nicht ganz leicht zu fassende, mich zutiefst berührende Trauer, die Seiten 98–99 sind imstande, mich vom Kopf auf die Füße zu stellen" (ST 10). Das kann durchaus so verstanden werden, dass Mayröckers Verarbeitung von Positionen Becketts die abstrakten und zunehmend weltlosen Texte (den Kopf oder, wie es in *Stilleben* auch heißt, die „autonome Innerlichkeit", ST 151) insofern wieder konkreter macht, als die schon beschriebene Reflexion angereichert wird mit der Wahrnehmung der Welt und der Lektüre des schreibenden Subjekts. Dabei entsteht ein Text, der von Samuel als „dialogisch ausufernde Bewusstseinsprosa" (ST 100) beschrieben wird – im Unterschied zu Becketts monologischer Bewusstseinsprosa – und als „Collageroman" (ST 44), weil neben Beckett noch andere Anspielungen und Zitate verarbeitet und zusammenmontiert werden.

Die Verweise auf Beckett werden in den 1990er-Jahren insgesamt häufiger, sie sind auch in weiteren Texten wie in *brütt*, kurzen Prosatexten und Gedichten, etwa *Becketts Traum* (GG 674), zu finden; auch in diesen Texten sind Zitate aus dem Spätwerk von Beckett erkennbar (vgl. Van Hulle 2002, 153). Dabei wird allerdings ebenfalls deutlich, dass Mayröcker die Formulierungen anpasst bzw. ‚frei übersetzt' (vgl. Van Hulle 2002, 153). Anders als Stein scheint Beckett auch ein Diskussionspartner in der Hinsicht gewesen zu sein, dass seine poetischen Verfahren grundlegend andere sind als die von Mayröcker entwickelten, d. h. er kann durchaus zum Gegner werden oder als Reibungsfläche dienen. Gerade die Tendenzen zur Reduktion und Abstraktion kennzeichnen Mayröckers Prosa nach der experimentellen Phase nicht mehr. Trotzdem wird Beckett auch nach den 1990er-Jahren weiter zustimmend (und z. T. auch als Zitat eines Zitats aus einem früheren eigenen Text) rezipiert: In *1 Nervensommer. 13 Texte zu Arbeiten von Andreas Grünert*, entstanden von April 1998 bis Mai 1999, taucht ein Satz aus *Warten auf Godot* (1952) auf (vgl. GP V, 509), der in *vom Umhalsen der Sperlingswand, oder 1 Schumannwahnsinn* ebenfalls zu finden ist: „Die Luft ist voll von unseren Schreien" (Mayröcker 2011, 12).

Wie die Poetik von Stein ordnet Mayröcker Becketts Prosa auch in die Richtung von Prosa ein, die „Nichts erzählt" (ST 174). Nicht umsonst lautet ein anderer wiederkehrender Satz von Samuel in *Stilleben* „jede Beschreibung ist Erzählung" (z. B. ST 93, 137, 164). Die Beschreibung von Bewusstseinsprozessen und Schreibvorgängen gehört damit zu dieser Prosaform, die keine *story* bieten will. Anders als bei Gertrude Stein muss Becketts Werk aber darüber hinaus vom Kopf auf die Füße gestellt werden, damit alle Wahrnehmungsformen des schreibenden Ich in der Verarbeitung seiner Poetik wieder Platz haben können.

Literatur

Beckett, Samuel: Malone stirbt [1951]. In: Ders.: Drei Romane. Frankfurt a. M. 1969, 241–384.
Brecht, Bertolt: Morgens und abends zu lesen [1937]. In: Ders.: Gesammelte Gedichte. Bd. 2. Frankfurt a. M. 1981, 586.
Einstein, Carl: Bebuquin [1912]. In: Ders.: Werke. Berliner Ausgabe. Bd. 1: 1907–1918. Berlin 1994, 92–132.
Foresti, Traute: Gespräch mit Friederike Mayröcker [1993]. In: https://www.buchkultur.net/friederike-mayroecker/ (25.5.2023).
Kasper, Helga: Franz Kafka und Friederike Mayröcker – Eine Parallellektüre. In: Inge Arteel/Heidy Margit Müller (Hg.): „Rupfen in fremden Gärten". Intertextualität im Schreiben Friederike Mayröckers. Bielefeld 2002, 141–151.
Kunz, Edith Anna: Verwandlungen. Zur Poetologie des Übergangs in der späten Prosa Friederike Mayröckers. Göttingen 2005.
Larson, Jonathan: Friederike Mayröcker. Interview. In: Bomb (Winter 2018), https://bombmagazine.org/articles/friederike-mayrocker/ (28.4.2023).
Le Née, Aurélie: Subjekt und Intertextualität im Gedichtband *Mein Arbeitstirol*. In: Françoise Lartillot/Aurélie Le Née/Alfred Pfabigan (Hg.): „Einzelteilchen aller Menschengehirne". Subjekt und Subjektivität in Friederike Mayröckers (Spät-)Werk. Bielefeld 2012, 57–69.
Mayröcker, Friederike: Kabinett Notizen, nach James Joyce. Horn 1995.
Mayröcker, Friederike: vom Umhalsen der Sperlingswand, oder 1 Schumannwahnsinn. Frankfurt a. M. 2011.
Riess-Beger, Daniela: Lebensstudien. Poetische Verfahrensweisen in Friederike Mayröckers Prosa. Würzburg 1995.
Rühm, Gerhard: Vorwort: Die Wiener Gruppe [1967]. In: Ders. (Hg.): Die Wiener Gruppe. Erweiterte Neuausgabe. Reinbek bei Hamburg 1985, 7–36.
Schmidt, Siegfried J.: „Es schießt zusammen". Gespräch mit Friederike Mayröcker (März 1983). In: Ders. (Hg.): Friederike Mayröcker. Frankfurt a. M. 1983, 260–283.
Stein, Gertrude: Erzählen. Vier Vorträge [1935]. Übertragen von Ernst Jandl. Frankfurt a. M. 1971.
Stein, Gertrude: Die Autobiographie von Alice B. Toklas [1933]. Zürich 1959.
Thums, Barbara: Die Frage nach der „Schreibexistenz". Zum Verhältnis von Intertextualität und Autorschaft in Mayröckers *brütt oder die seufzenden Gärten*. In: Inge Arteel/Heidy Margit Müller (Hg.): „Rupfen in fremden Gärten". Intertextualität im Schreiben Friederike Mayröckers. Bielefeld 2002, 87–105.
Thums, Barbara: Schreiben im „Ausnahmezustand": Friederike Mayröckers *Und ich schüttelte einen Liebling*. In: Alexandra Strohmaier (Hg.): Buchstabendelirien. Zur Literatur Friederike Mayröckers. Bielefeld 2009, 177–194.
Tzara, Tristan: Um ein dadaistisches Gedicht zu machen [1916]. In: Karl Riha (Hg.): 113 dada Gedichte. Berlin 1982, 69–70.
Van Hulle, Dirk: „Usw.": Beckett – Mayröcker, still – eben. In: Inge Arteel/Heidy Margit Müller (Hg.): „Rupfen in fremden Gärten". Intertextualität im Schreiben Friederike Mayröckers. Bielefeld 2002, 153–164.
Weber, Julia: Das multiple Subjekt. Randgänge ästhetischer Subjektivität bei Fernando Pessoa, Samuel Beckett und Friederike Mayröcker. München 2010.

Surrealismus

Andreas Puff-Trojan

Friederike Mayröcker nimmt immer wieder auf den Surrealismus Bezug. In dem Kurztext *Dada* (1972) ist unter Punkt I zu lesen:

> wenn ich nach bohrender Selbstbefragung mich recht verstehen will, sehe ich mich zuzeiten eingekeilt zwischen den beiden Monstren Dadaismus und Surrealismus und in einer Art Doppelbeziehung zu ihnen stehend aus welcher, der eignen Figürlichkeit zu Liebe, allerhand zum Sprossen kommt […]. (MB 335)

Mayröcker macht allerdings eine Einschränkung: „10 erneuter Rückzug: im Bereich des automatischen Schreibens erkenne ich eine Verführung zu leichtfertiger Willkür, Beliebigkeit, Egalisierung" (MB 336). Genau hier öffnet sich allerdings eine Verbindungslinie zwischen Dada-Zürich, Dada-Paris und dem Surrealismus: Offiziell beginnt die *écriture automatique* mit der Gemeinschaftsarbeit *Les champs magnétiques* (*Die magnetischen Felder*) von André Breton und Philippe Soupault. Publiziert wurde diese 1920, also zur Zeit von Dada-Paris, und vor der offiziellen Gründung des Surrealismus 1924. Allerdings konstituierte sich in Zürich 1919 mit den Dadaisten Hans Arp, Walter Serner und Tristan Tzara die „société anonyme pour l'exploitation du vocabulaire dadaïste" (in etwa „Geheimgesellschaft zur Nutzung des dadaistischen Vokabulars"). Und die lyrischen Arbeiten dieser drei Dadaisten sind ohne Zweifel automatische Texte. Diese folgen dem Prinzip einer direkten Ideen- und Wortassoziation. Man findet Ähnliches in Mayröckers *Minimonsters Traumlexikon. Texte in Prosa* (1968), wie die Dichterin selbst vermerkt hat (s. Kap. 15). Bretons bekannte Definition des Surrealismus im *Ersten Manifest* von 1924 lautet: „Reiner psychischer Automatismus, durch den man mündlich oder schriftlich oder auf jede andere Weise den wirklichen Ablauf des Denkens auszudrücken sucht. Denk-Diktat ohne jede Kontrolle durch die Vernunft, jenseits jeder ästhetischen oder ethischen Überlegung." (Breton [1924] 1982a, 26) Die automatisierte Psyche ist gegen die Ordnungsstruktur der Vernunft gerichtet, doch die Übersetzung des im französischen Original stehenden Begriffs „préoccupation" durch „Überlegung" greift nicht ganz. Denn er steht eher für ‚Sorge', ‚Besorgtsein'. Bretons literarischer Automatismus meint, dass nicht ästhetische (oder ethische) Überlegungen am Anfang des Schreibakts stehen, das soll eben nicht die Sorge des Dichters sein. Das Ästhetische ergibt sich ‚automatisch' aus dem Schreibakt. Breton geht es hier um bestimmte poetische Faktoren, so wie man sie im *Ersten Manifest* findet: Das Wunderbare, das Traumhafte („Dichte des Traums"), das Wahn-Sinnige, das sich ausdrückt

A. Puff-Trojan (✉)
Ludwig-Maximilians-Universität, München, Deutschland
E-Mail: Andreas.Trojan@lrz.uni-muenchen.de

in der „vorbehaltlosen Sprache" („ce langage sans réserve"). Diese Faktoren haben auch für viele Texte Mayröckers Geltung, die sich als Verbindung von Wahn-Sinn, Traum, freier Assoziation und automatischer Schreibweise lesen lassen (vgl. Le Née 2014).

Pathos des Augenblicks

Der amerikanische Historiker Peter Gay beginnt seine umfangreiche Studie *Modernism. The Lure of Heresy* (2008) mit der Feststellung, dass die Moderne mit Charles Baudelaire ihren Anfang nehme. Daran anschließend kann man sagen: Die Moderne beginnt mit poetischem Pathos. Das gilt nicht nur für Baudelaire und die französischen Symbolisten, sondern auch für eine Vielzahl surrealistischer Schriften (ebenso für einen Gutteil des literarischen Expressionismus). Ob Bretons automatisch-traumhafte Prosaarbeit wie *Poisson Soluble* (in etwa *Löslicher Fisch*; 1924 erschienen als integraler Teil des *Ersten Manifests des Surrealismus*), Teile seiner Publikation *Die kommunizierenden Röhren* (1932), die schon genannte Gemeinschaftsarbeit *Die magnetischen Felder* mit Soupault oder Bretons und Paul Éluards Prosatext *Die unbefleckte Empfängnis* (1930) – sie alle haben in ihrer traumähnlichen-automatischen Struktur Elemente von Pathos. Pathos ist der Lyrik und der Prosa Mayröckers nichts Fremdes. Die Dichterin hat allerdings auch ein Nahverhältnis zur Lyrik Friedrich Hölderlins: „Nicht von ungefähr wähle ich das Bild der kommunizierenden Gefäße, bindet es mich doch gleichzeitig an jene Schreibtradition der ich mich ähnlich verpflichtet fühle wie jener Hölderlins, der nämlich des Surrealismus." (MB 405) Es lässt sich daher fragen, welche Art Pathos im Bezug zur Moderne und speziell zum Surrealismus gemeint ist. Bei Hölderlin zielt Pathos stets auf das Besondere, das Erhabene – sei es das Göttliche, die Natur oder ‚Germanien' (für die späteren Gedichte – in etwa ab 1800 – gilt dies sicherlich nur mit großer Einschränkung). Für die Surrealisten liegt das Pathetische im Alltag. Schon in vielen Gedichten Baudelaires wie *A une passante* (in etwa: *An eine Vorübereilende*, 1855) wird der flüchtige Moment im Getriebe der modernen Welt wichtig. Es geht um die „flüchtige Schönheit" („fugitive beauté"), die der Dichter innerhalb eines Augen-Blicks wahrnimmt und poetisch festzuhalten versucht. Ganz genau so agieren die Surrealisten. Man denke etwa an ihre Streifzüge durch Paris – festgehalten in Louis Aragons Schrift *Le paysan de Paris* (in etwa: *Der Landmann von Paris*; 1924–1925 geschrieben und Großteils veröffentlicht, als Buch 1926 erschienen). In Bretons *L'Amour fou* von 1937 geht es um das „objet trouvé", um „Fundsachen", die im Gewirr des Alltags herausstechen. Man kann ihrer nur in einem bestimmten Augen-Blick habhaft werden – dann öffnet sich das Wunderbare. Es ist eine Art Bewusstwerdung jenseits der gängigen Vernunft.

Das Wunderbare und die metaphorische Bildlichkeit

Nicht nur die Maler des Surrealismus, sondern auch die Schriftsteller sind Augenmenschen. Hier ist Mayröcker dem poetischen Akt des Surrealismus ganz nahe: „ich bin ein Augenmensch und erfasse eigentlich alles nur durch die Augen, vieles entsteht bei mir durch optische Erfahrungen im Alltagsleben, was ich sehe, was mir auffällt, kann sich augenblicklich verwandeln in eine Metapher" – Metaphern und „Wortkonstellationen", entstanden aus einer „Alltagssituation", aus einem „Alltagslebens-Bild" (MB 239). Und an anderer Stelle schreibt sie in ganz ähnlicher Weise: „Diese Bilder, nämlich diese alltäglichsten scheinbar allergeringsten Ereignisse, Vorkommnisse, Erfahrungen, können sich augenblicklich in eine Metapher, in eine Wortkonstellation verwandeln. [...] Die AUGENERFAHRUNG hat Eingang gefunden ins FLUIDUM DER SPRACHE, und damit war schon alles getan." (MB 386) Als „Augenmensch" modifiziert Mayröcker das „automatische Schreiben", das ja ohne (Text-)Voraussetzung in Gang kommen soll, durch das Auge: „das Auge funktioniert als automatischer Modifikator" (MB 355). Das „Auge" ist hier einerseits pars pro toto einer

Automation, die das exzerpierende und rezipierende Subjekt an die Peripherie des Wissens drängt, andererseits ist das Auge als „Modifikator" Bildnis, Metapher, ja, vielleicht sogar allegorisches Hinweisschild für das vorstellende und darstellende Subjekt.

Es ist einsichtig, dass Titelgebungen wie *Magische Blätter* oder *Die kommunizierenden Gefäße* surrealistischer Provenienz sind. Bretons umfangreiches Sammelwerk *L'art magique* (*Magische Kunst*) stammt von 1957. Anders aber als Breton umfasst bei Mayröcker das Magische auch christliche Motivik. „Wir sind Christen, ein Wort, das man heute wieder aussprechen darf. Mayröcker nennt den, oder einen, heiligen Geist, die Quelle ihrer Inspiration" (Jandl [1994] 2016, 293). Solche Aussagen wie die Ernst Jandls wären in der Surrealisten-Gruppe nicht möglich gewesen. Doch deren antiklerikaler Kurs ist keineswegs strikt. Mitte der 1930er-Jahre, als man sich vom Kommunismus Stalinistischer Prägung abwandte, und im Erleben des Zweiten Weltkriegs erfolgte ein gewisser Richtungswechsel – gerade bei Breton. Im Gedicht *Pleine Marge* (in etwa: *Volle (Gewinn-)Marge*, 1940) werden katholische ‚Häretiker' wie Meister Eckhart oder Novalis als Gewährsmänner genannt. Novalis nimmt im gesamten Werk Bretons eine Sonderstellung ein. Im Prosatext *Arcane 17* (*Arcanum 17*), 1944 erstmals im New Yorker Exil erschienen und in erweiterter Form 1947 in Paris, werden die Natur und verschiedenartige Mythen beschworen. Breton spricht von einem zu errichtenden Paradies auf Erden, von einer Auferstehung des Lebens durch die Liebe nach dem Schrecken des Krieges. Und er zitiert sogar den Vers 21 des 18. Kapitels aus der Offenbarung des Johannes. Im Übrigen spielt das „Wunderbare" („le merveilleux") und die „Offenbarung" („la révélation") seit jeher eine große Rolle im Werk Bretons. Vielleicht kann man es auf den Punkt bringen, wenn man eine kurze Passage aus Bretons Prosaarbeit *Nadja* (1928) zitiert: „Ist es wahr, dass das *Jenseits*, das ganze Jenseits in diesem Leben steckt? Ich verstehe Sie nicht? Wer da? Ich allein? Ich selbst?" (Breton [1928] 2002, 124) Abgesehen davon, dass auch im Werk Mayröckers Novalis zuzeiten anwesend ist (vgl. etwa PS 242), sind ihre Bezüge zu christlichen Motiven stets im Leben (im Erleben des Alltags) verankert. Erst im Bezug zum konkreten Er-Leben lässt sich das Christliche als Teil eines Wunderbaren poetisch festmachen: die Offenbarung des Daseins. In dieser Hinsicht sind Mayröcker und Breton voneinander gar nicht so weit entfernt. Wie sehr Traum, Surreales, Alltägliches und Transzendentes im Werk Mayröckers verwoben sein können, mag ein Zitat aus *MAIL ART* (entstanden 1982) belegen: Die Schreibende verweist auf ihre „Texte, in welchen Elemente des Traums, des Irrationalen, des Absurden, des wetterleuchtenden Wahns vorzuherrschen scheinen, oder Texte in Briefform, oder Texte, die über das Schreiben reflektieren, oder Texte, in denen mein MISEREOR, mein ICH ERBARME MICH, in mehr oder weniger verfremdeter Form zum Ausdruck kommt." (MB 20) Dieses Erbarmen in der Poesie und im Alltag des Poetischen hat durchaus eine Parallele zu Bretons „Jenseits in diesem Leben": Im Zeichen der Liebe, die von und in dieser Welt sein sollte, werden Texte verfasst.

Radikalmetaphern

In den *Kommunizierenden Röhren* von 1932 stellt Breton wiederum eine Wechselbeziehung von Wach- und Traumzustand her, sich dabei auf Freuds *Traumdeutung* (1900) beziehend. Und er macht in dieser Schrift etwas, das beinahe die ganze Surrealisten-Gruppe betrifft: Das (Auf-Schreiben von) Träumen. Fast alle Nummern der Zeitschrift *La révolution surréaliste* (1924–1929) beinhalten mehr oder weniger literarisierte Traumnotate. Dass die Wiedergabe von Träumen im Werk Mayröckers eine große Rolle spielt, muss nicht weiter ausgeführt werden.

Als Grundprinzip der kommunizierenden Röhren (oder Gefäße) kann man Bretons Poetik der Radikalmetapher verstehen. Gleich zu Beginn des *Ersten Manifests* geht es um das Unglück des sogenannten realen Lebens in der Lebenswelt, in der auch Breton zu existieren hat. Breton zieht in der Folge explizit gegen Rationalismus und Positivismus, gegen die Herrschaft der Logik zu Felde. Und er beruft sich dabei auf Sigmund Freud und auf die literarischen Bildkonzeptionen derjenigen Autoren, die im Umfeld oder in der Tradition der Moderne und der Romantik agieren. Breton konfrontiert den „type humain *formé*" seiner Epoche, den „geformten Menschen" (Breton [1924] 1982a, 14), der bloß eine Bauernfigur auf dem großen Schachbrett des Positivismus abgibt, mit dem „grand Mystère", der Vereinigung von Traum und Wirklichkeit in der Surrealität. Und die kommunizierende Bild-Beziehung zwischen Traum und Wirklichkeit, zwischen Surrealität und Realität erfolgt in der Metapher: Die zwei Bildbereiche (Breton nennt es „Les deux termes de l'image") einer Metapher (A + B; aber auch ((A + B) u C + D)); oder auch aRb = a steht in Relation zu b) sollen voneinander größtmöglich weit entfernt sein. Entfernung und das kommunizierende Aufeinanderwirken ergeben den metaphorischen Blitz, „die Schönheit des erzielten Funkens". Entscheidend ist für Breton, dass der Künstler, also das darstellende Subjekt, nicht in der Lage ist, eine solche kommunizierende Beziehung im Vollbewusstsein seiner selbst zu kreieren. Die surrealistische Radikalmetapher entsteht durch das „principe d'association des idées", das „Prinzip der Ideenassoziation" (Breton [1924] 1982a, 35). Breton bezieht sich hier wohl auf Novalis, der in seinem *Allgemeinen Brouillon* meinte, dass die Poesie auf „thätiger Idéenassocation" (Novalis [1798/99] 1983, 451) beruhe. Breton bringt im *Ersten Manifest* einige Beispiele – etwa das Bild von Pierre Reverdy: „Die Welt kehrt zurück in eine Tasche" (Breton [1924] 1982a, 35). Aber Breton liefert selbst genügend Beispiele für surrealistische Radikalmetaphern. In der Prosaarbeit *Löslicher Fisch* wird man fast auf jeder Seite fündig: „In der Schulkreide ist eine Nähmaschine; die kleinen Kinder schütteln ihre Locken aus Silberpapier. Der Himmel ist eine schwarze Tafel, die schändlicherweise jede Minute vom Wind abgewischt wird." (Breton [1924] 1982b, 46). Man könnte aber nicht sagen, dass die Prosatexte oder Gedichte der Surrealisten jeglicher Struktur entbehren. Im Gegenteil, es ist das Spiel zwischen surreal-traumhaften und logisch strukturierten Elementen. Der Traum, das Wunderbare in stringenter Verbindung mit Realem finden sich für Breton zusammen „in einer Art absoluter Realität, wenn man so sagen kann: Surrealität" (Breton [1924] 1982a, 18). Einbezüge von realen Orten und Personen in Texten gibt es bei Mayröcker schon recht früh. In MAIL ART, publiziert in den *Magischen Blättern* (1983), geht es einerseits darum, die Literatur und „die Künste auf ihre magische Tauglichkeit" (MB 18) zu überprüfen, andererseits bilden reale Elemente wie Autornamen (Helmut Heißenbüttel) und Texte über bildnerische Arbeiten (Daniela Rustin) den Gegenpol. Und die Dichterin fragt sich in *Fotogramm eines Traums*, eines weiteren Texts der *Magischen Blätter*: „einen Traum, ein Traumbild fotografieren?" (MB 28) Surreale Metaphern finden sich in Texten wie „odysseusvariationen" (in: *augen wie schaljapin bevor er starb* von 1974): „alles ist amseläugig! ein später frühling; stramme kleine alleen; sickernde träume; tropfender mond. hochgeworfene kinderbälle, die oben im blauen stecken bleiben." (GP I, 337)

Die surrealistischen Radikalmetaphern kommunizieren sowohl mit dem darstellenden als auch mit dem rezipierenden Subjekt auf eine Weise, die besagt, dass Kreation und Rezeption niemals abzuschließen sind. Im Gegenteil: Das „Prinzip der Ideenassoziation" ist eines, das ständig weiter und weiter tätig ist. Damit spricht die surrealistische Radikalmetapher als „kommunizierendes Gefäß" für sich selbst. Man könnte sagen, sie tritt auf als ihre eigene Allegorie, als Personifikation, die nicht nur ist, was sie darstellt, sondern auch das ist, was sie (noch) nicht dargestellt hat. In Mayröckers Gedicht *wie kommunizierende Gefäsze sagst du* (1991) heißt es an einer Stelle: „je nachdem, sage ich, fortwährend [/] diese Signale signalisierender Kopf dieser [/] Pferdekopf (meiner), und verlöschen und blenden auf, fortwährend [/] diese Signale aufleuchtend und verlöschend" (GG 496). Und im kurzen Gedicht *Fusznoten* (1995) – bestehend aus 25 Fußnoten – heißt es am Schluss: „elektrischer Funke gesprungen übergesprungen auf violettes [/] Gebirge eines Horizonts" (GG 629). Der

„Augenmensch" Mayröcker sieht im Schrift-Bild den „elektrischen Funken" der surrealistischen Radikalmetapher aufleuchten. Und der „Signal signalisierende Kopf" weiß, dass durch das Prinzip der tätigen Ideenassoziation er nicht allein Kreator, Herr seiner eigenen Metaphern ist. Dieser „elektrische Funken" der metaphorischen Sprache ist eben stringent an das „Prinzip der Ideenassoziation" gebunden. Und die Dichterin folgt dabei Bretons Meinung, dass ästhetische (oder ethische) Überlegungen nicht am Beginn des Schreibaktes stehen sollten. Das solle eben nicht ‚Sorge' („préoccupation") der Dichter sein, denn das Ästhetische ergäbe sich automatisch. Dass (rein) assoziatives Denken zu sprühenden Funken automatischen Schreibens führen kann, zeigt ein Gedicht Mayröckers aus dem Jahr 1957. In *Die ozeanischen Geheimnisse (Pamir)* ist das übergeordnete (Bild-)Thema klar ersichtlich: See und Schifffahrt. Doch die poetische Assoziationskette löst sich mehr und mehr von einer stabilisierenden Logik der Aussagen des poetischen Subjekts, verselbstständigt sich: „maritime Zartheit sprosz aus der Blume des Himmels [/] die Vernichtungen gaben sich dem Heck zu erkennen [/] über die Strasze von Gibraltar marschieren die Sporen der [/] himmlischen Reiter wie eine fliegende Engelschar [/] mitten hindurch geht ein riesiger Feldmarschall mit den Blicken [/] auf eine wunderbare unruhige Küste [/] das kalkweisze Land ist nahe" (GG 66).

Mayröcker und Bretons *Nadja*

Mayröcker hat 2003 einen kleinen Band veröffentlicht, der vom Titel, aber auch vom Textinhalt zu den *Magischen Blättern* gezählt werden darf: *Die kommunizierenden Gefäße*. Der Originaltitel von Bretons 1932 erschienenen *Les vases communicants* (*Die kommunizierenden Röhren*) ließe sich auch mit „Die kommunizierenden Gefäße" übersetzen. An einer Stelle ist bei Mayröcker zu lesen:

> Wie oft habe ich mir Bretons NADJA gekauft, wie oft Roland Barthes' Fragmente einer Sprache der Liebe, weil ich diese meine Lieblingsbücher immer wieder verlegt hatte, oder auf allen Wanderungen und Reisen, ich meine in meinem Rucksack, mitgetragen hatte, oder meine Randnotizen so überhand genommen hatten, daß sie in den gedruckten Text *hineingewuchert* waren [...]. (KG 41)

Nicht ohne Grund setzt Mayröcker im Text das Wort „hineingewuchert" kursiv. Bei der Dichterin gibt es oft Bilder aus dem Bereich der Pflanzenwelt. Hier an dieser Textstelle wird deutlich, wie ihre eigenen Notizen sich mit dem Fremdtext organisch verbinden, wie Eigen- und Fremdtext zusammenwachsen können. In *Magische Blätter IV* bezeichnet sich die Dichterin in dem kleinen Text *rupfen in Gärten* (1993) selbst als „*wildernde Muse*".

> ein unablässiges RUPFEN in fremden Gärten / Gefilden, was ihre Leidenschaft ist, und ihre Disziplin. Alles kann Beute sein, Briefe, Schriften, Telefongespräche, Selbstzitate – sie schreibt ab von wahlverwandten Dichtern, medizinischen Fachbüchern, Enzyklopädien, briefschreibenden Freunden. Sie schaut ab, sie kopiert, sie exzerpiert, sie übermalt, das Auge funktioniert als automatischer Modifikator [...]. (MB 355)

Ein Zeichen seit der Moderne ist das Verfahren der Collage und der Montage, also Fremdtexte mit den eigenen zu verweben. Viele Schriftstellerinnen und Schriftsteller bedienen sich dieser Methode. Doch bei Mayröcker kommen noch „Briefe, Schriften, Telefongespräche" hinzu. Ihr Auge als „automatischer Modifikator" mag dabei eine Anspielung auf das ‚automatische Schreiben' sein.

Bretons *Nadja* (1928 verfasst und dann nochmals 1962 umgearbeitet) beginnt mit dem Satz „Wer bin ich?" Die Antwort wird aber vertagt zugunsten der Schilderung Bretons hinsichtlich der Begegnungen mit Nadja. Nadja ist eine junge Frau, die über seherische und halluzinatorische Fähigkeiten verfügt, am Schluss endet sie in der Psychiatrie. Bretons Begegnung mit der jungen Frau, die sich „Nadja" nennt, hat einen realen Hintergrund. Der Surrealist begegnete ihr, die mit bürgerlichen Namen Léona Delcourt hieß, Anfang Oktober 1926, im März des Folgejahres begann ihr langer Leidensweg durch geschlossene Anstalten. Die Magie, die von Nadja ausgeht, macht diese Frau für Breton zur ausgezeichneten surrealistischen Figur, ja, zu seiner surrealistischen Muse. Mit ihr gemeinsam liest er Gedichte bevorzugter Autoren, im Besonderen Gedichtzeilen, die von kühnen Metaphern trunken sind. Aber dann ist es Nadja selbst, die solche Sprachbilder erzeugt, etwa: „Die Pranke des Löwen umfängt die Brust des Weinbergs." Oder: „Warum diese Waage, die in der Dunkelheit eines Lochs voll Eierkohlen pendelte?" (Breton [1928] 2002, 100). Breton tut aber noch etwas in *Nadja*: Er nennt vielfach Namen seiner surrealistischen Mitstreiter – Paul Éluard, Benjamin Péret und Robert Desnos – und gibt sie mit Foto im Buch wieder; andere Künstler wie Max Ernst werden im Text nur genannt. Zudem gibt Breton die realen Orte in Paris an, die er mit Nadja aufsucht. Damit kommt in *Nadja* auch ein autobiographisches Element ins Spiel (wie ebenso in *L'amour fou*). Die Anfangsfrage: „Wer bin ich?" ist nur beantwortbar, indem man die Aufzeichnungen Bretons liest, und dabei die Magie der Sprachbilder und die Magie der kommunizierenden Röhren zwischen Surrealität und Realität bewusst wahrnimmt. Man kann sicher auch festhalten, dass mit der Nennung von realen Namen beim Lesen auch der Eindruck entstehen soll, dass die surrealistische Gruppe eine in sich geschlossene sei. Dies war nicht der Fall, wie die Ausschlüsse von einigen Surrealisten aus der Gruppe durch Breton beweisen.

Mayröcker hat sich nie als ‚Tante' der Wiener Gruppe bezeichnet, wie Ernst Jandl als „[O]nkel" (Jandl [1989] 2016). Die Dichterin arbeitete einerseits als künstlerisches Einzelsubjekt, andererseits durchzieht ihr Werk eine Unzahl an realen Namen: Gespräche mit oder über Personen, Widmungsgedichte, Texte über befreundete Künstlerinnen und Künstler. In dieser Hinsicht übertrifft Mayröcker mit ihren Namensnennungen von Personen diejenigen bei Breton um ein Vielfaches. Und doch, die Strategie ist klar: Gerade das Surreale, das Traumhafte und Magische soll nie den Eindruck des Erhabenen evozieren, es ist fest im Alltäglichen verankert. Das Pathos, das hier aufgerufen wird, hat sicher mit Freundschaft und Zuneigung zu tun. Doch es ist primär eine poetische Handreichung zwischen Surrealem und Realem. Nach dem Tod ihres Lebensmenschen Ernst Jandl findet sich in Mayröckers Prosaarbeiten das Kürzel „EJ". Mit „EJ" spricht die Dichterin, „EJ" ist ihr nahe. Und beim Lesen dieser Texte ist nicht so klar, ob es sich um eine Art inneren Monolog der Dichterin mit dem Verstorbenen handelt oder ob hier auf poetische Weise eine literarische Figur kreiert wird („Ely"). Mit aller Vorsicht gesprochen gibt es hier eine Parallele zu Bretons „Nadja". Er überhöht sie poetisch zu einer surrealen Gestalt, die nicht immer von dieser Welt ist. Das tragische Ende von „Nadja", also der realen Léona Delcourt, interessierte Breton überhaupt nicht. Zurecht wurde ihm dieses Verhalten auch vorgeworfen. Bei Mayröcker wird der Dialog mit „EJ" zu einer surrealen Metapher, die auf wunderbare Weise zeigt, dass es ein Jenseits des Todes gibt – zumindest auf literarische Weise.

Bretons Prosaarbeit *Nadja* endet mit dem programmatischen Satz: „Die Schönheit wird KONVULSIV sein oder nicht sein." (Breton [1928] 2002, 139). In *L'Amour fou* findet sich diese Proklamation in ausgearbeiteter Weise. Unter ‚Konvulsion' versteht man Krampfanfälle, Zuckungen des Körpers, die bis zur Epilepsie (‚Veitstanz') reichen können. Bretons „konvulsivische Schönheit" (Breton [1937] 1985, 22) ist gegen die Statik des Erhabenen gerichtet. Das Objekt als ‚Fundsache', welches das künstlerische Subjekt als „Augenmensch" fixiert, ist stets in Bewegung. Denn die „flüchtige Schönheit", von der Baudelaire spricht, bedeutet bei Breton eine Form von literarischem Automatismus, der besagt, dass nicht ästhetische Überlegungen am Anfang des Schreibakts stehen. Das Ästhetische ergibt sich ‚automatisch' aus der Beobachtung und aus dem Schreibakt. Bretons „konvulsivische Schönheit" ist eine Kunst in steter Bewegung, ihr Kunst-Objekt ergibt ein vielschichtiges Netz von Assoziationen und Analogien, von dem man nicht weiß, wann und von wem es zu Ende gewoben wird – und ob es überhaupt zu Ende zu weben ist. Die poetische Schönheit des Konvulsivischen im Sinne des Zuckenden, stets Wechselnden in der Sprachperspektive findet man auch in Mayröckers Arbeiten. Etwa in einem Text von 1974 aus *augen wie schaljapin bevor er starb*:

„ich zähle deine augensterne; öffnete die tulpenvorhänge, blinkgeräte deine regengrauen augen. es regnet schon lange; die blumen im krug, der klee in der hand. wind und regen zischen herein. im glassturz der ort, und wenn man ihn schüttelt schneit es. pumpwerk aus kreidepuste; schnüre meiner wachträume; zuschneider mein vater" (GP I, 338). Oder aber ein Ausschnitt aus *ich bin in der Anstalt. Fusznoten zu einem nichtgeschriebenen Werk* von 2010: „Woge des Wahnsinns hebt mich über mich selbst hinweg wie lange soll dieses Spiel noch dauern, die Kusz Spuren der Perversion bedecken meinen Leib usw. Ich empfange die hl.Kommunion, seit der Kindheit nicht mehr, aber I X mit IHM in I Dorfkirche, die Raubvögel der Inspiration irren in meinem Schädel aber ich bin unsäglich glücklich" (AF 13). Solche Textausschnitte lassen sich in (fast) allen Werken Mayröckers – ob Prosa oder Lyrik – finden und sind Belege für das Nahverhältnis der Poetik Mayröckers mit Blick auf die ‚konvulsivische Schönheit' (vgl. dazu auch Strohmaier 2008, 95, 113, Anm. 21).

Die Poesie und die Bilder – Der „Augenmensch" Friederike Mayröcker

Bei dem „Augenmenschen" Mayröcker lässt sich eine weitere Parallele zu den surrealistischen Augenmenschen festhalten. Neben der Literatur des Surrealismus liegt die andere künstlerische Manifestation in der Malerei. Das betrifft auch Bretons mannigfaltige Texte über bildende Künstler (etwa: *Der Surrealismus und die Malerei*, 1928 und 1965). Im Werk Mayröckers gibt es ebenfalls eine Menge von Texten, die zu bestimmten Bildern Stellung beziehen. Ein bevorzugter Maler der Dichterin ist Salvador Dalí. In den *Magischen Blättern IV* findet sich ein Prosatext von 1991 mit dem Titel „*PATIN MEINES WAHNSINNS*", zu: „*Partielle Sinnestäuschung. Sechs Erscheinungen Lenins auf einem Flügel" (1931)* von Salvador Dalí. Das Ölbild zeigt einen weißhaarigen Mann, wahrscheinlich ein Pianist, der vor einem Konzertflügel sitzt. Auf dessen Klaviatur erscheinen sechs gelblich phosphoreszierende Aureolen, die Lenins Gesicht umgeben. Dalí nannte solche Bilder ‚hypnagogisch', da die Idee zu ihnen zwischen Wach- und Traumzustand entstand, also vor der Einschlafphase. Einen ganz ähnlichen Vorgang beim Verfassen von Texten in Bezug zu Träumen hat Mayröcker mehrfach als „Verbalträume" bezeichnet. Die Dichterin beginnt ihren siebenseitigen Text mit einem dichten Teppich von Wortassoziationen und Radikalmetaphern wie „feuchte Novemberretusche" (MB 378) oder „Gardinenflagge aus Herzkirschen" (MB 379), allerdings auch mittels verblasster Metaphern wie „Schneewüsten" (MB 379) und mit heftigen Alliterationen: „die Wunderkindschaft im Wanderblut der wehrlosen Wolken" (MB 378). Der Eigentext läuft auf der rechten Buchseite wie eine Wortsäule ab, während links auf jeder Seite ein Zitat von Wladimir Iljitsch Lenin steht. Mit der Nennung des Malers („Dalís fanatisches Lachen", MB 379) geht die Dichterin dazu über, sich auf Elemente in dessen Bild sprachlich hinzubewegen – etwa die Ameisen, die über das Notenblatt kriechen oder die „Schultern des weißblondmähnigen Pianisten" (MB 379). Ab etwa der Mitte des Textes wird das Thema des Traums aufgegriffen, ein „Ich" spricht von seinem „Angsttraum", seinem „Alptraum" (MB 380). Durch das wiederkehrende Wort „Herzkirschen" (die auch im Bild zu sehen sind) kommt es schließlich dazu, dass das Ich Dalí anspricht: „DALÍ IST MEIN LIEBLINGSMALER – ich sagte nicht, Sie sind mein Lieblingsmaler, o, nein, so weit verstieg ich mich nicht, aber vor meinen Augen über den Roten Platz flogen diese VERWESTEN ESEL – Ameisenhorden auf einem Notenblatt, palettotragender Pianist" (MB 384). Mayröckers Text endet mit der Beschreibung einer Winterlandschaft. Die Dichterin folgt in dieser äußerst poetischen Bildbeschreibung dem surrealistischen „Prinzip der Ideenassoziation": Starke Metaphern wechseln mit Bildbeschreibungen des surrealistischen Bildes ab, dabei bindet sich das (be-)schreibende Ich an Dalís Bildkunst. Zusätzlich verweist Mayröcker mit der Nennung „VERWESTER ESEL" auf eine weiteres Bild Dalís: „Der Eselskadaver" („L'Âne pourri", 1928). Wahrscheinlich hat kein anderer Maler des Surrealismus die poetische Radikalmetapher Bretons so genau ins Bild umgesetzt wie Dalí: Bei ihm liegen meist die einzelnen Bildbereiche weit auseinander, erst so wird assoziativ „die Schönheit des erzielten Funkens" (Breton [1924] 1982a, 35) möglich, der metaphorische Blitz. Mayröcker hat sich noch einem anderen Werk Dalís gewidmet: „Dreieckige Stunde" von 1933. Es handelt sich dabei um eine fast klassische, aber natürlich auch sehr poetische Bildbeschreibung. Auch in „Dreieckige Stunde" sind die einzelnen Bildelemente weit auseinanderliegend, wirken dadurch eben surreal: Der „bemooste brüchige Felsen", so Mayröcker in dem zuerst 1990 publizierten Text *Schreibweise vom Körper, auch dies / zu Salvador Dalí: Dreieckige Stunde (1933)*, hat als Zierde eine Wanduhr und auf seinem Kamm steht eine menschliche Büste. Was Dalí hiermit ausdrückt, „sei eine Gefühlswahrheit, eine Losung, nämlich das Drahtgewitter seiner, des Malers, Gedanken" (MB 320–321, vgl. auch MB 387). Das assoziative Gedankengewitter zeugt im „elektrischen Funken" assoziativ eine Folge von Radikalmetaphern.

Mayröcker ist eine Dichterin, die über ein enormes Wissen hinsichtlich der literarischen Tradition verfügt, eine Tradition, die sie stets eigenständig in ihr eigenes Werk eingearbeitet hat: „ich meine ‚verquicken!' dasz ich seit langem bestrebt bin in meinem Werk Avantgardismus und Klassizismus zu verquicken!" (MMF 94). Mayröcker allein auf den Surrealismus zu verpflichten, wäre daher nicht angemessen. Und doch haben Poetik, Poesie und Bildwelt der surrealistischen Kunstauffassung ihr Schaffen maßgeblich beeinflusst. Und man darf wohl sagen, dass es wenige Autorinnen und Autoren nach 1945 gegeben hat, die wie Mayröcker jenseits allen Epigonentums eine surrealistische Schreibweise fortgeschrieben haben: „habe die Augen offen gehalten im Traum um besser sehen [/] zu können [/] im Traum meine Träume und wehen an einem Freitag so werde ich [/] eindösen [/] und hängenbleiben an seinen Lippen ich möchte 1 Narr sein 1 *magnetischer* [/] Narr das flackert einen Moment lang auf" (JVG 150).

Literatur

Breton, André: Erstes Manifest des Surrealismus [1924]. In: Ders.: Die Manifeste des Surrealismus. Reinbek bei Hamburg 1982a, 9–43
Breton, André: Löslicher Fisch [1924]. Berlin 1982b.
Breton, André: L'Amour fou [1937]. Frankfurt a. M. 1985.
Breton, André: Nadja [1928]. Frankfurt a. M. 2002.
Jandl, Ernst: verwandte [1989]. In: Ders.: Werke in 6 Bänden. Hg. von Klaus Siblewski. Bd. 4. München 2016, 28.
Jandl, Ernst: Rede an Friederike Mayröcker [1994]. In: Ders.: Werke in 6 Bänden. Hg. von Klaus Siblewski. Bd. 6. München 2016, 292–294.
Le Née, Aurélie: Friederike Mayröcker et le surréalisme selon Breton. In: Études germaniques Nr. 276 (2014), 527–544.
Novalis: Das Allgemeine Brouillon [1798/99]. In: Ders.: Schriften. Die Werke Friedrich von Hardenbergs. Bd. 3. Das philosophische Werk II. Hg. von Richard Samuel in Zusammenarbeit mit Hans-Joachim Mähl und Gerhard Schulz. Stuttgart et al. 1983, 207–478.
Strohmaier, Alexandra: Logos, Leib und Tod. Studien zur Prosa Friederike Mayröckers. München 2008.

Wiener Gruppe

Thomas Eder

Das Verhältnis Friederike Mayröckers zur Wiener Gruppe zu beleuchten, setzt die keineswegs triviale Bestimmung der Zusammensetzung der Wiener Gruppe voraus. Die teils polemisch vorgetragenen Positionen der Interpreten und Interpretinnen wie auch der Mitglieder selbst haben zahlreiche unterschiedliche Varianten der Gruppendefinition und des Wirkungszeitraumes hervorgebracht. In diesem Artikel wird unter der Wiener Gruppe keine bio- oder soziographische, sondern eine heuristische Größe verstanden, die literarische, poetologische und vor allem erkenntnistheoretische Manifestationen bündelt. Sie setzt sich zusammen aus Friedrich Achleitner, Konrad Bayer, Gerhard Rühm, Oswald Wiener und – mit Einschränkungen – H. C. Artmann und besteht in der Zeit von 1952/53, als Artmann seine *acht-punkte-proklamation des poetischen actes* verfasst, bis 1960, nachdem 1958/59 mit den beiden *literarischen cabarets* ein letzter Höhepunkt ihres Schaffens erreicht war.

Oft zitiert wird Ernst Jandls genealogische, womöglich ironische Äußerung in dem Gedicht *verwandte*: „der vater der wiener gruppe ist h. c. artmann [/] die mutter der wiener gruppe ist gerhard rühm [/] die kinder der wiener gruppe sind zahllos [/] ich bin der onkel" (Jandl [1989] 2016a,

28). Eine ähnliche Verwandtschaftsrelation, also vielleicht ,Tante der Wiener Gruppe', kann man wohl für Friederike Mayröcker behaupten – auch sie, eine Generationsgenossin und mit dem literarischen Aufbruch als Teil der „Progressivliteratur" (Okopenko [1975] 2000) nach 1945 befasst, hat eine gewisse Nähe zu den Autoren der Wiener Gruppe, auch durch gemeinsame Lesungen und Diskussionen gepflegt, wird jedoch von der Literaturgeschichtsschreibung gewöhnlich nicht dem unter Wiener Gruppe rubrizierten Kreis zugerechnet.

Zum Kontext

Durch ihre ersten Publikationen im *Plan* ab 1946 (vgl. Beyer 1992, 167) scheint Friederike Mayröcker in die Nähe der surrealistischen Einflüsse und deren Rezeption in Österreich gerückt. Es folgen Publikationen in einigen anderen Literaturzeitschriften sowie Wochen- und Tageszeitungen, vor allem aber in der Zeitschrift des Theaters der Jugend *neue wege* und in den *publikationen einer wiener gruppe junger autoren*, beides Zeitschriften, die mit der Neoavantgarde und damit mit deren prägender Formation im deutschsprachigen Raum, mit der Wiener Gruppe, in Verbindung gebracht werden können (vgl. Beyer 1992, 21–23; Okopenko [1975] 2000; Strigl 2008). Für Mayröcker bedeutete dies Bekanntschaft mit Andreas

T. Eder (✉)
Universität Wien, Wien, Österreich
E-Mail: thomas.eder@univie.ac.at

Okopenko, mit H. C. Artmann, der durch seine exzeptionelle Kenntnis verschiedener Literaturen diese als Einflüsse in die Gruppe brachte, mit Gerhard Rühm und Ernst Jandl. Damit wurde, so die Forschungsmeinung, die „Auseinandersetzung mit Dada, Expressionismus, der konkreten Poesie und der damit verbundenen Textgenerierungsverfahren wie Montage und Collage" (Beyer 1992, 25) auch für das Schreiben von Friederike Mayröcker bedeutsam.

In seinem bahnbrechenden retrospektiven Aufsatz *Die schwierigen Anfänge österreichischer Progressivliteratur nach 1945* hat Andreas Okopenko eine Klassifikation der österreichischen Literatinnen und Literaten vorgenommen, vorwiegend anhand der Rolle, die sie für die Zeitschrift *neue wege*, aber auch für andere Zeitschriften spielten: In vier verschiedenen Formationen hätten sich jeweils unterschiedliche Flügel, von konservativ über ‚Mitte' bis zu Avantgarde, ausgebildet. Mayröcker sei schon zur ersten Formation um die Zeitschrift *Plan* zu zählen, sie sei aber auch für die folgenden Formationen gewonnen worden. Die von Okopenko so benannte „vierte Formation", mit H. C. Artmann in ihrem Zentrum, sei geprägt von „Avantgardisten der sprachlichen, typographischen und dramaturgischen Spiele in Nachbarschaft der poesie concrète und des Absurdismus", sie sei mit „Expressionismus, Futurismus und Dada bekannt gewesen, 1950 oder 1951 [folgten] lettristische und syllabistische Unternehmungen" sowie die „ersten Experimente in Wien mit ‚seriellem' Dichten und Wortmontage, ‚konkreter' Poesie und Grenzübertritten zur Graphik" (Okopenko [1975] 2000, 35–36).

Okopenko war von 1951 bis 1953 der Herausgeber der für die Literatur der Neoavantgarde bedeutsamen Zeitschrift *publikationen einer wiener gruppe junger autoren*, in der unter anderen auch H. C. Artmann, Ernst Jandl und Friederike Mayröcker publizierten. Auch die Wiederaufnahme der *publikationen*, mit H. C. Artmann als Herausgeber (konzipiert ab 1955, erschienen 1957) enthält eine Melange von Autorinnen und Autorinnen, die gemeinhin der Wiener Gruppe zugerechnet werden, und solchen, die das nicht werden (Konrad Bayer, Ernst Jandl, Ernst Kein, Quirin Kuhlmann, Friederike Mayröcker, Andreas Okopenko, Wieland Schmied). Artmann schreibt im Vorwort:

> Was die auswahl der texte anlangt, ist der herausgeber bemüht, den mannigfaltigen characteristica unseres wiener kreises gerecht zu werden. Neben den schon bekannteren richtungen, wie neosurrealismus, magischem realismus und folkloreprimitivistischen dichtungen, treten in diesen blättern zum ersten male die laut- & wortgestaltung, die mechanische und die intuitive montagerie sowie graphisch gestaltete miniaturlyrik an die öffentlichkeit. Daneben aber soll auch jene dichtung der vergangenheit gebracht werden, die späterhin vergessen oder totgeschwiegen wurde, weil sie die schranken der konvention nicht einhielt. (Artmann 1957, [2])

Auffällig ist, dass Artmann die Bezeichnung ‚unser Wiener Kreis' wählt. Tanja Gausterer stellt diesbezüglich fest: „Der genannte ‚Wiener Kreis' war der ‚Wiener Gruppe' zwar nicht gleichzusetzen, trug aber ähnliche Züge. Als ‚wirkliche' Mitglieder sind nur Artmann und Konrad Bayer vertreten, ergänzt durch die ‚Wahlverwandten' Ernst Jandl und Friederike Mayröcker." (Gausterer [2010], 13–14)

Ernst Jandl äußert sich in dem Aufsatz *Österreichische Beiträge zu einer modernen Weltdichtung*, den er für das erste Heft des 1966 von Gerhard Fritsch und Otto Breicha in Wien begonnenen literarischen Jahrbuchs *protokolle* verfasste: „Wer damals, auf ähnlicher Bahn befindlich, mit Artmann und Rühm, tangential zur ‚Wiener Gruppe' als Ganzem, Freundschaft schloß wie (1956) Friederike Mayröcker, oder ich, konnte, und durfte, weil verwandt nach Herkunft und Ziel, sich der Wirkung der beiden nicht entziehen." (Jandl [1966] 2016b, 12) Hans Haider ergänzt in seiner Jandl-Biographie aus einem Brief Jandls an Heimrad Bäcker: „1956 war ich mit Rühm und Artmann in enger Verbindung. Wir alle experimentierten, wir alle übernahmen von anderen Anregungen, ohne daß irgend einer von uns daran gedacht hätte, sich in einem Sekundärverhältnis zu sehen." (zit. n. Haider 2023, 121) In den 1960er-Jahren arbeiteten die fünf von der Wiener Gruppe nur noch für sich allein weiter, betonte Jandl – und dass 1960 bis 1965 „die Jahre Friederike Mayröckers und Konrad Bayers" (zit. n. Haider 2023, 121) gewesen seien. Tatsächlich hat Jandl in einem Text über Konrad Bayer die Wiener Gruppe aus anderen Dichtern als den kanonisch zu ihr gerechneten zusammengesetzt gesehen:

> Als 1956 [...] ein intensiver Kontakt zu viert einsetzte – Friederike Mayröcker, H. C. Artmann, Gerhard Rühm und ich –, der noch ins Jahr [19]57 anhielt und dann irgendwann abriß, kannte ich von Konrad Bayers Texten nur ganz wenige [...]. Wenn es nach mir gegangen wäre, hätten wir vier, Mayröcker, Artmann, Rühm und ich, den inneren Kern jeder progressiven Literatengruppierung in Wien bilden müssen. Spätestens das erste literarische Kabarett der ‚Wiener Gruppe', am 6. Dezember 1958, machte es mir klar, daß ich draußen war, nie drin gewesen, keine Figur in einem gemeinsamen Spiel." (Jandl [1977] 2016c, 255)

Das kann, *mutatis mutandis*, wohl auch für Friederike Mayröcker gelten.

Über die persönliche, soziographische Gruppenzugehörigkeit hinaus, setzt mit Anfang der 1960er-Jahre eine neue Phase in Mayröckers Schreiben ein. Dessen Ähnlichkeiten und Unterschiede zum Werk und zur Poetik der Wiener Gruppe sollen im Folgenden erörtert werden, gleichsam als eine Ausfaltung der zutreffenden Einschätzung von Marcel Beyer: „Anfang der sechziger Jahre jedoch hat das Interesse am Modewort ‚konkrete Poesie' und an experimenteller Literatur wieder nachgelassen. Nun ist es an der Zeit zu zeigen, daß Mayröcker nur mittelbar mit der modischen Diskussion um literarische Innovationen in Zusammenhang zu bringen sei." (Beyer 1992, 57)

Experimentelle Texte

In vielen literaturkritischen wie -wissenschaftlichen Arbeiten wird das Werk Mayröckers in verschiedene Phasen eingeteilt: die erlebnishafte Lyrik und Prosa der Frühzeit (ab 1939/1945) über eine „experimentelle" Phase (Okopenko [1963] 1984, 31) hin zu einer autobiographisch oder autofiktional grundierten Überführung von Leben in Schreiben (und *vice versa*), einem Aufgehen von Leseerlebnissen und tatsächlich Erfahrenem der Autorin in die poetische Gestaltung der Texte und die Stimme des Text-Ichs. Freilich gibt es auch viele Kritikerinnen und Kritiker an einer solchen versuchten Phaseneinteilung, sie sehen die deutliche Zäsur und den Wandel nicht.

Überwiegend neigt die literaturwissenschaftliche Einschätzung dazu, die Phase des Experimentierens als deutlich umrissen, die darauffolgenden Arbeiten jedoch als schwieriger charakterisierbar zu beschreiben. So sieht etwa Siegfried J. Schmidt folgende Merkmale als charakteristisch für Mayröckers Werke dieser Phase: „Sprache wird autothematisch, als Material behandelt, also tendenziell konkretisiert" (Schmidt 1984, 16). Und er führt die „griffige[n] Kategorien" an, die zur Beschreibung der experimentellen Texte Mayröckers herangezogen werden: „Montage, Collage, écriture automatique, Girlandenstil, Zitat, Wortlandschaften, Assoziationsketten, over-and-overing, aftering, Assemblage, Litanei, Reihung" (Schmidt 1984, 16).

In Übereinstimmung mit Schmidt sieht z. B. Sabine Kyora an Mayröckers Listengedicht *wie ich dich nenne wenn ich an dich denke und du nicht da bist* (vermutlich schon 1950 entstanden) einen Bezug zur Konkreten Poesie und zur Wiener Gruppe. Dabei hebt Kyora an der Liste von Namen für den abwesenden Geliebten – „meine Walderdbeere [/] meine Zuckerechse [/] meine Trosttüte [...] mein Vielvergesser [/] mein Fensterkreuz" (GG 32) – vor allem die „Überschreitungen von Subjekt-Objekt-Grenzen" (Kyora 2020, 555) hervor. Vergleicht man damit jedoch etwa die im Dialekt formulierte Liste *wos an weana olas ens gmiad ged:* [„was einem Wiener alles ins/ans Gemüt geht:"] (1959) von H. C. Artmann, sieht man sehr prägnante Unterschiede in der Sprechhaltung des imaginären Äußerungs-Ichs dieser Listengedichte. Denn während das imitative Moment aus Artmanns Gedicht, dessen Sprecherposition zwischen dem Konstatierenden der Wehmut und dem Wehmut äußernden „weana" [Wiener] selbst liegt, eine Art von ironischer Distanz aufbaut, scheint die Mayröcker'sche Sprechhaltung ungebrochen auf die sehnsuchtsvoll die Abwesenheit eines Du beklagende Gedichtstimme übertragbar. In Kontrast zum Sehnsuchtsvollen heißt es bei Artmann mit kalkulierter Schockwirkung durch Tabubruch und ‚Ungustiösität': „a faschimpöde fuasbrotesn [/] a finga dea wos en fleischhoka en woef kuma is [/] […] [/] es gschbeiwlad fua r ana schdeeweinhalle" [eine verschimmelte fußprothese [/] ein finger der dem metzger in den fleischwolf geraten ist [/] […] [/] das erbrochene vor einer stehweinhalle] (Artmann 1959, 49). Selbst die stärker intuitiven Listentexte Artmanns unterscheiden sich von Mayröckers Anwendung dieses Verfahrens wohl hinsichtlich der Autorinnenintention, aber auch mit Blick auf ihre ästhetische Wirkung.

Auch ihr erster Gedichtband *metaphorisch* (1964), der in Max Benses explizit ‚experimentellen Texten' gewidmeter Reihe „rot text" erscheint, setzt gegenüber den Texten der Wiener Gruppe andere Akzente. Dazu bemerkt Gerald Bisinger:

> Der Titel des Bändchens erklärt sich aus der Umgebung, in der es erscheint, innerhalb dieser Reihe ‚experimenteller Texte' und in Zusammenhang mit der sogenannten Stuttgarter Gruppe, deren Image Konzentration auf innersprachliche Vorgänge nahelegen würde; er ist schlicht programmatisch: ‚metaphorisch' heißt, daß sich die Autorin von der ausschließlichen Manipulation von Sprachmaterial distanzieren will, daß sie außersprachliche Vorstellungen, und zwar bildliche, hervorzurufen beabsichtigt – ihr dies nicht vielleicht *bloß* unterläuft. (Bisinger [1966] 1984, 32)

Einige Verse aus dem Eingangsgedicht *du verläszt eine mühevolle vogel-welt und mehr als alles* (1963) von *metaphorisch* scheinen den Charakteristika von Mayröcker-Gedichten insgesamt in hohem Maße zu entsprechen, sie besingen das zarte Naturerlebnis und verweben es mit den Empfindungen der lyrischen Apostrophe, setzen ihm (das vielleicht in dieser Phase stärker als später) die Welt der menschengemachten Technik entgegen. Der dichterische, vielleicht rhetorische Kniff Mayröckers, ungewöhnliche Adjektiv- oder Adverbkomposita („zitronenblasz", „zungenlahmen") ebenso wie neologistische Verbpartizipien („eingesonnt") zu ersinnen (Mayröcker 1964, [3]), scheint in die Richtung des Numinosen zu weisen. Bereits hier arbeitet und feilt Mayröcker, wie seit Anbeginn und bis zuletzt, an dem

von ihr selbst bewusst mitgeformte[n] Bild einer Dichterin, die das Kleinste, Innigste, Leiseste, Verwehteste, Vergangenste, Geträumteste, aber auch das Augenscheinlichste, Gegenständlichste und Offensichtlichste mit dem Herrlichsten und Großartigsten, mit der Fülle und der Gesamtheit der Phänomene in einer Einheit des Lebendigen zu fusionieren vermochte […]. (Neumann 2024)

Dadurch aber haben diese Langgedichte tatsächlich wenig mit den experimentellen Ansätzen der Wiener Gruppe gemeinsam (vgl. dazu etwa Wiener 1998, 23–24).

Zurecht erkennt Bense sowohl in Mayröckers Gedichten als auch in ihrer Prosa der 1960er-Jahre eine umfassende ästhetische Wirkkraft und Existenz:

> Was nun *Fantom Fan* von Friederike Mayröcker anbetrifft, so bin ich der Auffassung, daß dieses Buch wie kein anderes dieser Autorin, also viel deutlicher als *Tod durch Musen* von 1966 oder *Minimonsters Traumlexikon* von 1968, ein Werk ist, dessen Welt nur als ‚ästhetisches Phänomen' gerechtfertigt werden kann und dessen Verfasserin das Kreative nur als unmittelbare Äußerung ihrer ‚ästhetischen Existenz' verständlich werden läßt. (Bense [1971] 1984, 58)

Und er fährt, anders als es für die kalkulierten und konkreten Gebilde der Wiener Gruppe gelten könnte, fort, von spekulativen Texten zu sprechen: „Wie immer bei Friederike Mayröcker handelt es sich um *spekulative Dichtung*, und zwar in dem Sinne, daß sie einerseits mallarméisch – mehr als es scheint aus Wörtern als aus Gefühlen gemacht – ist und andererseits, wiederum stärker als es scheint, auf imaginative Welten der Musen, des Traums, der Fantome bezogen wird." (Bense [1971] 1984, 58 [Herv. i.O.]) Auch wenn manche Gedichte jener Zeit, wie etwa *Himmelfahrten süsze soledades* (1964) aus *Tod durch Musen*, auf den ersten Blick an die typographisch agierende Konkrete Poesie erinnern (vgl. TM 72), so gebe es doch bei aller oberflächlichen Ähnlichkeit, etwa der Gestaltung der Textfläche durch die Anordnung der Verse entlang einer von links oben nach rechts unten verlaufenden 45-Grad-Achse, einen eklatanten Unterschied: Es „klafft zwischen Mayröckers Programm und dem der *konkreten poesie* eine nicht mehr überbrückbare Differenz" und: „Mayröcker also behauptet unbeirrt ihr poetisches Generalprogramm, auch gegen die Doktrinen der zeitgenössischen Avantgardedichtung – hier der Inhaltsbestimmung durch die graphische Formgebung –, wiewohl sie sich selbst als Teil dieser Dichtungsavantgarde verstanden hat." (Neumann 2024)

Auch die so genannten ‚Gemeinschaftsarbeiten', also die in Zusammenarbeit durch mehrere Autorinnen und Autoren gemeinsam verfassten Texte, sind sowohl ihrer Intention wie ihrer ästhetischen Gestalt nach sehr unterschiedlich, wenn man die Arbeiten der Wiener Gruppe mit den Gemeinschaftsarbeiten Mayröckers (vor allem mit Jandl, z. B. die beiden für sich genommen großartigen Hörspiele *Gemeinsame Kindheit* und *Fünf Mann Menschen*) vergleicht. Die „gemeinschaftsarbeiten" der Wiener Gruppe waren der Versuch, Autorschaft zu verteilen und das ingeniöse Autorsubjekt auszuhebeln, etwa durch zuvor entworfene Baupläne wie in dem die Montagen vorbereitenden „methodischen inventionismus" Marc Adrians und der Wiener Gruppe, den Bayer mit den Worten: „jeder kann jetzt dichter werden" (Bayer [1964] 1996, 717) bedacht hat (vgl. dazu Rühm 2023b, 1049).

Mit etwas terminologischer und klassifikatorischer Großzügigkeit könnte man manchen Arbeiten Mayröckers den Charakter von und eine Nähe zu den intuitiven „inventionen" (Rühm 2023b, 1049) H. C. Artmanns unterstellen, denen es stärker um die Steigerung der ästhetischen Wirkung geht, als darum, erkenntnistheoretische Fragen um die Funktion und Beschaffenheit solcher Wirkungserzeugung zu erkunden. Mit einigem Recht könnte man das, was Reinhard Priessnitz zu Artmanns Dichtung im Unterschied zu den Intentionen der anderen Mitglieder der Wiener Gruppe schreibt, auch auf Mayröckers ausgiebig mit den rhetorischen Mitteln der Metapher verfasste Texte (Prosa und Gedichte) jener Jahre anwenden: „a.s hervorbringungen stellen [...] rhetorische figuren in einen zeitbewusstsein vorgebenden rahmen; aber im grunde bestätigen sie nur ihren reiz – nicht ihren sinn. sie verhalten sich – bei all ihrer faszination – wie kunstvoll geschnitzte königinnen, könige, bauern oder türme zum schachspiel." (Priessnitz [1970] 1990, 10)

So mag denn auch manchen der Wörter im Gedicht *kahnweilers lied* (1964) aus *metaphorisch* Zitatcharakter beikommen. Der Name im Titel erscheint als Anspielung auf den deutschfranzösischen Galeristen, Kunsthistoriker und -wissenschaftler Daniel-Henry Kahnweiler. Die Wendung „erdolcht in smyrna" (Mayröcker 1964, [14]) lässt sich als eine Allusion an den Märtyrer Polykarp von Smyrna lesen. Mit „ried im heldenbuch an der etsch" (Mayröcker 1964, [14]) scheint auf das Ambraser Heldenbuch angespielt zu werden, eine handschriftliche Sammlung mittelalterlicher Heldenepen und kleinerer höfischer Erzählungen des 12. und 13. Jahrhunderts, zusammengetragen und kalligraphiert von dem Zollschreiber Hans Ried in Bozen 1504–1516/17. Auch wenn das Gedicht als Ganzes unter Anführungszeichen steht und damit wohl in gewissem Sinn zitiert ist, so ist es doch über dem typischen Mayröcker-Sound, was Lexik (Komposita) und Syntax anlangt, errichtet. Ist gar mit „kahnweiler" – einem Vertrauten Picassos – eine Spur gelegt in Richtung einer Rezeption der sprachlichen Flächen des Gedichts, die analog zur Rezeption eines kubistischen Gemäldes, also multiperspektivisch, erfolgen sollte? Wie auch immer man diese Allusionen bestätigen oder ablehnen mag, bei all dem fragt man sich: Ist anhand der zu entschlüsselnden biographischen und musikalischen/literarischen/kunsthistorischen Spuren eine intelligible Deutung möglich oder intendiert?

Die Ablösung des schöpferischen Dichtersubjekts durch der Allgemeinheit zur Verfügung zu stellende Baupläne – „jeder kann jetzt dichter werden" (Bayer [1964] 1996, 717) – widerstrebt der Intention, Poetik und Produktion Mayröckers sehr. Vergleichbares gilt für die in der Wiener Gruppe in dieser Zeit formulierte Einstellungsästhetik, zugespitzt im von Wiener 1954 formulierten und später verlorengegangenen *coolen manifest*, in dem er unter anderem proklamierte, dass erst die Betrachterleistung etwas zum Kunstwerk mache (vgl. Wiener/Eder 2023, 31–32).

Der erhitzten und euphorisierten ästhetischen Gestimmtheit, wie man sie der Produktionsweise und vielen der Texte Mayröckers wohl zurecht unterstellen kann, widerstrebt zum einen die paradoxale Forderung des *coolen manifests*, vor allem angesichts von herausragenden Naturereignissen, Katastrophen und Beobachtungen: „cool zu bleiben, affektlos [...] Affekte zu stören, war das Ziel" (Wiener/Eder 2023, 32). Dem könnte man die Mayröcker'sche Natursensibilität mit Recht entgegensetzen, aber auch dabei gilt es zu spezifizieren: Das ‚sanfte' (nahezu dem ‚sanften Gesetz' Stifters vergleichbare) Naturerlebnis, etwa der über einer Hecke aufliegende Sperling (vgl. SC 49), kann der Dichterin Mayröcker zum Anlass einer ‚zarten', ‚ziselierten' Sprachgestaltung werden, deren Zartheit näher zu befragen wäre, jedenfalls aber fast immer auch dem Stifter'schen Umschlagenkönnen des Naturereignisses ins Schreckliche widersteht. Während die Wiener Gruppe also „eindruckskunst" statt „ausdruckskunst" propagiert, das heißt, „das psychologische wird nicht beschrieben oder ausgedrückt, sondern im hinblick auf den konsumenten, sozusagen als dimension, kalkuliert" (Rühm [1967] 2023a, 14), strebt Mayröcker nach einer Verwandlung alles Erfahrenen (sei es Lebenseindrücke oder schriftliche Quellen) in den poetischen Text, nach einer Verfeinerung und Ziselierung des ‚Ausdrucks'.

Auch das Aufgreifen von vorgefundenem Material unterscheidet Mayröckers Werk von den Arbeiten der Wiener Gruppe: Die Montage (bzw. Collage) ist eine der bedeutsamsten Entwicklungen der historischen Avantgarde am Beginn des 20. Jahrhunderts. Abweichend davon verwendet Mayröcker dieses Verfahren intuitiv und vielleicht sogar nur vorgeblich:

> Im Unterschied zu den vor allem in den 50er-,60er- und 70er Jahren auch in Wien aktuellen experimentellen Strömungen und programmatisch-ästhetisch ausgerichteten literarischen Gruppierungen verwendet Mayröcker ein Wort- und Sprachmaterial, das nicht lexikalisch oder semantisch vorgeordnet ist, wie dies u. a. in den Wortlisten und kalkulierten Wortpositionierungen der *konkreten poesie* augenscheinlich wird. Bei Mayröcker handelt es sich um eine nicht codifizierte, eigentümliche Art der Welterfassung, die ihre Wirkung dennoch nicht wie eine hermetische Privatmythologie, sondern offen und nachvollziehbar entfaltet. (Neumann 2024)

So könnte man für viele Arbeiten dieser Zeit, aber auch herauf bis zu ihren späten Proëmen, vermuten, dass für sie das vorgefundene Material zwar zum Schreibanlass wird, diesem jedoch eine Gestimmtheit, die von diesem Anlass mehr als durch das gefundene Material geleitet wird, leicht vorausliegt und alle Auswahl und Formation begleitet. Und daraus entsteht ein poetischer Text, der die gewählte Stimmung hält und enthält, auch wenn die Aleatorik und vielleicht *serendipity* des Gefundenen in diese Texte einfließt. Es geht um das Erstellen eines poetischen Gewebes, das mit der Stimmung der Schreibenden, diese nach Art der Autofiktion in die Erzählstimme umlenkend, interagiert; es geht nicht, wie in den Intentionen mancher Texte der Wiener Gruppe, um das freie, offene Experimentieren mit Wortmaterial. Beispielhaft dafür mag Mayröckers *maschinen-bild nach armin sandig* (Mayröcker 1964, [8]) aus dem Gedichtband *metaphorisch* gelten. Die dargestellten Stimmungen überwiegen vor einer möglichen Analyse der poetischen Wirkungsweise des Materials. Es soll wohl nicht die von Oswald Wiener zitierte Verwunderung Gertrude Steins, dass jeder Kombination von Vokabeln Sinn unterstellt werden kann – „Es ist außerordentlich wie unmöglich es ist daß ein Wortschatz keinen Sinn hat" (Stein [1935] 1965, 176) –, kritisch demonstriert und hinterfragt werden, sondern gerade eine schwärmerische Stimmung des Text-Ichs mit klischierten Formulierungen erzeugt werden: „image eines rosenleuchters [/] es empfiehlt sich entwürfe für lebewesen [/] o! pfauenauge reiswunder fittiche eines rauchfasses [/] [...] alle klagegedichte auf rötlicher seidenseele" (Mayröcker 1964, [8]).

Dialektgedichte

Eine der herausragenden Leistungen der Wiener Gruppe ist die Entdeckung und Anwendung des Dialekts für die Dichtung der Neoavantgarde. In der Dialektdichtung der Wiener Gruppe scheinen Charakteristika des Surrealismus und der Montage verdichtet (vgl. dazu etwa Sedlmayr 1958). Aufgrund ihrer Notation sind die Dialektgedichte der Wiener Gruppe auch visuelle Gebilde von höchstem sprachlichem Reiz. Durch die Verfremdung der Lautnotationen wird der Akt des Lesens in den Vordergrund gerückt: „bopöbam (Pappelbaum [*populus nigra*]) […], bozwach (patzweich) […], diadafalbeowochtn (Türtaferl beobachten [das Lesen der Namensschilder an den Wohnungstüren im Detektivspiele] […], qaglschduazz (Quargelsturz [Käseglocke]) […], wachaualawaln (Wachauerlaibchen [mit Mehl und Kümmel bestreutes, sehr schmackhaftes, semmelartiges Gebäck aus Brotteig])" (Artmann 1958, 89–95). Das buchstabenweise Entziffern der Dialektgedichte erschwert die Übersetzungsleistung von visuellen Buchstaben zu durch sie notierten Sprachlauten. Die damit einhergehende Entautomatisierung des Lesens trägt zur ästhetischen Wirkkraft dieser Dialektgedichte bei, die zwischen ihrer akustischen und visuellen Ebene changieren.

In ihrem 1958/1959 entstandenen Zyklus *SO A BABIA ROSN*, publiziert 1969 in den von Otto Breicha herausgegebenen *protokollen*, experimentiert Mayröcker mit dem Genre des Dialektgedichts. Dieser Zyklus wurde allerdings nicht in die *Gesammelten Gedichte 1939–2003*, aufgenommen, wie im Kommentar zur Ausgabe angemerkt wird (vgl. GG 781). Warum Mayröcker gegen die Publikation in der Sammlung optiert hat, darüber mag man spekulieren, interessanter scheint der Vergleich der paar wenigen (insgesamt 20) publizierten Dialektgedichte Mayröckers mit jenen der Wiener Gruppe.

In vielen der Dialektgedichte der Wiener Gruppe wird mit unheimlichem Vergnügen das Morbide, Todessehnsüchtige, Lustvolle am Vergänglichen ausgestellt – ein Topos, der besonders der sprichwörtlichen Wienerischen Seele und Gemütslage zugeschrieben wird. Mitunter überziehen und überbieten die Dialektdichter der Wiener Gruppe diesen Topos, er kippt durch die Übertreibung nicht nur, je nach psychischer Disposition und Grad an Zartbesaitetheit ihrer Leser, ins lustvoll Lächerliche oder mit Furcht empfundene Unangenehme, sondern er ist auch für die Reflexion der Faktur dieser Emotionserzeugung offen. Der Beispiele sind viele, etwa der zahlreiche originelle Selbstmordarten angebende Gedichtzyklus *da söbsdmeadagraunz* (1955–1956; Rühm 1993, 69–97), die auf Tabubruch setzenden Gedichte *ogribm und gwassad* (1955), *bei de blindn hassd s* (1955) oder *bei dar heisldia* (1955/1959), die den Kannibalismus (vgl. Rühm 1993, 32), die Verhöhnung von Kleinwüchsigen und Blinden (vgl. Rühm 1993, 80), oder Erotik und Liebe, aufgelöst in pure physikalische Kopulation, thematisieren (vgl. Rühm 1993, 42). Dabei wird der Tabubruch einer Analyse des Tabus ebenso wie dessen soziopolitischer Reflexion und möglicherweise mutiert-geläuterter Re-Installation ausgesetzt. Artmanns Paratext in *med ana schwoazzn dintn* redet anhand des Herzens davon, dass das Gefühl den Gedichten auszutreiben sei, er tut dies in einer Überblendung des metaphorischen Gehalts von „heazz" auf seinen phsyiologischen: „reis s ausse dei heazz dei bluadex [/] und hau s owe iwa r a bruknglanda! [/] fomiraus auf d fabindunxbaun [/] en otagring.." [„Reiß es heraus, Dein Herz, Dein blutiges / und wirf es hinab über ein Brückengeländer, meinetwegen auf die Stadtbahn in Ottakring"] (Artmann 1958, 7 [Übers. d. Verf.]). Hier die einzige fern vergleichbar anklingende Stelle aus Mayröckers Dialektgedichten: „gscheng hodama amoi [/] a glans messarl [/] mid meine aunfaungsbugschtobn drauf [/] des is so schoaf [/] das ma sis heaz aussaschneidnkau [/] damid" [„geschenkt hat er mir eines tages [/] ein kleines messerchen [/] mit meinen anfangsbuchstaben darauf [/] das ist so scharf [/] dass man sich damit das herz herausschneiden kann"] (Mayröcker 1969, 45 [Übers. d. Verf.]).

Rühm zufolge widmeten sich die Mitglieder der Wiener Gruppe „mit genuss der schockierenden wirkung ungewöhnlicher zusammenhänge, bisweilen auch in vulgärem habitus" (Rühm [1967] 2023a, 13). Mayröckers Dialektgedichte sind demgegenüber von einer sensibleren thematischen Tönung geprägt: Wenn das Text-Ich vom eigenen imaginierten Tod schreibt, sorgt es sich zugleich, dass es einem potentiell erbenden Du ausschließlich „di gschbrengladn wisn" [die (blüten)besprenkelten wiesen] „vermachen" [vererben] könne, Paare imaginieren hoffnungsfroh, was sie mit dem Gewinn eines

„großen Loses" oder gar eines „Tototreffers" anfangen würden (Mayröcker 1969, 42), der Tod ist – diametral entgegengestimmt den Dialektgedichten der Wiener Gruppe – das Anathema: „dsun is [/] wias ewiche liacht inda kiachn [//] (nu nead schdeam [/] nu nead schdeam [/] daun is ausblosn [/] fia imma)" [die sonne ist [/] wie das ewige licht in der kirche [//] (nur nicht sterben [/] nur nicht sterben [/] dann ist es ausgelöscht [/] für immer)] (Mayröcker 1969, 43 [Übers. d. Verf.]). Die Vögel vor dem Fenster des lyrischen Ich in Mayröckers Dialektgedicht mit der Anfangszeile „heast di vogaln singa" (Mayröcker 1969, 43) kommen anders vor, sind anders gewichtet, entsprechen den klischierten Erwartungen ans Genre Naturgedicht weitaus stärker als die Würmer Rühms, die dem liebevollen Wirt seine alimentierende Fürsorge gerade nicht danken: „waunst am sundog [/] zaussitzt beim fensta [/] heast di vogaln singa [/] ausn baag" [„wenn du am sonntag [/] zu hause sitzt am fenster [/] hörst du die vögelchen singen [/] aus dem park"] (Mayröcker 1969, 43). Rühm dagegen in einem Dialektgedicht aus dem Jahr 1955: „i hob a guads heaz [/] drum fris i so vü [/] ollas fia meine wiama [/] doch oes daunk wia s so is [/] dan s ma beim scheissn no we" [„ich habe ein gutes herz [/] darum esse ich so viel [/] das alles zugunsten meiner würmer [Parasiten] [/] doch als dank dafür wie das leben so spielt [/] bereiten sie mir noch beim defäkieren schmerzen"] (Rühm 1993, 23 [Übers. d. Verf.]).

Universelle, lebensbejahende Todesverweigerung, Naturbeobachtung-zu-Text-Konversionen, sanfte Gefühle in sanften Tönen in sanften Gedichten – all das scheint Mayröckers Dialektgedichte ebenso wie ihr übriges Werk zu charakterisieren. Anders sieht das Kurt Neumann. Er kann Mayröckers „markanten und auf seine Art perfekt gelungenen Zyklus *SO A BABIA ROSN* nicht in das von ihr selbst bewusst mitgeformte Bild einer Dichterin, die das Kleinste, Innigste, Leiseste, Verwehteste, Vergangenste, Geträumteste, aber auch das Augenscheinlichste, Gegenständlichste und Offensichtlichste mit dem Herrlichsten und Großartigsten, mit der Fülle und der Gesamtheit der Phänomene in einer Einheit des Lebendigen zu fusionieren vermochte" (Neumann 2024), einpassen. Die Mayröcker'schen Dialektgedichte führen den Universaldialog mit allem Kreatürlichen und Organischen, sie sind aber gerade nicht „von der Kraft der melancholischen, oft das Morbid-Zerstörerische pointierenden Tradition der Wiener Volksdichtung bestimmt" (Neumann 2024). Damit sind sie – *in a nutshell* – ein weiterer Erweis des fernen Verhältnisses der Dichtung Friederike Mayröckers zu Dichtung, Poetik und Poetologie der Wiener Gruppe, ein Zeugnis, wie wenig Mayröckers solitäre und einzigartige Texte mit den „Intonationen und Intentionen von Artmann, Rühm, Achleitner […] verwandt" (Neumann 2024) sind.

Literatur

Artmann, Hans Carl: vorwort. In: publikationen, 4/1 (1957), [2].

Artmann, Hans Carl: med ana schwoazzn dintn. gedichta r aus bradnsee. Salzburg 1958.

Artmann, Hans Carl: gedichta. In: Friedrich Achleitner/ Ders./Gerhard Rühm: hosn rosn baa. Wien 1959, 47–89.

Bayer, Konrad: hans carl artmann und die wiener dichtergruppe [1964]. In: Ders.: Sämtliche Werke. Hg. von Gerhard Rühm. Wien 1996, 714–723.

Bense, Max: *Fantom Fan,* Notizen über ein Buch Friederike Mayröckers [1971]. In: Siegfried J. Schmidt (Hg.): Friederike Mayröcker. Frankfurt a. M. 1984, 58–61.

Beyer, Marcel: Friederike Mayröcker. Eine Bibliographie 1946–1990. Frankfurt a. M. et al. 1992.

Bisinger, Gerald: Eine österreichische Variante des „langen Gedichts" [1966]. In: Siegfried J. Schmidt (Hg.): Friederike Mayröcker. Frankfurt a. M. 1984, 32–35.

Gausterer, Tanja: Die einzige oder letzte Avantgardezeitschrift Nachkriegsösterreichs „publikationen einer wiener gruppe junger autoren" (1951–53). „publikationen" (1957), [2010], https://www.onb.ac.at/oe-literaturzeitschriften/Publikationen/Publikationen_essay.pdf (11.4.2024).

Haider, Hans: Ernst Jandl 1925–2000. Eine konkrete Biographie. Stuttgart 2023.

Jandl, Ernst: verwandte [1989]. In: Ders.: Werke in 6 Bänden. Hg. von Klaus Siblewski. Bd. 4. München 2016a, 28.

Jandl, Ernst: Österreichische Beiträge zu einer modernen Weltdichtung [1966]. In: Ders.: Werke in 6 Bänden. Hg. v. Klaus Siblewski. Bd. 6. München 2016b, 11–14.

Jandl, Ernst: Von Konrad Bayer [1977]. In: Ders.: Werke in 6 Bänden. Hg. v. Klaus Siblewski. Bd. 6. München 2016c, 254–256.

Kyora, Sabine: Dinge als Akteure in (neo)avantgardistischen Texten. In: Moritz Baßler et al. (Hg.): Realisms of the Avant-Garde. Berlin/Boston 2020, 547–558.

Mayröcker, Friederike: metaphorisch. Stuttgart 1964.

Mayröcker, Friederike: SO A BABIA ROSN. In: protokolle 4/1 (1969), 43–47.

Neumann, Kurt: Universaldialog Hypothese m.b.H. [mit beschränkter Haftung]. In: Françoise Lartillot/Aurélie Le Née (Hg.): vielleicht ist es so, dasz man weiter Gespräche führen kann .. friederike mayröcker zum 100. Geburtstag. Wien 2024. [im Druck]

Okopenko, Andreas: Friederike Mayröcker [1963]. In: Siegfried J. Schmidt (Hg.): Friederike Mayröcker. Frankfurt a. M. 1984, 27–31.

Okopenko, Andreas: Die schwierigen Anfänge österreichischer Progressivliteratur nach 1945 [1975]. In: Ders.: Gesammelte Aufsätze und andere Meinungsausbrüche aus fünf Jahrzehnten. Bd. 1: In der Szene. Klagenfurt/Wien 2000, 13–38.

Priessnitz, Reinhard: hans carl artmann [1970]. In: Ders.: literatur, gesellschaft etc. aufsätze. Linz/Wien 1990, 5–10.

Rühm, Gerhard: Sämtliche Wiener Dialektdichtungen. Graz/Wien 1993.

Rühm, Gerhard: vorwort [1967]. In: Ders.: Die Wiener Gruppe. Texte. Gemeinschaftsarbeiten. Aktionen. Neuauflage der erweiterten Neuausgabe. Leipzig 2023a, 5–36.

Rühm Gerhard: inventionen. In: Ders.: Gesammelte Werke. Bd. 6.2: Prosa. Hg. von Monika Lichtenfeld. Berlin 2023b, 1049.

Schmidt, Siegfried J.: „Der Fall ins Ungewisse". Anmerkungen zu einer Nicht-Erzählerin. In: Ders. (Hg.): Friederike Mayröcker. Frankfurt a. M. 1984, 13–25.

Sedlmayr, Hans: „Die Kunst liebt es [...]" [Vorwort]. In: H. C. Artmann: med ana schwoazzn dintn. gedichta r aus bradnsee. Salzburg 1958, [3].

Stein, Gertrude: Poetik und Grammatik [1935]. In: Dies.: Was ist englische Literatur und andere Vorlesungen in Amerika. Zürich 1965, 157–190.

Strigl, Daniela: Die Neuen Wege – Zentralorgan der literarischen Avantgarde? In: Gerald M. Bauer/Birgit Peter (Hg.): Neue Wege. 75 Jahre Theater der Jugend in Wien. Wien/Berlin 2008, 73–86.

Wiener, Oswald: Bemerkungen zu einigen Tendenzen der „Wiener Gruppe" [Ausstellungskatalog]. In: Wolfgang Fetz/Gerald Matt (Hg.): Die Wiener Gruppe. Wien 1998, 20–28.

Wiener, Oswald/Eder, Thomas: Literatur, Sprache, Denken: Die Anfänge. Gespräch zwischen Oswald Wiener und Thomas Eder. In: Thomas Eder/Thomas Raab/Michael Schwarz (Hg.): Oswald Wieners Theorie des Denkens. Gespräche und Essays zu Grundfragen der Kognitionswissenschaft. Berlin/Boston 2023, 11–77.

Poststrukturalismus

Françoise Lartillot und Aurélie Le Née

In *Poststrukturalismus. Herausforderung an die Literaturwissenschaft* aus dem Jahre 1997 betont Sigrid Weigel, wie komplex es ist, den Begriff ‚Poststrukturalismus' zu definieren:

> Jacques Derridas *Grammatologie*, im Original vor beinahe drei Jahrzehnten erschienen (1967, 1974 in deutscher Übersetzung), darf wohl als folgenreichste Publikation jener Theoriegeschichte gelten, die hierzulande unter den Titeln ‚Poststrukturalismus', ‚Dekonstruktion' oder ‚Französische Theorie' immer wieder zu heftigen Kontroversen und Abgrenzungsgefechten in Feuilleton und akademischem Diskurs Anlaß gibt. (Weigel 1997, 17)

In einem Artikel über den Poststrukturalismus in Friederike Mayröckers Werk kann nicht über diese terminologischen Auseinandersetzungen diskutiert werden. Poststrukturalismus wird hier als lose philosophische und literaturwissenschaftliche Richtung verstanden, die „logozentr[ische] Hierarchien" (Deubel 1990, 361) sowie Begriffe wie ‚Identität', ‚Universalität', ‚Transzendenz' in Frage stellt und den Vorrang des Inhalts vor der Ausdrucksform problematisiert. Im Folgenden wird vor allem die bedeutende Rolle der oft als poststrukturalistisch eingestuften Autoren Roland Barthes, Jacques Derrida und Gilles Deleuze für Mayröckers Werk und dessen Rezeption berücksichtigt.

Barthes, Derrida, Deleuze in Friederike Mayröckers Werk: intertextuelle Spuren

In ihrer 1986 veröffentlichten Antrittsrede anlässlich der Aufnahme in die Deutsche Akademie für Sprache und Dichtung bezeichnet Mayröcker Roland Barthes als einen ihrer „Blutsbrüder" (MB II, 130) neben anderen Autoren und Autorinnen wie Samuel Beckett, Bertolt Brecht, André Breton, Arno Schmidt, Claude Simon und Marguerite Duras. Dies suggeriert, dass Barthes von Mayröcker weniger als Theoretiker denn als Dichter betrachtet wird. In *études* (2013) ist sogar die Rede von „1 Hörspiel von Roland Barthes" (ET 122). Auch in *brütt oder Die seufzenden Gärten* (1998) wird Barthes, dessen Hauptwerke in den 1970er- und 1980er-Jahren ins Deutsche übersetzt wurden, neben Dichtern und Dichterinnen wie Breton, Beckett, Jean Paul, Michaux oder Duras genannt (vgl. GP V, 319, 329). Ebenfalls in *brütt* evoziert das Ich „Roland Barthes' ‚Kritische Essays III'" (GP V, 338). Dessen Band *Der entgegenkommende und der stumpfe Sinn. Kritische Essays III* wurde 1990 ins Deutsche übersetzt. Es ist nicht erstaunlich, dass die Dichterin, die sehr oft ihre Inspiration aus der bildenden

F. Lartillot (✉)
Universität Lothringen, Metz, Frankreich
E-Mail: francoise.lartillot@univ-lorraine.fr

A. Le Née
Universität Straßburg, Strasbourg, Frankreich

Kunst schöpft und mehrere Texte über Schumann verfasste, sich für diese Essays interessiert, welche die Frage nach der „Schrift des Sichtbaren" (Barthes 1990, [7]) stellen und sich mit Photographie, Malerei, aber auch romantischer Musik – u. a. Schumann – befassen. In *Die kommunizierenden Gefäße* wird Barthes' *Fragmente einer Sprache der Liebe* (Barthes [1977] 1984) als eines der „Lieblingsbücher" (KG 41) des Ich bezeichnet.

In *brütt* wird Barthes oft neben Derrida erwähnt, dessen Werk die Dichterin mehrfach angeregt hat. Ein Text Derridas spielt eine zentrale Rolle: *Die Postkarte* (Derrida [1980] 1982). In *brütt* erklärt das Ich, „daß es das EINZIGE, das EINZIG RICHTIGE, daß es das WIRKLICHE, das WICHTIGSTE Buch sei" (GP V, 329). 2016 besuchte Marcel Beyer die Autorin und fragte sie, ob sie sich daran erinnere, wie ihr Interesse an Derridas Werk entstanden sei:

> Friederike Mayröcker steht auf und holt den ersten Band von Derridas philosophischem Briefroman „Die Postkarte" aus dem Nebenzimmer – mindestens drei Exemplare dieses Buches finden sich in ihrer überbordenden Arbeitsbibliothek. Unter welchen Umständen es dorthin gefunden hat, bleibt im Dunkeln, doch die Arbeitszusammenhänge können wir rekonstruieren: Die deutsche Übersetzung von „La carte postale" erschien 1982, und die Lektüre muss sich nahezu unmittelbar als schreibfördernd erwiesen haben, finden sich doch die ersten Derrida-Bezüge in dem 1982/83 entstandenen Prosawerk „Reise durch die Nacht". (Beyer 2016)

Neben *Die Postkarte* als „konstante Begleitlektüre" (Beyer 2016) nimmt das Buch *Jacques Derrida. Ein Porträt* von Geoffrey Bennington und Jacques Derrida (frz. 1991), 1994 ins Deutsche übersetzt, einen bedeutenden Platz ein (Bennington/Derrida [1991] 1994). In *ich bin in der Anstalt. Fusznoten zu einem nicht geschriebenen Werk* (2010) heißt es: „zum 5. x Derrida/Bennington *ausgelesen*" (AF 88; s. dazu auch Kap. 31). Beyer erinnert auch daran, dass Mayröcker im Wintersemester 2004/2005 die Vorlesung „Freud, Lacan und Derrida" des Psychoanalytikers Michael Turnheim besuchte (vgl. Beyer 2016). Als drittes für Mayröcker wichtiges Werk Derridas ist *Glas* (Derrida [1974] 2006) zu nennen. In *ich bin in der Anstalt* kommt folgende Erwähnung vor: „und ich habe mir GLAS von Jacques Derrida gekauft" (AF 77). Seit 2010 fasziniert der in zwei, manchmal drei Spalten organisierte Text, der erst 2006 ins Deutsche übersetzt wurde, die Dichterin. Besonders in *études* ist das Wort „Glas" der Ausgangspunkt einer wiederkehrenden Homographie: „also die nickenden zusammengebündelten Blumen im Glas in dieser funkelnden Frühe als ob Totenglocke = GLAS (frz.)" (ET 11). Die Lektüre von Derridas *Glas* kann auch zur intertextuellen Auseinandersetzung mit dem bei Derrida zentralen Jean Genet beigetragen haben, die seit 2010 nicht zu übersehen ist.

Es ist sicher kein Zufall, dass die Dichterin *Die Postkarte* bewundert, dessen erster Teil, „Envois", mit seiner Reihe von Liebesbriefen mehr als ein literarischer denn als ein philosophischer Text erscheint. (Die deutsche Übersetzung wurde in zwei Bänden veröffentlicht: „Bd. 1: Lieferung, Envois / Sendungen" 1982, „Bd. 2: Spekulieren, über/auf Freud" 1987). Bei *Glas* geht die Faszination zuerst vom formalen Aspekt des Textes aus, wie ein Zitat aus *fleurs* (2016) suggeriert:

> Ich erlebe Wunder mit GLAS was mein Schreiben angeht: ich schlage das Buch z. B. auf Seite 142 auf und erblicke 3 Kolumnen geheimnisvoller Texte. Links die Anstrengung v.Hegel, mittig das Zitat eines Jean Genet Textes („wie ein Tagebuch eines Diebes, das man in allen Richtungen wird durchlaufen müssen, um dort alle Blumen abzuschneiden oder einzusammeln') und rechts, in Kursivdruck, nierenwärts, nochmals ein Zitat von Jean Genet. (FL 80)

Im Buch von Bennington und Derrida war die Autorin von der Stelle, an der sich Derridas Text „Circonfession" befindet, d. h. dort, wo sich gewöhnlich die Fußnoten befinden, beeindruckt. Spuren dieser Faszination können im Untertitel des Buchs *ich bin in der Anstalt. Fusznoten zu einem nicht geschriebenen Werk* erkannt werden. Und beim Lesen von *Paloma* kommen die Liebesbriefe der *Postkarte* in Erinnerung (s. dazu auch Kap. 30). Diese vordergründigen Echos zwischen Mayröckers und

Derridas Werken werden durch präzise intertextuelle Verweise ergänzt, wie z. B. die aus Derridas *Postkarte* stammende Formulierung „die Zeit, darauf zu pusten" (Derrida [1980] 1982, 298), die in *Und ich schüttelte einen Liebling* wortwörtlich (aber ohne Komma) vorkommt (vgl. SL 210) und in unterschiedlichen Variationen in Mayröckers Werk zu finden ist: So heißt es im Gedicht *(„when thou liest howling")* vom 14.–16.07.2002 „die Zeiten darauf zu pusten" (GG 747–748) und in dem 2003 entstandenen Text *kritzeln und Ästchen oder, das Lied der Trennung* „die Zeilen darauf zu pusten" (MB VI, 161). Als weiteres Beispiel kann der Satz „‚aber meine Liebe zu ihm ist von Liebe erfüllt' Jacques Derrida" gelten, der am Ende des Mayröcker'schen Textes vom 3.12.2008 in *dieses Jäckchen (nämlich) des Vogel Greif* (JVG 315) und in *ich bin in der Anstalt* (AF 9) erscheint, als Variation (oder hat sich die Dichterin verlesen?) einer Zeile aus Benningtons und Derridas Porträt: „meine Liebe zu ihnen ist von Liebe erfüllt" (Bennington/Derrida [1991] 1994, 234). Zudem lässt sich etwa das lange Zitat aus *Glas* (Derrida [1974] 2006, 239) anführen, das sich am Ende des Textes *nach Stefan Fabi's Kartoncollage „Nackt" (2013) und Holzschnitt „Mann mit Flöte" (2013)* in *cahier* findet (vgl. CA 130; Le Née 2017). Auch das Tränenmotiv und die Figur der Mutter können – nicht ausschließlich, aber häufig – in den Texten der 2000er-Jahre mit Derridas Texten assoziiert werden, etwa, wenn es in *Und ich schüttelte einen Liebling* heißt: „der Ursprung der Tränen, so Jacques Derrida" (SL 100; Bennington/Derrida [1991] 1994, 141; s. Kap. 64)**,** oder wenn in *études* eine Erinnerung an Derridas Mutter evoziert wird (vgl. ET 83). Es handelt sich hier um eine sehr kleine Auswahl der zahlreichen intertextuellen Relationen zwischen Mayröckers und Derridas Werken, welche die Tendenz der Dichterin verdeutlicht, ihre poetische Sprache mit den Worten der anderen zu konstituieren, eine Tendenz, die als Merkmal der poststrukturalistischen Literatur betrachtet wird.

Neben Barthes und Derrida, wenngleich seltener, kommt auch der Name Deleuze in Mayröckers Werk vor. Im Text *Stilleben / Nahaufnahme*, der in *Magischen Blättern VI* (MB VI, 281) und in *dieses Jäckchen (nämlich) des Vogel Greif* (JVG 102) veröffentlicht wurde, wird der französische Denker erwähnt: „mein Gesicht hinter Taschentuch oder Kohlblatt (Deleuze?)". In *da ich morgens und moosgrün. Ans Fenster trete* (2020) verwendet die Dichterin seinen Nachnamen metonymisch: „*Klimperkasten!* so Mama, sie bringt mir einen Deleuze : eine Anbetung, Rucksäcke im Wind, sage ich" (MMF 116). In *Und ich schüttelte einen Liebling* (2005) hält das Ich fest, dass es „im Lexikon nach der Bedeutung des Wortes *Rhizom*" suchte (SL 202), einem der wohl bekanntesten von Deleuze geprägten Begriffe. Es gibt zwar Verweise auf Deleuze in Mayröckers Werk, aber im Vergleich zu Derrida sind sie gering. Der Rekurs auf Deleuzes Denken geschieht dagegen vor allem in der literaturwissenschaftlichen Rezeption von Mayröckers Werk.

Rezeption

Nach der Veröffentlichung der Prosatexte *Reise durch die Nacht* (1984) und *brütt oder Die seufzenden Gärten* vermehren sich die poststrukturalistischen Analysen von Mayröckers Werk, wobei zwischen den philologischen Arbeiten, die versuchen, Echos bzw. intertextuelle Verweise zwischen Mayröckers Texten und Werken poststrukturalistischer Autoren (vor allem Derrida) ans Licht zu bringen, wie die Arbeiten von Klaus Kastberger (2000) oder Andrea Winkler (2004), und Arbeiten, die Kategorien des Poststrukturalismus verwenden, um globale Interpretationen von Werken Mayröckers und deren Auffassung der Dichtung zu entwickeln, wie die Arbeiten von Beth Bjorklund (2002) oder Inge Arteel (2007), zu unterscheiden ist.

Mehrere Literaturwissenschaftler und Literaturwissenschaftlerinnen interessieren sich für das Subjekt, das schreibende Ich bzw. die autobiographische Dimension in Mayröckers (Prosa-)Texten und rekurrieren in diesem Zusammenhang auf poststrukturalistische Theorien. Arteel stützt ihre Interpretationen auf die von Deleuze beschriebene Subjektstruktur der Falte, um die Umrisse des Ich in zwischen 1988 und 1998 veröffentlichten Prosatexten Mayröckers zu skizzieren (vgl. Arteel 2007, 2012). Julia Weber ihrerseits zieht Parallelen zwischen dem sich durch die Assoziation von unterschiedlichen Intertexten konstituierenden Subjekt in Mayröckers Werk und Derridas Aufsatz *Die soufflierte Rede* in *Die Schrift und die Differenz* (frz. 1967, dt. 1971) sowie Barthes' Idee eines „Diebstahl[s] der Sprache" (Weber 2010, 172), den er in *Sade, Fourier, Loyola* (frz. 1971, dt. 1974) als einzige mögliche Überwindung der bürgerlichen Ideologie erachtet. Auch Barbara Thums betont die Rolle der Intertextualität in der Konstitution des Subjekts als Autor, und dies in Verbindung mit Derrida und Barthes, aber auch mit dem romantischen Idealismus (vgl. Thums 2002). In ihren Arbeiten analysiert Alexandra Strohmaier den Begriff der Körperlichkeit in Mayröckers Prosa anhand poststrukturalistischer Ansätze der Psychoanalyse (Lacan), der Diskursanalyse (Foucault), der Dekonstruktion (Derrida) und der Performativitätstheorie (Butler, Felman) (vgl. Strohmaier 2008, 2012).

In einer zweiten Gruppe von Arbeiten wird versucht, eine poetische Übertragung der poststrukturalistischen Theorie in Mayröckers Werk zu beleuchten. In ihrem Beitrag *Lire le poststructuralisme en poète* untersucht Françoise Lartillot (2014), wie Mayröckers Nähe zum Poststrukturalismus in *études* gleichzeitig eine gewisse Verwandtschaft zu (post-)symbolistischen Schreibweisen (Mallarmé, Valéry) präsentiert, indem Mayröcker etwa die im Symbolismus wichtige Frage der Konvergenz von Schreib- und Inspirationsbewegung wieder aufgreift. Jedoch stimmen Schreib- und Inspirationsbewegung bei ihr selten überein. Gerade diese Differenz wird dauernd in den Texten neu inszeniert. Diese Schreibweisen, die Lartillot als rhizomartig und tropologisch bezeichnet, setzen sich in *cahier* (2014) und *fleurs* sowie in *Pathos und Schwalbe* (2018) fort und lassen sich mithilfe von Deleuzes Überlegungen zum Verhältnis von Empirismus und Begrifflichkeit genauer darstellen (vgl. Lartillot 2010, 2012, 2014, 2020). Valérie Baumann hebt die Verwandtschaft und gleichzeitig die Differenz zwischen den Texten Mayröckers und Derridas hervor. Das Wort „Circa-Confession", das sie für den Titel einer ihrer Beiträge kreiert (Baumann 2012), unterstreicht diese distanzierte Nähe, die keine Epigonalität bedeutet. In ihrem Kommentar eines Auszugs aus dem Text *vom Umhalsen der Sperlingswand, oder 1 Schumannwahnsinn* (2011) erklärt Baumann, dass Derridas *Einsprachigkeit des Anderen oder die ursprüngliche Prothese* (Derrida [1996] 2003) für ihre Analyse wichtiger sei als *Glas* (vgl. Baumann 2014, 583–584). Darin zeigt Baumann, wie Mayröckers Text den Imperativ der Einsprachigkeit, den Derrida als Sprachbewegung auffasst, die immer vom Anderen her kommt, überwindet. In Eleonore De Felips Beitrag bildet Deleuzes Denken den theoretischen Hintergrund einer präzisen Analyse von Mayröckers Gedichtband *Von den Umarmungen* (2012). De Felip liest diese Gedichte in Verbindung mit Deleuzes „Konzepte[n] des Intensiv-Werdens, des Nicht-Wahrnehmbar-Werdens und des Ritornells" (De Felip 2020, 229). Daniela Strigl ihrerseits stützt ihre Analyse von Mayröckers Liebeslyrik auf Barthes' *Fragmente einer Sprache der Liebe*, um die sinnliche, ja erotische Dimension dieser Lyrik zu fassen und gleichzeitig die Frage nach dem „Denken und ‚Bedenken' von der Liebe", das den Texten zugrunde liegt, zu stellen (Strigl 2020, 57).

Friederike Mayröcker und die poststrukturalistische Rhetorik – Entwendung und Aneignung

Über die intertextuelle Spurensicherung und die Verwendung poststrukturalistischer Begrifflichkeiten zur Deutung und Beschreibung der Mayröcker'schen Schreibweisen hinaus kann man im Sinne einer Synthese der bisherigen Bemühungen der Mayröcker-Forschung auf eine gewisse, wenn auch labile Grenze zwischen Entwendung und Aneignung von poststrukturalistischen Stilen (vgl. exemplarisch zu Derridas Stilen Steinmetz 1994, insbes. 13–15) hinweisen, die sich über Mayröckers ganzes Werk erstreckt, insofern als sich dieses generationsbedingt zeitgleich mit dem Poststrukturalismus und in Affinität für die bahnbrechende *French Theory* entwickelt.

Von dieser stilistischen Warte aus könnte man folgende Merkmale hervorheben, die sowohl bei Derrida als auch bei Mayröcker vorzufinden sind und die sich mithilfe einiger der Begriffe, mit denen Steinmetz die stilistische Entwicklung Derridas kennzeichnet (vgl. Steinmetz 1994), charakterisieren lassen: Iteration bzw. Variation, Vervielfältigung und Theatralisierung.

Iteration bzw. Variation lässt sich als Ausdruck eines ständigen und ständig reflektierten Aufschubs von Sinnerzeugung verstehen (etwa im Sinne von Derridas *différance*). Der Aufschub ist einerseits zeitlich gemeint, wie Mayröcker selbst es u. a. in *brütt oder Die seufzenden Gärten* zum Ausdruck bringt:

> während ich diesen Satz aufschreibe, reißt die Vorstellung ab, nämlich das Bindeglied des Bildes (*das Imitat*) ist mir während ich den Beginn des Satzes aufschrieb, verloren gegangen, es ist ganz deutlich vor meinem inneren Auge gestanden, ich hatte es in allen Einzelteilen vor mir gesehen, aber es hatte sich innerhalb einer Zentelsekunde in NICHTS aufgelöst (GP V, 299).

Der Aufschub hat andererseits aber auch einen sprachtechnischen bzw. sprachphilosophischen Charakter, wie etwa im Falle der variierenden Wiederholung von Segmenten, die das Verhältnis von Signifikant und Signifikat lockert und die (fast) kontingente Verästelung von Sinnerzeugung vorführt (eine Bewegung, die anhand des Motivs des Ästchens insbesondere in *fleurs* reflektiert wird): „Re-cap = die Kappe wieder auf- [/] setzen, ‚inbrünstig Mützchen ade',' [/] 8.3.15" (FL 125). In diesem Zitat wird das Prinzip der Wiederholung vielfältig in die Tat umgesetzt. Die Stelle enthält eine Wiederholung des Phonems ‚cap' (‚cap'/,Kappe') und des Semems ‚Kopf' bzw. ‚Kopfbedeckung', siehe ‚cap' als Abkürzung von ‚Caput' und ‚Kappe' als iterative Variation des Semems, sowie ‚Mützchen' als Iterativbildung von ‚Mütze' und konkretisierende Variation des Semems ‚Kopfbedeckung'. Die Wiederholung wird zugleich auch reflektiert, denn „Re-cap" könnte auch als Abkürzung von ‚ré-capitulation' (,Wiederholung' auf Französisch), aber auch – durch die Trennung der Verbalpartikel suggeriert – als ‚erneute Kapitulation' gedeutet werden. Dies vermittelt den Eindruck einer gegenseitigen Widerspiegelung von sich zugleich entziehenden oder auflösenden Spracheffekten.

Die für Derrida wie Mayröcker charakteristische Vervielfältigung betrifft die erzählerischen, poetischen und metapoetischen, intra- und intertextuell verdichteten Fäden, die den Text ausmachen und sich teilweise überschneiden, teilweise polar entgegensetzen, teilweise verzetteln (dem Prinzip der Dissemination annähernd folgend). Die daraus entstandenen dynamischen Kompositionen verweisen auf in der alteuropäischen Rhetorik noch grundlegende Differenzen, die sich jedoch hier nicht mehr unversehrt durchsetzen können, obwohl sie sich unterschwellig noch auswirken. Man denke etwa an die Differenzen von ‚Schreibszene' als „veränderliche Konstellation des Schreibens" (Stingelin 2004, 15) und ‚Schreib-szene' als reflektierte bzw. problematisierte Konstellation des Schreibens (vgl. Stingelin 2004, 15), an die Differenzen von Konkreta und Abstrakta, Leib und Geist, Natur und Kultur usw., deren Grenzen die Dichterin stets überschreitet, d. h. verdrückt oder verwischt, wie auch die folgende Überlegung des Ich in *brütt* nahelegt: „ich schreibe längst über das Blatt hinaus und hinweg auf die Bettlaken, Bettüberzüge, Kissen und Nackenrollen, so werden die Leser meines Buches nicht mehr lesen können, was ich über die Grenzen hinweg geschrieben habe, über die Begrenzungen hinweg geschrieben habe, sie werden die Bettlaken Schrift nicht entziffern können" (GP V, 347–348).

Manchmal werden diese Grenzspiele in paradox angelegten Zusammenbildungen komprimiert wiedergegeben, die u. a. in Texten aus den *Magischen Blättern* vorzufinden sind und aufgrund ihrer prägnanten Knappheit gerne von der Kritik übernommen werden, was zum Beispiel an den Titeln von Sammelbänden ablesbar ist, die solche komprimierten Phrasen zitieren wie etwa „Rupfen in fremden Gärten" (vgl. Arteel/Müller 2002), „Buchstabendelirien" (vgl. Strohmaier 2009), „das Innere des Sehens" (vgl. Kühn 2002), „Einzelteilchen aller Menschengehirne" (vgl. Lartillot/Le Née/ Pfabigan 2012). Manchmal scheinen sie sich in ausufernden Textstellen auflösen zu wollen, die womöglich das vorbereitende Ansammeln von Zetteln durch die Dichterin widerspiegeln, wie man es in Mayröckers sogenannten langen Gedichten aus den 1960er- und 1970er-Jahren bemerken kann. Sie entwickeln sich auch an Verkettungen von Gedichten und prosaischen Texten.

Schließlich wäre als charakteristisches Merkmal die Theatralisierung zu nennen, die sich mit Derrida als Abwandlung der „räumlichen Fügung der gesprochenen Kette", als „devenir espace de la chaîne parlée" (zit. n. Steinmetz 1994, 101) beschreiben lässt und die das Prinzip der Paradoxierung und Entrückung von Sinn gleichsam szenisch wiedergibt. Dies geschieht bei Mayröcker aufgrund von prozesshaft schematisierten Wechselverhältnissen, die dichterische und kulturanalytische Dynamiken im plastischen und intersubjektiven Gewand wiedergeben. Womöglich knüpft sie dabei an die Funktion des Bildes von Sokrates und Plato auf dem Cover der *Postkarte* an, auf dem laut Derrida die in der hermeneutischen Tradition gängige Position der beiden Philosophen räumlich umgekehrt wird und dadurch die Grundlage der genealogischen und analytischen Kritik des Logozentrismus verdichtet dargestellt wird (vgl. dazu Bennington/Derrida [1991] 1994, 311, 366). Hier seien nur einige Beispiele eines ähnlichen Prozesses aus Mayröckers Prosa seit den 1980-Jahren angeführt: In *Reise durch die Nacht* ist es das Wechselverhältnis zwischen Julian, Lerch und dem Ich; in *mein Herz mein Zimmer mein Name* (1988) jenes zwischen dem „Ohrenbeichtvater" und dem Ich; in *Lection* (1994) jenes zwischen dem Ich und B.; in *brütt* zwischen Joseph, Blum und dem Ich. In der Dankesrede für den Georg-Büchner-Preis variiert das intersubjektive Verhältnis zwischen Lenz, Lavater und der „kl. Chimäre" (MB VI, 94) die Trias der heiligen Anna, ihres Ehemannes Joachim und des Heiligen Geistes.

Diese Konfigurationen, die auf eine mehrschichtige Umstrukturierung des dichterisch Subjektiven bei Mayröcker zurückzuführen sind, werden nicht nur durch Mittel wie die Namensgebung oder Theatralisierung auf den Plan gerufen. In den späteren Werken spielen die einleitenden Fragmente und/oder paratextuellen Motti eine solche Rolle der dyadischen oder triangulären Perspektivierung. In *Pathos und Schwalbe* etwa ruft das Ich im allerersten Fragment (PS [6]), das als Widmung taugen könnte, „E.S." an, ein Kürzel, das sowohl den Namen der Adoptivtochter Edith Schreiber ins Spiel bringt (also metonymisch die private Emotionalsphäre), als auch auf einen Teil des unterschwellig nachlebenden Freud'schen Dispositivs zurückgreift, als metapoetische Erneuerung der Theorien zur poetischen Einbildungskraft. Ähnliche Konfigurationen sind auch in Prosa und Lyrik über inter- und intratextuelle Verflechtungen oder bewegliche Konstellationen angedeutet (vgl. Le Née 2013, 143–163, und musterhaft Baumanns Kommentar zum Gedicht *„derart wachsen und mehren sich die Geburten der Wasser" (Augustinus)*, Baumann 2012, 76).

‚Passagieren'

Die oben konturierten drei Formen der Entwendung und Aneignung des stilistisch typisierten Poststrukturalismus seien hier bündig durch den Rekurs auf Mayröckers Wort des ‚Passagieren(s)' auf den Punkt gebracht, das diese stilistischen Anverwandlungen verdichtet: „Und hängend und Himmel und Weichbild und Seufzermotiv, das alles tief in mir drin, das alles ganz parat, bei jedem Schreibanfang, bis ich zu *passagieren* beginne, wie Pferd(chen)." (MB VI, 116) Das Passagieren deutet eine sprachliche Bearbeitung der emotionalen Dynamiken an und gestaltet sie nach den dekonstruktiven Prinzipien der *différance*, ‚Dissemination' und ‚Theatralisierung', wobei gerade einerseits das Verhältnis der Mayröcker'schen Sprache zu diesem grundlegenden sensitiven Substrat – („Und hängend und Himmel und Weichbild und Seufzermotiv") – und andererseits die triebhaft gelenkte, ausdifferenzierende Prozessualität (durch das/die „Pferd(chen)" symbolisiert) ihr Eigenes ausmachen. Diese Bewegung des nachträglichen steten Re-Konstruierens (Re-Kapitulierens) durch das Passagieren hindurch kann man deshalb nicht mit der ständigen und unmittelbaren Übertragung der Wallungen der Schreiblust und/oder des Begehrens und auch nicht mit einer zwecklosen Spielerei gleichsetzen, sondern man sollte stets die entrückenden Techniken der Sprachbearbeitung mitberücksichtigen, die es erlauben, die Faktur und Wirkung der Texte präziser zu erfassen (zu diesem Aspekt, der auch auf eine Tradition des *Misreadings* zurückzuführen ist, vgl. Kaufmann 2011).

So gelesen ist das oben angeführte Paradebeispiel für Iteration und Variation – „Re-cap = die Kappe wieder auf- [/] setzen, ‚inbrünstig Mützchen ade‘," [/] 8.3.15" (FL 125) – nicht nur das Ergebnis eines aleatorisch-assoziativen Spiels, sondern es entspringt auch einer intermedial gestützten Reflexions- und Erinnerungsdichtung. So lässt sich die „Kappe" unter anderem als eine chiffrierte, verdichtende Anknüpfung an die politische und anthropologische Bedeutung lesen, die die Gemälde Olaf Nicolais für Mayröckers dichterische Praxis haben (vgl. zu dieser Verbindung in Bezug auf *Lection* Le Née 2010 und Lartillot 2022, sowie Mayröckers eigene weiterführende Texte zu diesem Thema, wie z. B. *Nimbus der Kappe, nach Olaf Nicolai*, GP IV, 529–537). Außerdem zitiert der Hinweis auf das „Mützchen" die geliebten Verstorbenen und die persönliche Trauer mit (insbesondere Jandl gedenkend, den Mayröcker bekanntlich mit dem Kosenamen „Mützchen" ansprach). Diese Art der Chiffrierung wird von der Kritik systematisiert, indem sie auf bestimmte komprimierte Gedächtnismomente hinweist (vgl. die Analysen zum Motiv des ‚Klaviers' in Le Née 2013, 121–127, und des ‚Waldes' in Arteel 2007, 200–201), die man entschlüsseln kann, wenn man in den Wiederholungen auf zerstreute, dafür aber signifikante Winke aufmerksam wird (ein Beispiel dafür ist die Analyse in Tkatschenko 2022).

Über die punktuellen Gedächtnisepiphanien hinweg und bei aller Absage an eine mimetisch geprägte Erinnerungsform kann man bei näherer Analyse mancher solcher Chiffrierungen auf eine kryptische Archäologie schließen, die auf gewaltvolle, nicht mehr unmittelbar zugängliche, jedoch mittelbar erfasste Fundamente unserer Kultur hinweisen. Dass diese auch für die kontemporäre Zeit bestimmend sein sollten, liegt nahe; was auch Hans Georg Gumbrechts Analyse unserer ‚breiten' Gegenwart verständlich macht (vgl. Gumbrecht 2012).

In dieser Hinsicht ist das Passagieren auch lesbar als eine Mayröcker'sche Neuschöpfung der Benjamin'schen Passagen. Sie führt den Leser von der un-möglichen ‚Er-innerung' und ‚Ver-äußerlichung' zu einem dichterisch mediatisierten Eingedenken der Opfer dieser Gewalt, das gegen den Strich der postmodernen Gesellschaft agiert. Auf dieser Ebene stellen Mayröckers Texte die Frage nach der Zeugenschaft oft im Dialog mit vorangehenden Überlegungen zu dieser Frage, wie der Poesie von Celan, den Texten von Jabès oder der Philosophie von Derrida (vgl. Lartillot 2020, 254, über die ineinander übergehenden Anspielungen auf Edmond Jabès und Jacques Derrida in *Pathos und Schwalbe*). Noch in *da ich morgens und moosgrün. Ans Fenster trete* wird dieser Dialog weitergeführt: Mayröckers letztes Buch fängt mit einem Rückgriff auf Jabès an („habe Edmond Jabès' Buch der Fragen gekauft", MMF 9) und endet mit einer dichterischen Anverwandlung von Derridas *Postkarte* (vgl. MMF 200–202).

Zum Passagieren gehört auch die Einübung in neue Formen des geselligen, intermedial gestützten Umgangs, die den Eindruck einer aleatorisch entfesselten Dissemination korrigieren. Der intertextuelle bzw. intermediale Fluss wird durch „Gesten und Metaphern der Kommunikation" (Arteel 2020, 17) gelenkt. In der Prosa fällt in diesem Sinne die Wiederholung des „sage ich" auf, das den Texten einen performativen Zug verleiht (vgl. Strohmaier 2012, 115–130). Ähnlich wirken auch die Verkleinerungs- und Verniedlichungsformen (wie eben das ‚chen' von „Mützchen" oder von „Pferdchen") oder die hier und da eingefügten handschriftlichen Zeichen oder Zeichnungen, oder auch die öffnenden und relativierenden Formulierungen wie „etc.", die der Kommunikation einen ansprechenden, selbstkritischen Zug verleihen. Und schließlich geht mit dem vielseitigen Zitieren eine „Öffnung auf ein unbestimmtes soziales Gefüge" (Arteel 2020, 17) einher, dem man auch netzwerktheoretisch näherkommen kann (vgl. Lartillot 2022). Dass diese Kunstgriffe gelegentlich ironisch bzw. subversiv wirken, wobei auch poststrukturalistische Posen dieser leichten Ironie ausgesetzt werden, sollte abschließend auch betont werden.

Literatur

Arteel, Inge: Strategien der Subjektwerdung in Friederike Mayröckers Prosa 1988–1998. Bielefeld 2007.
Arteel, Inge: Nichtmenschliche Körperfigurationen in *brütt oder Die seufzenden Gärten*. In: Françoise Lartillot/Aurélie Le Née/Alfred Pfabigan (Hg.): „Einzelteilchen aller Menschengehirne". Subjekt und Subjektivität in Friederike Mayröckers (Spät-)Werk. Bielefeld 2012, 97–114.
Arteel, Inge: Konstellationen des Stimmhaften und der Anrede in Mayröckers Lyrik. In: Dies./Eleonore De Felip (Hg.): Fragen zum Lyrischen in Friederike Mayröckers Poesie. Stuttgart 2020, 17–34.
Barthes, Roland: Sade. Fourier. Loyola [1971]. Aus dem Französischen von Maren Sell und Jürgen Hoch. Frankfurt a. M. 1974.
Barthes, Roland: Fragmente einer Sprache der Liebe [1977]. Aus dem Französischen von Hans-Horst Henschen und Horst Brühmann. Frankfurt a. M. 1984.
Barthes, Roland: Der entgegenkommende und der stumpfe Sinn. Kritische Essays III [1982]. Aus dem Französischen von Dieter Hornig. Frankfurt a. M. 1990.
Baumann, Valérie: Circa-Confession. Oder wie viel Derrida braucht das Ich bei Mayröcker. In: Françoise Lartillot/Aurélie Le Née/Alfred Pfabigan (Hg.): „Einzelteilchen aller Menschengehirne". Subjekt und Subjektivität in Friederike Mayröckers (Spät-)Werk. Bielefeld 2012, 71–84.
Baumann, Valérie: „Tous frères (de) Grimm", Jacques et Jean. Place du nom dans l'écriture de Friederike Mayröcker. In: Études germaniques 69/4 (2014), 581–593.
Bennington, Geoffrey/Derrida, Jacques: Jacques Derrida: Ein Porträt [1991]. Aus dem Französischen von Stefan Lorenzer. Frankfurt a. M. 1994.
Beyer, Marcel: Bei Friederike Mayröcker: eine Gleichung von mathematischer Eleganz. In: Frankfurter Allgemeine Zeitung vom 1.7.2016.
Bjorklund, Beth: Das Ich erschreiben – Derrida, Picasso und Bach in Mayröckers *brütt*. In: Inge Arteel/Heidy Margrit Müller (Hg.): „Rupfen in fremden Gärten". Intertextualität im Schreiben Friederike Mayröckers. Bielefeld 2002, 107–122.
De Felip, Eleonore: „*von der nassen Papiermanschette des Mondes*": Die Intensität der verborgenen Dinge bei Friederike Mayröcker. In: Inge Arteel/Eleonore De Felip (Hg.): Fragen zum Lyrischen in Friederike Mayröckers Poesie. Stuttgart 2020, 229–252.
Derrida, Jacques: Die Postkarte von Sokrates bis an Freud und jenseits [1980]. 1. Lieferung: Envois/Sendungen. Aus dem Französischen von Hans-Joachim Metzger. Berlin 1982.
Derrida, Jacques: Die Einsprachigkeit des Anderen oder die ursprüngliche Prothese [1996]. Aus dem Französischen von Michael Wetzel. München 2003.
Derrida, Jacques: Glas [1974]. Aus dem Französischen von Hans-Dieter Gondek und Markus Sedlaczek. München 2006.
Deubel, Volker: Poststrukturalismus. In: Günther Schweikle/Irmgard Schweikle (Hg.): Metzler Literatur Lexikon. Begriffe und Definitionen. Stuttgart ²1990, 360–361.
Gumbrecht, Hans Ulrich: Präsenz. Berlin 2012.
Kastberger, Klaus: Reinschrift des Lebens. Friederike Mayröckers *Reise durch die Nacht*. Wien/Köln/Weimar 2000.
Kaufmann, Vincent: La faute à Mallarmé. L'aventure de la théorie littéraire. Paris 2011.
Kühn, Renate (Hg.): Friederike Mayröcker oder „das Innere des Sehens". Studien zu Lyrik, Hörspiel und Prosa. Bielefeld 2002.
Lartillot, Françoise: Les milles plateaux de Friederike Mayröcker. In: Dies. (Hg.): Corps – image – texte chez Deleuze / Körper – Bild – Text bei Deleuze. Bern et al. 2010, 165–174.
Lartillot, Françoise: Subjektivität im Spätwerk von Friederike Mayröckers: Erfahrbarkeit des Überraschenden. In: Dies./Aurélie Le Née/Alfred Pfabigan (Hg.): „Einzelteilchen aller Menschengehirne". Subjekt und Subjektivität in Friederike Mayröckers (Spät-)Werk. Bielefeld 2012, 11–30.
Lartillot, Françoise: Lire le poststructuralisme en poète. Résistance tropologique de Friederike Mayröcker dans les *études* (2013). In: Études germaniques 69/4 (2014), 559–580.
Lartillot, Françoise: Friederike Mayröckers Blumenwerk in *Pathos und Schwalbe*. In: Inge Arteel/Eleonore De Felip (Hg.): Fragen zum Lyrischen in Friederike Mayröckers Poesie. Stuttgart 2020, 253–280.
Lartillot Françoise: Constructions réticulaires autour de *Lection* de Friederike Mayröcker à partir du dialogue avec l'œuvre d'Andreas Grunert. In: Études germaniques 77/4 (2022), 591–607.
Lartillot, Françoise/Le Née, Aurélie/Pfabigan, Alfred (Hg.): „Einzelteilchen aller Menschengehirne". Subjekt und Subjektivität in Friederike Mayröckers (Spät-)Werk. Bielefeld 2012.
Le Née, Aurélie: Engagement poétique, engagement politique. La poésie de Friederike Mayröcker des années 50 à aujourd'hui. In: Études germaniques 65/2 (2010), 349–368.
Le Née, Aurélie: La poésie de Friederike Mayröcker – une « œuvre ouverte ». Bern et al. 2013.

Le Née, Aurélie: Friederike Mayröckers intermediales Proëm *nach Stefan Fabi's Kartoncollage „Nackt"* (2013) und *„Holzschnitt Mann mit Flöte"* (2013). In: Johann Georg Lughofer (Hg.): Friederike Mayröcker. Interpretationen, Kommentare, Didaktisierung. 5. internationale Lyriktage der Germanistik Ljubljana. Wien 2017, 91–103.

Steinmetz, Rudy: Les styles de Derrida. Bruxelles 1994.

Stingelin, Martin: Schreiben. Einleitung. In: Ders. (Hg.): „Mir ekelt vor diesem tintenklecksenden Säkulum". Schreibszenen im Zeitalter der Manuskripte. München 2004, 7–21.

Strigl, Daniela: „ich liebe deine Seele Geist und hl.Leib": Mayröckers lyrisches Denken und Bedenken von der Liebe. In: Inge Arteel/Eleonore De Felip (Hg.): Fragen zum Lyrischen in Friederike Mayröckers Poesie. Stuttgart 2020, 57–76.

Strohmaier, Alexandra: Logos, Leib und Tod. Studien zur Prosa Friederike Mayröckers. München 2008.

Strohmaier, Alexandra (Hg.): Buchstabendelirien. Zur Literatur Friederike Mayröckers. Bielefeld 2009.

Strohmaier, Alexandra: „Bekenntnisse haben nichts mit der Wahrheit zu tun." Zur Performativität der Prosa Friederike Mayröckers. Punktuelle Anmerkungen. In: Françoise Lartillot/Aurélie Le Née/Alfred Pfabigan (Hg.): „Einzelteilchen aller Menschengehirne". Subjekt und Subjektivität in Friederike Mayröckers (Spät-)Werk. Bielefeld 2012, 115–130.

Tkatschenko, Emilia: Gewalt und Dissoziation in der neueren deutsch- und russischsprachigen Lyrik. Exemplarische Analysen: Sergej Stratanovskij, Ulrike Draesner, Jaroslav Mogutin, Ann Cotten, Durs Grünbein, Elena Fanajlova, Friederike Mayröcker, Aleksandr Skidan. Berlin et al. 2022, 181–195.

Thums, Barbara: Die Frage nach der „Schreibexistenz": Zum Verhältnis von Intertextualität und Autorschaft in Mayröckers *brütt oder Die seufzenden Gärten*. In: Inge Arteel/Heidy Margrit Müller (Hg.): „Rupfen in fremden Gärten". Intertextualität im Schreiben Friederike Mayröckers. Bielefeld 2002, 87–106.

Weber, Julia: Das multiple Subjekt. Randgänge ästhetischer Subjektivität bei Fernando Pessoa, Samuel Beckett und Friederike Mayröcker. München 2010.

Weigel, Sigrid: Einführung. In: Gerhard Neumann (Hg): Poststrukturalismus. Herausforderung an die Literaturwissenschaft. Stuttgart/Weimar 1997, 17–22.

Winkler, Andrea: Schatten(spiele): poetologische Denkwege zu Friederike Mayröcker in *brütt oder Die seufzenden Gärten*. Hamburg 2004, 98–111.

Teil VI

Poetische Strukturen und Verfahren

Gattungshybridität

Karoline Johanna Baumann

Grenzen sind bei Mayröcker in vielerlei Hinsicht fließend, ob zwischen literarischem Text und seinem eigenen (im Text enthaltenen) Kommentar, zwischen den Bereichen Leben und Schreiben, zwischen eigenen Werken und fremden, die exzerpiert und dann zitiert werden, zwischen Mayröckers Werken untereinander (die auch laut Mayröckers eigener Aussage als ein einziger fortlaufender Text betrachtet werden könnten, vgl. Beyer 1992, 46), zwischen Hoch- und Populärkultur. Nicht anders verhält es sich mit ihrer Gattungspoetologie, die Rezensenten in der Vergangenheit dazu veranlasst hat, Mayröckers Texte als „lyrische Prosa", „lyrisch durchdrungen[e]" Prosa oder gar als „weder Prosa noch Lyrik" (zit. n. Beyer 1992, 63) zu bezeichnen. Gerade die gattungsbezogene Komplexität ihrer Werke, die ihre generische Zuordnung zum Diskussionsfall macht, stellt ein herausstechendes Merkmal ihrer Arbeiten dar. Es scheint vor allem das Offenhalten der Grenzen bedeutsam, ihre prinzipielle Überschreitbarkeit, die ein Problematisieren des generischen Angebots und somit seine potentielle Weiterentwicklung begünstigt.

Selbst bei Verwendung des wenig uniformen ‚Mehrkomponentenmodells', das, der Vorstellung einer Familienähnlichkeit folgend, Gattungen nicht als einheitliche Formen behandelt, sondern sie aufgrund einer Vielzahl bestimmter Merkmale als Mitglieder einer ‚Familie' sieht, die dann auch weniger typische Vertreter einschließen kann (vgl. Müller-Zettelmann 2000, 17–18), gehörten dann manche Familienmitglieder mit ebensolcher Berechtigung einer anderen Familie an (wo sie ebenfalls eher an der Peripherie als im Zentrum des Genres anzusiedeln wären). Wenn die Gedichte formal so frei sind, dass sie wie Prosa klingen, auf Strophe, Rhythmus und Reim verzichten, nur wenige rhetorische Figuren vorhanden sind und gegebenenfalls kein lyrisches Ich, sich in der als romanhaft ausgewiesenen Prosa hingegen keine oder fast keine rekonstruierbare Handlung findet, nicht im konventionellen Sinn erzählt wird, dabei aber die Klangebene eine wichtige Rolle spielt und die Sprechinstanz relativ undefiniert bleibt wie in der Lyrik – kann man sie dann in die großen Gattungskategorien einordnen, und ist eine solche Einordnung überhaupt sinnvoll, wenn sie ebenso begründet auch anders erfolgen könnte?

Offene Grenzen

„*ich habe solche Angst vor dem Erzählen*" (RN 19), äußert die Sprechinstanz in *Reise durch die Nacht* (1984); in *brütt oder Die seufzenden Gärten* (1998) heißt es dann: „ich strebe eine Art ROMANHAFTIGKEIT an" (BR 18). Diese auf den

K. J. Baumann (✉)
Universität Debrecen, Debrecen, Ungarn
E-Mail: karoline.baumann@arts.unideb.hu

ersten Blick widersprüchlich anmutenden Passagen (für die sich zahlreiche ähnliche Beispiele finden ließen) umreißen die Sachlage: Literarische Gattungen werden bei Mayröcker sowohl implizit als auch explizit vielfach thematisiert und zeigen sich dabei als äußerst flexible Kategorien, deren Grenzen vorrangig dem Zweck zu dienen scheinen, über- und durchschritten zu werden. Im obigen Zitat rückt ‚Romanhaftigkeit' den Text explizit in die Nähe der Prosa, zu der gemeinhin der Roman gezählt wird, grenzt ihn aber gleichzeitig davon ab, nicht nur durch die Einschränkung der ‚Roman*haftigkeit*' – lediglich eine Ähnlichkeit zum Roman soll angestrebt werden –, sondern auch durch die abschwächende Modifikation „eine Art". Durch die immer wieder betonte Abneigung gegen Erzählen und Erzählungen, wie sie im ersten Zitat exemplarisch zum Ausdruck kommt, wird ebenfalls Distanz zum realistischen Roman hergestellt. Zugleich wird in ebendiesem Gestus des Distanzierens das Erzählen auch immer wieder aufgerufen und der jeweilige Text dazu in Beziehung gesetzt. Nur durch eventuell vorhandene Nähe ist überhaupt die Notwendigkeit gegeben, Distanz zu betonen, welche zugleich wieder eine Verbindung herstellt, denn das Denken einer Grenze erfordert, das, was jenseits von ihr liegt, in die Vorstellung mit einzubeziehen. Mayröckers Werk zeichnet geradezu ein Fluktuieren zwischen unterschiedlichen Gattungen aus, lenkt aber zugleich den Blick darauf, dass diese bei näherem Hinsehen durchaus nicht so leicht zu differenzieren sind, wie die Gängigkeit der Gattungsbegriffe nahelegt – denn „not so much as one genre has been completely defined" (Dundes 1964, 264; vgl. auch Seibel 2007, 138). Augenscheinlich von vornherein von modifizierten generischen Rahmen ausgehend, vermitteln Mayröckers Texte eine Dynamik, die auf die der Gattungen selbst verweist, ihr „beständiges Hinausgehen über das Gegebene" (Zymner 2007, 111).

Die Gattungsgeschichte, die sich an Mayröckers Werk abzeichnet, verdeutlicht das weite Spektrum: Sie begann ihre literarische Tätigkeit mit dem Verfassen von Gedichten, schrieb daneben aber auch schon seit den vierziger Jahren Prosaskizzen, von denen die erste (*Bis der Tau fällt ...*) bereits 1950 veröffentlicht wurde (vgl. Beyer 1992, 22, 37). Ihr erstes Buch *Larifari. Ein konfuses Buch* (1956) enthält Kurzprosa. Sie schrieb weiterhin Gedichte, wobei nach eigener Aussage die Arbeit an einem Zyklus kürzerer Gedichte, *schwarze romanzen*, die „Serie der langen Gedichte (‚Romanzen', ‚Oden', ‚Texte')" eröffnete (zit. n. Beyer 1992, 31), die jeweils mehrere Seiten umfassten. Einige von diesen erschienen 1964 in *metaphorisch*, ihrem ersten in Deutschland erschienenen Buch. Doch erst durch ihre zwischen 1967 und 1977, teils gemeinsam mit Ernst Jandl verfassten Hörspiele – die ihrerseits bereits eine „‚offene Mischform' aus Wort, Klang und Stille" (Arteel 2012, 52) darstellen – wurde sie einem breiteren Publikum bekannt.

Auf die Hörspiele folgten Prosabände – *Minimonsters Traumlexikon* (1968), *Fantom Fan* (1971) und *Arie auf tönernen Füszen* (1972) –, die in ihrer Szenenhaftigkeit und ihrem „deklamatorische[n] Gestus" (Arteel 2012, 56) noch eine erkennbare Nähe zur Hörspielarbeit aufweisen. In ihnen fehlt die Ich-Instanz, die sonst in Mayröckers lyrischen wie Prosatexten meist erscheint. Diese Texte tragen zudem überwiegend auf andere Gattungen oder Untergattungen verweisende Titel, die immer wieder auf das Thema ‚Gattung' an sich Bezug nehmen und dabei einen imaginativen, experimentellen Umgang damit erkennen lassen: „*Traumlexikon*", „*Fiktivfilm*", „*Tele-Vision*", „Nuptual*protokoll*", „*Tagesberichte einer Astralgärtnerin*", angeblich „(Ein Science-Fiction-Text)", „*Englische Prosa*", „Flugzeugtypen-Prosa" (MT 72, 13, 18, 22, 26, 58, 82), „Arie auf tönernen Füszen", „Film Einstellungen", „katatonisches Theaterstück", „Bildlegende zu einem absurden Puppentheater" (AR 11, 35, 41, 49), so lauten einige der Titel, die zugleich als höchst eigensinnige Gattungsbezeichnungen funktionieren und die generische Identifikation der Texte sowohl lenken als auch irritieren.

Ab Anfang der 1970er-Jahre verfasste Mayröcker längere Prosatexte. Ihren bis dahin größten kommerziellen Erfolg hatte sie mit dem Prosaband *Reise durch die Nacht* (1984). Sie veröffentlichte jedoch weiterhin sowohl Lyrik als auch Prosa; die ‚großen' Prosabände *mein Herz mein Zimmer mein Name* (1988) oder *brütt oder Die seufzenden Gärten* wurden von der Veröffentlichung der sechsteiligen Serie der *Magischen Blätter* begleitet, in denen fragmenthafte kürzere Prosatexte gesammelt veröffentlicht wurden. Es wechselten weiterhin Gedichtsammlungen wie *Winterglück* (1986), *Das besessene Alter* (1992), *Notizen auf einem Kamel* (1996) oder *Mein Arbeitstirol* (2003) mit Prosabänden wie *Stilleben* (1991), *Lection* (1994), *ich bin in der Anstalt* (2010) und *vom Umhalsen der Sperlingswand, oder 1 Schumannwahnsinn* (2011).

Schon die in den Titel oder im Paratext genannten, teils imaginären Gattungskategorien und -kombinationen deuten eine unüberschaubare, geradezu unendliche Vielfalt an Zuordnungsmöglichkeiten an. Nicht nur auf konventionelle Gattungen der Literatur wird Bezug genommen, sondern auch auf nichtliterarische Formen (*Lebenslauf*, GG 778) oder solche der Musik und Bildkunst (*Komposition*, GG 733; *Requiem für Ernst Jandl*; *études*; *Fotografie*, GG 762), die aber umgedeutet und in poetische Texte ‚übersetzt' werden. In anderen Fällen werden etablierte Gattungen herangezogen und die mit ihnen verbundenen Referenzrahmen subtil verschoben. Wenn etwa ein Gedicht mit einem parodistischen Verweis auf die Odenform *auf einen Pappteller* (GG 671) betitelt ist, wird dadurch letztlich das Repertoire der Ode erweitert: Warum soll nicht ein Pappteller Adressat einer Ode sein und so der Blick auf die übersehenen Dinge gelenkt werden, die ihr eigenes poetisches Potential zu entfalten haben? So wird ein bislang unbeachtet gebliebener Aspekt der Wirklichkeit angesprochen, aus dem möglicherweise Allgemeingültiges abgeleitet werden kann und Erkenntnisgewinn zu ziehen ist. Durch den Gegensatz zwischen dem feierlichen Duktus der Ode (‚auf einen...') und ihrem auf den ersten Blick unscheinbaren Adressaten, dem Pappteller, entsteht eine Diskrepanz, die Kategorisierungen zum einen ihre Selbstverständlichkeit nimmt und sich dabei zum anderen ihr Potential zur Neuerzeugung von Bedeutung zunutze macht: Das Spiel mit den Gattungsbezeichnungen wird so zum Motor für die kreative Neuerschließung von Sinnzusammenhängen.

Untertitel wie *Ein Konversationsstück* oder *Fusznoten zu einem nichtgeschriebenen Werk* zeugen von einem ausgeprägten Bewusstsein für die Problematik der Gattungs-, aber auch Medienangebote und ihrer Beschränkungen und Möglichkeiten. (Unter-)Titel wie diese, die den Text einer bestimmten Gattung zuweisen, fungieren als „orientierende Selbstkommentierung" (Schmitz-Emans 2010, 130) schon vor der Lektüre und indizieren, wie eine Autorin oder ein Autor ihren bzw. seinen Text gelesen haben will. Neben wiedererkennbaren oder eindeutig anmutenden Gattungszuordnungen wie „*Gespräche. Filmisches. Protokolle.*" oder „*Englische Prosa*" (MT 5, 58) erscheinen aber auch höchst idiosynkratische oder auch solche, die einer eindeutigen Identifikation zuwider arbeiten wie „*Tierstimmenatlas*" oder „*Fussball-Sequenz mit Opernarien*" (Mayröcker 1979, 87, 80). Mayröcker kombiniert Gattungsreferenzen und collagiert und vermischt Gattungsmerkmale, sodass sich nicht einfach Grenzerweiterungen oder -überschreitungen vollziehen, sondern genuin neue Formen und generische ‚Einheiten' entstehen. So beispielsweise, wenn eine Turbine als Adressatin eines Nachrufs eingeführt wird (vgl. GG 222), wenn vorhandene Gattungen in ungewöhnlicher Weise kombiniert werden (*comicstrip, eine Oper*, AR 7), oder neue, oft intermedial zusammengesetzte Gebilde kreiert werden (*Telefunkengedicht*, GG 602). Dieser kreative, auch humorvolle und gar groteske Umgang vor allem mit Subgattungen findet sich ebenfalls im Umgang mit den ‚großen' Kategorien, Lyrik und Prosa, wenn die Texte zu gattungstheoretischen Überlegungen einladen.

Programmatische Hybridität

Parallel zum beständigen Wechsel zwischen der Publikation von Lyrik und der von Prosa findet innerhalb der Texte ein fortwährender Prozess von gattungsbezogenen Fortschreibungen und Verschiebungen statt. Einerseits gleichen die Genres sich so zwar in gewisser Weise einander an; die Gedichte in ihrer freien formalen Gestaltung ähneln zum Teil Miniaturprosa, die Prosatexte, die Eindrücke und Assoziationen einer unbestimmt bleibenden Ich-Figur wiedergeben und sich zudem durch wiederholte Einschübe wie ‚rufe ich' oder ‚sage ich' performativ geben, tragen lyrische Züge. Lyrik wie Prosa Mayröckers neigen zu erhöhter Selbstreferentialität, die das Schreiben, den Schreibprozess selbst ausstellt, sind „Text, der von etwas spricht und [...] auch von diesem Sprechen" (Brandmeyer 2011, 161). Im Prosatext *brütt* etwa heißt es: „eigentlich müßten hier alle Zeilen kursiv gesetzt werden weil das entspräche so sehr meiner elegischen Stimmung", „ich weiß ja nicht was ich tue, was ich anstelle, wenn ich mich an die Maschine setze", oder gar: „JEMAND ANDERER HAT MEINE BÜCHER GESCHRIEBEN!" (BR 82–83) Der Schreibprozess wird also immer wieder selbst Thema.

Andererseits werden durch die Hybridisierung generischer Formen gerade auch die Unterschiede zwischen den Gattungen betont, es entsteht eine Spannung zwischen ihnen, die die Gattungsgrenzen fokussiert und problematisiert und durch ihr Überschreiten in die eine oder andere Richtung zur Vorstellung neuer literarischer Möglichkeiten auffordert. Sie lässt auch das Öffnen anderer Grenzen (wie der zwischen Poesie und Wirklichkeit, Gegenwart und Vergangenheit, verschiedenen Medien, aber auch Buch und Buch) selbstverständlicher erscheinen. Dazu werden die Grenzen allerdings (scheinbar paradoxerweise) gerade benötigt, sodass sowohl die Gattungsgrenzen als auch ihr beständiges Überschreiten für Mayröcker nachgerade eine Bedingung des literarischen Schaffens darzustellen scheint. Die Prosatexte rücken dadurch nicht nur näher an die lyrische Gattung heran, sondern auch innerhalb der Gattung Prosa werden für diese neue Möglichkeiten erprobt, und andersherum; die Gattungsgrenze wird so von beiden Seiten beleuchtet, befragt und vor allem auch in Bewegung gehalten. Insofern Friedrich Schlegel den Roman als „Vermischung aller Formen" (Schlegel [1803/04] 1958, 160) definiert, beziehen sich einige Werke Mayröckers so auch auf die frühromantische Tradition.

Wenn es in *études* (2013) heißt: „Ich schreibe Proëme" (ET 75), wird nicht nur in für Mayröcker charakteristischer Weise innerhalb des literarischen Werkes auf seinen Entstehungsprozess und seine ‚Gemachtheit' verwiesen und so die Grenze zwischen literarischem Text und Kommentar aufgehoben, sondern zugleich auch eine Mischform, das Proëm, gewissermaßen programmatisch zum Schreibziel erklärt. Ebenso werden mit solchen metagenerischen Aussagen Leserinnen und Leser implizit aufgefordert, den vorliegenden Text daraufhin zu überprüfen, ob er sich wirklich und sinnvoll in die genannte (Misch-)Kategorie einordnen lässt, ob die vom Text behauptete Vorgabe somit erreicht wurde oder ob nicht der Text dieser Behauptung widerspricht. Dass ein Prosatext über seine eigene Gattung nachdenkt oder das, was er sein will, selbst benennt, ist zumindest in der realistischen Romantradition ungewöhnlich. Die metatextuelle Aussage lässt sich literaturgeschichtlich eher mit den frühen Formen des modernen Romans verbinden, die stärker metatextuell ausgerichtet waren, und ebenso mit Spielarten des postmodernen Romans. Mit der Aussage „Ich schreibe Proëme" öffnet das Autor-Ich eine auktoriale Reflexionsebene, was dem gemeinhin dem Gedicht im Gegensatz zur Prosa zugesprochenen Charakter der Unvermitteltheit zuwider arbeitet. Das lyrische Ich der Proëme erscheint nicht (nur) als Stimme, die im Gedicht ‚lebt', sondern als Schrift erzeugende Instanz, dem sprechenden lyrischen Ich wird ein schreibendes an die Seite gestellt.

So steht die Aussage „Ich schreibe Proëme" (ET 75) in der Konvention selbstreflexiven Schreibens, während der Text, in dem dieser Satz zu finden ist, in die durch das Kunstwort ‚Proëm' benannte Mischkategorie passt: Er ist ca. eine Seite lang, in freier Form verfasst, besteht aus längeren, aber unvollständigen Sätzen und beschreibt einen durch Erinnerungen angereicherten, handlungsarmen Ist-Zustand. Statt eines Titels enthält er eine Datumsangabe und eine Widmung, allerdings erst am Ende, und ist mit einer Art Vorwort versehen, einem

‚Mini-Proëm', das zwar in kleinerer Schrift und vom übrigen Text abgesetzt erscheint, diesem aber sonst ähnelt, insbesondere was die auffällige typographische Gestaltung mit Klammern, Auslassungspunkten und wiederholten Unterstreichungen betrifft. So bestätigt er performativ die explizit von der Sprech- oder Schreibinstanz getätigte Aussage: Ja, hier findet ein Proëm statt.

Zugleich wird die Kombination verschiedener Gattungen, hier der Prosa und des Gedichts, zum Konzept, und quasi selbst zu einer eigenen Gattung, einer, die die Hybridität, die allen Gattungen zu eigen ist, besonders in den Vordergrund stellt und so „ein Wissen vo[m] Nicht-Wissen" (Bies et al. 2013, 11) erzeugt, nämlich vom Nicht-Wissen um die genauen Kriterien zur Definition einer literarischen Gattung. Als ein *genus mixtum* trägt das Proëm zur Gattungsvervielfältigung bei. Es erweitert die Gattungen, aus denen es besteht, aber auch die eigene Gattungsidentität; die „Tendenz zu erhöhter Devianz" (Müller-Zettelmann 2000, 100) der Lyrik, die die Sichtweise entautomatisiert, ist auch in dieser Prosa angelegt.

Mayröckers Schreiben macht sichtbar, dass alle Gattungen auch in ihrer ‚Reinform' bereits hybrid sind, nicht nur die Lyrik mit ihrem „ontologischen Zwitterstatus" (Müller-Zettelmann 2000, 91) aus Zeichen- und Klangebene. Ebenso wird deutlich, dass Kategorien sich gerade durch ihre Grenzlinien konstituieren und somit durch das, was sie ausschließen, oder, wie es in *Reise durch die Nacht* heißt: „die Ströme der Verbundenheit fließen unter Getrenntestem hin" (RN 134). Unter dieser Perspektive wird nicht nur die Unmöglichkeit einer kategorischen Trennung deutlich, sondern auch der Aushandlungsprozess, in dem sich die Gattungen untereinander fortwährend befinden. Dieser ist durchaus in Verbindung zu sehen mit dem fortlaufenden Dialog mit den Leserinnen und Lesern, den Mayröcker durch sämtliche verschiedene Medien und Gattungen aufrechterhält: Gattungszuordnungen, ihrerseits ein Signal der Kommunikation mit dem Publikum, wie auch ihre Verweigerung stellen eine weitere Ebene dieses „mehrstimmigen […], potentiell unendlichen Dialogs" (Kramer 1998, 122) dar.

Dialog der Gattungen

Und in der Tat scheinen sich Mayröckers Gedichte und Prosatexte in ihrem Dialog einander angenähert zu haben, lassen sich Ähnlichkeiten in Thematik, Stil und Motiven ausmachen. Die Intensität der kürzeren lyrischen Form wird in den Prosatexten aufrechterhalten, nun über eine weitaus längere Distanz. Lyrik wie Prosa evozieren „eine fluktuierende Masse von Bildern" (Stauffer 1984, 201); auch die Prosatexte, zu denen Mayröcker Anfang der 1970er-Jahre wechselte, behalten die für Lyrik typische Tendenz zu erhöhter Artifizialität, Nonkonformität und damit Unvorhersagbarkeit bei. Mit der freieren Form und dem größeren Umfang, den die Prosa bietet, wechselt Mayröcker nicht unbedingt zu detailreicherer Beschreibung, wo die Lyrik zu mehr Ökonomie gezwungen wäre. Auch Mayröckers Prosa verwendet einen ‚lyrischen' Stil, explorativ, assoziationsreich („*porridgehaft*", BR 105), voll „ZWILLINGSGERUCH" und „Nervengewitter" (RN 98, 104), mit einer bildreichen Sprache, die die Sprachverwendung ent-schematisiert, indem sie einen fremden Blick einfordert und alltäglich verwendete Metaphern neuen Bedeutungsmöglichkeiten öffnet. Die Stimme, die immer wieder Sinneseindrücke versprachlicht, Erinnerungen aufruft, Gespräche imaginiert, Überlegungen anstellt und Gesetzmäßigkeiten herzuleiten versucht, ähnelt dabei stärker einem lyrischen Ich als einer Erzählstimme, die die Leserschaft durch den Text führen würde. Hier scheint das schreibende Ich eher gemeinsam mit seinen Leserinnen und Lesern die sprachliche Wirklichkeit zu erkunden.

Auch die akustische Ebene nimmt in Mayröckers Prosa viel Raum ein, sodass sie auch hierin eine Nähe zur Lyrik aufweist. Durch klangliche Assoziationen entstehen Bedeutungsverschiebungen, etwa in Wendungen wie „SCHWAMM (oder SCHWARM)", „*Bin verwirrt / verschwirrt*", „Nacht-, Nebel-, Nabel-Gesellschaften" (BR 96, 121, 118), „kleiner Polohund, Polarhund ach was! mit Polohemd" (RN 117), „es war eine Weihe oder Weide", (PS 159). Die Bedeutung der klanglichen Dimension der Sprache wird auch auf der inhaltlichen Ebene hervorgehoben: „wer hatte wo, während ich diese Sequenz mit den HIRSCHHORN-KNÖPFEN ins Notizbuch schrieb, das Wort HIRSCHHORNKNÖPFE gerufen" (BR 111). Wie dieses Beispiel auch zeigt, verhält es sich mit der graphischen Gestaltung nicht weniger mehrdeutig; zwar sind die Zeilen und Seiten in den Prosatexten bis zu ihrem Ende gefüllt, sodass man sie nicht als Verse bezeichnen könnte, aber ungewöhnliche Zeichensetzung sowie häufige Kursivschrift und Verwendung von Großbuchstaben lenken die Aufmerksamkeit beim Lesen immer wieder auf das Schriftbild, sodass es unmöglich ist, die Form hinter dem Inhalt zurücktreten zu lassen. Stattdessen wird die Lektüre permanent wieder auf die Oberfläche des Textes und seine Form gelenkt, auf seine schriftbildliche Gefasstheit, seinen Zeichencharakter, seine Nicht-Präsenz.

Proësie

In den lyrischen Texten hingegen sind gemessen an dem erwarteten tropologischen Stil dieser Gattung Metaphern und Tropen nicht sehr zahlreich, zugleich sind sie in ihrer Form sehr frei. Ihre Kürze und die oft markierte Datierung der Gedichte stellen die Hauptunterschiede zur Prosa dar (in den späteren Werken wird die Prosa zwar durch Datierungen unterbrochen, aber in größeren Abständen, als dies in den lyrischen Texten der Fall ist). Lyrik und Prosa scheinen also in ihrem Dialog eine gemeinsame Sprache ausgehandelt zu haben, für die jede Gattung Elemente der anderen in sich aufgenommen und eigene an die andere abgegeben hat. Ausdrücke wie ‚prosaische Gedichte', ‚lyrische Prosastücke' oder das im Text selbst verwendete ‚Proëm' versuchen dies zu fassen. Auch die Begriffe „Textur" oder „texturierte Prosa" (Kramer 1998, 119, 121) wurden für solche Texte vorgeschlagen.

Im Band *études*, in dem die Ich-Figur angibt, Proëme zu schreiben, sind die Zeilen in Blocksatz gesetzt und durchweg bis zum Zeilenende gefüllt. Metrum, Strophen und rhetorische Figuren sind, wie in Prosatexten, spärlich gesät, Gedichttitel nicht vorhanden, zugleich enthält der Band aber doch einzelne, meist maximal eine Seite umfassende Texte, denen in Anlehnung an Gedichttitel oftmals ein kürzerer Text in kleinerer Schrift vorangestellt ist. Bald nur eine Zeile lang, bald wie ein zusätzliches kleines Gedicht rechtsbündig präsentiert, bilden diese kurzen Texte eine Art Auftakt oder Motto zum im Blocksatz präsentierten Haupttext, wobei sie in der visuellen Form sowohl das Spannungsverhältnis als auch die Kontiguität zwischen Lyrik und Prosa abbilden. Diese Form erinnert an die Unmöglichkeit, Lyrik und Prosa überzeugend zu trennen, denn obwohl visuell unterschiedlich, gleichen die Textteile einander in Vokabular, Thema und Duktus. Von der Länge her, die noch das einfachste Unterscheidungskriterium darstellte, sind die Texte im Blocksatz (also ausgenommen die erwähnten vorangestellten ‚Mini-Gedichte') zwischen längeren Gedichten und kürzeren Prosatexten angesiedelt. Das Schriftbild ist dabei in den vorangestellten kürzeren wie in den nachfolgenden längeren Texten gleich auffällig, sodass daran bemessen eine Unterteilung in Vor- und Haupttext wiederum nicht sinnvoll scheint, sondern sie sich eher als eine Einheit präsentieren: Zu den Großbuchstaben sind häufige Unterstreichungen hinzugekommen (die die Kursivsetzungen ablösen) und weitere ungewöhnliche Formen der Interpunktion, wie Auslassungen in Form von acht aneinandergereihten Punkten („........") oder zehn (bzw. zwanzig) Plus-Zeichen („++++++++++"), wobei letztere manchmal eine Auslassung, dann wieder einen Abschnitt markieren. Zudem finden sich zahlreiche Klammern, Bindestriche, isolierte Doppelpunkte, Abkürzungen wie „jg." für „jung", „engl.", „kl." (ET 44, 33, 36). Während im Allgemeinen die vorangestellten kleinen ‚Gedichte' wie beschrieben kürzer sind als die darauffolgenden größer gedruckten und längeren Textblöcke, ist doch zumindest gelegentlich der kleiner gedruckte Text länger als der ‚Haupttext' (vgl. ET 129, 142). So wird ein ständig fluktuierendes und oft überraschendes Verhältnis zwischen Texteinheiten inszeniert, wobei dem Layout auf dem Blatt eine große Rolle zukommt. In einem weiteren Fall werden Textanfang und Textende gleichsam umgekehrt (vgl. ET 159). Die eine Zeile, die unterstrichen und vom Rest abgesetzt für sich steht und somit den Eindruck erweckt, der Titel zu sein, findet sich am Ende, während zugleich der Haupttext oben mit den Worten „letzten Endes." (ET 159) beginnt. Anfang und Ende sind also vertauscht und verweisen aufeinander, sodass auch hier die Frage nach den Definitionskriterien erkennbar wird.

Nicht nur in der Struktur, auch auf der Inhaltsebene wird die Frage nach den Gattungsnormen verhandelt und auf die Unentscheidbarkeit hingewiesen. In ostentativer Distanznahme zum größten Teil der Prosa ist dem Text folgendes Jean Paul-Zitat vorangestellt, das eben die Verbindung mit der langen Tradition der nichtnarrativen Prosa andeutet: „und ich hasse doch, sogar im Roman, alles Erzählen so sehr" (ET 7). Wenn es dann heißt: „kann keine Geschichten erzählen" (ET 162), und gleich darauf: „wenn DER mich anfleht erzähle ich ihm morgen früh eine Geschichte", wird Ironie von Seiten des Autor-Ichs erkennbar, auch angesichts des mit Mayröckers Literatur verbundenen ‚Klischees', dass sie nicht erzählen möchte. An anderer Stelle wird konstatiert: „ich schreibe Proëme" (ET 75), aber auch „schreibe sehr viel meine eigenen Gedichte" (ET 152), und, scheinbar in direktem Widerspruch zu „eigenen" (wie auch eventuell zu „Gedichte"): „mein gesamtes Schreiben 1 BRICOLAGE" (ET 74).

So wie die Ähnlichkeit der Texte untereinander in *études* die Frage aufwirft, ob es sich überhaupt um Einzeltexte, ‚lyrische Prosastücke' oder Proëme handelt, und nicht eher um einen fortlaufenden Text, kann man auch buch- und somit gattungsübergreifend mit Berechtigung dieselbe Frage stellen. *études* bildet mit *cahier* (2014) und *fleurs* (2016) eine Trilogie, aber auch im Gesamtwerk Mayröckers fallen neben formalen Besonderheiten immer wieder Themen und Motive auf, die von Buch zu Buch mitziehen. In *brütt oder Die seufzenden Gärten* kann das Ich aus einem traumartigen „Wirbel von Buchstaben, Wörtern, halben Sätzen" nur die Sequenz „„*eine Art Wald Maschine*'" (BR 51) festhalten. Diese Sequenz geht anschließend in Gedichte ein und kommt im Gedichtband *dieses Jäckchen (nämlich) des Vogel Greif* (2009) regelmäßig vor, und zwar in nur wenig veränderter Gestalt, als Teil von Sätzen oder Satzfragmenten. So erscheint eine Modifikation dieser Sequenz z. B. in *die Augen* (AUEN), Zahngüsse etwa Auguren als „,I Art Wald Maschine" (JVG 21), oder in „*ich bin in Trauer tiefer als du denkst*" (Dusan Kovacivics) als „dies getippteste [/] Begräbnis : eine Art Waldes Maschine" (JVG 73). Mit „Maschine" wird immer auch auf die Schreibmaschine angespielt („ach der fügsame Stift, das furiose Maschinchen!", BR 124). Die Farbe Grün als Farbe für Schrift und als Chiffre für das Schreiben erscheint in *Reise durch die Nacht* als „grüner Regen" (RN 89, 91, auch als „grüne [...] Kulisse auch Regenkulisse", RN 90), dann in *brütt* als „grün tropfende[r] Filzstift in der Tasche, daß alles grün fließt, ins Grüne, fließt überfließt alles grün, auch die Notizen grün überschwemmt" (BR 90), und in *études* als „grüne[s] Meer von Sprache und Topos" (ET 77), hier in einem sechszeiligen ‚Prosastück'. Ähnlich verhält es sich mit dem Motiv der Verwandlung in einen Hund, die in *Reise durch die Nacht* angedeutet wird („streunend, hundeartig meine Leidensgeschichte", RN 98) und in *brütt* vollzogen: „*ich hatte mich wieder einmal in einen Hund verwandelt*, die Verwandlung vollzog sich innerhalb weniger Minuten, indem ich in diesen Hund hineinkroch, und nun aus ihm herausschaute" (BR 102–103).

Prozesshaftigkeit, Unabgeschlossenheit, Unabschließbarkeit

Mayröcker betont, wie gesagt, gern, keine Handlung erzählen zu wollen. Ebenso wird in *études* erklärt: „die CAHIERS sind 1 Buch ohne Entwicklung" (ET 105). Die in verschiedenen Werken wiederkehrenden Themen und Motive erwecken jedoch nicht den Eindruck von Stillstand und Entwicklungslosigkeit: Von dem einen Buch zum anderen wird aus grünem (Schrift-)

Regen ein überfließender grüner Filzstift, der alles überschwemmt, und schließlich ein grünes Meer; aus einer Ähnlichkeit zu einem Hund wird die Verwandlung in einen. Somit wird ein Prozess vorgeführt, der sich aber nicht als Handlung fassen lässt. Referiert wird damit auf den Schreibprozess selbst, der in einem nie endenden Akt des verschiebenden Wiederholens von Buch zu Buch fortgeführt wird, sodass in der Tat die Bücher auch nicht wirklich enden, sondern jedes Buch die vorherigen variierend fortsetzt, auch über den Wechsel des Mediums (wie beim Hörspiel) oder der Gattung hinaus. Über die Grenzen der jeweiligen Publikation hinweg schreibt sich dieser Prozess fort, mit etwas anderen Schwerpunkten, veränderten Formmerkmalen, anderen Figuren, die einander doch ähnlich sind und auch ähnlich ungreifbar bleiben. Es spricht eine ähnliche Stimme in ähnlich assoziativer Weise von Sinneseindrücken, Gedanken, Erinnerungen, aber auch psychischen Vorgängen, Hoffnungen, Ängsten, Zwängen, und immer und immer wieder auch von diesem Sprechen (bzw. Schreiben) selbst. Mayröckers, wie man sagen kann, programmatische generische Hybridität, die sich selbst auch als solche inszeniert, zeigt sich somit auch in den fließenden Übergängen von Buch zu Buch, Leben zu Schreiben, Wirklichkeit zu Poesie. Ein Zitat aus dem Gespräch *"es ist nichts anderes als ein poetischer Synthesizer"*, das sie mit Marcel Beyer geführt hat, zeigt, dass sie ihrer Wahrnehmung nach für den kreativen Prozess Gegensätzliches miteinander in Kontakt bringen muss, damit eine ‚Zündung', eine neue Verbindung, entstehen kann: „zwei oder mehrere Dinge wirken einander entgegen, und dann zündet's eben erst" (Beyer 1994, 76). Dass ein solches Schreiben (Gattungs-)Grenzen benötigt und sucht, liegt auf der Hand. Die Widerstände unterstützen nicht nur, sie bedingen den Schreibprozess. Auch wenn das Autor-Ich behauptet, dass *„das nächste Buch [...] dann ein ganz glattes Buch werden"* wird, so soll *„dieses, dieses hier [...] noch ein wenig aus der Norm geraten"* (RN 98). Dieses Moment des Vorläufigen, Aufgeschobenen, das der Ankündigung (von etwas wohl nie Eintreffendem) innewohnt – denn das gegenwärtige Schreiben ist notwendig *„struppig, ins Verwegen-Verwilderte hin"* (RN 98) und nicht „glatt" – sowie das Schreiben *hin* zu etwas verweisen auf die Bewegung, die die immer nur temporäre Balance des beständigen Verweilens im *Zwischen* der Gattungsnormen verlangt. Dieser Balanceakt macht die literarischen Ausdrucksformen zum Gesprächsgegenstand, bezieht die Leserinnen und Leser wie auch die Gattungen selbst in das Gespräch ein (da nicht über, sondern auf vielfache metapoetische Weise mit ihnen und durch sie gesprochen wird) und hält so auch sie in Bewegung.

Literatur

Arteel, Inge: Friederike Mayröcker. Hannover 2012.
Beyer, Marcel: Friederike Mayröcker: Eine Bibliographie 1946–1990. Frankfurt a. M. 1992.
Beyer, Marcel: Eigentlich ist es nichts anderes als ein poetischer Synthesizer. Marcel Beyer im Gespräch mit Friederike Mayröcker. In: Zwischen den Zeilen. Zeitschrift für Gedichte und ihre Poetik 4 (1994), 64–81.
Bies, Michael/Gamper, Michael/Kleeberg, Ingrid: Einleitung. In: Dies. (Hg.): Gattungs-Wissen. Wissenspoetologie und literarische Form. Göttingen 2013, 7–18.
Brandmeyer, Rudolf: Poetologische Lyrik. In: Dieter Lamping (Hg.): Handbuch Lyrik. Theorie, Analyse, Geschichte. Stuttgart/Weimar 2011, 157–162.
Dundes, Alan: Texture, Text, and Context. In: Southern Folklore Quarterly 28 (1964), 251–265.
Kramer, Andreas: Inszenierungen des unendlichen Gesprächs: Zu Friederike Mayröckers langer Prosa. In: Allyson Fiddler (Hg.): 'Other' Austrians. Post–1945 Austrian Women's Writing. Proceedings of the conference held at the University of Nottingham from 18–20 April 1996. Bern 1998, 115–127.
Mayröcker, Friederike: Die Versatzstücke oder: So hat dieser Tag doch noch einen Sinn gehabt. In: Gisela Lindemann (Hg.): Friederike Mayröcker. Ein Lesebuch. Frankfurt a. M. 1979, 76–96.
Müller-Zettelmann, Eva: Lyrik und Metalyrik. Theorie einer Gattung und ihrer Selbstbespiegelung anhand von Beispielen aus der englisch- und deutschsprachigen Dichtkunst. Heidelberg 2000.
Schlegel, Friedrich: Geschichte der europäischen Literatur [1803/04]. In: Ders.: Kritische Friedrich Schlegel-Ausgabe. Bd. 11: Wissenschaft der europäischen

Literatur. Hg. von Ernst Behler. München/Paderborn/Wien 1958, 3–185.

Schmitz-Emans, Monika: Einzelwerk und Gattung. In: Rüdiger Zymner (Hg.): Handbuch Gattungstheorie. Stuttgart/Weimar 2010, 128–130.

Seibel, Klaudia: Mixing Genres: Levels of Contamination and the Formation of Generic Hybrids. In: Marion Gymnich, Birgit Neumann, Ansgar Nünning (Hg.): Gattungstheorie und Gattungsgeschichte. Studies in English Literary and Cultural History. Trier 2007, 137–150.

Stauffer, Robert: Gespräch mit F. Mayröcker über *Die Abschiede*. In: Siegfried J. Schmidt (Hg.): Friederike Mayröcker. Frankfurt a. M. 1984, 200–203.

Zymner, Rüdiger: Gattungsvervielfältigung: Zu einem Aspekt der Gattungsdynamik. In: Marion Gymnich, Birgit Neumann, Ansgar Nünning (Hg.): Gattungstheorie und Gattungsgeschichte. Studies in English Literary and Cultural History. Trier 2007, 101–116.

Intermediality und Plurimedialität (Bildende Kunst)

Beate Sommerfeld

Neben der Musik ist die bildende Kunst das wichtigste Referenzmedium Friederike Mayröckers – kaum ein Text, der nicht von Bezügen zu visuellen Kunstwerken und Künstlernamen durchzogen ist. Manche Werke sind vorwiegend einem Maler zugeordnet, wie Francisco de Goya in *Reise durch die Nacht* (1984), im Prosaband *brütt oder Die seufzenden Gärten* (1998) umfasst die Bandbreite der intermedialen Bezüge u. a. Rembrandt, Vincent van Gogh, Henri Matisse, Pablo Picasso und Francis Bacon. Bilder sind nicht nur in die Prosatexte eingeflossen, hinzu kommen ekphrastische Gedichte, Proëme und Hörspiele. Zudem sind zahlreiche, zum Großteil in die *Magischen Blätter* und die Textsammlung *als es ist. Texte zur Kunst* (1992) eingegangene Gelegenheitstexte entstanden, die Bildeindrücke verarbeiten und die „bildbezogene Qualität von Mayröckers Schreiben" (Arteel 2012, 81) bezeugen. Mayröckers Vorlieben gelten vor allem der klassischen Moderne, insbesondere dem Dadaismus und Surrealismus, Kubismus und Fauvismus sowie dem abstrakten Expressionismus, dem Informel und der Art brut. Daneben finden sich Referenzen auf die archaische Kunst, religiöse Andachtsbilder und Maler der Renaissance sowie des Manierismus wie Giotto, Albrecht Dürer, Lorenzo Lotto und Goya.

Im Streben nach einer Aufhebung von Mediengrenzen und der Erkundung der Relationen zwischen Literatur und anderen Kunstformen situiert sich Mayröckers Schreibpraxis in den Traditionslinien der Avantgarden. Dabei bezieht sich das Bild als Gegenbegriff zu dem des Textes sowohl auf institutionell als ‚Kunst' definierte visuelle Artefakte wie Malerei und Bildhauerei, als auch auf mentale Bilder, die durch ein Objekt der Kunst hervorgerufen werden. Damit sind ihre Texte zur bildenden Kunst anschließbar an den *pictorial turn* der Moderne und die neueren Paradigmen der Bildanthropologie (vgl. Sommerfeld 2020a).

Intermediale Verfahren und Affinitäten

Mayröckers Texte decken ein breites Spektrum intermedialer Bezugnahmen ab. Sie reichen von thematisierenden Referenzen bis zu imitierenden Bezügen, einem intermedialen *showing*, in dem altermediale Eigenschaften performiert werden. Zu diesen medienüberschreitenden Formen kommen Verbindungen von Einzelmedien, die zu plurimedialen Medienmischungen führen.

Thematisierungen umfassen abbreviatorische Verfahren wie punktuelle Nennungen von Malernamen oder Kunstwerken, die nicht zu

B. Sommerfeld (✉)
Adam Mickiewicz-Universität Posen, Poznań, Polen
E-Mail: bsommer@amu.edu.pl

Ekphrasen ausfabuliert werden, ebenso wie ausführliche ekphrastische Beschreibungen von Werken der bildenden Kunst. Dabei referieren die Texte meist keine unmittelbaren Bildeindrücke: Die Beschreibung erfolgt vielmehr „aus der Erinnerung und geht von banalen Alltagsphänomenen aus, die an ein einzelnes Bildelement erinnern oder gewisse Assoziationen an das Bild wachrufen." (Kunz 2002, 73) Kunstwerke rufen innere Bilder auf und werden zum Ferment mentaler und memorialer Prozesse. Dabei überlappen Erinnerungen sich häufig mit Bildreminiszenzen oder werden durch diese transportiert (vgl. Kunz 2004, 85). Auf diese Weise rücken die Texte vom Primat der Anschaulichkeit ab und wenden sich dem Bereich der inneren Bilder und Vorstellungen zu. Sie schweben zwischen äußeren und inneren, realen und imaginären Bildern, die immer neuen Perspektivierungen unterliegen, in traumanalogen Prozessen ineinandergleiten, auftauchen und wieder entschwinden.

Zuweilen erscheinen Kunstwerke gar nicht mehr auf der Textebene oder Malernamen werden nur im Paratext signalisiert, wie im Gedicht *la clairière, nach Giacometti* (GG 241–242), in dem Giacomettis Skulptur im Text nicht mehr vorkommt. Es entsteht so ein Spannungsverhältnis zwischen Titel und Textinhalt (vgl. Reumkens 2013, 121): Während der Titel die Erwartung einer Bildbeschreibung weckt, konstituieren sich die Texte als vielschichtige Gewebe aus Fragmenten visueller Eindrücke, erinnerter Bilder und Bewusstseinsinhalte. Oftmals bedürfen Mayröckers Ekphrasen keines externen Artefakts zu ihrer Initialisierung und vollziehen sich als reine Autopoiesis. In vielen Fällen ist dem Malernamen im Titel der Vermerk ‚nach' vorangestellt, der den Text als „mediales Post-Produkt" (Reumkens 2013, 80, 97) herausstellt und auf die *licencia poetica*, das freie Fortschreiben der bildnerischen Vorlage hindeutet. Beim Umschlagen von Beschreibung in den poetischen Vollzug (vgl. Sommerfeld 2020b, 46) kommt es oft zu einer Veränderung von Bildern, wie Aurélie Le Née (vgl. 2013, 319–321) am Beispiel von Mayröckers Matisse-Referenzen darlegt, die damit „keine Bildbeschreibungen im herkömmlichen Sinne" (Kunz 2002, 74) sind. Klaus Kastberger hat aufgezeigt, dass Goyas Bilder beim Eintreten in den Prosatext *Reise durch die Nacht* einer sukzessiven Transformation unterliegen, die mit komplexen Identifikationsprozessen einhergehen (vgl. Kastberger 2006, 132–136). Durch die sprachliche Verarbeitung wird das Bild somit selbst einem Wandel unterworfen, erhält neue Qualitäten und wird mit neuem Gehalt angereichert. In den späten Texten werden die Bildbezüge zunehmend kürzelhaft, es dominieren punktuelle Referenzen auf einzelne Künstler und Künstlerinnen oder Bildkunstwerke, wobei eine poetische Phrasierung von Bildern charakteristisch ist.

Neben intermedialen Einzelbezügen sind Systemreferenzen auf die bildende Kunst in die Texte eingestreut, wenn etwa der Wunsch geäußert wird: „wäre am liebsten […] ein Maler gewesen" (PS 15). Medienwechsel bzw. die Nachbildung altermedialer Verfahren werden meist durch metapoetische Kommentare wie „arbeite […] wie Malerin" (PS 174) angezeigt oder durch Verweise auf das „Malbuch" (CA 27) signalisiert. Mayröckers Texte messen sich immer wieder mit der Malerei und orientieren sich an derselben, womit der Prozess des Überschreitens von Mediengrenzen in den Vordergrund gespielt wird. Den medialen Transgressionen von Mayröckers Schreiben ist Edith Anna Kunz nachgegangen. Sie weist am Beispiel der Referenzen auf Matisse-Gemälde in *brütt* eine Dynamisierung der Bilder nach, indem versucht wird, das statische Bild „als Abfolge" (Kunz 2004, 79) wahrnehmbar zu machen. Die Überführung des flächigen Bildmediums in den linearen Text geschieht, indem variierende Bildbeschreibungen ‚flächig' über das ganze Buch verteilt werden (vgl. Kunz 2004, 72). Sich auf diese Weise „an den Möglichkeiten des Mediums Bild orientierend", simuliert Mayröcker „im Text eine Art Nebeneinander und gelangt so zu einer Verräumlichung des an sich linearen Mediums Text" (Kunz 2004, 84). Es kommt somit bei Mayröcker zu Medientransformationen, bei denen die Medien einander durchdringen und ihre Eigenschaften ineinander übergehen. Dabei sind die Thematisierungen des

Altermedialen stets zugleich Reflexionen auf die eigene mediale Konstitution des Textes und verweisen auf eine experimentelle Erweiterung der Schreibpraxis durch Integration oder Simulation der medienspezifischen Leistungen des Bildes. Bilder stimulieren auf diese Weise das Schreiben und „ermöglichen die Erweiterung literarischer Verfahren" (Kunz 2004, 85).

Bei den Versuchen, altermediale Gestaltungsprinzipien für die eigene Schreibpraxis fruchtbar zu machen, wird oftmals auf einzelne Kunstströmungen rekurriert. Hierbei nehmen Referenzen auf den Kubismus eine herausgehobene Stellung ein (vgl. Le Née 2013, 333–334). So simuliert Mayröckers Text zu Marcel Duchamp, *Akt, eine Treppe hinabsteigend* (Mayröcker [1981] 1992), die Überwindung der medialen Begrenzungen in der kubistischen Malkunst, die Gegenstände aus mehreren Perspektiven gleichzeitig darstellt und die Statik des Bildes in eine Abfolge von Bewegungen auflöst. Anstatt eine klassische Bildbeschreibung zu liefern, vollzieht der Text die dem Bild innewohnende Bewegung nach. Explizit wird die kubistische Malerei in *cahier* als intermedialer Referenzrahmen aufgerufen: „bin jetzt in der kubistischen Phase" (CA 23). Die figural-bildnerischen Verfahren des Kubismus werden über die medialen Grenzen hinweg nachgeahmt: Faksimile-Zeichnungen aus sich überlagernden Perspektiven korrelieren mit abrupten Perspektivwechseln im Text.

Ein sich der Eindeutigkeit entziehendes Gleiten der Perspektiven, das den eigenen Betrachterstandpunkt verunsichert, findet auch über den Rekurs auf die Bilder M. C. Eschers Einlass in Mayröckers Texte, wo sie als „poetologische Spiegelungen" (Fliedl 2007, 218) wirksam werden. Die Instabilität der Bedeutungsrelationen, welche die assoziativen Andockmöglichkeiten kleinster Sprachelemente erweitert, führt Mayröcker zu den bildkünstlerischen Gestaltungsprinzipien des Pointillismus, die sie als „poetische Methode" (Raß 2014, 41) adaptiert. Pointilistische Maltechniken werden poetisch umgesetzt, indem die Sprache in ihre Grundelemente zerlegt wird, die zu einem schwebenden Ganzen miteinander korrespondierender Elemente kombiniert werden (vgl. Raß 2014, 42, 45), wie es in *Stillleben* heißt: „Eine Art Pointillismus, [...] aus lauter Einzelteilen zusammengesetzt, daß aus den fremdesten Elementen ein täuschendes Ganzes entgegentritt" (GP IV, 95). Die Auflösung der Formen und Konturen, die dem Primat der Farbe unterworfen werden, verbindet Mayröcker mit Fauvisten wie Matisse und ist essentiell für ihre Affektpoetik (vgl. Strigl 2009, 68). Die nicht-mimetische Farbgebung, die sich von signifikativen Funktionen gelöst hat und allein der Intensitätssteigerung des Ausdrucks dient, wird von Malern des abstrakten Expressionismus wie Wasilij Kandinsky (vgl. Kahn 1980), Jackson Pollock oder Cy Twombly entlehnt (vgl. Vogel 2002, 49).

Auch die figurale Malerei wird zum Katalysator der Erzeugung sprachlicher Intensität. So hat die visuelle Darstellung von Körperempfindungen in den Bildern Maria Lassnigs ihr poetisches Äquivalent in Mayröckers „Schreibweise vom Körper" (GP III, 670) gefunden. Wiederholt wird der Wunsch laut, die Expressivität der Bilder Francis Bacons mit ihren im Schmerz zusammengekrümmten und auf ihre eigene Fleischlichkeit verweisenden Körpern auf die eigene Literatur zu übertragen: „ich möchte schreien : schreien wie die Gemälde des Francis Bacon schreien" (PS 174). Den Spuren zu Bacons Malerei in den Prosawerken *Stillleben* (1991) und *mein Herz mein Zimmer mein Name* (1988) ist Alexandra Strohmaier (vgl. 2008, 104–108) im Kontext von Deleuzes Konzept des organlosen Körpers nachgegangen. Sie weist nach, wie die Fleischlichkeit und die „Gleichartigkeit von menschlichem und tierischem Organismus" (Strohmaier 2008, 105) von Bacons Bildern auf Mayröckers Schreiben übergeht, indem das Text-Ich Bacons Schlachthausbilder halluzinatorisch am eigenen Körper nachvollzieht (vgl. Strohmaier 2008, 107). Auch in *brütt* vollzieht sich im Gefolge Bacons ein Tierwerden, das über die Organisationsformen des menschlichen Organismus hinausweist (vgl. Arteel 2007, 259–260). Es rücken damit die subjektkonstitutiven Effekte von Bildern (vgl. Arteel 2002, 66; Arteel 2007, 260–261), aber auch ihre intersubjektiv-imaginäre Funktion in den Fokus.

Letztere wird insbesondere in den Bezügen zur surrealistischen Bildkunst wirksam. So bringt die produktive Aneignung von Dalís paranoisch-kritischer Methode Bilder in ständiger Metamorphose hervor, potentiell unendliche Bildassoziationen, die aufgrund der daraus resultierenden Ambivalenzen mehrfach lesbar sind (vgl. Le Née 2013, 344). Über Dalí hat auch der Hysterie-Diskurs des Surrealismus Eingang in Mayröckers Texte gefunden und wird – wie Strohmaier (vgl. 2008, 85) nachweist – konstitutiv für Mayröckers „surrealistische (Körper-)Ästhetik". Das sich in den Frauenfiguren von *Stillleben* und *mein Herz mein Zimmer mein Name* niederschlagende surrealistische Imago der hysterischen Frau ist zudem durch ikonographische und interdiskursive Bezüge zu Max Ernsts und Paul Éluards Collagenromanen vermittelt (vgl. Strohmaier 2008, 91–104) und mündet in einer „Hysterisierung des Körpers" (Samsonow 2012, 56). Neben diesen diskursiven Bezugnahmen experimentiert Mayröcker mit von den Surrealisten entwickelten Bildtechniken wie der Frottage (vgl. Le Née 2013, 339–342; Sommerfeld 2020b, 43; Sommerfeld 2023a, 218–219). Sie kommen etwa im Gedicht *Frottage* (1986; GG 386) in Verfahren der Überblendung zum Tragen, die im manifesten Text tieferliegende Sinnebenen durchscheinen lassen. Auch Ernsts Collagen werden als intermedialer Referenzrahmen aufgerufen und nachgebildet, indem Elemente früherer Texte aus ihrem Kontext herausgelöst und neu kombiniert werden, wobei das surrealistische Prinzip der automatischen Assoziation leitend ist (vgl. Sommerfeld 2023a, 217–218). Vor allem späte Texte wie *Pathos und Schwalbe* (2018) gleichen sich strukturell der Collage an, indem das Material zu großflächigen Tableaus ausgebreitet wird, in denen Bild- und Textreferenzen miteinander koexistieren (vgl. Sommerfeld 2020b, 51). Überdies eignen Mayröckers Texte sich bildkünstlerische Kompositionsformen wie das Stillleben an (vgl. Arteel 2007, 172–180; Arteel 2012, 87–88; Sommerfeld 2018, 102; Sommerfeld 2020b, 47), indem zugunsten von Konfigurationen des Gleichzeitigen „dem sich linear entwickelten Erzählen eine Absage erteilt" (Arteel 2012, 87–88) wird.

Auf der formalen Ebene des Text-Layouts nähern sich konstellative Anordnungen, die zum Visuellen hin changieren und sich der simultanen Wahrnehmung darbieten, dem Bild an. Verfahren der Verräumlichung überblenden die Linearität des Textes, Wörter und Wortgruppen, typographische Zeichen und Elemente der Kurzschrift werden in ihrer bildhaften Qualität eingesetzt und frei über die Blattfläche verteilt. Die dadurch erzeugte Ikonisierung des Schriftbildes soll bewirken, dass der Text „besser flutet[] [...] wie ein Gemälde" (PS 95). Auch mittels der in die Texte eingefügten Faksimile-Zeichnungen wird die in der Collage angelegte Intermedialität ausgespielt. Wie die Vertreter der Avantgarde überschreitet Mayröcker die formalen und materiellen Grenzen zwischen Literatur und bildender Kunst und schafft medienverschmelzende Hybridformen, die aufgrund der in ihnen kooperierenden Zeichensysteme eine heterogene Werkoberfläche aufweisen. Oftmals oszillieren die Zeichnungen zwischen pikturalen, ikonischen und verbalen Zeichen oder bilden eine Graduierung zwischen ihnen ab, womit ihre intermediale Konstituiertheit virulent gehalten wird. Dabei sind die handgezeichneten Bilder ebenso Einschreibungen des Körpers und dessen Widerständigkeit gegenüber der Schrift wie Reflex auf die zeichenhafte Verfasstheit der eigenen künstlerischen Produktion. Bereits die von Mayröcker gewählte Bezeichnung ‚Bildgedichte' (GP III, 162) indiziert eine intermediale Konfiguration, dabei wird das Bildgedicht als lyrischer Text, der ein visuelles Kunstwerk beschreibt, materialiter zu einem solchen. Mayröckers ‚Bildgedichte' können auf die Kalligramme Apollinaires bezogen werden, schließen aber auch an surrealistische und dadaistische Traditionslinien sowie deren Rezeption durch die österreichische Neo-Avantgarde an (vgl. Le Née 2013, 359). Obwohl sie von der Autorin als spontane „Kritzeleien" umschrieben werden (GP III, 162), sollten sie nicht mit naiven Kinderzeichnungen verwechselt werden. Siegfried J. Schmidt verweist auf die Präzision der Zeichnungen und versucht sie aufgrund ihres Oszillierens zwischen Bild und Schriftzeichen als „stenographische[]

Bildkürzel" bzw. „Stenogramme" zu fassen (Schmidt 1995, 8).

Mayröckers Zeichnungen konstituieren sich entweder über punktuelle Medienwechsel, indem sie den Platz von einzelnen Wörtern einnehmen, oder treten mit dem Text in ein intermediales Verhältnis, wenn Bilder als „visueller Kommentar oder als visuelle Interpretation" (Raß 2014, 62) zum Text in Erscheinung treten. Oft sind sie auch in sich selbst intermediale Gebilde, indem sie mit einem begleitenden Textfragment versehen werden, das als „ergänzende Subscriptio zur Pictura" (Raß 2014, 66) gelesen werden kann. Die Relationen der Wort- und Bildelemente sind jedoch nur vordergründig supplementär und entwerfen eine irisierende Polysemie und Vagheit, die sich eindeutiger intermedialer Sinnbildung verweigert. Dies birgt Konsequenzen für die Möglichkeiten hermeneutischer Lektüre: Der ‚Bildtext' beziehungsweise das ‚Textbild' entzieht sich dem Verständnis und wird als hermetisch oder obskur erfahren. Die plurimedialen Formen Mayröckers arbeiten so nicht einer Synthese der Künste zu, sondern folgen der dadaistischen Ästhetik der Collage und stellen die Brüche und Schnittstellen der Kunstformen aus, wobei es zu produktiven Reibungen zwischen den Medien kommt.

Poetologie des Bildes

Mayröcker setzt Sprache und bildende Kunst auch auf einer metapoetischen Ebene ins Verhältnis, indem die Relation der Medien zueinander reflektiert wird. Oftmals rekurrieren die Texte dabei auf die Tradition des Kunstgesprächs (vgl. Sommerfeld 2019; Raß 2011, 528). So werden in den Gesprächen der Protagonisten von *brütt* Wort und Bild als mediale Konkurrenten auf den Plan gerufen (vgl. Sommerfeld 2018, 95–96), wobei der Paragone-Diskurs anklingt: „1 Bild kann dich mit Pfeilen durchbohren, [...], aber wir, die Schreibenden, wir sind im Hintertreffen, wir möchten es der Malerei gleichtun, wir schleudern mit glühenden Wortmaterialien umher, [...] unsere Liebe gilt immer noch dem Pfeile Schleudern der bildenden Kunst" (GP V, 114). Der Wettstreit der Künste wird hier in ein Liebesverhältnis umgedeutet und verweist auf ein Begehren nach dem Bildlichen.

Wie Michaela Raß (vgl. 2014, 423–427) gezeigt hat, wird die Beziehung zum Bild bei Mayröcker oft als erotische Vereinigung umschrieben, so etwa im poetologischen Kurzessay VEREINIGUNG DES DISPARATEN – DAS INNERSTE ALLER KUNST (1992): „Ich schaue das Bild lange an, nein: ich lasse mich auf das Bild lange ein, nein: ich steige hinunter zu ihm in den Brunnenschacht [...] bis es sich tief eingenistet hat in mir, in meinem Kopf, in meinem Körper, daß schlieszlich aus diesem Liebesverhältnis das Bild von sich aus die richtigen Wörter und Sätze ausstößt" (GP IV, 562). Dem Bild wird hier eine räumliche Qualität zugestanden, es wird zum Bildraum, in den das betrachtende Subjekt eintritt, so wie umgekehrt das Bild ins Subjekt eindringt (vgl. Arteel 2009, 98). Das Schreiben über Bilder vollzieht sich damit nicht in einem „souveränen Schöpfungsakt" (Arteel 2009, 98), sondern als reziproke Durchdringung, welche die Grenze zwischen Subjekt und Objekt aufhebt, wobei dem Sehen selbst eine somatische Qualität abgenötigt wird. Zum Schauplatz der ästhetischen Erfahrung avanciert der Körper, womit die Opposition von Körper und Geist durchkreuzt wird. Der Körper entfaltet eine nicht zu kontrollierende Eigenmächtigkeit, die als das Unkalkulierbare in das Bilderlebnis einbricht und es in neue, unvorhersehbare Bahnen lenkt.

Die aus ekstatischen Bilderlebnissen erwachsende Überführung visueller Eindrücke in Sprache hat Mayröcker selbst beschrieben: „Ich bin ein Augenmensch und erfasse eigentlich alles nur durch die Augen [...], was ich sehe, was mir auffällt, kann sich augenblicklich verwandeln in eine Metapher, d. h. das Bild wird unter glücklichen Umständen sofort zum Wort, zu Wortkonstellationen, zur Metapher" (GP III, 186). Mayröcker prägte den Begriff „euphorisches Auge" (Kahn 1984), um den beglückenden Zustand der Ekstase zu benennen, in dem Bilder sich in Worte verwandeln. Das auf das Bild gerichtete ‚euphorische Auge' leitet oftmals zu einer Belebung des Bildsujets über, bei der das Bewusstsein des betrachtenden Ich mit der imaginären Psyche der Bildfiguren interagiert (vgl. Raß 2011, 527). Im Zuge der imaginativen Aneignung kommt es zu einer Dynamisierung der Bilder, indem sich Geschichten zu den Bildfiguren entspinnen und so dem dargestellten Augenblick zu einer Vergangenheit und einer Zukunft verholfen wird. Zuweilen werden Begegnungen mit Malern entworfen, die damit zu literarischen Figuren werden (vgl. Raß 2011, 528), wie z. B. im Hörspiel *Das Couvert der Vögel* (2001; GP V, 542–551), in dem sich ein imaginärer Dialog mit Matisse entfaltet. Die imaginative Potentialität von Mayröckers ‚euphorischem Auge' als eine das Bildsujet belebende Kraft wird von Renate Kühn (vgl. 1997, 141–169) am Beispiel des Chagall gewidmeten Gedichts *Gesponnener Zucker* (1966; GG 51–52) herausgestellt, wobei die Umdeutung der Geschlechterrollen in Chagalls Gemälde aus feministischer Perspektive beleuchtet wird. An der Bildphantasie „nach Stefan Fabi's Kartoncollage ‚Nackt' (2013) und Holzschnitt ‚Mann mit Flöte' (2013)" (CA 130) zeigt Aurélie Le Née (vgl. 2017, 96–101), wie selbst Fabis nicht-figurative Bilder einer Narrativierung als Liebesszene unterzogen werden, in die das betrachtende Ich eingeht, wobei der Mythos von Pan und Syrinx eine Neuinterpretation erfährt.

Das Eintreten ins Kunstwerk, welches in einer Begegnung mit kollektiven Bildvorstellungen und dem Mythos mündet und letztlich die in Bildern aufbewahrte symbolische Ordnung subvertiert, wird auch im Hörspiel *die Umarmung, nach Picasso* (1986) performativ vorgeführt, in dem die Engführung von Erotik und Bildbetrachtung bereits im Titel anklingt. Die imaginative Aufladung von Picassos „Suite Vollard" (1930–1937) in einem euphorischen Sehen leitet auch hier zu einer Verlebendigung der Bildfiguren über und lässt Picassos Radierungen zum Schauplatz eines Liebesgeschehens werden, das durch das Verhältnis der beiden Betrachtenden – einer männlichen und einer weiblichen Stimme – gespiegelt wird. Die dialogische Struktur des Textes, die das Grundmuster eines Gegensatzes zwischen einem weiblichen und einem männlichen Subjekt (vgl. Arteel 2012, 40) erkennen lässt, ist zugleich beispielhaft für Mayröckers Vorliebe für szenisch angelegte Bildbeschreibungen, die polyfokal verfahren und die Tradition des Kunstgespräches aufgreifen. In der Dramatisierung mit verteilten Rollen werden Bildverhältnisse in ein dialogisches Verhältnis gesetzt: Während „Er" außerhalb der Bilder verharrt und auf einer Subjekt-Objekt-Trennung insistiert, setzt „Sie" ein Bildverhältnis, das als „exzessive Begegnung" (Arteel 2009, 98) entworfen wird und die erotische Synthese mit dem Bild performativ umsetzt.

Über die Theatralisierung der Bildbegegnung entsteht ein mit synästhetischen Wahrnehmungen aufgeladener Bildraum (vgl. Arteel 2009, 109). Die Bildbetrachtung wird so zu einer Körper und Sinne involvierenden Praxis (vgl. Arteel 2009, 98), die auch die Imagination ergreift und zu einer Neubewertung mythologischer Bildbestände hinüberleitet – wobei sowohl die mit visionärer Bildhaftigkeit verbundene Erlebnisqualität der bildenden Kunst, als auch die mediale Verfasstheit der Einbildungskraft ins Spiel gebracht wird. So erfährt die auf die Unterordnung des Weiblichen abzielende „Geschlechterordnung" (GP III, 119) der Radierungen Picassos eine Umdeutung zu einer auf Wechselseitigkeit beruhenden Liebesvereinigung, die wiederum das Modell abgibt für einen Zugang zum Bild, der sich als reziprokes Verhältnis konstituiert. Es vollzieht sich so eine performative Umkehrung kultureller Praktiken der Bildbetrachtung, mit der die Hierarchien von Sprache und Bild, Subjekt und Objekt ausgehebelt werden (vgl. Sommerfeld 2020a, 78). Das disjunktive Verhältnis von Sprache und Bild wird infrage gestellt, die Medien durchdringen einander in einer gegenseitigen Bezugnahme. Damit steuert Mayröckers Hörspiel auf die am Textende in Aussicht gestellte Synthese der Medien zu: *„nämlich Verkuppelung : zwischen Bild als Sprache, zwischen Sprache als Bild, zwischen Wort als Denken, zwischen Denken als Wort."* (GP III, 121)

Im Zuge der Koppelungen von Bild, Sprache und der im Bewusstsein ablaufenden Denkprozesse werden Kunstwerke traumanalogen Bedeutungsverschiebungen unterworfen. Die Texte verharren in einer traumhaft verdichteten Sphäre ambivalenter Bedeutungen, die häufig den Bereich des Geschlechtlichen aufrufen. So unterliegen im Gedicht *wie Giacometti :: Schatten des Abends* (1988; GG 492) bei der Betrachtung der etruskischen Statuette „Ombre della sera" Geschlechterzuschreibungen einer Ambiguisierung, wobei über eine surreale Produktion und Diffusion äußerer und innerer Bilder, Bildsequenzen und Szenarien ein ambivalentes Verhältnis zur Körperlichkeit und Sexualität des lyrischen Ichs entfaltet wird. Kunstwerke werden ambig und lassen sich nicht auf einen bestimmten Sinngehalt zurückführen, sondern unterliegen einer Dynamisierung der ihnen inhärenten Bedeutungen, die bis zur radikalen, die Lesbarkeit der Zeichen aussetzenden Bedeutungsverflüssigung geht (vgl. Vogel 2002, 49). Es werden fortwährend Assoziationsketten freigesetzt, die Eindeutigkeit zugunsten assoziativer Abläufe unterlaufen, welche Bildbedeutungen ins Vieldeutige auflösen und damit ein Potential des Sinnentzugs offenhalten. Mit der Dekonstruktion von Bedeutungen, die sich der Lesbarkeit entziehen und so Derridas Konzept der *différance* anklingen lassen, inszenieren Mayröckers Texte den Entzug des Bildes, der als differierende Fülle der Potentialität verstanden werden kann, durch die Bilder jede eindeutige Logik unterlaufen (vgl. Sommerfeld 2020b, 43).

Die proliferierende Vieldeutigkeit von Bildern übt – wie etwa im Text Dekomposition (1989; GP III, 631–634) – einen Sog auf das betrachtende Ich aus, wobei das Ganze des Bildes einer Demontage unterliegt. Anhand von *brütt* führt Andrea Winkler vor, wie der Text sich an der polysemen Bedeutungsfülle von Picassos Gemälde „Paul beim Zeichnen" (1923) entzündet (vgl. Winkler 2005, 151–155). Die semantische Unbestimmtheit ikonischer Zeichen führt eine Opazität des Bildes herbei, die sich vor die Sinnvermittlung schiebt. Bilder interessieren Mayröcker also vor allem, wo sie die semiologischen Operationen der Sinnbildung zum Stocken bringen können und auf diese Weise das Schreiben des Bildes zugleich antreiben und umlenken. Die Bildannäherungen verbleiben auf der Ebene der Signifikanten, die sich nicht auf einen Sinn hin transparent machen lassen. Bilder sind daher hermeneutisch nicht erschließbar, sie bleiben erratische Blöcke, die aus der Sphäre des Beschreibbaren herausragen und einen eigensinnigen Raum beanspruchen. Es wird eine fundamentale Alterität von Bildern behauptet, die durch Sprache nicht zu überbrücken sei: Das Bild ist „1 Mirakel, [...] hinter das wir alle nicht kommen" (GP V, 297).

Die Performativität der grundsätzlich entzogenen medialen Eigenlogik des Bildes hat Auswirkungen auf die Bildbeschreibung: Die Anschauungsrhetorik der klassischen Ekphrasis wird dementiert und abgelöst von Strategien der Verrätselung. Kunstwerke sind einem fortwährenden Prozess der Bedeutungsverschiebung und der Dissemination unterworfen (vgl. Raß 2014, 95), der sich an Derridas *Postkarte* (frz. 1980, dt. 1989) anlehnt, einen der zentralen Intertexte von *brütt* (vgl. Reumkens 2013, 121–122, 127; Bjorklund 2002, 116; Winkler 2005, 157–159). Bilder sind daher stets ‚auf dem Rückzug' und in eine Logik der *différance*, des Sinnaufschubs eingebunden (vgl. Sommerfeld 2020b, 43). Hiermit verbindet sich sowohl das irreduzible Spannungsverhältnis „zwischen Bildentwurf und Bildzerstörung" (Arteel 2012, 81), welches Mayröckers Texten zur bildenden Kunst eignet, als auch das tentative Moment ihrer Bildbeschreibungen, die immer wieder neu einsetzen und das bereits Geschriebene variieren, ohne eine endgültige Version zu liefern (vgl. Kunz 2004, 83; Kunz 2002, 81–82).

Das Bild bleibt souveränes visuelles Ereignis, dessen Sinn nur umkreist werden kann. Das Eigentliche des Bildes lässt sich bei Mayröcker nicht voll artikulieren, sondern nur affektiv erfahren; es bleibt Rätsel, Überschuss oder Fragment. So gewinnen einzelne Bilddetails die Qualität eines *punctum*, das aus dem Sinnzusammenhang hervorschießt und das Potential des Bildes freisetzt, das Subjekt zu adressieren, womit der Bildbetrachtung durchaus epiphanische Eigenschaften zukommen (vgl. Kahn 1984). Für Mayröcker bezeichnet das Bildliche eine Kraft, die die Ordnung von Sprache und Logos unterbricht, Affektträger und Empfindungsauslöser ist. Zu Affektträgern werden Bilder durch ihre Opazität, die sich den Mechanismen der Repräsentation entzieht und sie als Empfindung bestehen lässt. Mit der körperbezogenen Energie von Affekten und einer von Begehren getriebenen gegenseitigen Durchdringung von Betrachter und Bild können die Kernbegriffe für Mayröckers Verhältnis zur bildenden Kunst benannt werden (vgl. Sommerfeld 2023b, 158). Vor allem in den späten Texten reicht oft allein die Nennung des Malernamens aus, um Kaskaden von Assoziationen und Empfindungen zu entbinden und einen ekstatischen Schreibprozess in Gang zu setzen. Daniela Strigl (vgl. 2009, 71–73) verweist im Anschluss an Blanchot auf die pathetischen Dimensionen des Bilderlebnisses bei Mayröcker als ein ekstatisches Außer-sich-Sein durch das die Betrachtenden affizierende Bild, das Zustände dichterischer Ekstase entfacht.

Signifikant für dieses auf Komplementarität angelegte Verhältnis von Bild und Sprache sind kollaborative Arbeiten mit Künstlerinnen wie Karla Woisnitza in den Jahren 1995–1996, als beide sich gegenseitig Texte und Bilder zuschickten (vgl. Arteel 2012, 80–81). Auch in der Zusammenarbeit mit Andreas Grunert innerhalb des Projekts „1 Nervensommer" vom April 1998 bis zum Mai 1999 treten die Medien in einen Dialog und inspirieren sich gegenseitig, wobei das surrealistische Prinzip der ‚kommunizierenden Gefäße' umgesetzt wird: Die „Bilder, die Texte flogen hin und her […], Andreas Grunerts Imagination entzündet sich an 1 Wort, 1 Satzteil, 1 Satz des jeweils jüngsten Textes von mir" (Mayröcker 2002, 6). Das kollaborative Verhältnis zur bildenden Kunst, das Mayröckers Einbindung in ein Netzwerk von bildenden Künstlern und Künstlerinnen bezeugt (vgl. Lartillot 2022, 592) hat in multimedialen Projekten seinen Niederschlag gefunden. Es erschien eine Reihe von Bänden, in denen Mayröckers Texte mit Zeichnungen oder Radierungen von Kunstschaffenden wie Andreas Grunert, Olaf Nicolai, Irmgard Flemming, Marta Jungwirth, Angelika Kaufmann oder Maria Lassnig kombiniert wurden (vgl. Mayröcker 1984, 1989, 1992, 1993, 2002, 2008, 2009, 2011; Seipel 2002). Auch an diesen plurimedialen Werken lässt sich das die Mediengrenzen überschreitende Blickfeld Mayröckers ablesen, das sich auf die Lesenden überträgt und in einer Lektüre verwirklicht, die die beständige Kontaktaufnahme der Medien und ihre gegenseitige Durchdringung nachzuvollziehen vermag.

Literatur

Arteel, Inge: Faltsache. Subjektwerdung in Mayröckers „Magischen Blättern". In: Dies./Heidy Margrit Müller (Hg.): Rupfen in fremden Gärten. Intertextualität im Schreiben Friederike Mayröckers. Bielefeld 2002, 57–69.

Arteel, Inge: Gefaltet, entfaltet: Strategien der Subjektwerdung in Friederike Mayröckers Prosa 1988–1998. Bielefeld 2007.

Arteel, Inge: Nach dem Bilder- und Berührungsverbot. Kunst und Erotik in „die Umarmung, nach Picasso". In: Alexandra Strohmaier (Hg.): Buchstabendelirien. Zur Literatur Friederike Mayröckers. Bielefeld 2009, 97–120.

Arteel, Inge: Friederike Mayröcker. Hannover 2012.

Bjorklund, Beth: Das Ich erschreiben. Derrida, Picasso und Bach in Mayröckers *brütt*. In: Inge Arteel/Heidy Margrit Müller (Hg.): Rupfen in fremden Gärten. Intertextualität im Schreiben Friederike Mayröckers. Bielefeld 2002, 107–122.

Fliedl, Konstanze: Je nachdem. Friederike Mayröckers *kommunizierende Gefäsze*. In: Ulrike Bergermann (Hg.): Weiterlesen. Literatur und Wissen. Festschrift für Marianne Schuller. Bielefeld 2007, 213–230.

Kahn, Lisa: Ein Fall von Wahlverwandtschaft: Kandinsky – Mayröcker. In: Literatur und Kritik. Österreichische Monatsschrift Nr. 142 (1980), 106–110.

Kahn, Lisa: Lasset freundlich Bild um Bild herein. Das „euphorische Auge" Friederike Mayröckers. In: Text + Kritik Nr. 84 (1984), 79–87.

Kastberger, Klaus: Reinschrift des Lebens. Friederike Mayröckers *Reise durch die Nacht*. Wien/Köln 2006.

Kühn, Renate: Der poetische Imperativ. Interpretationen experimenteller Lyrik. Bielefeld 1997.

Kunz, Edith Anna: Bild- und Textordnung. Friederike Mayröckers Auseinandersetzung mit Henri Matisse. In: Inge Arteel/Heidy Margrit Müller (Hg.): Rupfen in fremden Gärten. Intertextualität im Schreiben Friederike Mayröckers. Bielefeld 2002, 71–85.

Kunz, Edith: Verwandlungen. Zur Poetologie des Übergangs in der späten Prosa Friederike Mayröckers. Göttingen 2004.

Lartillot, Françoise: Constructions réticulaires autour de *Lection* de Friederike Mayröcker à partir du dialogue avec l'œuvre d'Andreas Grunert. In: Études germaniques 308/4 (2022), 591–607.

Le Née, Aurélie: La poésie de Friederike Mayröcker – une « œuvre ouverte » : Essai d'introduction. Bern et al. 2013.

Le Née, Aurélie: Friederike Mayröckers intermedialer Text *nach Stefan Fabi's Kartoncollage „Nackt" (2013) und Holzschnitt „Mann mit Flöte" (2013)*. In: Johann Georg Lughofer (Hg.): Friederike Mayröcker. Interpretationen, Kommentare, Didaktisierungen. Wien 2017, 91–103.

Mayröcker, Friederike: Rosengarten. Mit einer Radierung von Maria Lassnig. Pfaffenweiler 1984.

Mayröcker, Friederike: Dekomposition. Texte von Friederike Mayröcker zu Radierungen von Irmgard Flemming. Mit 10 signierten Radierungen von Irmgard Flemming. Frankfurt a. M. 1989.

Mayröcker, Friederike: Akt, eine Treppe hinabsteigend [1981]. In: Dies.: als es ist. Texte zur Kunst. Mit Zeichnungen von Marta Jungwirth. Salzburg 1992, 27–35.

Mayröcker, Friederike: Nimbus der Kappe. Mit Olaf Nicolai. Rudolstadt 1993.

Mayröcker, Friederike: Zur Entstehung von „1 Nervensommer". In: Wilfried Seipel (Hg.): 1 Nervensommer. Texte von Friederike Mayröcker, Bilder von Andreas Grunert. Wien 2002, 6.

Mayröcker, Friederike: Flieder. Mit Illustrationen von Vroni Schwegler. Hg. von Kevin Perryman. Denklingen 2008.

Mayröcker, Friederike: Jimi. Mit Illustrationen von Angelika Kaufmann. Berlin 2009.

Mayröcker, Friederike: Sneke. Mit Illustrationen von Angelika Kaufmann. Weitra 2011.

Raß, Michaela Nicole: Friederike Mayröcker. In: Konstanze Fliedl/Marina Rauchenbacher/Johanna Wolf (Hg.): Handbuch der Kunstzitate. Malerei, Skulptur, Fotografie in der deutschsprachigen Literatur der Moderne. Berlin/Boston 2011, 526–529.

Raß, Michaela Nicole: Bilderlust – Sprachbild: Das Rendezvous der Künste. Friederike Mayröckers Kunst der Ekphrasis. Göttingen 2014.

Reumkens, Noël: Kunst, Künstler und Kontext. Intermediale und andersartige Bezugnahmen auf Visuellkünstlerisches in der Lyrik Mayröckers, Klings, Grünbeins und Draesners. Würzburg 2013.

Samsonow, Elisabeth von: Medialität und Mädchen. Zu Friederike Mayröckers jüngeren Schriften. In: Françoise Lartillot/Aurélie Le Née/Alfred Pfabigan (Hg.): „Einzelteilchen aller Menschengehirne". Subjekt und Subjektivität in Friederike Mayröckers (Spät-)Werk. Bielefeld 2012, 47–56.

Seipel, Wilfried (Hg.): 1 Nervensommer. Texte von Friederike Mayröcker, Bilder von Andreas Grunert. Wien 2002.

Schmidt, Siegfried J.: Friederike Mayröcker: Stenogramme. In: Friederike Mayröcker: *den fliegenschrank aufgebrochen*. (Bildgedichte). Hg. von dems. Münster 1995, 5–17.

Sommerfeld, Beate: „Bilder, eigentlich Worte, eigentlich Evidenzen" – Konturierungen des Unsagbaren in Friederike Mayröckers Texten zur bildenden Kunst. In: Studia Germanica Gedanensia 38 (2018), 95–105.

Sommerfeld, Beate: „Vom Wahnsinn, über Bilder zu sprechen" – Das Kunstgespräch als Paradigma des Künstlerdiskurses in Friederike Mayröckers Roman *brütt oder Die seufzenden Gärten*. In: Nina Nowara-Matusik (Hg.): Facetten des Künstler(tum)s in Literatur und Kultur. Studien und Aufsätze. Berlin 2019, 219–234.

Sommerfeld, Beate: „struggles between body and soul, word and mind" – Die Ästhetik des Performativen in Friederike Mayröckers Ekphrasen im Kontext des *pictorial turn*. In: Andrea Rudolph et al. (Hg.): Geschlecht und Gedächtnis. Österreichische Autorinnen prüfen Geschichtsmythen. Wien 2020a, 69–88.

Sommerfeld, Beate: „Wenn die Flamme aus der Leinwand schießt": Faltungen inspirierten Sprechens in der ekphrastischen Lyrik Friederike Mayröckers. In: Inge Arteel/Eleonore de Felip (Hg.): Fragen zum Lyrischen in Friederike Mayröckers Poesie. Stuttgart 2020b, 35–55.

Sommerfeld, Beate: Tier-Werden – Friederike Mayröckers surrealistische Naturbilder. In: Dies. (Hg.): Trajektorien der österreichischen Gegenwartsliteratur. Wiesbaden 2023a, 205–229.

Sommerfeld, Beate: „Körpergefühle" – Friederike Mayröckers entgrenzende Affektpoetik. In: Anna Pastuszka/Jolanta Pacyniak (Hg.): Narrative der Grenze. Die Etablierung und Überschreitung von Grenzen. Göttingen 2023b, 147–159.

Strigl, Daniela: Vom Rasen (Furor). Ein Versuch zu Friederike Mayröckers Affektpoetik. In: Alexandra Strohmaier (Hg.): Buchstabendelirien. Zur Literatur Friederike Mayröckers. Bielefeld 2009, 51–73.

Strohmaier, Alexandra: Logos, Leib und Tod. Studien zur Prosa Friederike Mayröckers. München 2008.

Vogel, Juliane: Liquid Words oder die Grenzen der Lesbarkeit. In: Inge Arteel/Heidy Margrit Müller (Hg.): Rupfen in fremden Gärten. Intertextualität im Schreiben Friederike Mayröckers. Bielefeld 2002, 43–55.

Winkler, Andrea: Polaroides Geheimnis. Zum Bild des „Picasso Knaben" in Friederike Mayröckers *brütt oder Die seufzenden Gärten*. In: Konstanze Fliedl/Irene Fußl (Hg.): Kunst im Text. Frankfurt a. M./Basel 2005, 149–159.

Performativität

Alexandra Strohmaier

Die Texte Friederike Mayröckers, deren Schreibanfänge mit der „performativen Wende" (Fischer-Lichte 2004, 30) zusammenfallen, die sich in den 1950er- und 1960er-Jahren in den Künsten, aber auch der Sprachphilosophie und Literaturtheorie vollzieht, sind durch Formen und Verfahren gekennzeichnet, die in der literaturwissenschaftlichen Forschung als Merkmale „struktureller Performativität" gelten: „Selbstbezüglichkeit, […] Ausstellung von Denk- und Artikulationsprozessen, […] fingierte oder tatsächliche Oralität, dialogische Struktur, Plurimedialität" sowie „Apostrophierungen des Lesers" oder „Metalepsen" (Häsner et al. 2011, 76, 83). Es handelt sich hierbei um literarische Strategien, die Texten generell eine performative Dimension verleihen (vgl. Häsner et al. 2011, 84). Nicht lediglich als strukturelles Merkmal, sondern geradezu als Differenzqualität der Texte Mayröckers erscheint das Performative indes dann, wenn man den rituellen Sprechakt und die Körper- bzw. Aktionskunst als die beiden Spielarten fokussiert, an denen sich das Performative paradigmatisch niederschlägt. Mit Blick auf diese beiden Paradigmen lässt sich das Performative bei Mayröcker als Phänomen verstehen, das nicht auf die Ebene der Form beschränkt bleibt, sondern auch zentrale semantische, metapoetische und poetologische Aspekte ihres Werkes mitbedingt – sich nachgerade als dessen Signum erweist.

Was der rituelle Sprechakt und die Aktionskunst exponieren, ist die – für das Performative kennzeichnende – Verschränkung von Sprache und Wirklichkeit, Kunst und Leben, Zeichen und Körper. Der rituelle Sprechakt und die Performance-Kunst unterminieren die Logik der Repräsentation, indem sie die Trennung von Zeichen und Referenten aufheben. So wie rituelle Sprechhandlungen, etwa des Taufens oder Verheiratens, Wirklichkeit nicht ab-, sondern ausbilden, indem sie soziale Tatsachen stiften, so setzt der Performance-Künstler mit seinem Körper nicht ein vorgegebenes dramatisches Werk in Szene, sondern bringt dieses im Akt der Ausführung erst hervor. Die damit verbundene Fokusverschiebung vom Sinn auf die Sinnlichkeit der Zeichen lenkt die Aufmerksamkeit auf das symbolische Geschehen selbst, das in seiner Materialität hervortritt und als solches weniger durch hermeneutische Interpretation als durch *aisthesis* (Wahrnehmung) zu fassen ist (vgl. Krämer 2009, 131–138).

Bei allen Analogien zwischen dem Performativem als linguistischem und als theatralem bzw. künstlerischem Phänomen lässt sich aber als gradueller Unterschied festhalten, dass in dem einen Fall, beim rituellen Sprechakt, der

A. Strohmaier (✉)
Universität Graz, Graz, Österreich
E-Mail: alexandra.strohmaier@uni-graz.at

Akzent auf der Handlungsmacht der Sprache und ihrer wirklichkeitskonstitutiven Funktion liegt, während im anderen Fall, der Aktions- und Körperkunst, gerade auch die materiell bedingte Kontingenz in den Vordergrund rückt (vgl. Krämer 2009, 138–140). Bei Mayröckers Operationalisierung von Aspekten des Performativen, wie sie sich insbesondere auch an ihrer Prosa abzeichnet, einer Gattung, die – im Vergleich zur Lyrik und zum Drama – dem Performativen gemeinhin nicht so nahesteht, wird sowohl das (im rituellen Sprechakt akzentuierte) weltschöpferische Potential der Sprache als auch die (in der Performance-Kunst explorierte) Materialität und Körperlichkeit des Zeichengeschehens verhandelt. Dem selbstreflexiven Gestus ihres Werkes entsprechend, wird dessen Performativität darüber hinaus auch metapoetisch herausgestellt – durch Tropen, die sich als symbolsprachliche Annäherungen an das Phänomen des Performativen erweisen.

Im Zeichen des Kults

Die für Mayröckers Werk kennzeichnende „performative[] Ästhetik" (Strohmaier 2009) zehrt von Praktiken, Denkfiguren und Genres religiöser Ritualität, wobei insbesondere der katholische Kult mit seinen Wurzeln in paganen Traditionen als wirkmächtiges kulturelles Reservoir für Mayröckers sprachexperimentelle Praxis mit ihrer performativen Konzeption von Sprache gelten kann. Semiotisch bedeutsam erweist sich vor allem die im Zentrum des katholischen Ritus stehende Denkfigur der Transsubstantiation, die Vorstellung von der Wandlung der eucharistischen Elemente Brot und Wein in das reale Fleisch und Blut Christi durch den priesterlichen Sprechakt der Konsekration. Das sich dabei abzeichnende semiotische Ereignis, der Umschlag des Zeichens (Brot und Wein) in das von ihm Bezeichnete (den Leib Christi), erweist sich für die aus der ‚Krise der Repräsentation' hervorgegangene Literatur und Kunst der Moderne als produktive Bezugsfigur und als Katalysator künstlerischer Formen (vgl. Strohmaier 2021a, 210–221). Die Transsubstantiation steht in der Tradition der paganen Kultbildpraxis, in der der Bildträger das Göttliche nicht repräsentiert, sondern verkörpert, das Zeichen zum Referenten wird (vgl. Strohmaier 2021a, 218–219). Mit seiner Suspendierung der Logik der Repräsentation und seiner Insistenz auf der Körperlichkeit des Zeichens fungiert das semiotische Szenario, das sich in der Transsubstantiation und dem Kultbild niederschlägt, als latente Bezugsfigur für Mayröckers Affirmation von Materialität (vgl. hierzu und im Folgenden Strohmaier 2024a).

Die für das Performative kultischer Provenienz kennzeichnende Realwerdung des symbolischen Zeichens wird bei Mayröcker auf der semantischen Ebene durch die metaphorische Konfiguration des Textes als Textkörper inszeniert. Die Schrift wird mit Organen ausgestattet, in einen lebendigen Leib transformiert, wenn etwa auf „das klopfende Herz des Textes" (MMF 48) oder „die augenaufschlagenden Worte Sätze" (MMF 59) verwiesen wird. Zusätzlich lassen schriftbildliche Operationen, wie der ikonische Einsatz typographischer Elemente und die plastische Gestaltung des Schriftraums, die Körperlichkeit des Textes materialiter hervortreten – gemäß der poetischen Überzeugung: „der Inhalt = nichts, der Sprachkörper alles!" (PS 191). Die religiöse Genealogie dieser avantgardistisch anmutenden Körperwerdung von Zeichen wird etwa dadurch indiziert, dass der Schriftkörper metaphorisch mit dem Leib Christi analogisiert wird. Dabei werden auch Assoziationen zu den wundersamen Bluthostien aufgerufen, die nach der Vorstellung populärer Frömmigkeitsformen die Realpräsenz Christi in der konsekrierten Hostie, dem verlebendigten Symbol, bezeugen sollen. In Referenz auf den in der konsekrierten Hostie gegenwärtigen Leib des Herrn, das *corpus Christi sakramentale*, beobachtet das Ich in *brütt oder Die seufzenden Gärten* (1998), dass „etwas noch offen [sei], unversorgt am Korpus dieser Schrift, etwas blute noch, zeige Wundmale, sei nicht verheilt" (BR 346). In Anspielung auf das in der Denkfigur der Transsubstantiation aufscheinende Szenario einer Verlebendigung des Zeichens und das im christlichen Kult beliebte Bittgebet *Ave Maria* heißt es auch in *Das Herzzerreißende der Dinge*

(1985): „die Worte [...] bluten ja ständig, sei gegrüßt und gerettet" (HD 129).

Die Leibwerdung ikonischer Zeichen in der Tradition antiker Kultbildpraxis wird durch Rekurs auf das durch Ovids Pygmalion-Mythos in die Literatur eingeführte Motiv des lebenden Bildes inszeniert. Die Verlebendigung von Bildern erscheint als zentrale Strategie in Mayröckers Hörspiel *die Umarmung, nach Picasso* (1986), dessen bildkünstlerische Vorlage, Picassos *Suite Vollard*, eine Serie von Radierungen aus den 1930er-Jahren, mit ihrem neoklassizistischen Stil den antiken Mythos aufrufen. Vor allem die Blätter zum Themenkreis „Das Atelier des Bildhauers", die Picasso in Anspielung auf Pygmalion als potenten Schöpfer-Gott inszenieren (vgl. Picasso 1956, Radierungen Nr. 37–82), scheinen die Autorin zu einer Auseinandersetzung in der Tradition des Paragone bewogen zu haben. Den künstlerischen Wettstreit vermag sie für sich zu entscheiden, indem sie das seit Lessing der Dichtung zugeschriebene Potential der lebendigen Darstellung virtuos vor Augen führt. Die Animation der Bildobjekte der visuellen Vorlagen wird unter anderem durch den Einsatz von Verbmetaphern erzielt, durch die die Figuren von Picassos Radierungen als handelnde, sprechende, schreiende Akteure in Erscheinung treten (vgl. etwa Mayröcker [1986] 1992, 82, 83, 84). Die dramatische Dimension der dadurch evozierten Belebtheit der Bildwelt potenziert die „theatrale Atmosphäre", wie sie in Picassos Atelier-Serie durch eine augenfällige „Dramaturgie der Blickwechsel" angelegt ist (Arteel 2009, 112). Sie wird durch die den Text konstituierende dialogische Struktur – als „dramatische Grundkonstellation par excellence" (Arteel 2009, 101) – befördert und erfährt durch die stimmliche Realisierung des Textes als „Dialoghörspiel" (Mayröcker [1986] 1992, 81) zusätzliche Intensität. Angestrebt wird dabei im Medium des Akustischen eine Annäherung an die im Text präsentierte „Theatralisierung des Bilderlebnisses, die das Performative freisetzt" (Sommerfeld 2020, 76). Es handelt sich dabei um ein Bilderlebnis, das in seiner Wirkmächtigkeit auf das betrachtende Subjekt als Bewegung inszeniert wird, in der die Objekte aus dem Bild heraus und in die Wirklichkeit der Betrachtenden eintreten, eine Überschreitung der Grenzen zwischen dem Kunstwerk und der Realität vollziehen, die im Text selbst als „*Ausdehnung der Tableaux*" (Mayröcker [1986] 1992, 86) reflektiert wird (vgl. dazu auch Arteel 2009, 107).

Vor allem in Mayröckers letzten beiden Prosabüchern, an denen Ovids *Metamorphosen* als Intertext besonders anschaulich, auch wörtlich, zutage tritt (vgl. etwa PS 20; MMF 16), lassen sich zahlreiche Szenarien der Verlebendigung von Objekten der Bildkunst, wie etwa Kunstpostkarten, Photographien oder Fresken, ausmachen, wobei die Animation der ikonischen Darstellung – in Evokation der zahlreichen Mensch-Pflanzen-Metamorphosen im Ovid'schen Prätext – bevorzugt durch die Vermenschlichung pflanzlicher Bildgegenstände erfolgt. Blumen als Bildobjekte werden durch eine ihnen zugeschriebene Augenbewegung verlebendigt. Das Ich erinnert sich etwa daran, dass „die rosa Blumen an der Wand der entweihten Kirche die Augen aufschlugen" (PS 153). An anderer Stelle ist davon die Rede, dass auf einer Kunstkarte „die gelben Blüten [...] die Augen aufrissen" (PS 212). Über ihre Funktion der Verlebendigung des ikonischen Zeichens hinausgehend rufen die Augen, die den Bildobjekten zugedacht werden, auch eine Vorstellung der Wirkmächtigkeit von Bildern auf, wie sie in der aktuellen Bildtheorie unter der Perspektive des Performativen als Springquelle des „pathische[n], ästhetischen[n] Verhältnis[ses] zu Bildern" diagnostiziert wird: „das Angeblicktwerden [...] der Betrachter durch die Bilder" (Krämer 2011, 82). Es handelt sich um einen Blick-Akt, der – als metaphorische Inszenierung der Performativität von Bildern – in Mayröckers Hörspiel *die Umarmung, nach Picasso* als Szenario einer Kunstbetrachtung erscheint, die sich der Berührung durch das Bild aussetzt und in ihrer transgressiven Dynamik reflektiert wird: Das Bild, so der gleichsam bildtheoretische Kommentar des poetischen Textes, „blickt auf die Wirklichkeit [...], es wirft einen Blick auf die Wirklichkeit" (Mayröcker [1986] 1992, 91). Dabei wird kraft des ‚Blicks', der von Bildern auszugehen scheint, die Differenz zwischen bildlicher und nicht-bildlicher Realität, zwischen Zeichen und Wirklichkeit, annulliert, das Bild in der ästhetischen Erfahrung selbst zum Akteur, der den Betrachter affiziert, ihn – auch gleichsam leiblich – tangiert.

Dass Mayröckers Szenarien der Verlebendigung ikonischer Zeichen in der Tradition nicht nur des antiken, sondern auch des katholischen Kultbildes stehen, wird am Motiv der belebten Heiligenstatue manifest, etwa wenn es in *mein Herz mein Zimmer mein Name* (1988) über den „heilige[n] Antonius" (HZN 252, 259) und den „heilige[n] Benedikt" (HZN 290) heißt, sie hätten „mit den Lidern geklappert" (HZN 252, 259, 290). Darüber hinaus wird auf eine Bildtradition rekurriert, in der – gleichsam in Konkurrenz zu den wundersamen Bluthostien – die Bilder zu bluten beginnen. So wird in *fleurs* (2016) das Bluten als spezifische Funktion des Andachtsbildes ausgewiesen, das als solches das Modell für den schreibenden Körper abgibt: „da reisz' ich mir die Brust auf dasz ich blute wie MOHNBLUME, weiszt du, wie Andachtsbild" (FL 26).

Neben der Denkfigur der Transsubstantiation und des belebten Bildes ist es das Genre der Litanei, das für Mayröckers performative Ästhetik im Zeichen des Kults bedeutsam geworden ist. Die gleichsam genealogische Relevanz dieses Genres für Mayröckers Werk tritt an der frühen Lyrik zutage, wobei sich Gedichte wie Mayröckers berühmte *Litanei wenn man traurig ist* (1953) oder ihre *Litanei nach der Natur* (1958) explizit in diese religiöse Genretradition einschreiben. Die werkgenetische Funktion der Litanei zeigt sich aber an *je ein umwölkter gipfel* (1973) auch für die Prosa, wird dieser Text doch von der Forschung gemeinhin als erste Manifestation von Mayröckers (wenn auch unorthodoxem) Erzählen verstanden (s. Kap. 17). Die Genrekonvention der Litanei wird dabei nicht nur als textstrukturelles Merkmal aufgerufen, sondern in ihrer performativen Dimension auch metapoetisch reflektiert, wenn ein Abschnitt des Textes, der durch seine repetitive Struktur auf das Genre der Litanei verweist, mit „handlung eines glaubens" (UG 55) überschrieben ist. Wie beim rituellen Sprechakt wird Sprache dabei von einer primär abbildenden Funktion entbunden – bedingt durch die Wiederholungen und Variationen und die dadurch erzeugte Rhythmik und Musikalität verschiebt sich die Aufmerksamkeit vom Sinn auf die Sinnlichkeit der Zeichen (vgl. GG 37, 79; UG 55–59; dazu Schwens-Harrant 2015, 356–357; 364–366).

Von der für die Litanei kennzeichnenden Struktur des Wechselgesangs geprägt und mithin besonders ostentativ an dieses Genre angelehnt, erweist sich das um 1950 entstandene titellose Gedicht mit dem Incipit „wird welken wie Gras", das in seinem parallelen Aufbau der als Rezitationsformel festgelegten Aufzählung der Erscheinungsweisen des Lebendigen mit den immer gleichen Responsorien „wird welken wie Gras" (GG, 33) die Vergänglichkeit des Lebendigen entgegenhält. Diese Formel scheint ihrerseits als Rekurs auf den auch in *Pathos und Schwalbe* (2018) zitierten Psalm 103, der die Endlichkeit und Flüchtigkeit der menschlichen Existenz durch deren Vergleich mit der Wiesenpflanze betont: „der Mensch ist in seinem Leben wie Gras" (PS 51). Zeigt sich hier die Bibel als gleichsam transkonfessionelle Quelle performativen Sprechens, so rekurriert *Pathos und Schwalbe* auch auf die Litanei als ein Spezifikum des katholischen Kults. Mit der wiederholten Anrufung „Unsere[r] Liebe[n] Frau" (PS 21) in einem parallel gebauten, schriftbildlich an die Lyrik angenäherten Einschub wird gleichsam eine poetische Anverwandlung der für den marianischen Kult zentralen Lauretanischen Litanei vorgenommen (vgl. PS 21), wobei der Glaube an die Kraft der Sprache, wie sie diesem religiösen Genre als einer kulturell besonders wirkmächtigen Ausprägung des rituellen Sprechakts immanent ist, dezidiert hervorgehoben wird: „dasz ich mich festzuhalten versuchte an *Litaneien*" (PS 219).

Kommunikation als Performanz

Die Reaktualisierung von Aspekten des rituellen Sprechakts zeigt sich in Mayröckers Werk auch an der spezifischen Konfiguration der in ihrer Prosa inszenierten Kommunikation, die – in Analogie zum ritualisierten Sprachgebrauch – Konventionen des gewöhnlichen Sprechens suspendiert. Mayröckers Prosa präsentiert, wie es in einer Selbstbeschreibung in *mein Herz mein Zimmer mein Name* heißt, „eine sehr unmoderne, unübersichtliche Kommunikation" (HZN 208). Mit Derridas Worten zur Charakterisierung des rituellen Sprechakts bei John Austin ließe sich diese „Kategorie von Kommunikation" als sehr „originell" (Derrida [1972] 1988, 304) qualifizieren. Wie bei den rituellen Sprachhandlungen nach Austin spielt der Dialog als eine auf Verständigung abzielende Interaktion in Mayröckers Prosa keine Rolle. Inszeniert wird vielmehr – wie beim rituellen Sprechakt – ein Sprachgeschehen, das die konventionelle Vorstellung von Kommunikation als eine auf Verständigung hin angelegte Wechselrede außer Kraft setzt zugunsten einer selbstreferentiellen Aufführung des Sprechens bzw. Schreibens selbst (vgl. Strohmaier 2009, 128–132). So wie sich die verbale Interaktion zwischen den Instanzen eines rituellen Sprechakts eher als dramatische Exposition des Sprechens denn als verständigungsorientierte Wechselrede vollzieht (vgl. Krämer 2001, 143–145), so werden bei Mayröcker durch die arbiträre Zuordnung von Redeteilen an Sprechinstanzen die semantische Dimension der Kommunikation und ihre dialogische Orientierung zugunsten der selbstreflexiven Aufführung des Sprachgeschehens und seiner Wirkmächtigkeit zurückgestellt. Es sind, wie das Ich es formuliert, „alles nur Scheingespräche" (ST 150), die sich in Mayröckers Prosa entfalten. Denn auch wenn die Koordination von ‚Redesequenzen' und Inquit-Formeln (‚sage ich', ‚sagt er' etc.) als textstrukturierendes Prinzip der Prosa die Gesprächsform als deren Makrostruktur erscheinen lässt, so steht diese „dem, was man gemeinhin Dialog nennt, fern" (Kasper 1999, 34). Den (im Präsens gesetzten) Inquit-Formeln kommt dabei die Funktion zu, die für die rituelle und theatrale Performanz charakteristische Gleichzeitigkeit von Sprachproduktion und/als Handlungsproduktion zu evozieren – die Prosa dem Drama anzunähern. Anvisiert wird die für die Kommunikationssituation der theatralen Aufführung spezifische, im Epischen nur annäherungsweise realisierbare Gleichzeitigkeit von Vermittlungsakt und Vermitteltem (vgl. Strohmaier 2009, 126–127).

Darüber hinaus dienen die Inquit-Formeln der selbstreferentiellen Markierung des sprachlichen Tuns. Expliziten performativen Äußerungen vergleichbar, die das, was durch sie vollzogen wird, durch ein entsprechendes Verbum (etwa ‚ich verspreche') explizit machen, betonen die redeeinleitenden Formeln in Mayröckers Prosa, dass mit dem Sprechen etwas getan, Sprache aufgeführt wird. Durch die Häufung der Inquit-Formel „sage ich" – in *mein Herz mein Zimmer mein Name* erscheint sie 868-mal – wird der Sprech- bzw. Schreibakt als Bedingung der Möglichkeit der durch den Text erzeugten (fiktionalen) Wirklichkeit herausgestellt (vgl. Strohmaier 2012, 123–124).

Dass das Sprechen bzw. Schreiben ein Tun ist, das fiktionale Wirklichkeit generiert, wird in zahlreichen – narratologisch als Metalepsen fassbaren – Szenen vorgeführt (vgl. etwa Strohmaier 2008, 165–166; 2024a). Die Metalepse, bei der es zur paradoxalen Überschreitung der Grenze zwischen der Welt des Erzählens und der Welt des Erzählten kommt, lässt sich als Verfahren verstehen, das Narration als Performanz inszeniert (vgl. Strohmaier 2021b, 57–59). Insbesondere in Szenen, in denen Figuren gleichsam aus der Fiktion in die Welt der Schreibenden eintreten – in der fiktionalen Wirklichkeit ‚real' werden –, wird das schöpferische Vermögen der Sprache herausgestellt. So wendet sich in *mein Herz mein Zimmer mein Name* die Instanz des Ohrenbeichtvaters wiederholt an das schreibende Ich, das diesen im sich zeitgleich vollziehenden Akt des Schreibens hervorbringt, und kommentiert den vor den Augen der Leserschaft sich konstituierenden Text:

> [...] die Arbeit schreitet nur langsam voran, ich sabotiere (sabbere vor mich hin), ACH, ruft mein Ohrenbeichtvater dazwischen, KÖNNTEST DU DIR BLOSS DIESE DEINE VERFLUCHTEN ALLITERATIONEN VERKNEIFEN!, ruft mein Ohrenbeichtvater dazwischen, so daß ich von neuem beginnen muß, die Arbeit schreitet nur langsam voran, sage ich, ich sabotiere (sabbere vor mich hin) [...]. (HZN 123)

Die Schrift wird unterbrochen durch den Zwischenruf einer aus ihr hervorgegangenen/hervorgehenden Figur und im selben Moment durch das schreibende Ich notiert, das dabei die auf seine Schrift bezogene Kritik im Akt des Schreibens selbstironisch unterminiert – und zwar, indem es nicht nur sagt, was an seiner Schrift kritisiert wird, sondern das, was kritisiert wird, im Akt des Sagens (wiederholt) tut (vgl. Strohmaier 2009, 125–127). In dieser dem theatralen Geschehen analogen Koinzidenz von Sprach- und Handlungsproduktion tritt nicht nur der Interpellator des schreibenden Ich, sondern dieses selbst als Effekt des Schreibens bzw. der Schrift hervor. Wie die performative Äußerung das Subjekt der Rede und dessen Adressaten in ihrer spezifischen sozialen Positioniertheit erst durch die und in der Ausführung der Äußerung konstituiert – das Äußern einer Bitte erst macht die Sprechinstanz zum Bittsteller und ihren Adressaten zu dem, an den sich diese Bitte richtet –, führt Mayröckers Prosa die Gebundenheit der Sprechinstanzen an die Sprache vor.

Mit der ‚Geburt' des schreibenden Ich aus dem Schreiben, wie sie Mayröckers Metalepsen eindrücklich vor Augen stellen, wird ein Konzept von Autorschaft theatralisch inszeniert, wie es Roland Barthes unter Rückgriff auf das Theorem des Performativen profiliert (vgl. Strohmaier 2024b, 88–94; s. Kap. 3). Dem traditionellen „*Autor*-Gott[]" (Barthes [1967] 2000, 189), der als souveränes Subjekt seiner Schöpfung dieser vorangeht, setzt Barthes – gewissermaßen als Rehabilitierung des vormodernen Autors – den *scripteur* entgegen, der erst im Akt des Schreibens entsteht:

> [D]er moderne Schreiber (*scripteur*) [wird] im selben Moment wie sein Text geboren. Er hat überhaupt keine Existenz, die seinem Schreiben vorangänge oder es überstiege; er ist in keiner Hinsicht das Subjekt, dessen Prädikat sein Buch wäre. Es gibt nur die Zeit der Äußerung, und jeder Text ist immer *hier* und *jetzt* geschrieben. Und zwar deshalb, weil (oder: daraus folgt, dass) *Schreiben* nicht mehr länger eine Tätigkeit des Registrierens, des Konstatierens, des Repräsentierens [...] bezeichnen kann, sondern vielmehr das, was die Linguisten in Anschluss an die Oxford-Philosophie ein Performativ nennen [...]. (Barthes [1967] 2000, 189)

Auf vergleichbare Weise insistiert das schreibende Subjekt der Texte Mayröckers, das sich in *brütt oder Die seufzenden Gärten* – in expliziter Referenz auf Barthes – als „Scriptor" (BR 297) apostrophiert, auf die Schrift als seinen Ursprung. Diese erscheint nicht lediglich als *conditio sine qua non* seiner Autorschaft, sondern gleichsam auch als *conditio sine qua non* seines Seins als einer „Schreibexistenz" (HZN 21; vgl. Strohmaier 2012, 124–125; s. Kap. 1).

Die von Barthes akzentuierte performative Dimension des Schreibens, dessen Prozessualität, wird in der Prosa Mayröckers durch eine Serie von Schreibszenen vorgeführt, welche die mit der performativen Wende einhergehende Fokusverschiebung vom Werk zum Ereignis der Kunst selbstreferentiell hervorheben. Der Text entsteht, wie vorgeführt wird, im Tun des Schreibens, das sich selbst wieder zum Gegenstand seines Tuns macht. So verweist etwa eine zwischen Gedankenstrichen gesetzte Sequenz in *brütt* – „an diesem Satz habe ich jetzt mehr als 1 Stunde geschrieben" (BR 132) – auf den Prozess, dessen Effekt sie ist. Das Schreiben über das Schreiben, das Mayröckers Prosa kennzeichnet, inszeniert dabei die für das Performative charakteristische Koinzidenz von Auf- und/als Ausführung, wie sie sich etymologisch in der Doppelbedeutung des englischen Verbums ‚to perform' (‚aufführen', ‚ausführen') niederschlägt. Die selbstreferentielle Inszenierung des Schreibens führt den Prozess des Schreibens (gleichsam dramatisch) auf und gleichzeitig auch aus. In diesem Sinne spricht auch Helga Kasper in Anlehnung an Derridas Ponge-Lektüre von der „*performativ* zu nennende[n] *Poetik*" Mayröckers (Kasper 1999, 202, [Herv. i. O.]).

Die Wirkmächtigkeit des Sprechens bzw. Schreibens bleibt nicht auf die textinternen

Sprecherinstanzen der in der Prosa inszenierten literarischen Kommunikation beschränkt, sondern sie erfasst auch die (impliziten) Leser. In einer Serie von metaleptischen Transgressionen, in denen – dem Durchbrechen der vierten Wand vergleichbar – das sprechende Subjekt sich an die extradiegetischen Adressaten wendet, werden diese gleichsam interpellatorisch ins Leben gerufen. Das schreibende Subjekt adressiert wiederholt die Leser, wobei es die ihnen unterstellte Lektüreerfahrung kommentiert („lieber Leser liebe Leserin, denn ich bitte Sie im Grunde wohnen Sie ja einer ANGST REISE bei", SL 138), an deren Aufmerksamkeit appelliert („nun gebt erneut acht ihr meine Leser", SL 157), konkrete Lektüreanweisungen gibt („*das Ohr mumifiziert in der Küche* (lesen Sie ‚Obst')", AF 99; vgl. auch AF 107) oder sie zur aktiven Mitarbeit an der Textkonstitution auffordert („diese Fusznote, erlauchter Leser, können Sie auch an das Ende dieses Buches stellen", AF 187). Neben der gleichsam subjektkonstitutiven Funktion, wie sie in eigentümlicher Analogie zum rituellen Sprechakt an den zahlreichen Leseranreden vorgeführt wird, hebt die wiederholte – die Grenze des Textes überschreitende – Hinwendung an den Leser dessen zentrale Rolle im literarischen Kommunikationsprozess hervor. Damit wird gleichsam performativ eingelöst, was nach Roland Barthes mit der von ihm proklamierten Installation des *scripteur* einhergeht: die „Geburt des Lesers" (Barthes [1967] 2000, 193).

Der Leser wird dabei, dem Rezeptionsmodus des Performativen angemessen, gleichsam selbst zum Akteur, der die Figuren auf der Bühne des Textes animiert. So fordert die Autorin im Paratext zu ihrem *ABC-thriller* (1968) ihr kindliches Lesepublikum auf, die auf acht losen Blättern in einer Mappe versammelten Buchstaben des Alphabets, die durch ihre zeichnerische Gestaltung und eigentümliche Namensgebung als „Personen und Tiere", und mithin als lebendig, in Erscheinung treten, „zueinander sprechen" zu lassen und dabei „ein richtiges aufregendes Theaterstück" zur Aufführung zu bringen (Mayröcker [1968] 1992, o. S.). Die Präsentation der Buchstaben- als Figurenfolge – von „Aloisia, Miss Universum 70" (Mayröcker [1968] 1992, 1) bis zu „Zillie, das gefräßige Hechtfräulein" (Mayröcker [1968] 1992, 8) – erscheint dabei gleichsam nur als Vorspiel, das mit der das eigentliche Spektakel erst eröffnenden Frage an die Leser am unteren Ende des letzten Blattes schließt: „– und nun ? ? ?" (Mayröcker [1968] 1992, 8). Der Performativität des durch diese Frage provozierten Spiels arbeitet die spezifisch materielle Ausstattung dieses Kinderbuchs zu. Die losen Blätter erlauben eine Handhabung, die sich dem theatralen Spiel in seiner Körperlichkeit annähert, indem die einzelnen Blätter, Puppen vergleichbar, konstelliert und die Buchstaben-Figuren mit Leben erfüllt werden können.

Autopoetik als Body Art

In Mayröckers Texten vollzieht sich ein „Spiel mit dem Autobiografischen" (Arteel 2007, 15), das „die Dynamik zwischen Textualität und Realität nicht als eine der Repräsentation, sondern als herstellenden Prozess, als Performanz" (Arteel 2007, 26–27), hervortreten lässt. Ihre als ‚Autopoetik' charakterisierbare Prosa (vgl. dazu Arteel 2014, 506) lässt sich auch als literarische Version der in der Body Art realisierten Umstellung von der Ab- auf die Ausbildung von Wirklichkeit lesen. Der Aktionskünstler radikalisiert die performativen Qualitäten (je)der Selbstdarstellung derart, dass sein Körper Wirklichkeit nicht repräsentiert oder inszeniert, sondern im Vollzug der Aktion hervorbringt und konkretisiert. Der reale Körper des Schauspielers wird nicht länger hinter den von ihm repräsentierten Dramatis Personae zum Verschwinden gebracht, sondern durch die Selbstverletzungen in seiner ‚wirklichen' Materialität exponiert. Das lässt auch die Grenzen zwischen Subjekt und Objekt der Kunst instabil werden, zumal sich der Akteur von seinem Körper, der das Material seiner Kunst abgibt, nicht trennen lässt. Selbstreferentiell akzentuiert wird damit die unhintergehbare Leibgebundenheit des künstlerischen Akts.

Auf vergleichbare Weise wird der Körper in Mayröckers Projekt der poetischen Selbstkonstitution zum Material in einem schöpferischen Prozess, der, wie man mit Blick auf Mayröckers gleichsam performative Konzeption von Autobiographie argumentieren könnte, nicht in der nachträglichen Darstellung von Leben aufgeht, sondern zur poetischen Herstellung von Leben im Vollzug des Schreibens führt. Leben und Kunst fallen, wie in der prominenten Formel aus *mein Herz mein Zimmer mein Name* ausgedrückt und durch das fehlende Satzzeichen syntaktisch realisiert wird, zusammen: „ich lebe ich schreibe" (HZN 33). Insofern sich der Körper in die Literatur einschreibt, werden Leben und Kunst – einer metaleptischen Transgression vergleichbar – miteinander verschränkt. Das Selbst erweist sich mithin nicht (nur) als Voraussetzung der Selbstpoetik, sondern (auch) als deren Effekt (s. Kap. 1). Die Prosa Mayröckers stellt die irreduzible Abhängigkeit des schreibenden Subjekts von seinem Schreiben als Bedingung seiner Möglichkeit heraus, das Ich ist verstrickt in seine Schrift, diese mit seiner Existenz synonym und durchaus materiell, wie durch die Dinge betont wird, die die Schrift – als Papierwerk – zusammenhalten: „Reißzwecken und Wäscheklammern halten meine Existenz zusammen" (HZN 197).

Nicht nur, indem das Performative als gleichsam produktives Prinzip der autobiographischen Praxis fungiert, auch durch die Exposition des künstlerischen Akts als schmerzliche Zurichtung des Körpers und die dabei ins Spiel gebrachte Motivik inszeniert Mayröckers ‚Autopoetik' Strategien der Body Art. Das Ich setzt sich „Selbstsezierungen schonungslos" (HZN 214) aus, es nimmt eine „Vivisektion" an sich selbst vor (HD 119). Der Exzess der „Selbstzerfleischung" (HZN 94, 207; LE 170) – die auf der poetologischen Prämisse beruht, dass es „die wirkliche Körperwelt" ist, die „das Material [...] für jegliche Schreibarbeit" (HZN 328) abgibt – wird durch die metaphorische Gleichsetzung des Schreibens mit einer „Flächenblutung" (HZN 93) metapoetisch hervorgehoben und in seiner Radikalität spezifiziert: „es ist [...] 1 *Aufreißen der Brust*, ja, das ist es, ein schmerzliches Aufreißen der Brust [...] es ist etwas ganz Fleischiges Blutiges, es ist 1 süchtiges Aufreißen, Blut Verlieren Verbluten" (BR 295). Wie in der Body Art in der Aufhebung der Trennung von Kunst und Leben durch die Eingriffe am Körper „die Präsenz der realen Wunde Mechanismen der Repräsentation entgegengestellt wird" (Brucher 2013, 163), so insistiert auch das Ich der Prosa Mayröckers auf das Wundmal als körperliches Signum einer Kunst, die den Leib involviert und sich nicht länger auf Mimesis reduzieren lässt: Es geht mit „offenen blutenden Wunden umher" (KG 50).

In Analogie zur Body Art des Wiener Aktionismus, die auf die christlich-katholische Ikonographie rekurriert, präsentiert das Autor-Ich der Prosa Mayröckers die leibliche Wiederholung von Aspekten der blutigen Passion Christi als integrales Prinzip der Kunstproduktion. In *mein Herz mein Zimmer mein Name* werden durch die wiederholte Präsentation eines nackten, blutenden, von Striemen gezeichneten und ins Knie fallenden Körpers der Kunstausübung (vgl. HZN 69, 75–76) auch Assoziationen zu einer der bekanntesten Performances des Wiener Aktionismus, zu Günter Brus' Aktion *Zerreißprobe* (1970), aufgerufen. Das Martyrium der künstlerischen Praxis wird bei Mayröcker medien- und geschlechtsspezifisch profiliert, indem es – durch die metaphorische Kodierung der Körperzeichen – kulturhistorisch in die Tradition der Viten der spätmittelalterlichen Frauenmystik gestellt wird (vgl. dazu Strohmaier 2008, 119–134). Wie Brus' Aktion mit ihrer Affirmation des Künstlers als Schmerzensmann und Christusfigur Künstlermythen der Moderne reaktualisiert (vgl. Brucher 2013, 159–167), so gibt für Mayröcker die Mystikerin die kulturhistorische Bezugsfigur für eine am Körper ausgerichtete ‚Autopoetik' ab.

Der Körper des schreibenden Ich fungiert wie jener der Mystikerin als Objekt der schmerzlichen Manipulation, die im Dienst der Schrifterzeugung steht. Er wiederholt in eigentümlicher Anverwandlung der *imitatio Christi* die Fleischwerdung der biblisch tradierten Passion und wird derart zum Ort „religiöser Ekstase" (ST

114), die den Schreibakt stimuliert und Schriften hervorbringt, die von der Passion der Mystikerin zehren (vgl. Strohmaier 2008, 116–117). Indem für das Ich „die Aufrechterhaltung dieser […] inneren und äußeren Verwüstung, Verheerung […] in die Planung einer *poetischen Vollstreckungskunst* in voller Absicht (Berechnung) miteinbezogen" (HZN 147) wird und ein „total zertrümmertes und perforiertes Leben […] eine der Voraussetzungen" (ST 39) für die Schreibarbeit darstellt, ist mit der Malträtierung des Körpers und der dadurch bedingten Schriftproduktion auf nahezu paradoxe Weise auch die künstlerische Selbstermächtigung des Ich verbunden. Wird bereits dadurch die Fixierung auf die traditionell dem Weiblichen zugeschriebene Passivität in der Passion verweigert, so wird dieser Status vollends subvertiert, wenn das Ich in Anschluss an die Avantgarden den Tabubruch zelebriert. Die diesbezügliche Anknüpfung an die vom Boulevard als ‚Fäkalkunst' denunzierte Body Art des Wiener Aktionismus stellt das Ich heraus, wenn es hyperbolisch konstatiert, dass „der Leser […] da Fäkalienhaftes vor sich hat" (AF 184; vgl. Kap. 31). Bei aller – vordergründigen – Unterwerfung unter die Passion, irritiert Mayröckers ‚Autopoetik' als Body Art das Pathos durch lustvolle Provokation. Gerade auch ihr letztes zu Lebzeiten publiziertes Buch verweigert sich einer Klassifizierung als ‚anständiges' Alterswerk, es reklamiert für sich vielmehr den Status einer neuen, die provokativen Tendenzen der Body Art gleichsam zuspitzenden Kunstrichtung, wie durch eine selbstreflexive Wendung suggeriert wird: „FUCK ART" (MMF 118).

Tropen des Performativen

Die Performativität der Texte Mayröckers wird durch eine Serie von Tropen metapoetisch herausgestellt. Es sind insbesondere Metaphern, die das Schreiben mit dem Gehen bzw. mit dem Liebesakt analogisieren, die sich als selbstreferentielle Verweise der Texte Mayröckers auf ihre Performativität lesen lassen (vgl. Strohmaier 2009, 136–140).

Durch Metaphern, die eine Analogie zwischen der poetischen und der pedestrischen Praxis evozieren, wird die für die performative Wende in den Künsten kennzeichnende Umstellung vom Produkt auf den Prozess der Kunst hervorgehoben. So charakterisiert das Ich in *brütt* seinen in Entstehung begriffenen Text – dessen Anfang mit den Worten „Schritt vor Schritt und Fuß vor Fuß gesetzt" (BR 9) realisiert wird – als „SCHRITTWERK […] nein nicht SCHRIFTWERK: SCHRITTWERK sage ich" (BR 26). In *ich bin in der Anstalt* (2010) heißt es am Ausgang der Prosa: „der Beginn des Textes 1 wenig schwerfällig, man müsse wohl erst allmählich Tritt fassen" (AF 9). Durch die metaphorische Konjunktion von Schritt, Tritt und Schrift wird die (Schreib-)Bewegung als konstitutiver Vorgang der Schrift ausgewiesen. Wie das Gehen, das Setzen der Schritte, den Raum erzeugt und dynamisiert, so entsteht der Text aus dem Schreiben, dem Setzen der Schrift (vgl. Strohmaier 2009, 136–137; 2012, 125–127; s. dazu auch Kap. 65).

Die metaphorische Gleichsetzung von Schreib- und Liebesakt betont die für die Performance-Kunst wie die Literatur Mayröckers kennzeichnende Materialität der künstlerischen Praxis als körperliches Geschehen. Metaphorisch kodiert wird dadurch ein Umgang mit Sprache, der mit der für die Performativität im Zeichen des Kults kennzeichnenden Ineinssetzung von Symbol und Sache korrespondiert. Das Symbol wird dabei um seiner selbst willen, nicht als Substitut für die von ihm symbolisierte Sache gehandhabt. Es verliert seinen Stellvertretercharakter und seine damit verbundene referentielle Funktion zugunsten seiner schieren Körperlichkeit. So fungiert beim Prinzip der Permutation und Variation von Buchstabenmaterial, das Mayröcker werk- und genreübergreifend einsetzt, der konkrete Zeichenkörper als Katalysator poetischer Prozesse. Die Verschiebung von Buchstabenmaterial involviert dabei in der Tradition des Kults auch die Verlebendigung des Zeichens. So heißt es in *Pathos und Schwalbe*: „ich schlittere über der Makulatur auf dem Boden […] ich meine, ich schlitterte über der Muskulatur am Boden" (PS 2014).

Die als vermeintliche Makulatur verworfene tote Schrift wird durch eine Buchstabenbewegung verlebendigt, gleichsam in ein Organsystem transformiert, das metaphorisch und metonymisch für den Schriftkörper steht.

Die Aufwertung der Körperlichkeit der Zeichen wird metaphorisch durch die Charakterisierung des poetischen Akts als „eine Kopulation nämlich mit Worten" (MB II, 140), als „Liebesspiel mit der Sprache" (MB I, 12) konfiguriert. Was durch diese Evokation einer erotischen Komponente betont wird, ist – wie in der Sprachphilosophie auch an der Einführung des Konzepts des Performativen durch John Austin aufgezeigt wurde – der Genuss im Umgang mit Sprache, die Lust, die dadurch freigesetzt wird, dass die Sprache von ihrer primären Aufgabe der Repräsentation ein Stück weit entbunden wird (vgl. Strohmaier 2012, 138–140).

Literatur

Arteel, Inge: gefaltet, entfaltet. Strategien der Subjektwerdung in Friederike Mayröckers Prosa 1988–1998. Bielefeld 2007.
Arteel, Inge: Nach dem Bilder- und Berührungsverbot. Kunst und Erotik in *die Umarmung, nach Picasso*. In: Alexandra Strohmaier (Hg.): Buchstabendelirien. Zur Literatur Friederike Mayröckers. Bielefeld 2009, 97–120.
Arteel, Inge: Biographie einer Biographielosen. In: Études germaniques 69/4 (2014), 505–516.
Barthes, Roland: Der Tod des Autors [1967]. In: Fotis Jannidis et al. (Hg.): Texte zur Theorie der Autorschaft. Stuttgart 2000, 185–193.
Brucher, Rosemarie: Günter Brus' „Zerreißprobe" und die Tradition christlicher Selbstopfer. In: Studia austriaca 21 (2013), 155–174.
Derrida, Jacques: Signatur Ereignis Kontext [1972]. Aus dem Französischen von Donald Watts Tuckwiller. In: Ders.: Randgänge der Philosophie. Hg. von Peter Engelmann. Wien 1988, 291–314.
Fischer-Lichte, Erika: Ästhetik des Performativen. Frankfurt a. M. 2004.
Häsner, Bernd et al.: Text und Performativität. In: Klaus W. Hempfer/Jörg Volbers (Hg.): Theorien des Performativen. Sprache – Wissen – Praxis. Eine kritische Bestandsaufnahme. Bielefeld 2011, 69–96.
Kasper, Helga: Apologie einer magischen Alltäglichkeit. Eine erzähltheoretische Untersuchung der Prosa von Friederike Mayröcker anhand von „mein Herz mein Zimmer mein Name". Innsbruck 1999.
Krämer, Sybille: Sprache, Sprechakt, Kommunikation. Sprachtheoretische Positionen des 20. Jahrhunderts. Frankfurt a. M. 2001.
Krämer, Sybille: Performanz – Aisthesis. Überlegungen zu einer aisthetischen Akzentuierung im Performanzkonzept. In: Arno Böhler/Susanne Granzer (Hg.): Ereignis Denken. TheatRealität, Performanz, Ereignis. Wien 2009, 131–156.
Krämer, Sybille: Gibt es eine Performanz des Bildlichen? Reflexionen über ‚Blickakte'. In: Ludger Schwarte (Hg.): Bild-Performanz. München 2011, 63–88.
Mayröcker, Friederike: ABC-thriller [1968]. Mit Zeichnungen der Autorin. Hg. von Gerhard Jaschke. Wien 1992.
Mayröcker, Friederike: die Umarmung, nach Picasso [1986]. In: Dies.: als es ist. Texte zur Kunst. Mit Zeichnungen von Marta Jungwirth. Salzburg 1992, 81–96.
Picasso, Pablo: Suite Vollard. Einl. von Hans Bolliger. Stuttgart 1956.
Schwens-Harrant, Brigitte: Literatur als Litanei. In: Tim Lörke/Robert Walter-Jochum (Hg.): Religion und Literatur im 20. und 21. Jahrhundert. Motive, Sprechweisen, Medien. Göttingen 2015, 353–366.
Sommerfeld, Beate: „struggles between body and soul, word and mind". Die Ästhetik des Performativen in Friederike Mayröckers Ekphrasen im Kontext des „pictorial turn". In: Andrea Rudolph/Gabriela Jelitto-Piechulik/Monika Wójcik-Bednarz (Hg.): Geschlecht und Gedächtnis. Wien 2020, 69–88.
Strohmaier, Alexandra: Logos, Leib und Tod. Studien zur Prosa Friederike Mayröckers. München 2008.
Strohmaier, Alexandra: Prosa und/als Performanz. Zur performativen Ästhetik Friederike Mayröckers. In: Alexandra Strohmaier (Hg.): Buchstabendelirien. Zur Literatur Friederike Mayröckers. Bielefeld 2009, 121–140.
Strohmaier, Alexandra: „Bekenntnisse haben nichts mit der Wahrheit zu tun". Zur Performativität der Prosa Friederike Mayröckers. Punktuelle Anmerkungen. In: Françoise Lartillot/Aurélie Le Née/Alfred Pfabigan (Hg.): „Einzelteilchen aller Menschengehirne". Subjekt und Subjektivität in Friederike Mayröckers (Spät-)Werk. Bielefeld 2012, 115–130.
Strohmaier, Alexandra: Transsubstantiation als ästhetische Kategorie. Zur Bedeutung einer religiösen Denkfigur für die Literatur der Moderne. In: KulturPoetik 21/2 (2021a), 210–239.
Strohmaier, Alexandra: Narration als Praxis und Performanz. In: Christina Schachtner/Albert Drews (Hg.): Erzählte Welt. Sinnstiftung in Zeiten kultureller und politischer Umbrüche. Rehburg-Loccum 2021b, 43–61.

Strohmaier, Alexandra: Ontologische Transgressionen unter dem Signum des Kults: Zur Verlebendigung der Zeichen im (Spät-)Werk Friederike Mayröckers. In: Beate Sommerfeld (Hg.): Dimensionen des Transgressiven in Friederike Mayröckers Spätwerk. Wiesbaden 2024a. [in Vorbereitung]

Strohmaier, Alexandra: Friederike Mayröcker – Scriptor. Zur Materialisierung von Autorschaft an Dingen des Archivs. In: Bernhard Fetz/Katharina Manojlovic/Susanne Rettenwander (Hg.): „ich denke in langsamen Blitzen". Friederike Mayröcker. Jahrhundertdichterin. Wien 2024b, 88–98.

Teil VII
Motive

Affekt

Kalina Kupczyńska

Leiblich gezeichnet

Affekte lassen sich in Mayröckers Œuvre als ein konstant variables Motiv bezeichnen, das die Poetik in der Lyrik wie der Prosa wesentlich prägt. In den Gedichten ist die affektive Komponente formbestimmend, „Körpergefühle" (MB II, 181) geben Anstoß für die Gestaltung des sprachlichen Materials; in der Prosa spielt diese Komponente auf der inhaltlichen Ebene eine zunehmend große Rolle, was sich bis ins Spätwerk beobachten lässt. Manche biographische Einschnitte – maßgeblich der Verlust der Nächsten – hinterlassen vor allem in der Prosa eine markante affektive Spur, sie fungieren als Schreibanlass. Die schriftstellerische Tätigkeit selbst erscheint bei Mayröcker als ein Transfer von einem Affiziert-Werden des schreibenden Subjekts zum Affizieren der Lesenden, was sich auch in der dialogischen Grundstruktur der Prosa manifestiert.

In der Forschung hat Daniela Strigl auf den „produktionsästhetischen und rezeptionsästhetischen Aspekt" des Affekt-Themas bei Mayröcker hingewiesen (Strigl 2020, 64) und beide Aspekte in der Lyrik untersucht. Es wurde außerdem auf die Verbindung zwischen der Literarisierung der Leiblichkeit und den Affekten sowie auf die Aufladung mancher diegetischer Objekte „mit starken Affekten" (Arteel 2012, 103–104) als emotionale Brücke zur Vergangenheit des Ich hingewiesen. Die affektiv geprägten, „von der Leiblichkeit gezeichneten poetischen Verfahren" (Strohmaier 2008, 144) wurden etwa im Kontext von Diskursen und Praktiken der Surrealisten untersucht.

Angst, Trauer, Liebe, Verzweiflung

Emotionale Bewegtheit kann allgemein als ein Merkmal der Poetik von Mayröcker gelten, das sich u. a. in häufiger Nennung von körperlichen Reaktionen (Weinen, Schreien), dem variierenden Tempo und der Sprunghaftigkeit des ‚Erzählens' oder der Codierung von emotionaler Rührung durch das Einflechten von floralen und tierischen Metaphern äußert. Dominierende Affekte stellen Angst, Trauer, Liebe, Freude bzw. Glück und Verzweiflung dar, wobei sich die Häufigkeit ihres Vorkommens wie auch ihre Semantisierung ändern. Unabhängig vom jeweiligen konkreten Anlass, nehmen die Affekte ihren Ursprung im Schreiben und drücken sich in ihm aus, inszeniert wird ein „Schreiben im Zustand der Entblößung, Schreiben als Narkotikum, Schreiben als Zwang" (Schmidt-Dengler 1990, 422). Im Spätwerk rückt Melancholie als

K. Kupczyńska (✉)
Universität Lodz, Łódź, Polen
E-Mail: kalina.kupczynska@uni.lodz.pl

eine Grunddisposition des sprechenden Subjekts in den Vordergrund (vgl. Strohmaier 2008, 198).

Angstgefühle und ein Zustand der Beängstigung lassen sich im gesamten Werk beobachten und wurden kulturhistorisch im Kontext des Hysteriediskurses untersucht (vgl. Strohmaier 2008, 146). Das „Nervensystem" des sprechenden Ichs fürchtet sich pausenlos (vgl. Mayröcker 1984, 21), oft wird die Angst introspektiv im Zusammenhang mit Erinnerungen an die Mutter thematisiert, und zwar als eine gemeinsame affektive Disposition (vgl. PS 93). Konkretisiert wird Angst als beengendes Lähmungsgefühl in Schreibsituationen – „die Angst vor dem NICHTS in meinem Schreiberhäuschen" (HD 116) – sowie als Bedrohung, bezogen auf den Verlust der Sehkraft, „Angst vor Blendung" (AF 14). Assoziativ und retrospektiv taucht Angst als ein Gefühl auf, das Nähe zu vertrauten Personen evoziert, neben der Mutter wird Jacques Derrida genannt. Das Ich leidet, wie es in Referenz auf Derrida heißt, unter „Augenangst" (AF 22).

In Mayröckers Figurationen der Trauer erkennt man zentrale phänomenologische Muster dieses Affekts. Mit unterschiedlicher Intensität versprachlicht das trauernde Ich den Konflikt zwischen der realen Abwesenheit und der empfundenen Anwesenheit der Verstorbenen (vgl. R 13) sowie die „gemeinsame ‚Zwischenleiblichkeit'" bzw. ein „dyadisches Leibgedächtnis" (Fuchs 2019, 124), etwa mit dem Lebensgefährten Ernst Jandl (vgl. R 16). Die Trauerarbeit weist eine dialogische Struktur auf – die literarische Auseinandersetzung mit dem Tod von Derrida wie Jandl äußert sich in reflexiver Bezugnahme auf ihr Werk, die die Form einer poetischen Respondenz annimmt.

Liebe hat in Mayröckers Werk vielfältige Schattierungen und tritt „als myzelartiges Verweissystem" (Strigl 2020, 58) in Verbindung mit anderen positiven Affekten wie etwa Bewunderung auf: Sie äußert sich in elliptischer, bruchstückhafter Literarisierung emotionaler und körperlicher Hingezogenheit zu einem Geliebten, aber auch in Evokationen von Aussagen und Werken befreundeter Kunstschaffender. Eine konstante affektive Komponente stellt die Liebe zur Mutter dar; die Mutter gilt als eine Bezugs- und Vergleichsgröße, zugleich als ein Bindeglied zwischen dem jeweiligen Text-Ich und der poetisch verklärten Welt der Kindheit. Die „Zweiheit der Liebeserfahrung" (Strigl 2020, 65), die sich zwischen Lust und Schmerz bewegt, lässt sich in der Prosa in der Dynamik der Überhöhung der geliebten Person wie in frenetischer Maßlosigkeit im Empfinden der Nähe beobachten. In der Liebeslyrik erzeugt die Zweiheit „die Aufspaltung der lyrischen Form in Hymne und Elegie" (Strigl 2020, 65), was sich bereits in dem frühen Band *Tod durch Musen* manifestiert.

„Ein schöner Wahn, ein Geheimnis von Liebe" (A 75) korreliert zuweilen mit solchen Affekten wie Freude und Glück. Ekstatische Momente des Glücks erscheinen außerdem im Zusammenhang mit dem Schreiben, das Erfahrungen der Selbst-Transzendenz ermöglicht. Der Schöpfungsprozess wird als „eine leidenschaftliche und fantastische Tätigkeit" beschrieben (Arteel 2012, 110), die sich in intensiven körperlichen Reaktionen – „stoße Freudenschreie aus" (BR 62) – artikuliert. Die leibliche Dimension ist dem poetischen Akt eingeschrieben, wie eruptive und thermische Metaphern suggerieren: Das schreibende Ich gleicht einem sprudelnden „Geysir" (HD 12). Es gilt zu „verbrennen beim Schreiben" (AF 60). Zugleich weist ein Oxymoron wie „kaltes Feuer" (A 50) auf die Spannung hin, die als notwendige „Voraussetzung für poetische Erfahrungen und Erkenntnisse" (A 55) negative Affekte wie Verzweiflung hervorbringt. Verzweiflung hängt mit Selbstzweifel zusammen, die Unzulänglichkeit des schreibenden Ichs wird auf den schöpferischen Prozess bezogen und auf die Gesamtheit der sozialen Interaktionen ausgeweitet; sie äußert sich in Selbstbezichtigungen – „bin ein Störfaktor, ausgeräuchertes Herz" (HD 13) – oder im Wunsch nach artikulatorischer Grenzüberschreitung: „ich möchte schreien: schreien wie die Gemälde von Francis Bacon schreien" (PS 174). Verzweiflung reflektiert das schreibende Subjekt als einen grundsätzlichen Hang zum „Katastrophieren" der eigenen Existenz (vgl. HD 13; AF 13).

Literatur

Arteel, Inge: Nichtmenschliche Körperfigurationen in *brütt oder Die seufzenden Gärten*. In: Françoise Lartillot/Aurélie Le Née/Alfred Pfabigan (Hg.): „Einzelteilchen aller Menschengehirne": Subjekt und Subjektivität in Friederike Mayröckers Werk. Bielefeld 2012, 97–114.

Fuchs, Thomas: Phänomenologie der Trauer. In: Hermann Kappelhoff/Jan-Hendrik Bakels/Hauke Lehmann/Christina Schmitt (Hg.): Emotionen. Ein interdisziplinäres Handbuch. Berlin 2019, 123–128.

Mayröcker, Friederike: Rosengarten. Radierung von Maria Lassnig. Frankfurt a. M. 1984.

Schmidt-Dengler, Wendelin: „ich lebe ich schreibe". Friederike Mayröckers *mein Herz mein Zimmer mein Name*. In: The German Quarterly 63/3–4 (1990), 421–428.

Strigl, Daniela: „Ich liebe deine Seele Geist und hl. Leib". Mayröckers lyrisches Denken und Bedenken von der Liebe. In: Inge Arteel/Eleonore De Felip (Hg.): Fragen zum Lyrischen in Friederike Mayröckers Poesie. Stuttgart 2020, 57–75.

Strohmaier, Alexandra: Logos, Leib und Tod. Studien zur Prosa Friederike Mayröckers. München 2008.

Alter

Mandy Dröscher-Teille

Beginnend mit dem Tod ihres Lebensgefährten Ernst Jandl im Jahr 2000 avancieren Alter und Tod in der feuilletonistischen Auseinandersetzung mit Friederike Mayröcker zu „*den* Themen schlechthin" (Kunz 2003, 157). Die Mayröcker-Forschung hat versucht, ein Alterswerk herauszudestillieren (vgl. Hinderer 2015, 321, der *ich bin in der Anstalt* (2010) als den Auftakt einer solchen „Altersprosa" bestimmt), dem zunehmende Kühnheit und Radikalität in Bezug auf den Umgang mit Sprache attestiert wird (etwa „Je älter Friederike Mayröcker wird, umso radikaler dichtet sie", Pohl 2014). Allerdings wird auch auf das problematische Moment einer solchen Kategorisierung hingewiesen, die von einem „alternden Autor ‚Alterswerke' erwartet" (Schwieren 2012, 290–291; vgl. auch Strigl 2000, 42). Mayröcker unterlaufe eine solche Festlegung, da ihr Schreiben „im Widerspruch zu jeglicher Form von Werkästhetik" (Schwieren 2012, 292; vgl. Kastberger 2017, 13) stehe. Ihre Texte stellen die Heroisierung männlicher Autoren infrage, denen im Vergleich eher ein Alterswerk zugesprochen wird, welches dann nicht selten Frauen zum Gegenstand

hat (vgl. Schwieren 2012, 291). Das Alter(n) spielt in Bezug auf Mayröcker in zweifacher Weise eine zentrale Rolle: als Motiv erstens ihrer Texte, die in ihrer Autofiktionalität stets mit dem Körper der Autorin verbunden sind (so haben sie meist eine ältere Frau zur Protagonistin, die „mit der Begrenztheit der eigenen Zeit konfrontiert ist", Kunz 2003, 158), und zweitens einer Autorschaftsinszenierung, die auf das Bild einer zeitlosen, der Welt entrückten oder entzogenen, körperlosen Existenz (vgl. Arteel 2012, 97) hinausläuft.

Alter als Motiv der Texte

Alter und Tod sind bereits vor dem Tod Jandls (als vermeintlicher Beginn des Alterswerks) in Mayröckers Texten präsent (vgl. Kunz 2003, 157). Insbesondere in *Reise durch die Nacht* (1984), *Das Herzzerreißende der Dinge* (1985), *Stilleben* (1991) und *brütt oder Die seufzenden Gärten* (1998) wird die „geistige und körperliche Hinfälligkeit" (Kunz 2003, 158) der Protagonistinnen beschrieben, die angesichts des psychischen und physischen Kontrollverlusts, ihres „pathologische[n] VERGESSEN[s]" (GP V, 83) und eines zunehmend unsicher werdenden Gangs (vgl. GP V, 41) in „Panik" (GP V, 42) geraten (vgl. auch Cramer 2010, 38, die das „Thema der überschrittene[n] Mitte des Lebens" in *Die Abschiede* (1980) untersucht). Lautet der

M. Dröscher-Teille (✉)
Leibniz Universität Hannover, Hannover, Deutschland
E-Mail: mandy.droescher-teille@germanistik.uni-hannover.de

erste (und leitmotivisch wiederkehrende) Teilsatz von *mein Herz mein Zimmer mein Name*: „die Psyche wird in das Alter hineingerissen" (GP III, 205), so wird das Altern als durchaus gewaltvoller Prozess in Szene gesetzt. Die erste Eintragung von *brütt* buchstabiert das Altern als „erniedrigende[n] Körperzustand" (GP II, 382) aus, wenn das autofiktionale Ich in einem in sich geschlossenen Bewusstseinsstrom von seinen Ängsten angesichts voranschreitender Alterserscheinungen erzählt. Dieser Auftakt, der „Anfang Oktober" („die fallenden Blätter/ schon Herbst", GP V, 41) angesiedelt ist und sich durch seine Fokussierung auf den körperlichen Schmerz ebenso wie durch den Stil des inneren Monologs deutlich vom zweiten, wieder stärker auf die Außenwelt gerichteten Eintrag (vgl. etwa ein „neue[s] Leben", die ‚blühenden Kastanienbäume', GP V, 44) abhebt, fügt sich zu einem Lebensweg zusammen, der von der äußeren Welt wegführt (die Protagonistin meidet unbekannte Wege, erkennt bekannte Personen zu spät oder gar nicht), und sich einer inneren Welt zuneigt.

Das altersbedingt schwindende Augenlicht wird verkehrt in ein inneres Sehen, das an das Sehen-Lernen von Rilkes Malte Laurids Brigge (1900) erinnert, der angesichts einer durch Urbanisierung, Technisierung und Beschleunigung irritierten Lebenswelt auf die eigene Wahrnehmung fokussiert und diese ästhetisch weiterentwickelt. So wird das Ich bei Mayröcker von einer „heranbrausende[n] Straßenbahn über die Gleise gehetzt" (GP V, 42), während es Malte so vorkommt, als würden die elektrischen Bahnen durch sein Zimmer rasen; wie bei Malte führt die (in diesem Fall altersbedingt) überfordernde Wahrnehmung der äußeren Welt zudem zu einer Ausweitung des Inneren. Das „alternde[] Leben" erscheint somit „als gesteigerte Form der condition humaine" (Cramer 2010, 38).

In *brütt* „erschafft" gerade der „alte Körper, dessen Rückzug aus gesellschaftlichen Verpflichtungen eine Art Narrenfreiheit mit sich bringt, [...] die Bedingungen, unter denen sich die Subjektivität des Ich gestalten kann" (Arteel 2012, 98). Resultat dieser Hinwendung zum Inneren ist das „ekstatische[] Schreiben" Mayröckers, das „mit dem Prozess des Alterns des schreibenden Subjekts verbunden" ist (Arteel 2017, 53).

Mit *Das besessene Alter* wird wiederum deutlich, dass das Motiv des Alterns auch von der biographischen Erfahrung der Krankheit und des Todes von Mayröckers Mutter her entwickelt wird. So gehen dem titelgebenden Gedicht, das in einer Reihe von heterogenen (Sprach-)Bildern das Alter als eine Form der Besessenheit von Erinnerungen und Schmerz beschreibt, zwei kurze Gedichte zum Alter der Mutter voraus. *Mutter, dreiundachtzig, Krankenhaus* (1989) und *an meine Mutter, 84* (1991) weisen im Titel explizit auf das Alter dieser „besondere[n] Frau" hin, die – wie Mayröcker in Interviews immer wieder betont – „sehr alt" (Muff 2005, 283), 87 Jahre (gest. 1994), geworden ist. Während *mein Herz mein Zimmer mein Name* bereits von den letzten Jahren der Mutter vor ihrem Tod geprägt ist, markiert *ich bin in der Anstalt* die erneute Auseinandersetzung mit dem Alter der Mutter „14" (AF 26) Jahre nach ihrem Tod (tatsächlich sind es 16 zum Zeitpunkt der Publikation 2010), wobei auch von „Demenz" (AF 23; vgl. auch Schwieren 2015) die Rede ist. Der Text beschreibt die „Nacktheit des Alters" (AF 31–32), ein vollständiges Ausgesetzt-Sein, in dem sich die sprechende Instanz und die Mutter-Figur immer wieder überblenden. *ich bin in der Anstalt* erscheint ein Jahr, bevor Mayröcker, die 2010 86 Jahre alt ist, das Todesalter ihrer Mutter erreicht: „habe meine Mutter eingeholt, ihr Alter ist stehengeblieben" (AF 67).

Alter als Motiv der Autorschaftsinszenierung

Während das „Altern" von Mayröcker selbst als „keine gute Sache" (Oliver 2009, 70) beschrieben wird, scheint das Alt-Werden für die Autorin ein Faszinosum zu sein: „Wenn man 150 Jahre alt werden könnte, wäre es möglich, immer noch etwas Neues zu erleben." (Jandl/ Breitenstein 2001, o. S.; vgl. auch Radisch 2017, 132, wo Mayröcker von „wenigstens zweihundert Jahre[n]" spricht) Insbesondere in den Interviews mit Iris Radisch und José F. A. Oliver wird das Bild der Autorin als „ewige[s] Kind" (Radisch 2017, 119) mit „wundersam" (Oliver 2009, 68) jungen Augen entworfen. Mayröckers (indirekt) formulierter Wunsch, „unsterblich" (Radisch 2017, 132) zu sein, korrespondiert mit dem von der Autorin aufgerufenen Motiv des „Heilige[n] Geist[es]" (Radisch 2017, 132), der kein Alter kennt und jenseits zeitlicher Beschränkungen liegt (vgl. auch die Wendung „alterslos" in *mein Herz mein Zimmer mein Name*, die jedoch als Maskerade und „Lüge" entlarvt wird: „du bist eine Greisin", GP III, 281). Scheinbar geht es der Autorin um eine „Überwindung der organischen Körperlichkeit" (Arteel 2012, 112; vgl. auch Fuchs 2014), mit der Idee, das Bild eines alterslosen Textkörpers zu erschaffen, der „*alterfahren, jungverstaunt*" und mit einer „Seelenaltheit" (Oliver 2009, 67) ausgestattet ist. Mayröckers Aussagen erscheinen zum einen als experimenteller Versuch, Zeitlichkeit und Chronologie außer Kraft zu setzen, zum anderen aber als Teil einer Inszenierung zwischen Selbstübersteigerung und Selbstnegierung (durch den mit dem Altern einhergehenden körperlichen Schmerz), die Oliver (2009, 70) in seinem Gespräch mit der Autorin weiterführt, indem er von Mayröcker als einem „Menschen" spricht, „der kein Alter nach sich zieht".

Mayröckers enge Anbindung an die Mutter-Figur ist ebenso wie die Frage nach der Bedeutung der Altersmotivik für die Autorinneninszenierung bisher in der Forschung weniger beachtet worden (vgl. zur Identifikation des Ich mit dem alternden Mutterkörper aber Strohmaier 2008, 150–151; zur Bedeutung der Mutter s. auch Kap. 3). Die Auseinandersetzung mit dem eigenen Alter(n) ist einerseits in Mayröckers späterer Prosa an konkrete körperliche Erfahrungen des Alterns gebunden, wäre andererseits aber auch – mit Blick auf die frühe Prosa, z. B. *Das Licht in der Landschaft* (1973; wo es etwa heißt: „nämlich ihr Gesicht zeigte sich dann zwischen mehreren Altern", GP I, 437) – unabhängig vom alternden Körper, als Motiv zur Darstellung von Erinnerungen und Entgrenzungserfahrungen, weiter zu erschließen.

Literatur

Arteel, Inge: Nichtmenschliche Körperfigurationen in *brütt oder Die seufzenden Gärten*. In: Françoise Lartillot/Aurélie Le Née/Alfred Pfabigan (Hg.): „Einzelteilchen aller Menschengehirne". Subjekt und Subjektivität in Friederike Mayröckers (Spät-)Werk. Bielefeld 2012, 97–114.

Arteel, Inge: Friederike Mayröckers ekstatisches Schreiben. Im Rhythmus der vielen wahren Worte. In: Katharina Manojlovic/Kerstin Putz (Hg.): Im Rausch des Schreibens. Von Musil bis Bachmann. Wien 2017, 50–64.

Cramer, Sibylle: Zeitlichkeit und Subjektivität. Zum Alterswerk von Friederike Mayröcker. In: manuskripte 50/189–190 (2010), 38–42.

Fuchs, Herbert: Sprachmagie. Zu Friederike Mayröckers Alterswerk aus Anlass ihres 90. Geburtstags (2014), https://literaturkritik.de/id/19794 (26.4.2023).

Hinderer, Walter: „Pneumatische Fetzensprache" oder „Askese der Maßlosigkeit": Friederike Mayröckers innovative Schreibweisen. In: Christine Lubkoll/Claudia Öhlschläger (Hg.): Schreibszenen. Kulturpraxis – Poetologie – Theatralität. Freiburg i. Br./Berlin/Wien 2015, 309–323.

Jandl, Paul/Breitenstein, Andreas: Schreiben oder vor die Hunde gehen. In: Neue Zürcher Zeitung vom 27.10.2001, https://www.nzz.ch/article7QON9-ld.186380 (8.5.2023).

Kastberger, Klaus: Chaos des Schreibens. Die Werkstatt der Dichterin und die Gesetze des Archivs. In: Ders./Stefan Maurer (Hg.): Die Werkstatt des Dichters. Imaginationsräume literarischer Produktion. Berlin/Boston 2017, 13–28.

Kunz, Edith Anna: Bruch und Kontinuität. Zeitlichkeit in der Prosa Friederike Mayröckers. In: Andreas Härter/Dies./Heiner Weidmann (Hg.): Dazwischen. Zum transitorischen Denken in Literatur und Kulturwissenschaft. Festschrift für Johannes Anderegg zum 65. Geburtstag. Göttingen 2003, 157–172.

Muff, Elke: „Ich habe Verbalträume". Ein literarischer Kaffeehaus-Nachmittag mit Friederike Mayröcker. In: Andrea Bartl (Hg.): Verbalträume. Beiträge zur deutschsprachigen Gegenwartsliteratur. Interviews mit Friederike Mayröcker, Kerstin Hensel, Martin Walser, Bastian Böttcher und Tom Schulz. Augsburg 2005, 273–284.

Oliver, José F. A.: „Kann sein, dasz, die Psyche wird in das Alter hineingerissen". Protokoll einer Augenblicklichkeit mit Friederike Mayröcker. In: Wespennest 157 (2009), 65–70.

Pohl, Ronald: Friederike Mayröcker: Die Wunderwörter des besessenen Alters. In: Der Standard (Wien) vom 19.12.2014, o. S.

Radisch, Iris: „Ich will ganz nah an das fast nicht mehr mögliche heran." In: Dies.: Die letzten Dinge. Lebensendgespräche. Hamburg ²2017, 115–132.

Schwieren, Alexander: ‚Alterswerk' als Schicksal: Max Frisch, Friederike Mayröcker und die Poetologie des

Alters in der neueren Literatur. In: Zeitschrift für Germanistik NF 22/2 (2012), 290–305.

Schwieren, Alexander: Zwischen Demenz und Korrespondenz. Friederike Mayröckers diaristisches Schreiben in *Paloma*. In: Zeitschrift für Germanistik NF 25/3 (2015), 536–550.

Strigl, Daniela: Winterglück und -unglück. Zur Alterslyrik Friederike Mayröckers, Ernst Jandls, Gerald Bisingers und Michael Guttenbrunners. In: Markus Knöfler/Peter Plener/ Peter Zalán (Hg.): Die Lebenden und die Toten. Beiträge zur österreichischen Gegenwartsliteratur. Budapest 2000, 41–56.

Strohmaier, Alexandra: Logos, Leib und Tod. Studien zur Prosa Friederike Mayröckers. München 2008.

Blumen/Pflanzen

Sonja Martinelli

Blumen und Pflanzen sind ständige Begleiterinnen von Friederike Mayröckers Schreiben. Sie zeugen von Mayröckers botanischem Wissen (vgl. Beyer 2018, 11), stehen in Resonanz mit ihren intertextuellen, intermedialen, im weitesten Sinne dialogischen sowie tropologischen Techniken, drücken sprachtheoretische, poetologische und ethische Dimensionen ihres Schreibens aus und berühren thematisch zentrale Aspekte in ihren Texten, wie die Darstellung von Trauer, Liebe und Affektivität (vgl. insbesondere Lartillot 2020; Martinelli 2024). Wie verwoben Blumen und Pflanzen mit Mayröckers Schreiben sind, verdeutlicht ein autobiographischer und literarischer Erinnerungsort in ihren Texten und Interviews, die Deinzendorfer Kindersommer, die Mayröcker in einem Interview mit Bodo Hell 1985, erschienen unter dem Titel *es ist so ein Feuerrad*, beschreibt: „ich denke da nur an meine Deinzendorfer Kindersommer, […] die Lilien im Garten, die Weiden am Bach, die Gerstenfelder am Horizont" (MB 248; vgl. etwa Le Née 2020, 78; Martinelli 2021, 1–2). Die Mayröcker-Forschung liest darin ein „Urerlebnis von Natur und Poesie" (Le Née 2020, 77; vgl. Martinelli 2023, 205), in dem Poesie, Schreiben, Blumen und Pflanzen ineinander verwirkt sind. Die Beziehung zwischen der Dichterin und dem Vegetabilen wird zudem durch jene Schreib- und Lebenshaltung bestimmt, die Mayröcker in *es ist so ein Feuerrad* „Identifizierenkönnen" (MB 249) nennt: „manchmal fühle ich mich auch als Baum, ich kann mich vollkommen mit einer Pflanze, einem Tier identifizieren" (MB 248). Damit geht auch ihr Verständnis von einer „Literatur der Zersplitterung (als MEDIUM DES MITLEIDS)" (MB 23) einher, einem Schreiben als „ein sich in alle Geschöpfe zersplittern, versprengen, verschütten" (MB 23), wie es in der Anton-Wildgans-Preisrede von 1982 heißt.

Vegetabiles in Mayröckers Gedichten

Der Gedichtband *Tod durch Musen. Poetische Texte*, erschienen 1966, vermittelt einen Eindruck von der Vielfalt schreibender Zugänge zum Vegetabilen, die Mayröcker schon damals erprobte. Nebeneinander stehen Gedichte wie *IM WALDE VON KATYN*, ein des Massakers von Katyn von 1940 gedenkendes Naturgedicht (vgl. Le Née 2020, 83), das lange Gedicht *Text mit Linné's berühmter Blumen-Uhr*, das Carl von Linnés Blumenuhr-Modell, seine binominale Nomenklatur und Taxonomie poetisch disseminiert (vgl. Martinelli 2020, 104–111; Martinelli 2021, 5–27), und ein Gedicht

S. Martinelli (✉)
Wien, Österreich
E-Mail: sonja.martinelli@web.de

wie *Romanze mit Blumen*, in dem Blumen zum Begegnungsort und -medium für ein Ich, ein Du und die Lesenden werden (vgl. Barni 2001, 28; Martinelli 2021, 27–53).

Eine poetologische und sprachtheoretische Ebene des Vegetabilen lotet wiederum das 1994 entstandene Gedicht *auf eine Traubenhyazinthe* aus. Das Schreiben über eine Pflanze wird dabei in eine metapoetische Frage nach ihrer sprachlichen Darstellbarkeit übersetzt, die auch zu einer sprachtheoretischen Frage nach einem Mimesis-Begriff und dem damit einhergehenden Verhältnis von Abbild und Welt wird (vgl. Martinelli 2023, 208). Dies kommt im Gedicht im Lungenkraut zur Sprache, einer Pflanze, die durchaus als mimetisch, im Sinne von ‚nachahmend', bezeichnet werden kann, da ihre Blätterzeichnung Lungenbläschen ähnelt (vgl. Barni 2001, 16; Martinelli 2023, 211): „aber Mimesis, Lungenkraut, etwas wie" (NK 12). Die im Pflanzennamen arbeitende Ähnlichkeitsstruktur, das „etwas wie", wird im Gedicht poetisch entfaltet und die mimetische Abbild-Welt-Struktur in ein intermediales Netzwerk verwandelt (vgl. Martinelli 2023, 208–215). Somit denkt das Gedicht durch die Blume über Sprache und Poesie nach.

Besonders deutlich wird die intertextuelle Dynamik von Blumen und Pflanzen in Mayröckers Gedichtband *Scardanelli* von 2009. Bäume, Kräuter und Blumen sind darin Teil eines poetischen Dialogs zwischen Mayröcker und Friedrich Hölderlin. Dabei ist das Vegetabile eingeflochten in „Figurationen des Idyllischen" (Thums 2020, 139), die einer Gegenwart von Verlust, Alter und Tod ein erinnerndes „Schreiben [...] als poetischen Akt der Belebung und Selbstbelebung" (Thums 2020, 138–139) entgegenhalten. Zugleich metaphorisiert das Vegetabile die Vergänglichkeit des Lebens und Blumen werden zur Sprache der Liebe und Dichtung (vgl. Thums 2020, 148) sowie zum Vokabular eines „ekstatischen Sprechens" (Thums 2020, 149): als „beruhigend ebenso wie berauschend" (Beyer 2016, 61) wird ihre Heilwirkung und Toxizität poetisiert.

Mayröckers florales Spätwerk

Mayröckers späte und „‚zarte Prosa'" (Lartillot 2020, 254) kann wahrlich als „Blumenwerk" (Lartillot 2020, 253) bezeichnet werden. Mit *ich sitze nur GRAUSAM da* setzt eine „autobiographisch codierte Floriographie" (Thums 2017, 190) in Mayröckers Schreiben ein, die maßgeblich von Jacques Derridas *Glas* (frz. 1974, dt. 2006) inspiriert ist: von seiner Lektüre von Jean Genets floralem Schreiben und der damit einhergehenden Dekonstruktion eines metaphysischen Metaphernbegriffs (vgl. Thums 2017, 191; Martinelli 2020, 95–96, 108–110; Martinelli 2021, 17–22, 44–47), in der die „Umkehrbarkeit des Signifikanten und die Zirkulation der Zeichen" (Thums 2017, 192) lesbar werden. Derridas floraler Dialog mit Genet und Hegel und seine tropologischen Verfahren werden von Mayröcker zu einem intertextuellen und intermedialen Blumenarchiv erweitert (vgl. Lartillot 2020, 264). In *Pathos und Schwalbe* z. B. sind Blumen und Pflanzen Teil des Wahrnehmungs- und Erinnerungsfeldes eines schreibenden und lesenden Ichs und zugleich als Zitate Texten von Novalis, Hölderlin, Genet, Ponge und vielen mehr entnommen (vgl. Lartillot 2020, 264–272). „Poesie und Leben" (Lartillot 2020, 253) werden dabei über das Vegetabile ineinander geblendet.

Mayröckers späte Blumensprache bildet eine affektive Wahrnehmungs- und Erinnerungskunst, die sinnliche Erfahrungen, Gefühle und psychische Zustände darstellt und eine Kopräsenz aus kalendarischen und verschiedenen psychischen Zeiten des Text-Ichs erzeugt (vgl. Lartillot 2020, 259–260; Martinelli 2024).

Literatur

Barni, Sara: Il fiore sghembo. Immagini dalla lirica di Friederike Mayröcker. In: Fausto Cercignani/Dies. (Hg.): Friederike Mayröcker. Milano 2001 (= Studia Austriaca [2001], edizione speciale), 11–35.

Beyer, Marcel: Wenn ich im Scardanelli lese. In: Ders.: Sie nannten es Sprache. Berlin 2016, 52–61.

Beyer, Marcel: Friederike Mayröcker, *fleurs*. In: Text + Kritik Nr. 218/219 (2018), 4–12.

Lartillot, Françoise: Friederike Mayröckers Blumenwerk in *Pathos und Schwalbe*. In: Inge Arteel/Eleonore De Felip (Hg.): Fragen zum Lyrischen in Friederike Mayröckers Poesie. Stuttgart 2020, 253–280.

Le Née, Aurélie: Die Natur in Friederike Mayröckers Frühlyrik am Beispiel von vier Gedichten. In: Inge Arteel/Eleonore De Felip (Hg.): Fragen zum Lyrischen in Friederike Mayröckers Poesie. Stuttgart 2020, 77–91.

Martinelli, Sonja: Friederike Mayröckers *Text mit Linné's berühmter Blumen-Uhr*. Vom Öffnen und Schließen der Blüten und Wörter. In: Inge Arteel/Eleonore De Felip (Hg.): Fragen zum Lyrischen in Friederike Mayröckers Poesie. Stuttgart 2020, 93–113.

Martinelli, Sonja: Blumen lesen in Friederike Mayröckers *Tod durch Musen. Poetische Texte*. Masterarbeit, Univ. Wien 2021.

Martinelli, Sonja: Poetologische Poesie durch die Blume: Friederike Mayröckers Gedicht *auf eine Traubenhyazinthe*. In: Yvonne Al-Taie/Evelyn Dueck (Hg.): Blütenlesen. Poetiken des Vegetabilen in der Gegenwartslyrik. Berlin 2023, 205–216.

Martinelli, Sonja: Blumen als transitorische Schreibfiguren in Friederike Mayröckers Gedicht *Mimosen im Glas*. In: Beate Sommerfeld (Hg.): Dimensionen des Transgressiven in Friederike Mayröckers Spätwerk. Wiesbaden 2024 [in Vorbereitung].

Thums, Barbara: *fleurs*: Friederike Mayröckers Blumensprache. In: Literatur für Leser 40/2 (2017), 185–199. https://doi.org/10.3726/LFL022017k_185

Thums, Barbara: „und immer noch voll Sehnsucht": Figurationen des Idyllischen in Mayröckers *Scardanelli*. In: Inge Arteel/Eleonore De Felip (Hg.): Fragen zum Lyrischen in Friederike Mayröckers Poesie. Stuttgart 2020, 137–156.

Dinge

Alexandra Strohmaier

Der Stellenwert der Dinge für Mayröckers Poetik wird nicht nur in ihrem Werk, sondern auch in den medial äußerst wirkmächtigen Inszenierungen der Materialfülle ihrer Werkstatt exponiert, die ihr Werk seit den 1960er-Jahren begleiten (vgl. Arteel 2020, 292–305; Strohmaier 2023, 182–183, 187–188; s. Kap. 3). Mit ihrem durchaus kunstvollen Charakter arbeiten die bereits 1978 als „legendär" (Kling 2001, 621) geltenden Bilder aus der Zentagasse der von der Autorin betriebenen Dekonstruktion des bürgerlichen Dichterverständnisses zu, indem die Nachbarschaft mit den heterogenen Dingen nicht – wie in der genieästhetischen Tradition – als Bedrohung, sondern vielmehr als Bedingung der poetischen Inspiration inszeniert wird (vgl. Strohmaier 2023, 184–186; s. Kap. 3). Neben der augenfälligen Präsenz von Dingen im Text ist es die Dinglichkeit des Textes selbst, die durch Verfahren, die dessen materielle und sinnlich wahrnehmbare Gestalt akzentuieren, in Mayröckers Werk besondere Kontur gewinnt. An den diversen beschrifteten Dingen, die sich im Nachlass-Archiv befinden, tritt die Bedeutung der Materialität für die poetische Produktion sowie deren dingliche Qualität besonders plastisch zutage.

Dinge im Text

In variierendem Rekurs auf Konventionen dingbezogener literarischer und bildkünstlerischen Genres wie der Zimmerreise (s. Kap. 23; vgl. dazu Stiegler 2018) oder des Stilllebens (s. Kap. 24), präsentieren Mayröckers Texte ein heterogenes Ensemble an Dingen, die in ihrem Status zwischen Natur- und Zeichenhaftigkeit, Objekt- und Subjekthaftigkeit ausgelotet werden (vgl. dazu auch Arteel 2007, 93–98; De Felip 2020, 236–251). Intertextuell bedeutsam erscheinen dabei vor allem Stifters *Bunte Steine* (1853), Gertrude Steins *Tender Buttons* (1914), José Saramagos *Das Leben der Dinge* (1978) oder Francis Ponges *Im Namen der Dinge* (1942) – Bücher, die sich auch in Mayröckers Nachlassbibliothek am Literaturarchiv der Österreichischen Nationalbibliothek befinden (vgl. LIT 493/19).

Von den in den Texten inszenierten Alltagsgegenständen kommt insbesondere dem Geschirr und der Kleidung eine exponierte Stellung zu. Dem Geschirr, das mitunter ein Eigenleben zu führen scheint (vgl. etwa HZN 89, 94), wie es auch dezidiert herausgestellt wird – „Dinge machen sich selbständig!" (RN 15) –, eignet aufgrund seines Handlungszusammenhangs mit dem Mund als Sprachorgan auch eine latente metapoetische Verweisfunktion. In vergleichbarer Weise ruft die poetische Funktionalisierung von Textilien, verdichtet in dem vom

---

A. Strohmaier (✉)
Universität Graz, Graz, Österreich
E-Mail: alexandra.strohmaier@uni-graz.at

© Der/die Autor(en), exklusiv lizenziert an Springer-Verlag GmbH, DE, ein Teil von Springer Nature 2024
A. Strohmaier und I. Arteel (Hrsg.), *Mayröcker-Handbuch*, https://doi.org/10.1007/978-3-662-69435-0_55

Schriftsteller-Ich gehorteten „Wäscheplunder" (BR 259), das Phänomen der Textualität auf sowie – im Konnex dazu – Baudelaires Assoziation des Dichters mit dem Lumpensammler (s. Kap. 3). Darüber hinaus steht vor allem die spezifische Inszenierung von Wäschestücken – „mein Morgengewand starr-steif vor Schmutz" (HZN 232) – sowie von Geschirr – „alles verschmutzt und verbeutelt im Küchenraum" (BR 226) – im Zeichen einer insbesondere von Baudelaire kultivierten Ästhetik des Hässlichen. Dadurch erfährt diese kulturgeschichtlich dem Weiblichen attribuierte Dingwelt auch eine demonstrative Umwertung im Dienste der Dichterschaft.

Besonders anschaulich manifestiert sich diese Umwertung an der für Mayröckers poetische Praxis bedeutsamen (Um-)Funktionalisierung von Papptellern, wie sie in diversen Schreibszenen vorgeführt und materialiter durch entsprechende Objekte im Nachlass-Archiv beglaubigt wird (vgl. LIT 493/19). Die Pappteller werden in ihrer Prosa nicht nur als Requisiten im subtilen Widerstand gegen die mit dem Weiblichen assoziierte bürgerliche Kochkultur vorgeführt, sondern demonstrativ dem Feld der Dichterschaft eingemeindet (vgl. etwa BR 186). Die Nobilitierung, die sie durch ihre Transformation in Trägermaterialien für Literatur erfahren, wird selbstironisch herausgestellt, wenn das Ich eine Ode *auf einen Pappteller* (GG 671) singt (s. dazu Kap. 49).

Die Dinge aus dem – bei Mayröcker sehr weiten – Einzugsbereich des Schreibens umfassen neben der Maschine, einer „Hermes Baby" (BR 117), die zahlreichen Stifte und diversen „PAPIERGERÄTSCHAFTEN" (BR 146), zu denen neben Papptellern und „Servietten" (HZN 218, 275) insbesondere auch Textilien wie „Bettlaken" (BR 323) gehören. In den als „Ritualhandlung" inszenierten Schreibszenen wachsen diese zu eigentümlichen „Mensch-Ding-Gefüge[n]" (Putz 2024, 106) zusammen.

Neben dem ‚Schreibzeug' spielen auch die Schreibmöbel in Mayröckers Inszenierung ihrer poetischen Praxis eine prominente Rolle. So fungieren die beiden für Mayröcker zentralen Produktionsmöbel der Poesie, der „Fetisch (Tisch)" (BR 255) und das „zerlumpte[] Lager" (BR 185), auch als Aktanten, die in ihrer spezifischen materiellen Ausstattung auf Schreibarbeit wie Schrift einwirken (vgl. Strohmaier 2023, 185–186). Der Schreibtisch mit dem auf ihm angehäuften Zeug konkretisiert dabei das Autorschaftskonzept „des modernen *scripteur* als *tabula plena*" (Holm 2018, 426; s. Kap. 3). Das Bett, in dem zahlreiche Schreibszenen situiert sind, und das anhand des „Gefüges ICH UND DAS BETT" (HZN 56) gleichsam als Kooperationspartner in der Schreibarbeit herausgestellt wird (vgl. dazu auch Putz 2024, 108), fungiert als paradigmatischer Ort für eine poetische Produktion, die vom Traum zehrt und metaphorisch als Liebesakt, als „Kopulation nämlich mit Worten" (RN 91; vgl. MB II, 181), ausgewiesen wird.

Die vom Ich immer wieder betonte Hingabe an die Dinge (vgl. etwa BR 110–111, 140) schließt auch Naturdinge ein (vgl. etwa HD 12), die im Sinne des japanischen Prinzips des *mono no aware* inszeniert werden, eines Prinzips, das in seiner deutschen Übersetzung – „das Herzzerreißende der Dinge" – auch titelgebend für Mayröckers 1985 erschienenen Prosaband wurde (s. Kap. 22). Insbesondere leblose oder in Auflösung begriffene (Natur-)Dinge werden dabei in ihren „pathoserregenden Qualitäten" (Pörtner/Heise 1995, 319) vorgeführt, mit denen sie das Subjekt affizieren und zu einer identifikatorischen bzw. empathischen Haltung ihnen gegenüber veranlassen (s. Kap. 22). Diese „Empathie mit den Dingen" (PS 99) äußert sich in ihrer Animation und Anthropomorphisierung, die auch selbstreflexiv kommentiert wird: „die Dinge nehmen menschliche Züge an" (MMF 116; vgl. dazu auch Putz 2024, 102–106). Dabei werden die Naturdinge auch mit Augen ausgestattet – „das zärtliche Ei im Glas wie es mich anvisiert usw." (PS 90) Poetisch umgesetzt erscheint damit Benjamins – vom Flaneur Franz Hessel übernommenes – Postulat, mit dem er die Objektivität und Passivität der Dinge in Abrede stellt und zu ihrer gleichsam intersubjektiven Wahrnehmung aufruft: „‚Nur was uns anschaut sehen wir.'" (Benjamin [1929] 2001, 216; vgl. dazu Kimmich 2009)

Der Text als Ding

Durch die für Mayröcker charakteristischen poetischen Verfahren, etwa die für die Textgenese konstitutive Wiederholung und Verschiebung von Buchstaben- und Lautkombinationen, welche die Bildlichkeit und Klanglichkeit der Sprache – die sinnliche Grundlage (je)des Sinns – hervortreten lassen, gewinnen ihre Texte eine dingliche Qualität, die schriftbildlich durch die experimentelle Handhabung von Typographie und Layout zusätzlich profiliert wird (s. dazu auch Kap. 50). Produktionsästhetisch erscheint die Dinglichkeit der Texte als Effekt einer poetischen Praxis, in der die Referenzfunktion der Zeichen zugunsten eines handgreiflichen Umgangs mit der Materialität der Wirklichkeit partiell aufgehoben wird: „der Begriff der Mimesis hat ausgedient, […], an deren Stelle die Erkenntnis: *man fährt hinein* in die Materie, […] in die wirklichen Dinge der Welt, wie man in 1 Kleidungsstück fährt, hineinfährt" (BR 210). Dabei fungieren die im „Zettelschatz" (BR 67) der Dichterwerkstatt zufällig gefundenen papiernen Dinge, die durch Verfahren der Montage in das Textgewebe eingearbeitet werden, als *objets trouvés* auch im wörtlichen Sinn (vgl. Strohmaier 2023, 186).

Textdinge

Die vom schreibenden Ich inszenierten Praktiken der poetischen Einverleibung der Alltagsdinge – ihre Indienstnahme als Beschreibstoffe und die dadurch an ihnen vorgenommene ästhetische Umwertung – werden durch zahlreiche beschriebene Objekte, die sich im Nachlass am Literaturarchiv der Österreichischen Nationalbibliothek befinden – neben Servietten und Papptellern finden sich darunter etwa Käseschachteln, ein Schwamm oder eine Holzleiste –, quasi materiell beglaubigt und sinnlich wahrnehmbar (vgl. dazu Strohmaier 2024, 90–97). Sie exponieren Mayröckers gleichsam paradoxale Poetik der Hervorbringung von Originärem aus Sekundärem in dreidimensionaler Form. Der Kunstcharakter, der diesen angeeigneten Dingen zukommt, und mithin auch der Originalitätsanspruch der Autorin manifestieren sich etwa an einer Pralinenbox, die von der Autorin mit einem Notat versehen wurde, das im Zusatz als möglicher Titel für einen neuen Gedichtband ausgewiesen wird (vgl. LIT 493/K17/7; s. Abb. in Strohmaier 2024, 93). Vor dem Hintergrund von Mayröckers Metapher von Sprache als Speise und insbesondere als Zuckerwerk, wie sie in ihrer Prosa konfiguriert wird – „verschlinge die Sprache […] als wären es Süßigkeiten" (KG 22) –, erhält das Objekt zusätzliche metapoetische Bedeutung, durch die die Archivalie als eigentümlicher Zwitter zwischen Literatur und Objektkunst in Erscheinung tritt (vgl. Strohmaier 2024, 95–96).

Eine analoge Funktion der selbstreflexiven Exposition ihrer Dingpoetik im Archiv kommt beschriebenen Wäscheklammern zu, die in einem Akt der ästhetischen Umwertung von Schreibbehelfen zu Artefakten transformiert wurden (s. Abb. in Strohmaier 2024, 97). Im Kontext von Mayröckers auch in ihren Texten immer wieder inszenierter Praxis, Konvolute von Vorarbeiten und Textmaterialien mit Wäscheklammern zusammenzuhalten, erscheinen die Archivalien als Produkte eines Schreibens, bei dem die Wäscheklammern – gleichsam aufgrund ihrer Kontiguität zum ‚eigentlichen' Schreibzeug – selbst zum Träger von Schriftzeichen geworden sind. Die akribische Setzung der Zeichen – ein beiläufiges Hinwerfen der Buchstaben scheint der beschränkte Schreibraum nicht hergegeben zu haben – lässt die Objekte als besonders kunstvolle Verkörperungen von Mayröckers Dingpoetik in Erscheinung treten (vgl. Strohmaier 2024, 96–97).

Literatur

Arteel, Inge: gefaltet, entfaltet. Strategien der Subjektwerdung in Friederike Mayröckers Prosa 1988–1998. Bielefeld 2007.

Arteel, Inge. „Vom Küssen der Zunge, im Sinne von Sprache". Schreiben und Umwelt in Friederike Mayröckers Lyrik und Prosa sowie im fotografischen

Paratext. In: Michael Fisch/Christoph Schmidt (Hg.): Transkulturelle Hermeneutik I. Vorträge auf Einladung des Walter Benjamin-Lehrstuhls für deutsch-jüdische Literatur- und Kulturwissenschaft an der Hebräischen Universität in Jerusalem. Berlin 2020, 291–308.

Benjamin, Walter: Die Wiederkehr des Flaneurs. Zu Franz Hessels „Spazieren in Berlin" [1929]. In: Ders.: Werke und Nachlaß. Kritische Gesamtausgabe. Bd. 13.1: Kritiken und Rezensionen. Hg. von Heinrich Kaulen. Berlin 2011, 211–217.

De Felip, Eleonore: „von der nassen Papiermanschette des Mondes". Die Intensität der verborgenen Dinge bei Friederike Mayröcker. In: Inge Arteel/Dies.: Fragen zum Lyrischen in Friederike Mayröckers Poesie. Stuttgart 2020, 229–252.

Holm, Christiane: Möbel. In: Susanne Scholz/Ulrike Vedder (Hg.): Handbuch Literatur & Materielle Kultur. Berlin/Boston 2018, 425–427.

Kimmich, Dorothea: „Nur was uns anschaut sehen wir". Walter Benjamin und die Dinge. In: Heinz Brüggemann/Günter Oesterle (Hg.): Walter Benjamin und die romantische Moderne. Würzburg 2009, 355–369.

Kling, Thomas: „Parallelsprachen, Nervenausschnitte". Über Mayröckers *Heiligenanstalt*. In: Friederike Mayröcker: Gesammelte Prosa. Bd. II: 1978–1986. Hg. von Klaus Kastberger. Frankfurt a. M. 2001, 619–623.

Pörtner, Peter/Heise, Jens: Die Philosophie Japans. Von den Anfängen bis zur Gegenwart. Stuttgart 1995.

Putz, Kerstin: „Fellfetische, Affenpelz". Fetischisierte Dinge bei Friederike Mayröcker. In: Bernhard Fetz/Katharina Manojlovic/Susanne Rettenwander (Hg.): „ich denke in langsamen Blitzen". Friederike Mayröcker. Jahrhundertdichterin. Wien 2024, 99–110.

Stiegler, Bernd: Zimmerreisen. In: Susanne Scholz/Ulrike Vedder (Hg.): Handbuch Literatur & Materielle Kultur. Berlin/Boston 2018, 357–364.

Strohmaier, Alexandra: „Verwirklichte Utopien". Friederike Mayröckers Schreib- und Texträume. In: Nicole Streitler-Kastberger/Martin Vejvar (Hg.): Utopie und Dystopie. Beiträge zur österreichischen und europäischen Literatur vom 18. bis zum 21. Jahrhundert. Berlin/Boston 2023, 185–196.

Strohmaier, Alexandra: Friederike Mayröcker – Scriptor. Zur Materialisierung von Autorschaft an Dingen des Archivs. In: Bernhard Fetz/Katharina Manojlovic/Susanne Rettenwander (Hg.): „ich denke in langsamen Blitzen". Friederike Mayröcker. Jahrhundertdichterin. Wien 2024, 88–98.

Ekstase/das Erhabene

Barbara Thums

In Friederike Mayröckers Werk nimmt die Darstellung von Zuständen der Erregung, der Panik, des Rausches, des Traums, der Halluzination, des Wahns, der mystischen Verzückung, der Lust und des unstillbaren Liebesbegehrens breiten Raum ein (vgl. Kasper 1999): Sie folgen einer Ästhetik, die dem Schönen und Erhabenen das Hässliche und Groteske zur Seite stellt; sie lassen Poes und Baudelaires kalkulierte, am sexualisierten Frauenkörper inszenierte „Kollision von Schönem und Erhabenem" (Snyder-Körber 2007, 279) assoziieren, auch insofern sie die Grenzen tradierter Vorstellungen von Subjektivität, Körperlichkeit und künstlerischer Kreativität überschreiten; und sie formieren eine Poetik des Ekstatischen, die sich durch die Transformation vielfältiger Bezüge auf künstlerische, religiöse und ästhetische Traditionsbezüge auszeichnet. Relevant hierfür sind eine Kultivierung „poetischer Erhabenheit" (Kastberger 1999, 35), ein inspiriertes Sehen und Schreiben verknüpfendes „*euphorische[s] Auge*" (MB I, 24) und aus realen „Materialien" konstruierte transreale „VISIONEN" (GP IV, 245), die für eine programmatische Aufwertung der Materialität und Visualität einer intertextuell und -medial organisierten Sprache sowie für ein selbstreflexives und metapoetisches Schreiben einstehen.

Entgrenzungen und Transformationen – Inspirations- und Erhabenheitsästhetik

Mayröckers Poetik des Ekstatischen schließt an (post-)moderne Ästhetiken des Erhabenen (vgl. Pries 1989) an und verortet das Schreiben in der Traditionslinie des *poeta vates*, allerdings dergestalt, dass ursprünglich religiöse Denkfiguren – etwa Engel (s. Kap. 57) – ins Ästhetische transformiert werden. Zu den Aspekten, die für das Erhabene wie für die Inspirationsästhetik konstitutiv sind, gehören u. a. Erfahrungen der Plötzlichkeit, der Unverfügbarkeit und der Ambivalenz, die durch das Heraustreten aus alltäglichen Raum-Zeit-Bezügen, durch Dimensionen der Überwältigung sowie Spannungen zwischen Macht- und Ohnmachtserfahrungen des Subjekts begründet sind.

Mayröckers radikal moderne Inspirationsästhetik zeichnet sich bereits in der frühen Lyrik durch einen in der Tradition Klopstocks und Hölderlins stehenden jubilatorischen „Modus der enthusiastisch-ergriffenen Rede" (Grizelj 2017, 52) aus. Eine „quasi religiöse[] Einstellung dem Wort gegenüber" (Wendt 2002, 196), häufig verbunden mit Metaphern dichterischer Ekstase

B. Thums (✉)
Johannes Gutenberg-Universität Mainz, Mainz, Deutschland
E-Mail: thums@uni-mainz.de

(vgl. Strigl 2009), gilt für alle Gattungen und Werkphasen. Titel wie „Pathos und Schwalbe" kündigen die entgrenzende Poetik des Ekstatischen programmatisch an; Phrasen wie „ich bin in der anstalt ich lasz mich selber im Stich" (AF 84) oder die Inszenierungen des Schreibens als „Schreib Hysterie" (GP V, 361) suggerieren die Nähe zu einer Sprache des Wahnsinns; und das transmediale Gattungshybrid ‚Proem' ist Austragungsort von Verwandlungen ekstatischer Wahrnehmungen in ein Konzept von Landschafts- als Sprachkunst (vgl. Thums 2024).

Vertikales Schreiben oder Unverfügbarkeit

Obsessives Thema dieser Poetik des Ekstatischen ist die Unverfügbarkeit künstlerischer Kreativität: Auf die „turbulente Lust des Worte-Erkennens, des Worte-Aufleuchtens, des Einfangens der Worte mit dem Schmetterlingsnetz der Inspiration" (MB 426) in der Nacht folgen am Morgen „Empfindungen harter Rationalität und Erstarrung", denen eine „keinerlei Annäherung oder Handhabung" mehr duldende Sprache korrespondiert, eine „unbewegliche Masse Materie", die „kein göttlicher Wirbel" mehr aufrührt und die „keine Spiritualität, keine Offenbarungen mehr" kennzeichnet (MB 426). Die Ambivalenz von Glücks- und Scheiternserfahrung, beispielhaft in *Scardanelli* im Ausgang von Hölderlinbezügen über die Kollision von Hymnischem und Elegischem (vgl. Siddu 2020) sowie über den plötzlichen Wechsel zwischen Affektsphären des Erhabenen und der Versagensangst realisiert, ist für die Poetik des Ekstatischen ebenso konstitutiv wie Szenen enthusiastischer Hingabe an den Ereignischarakter einer dem Subjekt unverfügbaren Sprache und ein dialogisches Konzept von Autorschaft, in dem die Inspiration des schreibenden Ich von einer hybriden Mann-Vogel-Figur kommt, die als „beseelende Instanz und Schutzgott der Schrift" (Strohmaier 2008, 48) inszeniert und metaphorisch mit der Hermes-Figur assoziiert ist.

Insbesondere Mayröckers Prosaarbeiten der späteren Werkphasen gestalten Wahrnehmungs- und Erzählströme, die im Rekurs auf die strukturelle Ambivalenz des Erhabenen und der Inspirationsästhetik Trauer, Glück, Melancholie und Erregung wechselseitig aufeinander beziehen. Sie entwickeln das Schreibkonzept einer „*Askese der Maßlosigkeit*" (GP III, 380), das mit einer Aufwertung der Ekstase, der Hysterie, des Häßlichen, Hinfälligen und Materiellen einhergeht. Im Zuge einer Analogisierung von corporalem Ich und Textkörper (vgl. Strohmaier 2008, 116–117) und einer vertikalen Ausrichtung des Schreibens werden die ekstatische Erregung im Liebesverlangen vom Begehren nach dem unendlichen Text und die „*Elevationen*" (GP II, 185) des körperlichen und textuellen Immer-leichter-Werdens ebenso ununterscheidbar wie das als zeitlos gefasste vertikale Schreiben mit den in der Zeit verorteten horizontalen Dimensionen des täglichen Lebens verschränkt ist. Erst die daraus resultierende raum-zeitliche Ordnung des ‚Zugleich' von Profanem und Religiösem ermöglicht die angestrebte Erhebung in den „*Ausnahmezustand*", den „Himmel" (SL 26) des Schreibens: In diesem Sinne koppelt *Und ich schüttelte einen Liebling* (2006) die Ästhetisierung der christlichen Figuraldeutung, d. h. das „Schreib- und Wahrnehmungskonzept eines intermedial organisierten ‚figuralen Kunst-Machens'" (Thums 2009, 179), an Gertrude Steins die sinnliche Wahrnehmung nobilitierende Auffassung von realistischem Erzählen. Exemplarisch für das Gesamtwerk ist der Prosaband außerdem für die Art und Weise, wie er die Etymologie des Begriffs ‚flor', die gleichermaßen eine Spur zu einem feinen durchsichtigen Gewebe wie zu einer Blüte legt, poetologisch fruchtbar macht und daraus eine Floriographie entwickelt, die Baudelaires Sprache der Blumen im Horizont von Derridas *Glas* fortschreibt (vgl. Thums 2017) und so die Poetik der Ekstase als ekstatische Blumensprache konzipiert.

Literatur

Grizelj, Mario: Friederikes Maria, Friederikes Jesus. Einige Ansichten zu Mayröckers früher Lyrik. In: Johann Georg Lughofer (Hg.): Friederike Mayröcker. Interpretationen. Kommentare. Didaktisierungen. Wien 2017, 43–55.

Kasper, Helga: Friederike Mayröckers „verwegenes Action-Writing". In: Gerhard Melzer/Stefan Schwar (Hg.): Friederike Mayröcker. Graz 1999, 47–64.

Kastberger Klaus: Punkt und Fläche. Friederike Mayröckers Prosa aus werkgeschichtlicher Sicht. In: Gerhard Melzer/Stefan Schwar (Hg.): Friederike Mayröcker. Graz/Wien 1999, 33–46.

Pries, Christine: Das Erhabene. Zwischen Grenzerfahrung und Größenwahn. Weinheim 1989.

Siddu, Stefania: Zur (Nicht-)Diskursivität in Scardanelli. Ein Versuch über Friederike Mayröckers Verhältnis zu Friedrich Hölderlin. In: Inge Arteel/Eleonore De Felip (Hg.): Fragen zum Lyrischen in Mayröckers Poesie. Stuttgart 2020, 157–179.

Snyder-Körber, MaryAnn: Das weiblich Erhabene. Sappho bis Baudelaire. München 2007.

Strigl, Daniela: Vom Rasen (Furor). Ein Versuch zu Friederike Mayröckers Affektpoetik. In: Alexandra Strohmaier (Hg.): Buchstabendelirien. Zur Literatur Friederike Mayröckers. Bielefeld 2009, 51–73.

Strohmaier, Alexandra: Logos, Leib und Tod. Studien zur Prosa Friederike Mayröckers. München 2008.

Thums, Barbara: Schreiben im „Ausnahmezustand": Friederike Mayröckers „Und ich schüttelte einen Liebling". In: Alexandra Strohmaier (Hg.): Buchstabendelirien. Zur Literatur Friederike Mayröckers. Bielefeld 2009, 177–194.

Thums, Barbara: fleurs. Friederike Mayröckers Blumensprache. In: literatur für leser 2 (2017), 101–115.

Thums, Barbara: Generische und mediale Transgression in Friederike Mayröckers Spätwerk. In: Beate Sommerfeld (Hg.): Dimensionen des Transgressiven in Friederike Mayröckers Spätwerk. Wiesbaden 2024. [in Vorbereitung]

Wendt, Doris: Mystik und Sprache in Friederike Mayröckers *Stilleben* und *brütt oder Die seufzenden Gärten*. In: Renate Kühn (Hg.): Friederike Mayröcker oder „das Innere des Sehens". Studien zu Lyrik, Hörspiel und Prosa. Bielefeld 2002, 191–210.

Engel

Barbara Thums

Engel stiften bei Friederike Mayröcker Beziehungen zwischen Himmlischem und Höllischem, Phänomenen des Körpers und des Geistes, des Materiellen und Spirituellen sowie zwischen menschlichen und mehr-als-menschlichen Entitäten. Sie agieren als Figuren des Jungfräulich-Reinen ebenso wie als gefallene Engel des Bösen und Schmutzigen. Ihre erstaunliche Präsenz und Konstanz, die sich in den einzelnen Werkphasen und unterschiedlichen Gattungen zeigt, fügt sich in ästhetische Experimente der literarischen Moderne, die auf den Transzendenzverlust und die abnehmende Glaubensgewissheit antworten: Die vielfältigen Aufgaben der traditionsreichen Vermittler zwischen den Ordnungen des Menschlichen und Göttlichen gehen weit über die religiöse Trostfunktion hinaus; als „Figur der Unterbrechung" und „mediales Störphänomen" wird der Engel in politischen, soziologischen, literarischen und ästhetischen Diskursen des Profanen zur sakralprofanen Reflexionsfigur (Zschunke 2022, 11).

Mayröckers Engel brechen etablierte Wahrnehmungs- und Sprachmuster auf und erinnern an die Verfahren der Verfremdung des russischen Formalismus. Als Verkünder, Schwellenkundler und audiovisuelles Medium vermitteln sie zwischen verschiedenen Realitätsebenen, ermöglichen Dialoge mit Verstorbenen und stiften intermediale Verbindungen zwischen Text, Bild, Musik und Poesie (vgl. Zschunke 2022, 122) und stehen in Diensten einer Ästhetik der Ekstase (vgl. Kap. 56).

Liebe, Sexualität, Erotik, Krankheit, Alter und Tod sind wiederkehrende, auf Formen prophetischen, inspirierten und mystischen Sprechens bezogene Themen von Mayröckers Texten, deren komplexe Verfahren der Intertextualität (vgl. Arteel/Müller 2002) und Intermedialität (vgl. Reumkens 2013) Zustände der Ekstase herbeiführen. Mayröckers Engel machen in diesen Kontexten in ihrem Vermögen, dem „Unsinnlichen eine sinnliche Anschauung zu geben" (Thums 2019, 208), die Analogie zwischen Engelsfigur und modernen Formen der Sprachbildlichkeit fruchtbar.

Kindheitsengel und Idylle Deinzendorf

Schon in einem der ersten Gedichte Mayröckers, dem 1947 in der Zeitschrift *Plan* veröffentlichten *Vision eines Kindes*, das in überarbeiteter Form unter dem Titel *Kindersommer* bekannt wurde, tritt der Engel in Erscheinung: „Erträumter einsamer blauer Engel", so lautet die erste Zeile (GG 22). Im Gedicht wird der Engel zur Erinnerungsfigur an die Deinzendorfer Kindheitsidylle, ist Medium der Vermittlung zu Sphären des Überirdischen und Quelle einer dichterischen Inspiration, die in der Körperlichkeit der kindlichen Wahrnehmung von Natur und Umwelt den Himmel entdeckt.

Der Engel ist damit konstitutiver Bestandteil des poetischen Komplexes, der sich um das „verlorene Paradies Deinzendorf" herum gebildet hat: Letzteres wird im Zuge einer variierend-wiederholenden Bezugnahme zur Chiffre für den Zusammenfall von Kindheit und Alter und zu einem Chronotopos, der die Verlusterfahrung „zu einem ästhetischen Erfahrungs- und Imaginationsraum" transformiert (Arteel 2014, 510). Deutlich macht dies auch der Prosatext *Ich saß dann da und starrte auf dieses Bild, die Erinnerung* (MB I, 83–87). Hier formieren Geburt, frühe Kindheit und Schreibanfang über die Bezugnahme auf die biblische Exoduserzählung und Apostelgeschichte sowie über den Vergleich des Neugeborenen mit einem zirpenden „Christvögelein" und dem „ENGELGOTTESKIND" (MB I, 85) einen Ursprungsmythos göttlich inspirierter Autorschaft. Mit dieser mythisierenden Selbstbegründung des Schreibens geht dessen vertikale Ausrichtung einher, die eine Vielfalt an Engelsfigurationen hervorbringt und sich in Hermes-Figuren, der Vogel- und Flugmetaphorik, den Verknüpfungen zwischen Körper- und Spracherotik, der Liebes- und Sprachmystik konkretisiert. Dass Ernst Jandl fundamentaler Bestandteil dieses poetischen Komplexes ist, bezeugt die ihm gewidmete Serie von A4-Blättern mit dem Titel *16 Schutzgeister für eine Reise* (1967): Anhand der graphisch dargestellten Engelsfiguren – größere, kleinere, dickere, dünnere, ernst, traurig und verschreckt dreinblickende von mehrheitlich kindlich-mädchenhafter Gestalt – werden unterschiedlichste leib-seelische Widerfahrnisse ins Bild gesetzt und mit einer entsprechenden *subscriptio* versehen (vgl. GP I, 315–322). In der Zusammenschau dieser emblematisch aufgebauten Bildserie erscheint der Mensch in eben jener Situation existentieller Verunsicherung, Verlorenheit und Einsamkeit, die den Engel als Schutzgeist gegen die Herausforderungen der Moderne allererst hervorgebracht hat.

Schreckliche Engel und Ambivalenz der Inspirationspoetik

Die großen Prosaarbeiten der 1980er- und 1990er-Jahre stellen das Prekäre aus, das diesem Modell inspirierter Autorschaft in der Moderne eingetragen ist und situieren den Engel als ambivalente Figur, die Beglückung und Gefährdung des künstlerischen Schaffens repräsentieren kann. Insofern Inszenierungen des Scheiterns und von Verlusterfahrungen Topoi des metaphysischen Exils aufrufen, ist der Bezug zu dem aufgrund seiner Unverfügbarkeit und unklaren Erscheinungsform als schrecklich bezeichneten Engel aus Rilkes *Duineser Elegien* gegeben. In *Die Abschiede* etwa hinterlässt *„der Engel zusammengefaltet an einem anderen Platz"* ein Ich, das die Erkenntnis, *„nicht mehr wissen zu können, wo er sich aufhielte und wie es ihm erginge"*, in die paradoxe Situation zwingt, „ohne Erlösung" bleiben zu müssen und es dennoch nicht zu vermögen, „AUF DAS SUCHEN NACH IHM ZU VERGESSEN /" (GP II, 127–128). Verbunden mit Vorstellungen von Tiefe und Schwere kann der gefiederte, „MIT EISERNER FITTICHHAUT ÜBERWACHSEN[E]" (GP II, 148) Engel zur Schreckens-Figur einer die Autorschaft insgesamt gefährdenden Inspirationspoetik werden. Der schreckliche, radikal im Diesseits agierende Engel, der die genuin moderne Ambivalenz von Selbsterhöhung und -erniedrigung des *poeta vates* figuriert, ist jedoch als Stifter von Verhältnisbeziehungen zwischen Inspiration, Traum, Intermedialität und -textualität auch eine positive Figur, wie die Prosaskizze *Giotto, Der Traum Joachims* (1995) verdeutlicht. Mit ihm als „Zwillingsfigur" (Arteel 2002, 66) des Protagonisten verbindet sich ein programmatisch unreines Schreiben: Die Elemente der Bildvorlage werden aus ihrem Kontext gelöst und zu neuen Sprachbildern zusammengefügt; die Beschreibung des Engelskörpers wird über eine Hybridisierung von Himmlischem, Irdischem und Höllischem vollzogen;

die mit dem Inspirationstopos verbundene Idee von Reinheit wird durch die narrative Verschmelzung der Farbmetaphorik von Rot und Weiß sowie durch Körper- und Sprachbilder der Gewalt beschmutzt; und die Botschaften des Engels sind als Übersetzungen fremder Rede und Bilder Botschaften der Unentschiedenheit, Ungewissheit und Unbeständigkeit (vgl. Thums 2019, 220). Insgesamt lässt sich festhalten, dass der schreckliche, die moderne Ambivalenz von Selbsterhöhung und -erniedrigung des *poeta vates* sowie die Verflechtung des Schönen und Hässlichen figurierende Engel in Mayröckers Texten zwar kein Botschafter der göttlichen Offenbarung mehr ist, aber etwa in *brütt oder Die seufzenden Gärten* (1998) als „die Verheißung" (GP V, 92) Flüsternder Glück und Trost spenden kann: Dann erscheint er im „Schreib-Himmelreich" (GP V, 94) im Gewand von Buchstaben – „die Engel fielen mit Fallschirmen aus der Schreibtischlampe [...], es regnete winzige Engel" (GP V, 81) –, deren schmutzige Materialität sich in „schwarze Lettern [...], Worte, Sätze und zauberhafte Blöcke von Fuchsien Sprache" (GP V, 82) verwandelt. Oder er verschmilzt ikonographisch – wie im Gedicht *vom Küssen der Jungfrau im Schnee im Rosengebüsch, nach Martin Schongauers „La Vierge au buisson de roses" 1473 Detail* (U 21) – mit einer von der Erbsünde befreiten Paradiesschlange und ist in einem Vogel-Paradiesgarten zu Hause, den das „allwohnend von Engeln" umgebene Ich als Raum der Geborgenheit erfährt (De Felip 2021, 36).

Literatur

Arteel, Inge: „Faltsache" – Subjektwerdung in Friederike Mayröckers „Magischen Blättern". In: Dies./Heidy Margrit Müller (Hg.): Rupfen in fremden Gärten. Intertextualität im Schreiben Friederike Mayröckers. Bielefeld 2002, 57–69.
Arteel, Inge: Biographie einer Biographielosen. In: Études germaniques 4 (2014), 505–516.
De Felip, Eleonore: Metaphern gegen den Tod. Friederike Mayröckers ekstatische Trauergedichte. In: Gianna Zocco (Hg.): XXI. Congress of the ICLA – Proceedings. Bd. 4: The Rhetoric of Topics and Forms. Berlin/Boston 2021, 29–39.
Reumkens, Noël: Kunst, Künstler, Konzept und Kontext. Intermediale und andersartige Bezugnahmen auf Visuell-Künstlerisches in der Lyrik Mayröckers, Klings, Grünbeins und Draesners. Würzburg 2013.
Thums, Barbara: Engelsfigurationen in der Literatur der Moderne. In: Olivia Kobiela/Lena Zschunke (Hg.): Himmlisch, irdisch, höllisch. Würzburg 2019, 207–223.
Zschunke, Lena: Der Engel in der Moderne. Eine Figur zwischen Exilgegenwart und Zukunftsvision. Berlin/Boston 2022.

Fenster

Aurélie Le Née

Das Fenster stellt von Anfang an ein zentrales, von der Textgattung unabhängiges Motiv in Friederike Mayröckers Schaffen dar – vgl. z. B. das Gedicht *an meinem Morgenfenster* vom 18.08.1946 (GG 9) – und bleibt es bis zum Ende: Es erscheint noch im Titel ihres letzten Werks *da ich morgens und moosgrün. Ans Fenster trete* (2020). Im Gedichtband *Tod durch Musen* (1966), der als Kritik an der damaligen Gesellschaft in Österreich und deren konservativer Literaturauffassung gelesen werden kann, rekurriert die Dichterin zwar eher selten auf das Fenstermotiv. Sofern das Wort „Fenster" in diesem Band vorkommt, steht es in einer Konstellation, die eine Opposition zur Außenwelt andeutet: z. B. „Meine Fenster sind verhängt [/] mit Lanzen", „frierend vor Fenster", „die fensterlosen Ruinen" (GG 26, 148, 199). Spätestens seit den 1980er-Jahren aber durchziehen Formulierungen wie „das offene Fenster", „das geöffnete Fenster", „im Fenster vis-à-vis", „am Fenster lehnend", „vom Fenster aus" Mayröckers Werk und suggerieren eine Öffnung zur Außenwelt. Auch die metaphorische Personifizierung des Fensters – z. B. das „Fensterverbluten im Westen" (GP III, 269, 428)

in *mein Herz mein Zimmer mein Name* (1988) oder „aus blutendem Fenster", „im blutenden Fenster", „das Fenster weint und schreit" in *dieses Jäckchen (nämlich) des Vogel Greif* (JVG 7, 21, 49, 109) – signalisiert die Bedeutung, welche die Dichterin dem Fenster zuweist.

Das Ich am Fenster

In vielen Texten greift die Dichterin auf das in der Literatur und bildenden Kunst immer wiederkehrende Motiv des Ich am Fenster zurück: „Ich saß gewöhnlich am Fenster, blickte von da auf die Straße", wiederholt das Ich zweimal gegen Ende von *Reise durch die Nacht* (GP II, 459). Am Anfang und am Ende von *mein Herz mein Zimmer mein Name* ist ebenfalls die Rede von einem am Fenster sitzenden Ich: „meist sitze ich vor der Clivia, am offenen Fenster, meist sitze ich vor der Clivia und blicke hinaus, von dem aufgeschlagenen Buch in meinem Schoß auf und hinaus", *„in einem Stuhl allein vor dem Fenster und blickend, hinaus in den glühenden Morgen."* (GP III, 269–270, 518). Dadurch wird die kontemplative Haltung des Ich hervorgehoben. Sie erinnert an die Selbstbezeichnung der Autorin als „Augenmensch" (GP III, 186). Das offene Fenster deutet das Eindringen der Außenwelt in die Privatsphäre an, eine Berührung, der das Ich wohlwollend oder ablehnend begegnet, etwa in

A. Le Née (✉)
Université de Strasbourg, Strasbourg, Frankreich
E-Mail: lenee@unistra.fr

brütt oder Die seufzenden Gärten (vgl. GP V, 64) oder *mein Herz mein Zimmer mein Name* (vgl. GP III, 249, 267, 279, 307–308, 327, 331). Die Außenwelt, die durch das Fenster wahrgenommen wird, besteht aus der unmittelbaren materiellen Umgebung des Ich, z. B. „im Fenster vis à vis die gelbe Kanne", „im vis à vis Fenster die feuerrote [/] Kanne", „Gieszkanne im [/] Fenster" (JVG 115, 131, 137), aber auch sehr oft aus lebenden Entitäten wie Vögeln (vgl. z. B. GG 504, 618, 664, 684, 714; JVG 50, 114, 142, 167, 190; MMF 39, 117, 119) oder Pflanzen (vgl. z. B. GG 494, 522, 523, 562, 569, 647, 651, 668; JVG 101, 102, 111). Des Weiteren begünstigt das Fenster das Erinnern und wird mit Melancholie assoziiert (vgl. JVG 105, 169; ET 157, 162). Das Fenster schafft ebenfalls einen Raum für Kommunikation mit abwesenden, gar höheren Instanzen, so zum Beispiel mit dem verstorbenen Dichter Hölderlin/Scardanelli und dessen Werk (vgl. SC 7, 12), dem „Schatten" (JVG 53) eines Verstorbenen oder „dem Heiligenschein" (JVG 133) einer heiligen Inspirationskraft.

Fenster als Rahmen

Das Fenster fungiert auch als Rahmen (vgl. z. B. JVG 35), der manchmal, durch einen Vergleich mit der bildenden Kunst, die Außenwelt als Kunstwerk errichtet, wie z. B. am Ende des Gedichts vom 20.03.1999, wo es heißt: „Vor meinem Fenster der Spätnachmittagshimmel: [/] 1 Turner Bildnis mit Wolken und Meer." (GG 665), oder am Anfang des Textabschnitts „*die 4 Lebensalter (inmitten Vogelnatur)*: nach Stefan Fabi:": „am Morgen sah ich im Fenster paar Aquarelle v.Wolken welche ich, anfassen wollte" (MMF 129). Nicht von ungefähr erwähnt Mayröcker in ihren Texten oft Maler wie Matisse oder Magritte, in deren Werken das Fenster ebenfalls ein zentrales Motiv bildet. Neben der Ästhetisierung des Wahrgenommenen betont das Fenster als Rahmen auch die fragmentarische Qualität der Wahrnehmung der Außenwelt, was Mayröckers Poetik des Fragments entspricht: Am „Fenster hat das Ich keinen Zugang zur Totalität" (Reitani 1996, 55).

Fenster und Schreiben

Ein weiteres Merkmal des Fensters ist dessen Verbindung mit dem Schreiben und der dichterischen Kreativität. Die Fensterscheiben können als Seiten interpretiert werden, z. B. im Gedicht mit der Anfangszeile „Velázquez *diese Schaafe*, der offizielle Ozean ‚Rubin […]'" aus *Scardanelli*, wo die Fensterscheiben als Leinwand mit „aufgemalten Rosen" ästhetisiert werden. Sie metaphorisieren die Traurigkeit des Ich: „mit Morgentränen aufgemalten Rosen auf den Fensterscheiben ich [/] weine viel" (SC 15). In *dieses Jäckchen (nämlich) des Vogel Greif* wird die Verbindung von Fenster und Tränen explizit mit dem Buch und Schreiben assoziiert, insbesondere durch das semantische Echo zwischen „geweint" und „Tränen": „Habe 1 Buch gelesen habe 1 Buch geweint, die [/] Menschen Tränen am Fenster" (JVG 335). Das Fenster wird zum Ausgangspunkt neuer Formulierungen, die neue poetische Bilder wachrufen, wie in *brütt oder Die seufzenden Gärten*: „ach schreibe ich an Joseph, du wirst es nicht glauben, aber wir installieren schon das OSTER BÜRO, kultiviere lauter so Fenster Gedanken, ohne zu wissen, was ich damit meinen könnte" (GP V, 168–169). Die Dichterin schafft einen neuen Ausdruck, der kein Kompositum ist, sondern auf der Aneinanderreihung von zwei Wörtern beruht (hier „Fenster" und „Gedanken"). Als weitere Beispiele der Verbindungen mit dem Wort „Fenster" seien hier das „Pelargonien Fenster" (GG 706) oder das „Strauszen Fenster" (JVG 70, 85) zitiert. In *études* (2013) findet sich außerdem die Formulierung „des umbuschten Fensters" (ET 138), die als Verdichtung des Bildes „vor [/] dem Fenster der gewaltige Busch" und „der gewaltige Busch vor dem Fenster" erscheint, das in *dieses Jäckchen (nämlich) des Vogel Greif* mehrfach wiederholt wird (JVG 85, 102, 341).

Rezeption

Analysen des Fenstermotivs sind in der Sekundärliteratur zu Mayröckers Werk eher selten. In seinem Beitrag über Gedichte aus *Das besessene Alter* thematisiert Luigi Reitani kurz das Fenstermotiv in Verbindung mit dem Auge und dem Fragment (vgl. Reitani 1996, 54–55). Edith Anna Kunz ihrerseits kommentiert das Gedicht *als ob schielend am Fenster*, ebenfalls aus dem Gedichtband *Das besessene Alter*: Die Fensterblicke werden als verschiedene Perspektiven zur Welt interpretiert und das Schielen als poetisches Prinzip (vgl. Kunz 2017). In ihrem Beitrag über das Idyllische in *Scardanelli* interessiert sich Barbara Thums für Mayröckers Gedichte in Anlehnung an Hölderlins Fenstergedichte (vgl. Thums 2020).

Literatur

Kunz, Edith Anna: Poetisches Schielen: Fensterblicke. In: Johann Georg Lughofer (Hg.): Friederike Mayröcker. Interpretationen. Kommentare. Didaktisierungen. Wien 2017, 81–89.

Reitani, Luigi: Verwandlungen und Fragmente. Zur späten Lyrik Friederike Mayröckers. In: Klaus Kastberger/Wendelin Schmidt-Dengler (Hg.): In Böen wechselt mein Sinn. Zu Friederike Mayröckers Literatur. Wien 1996, 53–68.

Thums, Barbara: „und immer noch voll Sehnsucht". Figurationen des Idyllischen in Friederike Mayröckers *Scardanelli*. In: Inge Arteel/Eleonore De Felip (Hg.): Fragen zum Lyrischen in Friederike Mayröckers Poesie. Stuttgart 2020, 137–156.

Kindheit

Elisabeth von Samsonow

In Friederike Mayröckers Schreiben spielt ihre eigene Kindheit eine zentrale Rolle (s. auch Kap. 3), immer wieder nimmt sie Bezug auf Jahre im Weinviertler Deinzendorf, denen sie eine dauerhaft nachwirkende und zugleich immer wieder wie von Neuem ihre Empfindungen organisierende Kraft zugesteht. Sie schreibt also aus einer Position des sich fortwährend aus der Kindheit regenerierenden Subjekts (vgl. dazu Samsonow 2009, 42–49), was sich an einer Reihe von Merkmalen ihres Schreibens überprüfen lässt, die das Werk durchziehen. Dazu gehört der wie auf ‚schwebend‘, vorläufig und unfertig gestimmte Ton der Wahrnehmung und eine Art von Weltferne, die das Programm des Kindes ist, das sich entzieht, während es sich selbst belauscht. Die Medialität der Autorin, die als *hypersensitivity* und medienbezogene Operation (neben der Schreibmaschinenschrift spielen etwa Grammophon und Telephon eine Rolle) zu verstehen ist, definiert sie als moderne ‚Online‘-Figur, eine alles beobachtende ‚eingebettete Journalistin‘. Die *écriture* als medial gestützte Prophetie ist weniger weiblich als tatsächlich mädchenhaft, sofern selbst das Weibliche in Richtung Kindheit abgezogen oder zurückbleibend wirkt. Die Gesprächspartner in dieser kindheitlichen, ewigen Mädchenwelt sind Wesen, die nicht zum menschlichen Feld gehören. Bäume und Blumen vollenden in Mayröckers Texten die Fixierung auf eine merkwürdige Juvenilität, auf das Mädchen-Sein, das kaum bessere Komplizen hat als diese mit sprechenden Namen bedachten und doch rätselhaft bleibenden Mitbewohner der Erde.

Das Blumenmädchen

Die Pflanzennamen oder auch ‚die Blumen' bilden eine Art roter Faden, der sich durch das gesamte Werk der Dichterin zieht (s. dazu auch Kap. 54), wobei sich über die Jahrzehnte weniger deren poetologische Funktion als vielmehr die affektive Tonlage ändert. Die Engführung von Subjektebenen und Pflanzen- oder Blumenpräsenz wird im sogenannten Spätwerk deutlicher, wobei bestimmte Blumen wie eine Art Codewort eingesetzt werden, oft hingeschmettert, oder wie eine ‚Parfümierung' des Textes eingesetzt. In Kontrast zum Befund, den Claude Lévi-Strauss in der Einleitung zu seinem Klassiker *Das wilde Denken* vorträgt (vgl. Lévi-Strauss [1962] 1968, 11–48), dass nämlich das wilde Denken über eine große Menge von Unterschieden und Kenntnissen der Unterschiede verfügt, das zivilisierte Denken hingegen höchstens Tulpen von Rosen oder Gänseblümchen unterscheiden kann, bietet Mayröcker

E. von Samsonow (✉)
Akademie der bildenden Künste, Wien, Österreich
E-Mail: e.samsonow@akbild.ac.at

ein ausgefaltetes oder ausgefeiltes Linné'sches System auf, alle möglichen Blumenbegriffe von Astern bis Zyklamen, wobei, wie sich sofort wahrnehmen lässt, die besonders klangvollen Namen den Vorzug haben.

Eine radikale Einsicht zu Mayröckers gegenüber der Romantik und Neuromantik erheblich verschobenen Ansatz liefert das kurze, sentenzhafte Gedicht *Das Blumenmuster*, vermutlich aus dem Jahr 1957 oder 1958. Der in diesen Jahren ansonsten noch der poetologischen historischen Norm des Blumeneinsatzes mehr oder weniger verpflichtet wirkenden lyrischen Produktion wird in diesem Gedicht ein bedeutend wilderer Ton entgegengesetzt, der unmittelbar klarstellt, dass eine Reformulierung der Poetologie des Blumenzitats im Gange ist: „*Das Blumenmuster* [//] der Königin [/] ging gleichzeitig [/] auf ihre beiden Kinder [/] (Prinz und Prinzessin) [/] über"(GG 70).

Was sich entlang des erwähnten roten Fadens der blumengesteuerten oder -durchtränkten Lyrik ereignet, ist die Einbettung der Blumennamen in einen konstruktivistischen Sprachgestus, die keinen Zweifel daran lässt, dass hier kein Volksliedchen gesungen wird. Das Aufeinanderprallen der Temperaturen, also der ‚Coolness' des Vortrags, den Mayröcker bei ihrem legendären Auftritt mit Ernst Jandl und H. C. Artmann im Literarischen Colloquium Berlin 1967 hingelegt hat, und die bereits doch im Wärmeanspruch einen *haut-goût* verbreitende Blumensprache lassen die neue Strategie im Botanischen als im Zweifel oder verzweifelt unternommenen Rettungsversuch erkennen. Was aber wird gerettet? Gerettet wird der lyrische Kern, der mit der Natur einen allerersten Pakt unterhält. Die Blumen nämlich säumen den Brunnen der Kindheit, die keine retrospektive Verklärung braucht, sondern als Kernreaktor der poetischen Energie in Anspruch genommen wird: „hatte er Bebop geliebt, I Stockhausen Himmel Ströme von Tränen [/] Veilchen Wacholder" (JVG 220). Man könnte an Pipilotti Rists berühmtes Video denken, in welchem sie im Kleidchen, eine riesige Blume in der Hand, so beiläufig die Straße entlang schlendert, bis sie ausholt, und diese Blume wie eine Herkuleskeule einsetzend die Windschutzscheiben der parkenden Autos einschlägt, eine Devastation erzeugend, die verrückt und unerwartet ist. Das große Missverständnis, welches darin bestand, dem weiblichen Subjekt die Blümchen als Ausdruck seiner Depotenzierung zuzuordnen, also das Blumenhafte, ‚fleur' und die ‚Umflorung' mit dem ‚schwachen Geschlecht' gleichzusetzen, wird in solcher Aktion klargestellt. Die Blumen werden zu Partnerinnen in einem Spiel, welches zwar die integrale Sicherung der zarten Empfindung einerseits, aber auch die obszöne Präsenz andererseits einzuschließen vermag, da ja die ‚Blümchen', sofern Blüten im Spiel sind, nichts weniger als die weit offen dargebotenen Geschlechtsteile der Pflanze sind. In dieser neuen Wendung bilden die Blumen die zwar nach wie vor dem weiblichen Subjekt hoheitlich angehörenden Insignien, jedoch wird ihr Sinn anders angelegt. Sie sind nicht mehr Zeichen eines Mangels, nämlich des Mangels an Aggression, Dominanz oder Realität, sondern verkörpern eine neue, weiblich konnotierte, genauer: mädchenhafte Potenz, die ihre Komplizen *woanders* weiß und diese, sofern sie logisch immer auch aus der Zeit gefallen sind, manchmal so unheimlich in Szene setzt wie Gesichter der Stiefmütterchen.

Während die frühen Gedichte, wie erwähnt, trotz der Einschaltung von *Das Blumenmuster* von 1957 einen ansatzweise konventionellen lyrischen Plan für den Blumeneinsatz präsentieren, ändert sich das also im Laufe der Jahrzehnte bei Mayröcker. Wenn es beispielsweise in *Frühling* (1947) heißt: „Du bist eine leise [/] Blume über dem Weg" (GG 20), oder in *In Schwarz* (1947): „Der Engel wird mich verlassen. [/] Er schlägt mir schon Wunden. [/] Sie brechen auf wie Rosen" (GG 21), die Sache noch ganz einfach und irgendwie erwartet klingt, hört sich das etwa in *in einer engeren Familie* (1981) bereits ganz anders an: „mehrere dunkle glatthaarige weiche [/] Welpen mit lichten Augen, auf ebenem [/] Feld, und bei Regen, Rittersporn [/] in die Blumenpresse getan, regsam [/] die grauen Zähne, dann [//] schaukelt die Sonne, *Arme und Seelen, jahrelang*" (GG 410). Die Einschleusung von *botanicals* in die Rede macht diese zusehends kühner und uneindeutiger, die Erinnerung an die zahmen Tage der Blumen verlischt im Gewitter von Wortkombinationen. Dass die Dichtung selbst ein ‚Aufblühen' sein soll oder kann, dass das Bild der sich formenden Blüte, also der Knospe, ebenso wie das Bild der fallenden Blätter (vgl. dazu JVG 275), zentrales Moment der poetischen Expression ist, wird im Fortgang der Jahre stärker akzentuiert.

Deinzendorf: Der Ort des ewigen Kindes

In den Texten, die die Hagiographisierung der Kindheit der Dichterin in Deinzendorf im niederösterreichischen Weinviertel zum Inhalt haben, wird meistens eine synästhetische Empfindung des Ortes, der Stimmung, die Gerüche und Temperaturen einschließt, beschworen, für die eine Blume – etwa der Fliederbusch (vgl. JVG 283) im Hof der Großmutter, aber auch Robinien und Mimosen (vgl. SL 178) – eine Zeugenfunktion oder atmosphärische Verankerung zu tragen hat. Es kann also einerseits eine ganz direkte, durch Erinnerung gedeckte Verbindung zur Natur herangezogen werden, um Mayröckers Blumenfuror zu erklären, andererseits muss gerade an dieser Stelle nachgebohrt werden, um die poetologische Operation, die die Blumen weit über die bloße Naturbeschreibung hinaus in Stellung bringen, zu erfassen. Die Blumenbegriffe werden von Mayröcker, wie man sehen wird, wie Eigennamen eingesetzt, als ob sie eine Person bedeuteten, also jenseits der unmittelbaren Verweisfunktion auf die ‚echte' Blume. An diesen obstinat wiederholten Begriffen hängt wahrscheinlich die Adjustierung des Affektniveaus und der Subjektivierung, nämlich tatsächlich an den Blumen, die ihrerseits durch ein Spiel von Präsenz und Entzug den Grad der Regression regeln. Die Regression markiert hier einen intensiven Vektor, der eine Dauerverbindung mit frühen Erlebnissen anpeilt.

Die Kurzschließung von Dichtung und Pflanzennamen oder Gegenwart der Pflanzen ist bereits einmal im frühen Mittelalter auf eine ähnliche Weise vorgenommen worden.

In seiner legendären Studie *Die Weiße Göttin* schreibt Ranke-Graves, dass man sich vorstellen müsse, wie die gesamte Entwicklung der europäischen Poesie in den irischen Dichterschulen ihren Ausgang in der Unterweisung genommen hat, die die Bäume den Dichtern gaben. Das Schreiben sei in diesem Fall den Menschen von den Bäumen oder Pflanzen gelehrt worden, die ihnen auch die nicht umsonst nach der Buche benannten Buchstaben geschenkt hatten (vgl. Ranke-Graves 1980, 42). Diese Stiftung der Schrift durch die Bäume erzählt die Geschichte des Platznehmens von Pflanzen im Text *à rebours*, also in umgekehrter Richtung, sodass man denken kann, die Menschen hätten sich in den von den Pflanzen bzw. Bäumen gegründeten Texträumen eingenistet. Die zirkuläre Struktur dieser Vorstellung verhindert die Schließung der menschlichen Selbstunterhaltung als solipsistisches Projekt. Selbst wenn Mayröcker in ihren ihr Schreiben erläuternden Schriften eine solche Beziehung nicht referiert, so könnte doch, falls man sie, was sie verdient, in die ganz große Geschichte der Dichtung eingehen lassen möchte, ein solcher Hintergrund dem Verständnis ihrer Texte dienlich sein. Zumal, wie Ranke-Graves unterstreicht, die Hintergrundstrahlung der baumalphabetischen Dichtung der Iren die Göttin ist, ein in vielfältigster Form als Natur erscheinendes Numen, welches Eros und Furor in das Herz der Poetinnen und Poeten pflanzt (vgl. dazu insbes. Ranke-Graves 1980, 190–239). Die konstitutive Sehnsuchtsgeste der Dichtung bezieht sich auf ein ‚fremdes Arkadien', dessen buchstäbliche Auswirkungen in die Texte wie Übertragungen eingehen.

Deinzendorf, der Ort der Kindheit, also „D." und der ominöse Fliederbaum, der in Bezug auf das Blumenalphabet den Cantus firmus singt, also präsent bleibt bis in die letzten Texte der Dichterin, wäre demnach selbst ein Code, nämlich das Zeichen für eine Erinnerung, die für eine Erinnerung steht. Aus dieser doppelten Erinnerung, die dann Urgrund und Quelle ist, Raum der Mnemosyne als Musenmutter, steigt die Inspiration, die Zuflüsterung auf. Der Pakt ist unverbrüchlich, und er trägt die wechselnden Ladungen der immer neu auf- und abgestuften

Blumennamen. Mayröckers Trilogie *études* (2013), *cahier* (2014) und *fleurs* (2016) wird logisch beschlossen mit dem Referenzsubjekt Blumen, wobei, wie der Klappentext von *fleurs* anmerkt, man nicht der falschen Spur vertrauen und sich auf „Frühling […], laue Lüfte und flatternde Bänder" (FL o. S.) freuen soll, sondern sich bereit machen für steiniges und steiles Gelände. In der Tat ist die Blumensprache Mayröckers in diesem Text in ein Stadium der leichthändigen Verwebung mit den Atmosphären, Tönen und Affekten getreten, so als seien die Blumen Adjektive oder Charaktere, die komprimiert auf Gefühle zeigen und sie transportieren.

Trotz dieser poetologischen Wendung im Blumeneinsatz, trotz der universalen Arbeit an der Dichtung, die alles transformiert in eine Wahrhaftigkeit der Augenblicke, hat also Mayröckers Dichtung auch etwas Ökologisches, umkreist ein ökologisches Zentrum, von wo aus Welt gewonnen und regeneriert wird. Ihre Verbundenheit mit dem Nicht-Menschlichen, Vor- oder Posthumanen, mit Landschaft, Wald und Gewächs, mit Fluss und Luft, verleiht ihren Texten einen Ton von Weltliebe, Weltpassion, Weltaufzeichnung, macht sie zur Prophetie des Mädchens.

Literatur

Lévi-Strauss, Claude: Das wilde Denken [frz. 1962]. Übers. von Hans Naumann. Frankfurt a. M. 1968.

Ranke-Graves, Robert von: Die Weiße Göttin. Sprache des Mythos. Reinbek bei Hamburg 1980.

Samsonow, Elisabeth von: „Dies Ganze muß selig werden": Zu Friederike Mayröckers Bedeutung in der Gegenwart. In: Alexandra Strohmaier (Hg.): Buchstabendelirien. Zur Literatur Friederike Mayröckers. Bielefeld 2009, 33–49.

Körper

Mandy Dröscher-Teille

Friederike Mayröckers Auseinandersetzung mit dem Körper zeigt sich in drei Facetten: a) der Verschmelzung von Körper und Schrift, b) der Manifestation und Auflösung des Leib-Seele-Dualismus und c) der Hinwendung zur Negativität des (weiblichen) Körpers.

Verschmelzung von Körper und Schrift

Mayröckers Texte sind autofiktional, insofern die Protagonistinnen eng mit dem Leben der textexternen Autorin verbunden und somit schreibende Subjekte sind, die jedoch diese Verbindung immer wieder unterlaufen (vgl. Strohmaier 2008, 18–20). Das die Grenzen der Fiktion transgredierende Schreiben der Figuren ist kein konventionelles, sondern ergreift dynamisch-fordernd Besitz von der Figur, deren Körper vom Schreiben (ebenso wie von der Lektüre der Schriften anderer) bestimmt ist. Es handelt sich somit um einen dezidiert körperlichen Vorgang, einen „*Körperwahn*", „ja so ähnlich körperlich geht das dann zu" (GP III, 207,

M. Dröscher-Teille (✉)
Leibniz Universität Hannover, Hannover, Deutschland
E-Mail: mandy.droescher-teille@germanistik.uni-hannover.de

206). Der Körper der Figuren, so lässt sich argumentieren, „beschriftet" (Kastberger 1993, 301) sich selbst: „Ihre Kleidung aus Sprache trägt die Schreibende direkt am Körper, ja mehr noch: diese Kleidung scheint mit dem Autorenkörper irgendwie verwachsen zu sein." (Kastberger 1999, 43) In Mayröckers Texten ist die Sprache kein „steriles Material" (Kastberger 1999, 42), sondern etwas „Organhaftes" (GP II, 27; vgl. Strohmaier 2009, 132–136), das anstelle einer linearen Handlung in den Vordergrund tritt. Die Performativität der Prosa Mayröckers liegt in der Überkreuzung von Körper(lichkeit) und Text(ualität). Das schreibende Ich schreibt seine Körperzeichen in den Text ein (es entsteht ein Körpertext als Resultat der „Verschriftlichung des Körpers", Strohmaier 2009, 132). Der Körper wiederum mutiert zum Text(körper) als Resultat der „Verkörperung der Schrift" (Strohmaier 2009, 132). Teil dieser Konstruktion ist auch der Autorinnen-Körper, insofern Mayröcker in Interviews vielfach betont, dass das „intensive[] Schreiben" von Prosa „ein ganz körperlicher Ablauf", eine „Körperhaltung" sei (Sperl 1999, 16, 13): „Ich fühle die Prosa mit dem Körper." (Oliver 2009, 69) Ebenso wie es das autofiktionale Subjekt in den *Magischen Blättern II* formuliert, arbeitet auch Mayröcker „[s]chreibhaft wie leibhaft" (GP III, 127), wobei die in ihrer Wohnung aufgenommenen Photographien die Autorin zwar stets nahezu ins Zentrum des Raumes stellen, sie gleichzeitig aber als umringt von beschrifteten Zetteln und Büchern zeigen, zwischen denen der menschliche Körper zugunsten eines „Schrift-Körper[s]" (Ringler-Pascu 2009, 412) zu verschwinden scheint.

Manifestation und Auflösung des Leib-Seele-Dualismus

Die vielfachen Betonungen körperlicher Vorgänge, das „*Körpergetös*", die „magische Körperforschung" und die „Körpergedanke[n]" (GP IV, 50, 56, 95), gehen einher mit einem „ostentative[n] Gebrauch des veralteten Begriffs ‚Seele'" (Thums 1999, 66). Mayröckers Texte lassen sich „als Durchschreitung des Diskurses um den Leib-Seele-Dualismus im 18. Jahrhundert" (Thums 1999, 66; vgl. auch Thums 2002, 89) deuten.

Dass körperliche und seelische Vorgänge in Mayröckers Texten eng miteinander verbunden sind, zeigt sich besonders deutlich in *Stilleben* (1991). Dort heißt es mehrfach, dass das Schreiben ein „Fallen in diesen *durchgepausten Zustand*, zwischen Seele und Leib" (GP IV, 95, vgl. auch 63) sei. Die „Geistesfiguren" (GP IV, 97) entstehen aus einer körperlichen „Erotik" (GP IV, 99) beim Schreiben, die die sich zudem abzeichnende Tendenz, den Körper – als „Gegenstand der Sorge um sich" und „poröse Wahrnehmungsfläche" (Thums 1999, 66) – zugunsten einer geistigen Existenz überwinden zu wollen (vgl. auch Hayer 2015, 481), relativiert. Es geht gleichermaßen um eine aufsteigende Bewegung wie auch um ein Fallen, wobei der ‚durchgepauste Zustand' auf die sich auflösende Körperoberfläche verweist.

Die in *mein Herz mein Zimmer mein Name* (1988) formulierte Vorgehensweise einer „Askese der Maßlosigkeit" (GP III, 380) beschreibt wiederum einen körperlichen Verzicht zugunsten eines Changierens zwischen maßloser ‚Geistigkeit' und maßlos körperlicher Schreibarbeit (vgl. Thums 1999, 67). Die „Sehnsucht nach Entkörperung" (Arteel 2012, 104) kann auch in *brütt oder Die seufzenden Gärten* (1998) anhand verschiedener Motive nachgewiesen werden. Dort transformiert sich der alternde in einen „durchsichtige[n] Körper" (GP V, 83), der von Engeln bzw. engelshaften Erscheinungen begleitet wird. Diese sind jedoch, wie Arteel (2012, 111) herausarbeitet, „desakralisiert[]" und durch eine „artifizielle Körperlichkeit" ausgezeichnet, sodass die materielle Welt als Movens des Schreibens ebenso bedeutsam erscheint wie der von Mayröcker hervorgehobene körperlose Geist: „ich lebte beinahe nur noch in meinem Körper, von daher ließ sich immerhin noch das meiste bestimmen, ausrichten, ablesen, enträtseln." (GP V, 68)

Hinwendung zur Negativität des (weiblichen) Körpers

An *mein Herz mein Zimmer mein Name* lässt sich eine „Veränderung" (Kastberger 2001, 706) im Schreiben Mayröckers ausmachen, das seine Dynamik im Folgenden immer weniger aus positiv konnotierten Körperempfindungen generiert, sondern vielmehr aus einer verstärkten Hinwendung zur Negativität des Körpers: „Plötzlich beginnt es an vielen Stellen heftig und gleichzeitig zu bluten […]. […] Ein Schreiben ohne Zerfleischung ist für die Schreibende nicht mehr denkbar." (Kastberger 2001, 706) Körper und Schrift stehen nunmehr in einer mit Kontrollverlust einhergehenden destruktiven, zerstörerischen Beziehung zueinander, aus der allerdings wiederum ein ‚maßloses', ekstatisches Schreiben hervorgeht. Die negativen körperlichen Erfahrungen sind dabei aber nicht als textintern „real" zu verstehen, sondern als „körperliche Wahrnehmung", die mithilfe von Metaphern und „Imagination[en]" des Negativen erzeugt wird (Kyora 2004, 442). Die Körperlichkeit der Mayröcker'schen Texte erscheint somit als „Knotenpunkt zwischen Konkretheit und Metaphorik" (Kyora 2004, 444).

Mit der Negativität des Körpers wird auch eine gendersensible Seite der Texte Mayröckers sichtbar (vgl. Strohmaier 2008, 10, 13, 24 u. a.; vgl. auch Dröscher-Teille 2021, 215–219), wobei die „zitierten und vom schreibenden Subjekt angeeigneten körperlichen Normen von den Konstruktionen des hysterischen Körpers bestimmt sind, die in den Texten auf interdiskursive Weise verhandelt werden." (Strohmaier 2008, 82) Die Motivik des Körpers in Mayröckers Poetik ist insgesamt mehrdeutig: Die Figuren wollen ihre Körperlichkeit überwinden, fallen aber doch wieder auf sie zurück, erkennen den Körper als Movens ihres Schreibens sowie Medium der Erkenntnis, die einerseits durch Ekstase und Selbstübersteigerung, andererseits aber im Schmerz und in der Verwundung generiert wird.

Literatur

Arteel, Inge: Nichtmenschliche Körperfigurationen in *brütt oder Die seufzenden Gärten*. In: Françoise Lartillot/Aurélie Le Née/Alfred Pfabigan (Hg.): „Einzelteilchen aller Menschengehirne". Subjekt und Subjektivität in Friederike Mayröckers (Spät-)Werk. Bielefeld 2012, 97–114.

Dröscher-Teille, Mandy: Negativität und Differenz. Friederike Mayröckers essayistische Meta-Prosa-Fläche *mein Herz mein Zimmer mein Name* (1988) – mit Seitenblicken auf Bachmann und Jelinek. In: Sina Dell'Anno et al. (Hg.): Prosa: Theorie, Exegese, Geschichte. Berlin/Boston 2021, 197–223.

Hayer, Björn: Die Physis des Hybriden. Friederike Mayröckers diskursiv-permeable Körperkonzeption. In: Triangulum 21 (2015), 481–489.

Kastberger, Klaus: Friederike Mayröckers unablässiges Schreiben, die widersetzliche Benennung der Welt. In: Karlheinz F. Auckenthaler (Hg.): Die Zeit und die Schrift. Österreichische Literatur nach 1945. Szeged 1993, 297–308.

Kastberger, Klaus: Punkt und Fläche. Friederike Mayröckers Prosa aus werkgeschichtlicher Sicht. In: Gerhard Melzer/Stefan Schwar (Hg.): Friederike Mayröcker. Wien 1999, 33–46.

Kastberger, Klaus: „Askese der Maßlosigkeit". Mayröckers Prosa 1987–1991. In: Friederike Mayröcker: Gesammelte Prosa III: 1987–1991. Hg. von Klaus Kastberger. Frankfurt a. M. 2001, 706–712.

Kyora, Sabine: „1 Waldbrausen zwischen Hirn und Hand". Körperlichkeit und Inspiration in Friederike Mayröckers Prosa. In: Dies./Axel Dunker/Dirk Sangmeister (Hg.): Literatur ohne Kompromisse. ein buch für jörg drews. Bielefeld 2004, 441–454.

Oliver, José F. A.: „Kann sein, dasz, die Psyche wird in das Alter hineingerissen". Protokoll einer Augenblicklichkeit mit Friederike Mayröcker. In: Wespennest 157 (2009), 65–70.

Ringler-Pascu, Eleonora: Friederike Mayröcker zwischen Vertextung der poetischen Existenz und Biographielosigkeit. In: Attila Bombitz et al. (Hg.): Österreichische Literatur ohne Grenzen. Gedenkschrift für Wendelin Schmidt-Dengler. Wien 2009, 409–424.

Sperl, Dieter: „Ich will natürlich immer schreiben." In: Gerhard Melzer/Stefan Schwar (Hg.): Friederike Mayröcker. Wien 1999, 9–30.

Strohmaier, Alexandra: Logos, Leib und Schrift. Studien zur Prosa Friederike Mayröckers. München 2008.

Strohmaier, Alexandra: Prosa und/als Performanz. Zur performativen Ästhetik Friederike Mayröckers. In: Dies. (Hg.): Buchstabendelirien. Zur Literatur Friederike Mayröckers. Bielefeld 2009, 121–140.

Thums, Barbara: Metamorphosen von Leib und Seele. Die Schreibexerzitien Friederike Mayröckers in *Die Abschiede*, *mein Herz mein Zimmer mein Name* und *Stilleben*. In: Gerhard Melzer/Stefan Schwar (Hg.): Friederike Mayröcker. Wien 1999, 65–90.

Thums, Barbara: Die Frage nach der „Schreibexistenz". Zum Verhältnis von Intertextualität und Autorschaft in Mayröckers *brütt oder Die seufzenden Gärten*. In: Inge Arteel/Heidy Margrit Müller (Hg.): „Rupfen in fremden Gärten". Intertextualität im Schreiben Friederike Mayröckers. Bielefeld 2002, 8–105.

Liebe und Begehren

Daniela Strigl

Die Erfahrung der Liebe prägt, durchdringt und befeuert Mayröckers Werk im umfassenden Sinn einer panerotischen Begeisterung; sie manifestiert sich als Verweissystem von Naturzeichen, Sinnessensationen, Erinnerungsfragmenten und Lektüresplittern. Erotische Liebe und Begehren, Vergeistigung und Sinnlichkeit scheinen dabei untrennbar in eins zu fallen, die Materialität des begehrenden und begehrten Körpers wird als suggestive Symphonie der Affekte in Szene gesetzt. Erst in den Trauer-Texten nach dem Tod Ernst Jandls, des langjährigen Lebensgefährten, im Jahr 2000 wird auch eine entkörperlichte Zweisamkeit poetisch realisiert.

Mayröckers Sprache der Liebe wurde mit unterschiedlichen theoretischen ‚Übersetzungshilfen' gelesen: mit Deleuze und seinem Subjektkonzept von der Falte (ein Äußeres wird zum Inneren) und vom ‚organlosen Körper', der ein ‚affektvolles Werden' jenseits der Subjektgrenzen ermöglicht (vgl. Arteel 2007, 56–65); als Beitrag zum Hysteriediskurs mit Lacan (vgl. Strohmaier 2008); mit Derridas Buch *Die Postkarte*, auf dessen Spiel mit Begehren und Sublimierung Mayröcker sich mehrfach bezogen hat (vgl. Bjorklund 2002, 115–119); oder mit Barthes' erotischer Phänomenologie der *Fragmente einer Sprache der Liebe* (vgl. Strigl 2020).

D. Strigl (✉)
Universität Wien, Wien, Österreich
E-Mail: daniela.strigl@univie.ac.at

Erotisches Dreieck und Projektion

Bereits im Titel signalisiert das große, einer fragmentierten autofiktionalen Narration verpflichtete Prosawerk *mein Herz mein Zimmer mein Name* (1988), dass es vornehmlich Liebesangelegenheiten verhandelt: Das Herz als traditionelles Symbol der Liebe steht an erster Stelle. Das erotische Dreieck dient als Grundmuster des Textes, die Ich-Erzählerin, ihr „Ohrenbeichtvater" (HZN 7) und dessen (andere) Geliebte X. führen eine „fabelhafte Dreierbeziehung", bilden „ein Purpurgestirn", was von der Erzählerin bald als „euphemistisch" abgetan (HZN 182), bald als vollkommen harmonisch verklärt wird (vgl. HZN 293). Oft aber fühlt sie sich aus der Zweisamkeit der anderen schmerzhaft ausgeschlossen, auch irritiert von der zwischen den beiden Frauen wechselnden Beischlafpraxis des Ohrenbeichtvaters. Der Idylle des gemeinsamen Abendmahls steht weibliche „Selbstdenunzierung und Konkurrenzverhalten" (Fetz 1996, 95) gegenüber, am Ende konstatiert die Erzählerin mit Genugtuung das Verschwinden der Rivalin aus der Erzählung und befährt das durch den Text rollende Tandem wieder zu zweit mit dem Freund (vgl. HZN 335–336). Die „Leibesgeschichte" (HZN 59) ist von der Liebesgeschichte nicht zu trennen, die Erzählung wird „simulatorische Praxis" (Fetz 1996, 86), sie folgt, als ein „platonischer Coitus" (HZN 68), in ihrem punktlos beschleunigten

Duktus der Fährte des Begehrens und dem Rhythmus des Liebesakts.

Ähnlich entfesselt in *brütt oder Die seufzenden Gärten* (1998) ein sich selbst genügendes Verlangen die Flut der Bilder und Assoziationen, wird das Schreiben auf paradoxe Weise „einerseits ‚sexualisiert', an einen Trieb gebunden, dessen Sublimierung andererseits das Ergebnis ‚Schrift' erst verantwortet" (Winkler 2004, 118). Das Ich selbst spricht von seiner „*oralen Gefräßigkeit*" (BR 282), seiner Lust, Liebesobjekte, Sprache und Welt, zu verschlingen. Dabei enthüllt ein Vorspann den ursprünglich geplanten ersten Satz und weckt so Hoffnungen auf existentielle Beglaubigung: „*Ich erlebe nun eine Liebesgeschichte : meine letzte*". (BR o. S.) Auch in *brütt* strukturiert ein Dreieck den ‚Plot', allerdings besteht es hier aus einer Frau und zwei Männern, Blum und Joseph, in die die Figur des Liebhabers und (metapoetischen) Dialogpartners aufgespalten ist (vgl. Strohmaier 2008, 66–69). Joseph, „keusch" (wie die Josephsehe), ja „prüde" (BR 275), ist freilich mehr der ersehnte denn der reale Liebhaber, bildet als Sich-Entziehender die ideale Projektionsfläche, sodass die Erzählerin argwöhnt, „mein Verfallensein, meine Vernarrtheit Joseph gegenüber sei nichts anderes als 1 Verfallensein 1 Vernarrtheit in die Natur der Liebe selbst" (BR 99). Schlimmer noch, wird Joseph als Konstrukt aus Zetteln entzaubert, als „1 Pappkamerad" (BR 152), dem gegenüber die Erzählerin die klassische weibliche Rolle der Wartenden einnimmt und von dem sie sich nach und nach löst.

Euphorie und Ernüchterung

Die poetische Feier der Liebe als Abgesang prägt bereits die Gedichtbände *Winterglück* (1986) und *Das besessene Alter* (1992) und bezieht sich explizit auf den physischen Aspekt, auf die – nachlassenden – gegenseitigen „Hautanziehungen", auf das jugendliche Bild des Geliebten und dessen einstige vegetative Wirkung auf das Ich: „ein [/] Tiger der Proportionen, Blondland der Arme, was sich umdreht [/] in mir, Sehen und feucht die schönsten die Quellen sind im [/] Versiegen" (W 131). Keineswegs jedoch lässt sich eine Spur des allmählichen Erlöschens der Liebesglut chronologisch durchs Werk verfolgen, das vielmehr ein Auf und Ab von Ekstase und Ernüchterung in Szene setzt. Zehn Jahre später beschreibt „*polyphone Spur*" das Liebesleben eines alten Paars über die Macht der Blicke als sehr vital: „was für 1 [/] Blitz was für 1 Passion was für 1 schmiegsames Lippenpaar was für 1 [/] Augenstern […] was für 1 [/] prasselnde Glut die mein Auge berührt und versehrt" (GG 630). Roland Barthes, eine wichtige Stimme in Mayröckers Liebesdiskurs (vgl. BR 144–145), sieht das Obszöne der Liebe in der Moderne darin, dass sie „das Gefühlsmäßige an die Stelle des Sexuellen setzt" (Barthes [1977] 2015, 185). Im für Mayröcker zentralen Motiv des Kusses wird beides sinnfällig vereint: „in Küssen schwelgend schwelgend in Küssen" (GG 497, HZN 114).

Von Beginn an bestimmt die Ambivalenz von Euphorie und Schmerz, Lust und Verlust ihr Schreiben von der Liebe. Elegie und Hymne scheinen in ihrem poetischen Affekthaushalt verschwistert (vgl. Strigl 2009, 64, 69–70), mitunter schlägt der Ton mitten im Gedicht um, etwa in „*deinetwegen ist ..*" *(Pindar / Hölderlin)* (GG 631). Mit Jandls Tod verschwindet endgültig die Grenze zwischen Klage und Liebesdichtung. In *Scardanelli* (2009) erweitert das Ich die Zwiesprache mit dem toten Gefährten um die Figur Hölderlins alias Scardanelli einmal mehr zum Dreiecksverhältnis. Mayröckers *Bedenken von der Liebe* (SC 27) gilt der Erinnerung an ein Du, das dem Ich in dessen existentieller Todesangst tröstend zur Seite stand. An dieses Du richtet sich offenbar auch das Stoßgebet, das die Heilige Dreifaltigkeit eigenwillig neu interpretiert: „ich liebe deine Seele Geist und hl.Leib oh sei bei mir [/] in meiner letzten Stunde" (SC 49).

Was Barthes als Dilemma benennt, dass nämlich die Liebe als Gegenstand der Erkenntnis und als Materie des Diskurses darüber zusammenfallen (vgl. Barthes [1977] 2015, 240), erweist sich für Mayröckers poetische Praxis als produktiv. Eine wiederum neue, nämlich unverblümtere Form des autofiktionalen ‚Bedenkens' und Gedenkens kennzeichnet das Prosabuch *Und ich schüttelte einen Liebling* (2005), in dem die Erzählerin, wiederum im Triangel mit einer zweiten männlichen Figur (Ely), in fragmentarischen Bildern, doch anschaulich und konkret wie nie zuvor das Leben und Altwerden mit dem Lebensfreund EJ Revue passieren lässt. Das auch von Barthes respektierte Geheimnis der Liebe (vgl. Barthes [1977] 2015, 217, 240) lüftet Mayröcker in einem Gedicht zu Ernst Jandls 70. Geburtstag, indem sie es nicht lüftet. – *wie und warum ich dich liebe* macht „das Geheimnis im Dunkel deines Herzens" dingfest: „es zieht mich an am gründlichsten und am tiefsten [/] und ist vermutlich das Motiv meiner unbeirrbaren Liebe". (GG 632)

Literatur

Arteel, Inge: gefaltet, entfaltet. Strategien der Subjektwerdung in Friederike Mayröckers Prosa 1988–1998. Bielefeld 2007.

Barthes, Roland: Fragmente einer Sprache der Liebe [1977]. Aus dem Französischen von Hans-Horst Henschen. Unveröffentlichte Figuren. Aus dem Französischen Horst Brühmann. Frankfurt a. M. 2015.

Bjorklund, Beth: Das Ich schreiben. Derrida, Picasso und Bach in Mayröckers *brütt*. In: Inge Arteel/Heidy Margrit Müller (Hg.): „Rupfen in fremden Gärten". Intertextualität im Schreiben Friederike Mayröckers. Bielefeld 2002, 107–122.

Fetz, Bernhard: Herzwäsche. Zur Poetik des Sozialen in den Prosabüchern Friederike Mayröckers seit Anfang der 80er Jahre. In: Klaus Kastberger/Wendelin Schmidt-Dengler (Hg.): In Böen wechselt mein Sinn. Zu Friederike Mayröckers Literatur. Wien 1996, 86–101.

Strigl, Daniela: Vom Rasen (Furor). Ein Versuch zu Friederike Mayröckers Affektpoetik. In: Alexandra Strohmaier (Hg.): Buchstabendelirien. Zur Literatur Friederike Mayröckers. Bielefeld 2009, 51–73.

Strigl, Daniela: „ich liebe deine Seele Geist und hl.Leib". Mayröckers lyrisches Denken und Bedenken von der Liebe. In: Inge Arteel/Eleonore De Filip (Hg.): Fragen zum Lyrischen in Friederike Mayröckers Poesie. Stuttgart 2020, 57–75.

Strohmaier, Alexandra: Logos, Leib und Tod. Studien zur Prosa Friederike Mayröckers. München 2008.

Winkler, Andrea: Schatten(spiele): Poetologische Denkwege zu Friederike Mayröcker: In „brütt oder Die seufzenden Gärten". Hamburg 2004.

Tiere

Eleonore De Felip

Kennzeichen des Motivs

Mayröckers Texte aller Schaffensperioden werden von zahlreichen Tieren bevölkert, z. B. von Hunden (vgl. MMF 158), Hasen (vgl. JVG 276), Libellen (vgl. MMF 177), Fliegen (vgl. JVG 250–251), Schlangen (vgl. U 21), Schafen (vgl. JVG 241), Rindern und „Geiszen" (JVG 255), von denen es heißt, dass sie der Poesie verwandt seien, vor allem aber von Vögeln, insbesondere von Schwalben, Amseln und Nachtigallen (vgl. JVG 249). Nicht-menschliche Tiere sind bei Mayröcker immer diegetisch und semiotisch zugleich (vgl. dazu Borgards 2012, 89–93), d. h. einerseits führen sie in der fiktiven Welt des Textes ein tatsächliches Tierleben, andererseits sind sie immer auch zugleich Chiffren für menschliche Empfindungen und transportieren also – jenseits der spezifischen Welt des Tieres – eine Bedeutung, die sie nur für das menschliche poetische Subjekt haben. So scheinen insbesondere die Vögel aufgrund ihres Gesangs zu Symbolen für die dichterische Existenz selbst zu werden (vgl. JVG 249); als besonders kleine und gefährdete Tiere spiegeln sie die Bedürftigkeit der alternden lyrischen Instanz wider (vgl. JVG 289); das Zirren der Schwalben erinnert an die Flüchtigkeit der Jahreszeiten bzw. die Wiederkehr des Frühlings. Als winzige Lebewesen, die sich über die Gesetze der Schwerkraft zu erheben scheinen, bewegen sich die Vögel schließlich an der Grenze zwischen dem Diesseits und dem Jenseits (vgl. GG 692–693).

Stand der Forschung

Analysen zu einzelnen Mayröcker-Gedichten im Lichte der *Literary Animal Studies* haben bereits darauf hingewiesen, dass Mayröckers ‚Tier-Texte' (Tiere sind allerdings nur in den seltensten Fällen das einzige Motiv eines Textes) sehr aufschlussreich sind, sowohl was die außerordentliche Empathiefähigkeit der poetischen Instanz betrifft, als auch was die für ihre Zeit ungewöhnlich progressive Haltung der Autorin Tieren gegenüber betrifft (vgl. De Felip 2014, 2015, 2017). Tatsächlich eignen sich Mayröckers ‚Tier-Texte' hervorragend für eine Neu-Perspektivierung durch verschiedene Ansätze des *Posthuman Turns*. So positioniert etwa Sommerfeld in ihrer profunden Analyse Mayröckers Tiere im Kontext des Konzepts des ‚Tier-Werdens' des französischen Philosophen Gilles Deleuze und erläutert an ihnen überzeugend Mayröckers Weiterschreibung des französischen Surrealismus (vgl. Sommerfeld 2023). Die Tiere in den vier gemeinsamen Bilderbüchern von Mayröcker und Angelika

E. De Felip (✉)
Universität Innsbruck, Innsbruck, Österreich
E-Mail: eleonore.defelip@uibk.ac.at

Kaufmann wiederum variieren auf einer nur scheinbar kindlichen Ebene die für Mayröcker typische Poetik der Übergänge (vgl. De Felip 2020). Tiere in Mayröckers Trauergedichten – besonders in den nach Jandls Tod entstandenen Texten – sind Chiffren für einen *altered state of consciousness*, wie sie charakteristisch seien für emotionelle Grenzerfahrungen (vgl. Tsur 2008, 451–471; De Felip 2021, 30–31).

Beispiele

Das mit 4.6.2000 datierte Gedicht DIES DIES DIES DIESES ENTZÜCKEN ICH KLEBE AN DIESER ERDE (GG 692–693) entstand fünf Tage vor Jandls Tod. Bedenkt man beim Lesen den akut drohenden Verlust, verändert sich der emotionale ‚Effekt' der Metaphern. Die Schwalben, die durch das tiefe Blau eines strahlend schönen Junitages flitzen, sowie das Jubilieren des ‚unsichtbaren Liebsten' (eines Vogels) in der Baumkrone werden verständlich als Aspekte einer ‚ekstatischen Dichtung', wie Tsur sagen würde (vgl. Tsur 2008, 495–510). Sie sind der Ausdruck eines scheinbar paradoxen emotionellen Zustands des lyrischen Ich, den man als ‚ekstatische Verzweiflung' umschreiben könnte. Die kleinen Schwalben sind in diesem Gedicht das ‚Allerheiligste': Als Botschafter des Frühlings stellen sie den Inbegriff des wiederkehrenden Lebens dar, zugleich markieren sie den gleitenden Übergang von den konkreten Phänomenen des Diesseits ins abstrakte Jenseits (vgl. De Felip 2021, 33).

Im Gedicht *vom Küssen der Jungfrau im Schnee im Rosengebüsch, nach Martin Schongauers „La Vierge au buisson de roses" 1473 Detail* (U 21) führt das lyrische Ich „Gespräche mit meinen hl.Schlangen : jg.Ringelnattern und [/] Blindschleichen unter der Gieszkannc [...] [/] sie blicken [/] mich an ich streiche ihnen über die feuchte Haut – allwohnend von [/] Engeln. Du darfst sie nicht jagen nicht töten nicht schlagen erschla-[/]gen mit deinem Stock oder Prügel". Mayröcker holt hier die Schlange innerhalb des christlichen Kontexts aus dem Bereich der Sünde und der Verstoßung in eine Dimension der königlichen Unantastbarkeit und Heiligkeit (vgl. De Felip 2021, 36). Noch in den *études* (2013) wird von einem Garten und einer Blindschleiche die Rede sein: „habe fast den ganzen ganzen Tag mit BUBI [/] im Garten verschwelgt und finden [/] Blume und Blindschleiche feierlich, [/] in Dickicht oder Distelhain ..." (ET 9).

Tiere zählen zu Mayröckers charakteristischen ‚Emotionswörtern' (vgl. dazu Winko 2003, 130–144): wo sie auftauchen, gewinnen die Textpassagen an emotioneller, aber auch intellektueller Intensität. Immer geht es bei Mayröcker um das Berührt-Werden des wahrnehmenden lyrischen Ichs durch die Schönheit, aber auch das Leid der Tiere. Ihre Gedichte inszenieren die Dekonstruktion des anthropozentrischen Blicks im Sinne einer theriologischen Poetik, die das Tier zum Auslöser (d. h. verantwortlichen Agenten) macht für die menschliche Ergriffenheit durch Welt.

In den vier gemeinsam mit der Künstlerin Angelika Kaufmann geschaffenen Bilderbüchern schließlich sind durchwegs Tiere die Protagonisten (s. Kap. 38). Sehr im Unterschied zu Mayröckers übrigem Oeuvre, gibt es hier ansatzweise eine ‚Story'. In *Sinclair Sofokles der Baby-Saurier* (1971) wird der kleine Saurier Sofokles, der sich im Museum in einer Art Ohnmacht befindet, von Willi, dem Sohn des Museumsdieners, gestreichelt, wodurch er wieder zum Leben erwacht. Nun darf er noch einmal, gemeinsam mit Willi, einen Tag lang die Welt erleben. Die Hunde Thekla und Barry, die Sinclair auf seiner Rückkehr in den Himmel begleiten, sind Urzeitgeister. Für Willi aber stellt das Totsein der Tiere keine Barriere für eine Begegnung dar.

Pegas, das Pferd (1980) handelt von einem Pferd, das eigentlich ein Hund ist. Das Pferd wundert sich, dass alles so ist, wie es ist, denn es entspricht nicht ‚seiner' Wirklichkeit. Doch Pegas gibt sich mit den Gegebenheiten nicht zufrieden. Es träumt vom Fliegen. Im Buch gibt es auch eine Katzeneule, die selbst nicht so recht weiß, was oder wer sie ist.

Jimi (2009) ist die Geschichte einer Freundschaft zwischen dem Stofftier-Eisbären Jimi und dem Mädchen Emma. Gemeinsam begrüßen sie im Garten die Schnecke, hören sie die Vögel singen und begegnen einem Hasen, der ihnen zuwinkt. Beide schrumpfen im Verlauf ihres Spaziergangs auf die Größe der anderen Tiere. Das Kind und die anderen Lebewesen begegnen einander auf Augenhöhe.

Sneke (2011) schließlich ist ein sehr knapper Text, dessen verstörende Kraft durch Kaufmanns kongeniale Bilder intensiviert und zugleich poetisch aufgefangen wird. Entstanden zehn Jahre nach Jandls Tod, trägt die Sneke unverkennbar die Züge der trauernden Autorin Mayröcker. Der Sneke gehen vor Trauer die Augen über, bis sie schließlich keine Tränen mehr hat. In tränenloser Trauer zieht sie sich in ihr Haus zurück. Am Ende ist das Schneckenhaus bis zum Rand mit den Buchstaben TRAURIG gefüllt.

Literatur

Borgards, Roland: Tiere in der Literatur – Eine methodische Standortbestimmung. In: Herwig Grimm/Carola Otterstedt (Hg.): Das Tier an sich. Disziplinenübergreifende Perspektiven für neue Wege im wissenschaftsbasierten Tierschutz. Göttingen 2012, 87–118.

De Felip, Eleonore: „Hearing the Speechless": Empathy with Animals in Contemporary German Lyric Poetry. In: Meghan Marie Hammond/Sue J. Kim (Hg.): Rethinking Empathy Through Literature. London 2014, 93–106.

De Felip, Eleonore: Von Amseln, Elstern und Nachtigallen. Vogel-Mensch-Dialoge in Texten von Friederike Mayröcker und Michael Donhauser. In: Reingard Spannring et al. (Hg.): Tiere – Texte – Transformationen. Kritische Perspektiven der Human-Animal Studies. Bielefeld 2015, 227–243.

De Felip, Eleonore: Zur Neuperspektivierung zeitgenössischer Lyrik durch die Literary Animal Studies am Beispiel Friederike Mayröckers. In: Ana Maria Bernardo/Fernanda Mota Alves/Ana Margarida Abrantes (Hg.): Vom Experiment zur Neuorientierung. Forschungswege der Germanistik. Berlin 2017, 119–133.

De Felip, Eleonore: Wenn die Augen und die Dinge übergehen: die gemeinsamen Bilderbücher von Friederike Mayröcker und Angelika Kaufmann. In: Barbara Hoiß/Simone Stefan (Hg.): Verzweigte Wege in und zur Kinder- und Jugendliteratur. Innsbruck/Wien 2020, 33–53.

De Felip, Eleonore: Metaphern gegen den Tod. Friederike Mayröckers ekstatische Trauergedichte. In: Gianna Zocco (Hg.): XXI. Congress of the ICLA – Proceedings. Bd. 4: The Rhetoric of Topics and Forms. Berlin/Boston 2021, 29–39.

Mayröcker, Friederike: Sinclair Sofokles der Baby-Saurier. Mit Bildern von Angelika Kaufmann. Wien 1971.

Mayröcker, Friederike: Pegas, das Pferd. Mit Bildern von Angelika Kaufmann. Salzburg 1980.

Mayröcker, Friederike: Jimi. 2009. Frankfurt a. M. 2009.

Mayröcker, Friederike: Sneke. Weitra 2011.

Sommerfeld, Beate: Tier-Werden – Friederike Mayröckers surrealistische Naturbilder. In: Dies. (Hg.): Trajektorien der österreichischen Gegenwartsliteratur. Wiesbaden 2023, 205–230.

Tsur, Reuven: Toward a Theory of Cognitive Poetics. Brighton/Portland 2008.

Winko, Simone: Kodierte Gefühle. Zu einer Poetik der Emotionen in lyrischen und poetologischen Texten um 1900. Berlin 2003.

Tod, Trauer und Melancholie

Fatima Naqvi

Das Leben lässt sich am besten vom Tod her denken, aller Versuche der Philosophie zum Trotz. In Friederike Mayröckers Alterswerk wird das Lebensende zum Movens für die Niederschrift. Der Tod ist der Motor einer Aufzeichnungssucht, die das Leben in seinen ephemeren Aspekten zu erhaschen sucht und das Fragmentarische privilegiert. Vor allem nach dem Ableben ihres Partners Ernst Jandl (1925–2000), mit dem die Dichterin eine fünfzig Jahre währende Beziehung verband, rückt ein um den Tod gruppierter Cluster von Affekten wie Angst, Trauer, Schwermut, Melancholie, Trostlosigkeit und Trübsal ins Zentrum ihrer zunehmend bruchstückartigen „Fetzchen"-Sätze (ET 53; vgl. AF 110; Strohmaier 2008, 219–239). Ein Changieren zwischen Trauer (um einen Menschen, um ein Ding) und Melancholie (um das Selbst) ist zu beobachten, ein unablässiges „Looping" (KG 77) zurück zu Verlorenem in all seinen Formen. In Werken wie *Requiem für Ernst Jandl* (2001) kann man von einer mit Sigmund Freud konzipierten Trauerarbeit sprechen. In poetischen Konvoluten wie *Die kommunizierenden Gefäße* (2003), *ich sitze nur GRAUSAM da* (2012), der Trilogie *cahier* (2013), *études* (2014) und *fleurs* (2016) sowie den letzten Texten *Pathos und Schwalbe* (2018) und *da ich morgens und moosgrün. Ans Fenster trete* (2020) hingegen überwiegt Melancholie.

Tod und Trauerarbeit

In seinem bahnbrechenden Aufsatz *Trauer und Melancholie* (1915) – zwei Söhne stehen im Feld, das Ende seiner Heimat Österreich-Ungarn liegt im Bereich des Möglichen – postuliert Sigmund Freud zwei Arten von Leiden am Vergänglichen. Es ist hilfreich, diese nicht als Gegensätze zu lesen, sondern als zwei Pole auf einem Spektrum. An einem Ende befindet sich für Freud die pathologische Melancholie, am anderen die vermeintlich normale Trauer. Nach Freud ist Melancholie Zeichen einer überbordenden Traurigkeit, die nach dem Verschwinden eines aus narzisstischen Gründen geliebten Objektes zustande kommt. Melancholie führt zu einer „großartige[n] Ichverarmung": Das Ich selbst ist nach dem Verlust „arm und leer" geworden (Freud [1915] 1999, 431). Situationen von „Kränkung, Zurücksetzung und Enttäuschung" (Freud [1915] 1999, 437) werden unaufhörlich durchgespielt, Erfahrungen der Demütigung gegen das Selbst gewendet. In einer ewig kreisenden Bewegung kehren somit melancholische Subjekte zu ihrem Objektverlust zurück, der sich als Ambivalenz gegenüber dem Ich äußert. Im selben Aufsatz entwirft Freud das Bild eines trauernden Ichs,

F. Naqvi (✉)
Yale University, New Haven, USA
E-Mail: Fatima.naqvi@yale.edu

das seine Energien *peu à peu* vom verlorenen Liebesobjekt abzieht und einem anderen zuwendet. Diese Art von Trauer ist als gesunde psychische Arbeit zu verstehen, die es dem Ich erlaubt, sich erneut zur Welt hinzukehren. Trauer verharrt nicht im Vergangenen, sie ist zukunftsorientiert.

Bei Mayröcker, die Freud als ihr einziges wissenschaftliches Interesse bezeichnet hat, werden Trauer und Melancholie letztendlich nicht klar voneinander getrennt (vgl. Naqvi 2007, 101–34). In der Rückkehr zu Vergangenem – über die Dezennien und die unterschiedlichsten Schreibphasen hinweg – wird ein Werk geschaffen, das definitiven Trennlinien abhold ist. Der Tod eines geliebten Menschen (Partner, Eltern, vorbildlicher Künstler) oder auch der Verlust von Entitäten (Gesellschaft, Zuhause, Heimat, Sprache), an denen Mayröcker hängt, führen zu einer fortwährenden Ich-Verarmung, insbesondere in den Büchern seit der Millenniumswende. Gelegentlich wird Ambivalenz gegenüber dem Objekt ausgedrückt. Aber Selbstvorwürfe werden auch geäußert: In Gesten der Selbstdemütigung wird dann das sprechende Ich angeklagt. Mayröckers Vibrieren zwischen Trauer und Melancholie, die bei ihr austauschbar mit Begrifflichkeiten wie ‚Schwermut', ‚Wehmut', usw. verwendet werden, treibt ihre frappierende textuelle Produktion an. Einzig ein Werk ließe sich als eindeutige Trauerarbeit *stricto sensu* begreifen: das 2001 erschienene Büchlein *Requiem für Ernst Jandl*. In eindringlicher Sprache wird das Ableben Jandls geschildert, wie auch die oft hilflosen Tröstungen von Freunden und Freundinnen sowie Bekannten. Stellen wie „lauter EGALE Büsche und Zweige und Stauden und das EGALE Mundöffnen der Passanten und das EGALE Sprechen der Freunde […] alles EGAL" (R 11) bezeugen die Entleerung der Außenwelt, die Indifferenz des Ichs vis-à-vis der Umwelt. Der Tod wird als Prozess begriffen, von dem sich das Schöpferische abstoßen muss, um zu einem „durchbrochene[n] durchstoßene[n] Stil" (R 18) vorzudringen. Der Text ist als Verarbeitung des Todes von Jandl lesbar. Es gibt Exegesen, in ungewohnt zusammenhängender Prosa, von Jandls Gedichten *in der küche ist es kalt* (vgl. R 23–27) und *ottos mops* (R 43–45). Ebenso inkludiert der schmale Band Jandl gewidmete Gedichte Mayröckers und ein persönliches Foto des Paares in jungen Jahren. In diesem „Requiem", das – wie im Beiblatt der Publikation unterstrichen – aus der lateinischen Liturgie und vom Introitus ‚Requiem aeternam dona eis, Domine' der Exequien kommt, wird der Tote aus der Welt geleitet. *Requiem für Ernst Jandl* setzt dem Lyriker ein Denkmal, welches das Vorher und Nachher sowie Subjekt und Objekt klar voneinander trennt: „Das hat er noch erlebt / das hat er nicht mehr erlebt" (R 22).

Melancholie und *écriture feminine*

Die Ränder zwischen Ich und Du, Tod und Leben, Heute und Vergangenheit zerfließen jedoch in Mayröckers darauffolgenden Texten. In einem melancholischen Sinne könnte man die demütigen und demütigenden Gesten bei ihr verstehen, die das Ich herabsetzen und anklagen. In *Die kommunizierenden Gefäße* (2003), einem zwei Jahre später publizierten Schlüsseltext, gibt es Beispiele der Selbsterniedrigung (s. Kap. 28). Gleich zu Beginn ist zu lesen: „Wie ich immer gleich versinke, in den Boden sinke, sitze ich I Nichtigkeit gegenüber, ich nehme die Farbe meines Gegenüber an, die Sprechweise, den Anmerkungsstil, den Violin-Schlüssel, den Zypressenhain" (KG 12). Mit einer die Leserschaft adressierenden Rhetorik wird der Verlust ihres Lebensgefährten in diesem Text zum Impetus einer anamnetischen Rückkehr in die Vergangenheit, die andere miteinbezieht und dialogisch konzipiert ist: „Sie, verehrter Leser, geschätzte Leserin, […] haben es vielleicht schon gemerkt, wie dünn die Sache inzwischen geworden ist" (KG 15). Im Text wird das an Melancholie leidende Ich gegendert: Es ist eine weibliche Krankheit wie in Freuds Aufsatz, in dem sich die melancholischen Hausfrauen und Gattinnen der eigenen Unfähigkeit bezichtigen. Die vorwurfsvollen, dozierenden Formeln „EJs" (z. B. „EJ war Moralist, seine mahnende Stimme: ‚das kannst du nicht machen!, du kannst das nicht machen!'",

KG 37; „die Suspendierung von Handlung ist notwendig, sagt EJ, ebenso die poetische Überlagerung divergenter Daseinsbereiche", KG 75–76) werden zum Auslöser einer *écriture féminine*. Die Vorgaben „EJs" – der als Legierung aus biographischer Person und Kunstfigur gedacht werden muss – werden zwar in die Praxis umgesetzt, aber mit eigenen Ideen, Motiven und Methoden angereichert. Die Repliken des Ichs unterwandern die Vorschläge des abwesenden Gesprächspartners. In der Antwort werden die Ratschläge „EJs" umgewandelt und zum Auslöser eines körperlichen Aufzeichnens gemacht: „Die Motive sind immer die gleichen, sage ich zu EJ, einerseits die versträhnten (plumpen) Zeremonien des Schreib Beginns, andererseits das Aufgeben meiner selbst" (KG 77). Aus diesen ritualisierten, ewig wiederkehrenden Anfängen erwächst „,1 obsessionelles Looping dieser Schreibzwang" (KG 77). Der *modus operandi* ist also die melancholische Rückkehr, die die Ambivalenz dem Objekt *und* dem Ich gegenüber bestehen lässt. Diese Ambivalenz wird zum Antrieb – eine propulsive Kraft treibt Mayröcker zum Weiter-, Um-, und Fortschreiben. Es ist eine Art Übersetzungsarbeit, die den sprichwörtlichen Verlust in der Übertragung in Kauf nimmt, ja auf ihm aufbaut.

Wiederholung und *pathetic fallacy*

Hatte Ernst Jandl und die Erinnerung an ihn die Werke direkt nach *Requiem* noch dominiert, geht es in Büchern wie *études* zunehmend um ein melancholisches Eingedenk-Sein des Todes an sich. ‚Cahiers' und ‚études' sind beides Begriffe aus der musikalischen Praxis, die mit starker Repetition und dem Hervorheben einer Sache verbunden sind. Sich Einüben auf den Tod bedeutet ein entschiedenes Nein gegenüber dem Verstummen und die Bejahung eines vielstimmigen Sprechens in einem sequenziellen und seriellen Verfahren, bei welchem man eine Technik trainiert: „NEIN keinen Tod keine Wandlung kein Verderben kein Hinscheiden kein Abschied kein unisono" (ET 38). In dieser mit „Übung cahiers Übung in den Heften" (ET 38) überschriebenen Passage wird die der Melancholie inhärente Wiederholung explizit begrüßt. Stilistisch wird sie durch die Häufung von Synonymen und die Repetition gewisser Wörter angezeigt. Angesichts des ubiquitären Todes *muss* formalästhetisch und thematisch wiederholt werden. Die Allgegenwärtigkeit des Todes in der Natur kommt in diesem Passus in einer Formel zum Ausdruck, die das Buch durchzieht. Es ist der „Tod von den Büschen" (ET 26, 38) bzw. „aus den Büschen" (ET 49, vgl. 74), der den Aufbruch in die Schrift erzwingt: „habe Tod von den Büschen, habe geschnürt Schneeschuh habe gefunden Brotkrümel in Schneeschuh – Übung cahiers Übung in den Heften wehende Etüden Magnolien Etüden von Regen, Küsse von Regentropfen" (ET 38). Die bravourösen ‚Studien' – denn dies ist die Bedeutung des französischen *études* – entstehen aus einer „Todesahnung" (ET 177) heraus, aus der Präsenz des Todes in der Natur. Seine allgegenwärtige Nähe wird begleitet von einem endlosen Tränenfluss, der auch dem eigenen „Verwelken nach der OP" (ET 177), dem Altern, dem Schwinden der Sehkraft gilt (vgl. ET 176–177). Eine *pathetic fallacy* projiziert menschliches Leiden in die vom Tod beherrschte Natur: Regen, Regentropfen, Gärten weinen mit ihr, die sich auch spezifischer Todesfälle erinnert, etwa des Todes von EJ (vgl. ET 179) oder des Todes der Mutter (vgl. ET 89). Aber es sind abstraktere Verluste, die die Melancholie zur Triebkraft ihres Schreibens machen: Vor allem Künstlern wird ein Denkmal gesetzt, deren Konturen sie manchmal mit eigenen Strichzeichnungen nachgezogen hatte. An erster Stelle steht hier der katalanische Maler und Bildhauer Antoni Tàpies. Der *études*-Eintrag vom 7.2.12 lautet: „Tàpies gestorben, er. Narrte mich oder aus Gärtlein flüsternd" (ET 95). Fünfzehn Seiten später wird einem Textblock dieselbe Phrase mit neuer Interpunktion als Motto vorangestellt: „Tàpies gestorben. Narrte mich, oder aus Gärtlein flüsternd........" (ET 111). Aus dem Jenseits flüstern unablässig die Wegbegleiter, die in früheren Texten Anlass zur Selbsterniedrigung, aber auch Anstöße zur eigenen Schöpfung gaben.

In *Pathos und Schwalbe* (2018) zeichnet Friederike Mayröcker die Sommermonate des

Jahres 2015 nach, die sie im Krankenhaus verbringen musste. Im Protokoll der Tage, die wie in den anderen hier erwähnten Büchern großteils mit Daten versehen und chronologisch geordnet sind, ragt ein Textblock heraus: eine genaue Schilderung der letzten Stunden Ernst Jandls, die an die Schlusspassage in *Requiem* anspielt (vgl. R 42). „[A]m Morgen des 9. Juni 2000 rief ER mich zu sich und sagte ‚ich verschenke alles an meine Brüder und Freunde' darauf sagte ich ‚du träumst' und wandte mich ab ...... in diesen Stunden bereitete er sich auf seinen Tod vor und begann zu halluzinieren [...] nach einigen Stunden sagte der Chirurg ‚er ist gestorben aber Sie sind eine starke Frau', da brach ich zusammen" (PS 26–27). Dieser rechtsbündig ausgerichtete Text ragt wie ein Denkmal an „EJ" in die anderen fließenden Notate hinein. Die Erinnerung an *den* Einen unterbricht die „tgl. Prosa (der Gegenstände)" (PS 15). Die Floskeln des Alltags („aber Sie sind eine starke Frau") werden angesichts der Monstrosität des Todes ihrer Kraftlosigkeit überführt. Im „Verblüht- und Verblichensein, Sterben" (PS 62) sind wie „Umspringbilder" (PS 34) Melancholie und Trauer verwoben. Im Oszillieren zwischen diesen Polen stimmt Mayröcker ihr „LAMENTO" an (PS 26) und erinnert uns an die Verluste, die unser aller Leben begleiten.

Literatur

Freud, Sigmund: Trauer und Melancholie [1915]. In: Ders.: Gesammelte Werke. Bd. 10. Frankfurt a. M. 1999, 428–446.

Naqvi, Fatima. The Literary and Cultural Rhetoric of Victimhood. Western Europe, 1968–2005. New York 2007.

Strohmaier, Alexandra: Logos, Leib und Tod. Studien zur Prosa Friederike Mayröckers. München 2008.

Tränen

Eleonore De Felip

Tränen als Merkmal der Künstlerpersönlichkeit

Tränen sind – so wie das „euphorische Auge" (GP II, 286) – unverwechselbare Merkmale von Mayröckers Poetik. Sie sind komplementäre Facetten der ‚melancholischen' Persönlichkeit der fiktionalen Autor-Figur. Mayröckers Schriftsteller-Ich steht hiermit in der europäischen Tradition des saturnisch-melancholischen Menschen. Das berühmte, Aristoteles zugeschriebene Problem XXX$_I$ legt dar, dass „alle Männer von überragender Bedeutung […] Melancholiker gewesen seien" (Klibansky et al. [1964] 1994, 58); seit der nachmittelalterlichen Dichtung (Milton) gilt die „poetische Melancholie" als „gesteigerte Selbsterfahrung" (Klibansky et al. [1964] 1994, 319, 334). Der den Künstler-Melancholiker auszeichnende Kummer erscheint dabei nie alleine, sondern immer zusammen mit einer überdurchschnittlichen Begeisterungsfähigkeit. Auch aus einer psychoanalytischen Perspektive sei der „Melancholie und Trauer für den kreativen Akt" (Strohmaier 2008, 195) bei Mayröcker große Bedeutung beizumessen (vgl. Strohmaier 2008, 195–199). Die wiederkehrenden Tränen in den Texten spiegeln die außergewöhnliche Feinfühligkeit des sprechenden Ich wider und sind der Ausdruck seiner intensiven Reaktionen auf innere und äußere Geschehnisse. Jüngsten Forschungen zufolge gilt Hochsensibilität als neurobiologisches Merkmal (vgl. Acevedo et al. 2014), welches charakterisiert ist durch die Wahrnehmung feinster Sinnesreize, durch überdurchschnittliche Empathie, Bewusstheit und ästhetische Empfindsamkeit. Alle diese Merkmale finden sich im sprechenden Ich bei Mayröcker wieder. Auf Grund seiner außergewöhnlichen Empfänglichkeit für Reize und hohen Erregbarkeit erreicht das hochsensible erzählende/lyrische Ich schnell seine persönliche Reizschwelle, was sich in häufigen körperlichen Reaktionen, wie eben Tränen, zeigt. Auch Liesl Ujvary sieht die Ursache für die vielen Tränen bei Mayröcker im „Offenhalten der poetischen Wunde Wahrnehmung" (Ujvary 1999, 198). Daniela Strigl weist auf die kathartische Wirkung hin, die die überreichen Tränen entfalten, da nur sie die Starre aufzulösen imstande seien: „Die Bejahung der Tränen kommt einer Bejahung der Vergeudung gleich." (Strigl 2020, 73)

Varianten im Werk

Tränen tauchen sowohl in den Gedichten als auch in den Prosawerken von Anfang an auf. Bei einigen Gedichten steht das Weinen schon im Titel (*Beweinungen*, GG 668), bei anderen erscheint es gleich zu Beginn, etwa „lasz ein den Segen :

E. De Felip (✉)
Universität Innsbruck, Innsbruck, Österreich
E-Mail: eleonore.defelip@uibk.ac.at

die Tränen am Fensterglas" in *oder Vermont, an Ernst Jandl* (GG 694) oder „mein Herz beutelt sich wie 1 tollgewordener nasser [/] Hund: TROPFEN! FONTÄNEN! von Tränen, ganze Pfützen [/] von Tränen unter meinen Pfifferlingen" in *2 feuchte Lappen : Seele und Leib* (GG 699). Die untrennbare Verbindung von Tränen und Flammen der Entzückung zieht sich leitmotivisch durch das gesamte Werk. So heißt es etwa in *tempelhüpfen*: „weil, ich brenne ich flenne [/] ich flamme ich züngle ich zehre, weil, ich zahne verzehre, als Flechten die Feuerzungen meinen Rücken hinab" (GG 700–701). Tränen als der Ausdruck tiefen emotionalen Berührt-Seins bestimmen auch die Beziehung des lyrischen Ich zu Tieren, wie im Gedicht *(Hefe) schwärmen nämlich, oder unser Gefährt von fliegenden Schlangen gezogen* : „und HIRSCHLEIN flüstert träufelt mir in mein Ohr : [/] ‚bleib noch 1 wenig bei mir ..' und ich weine, [/] lege seine Hand an meine Wange an meine Brust." (GG 707)

Als Mayröcker in den 1990er-Jahren mit der intensiven Lektüre der Werke von Jacques Derrida beginnt, werden die auch bei Derrida leitmotivisch erwähnten Tränen zu *dem* gemeinsamen Merkmal, in welchem sich die Autorin wiedererkennt. Immer wieder vertieft sie sich u. a. in Derridas Fußnoten zur Biographie von Geoffrey Bennington ([1991] 1994). Hier reflektiert Derrida die Affinität zwischen den Bekenntnissen (und Tränen) des Hl. Augustinus und seinem eigenen autobiographischen Schreiben: „denn ganz wie SA [Sankt Augustinus, Anm. d. Verf.] liebe ich einzig die Tränen, liebe und spreche einzig durch sie hindurch" (Bennington/Derrida [1991] 1994, 110–111). Er erinnert sich an das Kind, das er einmal war und „von dem es hieß, ‚er weint wegen nichts'" (Bennington/Derrida [1991] 1994, 48). Inspiriert von den Fußnoten dieses Seelenverwandten wird Mayröcker ein Buch schreiben, das ausschließlich aus Fußnoten besteht (s. Kap. 31). Der Satz „wollen Sie mit mir über Tränen sprechen?" aus Derridas *Aufzeichnungen eines Blinden* ([1990] 1997, 12) wird sich fortan als Zitat durch ihre Texte ziehen, z. B. im Titel des Gedichts vom 17./18.3.09 *77, oder wollen Sie mit mir über Tränen sprechen, Jacques Derrida* (JVG 341) oder noch in *da ich morgens und moosgrün. Ans Fenster trete*: „Die Ohren ich meine das Hören sind Verwandte des Weinens sind Verwandte jenes berühmten Wortes des Philosophen Jacques Derrida ‚wollen Sie mit mir über Tränen sprechen?'" (MMF 54).

Seit dem Tod von Ernst Jandl sind die Tränen immer auch der Ausdruck der tiefen Trauer um den verlorenen Lebensgefährten: „ich weine die Tränen aufs Grab [...] warum warum [/] bist du gegangen von mir ohne Abschied", heißt es in *Furor, kupferfarbener Himmel* (GG 753–754).

Tränen als Ausdruck der tiefen Empathie finden sich u. a. in *Scardanelli*: „ich [/] weine viel die kl.heilige Frau kommt mir entgegen ich möchte sie [/] umarmen" (SC 15) oder in *ich sitze nur GRAUSAM da* für ein junges Überschwemmungsopfer (vgl. IG 26). Zu den Tränen als ‚fließender Emotion' sagt Bart Philipsen: „in vielen [...] Gedichten des Scardanelli-Bandes wird das semantische Feld der Welle und Quelle, des Fließens und Entquellens in Beziehung zu einer ebenso prominenten Motivik der Tränen und des Weinens gesetzt." (Philipsen 2020, 124) Wo sie versiegen, droht die Erstarrung im Leid. Davon handelt das *cross-over* ‚Kinderbuch' *Sneke* (2011), zu welchem Mayröcker den Text schreibt und Angelika Kaufmann die Illustrationen malt: Einer Schnecke gehen vor Trauer die Augen über, bis sie schließlich keine Tränen mehr hat. In tränenloser Trauer zieht sie sich in ihr Haus zurück.

Literatur

Acevedo, Bianca P./Aron, Elaine N./Aron, Arthur/Sangster, Matthew-Donald/Collins, Nancy/Brown, Lucy L.: The highly sensitive brain. An fMRI study of sensory processing sensitivity and response to other's emotions. In: Brain and Behavior 4 (2014), 580–594.

Bennington, Geoffrey/Derrida, Jacques: Jacques Derrida. Ein Porträt [frz. 1991]. Frankfurt a. M. 1994.

Derrida, Jacques: Aufzeichnungen eines Blinden. Das Selbstporträt und andere Ruinen [frz. 1990]. Hg. von Michael Wetzel. München 1997.

Klibansky, Raymond/Panofsky, Erwin/Saxl, Fritz: Saturn und Melancholie. Studien zur Geschichte der Naturphilosophie und Medizin, der Religion und der Kunst [engl. 1964]. Frankfurt a. M. 1994.

Mayröcker, Friederike/Kaufmann, Angelika (Ill.): Sneke. Weitra 2011.

Philipsen, Bart: „Knallharte Gedächtniskunst". Friedrich Hölderlin als Intertext in Friederike Mayröckers *Scardanelli*. In: Inge Arteel/Eleonore De Felip (Hg.): Fragen zum Lyrischen in Friederike Mayröckers Poesie. Stuttgart 2020, 115–135.

Strigl, Daniela: „ich liebe deine Seele Geist und hl.Leib". Mayröckers lyrisches Denken und Bedenken von der Liebe. In: Inge Arteel/Eleonore De Felip (Hg.): Fragen zum Lyrischen in Friederike Mayröckers Poesie. Stuttgart 2020, 57–75.

Ujvary, Liesl: Die Wunde Wahrnehmung. In: Gerhard Melzer/Stefan Schwar (Hg.): Friederike Mayröcker. Graz 1999, 196–198.

Wanderschaft/ Vagabondage

Sabine Kyora

Kennzeichen des Motivs

Das Motiv des Vagabundierens ist im Werk Mayröckers seit *Die Abschiede* (1980) vor allem in ihrer längeren Prosa zu finden. In den Gedichten sind zwar Naturerfahrungen und -wahrnehmungen, die in der Prosa mit der Wanderschaft verbunden sind, genauso gegenwärtig, sie tauchen aber nicht im Zusammenhang mit dieser spezifischen Form der Bewegung auf. In der längeren Prosa verknüpft das Motiv die körperliche Bewegung sowohl mit der psychischen Dynamik des Subjekts wie auch mit dem sprachlich-materialen Prozessieren des Textes.

Die Forschung hat bereits auf die Parallelität von körperlicher Bewegung mit der Selbstbeschreibung des Textes aufmerksam gemacht, die nicht nur durch das Motiv der Wanderschaft konkretisiert wird, sondern z. B. auch durch die Formulierung des „Sprach-Parcours" (LE 174), die gleichermaßen die körperliche Bewegung wie den Raum des Textes meint, also die Selbstreflexion des Textes mit ins Spiel bringt (vgl. Strohmaier 2012, 126; 2009, 136). Insofern lässt sich dieses Motiv sehr gut in Mayröckers „Poetologie des Übergangs" (Kunz 2004) einfügen, weil es ebenso Teil der flottierenden Metaphorik ist wie der Textreflexion; beides führt darüber hinaus zur Überschreitung von Gattungsgrenzen als Ergebnis der Textbewegung.

Als Teil der Leitmotivik in Mayröckers längerer Prosa gehört das Motiv der Vagabondage zu den Elementen, die die Suche nach Inspiration und die Inspiriertheit des schreibenden Ich zum Ausdruck bringen. In seinen unterschiedlichen Facetten kann es zudem die Reflexion des Inspirations- wie des Schreibprozesses zum Thema machen: „ein Durch-Imitieren ein Wandern durch ein Motiv" (A 56).

Varianten im Werk

Drei Kontexte, die als intertextuelle Folie wie als struktureller Zusammenhang bestimmend sind, kennzeichnen das Motiv genauer: So kann Vagabundieren innerhalb der Naturwahrnehmung des schreibenden Ichs verortet sein, es kann eine religiöse Bedeutung annehmen oder im Zusammenhang mit der Gefährdung der Inspiration stehen (vgl. Kyora 2009).

Die intertextuell älteste Tradition, die Mayröcker in ihren Texten aufnimmt, ist die christliche Pilgerreise. Zwar wird dabei nie das Ziel, die Pilgerstätte, erreicht, trotzdem hat das Pilgern Teil an der metaphysischen Konzeption von Dichtung, nach der das schreibende Ich sucht. Seit *Die Abschiede* ist die Bewegung des Ichs und

S. Kyora (✉)
Universität Oldenburg, Oldenburg, Deutschland
E-Mail: sabine.kyora@uni-oldenburg.de

seines männlichen Partners mit religiösen Elementen verbunden, die als Konstante bis zu *Und ich schüttelte einen Liebling* (2005) vor allem einen poetologischen Kontext transportieren, der die scheinbar nicht beeinflussbare Sprachfindung umkreist. So heißt es in *Die Abschiede* in Anspielung auf das Pfingstgeschehen: „liebhaft das Zungenreden" (A 164). Dabei tritt das poetische Wort an die Stelle der religiösen Botschaft: „vielmehr ist das Wort solcherart, als würdest du in der Ferne etwas Schimmerndes sehen und du gehst ihm nach, um seine Umrisse zu erkennen" (ST 25). Erkennbar ist ebenfalls der Bezug zur Liebesmystik, denn der Zusammenhang von Bewegung, Körperlichkeit und Sprache evoziert auch die erotische Beziehung zwischen dem Ich und seinem jeweiligen Partner (vgl. Thums 1999, 75).

Anders als die Verknüpfung von Wanderschaft und Pilgerreise ist die Verbindung des Motivs mit der Naturwahrnehmung des Subjekts, die den Schreibprozess fördert und antreibt, bis zum letzten längeren Prosatext Mayröckers gegenwärtig. Dieser Zusammenhang von Wanderschaft und Poesie existiert literaturgeschichtlich seit der Romantik, zudem ist er etwa bei Eichendorff darüber hinaus von religiösen Elementen bestimmt. Der Zugang zur Natur hat für das schreibende Ich in Mayröckers Prosa aber gelegentlich instrumentellen Charakter, wenn das Ich etwa „über die Kontur meines anstehenden Buches" nachdenkt und „lange Spaziergänge, um es zu sehen", macht (SL 168–169). Zudem zeigt sich bei Mayröcker neben der Parallelität von Wandern und Naturerfahrung die Reflexivität der Schreibbewegung beim „Wandern durch ein Motiv" (A 56) oder bei der Inszenierung der „furiosen Finger" auf der Schreibmaschine als „*1 Waldbrausen zwischen Hirn und Hand*" (BR 183; vgl. Kyora 2004). Noch in ihrer letzten längeren Prosa *da ich morgens und moosgrün. Ans Fenster trete* verbindet der Titel Bewegung und Natur, während die Schreibende im Text die Beziehung zum Schreibprozess mit „dem Modewort ‚naturewriting'" (MMF 97) assoziiert und damit die enge Beziehung zwischen Naturwahrnehmung und Inspiration betont.

Drittens und literaturhistorisch später gehört zur Vagabondage auch das Flanieren und Herumstreunen des schreibenden Subjekts. Hier ist die intertextuelle Folie im Surrealismus zu finden, also in den Texten Bretons, etwa in *Nadja* (1928) und *L' Amour fou* (1937), oder in Aragons *Le Paysan de Paris* (1926). Deutlich ist bei Mayröcker, dass wie in den surrealistischen Texten der Hintergrund eher ein städtischer ist, etwa wenn das Ich in *Reise durch die Nacht* (1984) – die passend zur intertextuellen Folie zwischen Paris und Wien stattfindet – darüber spricht, dass es herumstreunt „in einem beklagenswerten Zustand, [...] im Innern diese Wahnproduktionen" (RN 36). Mit der Erfahrung des ‚Herumstreunens' ist so auch eine Wahrnehmung formuliert, die mit Gefühlen der Verwahrlosung und der fehlenden Arbeitsfähigkeit des schreibenden Ichs verbunden ist. Die ziellose Bewegung dient aber auch wie bei den Surrealisten dazu, die Inspiriertheit wieder heraufzurufen. So ist das Vagabundieren „in meiner Stadt" mit der Empfindung verbunden, dass das schreibende Ich „am Äther der Poeten" „sauge" (SL 33).

Literatur

Kunz, Edith Anna: Verwandlungen. Zur Poetologie des Übergangs in der späten Prosa Friederike Mayröckers. Göttingen 2004.

Kyora, Sabine: „1 Waldbrausen zwischen Hirn und Hand". Körperlichkeit und Inspiration in Friederike Mayröckers Prosa *brütt oder Die seufzenden Gärten*. In: Axel Dunker/Sabine Kyora/Dirk Sangmeister (Hg.): Literatur ohne Kompromisse. Ein Buch für Jörg Drews. Bielefeld 2004, 422–434.

Kyora, Sabine: „ob es nicht mühsam sei am Rand der Straße zu wandern": Wandern, Pilgerschaft und Vagabundieren. In: Alexandra Strohmaier (Hg.): Buchstabendelirien. Zur Literatur Friederike Mayröckers. Bielefeld 2009, 141–155.

Strohmaier, Alexandra: „Bekenntnisse haben nichts mit der Wahrheit zu tun." Zur Performativität der Prosa Friederike Mayröckers. Punktuelle Anmerkungen. In: Françoise Lartillot/Aurélie Le Née/Alfred Pfabigan (Hg.): „Einzelteilchen aller Menschengehirne".

Subjekt und Subjektivität in Friederike Mayröckers (Spät-)Werk. Bielefeld 2012, 115–130.

Strohmaier, Alexandra: Prosa und/als Performanz. Zur performativen Ästhetik Friederike Mayröckers. In: Dies. (Hg.): Buchstabendelirien. Zur Literatur Friederike Mayröckers. Bielefeld 2009, 121–140.

Thums, Barbara: Metamorphosen von Leib und Seele. Die Schreibexerzitien Friederike Mayröckers in *Die Abschiede, mein Herz mein Zimmer mein Name* und *Stilleben*. In: Gerhard Melzer/Stefan Schwar (Hg.): Friederike Mayröcker. Graz/Wien 1999, 65–90.

Teil VIII

Wirkung

Visualisierungen, Vertonungen, Inszenierungen

Inge Arteel

Friederike Mayröckers Werk ist nicht nur von einer intensiven und produktiven Auseinandersetzung mit textuellen, visuellen und auditiven Künsten durchdrungen; auch viele Kunstschaffende in unterschiedlichen artistischen Disziplinen wurden von ihrem Werk inspiriert. Im Folgenden werden einige Beispiele dieser künstlerischen Wirkung einführend vorgestellt. Bei dem heutigen Stand der Mayröcker-Forschung, die sich dieser Wirkung bis jetzt kaum gewidmet hat, kann diese Vorstellung nicht anders als stichwortmäßig und unvollständig erfolgen. Eine vertiefte Spurensuche nach der künstlerischen Auseinandersetzung mit Mayröckers Werk sowie deren systematische Katalogisierung und Analyse stellen große archivarische und wissenschaftliche Desiderate dar. Der Beitrag schließt mit Erläuterungen über die Inszenierung *Oper!* (2017) von Otto Brusatti.

Bildende Kunst: Malerei – Graphik – Plastik – Photographie

Die quantitativ am stärksten vertretene Auseinandersetzung findet zweifelsohne in der Malerei und der Graphik statt. Oft handelt es sich dabei um ein integriertes Zusammenarbeiten, sodass sich die Frage erübrigt, ob das Bild erst nach dem Text entstanden ist oder vice versa: „[D]ie Bilder, die Texte flogen hin und her zwischen uns", so Mayröcker über die Zusammenarbeit mit Andreas Grunert (Mayröcker/Grunert 2002, 6; s. Kap. 50). Meistens werden denn auch sowohl Mayröckers Name als jener des involvierten Künstlers oder der Künstlerin gemeinsam als Autornamen angeführt (vgl. etwa Mayröcker/Pils 1993; Mayröcker/Tarlatt 2010). Eine genaue produktionsgenetische Rekonstruktion wäre in diesen Fällen notwendig, um die intermediale Dynamik der Zusammenarbeit identifizieren zu können. Aus anderen Beispielen geht klarer hervor, dass die künstlerische Arbeit *nach* den Texten entstanden ist (vgl. etwa Vallazza 1992; Zechner 2014). Eine Konstante zeigt sich in dem ausgesprochen literaturaffinen Charakter der involvierten Künstler und Künstlerinnen. Mehrere von ihnen haben sich auch noch mit anderen Literaten und literarischen Werken auseinandergesetzt. Des Weiteren sind die aus dem Dialog hervorgegangenen Werke mehrheitlich in Ausstellungskatalogen oder bibliophilen Kunstbuchausgaben mit limitierter Auflage erschienen (vgl. exemplarisch für letztere Kategorie *Nimbus der Kappe*, wovon Ausgabe A aus 20 Exemplaren besteht, die einen handschriftlichen Text von Mayröcker und eine Handzeichnung von Olaf Nicolai enthalten; die Ausgabe B umfasst die Exemplare 21 bis 100, die über eine lithographische Beigabe

I. Arteel (✉)
Vrije Universiteit Brussel, Brüssel, Belgien
E-Mail: inge.arteel@vub.be

von Nicolai verfügen; vgl. http://www.burgartpresse.de/Drucke/druck08.htm). Mit der nachfolgenden Auflistung wird ausdrücklich keine rigide Einordnung in Kategorien der intermedialen Interdependenz vorgenommen, da, wie erwähnt, die dazu notwendigen Forschungen noch ausstehen.

Bekannte Beispiele von Mayröckers Beteiligung im Bereich der bildenden Kunst sind die schon erwähnte Ausgabe *Nimbus der Kappe* (1993) von Mayröcker und Olaf Nicolai (s. Kap. 25) und der Bild-Text-Zyklus *1 Nervensommer* (2002) von Mayröcker und Andreas Grunert, der 2002 Gegenstand einer Ausstellung im Palais Harrach des Kunsthistorischen Museums in Wien war. Die Ausstellung dokumentierte die Zusammenarbeit, die in den Jahren 1998 und 1999 stattfand. Später malte Grunert unter dem Titel „Nervensommer" noch ein paar großformatige Acrylbilder, die auf Motive des Zyklus zurückgreifen. Als eine gemeinsame Arbeit von Mayröcker und der Malerin Maria Lassnig wird auch die Ausgabe *Rosengarten* (1984) präsentiert, die eine Radierung von Lassnig enthält. Lassnig hat Mayröckers Werk immer wieder intensiv rezipiert (vgl. Obrist 2024, 274). Aus einer weiteren Zusammenarbeit mit einem Künstler ging der Bildband *Betblumen – (ein) mein Lieblingstod* (1993) von Mayröcker und Tobias Raphael Pils hervor. Und in *Unterwegs im Mohnwald* (2011) stehen Holzschnitte und Zeichnungsdrucke von Ulrich Tarlatt neben Mayröcker-Texten. Von 1995 bis 1996 stand Mayröcker im Austausch mit der Malerin und Graphikerin Karla Woisnitza: Ungefähr ein Jahr lang tauschten die beiden Texte und Bilder aus, die – ganz im Sinne einer postalischen Poetik – in einem Heft hin- und hergeschickt wurden. Die Zusammenarbeit blieb als eigenständiges Produkt vorerst unveröffentlicht, floss aber in verwandelter Form in *brütt* ein (vgl. Reichert 2001, 568).

Die graphische Künstlerin Angelika Kaufmann ist als Illustratorin von Mayröckers Kinderbüchern bekannt; die beiden arbeiteten gemeinsam an fünf Kinderbüchern (s. Kap. 38). Kaufmanns Kunstpraxis enthält aber auch viele sogenannte „VerBuchungen" und „AbSchriften" von Mayröcker-Texten (Zintzen 2007, 39–40). Für die Mayröcker-Ausgabe *oh süsze Knochen meines Schmetterlings* (2004) fertigte Kaufmann Illustrationen auf der Basis sogenannter „Textzerlegungen" an. Auf Transparentpapier wurde ein Kapitel aus *Das Herzzerreißende der Dinge* (1985) geschrieben. Mit einem ausgeklügelten Prozedere der Beschriftung, des Schneidens, Faltens und Zusammensetzens wurde die papierne Schrift zerlegt und in dreidimensionalen Installationen wiederhergestellt. 2005 nahm Kaufmann den Gedichtband *Mein Arbeitstirol* als Basis für plastische, würfelförmige Wortskulpturen (vgl. Kaufmann 2007).

Das Herzzereißende der Dinge hat auch den Künstler Markus Vallazza inspiriert. Er legte einen Zyklus von mehr als 100 Radierungen und Kaltnadelarbeiten auf Zink als ‚graphische Paraphrasen' des Textes vor (vgl. Vallazza 1992). Vallazza hat u. a. auch zu Texten von H. C. Artmann gearbeitet (vgl. Vallazza/Artmann 1991). Vom österreichischen Künstler Alexander Rutsch, der 1952 nach Paris zog und 1968 in die USA auswanderte, wurde ein Bildband mit Gemälden, Skulpturen und Zeichnungen veröffentlicht, der auch Kunstwerke zu zehn Gedichten aus Mayröckers späterem Gedichtband *Das besessene Alter* (1992) enthält (Rutsch 1990, 181–194). Die Gedichte, darunter das bekannte *Hölderlinturm, am Neckar, im Mai* (1989; GG 518) und *eine Postkarte aus Treviso, oder das Mannawunder nach Tintoretto* (1987; GG 498–499), sind im Original und in einer englischen Übersetzung durch Beth Bjorklund abgedruckt.

Nach der Lektüre von Mayröckers *Gesammelten Gedichten* (2004) hat der bildende Künstler Johanes Zechner sechs Jahre lang jeweils zwei Sommermonate an bildnerischen Übersetzungen der Gedichte gearbeitet. Seine *Mayröcker-Übersetzung*, die er 2014 fertigstellte, besteht aus monochromen Bildtafeln, auf denen einzelne Wörter oder ganze Gedichtzeilen gemalt sind (vgl. Zechner 2014). Die Bilder werden mit dem Kürzel FMZ signiert (vgl. https://kaernten.orf.at/v2/tv/stories/2616479/): Zechners Kunstwerk, ‚Z', entsteht nach und neben dem ‚FM'-Text. Zechner hat sich ebenso mit dem Werk von Peter Waterhouse, Reinhard Priessnitz und Inger

Christensen auseinandergesetzt (vgl. Priessnitz/ Zechner 1998; Zechner 2008). Ein paar Dezennien früher hatte der Schweizer Typograph und Autor Fritz Sauter in seinem 1990 gegründeten, von Dada und Fluxus inspirierten Eigenverlag *edition bim* literarische Plakate mit Mayröcker-Texten verfasst (vgl. E. F. 1991).

Die Malerin und Graphikerin Vroni Schwegler hat sich wiederholt mit Mayröcker-Texten auseinandergesetzt. So schuf sie 2008 vier Radierungen zu acht Gedichten von Mayröcker für die Buchausgabe *Flieder* (Mayröcker 2008). Ein Jahr danach entstand auf ähnliche Weise das Buch *Das zärtliche Sakrament der Sehnsucht* (Mayröcker 2009). Auch Linde Waber, Tone Fink, Max Weiler, Lydia Roppolt, Martha Jungwirth, Ingrid Wald und Claudia Klučarić, unter anderen, haben Gemälde, Zeichnungen, Lithographien, Text-Bild-Installationen und Illustrationen im Dialog mit Mayröckers Werk kreiert (vgl. etwa Mayröcker/Waber 2014; Mayröcker 1992; Wald 1991).

In der Buchreihe „Elemente der Architektur" des Verlags Niederösterreichisches Pressehaus (St. Pölten) hat der Architekt, Photograph und ehemalige Direktor des Wiener Palais Lichtenstein Johann Kräftner mehrere Bände publiziert, die Architektur mit Poesie in Verbindung setzen. In jeder Ausgabe widmet sich Kräftner in einer Serie von Fotos einem Baudetail – Innenhöfe, Türe und Tore usw. – und stellt seinen Fotos poetische Texte eines bestimmten Autors voran. 1981 erschien der Band *Treppen* mit Aufnahmen von Treppenhäusern und Stiegen aus Wien, anderen österreichischen und auch ausländischen Städten. Das Buch wird eröffnet mit Mayröckers Duchamp-Text *Akt, eine Treppe hinabsteigend* (vgl. Kräftner/Mayröcker 1981, 5–16).

Filmische Arbeiten

Am bekanntesten wurde das poetisch-dokumentarische, 90-minütige Mayröcker-Porträt *Das Schweigen und das Schreiben* (2008) von Carmen Tartarotti (vgl. http://das-schreiben-und-das-schweigen.de/). Schon 1989 hatte die Regisseurin ein Mayröcker-Porträt gedreht, *1 Häufchen Blume – 1 Häufchen Schuh*, unter Mitarbeit des Dichters Bodo Hell (vgl. http://www.carmen-tartarotti.de/pages/inhalt9.html). Die Philosophin und Künstlerin Elisabeth von Samsonow hat 2017 ihre räumliche Klanginstallation in der Dominikanerkirche in Krems in einen Kurzfilm, *Labor des Exo/Endo Korpus*, transponiert, in dem Mayröcker die „peripatetische Idee" (Samsonow 2024, 270) des langsamen, konzentrierten Herumgehens verkörpert (vgl. https://www.samsonow.net/index.php/de/labor-des-exo-endo-korpus). Auf ihren Besuch der Ausstellung in Krems hat Mayröcker ihrerseits in *Pathos und Schwalbe* (2018) angespielt (vgl. PS 220, 244).

Weniger bekannt ist der 43-minütige experimentelle Film *Meomsa* (1988) der feministischen Avantgarde-Filmemacherin Linda Christanell, der von drei Mayröcker-Texten ausgeht. Christanell arbeitete für diesen Film mit Musik des experimentellen Komponisten Anestis Logothetis – der übrigens schon 1954 *Drei Lieder* nach Gedichten von Mayröcker komponiert hatte – sowie mit der Schauspielerin Libgart Schwarz zusammen (vgl. https://www.viennale.at/en/films/meomsa).

Vertonungen, musikalische Performances

Unter dem Titel *Still und laut gelesene Musik. Komponieren mit Friederike Mayröcker* nimmt Andreas Karl eine exemplarische Beschreibung von unterschiedlichen Vertonungen von Mayröckers Werk vor, die er in ihren „Verhältnissen zu Mayröckers Musikalität" (Karl 2024, 319) analysiert. Es ist dies der erste Aufsatz, der sich diesem bis jetzt nur wenig bekannten Aspekt von Mayröckers intermedialer Wirkung widmet. Karl bespricht *das nashorn* (2010), die Vertonung von Mayröckers gleichnamigem Vierzeiler (1991) als kurzes Stück für Kinderchor durch die Komponistin Elisabeth Harnik; die *Vokalisen für einen Countertenor* von Mauricio Kagel für Mayröckers Hörspiel *Gertrude Stein hat die Luft gemalt* (2005); mehrere Kompositionen von Beat Furrer – das zwischen 1983 und 1984 entstandene Stück für zwei Klaviere *Und irgendwo fern, so fern,* das eine Phrase aus Mayröckers Buch *Fast ein Frühling des Markus M.* (1976) als Titel hat, das Kammerensemblestück *In der Stille des Hauses wohnt ein Ton* (1987), dessen Titel dem Band *Larifari* (1956) entnommen wurde, und das Duo für Stimme und Flöte *auf tönernen füssen* (2001), in dem Mayröckers Gedicht *Etwas wie Küsten kleefarben und Gewahrsam der Meere* (c. 1955–1960) zu hören ist –; schließlich Eva-Maria Houbens *was brauchst du?* (2007), eine Komposition für Sopran und Orchester mit Mayröckers gleichnamigem Gedicht (1995).

Schon 2000, noch im Todesjahr Ernst Jandls, komponierte der Komponist, Organist und Dirigent Martin Haselböck *„.....will nicht mehr weiden..." Requiem für Ernst Jandl* für Sprecher und Streichorchester, das ein Jahr danach auch in einer Hörstückfassung für den Rundfunk produziert wurde. Haselböck hatte auch schon früher mit Mayröcker-Texten gearbeitet, und zwar für die als Konfrontation mit Haydns *Tageszeiten-Symphonie* gedachte Komposition *Tagesgezeiten für Sprecher und Kammerorchester* (1993), die im Juni 1993 von Haselböcks Orchester Wiener Akademie im Wiener Konzerthaus uraufgeführt wurde, einer Aufführung, an der sich Mayröcker als Rezitatorin beteiligte (vgl. https://db.musicaustria.at/node/104060).

In dem Lied- und Chanson-Genre situiert sich das Werk der Gitarristin und Komponistin Ingrid Elisabeth Fessler, die zwischen 1975 und 1986 lyrische Texte von Mayröcker, Gerhard Rühm, Ernst Jandl, Andreas Okopenko und anderen als „Spontane Musik" (Fessler 2012, 35) vertont und gesungen hat, sich selbst auf der Gitarre, der Laute oder dem Sitar begleitend. Fessler, die auch „Gemalte Lieder" (Fessler 2012, 33) zu bildnerischen Werken komponierte, trat mit ihrem Programm oft anlässlich von Ausstellungen in Museumsräumen auf. Von Fessler liegt die Schallplatte *So nah sind wir am Untergang, so nah sind wir am Licht* vor (1983; 2012 als CD neu produziert, vgl. https://www.orlando-records.com/cds/or-0002), auf der sie die Mayröcker-Gedichte *Eine gelbe Gladiole* und *Wird welken wie Gras* singt.

Sprechtheater – Tanztheater – Musiktheater

Um die ersten Bühnenadaptionen von Mayröcker-Texten hat sich das Theater Brett aus Wien verdient gemacht, eine Gruppe, die gestische und pantomimische Spielweisen bevorzugte. 1981 entstand die Inszenierung *Die Versatzstücke oder: So hat dieser Tag doch noch einen Sinn gehabt*, eine Szenenfolge von 14 Collagen mit Mayröcker-Texten, Musik und Dias, als mimisch-gestisches Bewegungstheater gebracht. Die Inszenierung unter der Regie von Ludvík Kavín und Nika Brettschneider, den Gründern des Theater Brett, lenkte die Aufmerksamkeit u. a. darauf, dass Mayröcker „die Witz-Poetik, das Absurdum-Theater, die Nonsens-Komik ganz großer Klasse beherrscht" (Ziegler 1981, 11).

1985 brachte das Theater Brett *Experimente für Selbstmörder, Szenische Collage aus Texten von Friederike Mayröcker*. Sowohl Mayröckers *Tender Buttons für Selbstmörder* (FF 31–38) als auch ihre *demontage einer serie von liebesgeschichten* (GP I, 327–331) werden in einer Bearbeitung und Regie von Ludvík Kavín in dieser Inszenierung über Selbstmord und Liebe integriert. Schuberts *Der Tod und das Mädchen* (1824/1826) liefert die Musik. Die Grundrissform des Kinderspiels Tempelhüpfen, das in Mayröckers *Tender Buttons* eine Rolle spielt (vgl. FF 35), dient als Basis der Szenographie und bringt „das Bild der Lebenslust" (Chernel 1985) in die Inszenierung ein. 1998 wird Theater Brett auch Mayröckers *NADA. NICHTS.* inszenieren, mit einem Bühnenbild von Linde Waber (s. Kap. 21).

Mayröckers Werk hat entschieden zu der Entwicklung des innovativen Musiktheaters des Komponisten Thomas Pernes beigetragen. Ende der 1980er- und Anfang der 1990er-Jahre erarbeitete Pernes eine eigene Form des musikalischen Theaters, für die er ein multimediales Sprach- und Klanggeflecht aus Geräuschen, Gesang und Sprechtext entwickelte. In den Inszenierungen arbeitete er mit Videoaufnahmen und Bandzuspielungen. Bei den Wiener Festwochen 1988 präsentierte Pernes seine Produktion *Klangtheater* mit Texten aus *Das Herzzerreißende der Dinge*. Inszeniert wurde die Produktion von Ellen Hammer; Tone Fink entwarf einen Skulpturengarten als Bühnenbild, Bruno Ganz war als Sprecher involviert. Im Kunstradio des ORF wurde 1992 die radiophone Bearbeitung gesendet; diese ist dort nach wie vor abrufbar (vgl. https://www.kunstradio.at/1992A/6_2_92.html). 1992 hatte in der Wiener Ottakringer Brauerei Pernes' Musiktheaterstück *Breakaway* Premiere, das den Text *die Umarmung, nach Picasso* (1986) einsetzte. Ab 2007 schuf Pernes auch Musiktheaterproduktionen mit Texten von Jandl und Peter Handke. Der 2014/2015 begonnene Entwurf für eine Kammeroper nach Mayröckers Buch *brütt oder Die seufzenden Gärten* hat sich nicht mehr umsetzen lassen (vgl. https://pernes.net/index_en.html).

Das Tanz Atelier Wien hat innerhalb des Programms Motion Phonotop, eines Labors für die performative Begegnung von Sprache, Klang, Licht und Bewegung, für zwei Choreographien von Sebastian Prantl mit Friederike Mayröcker zusammengearbeitet. 2010 entstand die Tanzperformance *Fusznoten... für fünf Tänzer und Tänzerinnen und Klavier*, mit Texten aus *ich bin in der Anstalt. Fusznoten zu einem nichtgeschriebenen Werk* (2010), bei deren Uraufführung im Jesuitentheater Mayröcker selbst die Texte vorlas (bei späteren Aufführungen wurde die Tonbandaufnahme verwendet; vgl. https://www.tanzatelierwien.at/production/33-motion-phonotop-fusznoten/). 2012 bildete *ich sitze nur GRAUSAM da* (2012) den Ausgangspunkt für eine ‚Real Time Composition' von Licht und Bild (Victoria Coeln), Musik (Cecilia Li am Klavier) und Text, auf die der Tänzer Prantl simultan reagierte (vgl. https://www.tanzatelierwien.at/production/35-motion-phonotop-ich-sitze-nur-grausam-da/).

2012 adaptierte und inszenierte die britische Regisseurin Katie Mitchell Mayröckers *Reise durch die Nacht* (1984) für die gleichnamige Theaterproduktion am Schauspiel Köln. Mitchell hat sich einen internationalen Namen gemacht mit ihrem multimedialen Theater, welches das Live-Spiel mit dessen simultaner, hochtechnologischer Videoübertragung kombiniert und Authentizität ständig mit deren *Making-of* konfrontiert. Oft bringt Mitchell dabei Adaptionen anspruchsvoller Texte auf die Bühne, wie z. B. Virginia Woolfs *Wellen* und W. G. Sebalds *Die Ringe des Saturn*. In der Mayröcker-Inszenierung steht ein Eisenbahnwagen quer auf der Bühne. Oberhalb des Wagons wird auf einer großen Leinwand der fragmentarische Videomitschnitt der Zugreise der Protagonistin (Julia Weininger) und ihres Partners (Daniel Betts) von Paris nach Wien gezeigt. Unterhalb der Leinwand werden die halb offenen, halb geschlossenen Abteile des Wagons zu kabinettartigen Spielbühnen für das stumme (Nach- und Weiter-)Spielen bestimmter Stationen aus der realen, im Video gezeigten Reise, oder auch für die Darstellung imaginärer Inhalte aus der im Text evozierten Erinnerungs- und Bewusstseinsreise der Protagonistin. Diese Live-Spiele wiederum werden von sieben Kameras aus unterschiedlichen Kamerapositionen und in extremen Close-Ups simultan auf die obere Leinwand übertragen. In einem der Abteile spricht die Sprecherin Ruth Maria Kröger den Text statisch und eindringlich ins Mikro – dieses Vorlesen gibt die einzige hörbare menschliche Stimme in der Produktion. Die Inszenierung wurde unter anderem dafür gelobt, den disruptiven Bewusstseinsstrom und die verstörende emotionale Atmosphäre höchst überwältigend visualisiert zu haben. Der offen dargelegte Konstruktions- und Kreationscharakter steigert noch den Authentizitätseffekt, ein Paradoxon, das auch Mayröckers Werk kennzeichnet. Die Inszenierung erhielt den Nestroy-Preis 2013 für beste deutschsprachige Aufführung (vgl. https://nestroypreis.at/show_content2.php?s2id=118).

Oper! – „ein bisschen viel zugleich und dann wieder überhaupt nichts"

Als multimediale Inszenierung gilt auch die Produktion *Oper! Eine poetische Komposition für die Bühne*, die der Musikologe, Autor und Radiomoderator Otto Brusatti mit dem Musikensemble Mischwerk für den Kultursommer Semmering im August 2017 auf die Bühne brachte. Den Anfang dieser Produktion bildete ein Text von acht Seiten, den Mayröcker

Brusatti mit den Worten übergeben habe, „es soll halt alles vorkommen, was in einer Oper vorkommt, dort aber nicht wirklich passt. Ein bisschen viel zugleich und eigentlich überhaupt nichts" (Brusatti 2021). Mayröcker hatte wahrgenommen, wie Brusatti 2016 das einzige Drama des Komponisten Anton von Webern, das noch nie aufgeführt worden war, unter dem Titel *Tot* als Stationentheater am Semmering inszeniert hatte. *Tot* ist ein von Symbolismus, Naturmystik und emotionalem Pathos geprägtes Drama, in dem ein Elternpaar den Tod ihres Kindes beklagt und in Natur, Religion und Wahnsinn Zuflucht sucht. Sie wünsche sich auch so etwas, schrieb Mayröcker dem Regisseur, und lieferte ihm einen Text aus den Materialien, die 2018 in das Buch *Pathos und Schwalbe* Eingang finden sollten (vgl. PS 127–138). Die Produktion wurde im Sommer 2017 vier Mal am Semmering aufgeführt. Noch im selben Jahr wurde die Hörspielfassung, auch diese in einer Regie von Brusatti (Tonmeister: Elmar Peinelt und Friedrich Trondl), vom ORF produziert und zum Hörspiel des Jahres 2017 gekürt.

Die Inszenierung wurde für und im Kurhaus am Semmering, das Brusatti einen „Zauberberg" (Brusatti 2021) nennt, konzipiert. In solch einem ortsspezifischen Ambiente werden die räumlichen Koordinaten dessen, was man unter Theater oder Bühne versteht, prinzipiell überschritten und aufgebrochen. Die Räume des Kurhauses werden zu Mitspielern in der Performance; auch das Publikum hat Anteil an der Überschreitung, da es bald sitzt und zuschaut, bald in andere Räume mitgeführt wird. So verstärkt sich der immersive Ritual-Charakter der Performance, der aus Kurhaus, Performance und Publikum eine geteilte Welt, eine temporäre Gesellschaft, schafft, ein Ritual, das am Ende in der Einladung kulminiert, gemeinsam zu essen: Nockerln werden zubereitet und dem Publikum zum Essen angeboten.

Für die Inszenierung hatte Mayröcker ihren Text auf Band gesprochen. Mit dieser Lesung werden die Räume des Kurhauses beschallt, Text und Stimme sind schon da, sind schon ins Kurhaus eingezogen, bevor das Publikum ankommt. Hinzu kommen ein Schauspieler (Bernhard Majcen), eine Tänzerin (Maria Moncheva), die auch als Akrobatin auftritt, die vier Mitglieder des Ensembles Mischwerk und mehrere Requisiten: eine Holzente, ein Kuscheltier, Ästchen in Vasen usw. Mayröckers Stimme vom Band und die Livestimme des Schauspielers wechseln sich ab im Sprechen des Textes; bald spricht er den Text im Voraus, bald mimt er stumm die Worte, die Mayröcker vorliest, bald spricht er sie nach. Die Tänzerin bewegt sich tanzend durch den Raum, vollführt unter anderem einen Schleiertanz und akrobatische Übungen an einem Reifen, der von der Decke hängt. Das Musikensemble sitzt bald als übliches Quartett da, steht aber auch gelegentlich auf, stellt sich in Kreisform auf, schreitet in die Räume nebenan. Bald begleitet die Musik die Darsteller und die Stimme vom Band, bald nimmt sie überhand und übertönt die anderen medialen Elemente der Konstellation. Die Musik ist zitathaft aus unterschiedlichen Genres und Melodien zusammengestellt, die unter anderem dem Oper-Repertoire, der religiösen Musik und der mitteleuropäischen Volksmusik entnommen wurden. In dem einen Nebenraum, einer Art Salon vor dem Hauptsaal, entwickeln sich probenhafte Momente, in denen die Musiker am Klavier experimentieren; in dem Nebenraum auf der anderen Seite, der eher einem Theaterraum oder auch einer Kapelle ähnelt, wird mit anderen Theaterformen experimentiert, mit Kasperl- und Kindertheater, während das Ensemble oben auf der Orgel in Chorform das Kyrie Eleison singt. Der Schauspieler und die Tänzerin stellen, ohne zu Protagonisten zu werden, quasi allegorisch ein männliches und weibliches Prinzip dar, die gelegentlich auch ein Paar bilden. Der Schauspieler spricht den Schrifttext mit anmaßendem Ausdruck und selbstgenügsamer Pose. Im Tanz und der Akrobatik positioniert sich die Tänzerin auf der Seite des Körperlichen und Erotischen.

Alle diese Beteiligten präsentieren sozusagen jeweils einen Aspekt der medialen Schichten, die man gemeinhin mit Opern verbindet, Elementarteilchen der multimedialen Kunstform Oper: Musik, Theater, Tanz, Hochkultur und volkstümliche Intermezzi. Diese Konzentration aufs Elementare gestaltet sich auch als eine parodistische Verkehrung der Oper als historischer Kunstform und Institution, und dies nicht nur, weil Zitate aus Puppentheater und Schlagermusik eingearbeitet werden und am Ende Nockerln gegessen werden, sondern auch, weil die Produktion dezidiert aufs Unspektakuläre setzt. Die Szenographie huldigt der Diminutiv-Form, die auch im Text aufscheint: Die Requisiten ähneln Kinderspielzeug, am Boden stehen drei Vasen mit jeweils einem grünen Ästchen. Die im figuralen Sinne körperlose Autorinnenstimme hat nichts mit der herrischen Omnipräsenz einer schallenden Stimme zu tun, die, wie es zum Beispiel in der Barockoper der Fall war, den Raum füllen kann, auch ohne dass sie sich visuell-körperlich materialisiert. Nicht nur schweigt sie oft, sie wird gelegentlich auch von der Stimme des Schauspielers oder von der Musik abgelöst oder übertönt. Diese Elementarteilchen verhalten sich zueinander, reiben sich aneinander, ohne je zu einem organischen Gesamtkunstwerk zu werden. Die Inkongruenzen und das Nicht-Integrierbare aller Teile und Beteiligten bleiben ständig spürbar, die Energie, die aus den Reibungen hervorgeht, staut sich bald im Raum und bald verfliegt sie. Vor allem aber kommt die Produktion ohne das wesentliche, potentiell spektakulärste Merkmal der großen Opernform aus: Es wird nicht solistisch gesungen, es gibt keinen Platz für divenartige Gesangsvirtuosität.

Dabei ist aber bedeutungsvoll, dass der von Mayröcker vorgegebene Titel der Brusatti-Produktion, *Oper!*, explizit als emphatischer, bejahender Ausruf gedacht ist. Autorin und Regisseur schlagen ein anderes Verständnis von Oper als Kunstform vor: Anstelle des solistischen Gesangs entfaltet sich das Pathos der vorlesenden Stimme; und aus dem Schreiben, das ja den Ausgangspunkt der Produktion bildet, wird ein Mitschreiben, eine Co-Autorschaft: Der Text kommentiert die Performance, das Ereignis der Performance vermischt sich mit dem darin vorgelesenen Text und wird zum Teil der Arbeit am schriftlichen Text – und Arbeit wiederum lässt sich gut mit der etymologischen Herkunft von ,Oper' aus dem lateinischen *opus* verbinden, dessen Mehrzahl *opera* ist.

In der multimedialen Dramaturgie der Performance setzen sich die musikalische Komposition und die Choreographie aus Zitaten aus unterschiedlichen kulturellen und historischen Bereichen zu einer inkongruenten, spielerischen, manchmal fast dada-artigen Collage zusammen. Teilweise werden dabei Signale aus dem Text befolgt, teilweise auch extra Referenzen hinzugefügt. In der Personenregie ist die Ausrichtung auf Protagonisten verschwunden. Mann und Frau stehen stellvertretend für eine Dualität von Aktanten, für eine Dualität von Ausdrucksweisen, von denen keine je eine individuelle Gestalt gewinnt. Folglich sind hier die Diva, die Prima Donna und der Primo Uomo von der Bühne verschwunden, mitsamt der vokalmusikalischen Virtuosität. Außerdem müssen die beiden nicht nur miteinander, sondern auch mit dem Chor der Musiker umgehen. Das Musikensemble präsentiert ein gelungenes Zusammenspielen, ein kreatives Kollektiv, das dadurch auch zu einer führenden und mitführenden Instanz im Ritual der Inszenierung werden kann. Die Performance zieht damit die Konsequenz aus dem parodistischen Umgang mit der Oper als Kunstform, die schon in Mayröckers früherem Schreiben zu finden ist (s. Kap. 16).

Die akusmatische Autorinnenstimme, die das Publikum vom Band hört, bewegt sich tastend durch den Text, bald am Rande der Erschöpfung, bald von einem Energieschub beschwingt. Das Sprechen des schriftlichen Textes erfolgt mit einer Prosodie, die Schriftlichkeit und Oralität, Text und Körper, stimmhaftes Sprechen und vergehende Lebenszeit eng miteinander verbindet. Damit grundiert die Autorinnenstimme wie ein Drittes, das sich durch den Äther der Inszenierung bewegt, die duale Darstellung des Schauspielers und der Tänzerin. Bald verstummt sie, bald geht sie in der Musik unter. Mitnichten ist dies also ein virtuoses Vorlesen, das die vokalmusikalische opernhafte Virtuosität ersetzt. Es ist vielmehr, als ob hier die Souffleuse aus dem „verschlissene[n] schwarzen Kasten", die „unterredende Person" (AR 12), die in dem kurzen szenischen Text *Arie auf tönernen*

Füszen (AR 11–13; s. Kap. 16) vorkommt, hörbar wird, mit ihrer zärtlichen Stimme durch den Raum des Kurhauses flattert und dabei alle und alles berührt, mit einem Rhythmus, wie es die zarte Prosa aus *Pathos und Schwalbe* vorschreibt, zart aber hartnäckig, da es gilt, der eigenen Unbeständigkeit Form zu geben. Zugleich vermischen sich im Vorlesen Ursprung und Mitschrift des Produktionsprozesses. Die Stimme, die vom Band spricht, kommentiert auch das Ereignis selbst und befragt damit sowohl den Ursprungsstatus des Textes als auch die präsentische Einmaligkeit des Live-Ereignisses. Zugleich bringt sie existentiell begründete Lebenszeit in die multimediale Collage ein. Und dies wiederum hinterlässt Spuren in dem Buch *Pathos und Schwalbe*, wo ein Verweis auf die Produktion und deren Gemachtheit nachzulesen ist: „O. B. schreibt mir, bereiten Sie *4 takes* (!) für Ihre Lesung vor" (PS 136). So gestaltet sich die Produktion *Oper!* als ein Schritt in einem vielschichtigen Arbeitsprozess der Co-Kreation, in dem an die Stelle des Singulars eines *opus* oder auch einer Solistenstimme die Reibung zwischen differenten *opera* tritt.

Literatur

Brusatti, Otto: Telefonisches Gespräch mit der Verfasserin, 3.5.2021.
Chernel, Lona: „Einmal noch Tempelhüpfen…". „Experimente für Selbstmörder" im Theater Brett. In: Wiener Zeitung (Wien) vom 18.1.1985, 4.
E. F.: Literarische Plakate – von Hand gesetzt. Fritz Sauter und die „edition bim". In: Schaffhauser Nachrichten (Schaffhausen) vom 23. Juli 1991.
Karl, Andreas: Still und laut gelesene Musik. Komponieren mit Friederike Mayröcker. In: Bernhard Fetz/Katharina Manojlovic/Susanne Rettenwander (Hg.): Friederike Mayröcker. Jahrhundertdichterin. Wien 2024, 311–320.
Fessler, Ingrid Elisabeth: So nah sind wir am Untergang, so nah sind wir am Licht. Wien 2012. [CD und CD-Booklet]
Kaufmann, Angelika: Arbeiten auf und mit Papier 2000–2007. Wien 2007.
Kräftner, Johann/Mayröcker, Friederike: Treppen. St. Pölten 1981.
Mayröcker, Friederike: Rosengarten. Mit einer Radierung von Maria Lassnig. Pfaffenweiler 1984.
Mayröcker, Friederike: Verfaulbett oder DIE ALMLUNGE. Mit Tone Fink. Horn 1992.
Mayröcker, Friederike: Nimbus der Kappe. Mit Olaf Nicolai. Rudolstadt 1993.
Mayröcker, Friederike: oh süsze Knochen meines Schmetterlings. Textzerlegungen von Angelika Kaufmann. Horn 2004.
Mayröcker, Friederike: Flieder. Mit Illustrationen von Vroni Schwegler. Denklingen 2008.
Mayröcker, Friederike: Das zärtliche Sakrament der Sehnsucht. Mit Illustrationen von Vroni Schwegler. Hg. von Kevin Perryman. Denklingen 2009.
Mayröcker, Friederike/Grunert, Andreas: 1 Nervensommer. Texte von Friederike Mayröcker. Bilder von Andreas Grunert. Hg. von Wilfried Seipel. Wien 2002.
Mayröcker, Friederike/Pils, Tobias Raphael: Betblumen. (ein) mein Lieblingstod. Weitra 1993.
Mayröcker, Friederike/Tarlatt, Ulrich: …unterwegs im Mohnwald… Bernburg 2011.
Mayröcker, Friederike/Waber, Linde: Gleich möchte ich mich auf deinem Bild niederlassen. Tageszeichnungen und Texte 1983 bis 2014. Hg. von Christel und Matthias Fallenstein. Wien 2014.
Obrist, Hans Ulrich: Zu den Zeichnungen. In: Bernhard Fetz/Katharina Manojlovic/Susanne Rettenwander (Hg.): Friederike Mayröcker. Jahrhundertdichterin. Wien 2024, 274–277.
Priessnitz, Reinhard/Zechner, Johanes: Blaue Lauben. Graz/Wien 1998.
Reichert, Klaus: „Man kann gar nicht realistisch = verrückt genug schreiben". In: Friederike Mayröcker: Gesammelte Prosa. Bd. V: 1996–2001. Hg. von Klaus Reichert und Jörg Drews. Frankfurt a. M. 2001, 568–572.
Rutsch, Alexander: Paintings, Sculptures and Drawings. Hg. von Roland Hagenberg. New York 1990.
Samsonow, Elisabeth von: Labor des Exo/Endo Korpus. In: Bernhard Fetz/Katharina Manojlovic/Susanne Rettenwander (Hg.): Friederike Mayröcker. Jahrhundertdichterin. Wien 2024, 270–273.
Vallazza, Markus: Vom Herzzerreissenden der Dinge. Zeichnungen zu Friederike Mayröcker. Bozen 1992.
Vallazza, Markus/Artmann, H. C.: Erotika. Bozen 1991.
Wald, Ingrid: Waldwiesen und anderes: mit neuen Gedichten von Friederike Mayröcker. Wien 1991.
Zechner, Johanes: Diese weisse Extase. Zeichnungen mit Sätzen aus det/das von Inger Christensen. Wien/Bozen 2008.
Zechner, Johanes: Die Mayröcker-Übersetzung 2008–2014. Weitra 2014.
Ziegler, Senta: Was ist ein Fliesenschuh? In: Die Furche 30 (1981), 11.
Zintzen, Christiane: text verschlingen. Anmerkungen zu Angelika Kaufmanns „VerBuchung" von Texten Friederike Mayröckers. In: Angelika Kaufmann: Arbeiten auf und mit Papier 2000–2007. Wien 2007, 38–45.

Rezeption im Feuilleton

May Mergenthaler

Die Geschichte der Rezeption von Friederike Mayröckers Werk im deutschsprachigen und internationalen Feuilleton ist eng verbunden mit dessen Publikationsgeschichte und reflektiert zugleich die Entwicklung der literarischen Kultur seit 1945. Weiterhin manifestieren sich in dieser Geschichte die Ziele von Literaturkritik zu informieren, zu unterhalten, zu werten und auf das Literaturschaffen Einfluss zu nehmen (vgl. Anz 2004, 195–196), da diese Ziele auch die Auseinandersetzung mit Mayröckers Texten im Feuilleton motivieren. Eine ausführliche Darstellung und Analyse der deutschsprachigen Mayröcker-Rezeption in Literaturkritik und -wissenschaft hat Marcel Beyer bereits 1992 publiziert; seither sind allerdings nur wenige Veränderungen in den Besprechungen von Mayröckers Veröffentlichungen im Feuilleton zu beobachten.

Grundsätzlich gilt, dass Mayröckers Veröffentlichungen nie ein Massenpublikum gewannen und mit ihrer nicht-kanonischen, oft als ,experimentell' charakterisierten Schreibweise auch nicht auf ein solches abzielten (vgl. Beyer 1992, 54). Zugleich wurde Mayröckers Werk spätestens seit *Tod durch Musen. Poetische Texte* (1966), ihrer bis dahin umfangreichsten selbstständigen Publikation, die etwa dreißigmal rezensiert wurde, intensive und anhaltende Beachtung geschenkt, vor allem im Vergleich zu der ähnlich innovativen literarischen Produktion von Autoren wie Franz Mon (1926–2022) oder Gerhard Rühm (geb. 1930) (vgl. Beyer 1992, 54, 58). Laut dem *Innsbrucker Zeitungsarchiv* (https://www.uibk.ac.at/iza/) erschienen seit *Tod durch Musen* zu jeder selbstständigen Publikation Mayröckers in den vom IZA beobachteten Publikationsorganen bis zu dreiunddreißig Rezensionen (vgl. dazu auch Feneberg et al. 2020). Nach ihrem Tod am 4.6.2021 gab es in den großen deutschsprachigen Zeitungen über dreißig Nachrufe. Auch Radio und Fernsehen sowie breit rezipierte internationale Medien wie die *New York Times* (vgl. Goldmann 2021, 19), *The Times of London* (vgl. Anonym 2021a), *New Delhi Times* (vgl. Anonym 2021b), der schwedische *Göteborgs Posten* (vgl. Moberg 2021) sowie Presseagenturen wie *Agence France Presse* (4.6.2021) würdigten ihren Beitrag zur Literatur.

Überblick

Die deutschsprachige feuilletonistische Mayröcker-Rezeption lässt sich in drei Phasen einteilen, die weitgehend den von der Autorin selbst in einem Interview mit Siegfried J. Schmidt identifizierten Schaffensphasen entsprechen, auch wenn sie weitere, feinere Unterteilungen vorschlägt (vgl. Schmidt 1984, 262). Diese Schaffensphasen

M. Mergenthaler (✉)
Ohio State University, Columbus, Ohio, USA
E-Mail: mergenthaler.4@osu.edu

werden in den Rezensionen von Mayröckers Veröffentlichungen, die keine Kenntnisse über deren Schriften voraussetzen wollen, häufig erwähnt, um einen Überblick über ihr Werk zu geben.

1. Zu Beginn von Mayröckers Publikationstätigkeit (1946–1955) wird ihr Schreiben im Feuilleton als Teil einer nationalen, spezifisch österreichischen, innovativen Nachkriegsdichtung wahrgenommen, was einen Grund darin hat, dass die Autorin bis zum Erscheinen ihrer ersten selbstständigen Publikation *Larifari. Ein konfuses Buch* im Jahr 1956 ausschließlich und in den nachfolgenden Jahren weiterhin häufig in Zeitschriften und Anthologien veröffentlicht oder an Gruppenlesungen partizipiert, die vor allem österreichische Autorinnen und Autoren ihrer Generation versammeln. Außerdem wird Mayröcker erst nach der Publikation von *Tod durch Musen* im Jahr 1966 einer größeren literarischen Öffentlichkeit bekannt. Neben der Assoziation mit der Vorstellung einer österreichischen Nachkriegs-Avantgarde werden Mayröckers frühe Arbeiten, vor allem rückblickend, nach dem Erscheinen der Sammlung *Blaue Erleuchtungen. Erste Gedichte* (1973), von einigen Rezensenten in den kanonischen Kategorien der Erlebnislyrik (vgl. Gomringer 1966, 193) und sogar als „Mädchenpoesie" (Hahnl 1975; vgl. Beyer 1992, 66) wahrgenommen. Mayröcker selbst beschreibt ihre frühen Texte und noch die bis 1966 geschaffenen Arbeiten als stark autobiographisch und emotionsgeleitet (vgl. Schmidt 1984, 262).

2. In den 1960er- und frühen 1970er-Jahren betrachtet die Presse Mayröcker als Teil der Wiener Gruppe um H. C. Artmann, und ihr Werk wird bis heute mit dieser Gruppierung und ihrer Fokussierung auf sprachliche Experimente assoziiert (vgl. Goldmann 2021, 19), obwohl die Autorin regelmäßig versuchte, diesen Eindruck mit Hinweis auf die geringen Kontakte zu nur wenigen Mitgliedern der Gruppe wie Gerhard Rühm und Oswald Wiener zu korrigieren (vgl. Beyer 1992, 26).

3. Ab Mitte der 1970er-Jahre schließlich, als Mayröcker beginnt eine Reihe längerer Prosawerke zu publizieren, die sie als Neuausrichtung ihrer literarischen Entwicklung versteht (vgl. Schmidt 1984, 264–265), bemerkt die Literaturkritik eine Wendung von der intensiven Beschäftigung mit der Sprache zu einem wachsenden Interesse an der Darstellung der Realität. Gleichzeitig wird erkannt, dass Mayröcker in ihren literarischen Texten regelmäßig die sprachliche Vermitteltheit ihrer Realitätsbezüge hervorhebt, was die Kritik dazu anregt, ihr Werk anhand des Motivs der ‚Durchdringung von Sprache und Leben' zu charakterisieren, das bis zu den letzten Veröffentlichungen die Rezeption beherrscht (vgl. Beyer 1992, 76; Großmann 2014, 9; s. dazu Kap. 1). Die Rezensionen der späteren Werke, besonders seit dem Tod von Mayröckers Lebensgefährten Ernst Jandl im Jahr 2000, heben die darin verhandelten Themen des Alterns, der Trauer und der Erinnerung hervor. Der Eindruck, dass Mayröcker an einem einzigen Buch schrieb, wie sie mehrfach selbst erklärte (vgl. Beyer 1992, 46), und dass zwischen vielen ihrer Bände fließende Übergänge bestehen, hat zur Folge, dass sich die Rezensionen unterschiedlicher Werke ihrerseits oft wie die Fortsetzung einer einzigen Kritik lesen, da sie ähnliche inhaltliche und formale Elemente hervorheben (vgl. z. B. Lehmkuhl 2020, 20). Regelmäßig erwähnen Rezensentinnen und Rezensenten außerdem die Schwierigkeit, Mayröckers Texte mit ihren syntaktischen und semantischen Regelabweichungen zu ‚verstehen', und betonen zugleich, emotional stark von ihnen berührt zu werden (vgl. etwa Magenau 2016, 14). Schon zur Publikation von *Tod durch Musen* schreibt ein wenig wohlwollender Kritiker, Mayröckers Texte schwankten „zwischen Konvention und Experiment" und könnten darum Anhängerinnen und Anhängern beider Seiten etwas bieten, was aber „nicht unbedingt ein geeignetes Kriterium für Literatur" sei (Wallmann 1966, 28). In den Folgejahren wird gerade diese Kombination von unterschiedlichen oder sogar widersprüchlichen literarischen Verfahrensweisen – von Sprache als Mittel (z. B. als Mittel des emotionalen Ausdrucks) einerseits und Sprache als Material andererseits – von der Kritik als höchstes Qualitätsmerkmal betrachtet (vgl. Magenau 2016) und von Mayröcker ebenfalls als bedeutende Eigenschaft ihres Schreibens begriffen (vgl. Schmidt 1984, 278). Sie stimmt Schmidt zu, als er in seinem Interview mit der

Autorin deren Texte als „ein Kontinuum von Erleben und Sprache und in diesem Sinne eine totale Funktionalisierung von Sprache" (Schmidt 1984, 278) konzeptualisiert.

Die drei Phasen der Mayröcker-Rezeption

Zu 1) Einer der ersten Leser von Mayröckers Texten, der der literarischen Öffentlichkeit angehört, ist der Lyriker Helmut Koop, der in Kontakt steht mit Otto Basil, dem Herausgeber der Zeitschrift *Plan* (1945–1948). Koop ist laut Mayröckers Aussage von ihren Texten „begeistert" und verschafft ihr 1946 im *Plan* ihre erste Publikation (zit. n. Beyer 1992, 19). Auch die Erwähnungen ihrer frühen Veröffentlichungen und Lesungen in der österreichischen Presse loben ihr Schreiben. Hans Weigel, der der Autorin Publikationen in Zeitungen und in seiner Anthologie *Stimmen der Gegenwart* (1952) vermittelt (vgl. Beyer 1992, 22), empfiehlt ihre „visionär intensive[] Lyrik und Prosa" (Weigel 1950a, 7). Allerdings verwendet er kurz zuvor die gleichen Adjektive für das Schreiben eines anderen Dichters, Herbert Eisenreichs, während er bei Mayröcker die „mythologischen Lyrismen" (Weigel 1950b, 5) preist. Diese beliebig scheinende Kategorisierung von Mayröckers Texten mag Weigels Versuch geschuldet sein, die literarische Produktion einer bestimmten Gruppe zu charakterisieren und zu fördern, aber auch der Neigung von Literaturkritik zur Verallgemeinerung und Formelhaftigkeit (vgl. dazu Anz 2004, 214).

Die wenigen negativen Äußerungen zu Mayröckers Texten aus dieser Zeit beziehen sich auf ihre gesamte dichtende Generation, die u. a. als „zu traurig" (Weigel 1950a, 7) empfunden wird. Ein weiterer Rezensent scheint seine Meinung über die jungen Autorinnen und Autoren, einschließlich Mayröckers, im Laufe der Zeit zum Positiven geändert zu haben. Moniert er erst in der Kritik einer Lesung beim Österreichischen Abend des Kosmostheaters die mangelnde Fähigkeit der jungen Generation, den eigenen Erfahrungen angemessen Ausdruck zu verleihen (vgl. C. S. 1952a, 4), erklärt er einige Monate später zu einer weiteren Lesung, die „Spannung zwischen Erlebniskraft und Ausdrucksmöglichkeit" habe die Veranstaltung „lebendig und frisch" gemacht (C. S. 1952b). Zwar hätten einige der vorgetragenen Texte, darunter auch Mayröckers, „schwerer" als andere „den Weg in den Zuschauerraum" gefunden, seien jedoch „nachhaltiger in der Wirkung" gewesen (C. S. 1952b; vgl. Beyer 1992, 55).

In Anbetracht der im Ganzen gesehen positiven Aufnahme von Mayröckers Frühwerk innerhalb einer literarischen Gruppierung überrascht es Beyer, dass ihr erster selbstständiger Band *Larifari. Ein konfuses Buch* (1956), der die „zuvor von der Kritik begrüßten Texte" (Beyer 1992, 56) versammelt, zurückhaltender aufgenommen (vgl. Beyer 1992, 55–56) und z. B. in einem Artikel in der *Weltpresse* als ihrem Untertitel gerecht werdende, „verfrühte Publikation" von „gelegentlich unreifen und halbartikulierten Empfindungen" (zit. n. Beyer 1992, 56) beurteilt wird. Die von Beyer zitierte, ablehnende Rezension ist allerdings von einer anderen Person verfasst als die früheren lobenden Erwähnungen, und die Formulierung ‚unreife Empfindung' verrät eine Vorstellung von Lyrik als Ausdruck von Gefühlen, die dem kanonischen Begriff von Erlebnislyrik möglicherweise näher kommt als der von Weigel gefeierten literarischen Erneuerung durch die Nachkriegsgeneration. Auch die von Beyer angeführte positive Stimme zu *Larifari* aus der *Frauen Rundschau* begreift das Buch als Ausdruck von erlebnishaften „Impressionen und Betrachtungen" (zit. n. Beyer 1992, 56). Allerdings ist zu bedenken, dass Mayröckers frühes Dichten in der Tat einige Charakteristika von Erlebnislyrik aufweist, was einer – positiven oder negativen – Bewertung anhand dieser Kategorie durchaus Vorschub leistet (vgl. Beyer 1992, 65; Schmidt 1984, 262). Zugleich zeichnet sich in der Verurteilung der ‚Konfusion' des Bandes bereits die Skepsis ab, der Mayröcker, Jandl und andere innovative Dichterinnen und Dichter im Österreich der 1950er- und 1960er-Jahre begegnen und die sie schließlich nach Publikationsmöglichkeiten im damals für literarische Experimente offeneren Deutschland suchen lassen (vgl. Beyer 1992, 28–30).

Zu 2) In Deutschland veröffentlicht Mayröcker 1964 zunächst den von Max Bense und Elisabeth Walther herausgegebenen schmalen Band *metaphorisch*, der jedoch kein großes Medienecho findet. Die 1966 bei Rowohlt erscheinende Sammlung von Arbeiten aus zwanzig Jahren, *Tod durch Musen. Poetische Texte*, wird hingegen von namhaften Kritikerinnen und Kritikern in bedeutenden Tageszeitungen und Zeitschriften rezensiert, was sich u. a. der Werbekapazität des Verlags verdankt (vgl. Beyer 1992, 56–57). Als zeitübergreifende Werkauswahl verspricht der Band Einblick in das gesamte Schaffen der Autorin bis zum Zeitpunkt der Publikation und wird im Nachwort von Eugen Gomringer auch aus dieser Perspektive präsentiert. Gomringer teilt Mayröckers Dichtung in zwei Phasen ein: in frühe „Erlebnis-Texte" und in ab ca. 1950 entstandene „Reiz-Texte", in der „das Herstellen von Texten das Anwenden von Sprache überwiegt" (Gomringer 1966, 193–194). Diese auf Sprache als Material fokussierten Texte verortet er dementsprechend im „wachsenden Feld der internationalen experimentellen Poesie" (Gomringer 1966, 193) und betrachtet sie sogar als paradigmatisch für diese literarische Richtung. Gleichzeitig bemüht Gomringer sich darum, Kontinuität in Mayröckers Schreiben aufzuzeigen, indem er auch die „,Erlebnis-Texte'" als „Zeugen" für eine Poesie begreift, „die immer wieder an ihrer sprachlichen Eigenwelt interessiert ist und sich an ihre sprachliche Struktur zu erinnern scheint" (Gomringer 1966, 194). Bei aller Experimentalität hält er an den auf das 18. Jahrhundert zurückgehenden Begriffen von Autorin bzw. Autor, Originalität und Werk fest – eine Rezeptionshaltung, mit der auch die Kritik Mayröckers Texten entgegentritt. Ähnlichkeiten mit dem automatischen Schreiben, Traumnotaten, einem unbewussten Schreibstrom oder einem zufallsgeleiteten poetischen Verfahren werden zumeist mit Behauptungen über die Kunstfertigkeit der Autorin relativiert. So findet z. B. Czernin, dass „das, was unter allen andern Umständen als unter jenen von Mayröckers Texten zufällig oder beliebig wäre", in *Tod durch Musen* „poetisch notwendig wird" (Czernin 1994, 30); Encke erklärt in ihrer Rezension von *Paloma* (2008), man könnte vermuten, der Text wäre „ein unbewusster Schreibstrom, [...] wüsste man nicht, wie präzise die Sätze arrangiert sind" (Encke 2008, 29).

Helmut Heißenbüttel übernimmt und erläutert in seiner Rezension von *Tod durch Musen* Gomringers literaturhistorische Einordnung des Bandes, indem er Mayröcker, direkt auf Ernst Jandl folgend, als letztes Mitglied der Wiener Gruppe vorstellt und ihr Schreiben als den „Versuch" einschätzt, „Methoden des Surrealismus wie der konkreten Poesie gleichermaßen fruchtbar zu machen" (Heißenbüttel 1966). „Reiztexte" besagt laut Heißenbüttel, „daß dem Reiz der Wörter, Wortgruppen, Sätze und Satzbruchstücke mehr zugetraut wird als dem möglichen Kausalzusammenhang oder einer an Inhalt gebundenen Logik". Den „höchsten Rang" erreichten Mayröckers Gedichte, wenn sie „undurchdringlich" erschienen und „mit nichts als dem vielfach facettierten Gepränge ihrer Wörter dem Leser entgegentreten" (Heißenbüttel 1966). Heißenbüttel spricht Mayröckers Gedichten im Einklang mit deren Einschätzung als surrealistisch auch einen Erlebniswert zu, wenn er in ihnen „Perspektiven halluzinativer Verwandlung" (Heißenbüttel 1966) erkennt. Obwohl Mayröcker den Surrealismus selbst als einen wichtigen Einfluss anerkennt (vgl. Schmidt 1983, 272–273), moniert Beyer, dass die Zuordnung ihres Schreibens zu dieser Kunstrichtung oder zu anderen Strömungen wie dem automatischen Schreiben oder DADA oft unbedarfte und selten begründete Versuche seien, ihr Werk literaturhistorisch zu verorten (vgl. Beyer 1992, 69–73).

Helmut Salzingers und Jürgen Wallmanns Verrisse von *Tod durch Musen* können stellvertretend für die in der Minderheit stehenden kritischen Rezensionen des Bandes verstanden werden. Mayröckers frühe Gedichte sind laut ersterem banale Erlebnislyrik, die späteren Texte Manifestation eines wenig innovativen, schon von Gottfried Benn propagierten sprachlichen ‚Machens' (vgl. Salzinger 1967). Wallmann erkennt in dem Band einen Wechsel von einer „deutlich autobiographisch gefärbte[n] Erlebnislyrik", die zwar „bildhaft anschaulich und gedanklich fassbar", aber trotz einiger moderner Aspekte wenig originell sei, zu einer „forcierten Modernität" vermittels „intellektuelle[r] Montage" von Versatzstücken, die noch zahlreiche konventionelle Elemente beibehielten. Das Ergebnis schwanke unentschieden „zwischen Konvention und Experiment" (Wallmann 1966, 28) und sei aus diesem Grund für Anhängerinnen und Anhänger beider Richtungen attraktiv. Diese abwertend gemeinte Charakterisierung ist Mayröckers Schreiben allerdings durchaus angemessen und wird in der Folge immer wieder in lobender Absicht erwähnt, vor allem nach der Abwendung der Autorin vom Sprachexperiment ab 1971 und ihrer Öffnung gegenüber der Sprache als Ausdrucksmittel.

Zu 3) Die Kritik versteht, Mayröckers eigener Einschätzung entsprechend (vgl. Schmidt 1984, 266–267), die Publikation von *je ein umwölkter gipfel. erzählung* als Hinwendung zur Realität, genauer zu der Realität des im Text sprechenden Ich, seiner Wahrnehmungen, Emotionen und Reflexionen (vgl. Beyer 1992, 76). Gleichzeitig wird bemerkt, dass es sich um eine Erzählprosa handelt, die mit herkömmlichen Strukturen des Erzählens wie Linearität der Handlung oder narrativen Figuren im klassischen Sinne bricht (vgl. Beyer 1992, 75). Beginnend mit dem auf *je ein umwölkter gipfel* folgenden längeren Prosawerk *Licht in der Landschaft* (1975), dem ersten bei Suhrkamp publizierten Buch, an das sich eine Reihe weiterer Prosaarbeiten anschließt, werden die Rezensionen aufmerksam auf das autobiographische Moment von Mayröckers Schreiben und verwischen dabei zunehmend die Differenzen zwischen realer Person und narrativem Ich, wie Beyer beklagt (vgl. Beyer 1992, 77–81). Tatsächlich wird, was Beyer ebenfalls zeigt, diese Rezeptionshaltung wenigstens für *Reise durch die Nacht* (1984) und *Das Herzzerreißende der Dinge* (1985) vom Verlag selbst vorgegeben, der letzteren Band als „Fortsetzung einer Biographie" ankündigt, „die in dieser Schreibart mit *Reise durch die Nacht* [...] begonnen hat" (HD, o. S.). Eine Reihe von Rezensionen stellt diese Kategorisierung allerdings in Frage und erkennt in Mayröckers Prosa eine Reflexion über die und Erweiterung der Möglichkeiten des Autobiographischen (vgl. Beyer 1992, 81–82).

Von Mayröckers literarischen Texten, den poetologischen Aussagen in ihrer Prosa und Lyrik sowie ihren Interviews übernimmt die Kritik den seit *Reise durch die Nacht* (1984) wohl wichtigsten Topos der Durchdringung oder gar Identität von Leben und Schreiben (vgl. Beyer 1992, 79–81; MB I, 30; s. dazu auch Kap. 1). Vermittels dieses Topos kann sich die Kritik von einer naiven Vorstellung von Literatur als authentischem Abbild des Lebens distanzieren, die Mayröckers Werk nicht angemessen wäre. Allerdings führt er bei einigen Kritikerinnen und Kritikern bis zur gleichfalls problematischen Aufhebung der Unterscheidung zwischen Person und Ich-Erzählerin oder lyrischem Ich (vgl. Beyer 1992, 81). Diese Herangehensweise lässt sich noch in den Rezensionen von Mayröckers jüngsten Publikationen feststellen. So identifiziert z. B. Segebrecht Verfasserin und Text-Ich, wenn er in seiner Rezension von *dieses Jäckchen (nämlich) des Vogel Greif* (2009) schreibt, aus der Formulierung „Tränen aus Sprache" könne man schließen, dass die „Sprachkünstlerin" selbst „nur weinen" (Segebrecht 2009, Z5) könne. Mayröcker legte allerdings solche identifikatorischen Deutungen nahe, indem sie in Interviews erklärte, dass die Selbstdarstellungen in ihrem Schreiben, darunter auch ihres Weinens, auf reale Erfahrungen zurückgingen (vgl. Eidlhuber 2019, A1–2). Dennoch wäre es die Aufgabe der Literaturkritik, der poetischen Transformation der behaupteten Realität nachzugehen, statt die Identität von Poesie und Leben anzunehmen.

Trotz Mayröckers Publikation zahlreicher als Prosa gekennzeichneter Werke, beginnend mit *je ein umwölkter gipfel*, wird sie von einigen Rezensentinnen und Rezensenten in den 1980er-Jahren noch vorwiegend als Lyrikerin wahrgenommen und das Fehlen von klaren Erzählstrukturen in ihrer Prosa bemängelt (vgl. Beyer 1992, 83). Allerdings wird auch häufig festgestellt, dass die Differenzen von Prosa und Lyrik bei Mayröcker verschwimmen, da Mayröcker auch in der Prosa lyrische Verfahrensweisen wie bildhafte Sprache verwende, traditionelle Erzählmuster aber vermeide (vgl. Beyer 1992, 63, 83; s. dazu auch Kap. 49). Zahlreiche ihrer Texte werden, Mayröckers eigene Bezeichnung übernehmend, mit Ponges Neologismus als ‚Proëme' charakterisiert (vgl. GP VI; Lehmkuhl 2020, 20). Gleichzeitig insistiert die Autorin in Gesprächen immer wieder darauf, dass ihre Gedichte und Prosa auf ganz unterschiedliche Weise entstünden (vgl. Schmidt 1984, 271; Larson 2018). Ihre Gewohnheit der etwa letzten zwei Jahrzehnte ihres Schreibens, ihre Textstücke zu datieren, egal ob sie unter der Kategorie Prosa oder Lyrik erschienen, fördert jedoch die Betrachtungsweise ihrer verschiedenen Publikationen als einer fortlaufenden Schrift. Ein wichtiger Unterschied zwischen Prosa und Lyrik wird in der Kritik allerdings darin gesehen, dass die Mayröcker'sche Prosa den Eindruck eines Fließens erweckt, etwa, wenn bemerkt wird, dass ein Text wie *mein Herz mein Zimmer mein Name* (1988) „über mehr als dreihundert Buchseiten hinweg, ohne Punkt und Absatz" auskomme (Weiss 1989, 67), während ihre Gedichte, ob lang oder kurz, im Druck häufig durch einen Titel oder eine Datierung voneinander abgesetzt seien und sich im Verlauf der Jahre z. T. formal stark veränderten (vgl. Hartung 2003, 36; Klein 2004, 26–27).

Ein immer wieder auftretendes Thema in der Mayröcker-Rezeption, von den Rezensionen von *Larifari* bis zu denen ihrer letzten Veröffentlichung zu Lebzeiten *da ich morgens und moosgrün. Ans Fenster trete* (2020), ist die Schwierigkeit, ihre Texte als Mitteilungen von Inhalten zu verstehen und auf eine Bedeutung hin zu interpretieren (vgl. Schmitz 2020; Segebrecht 2009, Z5; Schmidt 1984, 275–276; Beyer 1992, 65–67). Wird die ‚Schwerverständlichkeit' ihres Schreibens anfangs noch häufig bemängelt (vgl. Beyer 1992, 67–68), so wird sie mit der Etablierung ihres Rufs als einer ‚Grande Dame' der Literatur (vgl. Goldmann 2021, 19) als Konsequenz einer poetischen Verfahrensweise erkannt. In dieser Einschätzung manifestiert sich erneut eine Auffassung von Autorschaft, die der Autorin bzw. dem Autor eine bestimmte Intention, sogar ein literarisches Programm zuschreibt. Die Rezensionen gehen dabei kaum der Frage nach, ob Mayröckers Texte über die festgestellten Intentionen der Autorin hinausgehen.

Mit der überwiegend positiven Aufnahme von Mayröckers Werk seit der Publikation von *Tod durch Musen* durch das Feuilleton, den Rundfunk und den Literaturbetrieb, der es mit zahlreichen Preisen auszeichnete, fand sich eine Reihe von deutschsprachigen und internationalen Unterstützerinnen und Unterstützern, die z. T. regelmäßig Rezensionen verfassten. Durch den Wechsel zum Suhrkamp-Verlag, dessen Hausautorin sie wurde, stand Mayröcker unter dem „ungeschriebenen Gesetz der alljährlichen Publikation" (Beyer 1992, 41), das ihrem Schreiben jedoch förderlich war. Die Kontinuität des Publizierens ermöglichte eine ebenso kontinuierliche Rezeption im Feuilleton und verschaffte ihrem Werk anhaltende Aufmerksamkeit. Zu den Rezensentinnen und Rezensenten, die Mayröckers Veröffentlichungen wiederholt besprachen, gehörten Kritikerinnen und Kritiker wie Paul Jandl, Harald Hartung, Maria Renhardt und Hedwig Rohde oder Lyrikerinnen und Lyriker wie Traute Foresti und Nico Bleutge. Die Literaturwissenschaft wurde u. a. durch Klaus Kastberger, Wendelin Schmidt-Dengler und Sabine Döring vertreten. Besprechungen einiger Künstlerkollegen wie Bodo Hell oder Marcel Beyer, sowie von Personen, die Mayröckers Arbeit auf unterschiedlichen Ebenen der Literaturvermittlung förderten, wie etwa Gisela Lindemann oder Heinz Schafroth (vgl. Beyer 1992, 59), sind eher in Literaturzeitschriften und Sonderpublikationen als in Tages- und Wochenzeitungen oder im Rundfunk zu finden. Einige der Mayröcker gewidmeten Bände vereinen literarische, kritische, essayistische und akademische Stimmen und Herangehensweisen (vgl. Schmidt 1984; Strohmaier 2009), darunter auch der bedeutende Aufsatz von Ernst Jandl zu Mayröckers poetischer Syntax (vgl. Jandl 1979). Interpretationen einzelner Gedichte erscheinen in der *Frankfurter Anthologie* (jüngst von Ammon

2023), der Tagespresse (vgl. Bussmann 2013) oder im Schulfunk (vgl. Jandl 1975).

Weniger zahlreich als die Besprechungen von Printpublikationen und einzelnen Gedichten sind die Rezensionen von Hörspielen, mit Ausnahme der preisgekrönten Gemeinschaftsarbeit mit Ernst Jandl *Fünf Mann Menschen* (1971), die sogar in der *New York Times* als revolutionäre und vorbildliche Radioarbeit Erwähnung findet (vgl. Kostelanetz 1981, 33; Beyer 1992, 289–290). Mayröckers Kinderbücher werden im Feuilleton in der Regel weniger umfangreich und zumeist von anderen Personen rezipiert als ihre Prosa und Lyrik. Zu *Sinclair Sofokles der Babysaurier* (1971) listet Beyer zwar sechsundzwanzig Rezensionen auf, darunter vier zu der Übersetzung ins Englische von 1974; sie erscheinen jedoch zum großen Teil anonym (vgl. Beyer 1992, 288–289). Eine Rezension im *School Library Journal*, das keine Bekanntschaft mit Mayröckers übrigem Werk verrät, kann dem Buch wenig abgewinnen (vgl. Bock 1974, 66). In *Publishers Weekly* wird das Kinderbuch „als reiche Mischung von Komik und Wehmut" (Anonym 1974, 114 [Übers. d. Verf.]) gelobt. Weitere Kategorien der Rezeption bilden die Rezensionen der zahlreichen Sammelbände von Mayröckers Prosa und Gedichten, die Berichte zur Verleihung bedeutender Preise wie des Büchner-Preises im Jahr 2001 sowie die Artikel, die ihre runden und immer höheren Geburtstage feiern, und schließlich die zahlreichen Nachrufe im Jahr 2021. Gemeinsam ist diesen Beiträgen, dass sie versuchen, einen historischen Überblick über Mayröckers Schaffen zu geben und dabei die wesentlichen Entwicklungen und Werkphasen zu beschreiben.

Mayröckers Werk wurde von etablierten Zeitungen ebenso rezipiert wie von avantgardistischen Literaturzeitschriften. Dabei ist zu bemerken, dass eine klare politische Richtung in der Rezeption ihres Werks ebenso wenig zu erkennen ist wie in Mayröckers Wahl von Publikationsorten (vgl. Beyer 1992, 49). Bemerkenswert ist, dass Mayröcker 1985 im DDR-Verlag Volk und Welt unter dem Titel *Das Jahr Schnee* eine Auswahl ihrer Lyrik veröffentlichte, ergänzt von einem Interview mit der Herausgeberin Heidrun Loeper, die fast ausschließlich in der DDR besprochen wurde, darunter auch in der staatlich gelenkten Tageszeitung *Neues Deutschland* (vgl. Beyer 1992, 305). 1978 reiste Mayröcker gemeinsam mit Ernst Jandl und Wendelin Schmidt-Dengler in die Sowjetunion, sechs Jahre zuvor war sie, ebenfalls in Begleitung von Jandl, auf Vortragsreise in den USA gewesen. Die ideologische oder politische Verortung von Mayröckers Schreiben wird auch dadurch erschwert, dass sich die Autorin mit tagespolitischen Äußerungen zurückhielt und in Interviews bis ins hohe Alter wiederholt bekundete, am tagespolitischen Geschehen kein Interesse zu haben (vgl. Schmidt 1984, 274–275; Haberl 2012). Die Zeit des Holocausts und des Zweiten Weltkriegs, während dessen Mayröcker als Luftwaffenhelferin arbeitete und sich zugleich auf die englische Staatsprüfung vorbereitete (1942–1945), habe sie „wie hinter einem Schleier" verbracht (Serke 1982, 114; vgl. Marggraf 2021 [2014]), auch wenn sie in seltenen Momenten in Interviews durchaus die Schrecken dieser Zeit erwähnt (vgl. Marggraf 2021 [2014]). Der mögliche Einfluss der Ereignisse dieser Jahre auf ihr Schreiben kommt in den Rezensionen kaum zur Sprache. Die frühesten in Mayröckers Schriften und Rezensionen verhandelten Erinnerungen gehen auf die Kindheit und die als Idylle imaginierten Sommer in Deinzendorf zurück (vgl. Marggraf 2021 [2014]).

Eine ähnlich distanzierte oder vorsichtige Haltung wie gegenüber dem Politischen zeigt sich auch in Mayröckers Verhältnis zum Feminismus. Im Bewusstsein, mit ihrer Meinung bei manchem „auf Widerstand" zu stoßen, bezweifelte Mayröcker, „dass es ein weibliches Schreiben gibt", kritisierte die Förderung „weiblicher Kunst" und stellte die Bedeutung der Geschlechterdifferenz für das Schreiben in Frage (Stallknecht 2013, 14). Im Einklang mit dieser Haltung finden sich zu Mayröckers Büchern oder Lesungen kaum Rezensionen, die schon im Titel die Thematiken des Feminismus oder einer ‚weiblichen Ästhetik' ansprechen (eine Ausnahme bildet Lorenz' Zeitungsbeitrag „Weibliche Ästhetik – existiert sie überhaupt?"

von 1988, vgl. Beyer 1992, 325). Dennoch wurden ihre Werke wiederholt in der feministischen Zeitschrift *Emma* rezensiert (vgl. etwa Strobl 1980, 42–43; Beyer 1992, 299; Rohlf 2009, 46–47), in der Mayröcker auch selbst publizierte (vgl. etwa MB I, 127). Über die Jahre hinweg werden in einzelnen Rezensionen zudem wiederholt die Besonderheiten der Geschlechtsidentität Mayröckers und ihrer literarischen Inszenierung angesprochen, z. B. das Altern als Frau, in der Regel aber nicht mit ihrer Poetik in Verbindung gesetzt. In der Literaturwissenschaft finden sich hingegen mehrfach gendertheoretische Ansätze und Überlegungen zu Mayröckers Werk (vgl. etwa Strohmaier 2008; Naqvi 2008). Mit der stetigen positiven Rezeption entstehen im Feuilleton Versuche, stärker auf Mayröckers besondere poetische Verfahrensweisen einzugehen und zwischen den oft als ähnlich wahrgenommenen Publikationen zu differenzieren (vgl. Beyer 1992, 84). Dabei lassen sich bis zu den letzten Publikationen die bereits von Beyer herausgearbeiteten Strategien erkennen, wie die Diskussion des Rhythmus und der Musikalität ihres Schreibens sowie ihre Vorliebe für die bildende Kunst (vgl. Beyer 1992, 84–87). Häufig wird die Ästhetik der erwähnten Künstlerinnen oder Künstler und Stilrichtungen, z. B. des Jazz, auf Mayröckers eigenes Schreiben bezogen, den expliziten poetologischen Aussagen in ihren Werken und Interviews folgend (vgl. Renhardt 2018, 18). Beispielhaft zeigt sich diese Vorgehensweise in den Rezensionen zu Mayröckers Gedichtband *Scardanelli* (2009), die die darin enthaltenen Texte in den Kategorien der Hölderlin'schen Lyrik erfassen, obwohl sie sich formal und inhaltlich wenig von den sonstigen Gedichten Mayröckers unterscheiden und der Hölderlin-Bezug nur einer unter vielen anderen ist (vgl. Mergenthaler 2020, 211–213).

Häufig werden Mayröckers Aussagen über ihre literarischen Verfahrensweisen, die sie in zahlreichen Interviews auf knappe Weise dargelegt hat, ebenso wie die metapoetischen Passagen in ihren Texten zu deren Erläuterung verwendet, ohne die Problematik dieses Verschmelzens von literarischer Praxis, Theorie und Kritik zu erkennen und zu diskutieren (vgl. Beyer 1992, 89; Spoerhase 2014, 21–22). Auf diese Weise aber droht die Kritik, die Distanz und die Funktion des Wertens oder Richtens zu verlieren, die die Gattung auszeichnet (vgl. dazu Anz 2004, 195–196; Neuhaus 2004, 170–171). So entsteht Raum für den Verriss, der seine Wertmaßstäbe ebenso wenig reflektiert und die an Mayröckers Schreiben positiv hervorgehobenen Merkmale schlicht mit einem negativen Vorzeichen versieht (vgl. Ingold 2023). Möglicherweise können Dichterinnen und Dichter, die eigene Ästhetiken und literarische Positionen entwickelt haben und diese mit der Poetik Mayröckers in Beziehung setzen können, deutlicher Stellung beziehen (vgl. Mergenthaler 2020 über die *Scardanelli*-Rezensionen von Nico Bleutge und Andrea Grill).

Ein weiteres, auf Objektivität und historische Einordnung abzielendes Verfahren der Kritik besteht darin, Mayröckers Texte formal zu beschreiben, z. B. die besondere Schreibweise des ‚ß' als „sz" oder des unbestimmten Artikels ‚ein' als Zahl „1" oder ihre fragmentierte Syntax hervorzuheben und durch Beispiele zu illustrieren. Die Kritik versucht außerdem, ihre Texte durch eine Reihe von poetologischen oder ästhetischen Begriffen zu erfassen, darunter ‚Collage', ‚Decollage', ‚Bricolage' oder ‚Montage', ‚Fragment', ‚Erinnerungsfragment', ‚Brief', ‚Dialog', ‚Assoziation', ‚Reflexion', ‚Zitat' oder ‚Wortneuschöpfung'. Auch hier gibt es häufig fließende Übergänge zwischen der Selbstbeschreibung in Mayröckers Texten und Interviews und der Fremdbeschreibung durch die Kritik. Dargestellt wird auch die Entstehung von Mayröckers Texten durch das Sammeln und wiederholte Verwenden von auf unzähligen Zetteln gesammelten Notizen zu Wahrnehmungen, Lesefrüchten, Erinnerungen und Träumen, die sich in ihrer berühmten Wiener ‚Schreibhöhle' in der Zentagasse häuften – Verfahren, die wiederum oft ohne Unterscheidung zwischen Entstehung und Produkt in den Texten Mayröckers wiedererkannt werden (vgl. Poiss 2004, 48; Radisch 2021, 55).

Die formale Darstellung der Texte Mayröckers wird durch die inhaltliche Charakterisierung und Aussagen über ihre Wirkung auf die Leserinnen und Leser ergänzt, wobei versucht wird, Zusammenhänge zwischen diesen drei Ebenen herzustellen, wie z. B. in diesem Satz über *da ich morgens und moosgrün. Ans Fenster trete*: „Der Wechsel aus Selbstgespräch und imaginierten Dialogen mit Weg- und Lebensgefährten, mit Musikern, Dichtern und bildenden Künstlern ist eine Versuchsanordnung, bei der Sehen und Dichten, Erinnern und Schreiben, aber auch Lesen und Lauschen miteinander verschmelzen – bei der einem buchstäblich Hören und Sehen beigebracht wird." (Reents 2020, 12) Von der Kritik, die auch unterhalten soll und die in Anbetracht der immer marginaleren Position von Literatur und Literaturkritik ihren Gegenstand zumeist empfehlen möchte, ist kaum zu verlangen, dass sie ihre eigenen Herangehensweisen und Wertmaßstäbe reflektiert (vgl. dazu Anz 2004, 217). Dennoch wäre es möglich und vielleicht wünschenswert, die Unterschiede und Bezüge zwischen den verschiedenen Ebenen der Form, des Inhalts, der literarischen Selbstreflexion und der Kritik zu beachten und die Verwendung von zwar attraktiven, aber eher nivellierenden als explizierenden Metaphern einzuschränken („ein manchmal funkelnd schriller, dann aber wieder glimmend stiller Goldregen", Reents 2020, 12). Vielleicht eröffnet Mayröckers Tod durch die Verarbeitung ihrer Werke durch neue Generationen von Literatur- und Kunstschaffenden dem Feuilleton die Möglichkeit einer differenzierteren Auseinandersetzung mit ihrem Werk.

Seit ihrem Tod wurden der Dichterin und ihrem Werk mehrere kulturelle Veranstaltungen gewidmet, etwa Anfang 2024 die Reihe *räume für notizen: Friederike Mayröcker* im Literarischen Quartier Alte Schmiede in Wien, oder es wurden zu besonderen Gelegenheiten einige ihrer Texte wiederabgedruckt. In der internationalen Presse sind Rezensionen zu neuen Übersetzungen ihrer Werke erschienen (z. B. Kopáč 2023, 7). Zu ihrem 100. Geburtstag am 20. Dezember 2024 ist mit zahlreichen Würdigungen in der Presse zu rechnen sowie mit Rezensionen der zu diesem Datum erscheinenden Publikationen oder stattfindenden Veranstaltungen über die Dichterin. In Zukunft wird sich die Mayröcker-Kritik voraussichtlich auf die Verarbeitung ihres Schreibens durch Kulturschaffende sowie auf neue Editionen oder Übersetzungen konzentrieren.

Ein Desiderat der Forschung ist die internationale kritische Rezeption von Mayröckers Werk, die auf den Vermittlungsleistungen von Literaturwissenschaft, Übersetzung und Verlagen basiert. Einem kleinen Kreis von Literaturinteressierten wurde Mayröcker auch durch ihre wenigen internationalen Lesereisen bekannt. Aus den im Netz verfügbaren Bibliothekskatalogen lassen sich etwa zweiundfünfzig Übersetzungen selbstständiger Werke zusammentragen; Rezensionen zu diesen Veröffentlichungen sind jedoch schwer auffindbar (s. dazu Kap. 68 und 69). Die gesichteten englisch- und französischsprachigen Essays über Mayröckers Gesamtwerk und Rezensionen publizierter Übersetzungen sind in Literaturzeitschriften und Blogs erschienen, richten sich also an ein literarisch interessiertes und gebildetes Publikum und haben oft mehr Spielräume als Rezensionen in Tages- oder Wochenzeitungen. In der Beschreibung und Konzeptualisierung von Mayröckers Werken unterscheiden sie sich wenig von der Rezeption im deutschsprachigen Feuilleton. Hinzu kommt aber die Diskussion der Schwierigkeit, Mayröckers Texte zu übersetzen, und die Frage, wie ihr Werk angesichts der sporadischen und nicht chronologisch vorgehenden Übertragungen literarhistorisch einzuordnen ist (vgl. Ruby 2020; Gansel 2017). Mayröckers Werk wird zudem stärker als im deutschsprachigen Feuilleton in einen internationalen literarischen und kulturellen Kontext gestellt. Es finden sich zahlreiche Bezüge zu anderen Kulturschaffenden, darunter Thomas Bernhard, Pierre Guyotat oder die Filmregisseurin Chantal Akerman (vgl. Koestenbaum 2015), Virginia Woolf (vgl. Ruby 2020), Paul Celan, Baudelaire, Stéphane Mosès (vgl. Gansel 2017) oder die Choreographin und Tänzerin Martha Graham (vgl. Kelsey 2018).

Das Genre des *literary criticism*, das zwischen der deutschsprachigen Literaturkritik und -wissenschaft steht, erlaubt außerdem in Publikationen wie *Poetry Foundation* eine Auseinandersetzung mit Sekundärliteratur und die Wiedergabe ausführlicher Mayröcker-Zitate (vgl. Ruby 2020; Kelsey 2018). Der Freiraum einer im Netz publizierten Literaturzeitschrift erlaubt es der Dichterin Marielle Gansel in ihrer Besprechung der französischen Übersetzung von *Scardanelli*, die Anregungen von Marcel Beyers Nachwort aufzunehmen und sich auf die poetische Darstellung der Pflanzen zu konzentrieren (vgl. Gansel 2017). Stilistische Differenzen lassen sich ebenfalls erkennen; so wäre der humorvolle Vergleich von Mayröckers Versen mit Autoscootern in *Bookforum* (vgl. Koestenbaum 2015) kaum in etablierten Printmedien wie der *Frankfurter Allgemeinen Zeitung* möglich. Diese Beispiele legen nahe, dass die Untersuchung der internationalen kritischen Mayröcker-Rezeption den Publikationsort, den intellektuellen Hintergrund der Verfasserin oder des Verfassers, die Diskussion der Übersetzung, die kulturelle Kontextualisierung, die sprachliche Präsentation und die Schwerpunktsetzung zu berücksichtigen hätte.

Eine zusätzliche Möglichkeit, die internationale Reichweite von Mayröckers Schreiben zu ermessen, wäre eine Sammlung der Lesungen und Veranstaltungen, die ihre Werke zum Thema haben. So waren Texte von Mayröcker und Raúl Zurita im Jahr 2021 die Grundlage einer jährlich stattfindenden Online-Residenz des Goethe-Instituts Chile für chilenische und deutschsprachige Autorinnen und Autoren (vgl. Goethe-Institut Chile 2021). Die österreichischen Kulturforen in Prag und Warschau veranstalteten Lesungen von Übersetzungen (vgl. Österreichisches Kulturforum Prag 2023; Österreichisches Kulturforum Warschau 2020), das österreichische Kulturforum Istanbul stellte Gedichte von Mayröcker auf seine Facebook-Seite (vgl. Österreichisches Kulturforum Istanbul 2020).

Literatur

Ammon, Frieder von: Friederike Mayröcker: „auf eine jüngst gestorbene Nachtigall". In: Frankfurter Anthologie, Frankfurter Allgemeine Zeitung vom 10.2.2023, https://www.faz.net/-hob-b45cm (15.3.2024).

Anonym: Rez. von: Mayröcker, Friederike: Sinclair Sophokles, the Baby Dinosaur, 1974. In: Publishers Weekly (New York) vom 25.2.1974, 114.

Anonym: Friederike Mayröcker, German Literature's Grand Dame Passes Away at the Age of 96. In: New Delhi Times (New Delhi) vom 6.6.2021a.

Anonym: Friederike Mayröcker obituary. In: The Times of London (London) vom 15.6.2021b.

Anz, Thomas: Theorien und Analysen zur Literaturkritik und zur Wertung. In: Ders./Rainer Baasner (Hg.): Literaturkritik. Geschichte – Theorie – Praxis. München 2004, 194–219.

Beyer, Marcel: Friederike Mayröcker. Eine Bibliographie. 1946–1990. Frankfurt a. M. et al. 1992.

Bock, Patricia Kurtz: Sinclair Sophocles, the Baby Dinosaur (Book Review). In: School Library Journal 21/1 (1974), 66.

Bussmann, Rudolf: Zu Friederike Mayröckers Gedicht „Zypressen" aus dem Lyrikband Friederike Mayröcker: Gesammelte Gedichte. In: TagesWoche (Basel) vom 30.7.2013, https://tageswoche.ch/allgemein/wochengedicht-68-friederike-mayroecker/ (15.3.2024).

C. S.: Junge Musiker und Dichter. In: Wiener Kurier vom 30.1.1952a, 4.

C. S.: Im Rampenlicht. In: Wiener Kurier (Wien) vom 1.10.1952b, 4.

Czernin, Franz Josef: Rez. von: Friederike Mayröcker: Tod durch Musen. In: manuskripte 34/125 (1994), 28–30.

Eidlhuber, Mia: Mayröcker: „Ich versteh' gar nicht, wie man so alt werden kann!" Friederike Mayröcker ist 95. Mit der Künstlerin Elisabeth von Samsonow spricht sie über Geburt und Geburtstage, Geschenke und den Heiligen Geist. In: Der Standard (Wien) vom 20.12.2019, A1–2, https://www.derstandard.de/story/2000112527781/friederike-mayroeckerich-versteh-gar-nicht-wie-man-so-alt-werden (21.1.2024).

Encke, Julia: Friederike Mayröcker. Ich hatte immer Zweifel. Rez. von: Mayröcker, Friederike: Paloma. In: Frankfurter Allgemeine Zeitung vom 2.3.2008, 29. https://www.faz.net/aktuell/feuilleton/buecher/rezensionen/belletristik/mayroecker-friederike-paloma-1517109.html?printPagedArticle=true#pageIndex_2 (20.1.2024).

Feneberg, Carina/Schuchter, Veronika/Pilz, Michael: Friederike Mayröcker in der deutschsprachigen Presse (2000–2021). Eine bibliographische Dokumentation. In: Innsbrucker Bibliographien zur Literaturkritik. Themen im deutschsprachigen Feuilleton 2/2021, https://www.uibk.ac.at/literaturkritik/pdfs/innsbrucker-bibliographien_02-21_mayroecker.pdf (21.1.2024).

Gansel, Mireille: Dans les jardins étrangers. Rez. von: Mayröcker, Friederike: Scardanelli. [Scardanelli 2009]. Übers. von Lucie Taïeb. Mit einem Nachwort von Marcel Beyer, übers. von Aurélie le Née. Saint-Quentin-de-Caplong 2017. In: En attendant Nadeau (Paris) vom 9.5.2017, https://www.en-attendant-nadeau.fr/2017/05/09/jardins-etrangers-mayrocker/ (21.1.2024).

Goethe-Institut Chile: Entrelineas 2021. https://www.goethe.de/ins/cl/de/kul/lbb/enl/entrelineas2021.html#i7060167 (21.1.2024).

Goldmann, A. J.: Friederike Mayröcker, Grande Dame in German Literature, Dies at 96. In: New York Times vom 4.6.2021, 19.

Gomringer, Eugen: Nachwort. In: Friederike Mayröcker: Tod durch Musen. Reinbek bei Hamburg 1966, 193–195.

Großmann, Karin: Es löst sich alles in Sprache auf. Rez. von: Mayröcker, Friederike: études. In: Sächsische Zeitung (Dresden) vom 20.12.2014, 9.

Haberl, Tobias: „Ich bin erst mit Mitte 70 ein wirklicher Mensch geworden". Seit ihr Mann Ernst Jandl gestorben ist, lebt die Schriftstellerin Friederike Mayröcker fast nur noch in der Welt ihrer Texte. Süddeutsche Zeitung Magazin (München) vom 14.9.2012, 42–47, https://sz-magazin.sueddeutsche.de/literatur/ich-bin-erst-mit-mitte-70-ein-wirklicher-mensch-geworden-79193 (13.3.2024).

Heißenbüttel, Helmut: Tod durch Musen. Rezension. In: Süddeutsche Zeitung (München) vom 17.11.1966, http://www.planetlyrik.de/friederike-mayroecker-tod-durch-musen/2018/05/ (2.1.2024).

Hahnl, Hans Heinz: Traute Foresti liest und interpretiert Friederike Mayröcker: Schlüssel zu einer Mädchenpoesie. Rez. von: Mayröcker, Friederike: Sprechklavier. Traute Foresti und die Dichterin. Wien: Preiser Records, 1975. In: Arbeiter-Zeitung (Wien) vom 29.5.1975.

Hartung, Harald: Wie süß sind verständliche Worte. Rez. von: Mayröcker, Friederike: Mein Arbeitstirol. In: Frankfurter Allgemeine Zeitung (Frankfurt) vom 26.11.2003, 36, https://www.faz.net/-gr4-obuk (13.3.2024).

Ingold, Felix Philipp: Skorpioversa – Zum Ende schreiben (Teil 9). In: Planetlyrik vom 16.2.2023, http://www.planetlyrik.de/felix-philipp-ingolds-skorpioversa-zum-ende-schreiben-teil-9/2023/02/ (20.1.2023).

Jandl, Ernst: Ernst Jandl interpretiert Friederike Mayröckers Gedicht „Winternachtigall". In: Mehr lernen, mehr wissen: Dichter interpretieren Gedichte. ORF vom 12.4.1975.

Jandl, Ernst: Die poetische Syntax in den Gedichten von Friederike Mayröcker. In: Modern Austrian Literature 12, Nr. 3/4 (1979), 237–265.

Kelsey, Karla: Poems Written in the Company of Other Writers. Rez. von: Mayröcker, Friederike: Scardanelli [Scardanelli, 2009]. Übers. von Jonathan Larson. New York, USA 2018. In: Hyperallergic (Brooklyn, New York) vom 2.12.2018, https://hyperallergic.com/470141/scardanelli-friederike-mayrocker-jonathan-larson-2018/ (21.1.2024).

Klein, Erich: Eichkatze auf Postkasten. Rez. von: Mayröcker, Friederike: Gesammelte Gedichte. In: Der Falter (Wien) Nr. 51 vom 15.12.2004, 26–27, http://www.planetlyrik.de/friedericke-mayroecker-gesammelte-gedichte/2010/06/ (13.3.2024).

Koestenbaum, Wayne: Inventive Fiction. Rez. von Mayröcker, Friederike: Brutt, or The Sighing Gardens [brütt oder Die seufzenden Gärten, 1998]. Übers. von Roslyn Theobald, Northwestern University Press, 2007. In: Bookforum (Dez./Jan. 2015), https://www.bookforum.com/print/2104/inventive-fiction-13963 (15.3.2024).

Kopáč, Radim: Světu cosi předstírám... Rez. von: Mayröcker, Friederike: A zatřásla jsem miláčkem [Und ich schüttelte einen Liebling, 2005]. Übers. von Zuzana Augustová. Prag, Tschechien 2022. In: Lidové noviny (Prag) vom 24.5.2023, 7.

Kostelanetz, Richard: The Special Sound of German Radio. In: The New York Times vom 13.12.1981, 33.

Larson, Jonathan: Friederike Mayröcker. Interview. In: Bomb (Winter 2018), https://bombmagazine.org/articles/2018/01/08/friederike-mayrocker/ (14.1.2024).

Lehmkuhl, Tobias: „Proeme". Wildes Gemüse. In Friederike Mayröckers neuem Buch: „da ich morgens und moosgrün. Ans Fenster trete" geht es um den Knall den Knall... In: Süddeutsche Zeitung (München) vom 10.10.2020, 20, www.sz.de/1.5060592 (2.1.2024).

Magenau, Jörg: Schwalbensachen, Alpenveilchen usw. Die Zärtlichkeit der Worte: „fleurs": Ein neuer Band mit Notizen von Friederike Mayröcker. In: Süddeutsche Zeitung (München) vom 23.2.2016, 14, www.sz.de/1.2874769 (2.1.2024).

Marggraf, Andrea: Die Lyrikerin Friederike Mayröcker. „Die Idee des Verirrens ist mir ja etwas Schreckliches". Interview mit Friederike Mayröcker vom 12.12.2014. Deutschlandfunk Kultur. Transkript und Audio veröffentlicht am 4.6.2021, https://www.deutschlandfunkkultur.de/die-lyrikerin-friederike-mayroecker-die-idee-des-verirrens-100.html (16.3.2024).

Mergenthaler, May: Mayröckers Scardanelli als Herausforderung für die Lyrikkritik. In: Inge Arteel/Eleonore De Felip (Hg.): Fragen zum Lyrischen in Friederike Mayröckers Poesie. Stuttgart 2020, 199–227.

Moberg, Carl Petersson: Friederike Mayröcker är död. In: Göteborgs Posten vom 4.6.2021, https://www.gp.se/kultur/friederike-mayrocker-ar-dod.52d523f0-0622-4f9f-a944-0e623250e5fa (21.1.2024).

Naqvi, Fatima: Friederike Mayröckers arte povera. In: Elke Bruns (Hg.): Ökonomien der Armut. Soziale Verhältnisse in der Literatur. München 2008, 207–219.

Neuhaus, Stefan: Literaturkritik. Eine Einführung. Göttingen 2004.

Österreichisches Kulturforum Istanbul: Friederike Mayröcker | lieber in Gedanken reisen, Hokusai, 16.8.2020, https://www.facebook.com/profile/100063627397541/search?q=Mayr%C3%B6cker (21.1.2024).

Österreichisches Kulturforum Prag: Friederike Mayröcker: ... Und ich schüttelte einen Liebling, Buchpräsentation, Ankündigung, 11.14.2023, https://www.oekfprag.at/literatur/friederike-mayrocker-und-ich-schuttelte-einen-liebling-2023-11-14/ (21.1.2024).

Österreichisches Kulturforum Warschau: Seminar in der Reihe „Österreich. Ein kritisches Labor" Ich denke Sprache – Friederike Mayröcker in der Zeitschrift „Literatura na Świecie", 1.12.2020, https://austria.org.pl/veranstaltungen/friederike-mayrocker-in-der-zeitschrift-literatura-na-swiecie (21.1.2024).

Poiss, Thomas: Plankton des Auges – Wacholderherz: Die Gedichte von Friederike Mayröcker. In: Frankfurter Allgemeine Zeitung (Frankfurt) vom 20.11.2004, 48.

Radisch, Iris: Friederike Mayröcker: Die Mystikerin der Freiheit. In: Die Zeit (Hamburg) vom 9.6.2021, 55, https://www.zeit.de/2021/24/friederike-mayroecker-schriftstellerin-schreiben-sprache-poesie-oesterreich (14.1.2024).

Renhardt, Maria: Im Rausch der Wortkaskaden. Rez. von: Mayröcker, Friederike: Pathos und Schwalbe. In: Die Furche (Wien) vom 12.12.2018, 18.

Reents, Friederike: Wer noch hören kann, der sehe. Mit sechsundneunzig Jahren, da fängt das Dichten an: Und doch richtet Friederike Mayröcker den Blick zunehmend nach Innen. Rez. von: Mayröcker, Friederike: da ich morgens und moosgrün. Ans Fenster trete. In: Frankfurter Allgemeine Zeitung (Frankfurt) vom 8.12.2020, 12.

Rohlf, Sabine: Von der Lust des Worte-Erkennens. Die Wiener Schriftstellerin wird 85. Zeit für Immernoch-IgnorantInnen, sie endlich zu entdecken! Denn eigentlich ist die Experimentelle ganz einfach. In: Emma (Köln) Nr. 6 [293] (2009), 46–47. https://www.emma.de/lesesaal/55171#pages/47 (15.3.2024).

Ruby, Ryan: A Heaven of the Book. Friederike Mayröcker's elegiac poems record the mind and body in extremis. In: Poetry Foundation, November 2020, https://www.poetryfoundation.org/articles/154848/a-heaven-of-the-book (15.3.2024).

Salzinger, Helmut: Qualvoller Tod durch Musen. Friederike Mayröckers experimentelle Butzenscheiben-Lyrik. In: Die Zeit (Hamburg) vom 10.3.1967, https://www.zeit.de/1967/10/qualvoller-tod-durch-musen (13.3.2024).

Schmidt, Siegfried J.: „Es schießt zusammen". Gespräch mit Friederike Mayröcker (März 1983). In: Ders. (Hg.): Friederike Mayröcker. Frankfurt a. M. 1984, 260–283.

Schmitz, Michaela: „es geht um NICHTS und es geht um ALLES". Friederike Mayröcker: da ich morgens und moosgrün. In: Deutschlandfunk vom 30.8.2020, https://www.deutschlandfunk.de/friederike-mayroecker-da-ich-morgens-und-moosgruen-es-geht-100.html (14.1.2024).

Segebrecht, Wulf: Friederike Mayröcker: dieses Jäckchen (nämlich) des Vogels Greif. Des Rätsels Lösung ist ein Rätsel. In: Frankfurter Allgemeine Zeitung (Frankfurt) vom 28.12.2009, Z5, https://www.faz.net/-gr4-14n8z (13.3.2024).

Serke, Jürgen: Frauen schreiben, Frankfurt a. M. 1982.

Stallknecht, Michael: Sprache ist ein Härtetest. Die österreichische Schriftstellerin Friederike Mayröcker tritt nur noch selten öffentlich auf. Hier spricht sie über zerstörerische Musen, weibliches Schreiben und das Wahrzeichen des Gelungenen. In: Süddeutsche Zeitung (München), 7.10.2013, 14.

Spoerhase, Carlos: Literaturwissenschaft und Gegenwartsliteratur. In: Merkur 68/1 (2014), 15–24.

Strobl, Ingrid: Mein Buch des Jahres. In: Emma (Köln) Nr. 12/80 (1980), 42–43, https://www.emma.de/lesesaal/45179#pages/45 (15.3.2024).

Strohmaier, Alexandra: Logos, Leib und Tod. Studien zur Prosa Friederike Mayröckers. München 2008.

Strohmaier, Alexandra (Hg.): Buchstabendelirien: Zur Literatur Friederike Mayröckers. Bielefeld 2009.

Wallmann, Jürgen: Friederike Mayröcker: Tod durch Musen. In: Die Tat (Zürich) vom 24.12.1966, 28, https://www.e-newspaperarchives.ch/?a=d&d=DTT19661224-01.2.185&e=-------de-20--1--img-txIN--------0----- (2.1.2024).

Weigel, Hans: Autoren, die uns nicht erreichen. Zur tragischen Situation der jungen österreichischen Literatur. In: Arbeiter-Zeitung (Wien) vom 24.9.1950a, 7.

Weigel, Hans: Junge Dichter lesen. In: Weltpresse (Wien) vom 30.6.1950b, 9.

Weiss, Christina: Liebesspiele. Friederike Mayröckers Prosakunststück. Rez. von: Mayröcker, Friederike: mein Herz mein Zimmer mein Name. In: Die Zeit (Hamburg) vom 14.4.1989, 67, https://www.zeit.de/1989/16/liebesspiele (13.3.2024).

68 Zu den Übersetzungen im angloamerikanischen, französischen, italienischen und spanischen Sprachraum

Stefania Siddu

Unterschiedliche Titel aus Mayröckers Werk sind insgesamt in etwa fünfzehn Sprachen übersetzt worden. Sowohl publizierte Übersetzungen als auch Übersetzungssymposien, z. B. in Wien (2014) und Halle (2021), haben Mayröckers internationale Rezeption verstärkt. Dieser Beitrag soll ausgewählte Mayröcker-Übersetzungen ins Englische, Französische, Italienische und Spanische diskutieren. Aus Platzgründen wird hier auf eine detaillierte Auflistung der Übersetzungen verzichtet (vgl. die Liste der publizierten Übersetzungen im Anhang). Vielmehr sollen Grundtendenzen in einer Konstellation von internationalen Ausgaben exemplarisch herausgearbeitet und erörtert werden. Ziel ist es, Einblicke in die vielfältigen Herausforderungen für Mayröcker-Übersetzer und -Übersetzerinnen sowie in die gewählten Übersetzungsstrategien zu bieten. Im Folgenden geht es nicht darum, die Qualität der Übersetzungen zu bewerten, sondern sie deskriptiv als eine besondere Konkretisierung in der Vielfalt möglicher Übersetzungen zu analysieren (vgl. Stolze 2018, 141–157; Siever 2010, 265).

Nicht alle Gestaltungsmittel der deutschen Sprache sind in anderen Sprachen verfügbar. Aus diesem Grund sind manchmal „kreative" (Gil 2014, 132; vgl. Sievers 2017) Lösungen bei der Übersetzung erforderlich, die sich an die künstlerische „Vision" [„visione"] (Petruccioli 2017, 63) des Ausgangstextes halten sollten. Diese Arbeitsweise ist umso herausfordernder, wenn es sich um die Übersetzung von Texten wie denen von Mayröcker handelt, die für ihren unüblichen Einsatz sprachlicher Mittel bekannt sind. Insbesondere das Zusammenwirken von Polysemie, Neologismen, unkonventioneller Anordnung von syntaktischen Elementen, gegen Automatismen gerichteter Kombinatorik und Wiederholung von Lauten und Wörtern, von intra- und intertextuellen sowie intermedialen Verweisen aktiviert semantische Verschiebungen und eröffnet weitere Sinndimensionen. So setzt die Interaktion zwischen den Wörtern bei Mayröcker die „Übersummativität des Textes" (Sommerfeld 2016, 197) frei. Die entfalteten Sinnschichten sind zwar in anderen Sprachen und Kontexten nicht vollständig übertragbar. In der Übersetzungsalterität entsteht jedoch eine ähnlich wie im Ausgangstext verfremdende und eindringliche Spannung und ergeben sich neue Sinnmöglichkeiten aus der Kombination der sprachspezifischen Wortmaterialien. In den Übersetzungen von Mayröckers Werken zeigen sich Unterschiede und Gemeinsamkeiten, die allerdings nicht unbedingt an Nationalsprachen gebunden sind. Einerseits sind Tendenzen der Konventionalisierung, Vereinheitlichung und Vereindeutigung ersichtlich. Teilweise wird

S. Siddu (✉)
Universität Leipzig, Leipzig, Deutschland
E-Mail: stefania.siddu@zv.uni-leipzig.de

in den Übersetzungen die Vieldeutigkeit des Ausgangstextes aufgelöst und werden hervorstechende Merkmale wie Wiederholungen, Neologismen, lautliche und metaphorische Assoziationen, ungewöhnliche Interpunktion und Abkürzungen entfernt. Andererseits überschreiten Übersetzer und Übersetzerinnen manchmal die Grenzen der Zielsprache, indem sie mit ihren kreativen Lösungen neue Ausdrucksmöglichkeiten schaffen.

Übersetzungen aus dem angloamerikanischen Raum

Im angloamerikanischen Kontext werden Übersetzungen von Mayröckers Gedichten in Anthologien veröffentlicht. So erscheint SCHIRMHERR MAKELLOSER SCHLANGENSCHÖNHEIT (GG 94) aus *In langsamen Blitzen* (1974) in Michael Hamburgers zweisprachiger Anthologie *German Poetry 1910–1975* (1976), die die Heterogenität der deutschsprachigen Lyrik über einen Zeitraum von 65 Jahren dokumentiert. Wenn Hamburger aber Mayröckers Werk beschreibt, erklärt er, dass „bis jetzt nur wenig davon als übersetzbar" (Hamburger 1976, 344) betrachtet worden sei. Es folgen die Übersetzungen weiterer Gedichte aus den Sammlungen der 1960er-, 1970er- und 1980er-Jahre, wie das Gedicht *Ostia wird dich empfangen* (1966; GG 39–40) in Beth Bjorklunds einsprachiger Anthologie *Contemporary Austrian Poetry. An Anthology* (1986) und von dem für Mayröckers Band *Tod durch Musen* titelgebenden Zyklus (1966; GG 183–186) in Charlotte Melins zweisprachigem Band *German Poetry in Transition (1945–1990)* (1999). Bjorklunds und Melins Bände präsentieren Mayröcker neben Aichinger, Bachmann, Celan und Ernst Jandl als repräsentativ für die deutschsprachige Lyrik nach dem Zweiten Weltkrieg. Während Bjorklund vor allem hervorhebt, dass Mayröcker die Metapher radikal, imaginativ und oft eher disjunktiv als analogisch verwendet (vgl. Bjorklund 1986b, 32), haben Hamburgers und Melins Anthologien das Anliegen gemeinsam, Mayröckers experimentellen Umgang mit der Sprache durch andere experimentelle Verfahren wie die Collage (vgl. Hamburger 1976, 344; Melin 1999b, 11; 1999a, 360) wiederzugeben.

Gerade Melins Übersetzung hat mit dem Zyklus *Tod durch Musen* auf Englisch eine Sprache zu vertreten, die sich mit einer unbequemen Vergangenheit auseinandersetzt und literarische sowie kulturelle Muster hinterfragt. Dies erfolgt im Ausgangstext durch die Anwendung von Infinitiven und substantivierten Verben anstelle der Ich-Form, die Zerstückelung der Syntax und der Wörter durch den Einsatz von Enjambements und Interpunktion, die Vermischung von Sprachregistern, die Dekontextualisierung von historischen Zitaten, literarischen Verweisen und Alltagsausdrücken (vgl. Le Née 2010, 354; Lehmkuhl 2021) sowie die Wiederholung und die Variation von Sprachelementen. Grundsätzlich werden die daraus resultierenden semantischen Verbindungen des deutschen Textes nicht immer ins Englische übertragen, z. B. wenn für das Schlüsselwort ‚total', das bei Mayröcker Krieg und Schmerz interagieren lässt, zwei Übersetzungsvarianten gewählt werden: Die Zeilen „(goebbels : ‚… wollt ihr den totalen krieg..!' – J A A A)" (GG 183) und „ausruf totalen schmerzes" (GG 184) werden als „(goebbels : ‚… do you want the all out war ..!['] – YESSS" (Melin 1999a, 149) beziehungsweise „outcry of total pain" (Melin 1999a, 151) übersetzt. Obwohl der abgehakte Rhythmus in Melins Übersetzung (Melin 1999a, 151) des Gedichtabschnittes „(modell 3 / melpomene):" (GG 183–184) stärker spürbar zu sein scheint als in jener von Bjorklund (Bjorklund 1986a, 180), entsteht der Eindruck, dass Melins Übersetzung einige sprachliche Unebenheiten von Mayröckers Schreiben glättet. Hierzu einige Beispiele: Die subversive Kleinschreibung von Substantiven geht zwangsläufig im Englischen verloren. Ebenso werden die im Original enthaltenen mundartlichen und englischsprachigen Sequenzen und somit zum Teil das Spiel mit den Sprachregistern nicht realisiert. Die Elision bleibt meistens erhalten, aber das abgekürzte Wort „sch." in „(‚…hölfzt dö ooch d'burg' & schlöss' [/] vor untergang und sch. zu bewahr'n..')" – einer Zeile aus dem Abschnitt

„(modell 4 / thalia):" (GG 184) – wird, vielleicht aus rhythmischen Gründen, im Englischen mit einer Vollform („ruin") übersetzt, was viel eindeutiger ist als im Original und daher für die englische Leserschaft weniger rätselhaft als für die deutsche: „(,..d'ya also help keep th' forts & castles [/] w'll keep ya frum wrack and ruin..')" (Melin 1999a, 151). Die Alliteration im Incipit, das strategisch gleich mit zwei Gegensätzen den Grundton des Zyklus ankündigt – „erheitern erzürnen" (GG 183) –, wird nicht bewahrt: daraus wird „cheer provoke" (Melin 1999a, 149). Der Staccato-Stil wird meistens wiederhergestellt, jedoch einmal auf Kosten des Chiasmus „noten-gräber" und „toten-schrift" (GG 183), übersetzt als „note-diggers" und „obit-uary" (Melin 1999a, 151). Die Übersetzung nimmt den Einsatz von Leerzeichen vor und nach dem Schrägstrich nicht auf. Melin berücksichtigt aber schon die Abwesenheit des Ichs und meistens die Abstrahierung, indem sie die nominalisierten Verben „das ablegen" und „das anschnallen" (GG 184) ins Englische als „the casting" und „the buckling" (Melin 1999a, 153) übersetzt; allerdings ersetzt sie die synästhetische Anhäufung der Substantive „blendung des gehörs" (GG 185) durch die Partizipialkonstruktion „hearing blinded" (Melin 1999a, 153).

2018 attestierte der *Scardanelli*-Übersetzer Jonathan Larson Mayröckers Schreiben sowohl eine Einzigartigkeit als auch eine Nähe zur Wiener Avantgarde. Mayröcker sei Gertrude Stein und Samuel Beckett verpflichtet, teile mit Lyn Hejinian die Verknüpfung von Wiederholungen und feiner Wahrnehmung, jongliere wie Fred Moten mit der Parataxe und den Registern und experimentiere wie Barbara Guest mit narrativen Elementen (vgl. Larson 2018a, V–X). In *Scardanelli* (2009) ist der Bezug auf Hölderlin und seine Maske Scardanelli entscheidend. Darin sind die Valorisierung des Wahnsinns und das Idyllische im Zeichen einer Poetik der Transgression (vgl. Thums 2020, 150) und der Verwandlung (vgl. Kaminskaja 2021, 19) miteinander verbunden. Dies äußert sich auf formaler Ebene unter anderem in der Störung oder Neufunktionalisierung tradierter Sprachkonventionen mit Verfahren,

die Mayröcker auch schon in früheren Texten verwendet hat und welche die Übersetzung je nach Akzentsetzung (nicht) übernimmt. Der ungewöhnliche Zeichengebrauch Mayröckers stellt in der Regel eine Herausforderung beim Übersetzen dar. Der Buchstabe *ß* erscheint als *sz* und verweist somit „in [seiner] materiellen Beschaffenheit, als Buchstaben-(Körper) auf sich selbst" (Sommerfeld 2016, 190). Diese Besonderheit wird in keiner der hier analysierten englischen Übersetzungen – übrigens auch nicht in den spanischen, französischen und italienischen – wiederherstellt. Darüber hinaus ersetzt beispielweise *Scardanelli* die unbestimmten Artikel trotz der Genusunterschiede durch die Ziffer 1 in Kapitälchen, ‚ein wenig' durch ‚1 wenig' und das Adverb ‚einmal' durch ‚1 x'; ‚klein', ‚groß' und ‚heilig' werden jeweils als ‚kl.', ‚gr.' und ‚hl.' abgekürzt.

In seiner Übersetzung versucht Larson die Elastizität und die entfremdende Wirkung von Mayröckers Sprache wiederzugeben, indem er einige Strategien der Autorin aufnimmt. Teilweise greift er Mayröckers Ersatz der Wörter *ein* und *einmal* durch eine Zahl auf. Seine Entscheidung führt jedoch zu Unstimmigkeiten mit dem deutschen Text, wenn er dieses typographische Verfahren in der Übersetzung von *Hölderlinturm, am Neckar, im Mai* (SC 7) anwendet: „ein Fenster" und „man hört einen Ton Musik" werden „1 window" und „1 hears 1 sound of music" (Mayröcker 2018, 1). Vermutlich vereinheitlicht er dieses Gedicht aus 1989 mit den späteren *Scardanelli*-Texten, um die englischsprachige Leserschaft nicht durch verschiedene graphische Varianten zu desorientieren. Ebenso schwankend ist die Verwendung von Abkürzungen, die in einigen Fällen eingehalten werden und in anderen nicht, z. B. „hl.kl.Frau" (SC 31) wird „holy l.woman" (Mayröcker 2018, 24), aber „hl.Gestirns" und „hl.Leib" (SC 49) werden „hl.constellations" und „hl.body" (Mayröcker 2018, 43) und „1 kl.brauner [/] Falter" (SC 48) wird „1 little brown [/] butterfly" (Mayröcker 2018, 42). Wie Larson im Vorwort zu seiner Übersetzung erklärt, übernimmt er die unkonventionelle Interpunktion Mayröckers: Der Doppelpunkt, zum Beispiel, setze rhetorisch die beiden Elemente, die direkt vor und nach dem Satzzeichen stehen, gleich. Auf diese Weise transformieren die Elemente der Gleichsetzung gegenseitig ihre Bedeutung. Das Adverb für ‚nämlich' übersetzt er entweder als ‚that is' oder ‚namely', je nachdem, ob der Redefluss oder die Verstärkung der deklarativen Wirkung wichtiger ist. Um die Handlung zu suspendieren, bedient er sich der Strategie Mayröckers, die Partizipien bzw. das englische *present* und *past participle* oft ohne Hilfsverb zu verwenden (vgl. Larson 2018b, XI). Außerdem achtet er auf die fragmentierte Syntax Mayröckers, wenn er z. B. mehrere Substantive nebeneinander stellt: „breathing joyance of fresh forest ocean and of early flowers islands [/] delight" (Mayröcker 2018, 27) für „lustathmend frischen Waldes Ozean und erster Blumen Inseln [/] Entzückung," (SC 34). In manchen Fällen entscheidet er sich gegen eine stotternde Syntax, indem er Wiederholungen eliminiert: „so stand ich stand auf dem grünen [/] Hügel" (SC 22) wird „and so I stood on the green [/] hill" (Mayröcker 2018, 15). Archaismen wie das Wort „Schaafe" (SC 12) und „Blüthe der Blüthen" (SC 36) haben keine Entsprechung im englischen Text. Allerdings bietet die Übersetzung einen Wechsel zwischen „flowers" (Mayröcker 2018, 11) und „blossoms" (Mayröcker 2018, 2, 29) an. Damit wird zwischen „Blumen" (SC 18) und „Blüten" (SC 9) oder dem archaisch geschriebenen „*Blüthen*" (SC 36) unterschieden, die oft auf Hölderlins Lyrik verweisen. Ein Beispiel für das dichte klangliche, semantische, intertextuelle und intermediale Gewebe in *Scardanelli* sind die letzten drei Verse von *mein Tod mein Tyrannchen meine Lebensglut ohne Ende* (SC 43). In der Übersetzung von „*Licht meines Gewissens (Gebisses)*" wird die Verbindung zwischen ‚Gebiss' als metonymischem Verweis auf das Alter und ‚Gewissensbiss' nicht vollständig wiedergegeben: „LUMEN / light of my conscience (twinge) – always growing more [/] quiet my slumber, Brahms, that is silent on dawning [/] ground *the wave waved* after Hölderlin" (Mayröcker 2018, 37). Das Wort „twinge", gefolgt von „of conscience", bedeutet zwar ‚Gewissensbiss', aber nicht ‚Gebiss'.

Im Bereich der Mayröcker-Prosa bietet sich die Übersetzung von *Reise durch die Nacht* (1984), die wie *Scardanelli* in drei der in diesem Beitrag betrachteten Sprachen erscheint, für eine letzte exemplarische Untersuchung in Bezug auf den angloamerikanischen Sprachraum an. Beth Bjorklund wählt den Titel *Night Train* (1992), der die Reise, die das Ich unternimmt, auf einer wörtlichen Ebene verdeutlicht – eine nächtliche Zugfahrt von Paris nach Wien – und konzentriert sich mehr auf das Transportmittel als auf den metaphorischen Charakter der Reise. Durch die zeitliche und räumliche Unbestimmtheit antizipiert der deutsche Titel die Interpretation der Reise als Leben und Bewegung, die unweigerlich zum Gedanken an den Tod führt. Der Text setzt sich mit den Bildern und der Biographie des spanischen Malers Goya auseinander und arbeitet assoziativ mit dem Wort *Goya*, sowohl auf Deutsch, wie z. B. in „studiere Pasteur Goya Joga und Freud" (GP II, 454–455), als auch in den Übersetzungen, wie auf Englisch in „study Pasteur Goya Yoga and Freud" (Mayröcker 1992, 72). Das nach „neurotisches Stirnauge" eingesetzte Wort „Oberbra" (GP II 419), das im Deutschen dreimal vorkommt, stellt eine große Herausforderung für die Übersetzungen dar. Klaus Kastberger weist anhand des Grimm'schen Wörterbuches auf die Etymologie hin und stuft „Oberbra" als eine veraltete Form für „Oberbrau" ein (Kastberger 2000, 144). Bjorklund liest „Oberbra" als Neologismus, der auf mehrere Kleidungsschichten hindeuten könne (vgl. Mayröcker 1992, 95). Sie übersetzt das Wort dementsprechend mit „overbra" (Mayröcker 1992, 44), das sich auf das englische Wort für Büstenhalter bezieht.

Dem Tod gegenüber steht die multiplizierende Kraft von Mayröckers Sprache, die durch ihre „Pluralität" (Kastberger 2000, 142) die Vielfältigkeit des Lebens zum Ausdruck bringt. Die metaphorisch und lautlich gebildeten Reihen, die diesem Zweck im deutschen Text dienen, werden im Englischen teilweise mit einigen Abweichungen realisiert: „abgeschabt und abgewetzt also abgekratzt […] zurechtgestutzt also abgeschabt und zerrissen [...] geschnitten, zerschnitten, zurechtgestutzt bekommen" (GP II, 423) wird „scratched up, torn off, worn thin [...] had trimmed [...] thus worn off and torn up [...] trimmed, cut, cut to size" (Mayröcker 1992, 46–47). Dabei scheint die Übersetzung mit der Variation von an Verben gekoppelten Partikeln und der Wiederholung bestimmter Elemente zu operieren. Diese Wiederholungs- und Variationstechnik rhythmisiert den Text. So findet ein Schlüsselmerkmal des Ausgangstextes ein englisches Pendant.

Übersetzungen ins Französische

Im Französischen finden sich vorwiegend Prosa-Übersetzungen. 2008 erschien *brütt ou les jardins soupirants*, in der Übersetzung von Hugo Hengl und Françoise David-Schaumann. Die Entscheidung, *brütt* zu übersetzen, dürfte von den zahlreichen Verweisen in diesem Buch auf den *Nouveau Roman* sowie auf Batailles, Barthes und Derrida angeregt worden sein. *brütt* wird gerade wegen des massiven Einsatzes der Intertextualität, der die Entgrenzung des Textes inszeniert (vgl. Tappeiner 2008), als ein Schlüsseltext in Mayröckers Werk betrachtet. Auch die Grenzen zwischen verschiedenen Sprachen werden gelockert. So entwickelt sich beispielsweise „PFERDISSIMO" (GP V, 240) mittels eines Suffixes aus dem italienischen Superlativ. Dies lässt sich auch im Französischen kreieren: „CHEVALISSIMO" (Mayröcker 2008, 200). Einige Seiten danach wird das französische Wort „1 Urinoir" (GP V, 242) unverändert als „1 urinoir" (Mayröcker 2008, 202) übernommen, so dass es in diesem Fall keine explizite Interaktion zwischen Deutsch und Französisch gibt. Zur Darstellung der überbordenden Kraft der Sprache werden u. a. unerwartete Wortkompositionen und -relationen wie die klangähnlichen Komposita „Fregattenhose, oder Fritattenhose" (GP V, 218) präsentiert sowie ineinandergreifende Elemente aufgelistet: „1 Tasten, Abtasten, Wirbeln, Herumwenden mit Zeichen, Klängen, Gefühlen, Entfachungen, Zerreißungen, Demontierungen von Einfällen, Erfahrungen, Erinnerungen, Farben, und 1 Wiederzusammenstellen, Zusammenschweißen" (GP V, 227). Beides reproduzieren Hengl und David-Schaumann kreativ im Französischen. Einerseits ersetzt das frittierte Kartoffelstäbchen die österreichische Bezeichnung für Eierkuchen, „pantalon-frégate, ou pantalon-frite" (Mayröcker 2008, 182); andererseits treten der Echoeffekt und die semantische Verschiebungsstrategie des Originals durch die französische Lautverteilung neu auf: „d'1 tâtonnement, tatillonnement, tourbillonnement, titillement de signes, sons, sentiments, embrasements, déchirements, démontages d'idées, expériences, souvenirs, couleurs, et d'1 recomposition, resoudage" (Mayröcker 2008, 189).

Im von Anne Kubler übersetzten Buch *Voyage dans la nuit* (2022) werden Reihenbildungen auch tendenziell für das Französische flexibilisiert: „das Dämmern (der Dämon), das ABSCHNEIDEN" (GP II, 432) aus *Reise durch die Nacht* wird übersetzt als „la pénombre (le démon), la DÈCOUPE" (Mayröcker 2022, 76) und „ein Stilleben, Stillestehen" (GP II, 380) als „une nature morte, un temps mort" (Mayröcker 2022, 19), eine Lösung, die den Tod in den Vordergrund stellt. Die Übersetzung „ROSSIGNOL ET AIGUILLE" (Mayröcker 2022, 107) für „NACHTIGALL UND NADEL" (GP II, 459) zeigt aber auch, dass die Übersetzung teilweise nicht zu Gunsten der Klänge auf Schlüsselbilder für Mayröcker verzichtet. Bemerkenswert ist außerdem die wörtliche Übernahme vom bereits erwähnten „Oberbra" (GP II, 419) unter Auslassung der Großschreibung „oberbra" (Mayröcker 2022, 106).

2017 erschien Lucie Taïebs französische Übersetzung von *Scardanelli*. In ihren Anmerkungen hebt Taïeb die Unausweichlichkeit einiger Übersetzungsentscheidungen hervor, die die Mehrdeutigkeit des Deutschen sichtbar machen. Wenn in Mayröckers *Scardanelli* Wörter über Assoziationen generiert werden und sie somit ineinander übergreifen, entstehen Verwandlungen, die schwer ins Französische zu transportieren sind, so Taïeb. Beispielsweise heißen ‚Veilchen', ‚Nachtviole' und ‚Gamben', d. h. die Verkürzung von Viola da Gamba, auf

Französisch jeweils ‚violettes', ‚juliennes des dames' und ‚violes de gambe', wodurch eine gewisse Distanz zwischen den ersten zwei Begriffen geschaffen wird (Taïeb 2017, 10). Bei der Übersetzung von „sprossen" und „sprießen", die mit den Veilchen an verschiedenen Stellen gekoppelt werden, hat die Übersetzerin laut Taïeb zwei Optionen, um die Abwechslung der beiden Verben im Französischen wiederzugeben: entweder durch zwei unterschiedliche Verben, ‚poindre' und ‚pointer', oder durch das Präsens und *Imparfait* von „pointer" (Taïeb 2017, 10). Diese Entscheidung ist im Deutschen nicht notwendig.

Wie auch im Englischen und Spanischen werden einige klangliche Kombinationen zu Gunsten des begrifflichen Gehalts nicht beibehalten, wie z. B. „cerveau (poème) " (Mayröcker 2017, 19) für „Gehirn (Gedicht)" (SC 15) und „*conscience (mes fausses dents)*" (Mayröcker 2017, 49) für „*Gewissens (Gebisses)*" (SC 43). Offen bleibt die Frage, ob die Ersetzung des lateinischen Fachbegriffes „LUMEN" (SC 43, 46) durch „CLAIRVOYANCE" (Mayröcker 2017, 49, 52), d. h. Hellsehen, der Absicht zuzuschreiben ist, der Leserschaft die Arbeit zu erleichtern, oder damit eine besondere Gedichtinterpretation zu vermitteln. Die archaische Schreibweise von „Schaafen" (SC 11) ist in der französischen Übersetzung nicht reproduzierbar. Trotzdem orientiert sich Taïebs Übersetzung von z. B. „Apfelhäutchen", *Durs Grünbein / illuminiert von den Schaafen* (SC 11) an der Klangstruktur des Gedichts, die im Deutschen auf der Wiederholung von ‚sch' in einer traumähnlichen Atmosphäre aufbaut: „Schaafen", „schläferte", „Schaafes" und „Schäfer" (SC 11). Im Französischen ist es der Buchstabe ‚b', der in denselben Schlüsselwörtern wie im Deutschen Widerhall findet: „brebis", „berçait", „brebis" und „berger" (Mayröcker 2017, 15). Mayröckers Abkürzungen und Interpunktion werden eingehalten, aber nicht immer die rechte Wortplatzierung in nachfolgender Zeile. Möglicherweise will Taïeb den intertextuellen Verweis auf Hölderlins Fragmente (vgl. Hölderlin [c. 1800] 1984, 262) extra hervorheben, wenn sie das deutsche „BLUM" (SC 32) als Elision von Blume übernimmt und es nicht mit seinem französischen Gegenstück (Mayröcker 2017, 37) übersetzt.

In ihrem Aufsatz über den Beitrag der Übersetzungen zur Rezeption von Mayröckers Werk in Frankreich weist Taïeb darauf hin, dass die Übersetzung von *Scardanelli* auf Initiative von Christel Fallenstein entstand. Zur Übersetzungsarbeit trägt Fallenstein in der Tat als Vermittlerin zwischen Mayröcker und ihren Übersetzerinnen und Übersetzern bei (Taïeb 2020, 199).

Übersetzungen ins Italienische

Verfügbar auf Italienisch sind drei Prosawerke Mayröckers. Zuerst erschien Sara Barnis Übersetzung von *Reise durch die Nacht* unter dem Titel *Viaggio attraverso la notte* (1994). Barni wendet unterschiedliche Strategien an, wenn sie bei der Wiedergabe zwischen dem Klang und dem metaphorischen Gehalt eines Wortes wählen muss, wie die folgenden Beispiele zeigen. Die Übersetzung „AQUILA E AGO" (Mayröcker 1994, 104) von „NACHTIGALL UND NADEL" (GP II, 459) bevorzugt die Alliteration, indem die in Mayröckers Werk wiederkehrende Nachtigall durch den Adler ersetzt wird. Vermutlich um den durch die Alliteration vorgegebenen Rhythmus nicht zu gefährden, wird das dritte Element in der Reihe „VERLÄNGERTER, VERLASSENER, VERLORENER" (GP II, 457) weggelassen: „ALLUNGATA, ALLONTANATA" (Mayröcker 1994, 102). Die Wortkombination „Lichtwerk, *Lichtwark* (bei Goya)" (GP II, 456) findet im Italienischen kein Pendant und „consunta e logora, graffiata" (Mayröcker 1994, 71) schafft keine lautliche Reihung wie „abgeschabt und abgewetzt also abgekratzt" (GP II 423). Wenn aber das Italienische es zulässt, wird der Wiederholungsmechanismus verstärkt: „questo *ricorso ossia corso del discorso*" (Mayröcker 1994, 71) für „*dieser Rekurs nämlich Redekurs*" (GP II, 423). Durch die Wahl für „l'oscurità (le forze oscure)" (Mayröcker 1994, 79) – was „die Dunkelheit (die dunklen Mächte)" bedeutet – als Übersetzung für „das Dämmern (der Dämon)" (GP II, 432) wird im Italienischen eine neue phonische und semantische Verschiebung geschaffen. Schließlich ist das Wort „Oberbra" (GP II, 419) auch für das Italienische eine Herausforderung und findet keine Entsprechung im Zieltext.

Der zweite ins Italienische übertragene Prosaband Mayröckers ist *Fogli magici* (1998). Darin versammelt Luigi Reitani seine Übersetzungen einiger Texte aus der Serie *Magische Blätter I–IV* (1983–1995). Stilistische Hauptmerkmale des Ausgangstextes sind seiner Meinung nach u. a. alliterierende Ketten, Paronomasien, Anaphern und der Wechsel zwischen Traum, narrativen und allokutiv wirkenden Sequenzen sowie Zitaten, die eine kompositorische Funktion tragen (vgl. Reitani 1998, 131). Wenn z. B. Mayröcker „das Fluß-Zeug" (GP II, 336) statt „Flugzeug" schreibt, übersetzt Reitani „l'aereo-piano" (Mayröcker 1998, 39) statt „aeroplano" und nutzt dabei kreativ die Möglichkeiten des Italienischen. Durch „piano" [‚leise', ‚Klavier', ‚Ebene', ‚Fläche', ‚Plan'] reproduziert er den Überraschungseffekt beim Lesen und die semantische Erweiterungstechnik des Ausgangstextes. Die Wiederholung bleibt beim Übergang vom Deutschen zum Italienischen tendenziell erhalten, wenn auch teilweise mit einigen Abweichungen, z. B. bei der Akzentsetzung auf „Zähne", „denti", statt „Kinder" und der Wiedergabe des originalen Interpunktionsgebrauchs: „wo sind meine Kinder Kinderzähne eigentlich hingekommen? wo sind meine Milchzähne hingekommen, meine kleinen weißen Kinderzähne [...] Milchgebiß" (GP II, 315) wird „dove sono andati a finire i miei denti, i miei denti da bambina? dove sono andati a finire i miei denti da latte, i miei piccoli bianchi denti da latte [...] denti da latte" (Mayröcker 1998, 49). Schwierigkeiten beim Übersetzen ins Italienische bilden auch Neologismen, insbesondere bei Komposita wie „solch Welt-Phantasie" (GP II, 316), „che mondo-fantasia" (Mayröcker 1998, 50) und „ENGELGOTTESKIND!" (GP II, 331), wobei „FIGLIA DI DIO!" (Mayröcker 1998, 22) den Wortteil des Engels weglässt.

Der Prosaband *Die Abschiede*, der 2007 unter dem Titel *Gli addii* in Italien erschien, präsentiert laut des Übersetzers Marco Rispoli immer wieder den Abschied als schwebendes oder unwiderrufliches Phänomen und bewegt sich zwischen Traum und Wirklichkeit. Eines der zentralen Charakteristika des Ausgangstextes besteht nach Rispoli eben darin, die Leserschaft von einer vertrauten Wirklichkeitsbetrachtung zu lösen. Dies erfolgt durch die Einfügung von Neologismen, abrupten thematischen Brüchen sowie aus dem ursprünglichen Kontext herausgelösten Leitmotiven und Assoziationsketten, die der konventionellen Syntax zuwiderlaufen (vgl. Rispoli 2007, 173). Beispiele für Neologismen und deren Übersetzung sind: „SCHÄDELUNGEN" (GP II, 209), übersetzt als „CRANIATURE" (Mayröcker 2007, 107), und „NACH-ÄFFCHEN" (GP II, 160, 165, 169, 188, 215). Letzteres wird einmal nicht übersetzt (Mayröcker 2007, 113), sonst immer mit dem Wort „SCIMMIOTTEGGIARE" (Mayröcker 2007, 62, 67, 70, 87) übertragen. Der Neologismus stammt von *scimmiottare* und zielt darauf ab, die Wirkung der Anwendung des Diminutivsuffixes auf das Verb ‚nachäffen' zu reproduzieren. Herausfordernd ist die Übersetzung der aus dem gängigen Adjektiv ‚splitternackt' geformten Wendung „nackt wie Splitter" (GP II, 205, 206, 208, 216, 230, 257; vgl. Mayer 1984, 179), die durch „tutto nudo" (Mayröcker 2007, 104, 105, 107, 113, 126, 151), „ganz nackt", im Italienischen wieder geläufig wird. Der für *Die Abschiede* kennzeichnende Einsatz des Konjunktivs als Ausdrucksmittel für die Spannung zwischen Gesagtem bzw. der sprachlichen und außersprachlichen Realität sowie die damit verbundene „Relativierung" und „Zusammen-zwingung des Disparatesten" (Mayer 1984, 194) ist auf Italienisch aus sprachlichen Gründen nicht übertragbar. Wenn der Konjunktiv I als eine Redewiedergabe gelten kann, können die dafür auf Italienisch eingesetzten Vergangenheitsformen des Indikativs nicht das gleiche bewirken: „auch arbeite er gewissermaßen ohne Netz, er arbeite beinahe ohne Netz" (GP II, 215) wird auf Italienisch „inoltre lavorava per certi versi senza rete, lavorava pressoché senza rete" (Mayröcker 2007, 113). Das Prinzip der „Zusammen-zwingung des Disparatesten" verkörpert wortwörtlich und typographisch das Leitmotiv „ein Zusammenbacken und -kleben" (GP II, 188). Das Wortpaar „una fusione una coesione" (Mayröcker 2007, 87) [‚Zusammenlegung und Kohäsion'] verändert das Leitmotiv und gibt es durch die lautliche Ähnlichkeit der Paarkomponenten auf ebenso prägnante und rhythmisierende aber weniger konkrete Weise wieder.

In der Anthologie *della vita le zampe* (2002), der bisher einzige Band, der sich ausschließlich Mayröckers Gedichten widmet, sammelt Sara Barni eine Auswahl aus verschiedenen Gedichtbänden: *Ausgewählte Gedichte* (1979), *Gute Nacht, guten Morgen* (1982), *Winterglück* (1986), *Das besessene Alter* (1992), *Notizen auf einem Kamel* (1996) und *Mein Arbeitstirol* (2003). Als Beispiel kann die Übersetzung *proema della rondine tardiva* (Mayröcker 2002, 119) von *Proëm von der verspäteten Schwalbe* (GG 570) dienen. Hier setzt sich Barni mit verschiedenen Stilmitteln auseinander, die eine üppige Natur mit einem markanten Gefühl der Unruhe und Unsicherheit zusammenbringen (vgl. Chiarloni 2001, 40). Beispiele hierfür sind variierende Wiederholungen wie „Schwalbe Dorfschwalbe Mauersegler", auf Italienisch „rondine rondine dei tetti rondone"; das mitten ins Wort fallende Enjambement „*Himmels-* [/] *fädigkeit*", das auf Italienisch notwendigerweise separate Wörter ergibt, „*filosità* [/] *del cielo*"; das Wortspiel „gedrosselt von Drossel", dessen italienische Übertragung „stordita da tordo" [‚betäubt von Drossel'] die lautliche Struktur kreativ wiedergibt, aber die Lebensgefahr und den Kontrast zwischen den Elementen entschärft; die Polysemie von „HAHNENTRITT", die das französische Lehnwort für den Stoff „PIED-DE-POULE" in der Übersetzung vereindeutigt.

Von *Scardanelli* ist bisher noch keine Übersetzung erschienen. Im Druck ist aber ein Aufsatz, der sich anhand von *mein Tod mein Tyrannchen meine Lebensglut ohne Ende* mit der Frage auseinandersetzt, ob es möglich ist, das Transgressive von Mayröckers lyrischer Sprache im Italienischen wiederzugeben (vgl. Siddu 2024). Als Beispiel sei hier die Kombination „Licht meines Gewissens (Gebisses)" nochmals zitiert, die sich als Herausforderung auch für die italienische Übersetzung erweist. Als Strategie wird hier eine Vereindeutigung eingesetzt, die „Mayröckers Verfahren der Textbildung durch Klänge" wiedergibt: „*luce della mia coscienza (morsi di senescenza)*" (Siddu 2024) [Licht meines Gewissens (Altersbisse)].

Übersetzungen ins Spanische

In Spanien sind folgende Übersetzungen erschienen: María Dolores Abalos' *El pequeño dinosaurio* (1984), die Übersetzung des Kinderbuches *Sinclair Sofokles der Baby-Saurier* (1971), und José Luis Reina Palazóns *Scardanelli* (2014). In Cuba erschien Olga Sánchez Guevaras *Páginas mágicas* (2005), eine Auswahl aus den *Magischen Blättern I–IV*.

Sinclair Sofokles der Baby-Saurier ist ein Kinderbuch, das sich um die Freundschaft des Dinosauriers Sinclair, der bewusstlos ins Naturhistorischen Museum als Exponat eingeliefert wird, mit Willi, dem Sohn des Museumswärters, dreht. Obwohl *Sinclair* sich von der bisher beschriebenen Prosa Mayröckers unterscheidet, finden sich hier auch Stilmerkmale wie Wiederholungen, Wortreihungen und elliptische Satzkonstruktionen. Ebenso erkennbar sind wiederkehrende Themen und Motive wie der Abschied, die Spannung zwischen Leben und Tod, und die Beziehung zu einem verstorbenen Ansprechpartner. Die zweite Auflage ist Basis der spanischen Ausgabe, wie die Übernahme von Theodor Eberles Bildern belegt. Bei der Übersetzung verzichtet der Titel *El pequeño dinosaurio* auf die Prägnanz und sprachliche Gestaltungskraft des deutschen „Baby-Saurier". Die Übersetzung von Mayröckers Kinderbuch neigt außerdem dazu, explikativ zu sein, vor allem bei der Darstellung der Figuren, und verfremdende Elemente zu eliminieren. Ein Beispiel dafür sind die „Staubtierchen" (Mayröcker [1971] 1982, o. S.), die sich über Sinclairs Körper im Museum bewegen und sich im Spanischen in Staubteilchen, „partículas de polvo" (Mayröcker 1984, 7), verwandeln. Auch die Anpassung an das Spanische von Willis Name zu Guillermo könnte man als Zeichen einer Tendenz zur Entlastung bei der Rezeption des Werkes im spanischsprachigen Raum deuten. Das gilt auch für die

Streichung einiger Wiederholungen wie z. B. die Anwendung von Willis Name als Anapher (vgl. die betreffende Stelle in Mayröcker [1971] 1982 mit Mayröcker 1984, 8). Die Syntax wird ebenfalls gelockert, zum Beispiel wenn Ellipsen nicht beibehalten werden: vgl. „Luego se sentó con la piernas cruzadas, cruzó los brazos sobre el pecho y echó la cabeza hacia atrás" (Mayröcker 1984, 20) für „Dann saß er mit überkreuzten Beinen, die Vorderpfoten vor der Brust verschränkt, den Kopf nach hinten gelegt" (Mayröcker [1971] 1982, o. S.); wenn die Reihenbildung nicht wiedergegeben wird: vgl. „cómo es que la gente de la calla no se quedaba mirándolos llena de sorpresa o incluso por qué no los paraban" (Mayröcker 1984, 16) für „wieso die Leute auf der Straße die beiden nicht angestaunt, angestarrt oder gar angehalten haben" (Mayröcker [1971] 1982, o. S.); oder wenn die asyndetische Akkumulation nicht realisiert wird: vgl. „Ya era de noche: la luna, las estrellas, los oscuros árboles, el susurro de las hojas, un soplo de viento de la noche que venía de la cima de la montaña, y las nubes" (Mayröcker 1984, 34) für „Es war schon Nacht: Mond, Sterne, dunkle Bäume, Laubgeraschel, ein Hauch Nachtwind von der Bergspitze, Wolken" (Mayröcker [1971] 1982, o. S.). Aus diesen Übersetzungsentscheidungen ergibt sich ein langsamerer Rhythmus als im Deutschen. Ebenso auffallend ist, dass in den Ausgangstext eingefügte Verse in der spanischen Ausgabe wie Prosa fortlaufend geschrieben werden (vgl. Mayröcker 1984, 39).

Eine gewisse Tendenz zur Normierung ist auch bei dem spanischen *Scardanelli* ersichtlich. Wie in der englischen und französischen Übersetzung bleiben Kapitälchen und Kursivschrift beim Übergang vom Deutschen ins Spanische unverändert, nicht aber das Leerzeichen vor dem Doppelpunkt und die graphische Darstellung der Überlänge der Verse von Mayröckers Gedichte wie *Elegie auf Jorie Graham* (SC 52–53), die in der spanischen Übersetzung nach links ausgerichtet werden (vgl. Mayröcker 2014, 56–57). Der Eindruck, dass die Verse zu lang sind, um in eine Zeile zu passen, entsteht nicht im Spanischen, wo ein konventionellerer Aufbau bevorzugt wird. Der Anhang der spanischen Ausgabe enthält die deutschen Originale, wobei der Verswechsel durch einen Schrägstrich signalisiert wird (vgl. Mayröcker 2014, 59–78). Bemerkenswert ist zudem der Versuch Reina Palazóns, die Gedichte durch eine Nummerierung von 1 bis 40 anders als Mayröcker zu systematisieren.

Die bereits erwähnte Spannung zwischen ‚sprieszen' und ‚sprossen' hat im Spanischen kein Gegenstück. Beide Verben werden im Präsens übersetzt. Ferner ist der Wechsel zwischen „crecen" und „brotan" nicht auf den Versuch zurückzuführen, die deutsche Unterscheidung zwischen starken und schwachen Verben wiederzugeben: „*wo [/] die verborgenen Veilchen sprossen*" (SC 13, vgl. auch SC 14) wird einmal „*donde [/] las escondidas violetas crecen*" (Mayröcker 2014, 20) und im nächsten Gedicht „*donde las escondidas violetas brotan*" (Mayröcker 2014, 21). Mit „*brotan*" (Mayröcker 2014, 23) wird das Verb auch in „*so die verborgenen [/] Veilchen spriezen*" (SC 15) übersetzt. Unterschiedliche Übersetzungen wiederkehrender Elemente wie Abkürzungen und Leitmotive machen das Netz der internen Bezüge innerhalb der Gedichtsammlung weniger stark, wie die folgenden Beispiele zeigen: „1 kl.Vogelschädel" und „*das Nerven und Tanzen*" (SC 19) werden „1 pequ. cráneo de pájaro" „*el nerviosismo y el baile*" (Mayröcker 2014, 26), aber auf der darauffolgenden Seite stehen „Pño. Café" und „*el enervar y bailar*" (Mayröcker 2014, 27) für „Kl.Café" und „*das Nerven und Tanzen*" (SC 20).

Die Wortreihen fordern jede Übersetzung, so auch die Spanische, heraus. Wenn bei „cerebro (poema)" (Mayröcker 2014, 22) für „Gehirn (Gedicht)" (SC 15) das Begriffliche im Vordergrund steht, schafft der Übersetzer bei „*el* LUMEN / *luz de mi conciencia (mordencia)*" (Mayröcker 2014, 47) den Neologismus „mordencia" aus *morder* [beißen], um die klangliche Affinität zwischen „Gewissens" und „Gebisses" (SC 43) wiederherzustellen. Jedenfalls rekonstruiert die Übersetzung die abgehackte Syntax, die im Ausgangstext die von Hölderlin und der historischen Avantgarde ausgehende Tradition radikal aktualisiert (vgl. Siddu 2020):

„so stand ich stand auf dem grünen [/] Hügel" (SC 22) wird „así estaba yo [/] estaba sobre la verde [/] colina" (Mayröcker 2014, 28); „als ich in der Tür des Lokals in welchem sie [/] beide gesessen waren, aufgetaucht war, damals" (SC 45) wird „cuando [/] yo en la puerta del local en el que ellos dos estaban sentados, [/] aparecí, entonces" (Mayröcker 2014, 49). Zum Schluss ist zu bemerken, dass Reina Palazón, um ein komplexes Enjambement aus dem Deutschen zu übernehmen, „ahora" kreativ einfügt. So gleicht er die im Spanischen fehlende Funktion des Pronomens „es" in „*es [/] glänzt die bläuliche Silberwelle*" (SC 7) aus: „*ahora [/] brilla la azulada ola de plata*" (Mayröcker 2014, 15).

Literatur

Bjorklund, Beth: Contemporary Austrian Poetry. An Anthology. Rutherford/London 1986a.
Bjorklund, Beth: Introduction: Postwar Austrian Poetry. In: Dies.: Contemporary Austrian Poetry. An Anthology. Rutherford/London 1986b, 25–39.
Chiarloni, Anna: „De natura irundinis". La rondine di Friederike Mayröcker. In: Studia austriaca. Friederike Mayröcker (2001), 37–44.
Gil, Alberto: Kreativität und Problemlöseverfahren als translatologische Größen, am Beispiel der spanischen Übersetzung von Herta Müllers *Atemschaukel*. In: Kerstin Kunz/Elke Teich/Silvia Hansen-Schirra/Stella Neumann (Hg.): Caught in the middle: language use and translation. A Festschrift for Erich Steiner on the occasion of his 60th birthday. Saarbrücken 2014, 129–145.
Hamburger, Michael: German Poetry 1910–1975. New York 1976.
Hölderlin, Friedrich: Der blinde Sänger [c. 1800] In: Ders.: Sämtliche Werke. Frankfurter Ausgabe. Historisch-kritische Ausgabe. Bd. IV. Hg. von Dietrich Eberhard Sattler/Michael Knaupp. Basel/Frankfurt a. M. 1984, 262.
Kaminskaja, Juliana: … Verwandlungen … Zu Friederike Mayröckers *Scardanelli* und anderen Gedichten. Wien 2021.
Kastberger, Klaus: Reinschrift des Lebens. Friederike Mayröckers *Reise durch die Nacht*. Edition und Analyse. Mit einem Vorwort von Wendelin Schmidt-Dengler. Wien/Köln/Weimar 2000.
Larson, Jonathan: Introduction to Friederike Mayröcker. In: Friederike Mayröcker: Scardanelli. Übers. von Jonathan Larson. New York 2018a, V–X.
Larson, Jonathan: Translator's Note. In: Friederike Mayröcker: Scardanelli. Übers. von Jonathan Larson. New York 2018b, XI–XII.
Le Née, Aurélie: Engagement poétique, engagement politique, la poésie de Friederike Mayröcker des années 1950 à aujourd'hui. In: Études germaniques 258/2 (2010), 349–368.
Lehmkuhl, Tobias: „Könnt ihr mir die Lyra runterwerfen?". Auf den Spuren von Friederike Mayröckers Zyklus *Tod durch Musen* (2021). In: https://www.deutschlandfunkkultur.de/friederike-mayroeckers-tod-durch-musen-koennt-ihr-mir-die-100.html (23.03.2023).
Mayer, Mathias: Friederike Mayröckers *Die Abschiede*: eine Arabeske als Form der Selbstreflexion. In: Siegfried J. Schmidt (Hg.): Friederike Mayröcker. Frankfurt a. M. 1984, 174–199.
Mayröcker, Friederike: Sinclair Sofokles der Baby-Saurier [1971]. Mit Bildern von Theodor Eberle. Frankfurt a. M. 1982.
Mayröcker, Friederike: El pequeño dinosaurio. Ilustraciones de Theodor Eberle. Übers. von María Dolores Abalos. Madrid 1984.
Mayröcker, Friederike: Night Train. Übers. von Beth Bjorklund. Riverside 1992.
Mayröcker, Friederike: Viaggio attraverso la notte. Übers. von Sara Barni. Palermo 1994.
Mayröcker, Friederike: Fogli magici. Übers. von Luigi Reitani. Venezia 1998.
Mayröcker, Friederike: della vita le zampe. Übers. von Sara Barni. Roma 2002.
Mayröcker, Friederike: Páginas mágicas [Magische Blätter I–IV, 1983–1995]. Ausw. und Übers. von Olga Sánchez Guevara. La Habana 2005.
Mayröcker, Friederike: Gli addii. Übers. von Marco Rispoli. Udine 2007.
Mayröcker, Friederike: brütt ou Les jardins souspirants. Übers. von Françoise David-Schaumann und Hugo Hengl. Saint-Quentin-de-Caplong 2008.
Mayröcker, Friederike: Scardanelli. Übers. von José Luis Reina Palazón. Málaga 2014.
Mayröcker, Friederike: Scardanelli. Übers. von Lucie Taïeb. Saint-Quentin-de-Caplong 2017.
Mayröcker, Friederike: Scardanelli. Übers. von Jonathan Larson. New York 2018.
Mayröcker, Friederike: Voyage dans la nuit. Übers. von Anne Kubler. Saint-Quentin-de-Caplong 2022.
Melin, Charlotte: German Poetry in Transition (1945–1990). Hanover/London 1999a.
Melin, Charlotte: Introduction. In: Dies.: German Poetry in Transition (1945–1990). Hanover/London 1999b, 1–25.
Petruccioli, Daniele: Le pagine nere. Appunti sulla traduzione dei romanzi. Roma 2017.
Reitani, Luigi: Postfazione. In: Friederike Mayröcker: Fogli magici. Übers. von Luigi Reitani. Venezia 1998, 127–135.
Rispoli, Marco: Ricomporre gli addii. In: Friederike Mayröcker: Gli addii. Übers. von Marco Rispoli. Udine 2007, 157–177.
Siddu, Stefania: Zur (Nicht)Diskursivität in *Scardanelli*. Ein Versuch über Friederike Mayröckers Verhältnis

zu Friedrich Hölderlin. In: Inge Arteel/Eleonore De Felip (Hg.): Fragen zum Lyrischen in Friederike Mayröckers Poesie. Stuttgart 2020, 157–179.

Siddu, Stefania: Transgressionen: Friederike Mayröckers Gedicht „mein Tod mein Tyrannchen meine Lebensglut ohne Ende" in italienischer Übersetzung. In: Beate Sommerfeld (Hg.): Dimensionen des Transgressiven in Friederike Mayröckers Spätwerk. Wiesbaden 2024. [in Vorbereitung]

Siever, Holger: Übersetzen und Interpretation. Die Herausbildung der Übersetzungswissenschaft als eigenständige wissenschaftliche Disziplin im deutschen Sprachraum von 1960 bis 2000. Frankfurt a. M. 2010.

Sievers, Wiebke: Internationale Rezeption. In: Norbert Otto Eke (Hg.): Herta Müller-Handbuch. Stuttgart 2017, 253–257.

Sommerfeld, Beate: *Ich denke in langsamen Blitzen ...* – Lyrikübersetzung als emergenter Vorgang am Beispiel des Gedichts *5. Brandenburgisches Konzert* von Friederike Mayröcker und seiner polnischen Übersetzung von Ryszard Wojnakowski. In: Dies./Karolina Kęsicka/Małgorzata Korycińska-Wegner/Anna Fimiak-Chwiłkowska (Hg.): Transgressionen im Spiegel der Übersetzung. Festschrift zum 70. Geburtstag von Prof. Maria Krysztofiak-Kaszyńska. Frankfurt a. M. 2016, 187–200.

Stolze, Radegundis: Übersetzungstheorien. Eine Einführung. Tübingen [7]2018.

Taïeb, Lucie: Note de la traductrice. In: Friederike Mayröcker: Scardanelli. Übers. von Lucie Taïeb. Saint-Quentin-de-Caplong 2017, 9–10.

Taïeb, Lucie: La part active des traducteurs dans l'introduction et la réception en France de Friederike Mayröcker et Margret Kreidl. In: Irène Cagneau/Sylvie Grimm-Hamen/Marc Lacheny (Hg.): Les traducteurs, passeurs culturels entre la France et l'Autriche. Berlin 2020, 195–212.

Tappeiner, Petra: Französische Autoren in *brütt oder Die seufzenden Gärten*: Zur Intertextualität bei Friederike Mayröcker. Saarbrücken 2008.

Thums, Barbara: „und immer noch voll Sehnsucht": Figurationen des Idyllischen in Friederike Mayröckers *Scardanelli*. In: Inge Arteel/Eleonore De Felip (Hg.): Fragen zum Lyrischen in Friederike Mayröckers Poesie. Stuttgart 2020, 137–156.

Übersetzungen im russischen Sprachraum und mehrsprachige Übersetzungsprojekte

Juliana Kaminskaja

Dominante Traditionen

Die russische Dichtung, in die Friederike Mayröckers Werke erst um die Jahrtausendwende langsam, aber sicher ihren Weg finden, scheint dafür auf den ersten Blick keine passende Landschaft zu bieten. Die ausgeprägte und bis heute einflussreiche Linie der gereimten, strophisch organisierten, klassisch wirkenden Lyrik aus dem 19. Jahrhundert von Alexander Puschkin (1799–1837) bis Fjodor Tjuttschew (1803–1873) wurde dank den frühen, harmonisch klingenden Gedichten von Alexander Block (1880–1921), Anna Achmatowa (1889–1966) oder Marina Zwetajewa (1892–1941) ins 20. Jahrhundert fortgesetzt. Abgestempelt durch die stalinistisch angehauchten Feierlichkeiten 1937 zum 100. Todesjahr des Romantikers Puschkin, dessen Kanonisierung das Ende der anfänglichen Koketterie der Sowjetmacht mit der avantgardistischen Kunst kennzeichnete, wandelte sich die russische gereimte Poesie des 20. Jahrhunderts in traditionell aussehende Verse der offiziell geförderten Literatur der UdSSR. Geprägt durch deutliche Reime und klare optische Umrisse der Texte, schlägt diese Art Literatur einen Bogen von den Rhythmen des revolutionären Wladimir Majakowskij (1893–1930) zu denen des rebellisch klingenden Jewgenij Jewtuschenko (1932–2017) aus der Tauwetterzeit und den späteren 1960er-Jahren. Solche lauten Gedichte, die sich gut zum Skandieren eignen, werden vom hartnäckigen poetischen Geflüster anderer Autorinnen und Autoren relativiert und begleitet, das – wie im Schaffen des humanistische Werte beschwörenden Alexander Kuschner (geb. 1936) – am raffinierten Reim und traditioneller Strophik haftend versucht, den Werken eine klassische Ausgewogenheit als Erinnerung an die Hoffnungen des frühen 19. Jahrhunderts zu verleihen. In einer literarischen Umgebung dieser Art erscheinen die frei fließenden, ungereimten, alles andere als traditionell organisierten Verse Friederike Mayröckers als eine Art Gegenpol zu dem gewohnten Bild der Lyrik, erreichen nur die engeren Kreise der interessierten Leserschaft und erhalten zunächst keinen auch nur annähernd festen Platz im kulturellen Geschehen.

Zum ersten Mal konnten Mayröckers Werke vom westeuropäisch orientierten Publikum rezipiert werden anhand von drei Gedichten aus *In langsamen Blitzen* (1974), aufgenommen in die zweisprachige Anthologie *Der goldene Schnitt. Lyrik aus Österreich in russischen Nachdichtungen 19.–20. Jahrhunderts*, die während der Perestrojka-Zeit in einer Auflage von über 25.000 Exemplaren beim Raduga Verlag erschienen ist (Moskau 1988). Die Übersetzungen dieser drei Gedichte stammen vom russisch- und

J. Kaminskaja (✉)
Bad Mergentheim, Deutschland
E-Mail: kaminskaspb@gmail.com

deutschschreibenden Literaten Waldemar Weber (geb. 1944), der als Russlanddeutscher aus der sibirischen Siedlung Sarbala stammt und nach einem Philologie-Studium und Lehrtätigkeit in Moskau seine Arbeit als Autor, Verleger und Übersetzer in Österreich und Deutschland fortsetzt.

Die Mayröckers Rezeption heute noch erschwerende Entwicklung der streng gereimten russischsprachigen Poesie ließ im 20. Jahrhundert die radikalen avantgardistischen Experimente in den historischen Hinter- und Untergrund treten. Die futuristischen Versuche von Welimir Chlebnikow (1885–1922) oder Alexej Krutschonych (1886–1968), das Wort von herkömmlichen Satzbaugepflogenheiten und selbstverständlich auch von Reim und Strophik zu befreien, lebten in der Sowjetzeit nach den 1930er-Jahren fast ausschließlich im Bereich der illegalen Literatur und/oder im Exil weiter, etwa im Schaffen von Ry Nikonova (1942–2014), Sergey Sigey (1947–2014) oder Sergej Birjukow (geb. 1950). Daraus resultieren die Schwierigkeiten für die solches nicht gewohnte russischsprachige Leserschaft bei der Wahrnehmung ungereimter Dichtung, deren optisches Bild von der traditionell geprägten Gestaltung wesentlich abweicht. Dieser Leserschaft kommt die angesehene Literaturzeitschrift *Swesda* entgegen, die seit dem Geburtsjahr Friederike Mayröckers 1924 existiert und Werke Ossip Mandelstams (1891–1938) und Boris Pasternaks (1890–1960) zu ihren Lebzeiten publizierte. 2020 erschien in dieser Zeitschrift die Übersetzung von Mayröckers Gedicht *und so schreie ich zu mir / wie die Lämmer im Feld* (SC 32–33; vgl. Mayröcker 2020) zusammen mit dem deutschsprachigen Original, zum besseren Verständnis der freien Versform.

Der lange Weg zu den freien Versen

Aus der verstärkten Langlebigkeit der gereimten Lyrik resultieren aber nicht nur Rezeptions- und Übersetzungsschwierigkeiten, sondern auch ein besonderes Interesse für Mayröckers Gedichte. Dieses Interesse entwickelt sich seitens jener Literaten, die seit den späten 1980er-Jahren bestrebt sind, durch eigene Poesie sowie herausgeberische oder sonstige organisatorische Tätigkeit den *vers libre* breiteren Leserkreisen näher zu bringen. Erinnerungen an Experimente der russischen Avantgarden und an ihre Jahrzehnte lange Fortsetzung im Untergrund der Sowjetzeit sowie die Wahrnehmung der nach der Wende nicht mehr verbotenen, aber nur in seltensten Fällen anerkannten Kunstschaffenden treten in Verbindung mit der Rezeption der zuvor eher selten übersetzten Werke Georg Trakls, Gottfried Benns, Paul Celans und Ingeborg Bachmanns. In dieser Reihe wird Friederike Mayröcker zu einer wichtigen Figur, welche „die modernistische Tradition aus der ersten Hälfte unseres [= des 20., Erg. d. Verf.] Jahrhunderts fortsetzt" (Weber/Dawlianidse 1988, 781) und damit für die Berührung der zum Teil verdrängten und vergessenen literarischen Vergangenheit mit der Gegenwart sorgt.

Scheinbar paradox spielen in der langsamen Bewegung der russischsprachigen Literatur in Richtung reimlose Poesie, bei der die Rezeption Mayröckers allmählich zu einer bedeutenden Stütze wird, Übersetzungen nicht ins Russische, sondern ins Tschuwaschische eine Schlüsselrolle. Sie stammen von Gennadij Ajgi (1936–2006), dem zweisprachigen Dichter aus Schajmursino in der russischen Föderationsrepublik Tschuwaschien, der bereits in den 1960er-Jahren zur inoffiziellen Leitfigur der avantgardistischen Lyrik Russlands geworden ist. Als Angehöriger der ethnischen Minderheit der Tschuwaschen und sich auf deren Volksdichtung stützend, verband er in seinem Schaffen die Traditionen der französischen Symbolisten und der russischen Futuristen mit den Wirkungen der deutschsprachigen Poesie (vgl. Ajgi 2023, 195) und galt, so die Dichterin Olga Sedakowa, „als der neue Mallarmé oder Celan" (zit. n. Ajgi 2023, 5). 1998 organisierte Ajgi in seiner Heimatregion „Tage der Musik Schuberts und der österreichischen Poesie" und präsentierte dabei neben seinen Gedichten zu Schuberts Musik auch eigene Übersetzungen ins Tschuwaschische aus dem Schaffen Rilkes, Trakls, Celans und Mayröckers. Die innere

Verwandtschaft zwischen dem tschuwaschischen Avantgardisten und Mayröcker lässt sich aus der Bemerkung des britischen Philologen Peter France zu dem von ihm übersetzten Erbe Ajgis ableiten: „In vielen Gedichten Ajgis werden Leiden, Verlust und Fehlen mit Kindheit und strahlender Helligkeit verbunden. Ajgi ist Dichter des Lichtes" (zit. n. Ajgi 2023, 5). Ähnliches ließe sich über Werke Mayröckers behaupten. Ajgis Gattin, die Übersetzerin Galina Kuborskaja-Ajgi, übertrug Mayröckers zur tschuwaschischen Sammlung gehörendes Gedicht *was brauchst du* auch ins Russische, eine Übersetzung, die vermutlich unveröffentlicht geblieben ist.

Auf Russisch existieren einzelne Gedichte Mayröckers in Übertragungen von besonders bedeutenden Autoren freier Verse wie Wjatscheslaw Kuprijanow (geb. 1938), dessen *Buch über vers libre* (vgl. Kuprijanow 2023) eine theoretische Bilanz der seit den 1970er-Jahren geführten Diskussionen über reimlose Poesie zieht und dessen langjährige Übersetzungstätigkeit das Schaffen Rilkes, Frieds, Enzensbergers und Hohlers mit Werken in abchasischer, armenischer, lettischer und litauischer Sprache vereinigt. 2003 publizierte Kuprijanow in Zusammenarbeit mit der Literaturwissenschaftlerin Jelisaweta Sokolowa, die u. a. Gedichte Trakls, Benns, Bachmanns und Grünbeins ins Russische übertragen hat, eine Auswahl aus dem Gedichtband *Gute Nacht, guten Morgen* und dem Buch *Requiem für Ernst Jandl* in der breit rezipierten Zeitschrift *Inostrannaja literatura* (= *Ausländische Literatur*; vgl. Mayröcker 2003).

Zu den Dichterinnen, deren Bemühungen dem Schaffen Mayröckers gewidmet sind, zählt Anna Glasowa (geb. 1973), die sich als ausgebildete Philologin auf das Erbe Mandelstams und Celans spezialisiert hat und sich in ihrer poetischen wie literaturwissenschaftlichen Tätigkeit mit der Geschichte der deutschsprachigen Lyrik auseinandersetzt. In ihrem Essay zu Friedrich Hölderlin schreibt sie über die in der europäischen Lyrik faszinierende „Fertigkeit, eigene Gefühle soweit auszudrücken, bis sie in Nüchternheit und Schweigen vollständig erstarren" (Glasowa 2016, 36). Ihre Auswahl der Gedichte aus Mayröckers Buch *Gute Nacht, guten Morgen*, dessen Titel allerdings dem Rhythmus zuliebe ins Russische als *Gute Nacht, guten Tag* übersetzt wurde, betont das Balancieren der poetischen Rede an der Grenze des Schweigens, wie es sich auch an Glasowas zahlreichen Celan-Übersetzungen und ihren eigenen Werken ausmachen lässt.

Einer der Vertreter der freien Dichtung, der Literaturkritiker Kirill Kortschagin (geb. 1986), dessen eigene Poetik in wesentlichen Zügen der expressionistischen Tradition und Paul Celan verpflichtet ist, formulierte 2019 anlässlich einer Sitzung der DFG-Kolleg-Forschungsgruppe „Russischsprachige Lyrik in Transition" an der Universität Trier (https://lyrik-in-transition.uni-trier.de) die Notwendigkeit der Übersetzungen Mayröckers auf folgende zugespitzte Weise: „Ihre Gedichte sollte man in unserem Land an jeden Zaunpfahl kleben." Trotz der großen Bedeutung der bisherigen Initiativen sowie mannigfaltiger Anläufe und Bemühungen, deren Beobachtung zugleich einen Einblick in die Landschaft der heutigen russischen Poesie verschafft, hat die systematische Erschließung des Schaffens von Friederike Mayröcker erst begonnen. Der einzige bis 2024 vollständig übersetzte Gedichtband bleibt *Scardanelli* – übertragen von der Literaturhistorikerin und Mayröcker-Forscherin Juliana Kaminskaja (geb. 1969) und in Teilen veröffentlicht im *Jahrbuch der Österreich-Bibliothek in St. Petersburg* (vgl. Kaminskaja 2017; Mayröcker 2019a) sowie in der führenden Zeitschrift für zeitgenössische russische Poesie *Wosduch* (= *Luft*) (vgl. Mayröcker 2019b). Vortrag und Kommentar einzelner *Scardanelli*-Gedichte waren im Programm des Internationalen Festivals der freien Verse vertreten, das seit 1989 in Moskau, St. Petersburg und anderen Städten Russlands stattfindet und vom Dichter und Philologen, Autor und Vers-libre-Kenner Jurij Orlizkij (geb. 1952) organisiert wird.

Bei den *Scardanelli*-Übersetzungen ins Russische wird besonders auf die Umwertung tradierter Verskonventionen geachtet, ohne auf ausgeprägte Musikalität und aussagestarke optische Umrisse der Texte zu verzichten. Der ungewöhnliche Zeichengebrauch „sz" statt „ß" in Kombination mit Archaismen wie „Schaafe" und anderen Entlehnungen aus Hölderlins Sprache wird durch das Wiederbeleben des 1918 im Rahmen einer Rechtschreibreform abgeschafften russischen Buchstabens „ѣ" (jat´), dessen ursprünglicher Klang als mannigfaltig und umstritten diskutiert wird, sowie durch stilistisch gebrochene altertümliche Ausdrücke aus dem frühen 19. Jahrhundert wiedergegeben. Zahlengebrauch, Abkürzungen und unkonventionelle Interpunktion Mayröckers bleiben in den meisten Fällen bewahrt, so wie auch das poetische Spiel mit Zeilenbrüchen und Alliterationen.

Zum 100. Geburtstag der Dichterin entstand 2024 aus den *Scardanelli*-Übersetzungen, ergänzt um Lydia Kolpakowas (geb. 1994) Tuschzeichnungen und Darja Barabenowas (geb. 1991) Musik, der Film *„das Zimmer leer"*. *Zu Friederike Mayröckers Scardanelli* (Regie: J. Kaminskaja; Filmpremiere: 29.1.2024, Alte Schmiede Wien) mit einer Spieldauer von 40 Minuten als Anspielung auf die 40 Gedichte an den verstorbenen Ernst Jandl. Das bilinguale künstlerische Geschehen des auf YouTube frei zugänglichen Films (vgl. Kaminskaja 2024) vereint visuelle wie akustische Impressionen zum Schaffen Friederike Mayröckers, aufgenommen im schneebedeckten Botanischen Garten von St. Petersburg als Anlehnung an die erste Zeile des *Scardanelli*-Gedichtes *diese Gräslein im Teutoburger Wald* (SC 30).

Internationale mehrsprachige Übersetzungsprojekte

Das Schaffen Mayröckers hat auch zu umfangreichen Übersetzungsprojekten inspiriert, die es erlauben, Möglichkeiten einer Länder und Nationalsprachen übergreifenden philologischen Zusammenarbeit auszuprobieren. So ist das Gedicht *was brauchst du* (GG 631) im Rahmen eines von Christel Fallenstein initiierten Übersetzungsprojektes in beinahe 60 Sprachen übertragen worden. In manchen Sprachen existieren dabei mehrere Varianten, die durch visuelle Umsetzungen, Blindenschrift, Dialektversionen u. a. ergänzt werden.

Ein Übersetzungsprojekt im kleineren Umfang zu dem Fragment „hat sich das Bäumchen wieder belebt" (ET 52) aus *études* (2013), umgesetzt von Christel und Matthias Fallenstein in Zusammenarbeit mit Aurélie Le Née, brachte ein Gemälde von Linde Waber sowie bulgarische, englische, französische, italienische, niederländische, norwegische, polnische, russische, spanische und ungarische Versionen zusammen in dem Buch *1 Übersetzungsstrausz für Friederike Mayröcker zum Geburtstag 2019* (vgl. Fallenstein et al. 2019).

Das Programm des vom Literaturhaus Wien am 21. und 22.11.2014 durchgeführten Mayröcker-Symposiums zum 90. Geburtstag der Dichterin (vgl. http://www.literaturhaus.at/index.php?id=10547) stellte die Fragen nach der Übertragbarkeit ihrer Gedichte in andere Sprachen in den Mittelpunkt. Die Veranstaltungsreihe enthielt neben einem Übersetzungsworkshop zu Mayröckers Prosa, geleitet von der bulgarischen Übersetzerin, Autorin und Lektorin Bisera Dakova, zwei Übersetzungsworkshops zu Mayröckers Lyrik, geleitet von der französischen Literaturwissenschaftlerin Aurélie Le Née und ihrer russischen Kollegin Juliana Kaminskaja. Dabei wurde der Zwölfzeiler *dieser Nachsommer der mich mit seinen* aus der Gedichtsammlung *dieses Jäckchen (nämlich) des Vogel Greif* (JVG 158) im Dialog mit Friederike Mayröcker analysiert. Zu diesen Lyrik-Workshops hatten sich weit über 30 Teilnehmer und Teilnehmerinnen angemeldet, die verschiedene Länder mit eigenen Übersetzungskulturen vertraten: Großbritannien, Frankreich, Italien, Kuba, Norwegen, Österreich, Russland, Serbien, Spanien u. a. Die von allen Beteiligten mitgebrachten Rohversionen der Gedichtübersetzung wurden diskutiert und verglichen. Den Abschluss der Sitzung bildete ein Hörerlebnis, in dem der Text in den vertretenen Sprachen vorgetragen wurde – vom Lateinischen aus der Vergangenheit bis ins ‚Dehnische', eine Phantasiesprache aus einer eventuellen Zukunft, kreiert im Rahmen der Initiative *versatorium trax*. Das Programm des Symposiums endete mit einer von Walter Hinderer moderierten Podiumsdiskussion zum Thema „Mayröcker übersetzen" mit Juliana Kaminskaja (Russisch), José Luis Reina Palazón (Spanisch), Liselotte Pope-Hoffmann (Englisch) und Julia Schiff (Ungarisch).

An das Erbe Friederike Mayröckers wandte sich auch das umfangreiche deutsch- und italienischsprachige Symposium „Parole : Dante" anlässlich des 700. Todestages von Dante Alighieri. Als Internationales Treffen für Übersetzer und Übersetzerinnen vom Europäischen Laboratorium e. V. organisiert, fand es vom 9. bis15. Mai 2021 in deutschen und italienischen Städten sowie online statt (vgl. http://eu-lab.de/programm/parole-dante/). Die vom italienischen Germanisten und Übersetzer Luigi Reitani koordinierte Mayröcker-Sektion arbeitete unter Teilnahme von Franz Josef Czernin am Gedicht *Proëm von der verspäteten Schwalbe* (GG 570–571), das in der letzten Zeile – „,als ob ein grünes Scheit in Flammen stünde', Dante" – ein markiertes Dante-Zitat aus dem Canto XIII der *Hölle* aus der *Göttlichen Komödie* enthält, um die Beziehung zwischen Mayröckers und Dantes Werk zu erkunden.

Diskussionen über die Übersetzungsmöglichkeiten der Gedichte Mayröckers wurden vom 5. bis zum 7. November 2021 im Literaturhaus Halle/Saale zu einem wichtigen Gegenstand einer internationalen Konferenz mit übersetzenden Dichtern und Dichterinnen sowie dichtenden Übersetzern und Übersetzerinnen unter dem Titel „Was setzt über, wenn Gedichte übersetzt werden" (vgl. https://www.netzwerklyrik.org/veranstaltungen/konferenz-lyrikuebersetzungen-2021.html). Das von Aurélie Maurin und Ernest Wichner kuratierte Programm enthielt Sitzungen der spezialisierten Arbeitsgruppe „Friederike Mayröcker übersetzen – eine vielstimmige Hommage".

Literatur

Ajgi, Gennadij: Gedichte [im Orig. russ.]. Hg. von Arsen Mirsaew. Moskau 2023.

Fallenstein, Christel/Fallenstein, Matthias/Le Née, Aurélie (Hg.): 1 Übersetzungenstrausz für Friederike Mayröcker zum Geburtstag 2019. Wien/Strasbourg 2019.

Glasowa, Anna: Griechische und europäische Hälften in Friedrich Hölderlins „Hälfte des Lebens" [im Orig. russ.]. In: Esse. Philosophische und theologische Studien 1/2 (2016), 24–38.

Kaminskaja, Juliana: Mosaik für die neue Leserschaft Friederike Mayröckers [im Orig. russ.]. In: Jahrbuch der Österreich-Bibliothek in St. Petersburg 12/2015/16 (2017), 209–221.

Kaminskaja, Juliana: „das Zimmer leer". Zu Friederike Mayröckers Scardanelli. Zweisprachiger Film (Deutsch und Russisch). St. Petersburg 2024. Teil 1: https://youtu.be/SWNyyc5Mswo (6.4.2024), Teil 2: https://youtu.be/KdBlM6OEIqo (6.4.2024).

Kuprijanow, Wjatscheslaw: Buch über vers libre [im Orig. russ.]. Moskau 2023.

Mayröcker, Friederike: Gedichte und Essays [im Orig. russ.]. In: Inostrannaja Literatura 2 (2003), 114–115.

Mayröcker, Friederike: Gedichte [im Orig. russ.]. In: Österreichische Literatur: Kommunikation, Rezeption, Translation. Jahrbuch der Österreich-Bibliothek in St. Petersburg 13/2017/18 (2019a), 175–178.

Mayröcker, Friederike: Aus dem Gedichtband „Scardanelli" (2009) [im Orig. russ.]. In: Wosduch. Zeitschrift für Poesie 39 (2019b), 256–260.

Mayröcker, Friederike: und so schreie ich zu mir / wie die Lämmer im Feld. Aus dem Gedichtband *Scardanelli* [im Orig. russ.]. In: Swesda 11 (2020), 56–57.

Weber, W./Dawlianidse, D. (Hg.): Der goldene Schnitt. Lyrik aus Österreich in russischen Nachdichtungen. 19.–20. Jahrhundert [im Orig. russ. und dt.]. Moskau 1988.

Zeittafel

1924	Friederike Mayröcker wird am 20.12. in Wien in der Wohnung ihrer Großeltern mütterlicherseits geboren, als einziges Kind der Modistin Friederike Mayröcker, geb. Petschauer (1906–1994), und des Lehrers Franz Mayröcker (1895–1978). Aus der großelterlichen Wohnung in der Wiedner Hauptstraße 90–92 ziehen die Eltern mit dem Säugling in eine nahe gelegene Wohnung in der Anzengrubergasse 17 um, wo Mayröcker aufwächst.		Deinzendorf muss aus finanziellen Gründen zwangsversteigert werden.
1924–1928	Fieberschübe infolge einer Gehirnhautentzündung, was zur Abschirmung durch die Eltern beiträgt.	1930–1942	Besuch der privaten Volksschule an dem als ‚Englische Fräulein' bekannten Institut Lißte in der Wiener Nikolsdorfergasse; ab 1938 Besuch einer Hauptschule und ab 1941 einer kaufmännischen Wirtschaftsschule.
1924–1935	Mayröcker verbringt die Sommermonate mit ihrer Familie im niederösterreichischen Deinzendorf nahe der tschechischen Grenze, auf einem Lehmvierkanthof mit großem Gemüsegarten und üppig bepflanztem Innenhof, den der Vater vom Großvater der Autorin, Julius Mayröcker, geerbt hat.	um 1939	Beginn des Schreibens.
		1941–1942	Aufenthalte mit ihrer Mutter in Sulików und Brzeg, wo der Vater im Fliegerhorst stationiert ist und am 1.9.1941 zum Hauptmann befördert wird.
		1942–1945	Eingezogen als Luftwaffenhelferin im Luftgaukommando in der Wiener Elisabethstraße. Literarische Übersetzungen aus der ‚feindlichen' Fremdsprache Englisch. Daneben Abendkurse an einer Privatschule zur Vorbereitung auf die Staatsprüfung für Englisch an Volks- und Hauptschulen.
1934–1935	Tod der Großmutter (1934) sowie des Großvaters (1935) mütterlicherseits, die der Familie Schulden hinterlassen. Der Hof in	1945	Ablegung der Staatsprüfung für Englisch an Volks- und Hauptschulen. Ausbombung der elterlichen Wohnung.
		1946–1969	Englischlehrerin an Hauptschulen im 10. Wiener Bezirk (Favoriten).

	Kauf der ersten Schreibmaschine, einer Hermes Baby, auf der das ß fehlt, das Mayröcker durch sz ersetzt.	1952–1955	Ehe mit dem Lehrer Georg Heindl. Nach der Scheidung kauft sich Mayröcker ihren Mädchennamen zurück.
1946–1949	Das Gedicht *an meinem Morgenfenster* erscheint 1946 als erste Veröffentlichung im Novemberheft der Zeitschrift *Plan* von Otto Basil. Es folgen weitere Publikationen im *Plan* und anderen Zeitschriften sowie in der Anthologie *Die Sammlung. Junge Lyrik aus Österreich* (hg. von Hans M. Loew).	1954	Beginn der Liebes- und Arbeitsbeziehung mit Ernst Jandl. In den darauffolgenden Jahren Zusammenarbeit mit Andreas Okopenko und H. C. Artmann, Kontakte zu Mitgliedern der Wiener Gruppe.
		1956	Mayröckers Debütband *Larifari. Ein konfuses Buch* erscheint im Bergland Verlag in Wien.
		1963	Theodor-Körner-Preis zur Förderung von Wissenschaft und Kunst.
1950	Ablegung der externen Matura und Einschreibung für das Studium der Germanistik und Kunstgeschichte, das aber noch im selben Jahr aus familiären bzw. finanziellen Gründen wieder abgebrochen werden muss.	1963–1964	Über Ernst Jandl Kontakte zur Stuttgarter Gruppe um Max Bense und zum Literarischen Colloquium Berlin von Walter Höllerer.
		1964	Ludwig-von-Ficker-Stipendium.
um 1950	Bekanntschaft mit Hans Weigel, der ihr sporadische Publikationsmöglichkeiten vermittelt.	ab 1965	Regelmäßige Veröffentlichungen in den Zeitschriften *manuskripte* (hg. von Alfred Kolleritsch), *protokolle* (hg. von Otto Breicha) und *neue texte* (hg. von Heimrad Bäcker).
1951	Bekanntschaft mit Andreas Okopenko. Von 1951 bis 1956 regelmäßige Publikationen in den Zeitschriften *neue wege* und *publikationen einer wiener gruppe junger autoren*.	1966	Über Gerald Bisinger Kontakte zum Rowohlt Verlag, wo *Tod durch Musen. Poetische Texte* erscheint.
		1967	Am 23. Januar Präsentation von *Tod durch Musen* in Hamburg. Am 26. Januar gemeinsam mit Ernst Jandl und H. C. Artmann Fernsehauftritt im Rahmen der Reihe „Ein Gedicht und sein Autor – Lyrik und Essay" von Walter Höllerer im Literarischen Colloquium Berlin.
1952	Auszug aus der elterlichen Wohnung und Übersiedlung in eine Zimmer-Küche-Kabinett-Wohnung in der Zentagasse 16 (Türnummer 40) im 5. Wiener Bezirk (Margareten). Die Wohnung, die Mayröcker bis 1956 mit einer alten Tante teilt, die im Kabinett wohnt, ist nur mit einer Toilette auf dem Gang ausgestattet. Erst in den 1980er-Jahren kann Mayröcker ihren Wohnraum erweitern, indem sie mit Hilfe eines Altbausanierungskredits ihre Wohnung mit der daran angrenzenden freigewordenen Wohnung zusammenfügen lässt.	ab 1967	Rege Hörspielproduktion (davon vier gemeinsam mit Ernst Jandl).
		1968–1986	Ferienaufenthalte in Rohrmoos bei Schladming im Ennstal gemeinsam mit Jandl.
		1969	Mayröcker und Jandl erhalten den renommierten Hörspielpreis der Kriegsblinden für ihr 1968 erstmals gesendetes Stereo-Hörspiel *Fünf Mann Menschen*. Beurlaubung vom Lehrerdienst.

1970	Gemeinsam mit Jandl Gast des Berliner Künstlerprogramms des DAAD in Westberlin.		der Handschriftensammlung an der Wienbibliothek im Rathaus.
1972	Wechsel zum Luchterhand Verlag. Dort erscheint *Arie auf tönernen Füszen. Metaphysisches Theater.* Von April bis Mai Vortragsreise durch die USA im Auftrag des Österreichischen Bundesministeriums für Unterricht und Kunst.	1981	Vortragsreisen gemeinsam mit Jandl nach Frankreich und Italien.
		1982	Großer Österreichischer Staatspreis. Anton-Wildgans-Preis der österreichischen Wirtschaft. Roswitha-von-Gandersheim-Preis.
1973	Gemeinsam mit Jandl wieder Gast des Berliner Künstlerprogramms des DAAD in Westberlin. Gründungsmitglied der Grazer Autorenversammlung. Veröffentlichung von *je ein umwölkter gipfel* bei Luchterhand.	1985	Literaturpreis des Südwestfunks Baden-Baden. Ehrenmedaille der Bundeshauptstadt Wien in Gold.
		1987	Ehrenzeichen für Wissenschaft und Kunst der Republik Österreich.
		1989	Hans-Erich-Nossack-Preis.
1975	Wechsel zum Suhrkamp Verlag. Dort erscheint der Prosaband *Das Licht in der Landschaft*. Mayröcker bleibt dem Verlag zeitlebens als Hausautorin verbunden, auch wenn sie parallel dazu nach wie vor Texte in begrenzter oder bibliophiler Auflage bei deutschen oder österreichischen Kleinverlagen herausbringt. Mitglied der Akademie der Künste, Berlin. Preis der Stadt Wien für Literatur.	1991	Uraufführung von *NADA.NICHTS.* bei den Wiener Festwochen (Bühnenfassung von *Reise durch die Nacht*; Regie: Reinhard F. Handl), Schauspielhaus Wien.
		1993	Erneuter Aufenthalt in Berlin im Rahmen des Berliner Künstlerprogramms des DAAD. Friedrich-Hölderlin-Preis der Stadt Bad Homburg.
		1994	Internationale Lesungen in Paris, Mailand, Florenz, Rom und Prag. „manuskripte"-Preis des Landes Steiermark. Tod der Mutter am 6.11. Ausstellung zu Leben und Werk anlässlich des 70. Geburtstags der Autorin im Literaturhaus Wien (29.11.1994–6.1.1995) und an der Akademie der Künste Berlin-Brandenburg (15.1.1995–26.2.1995). Im Dezember zweites Mayröcker-Symposium in der Alten Schmiede Wien.
1977	Georg-Trakl-Preis.		
1978	Im Februar erstes Treffen des Bielefelder Colloquiums Neue Poesie. Im Mai gemeinsam mit Ernst Jandl und Wendelin Schmidt-Dengler Reise in die Sowjetunion im Rahmen des österreichisch-sowjetischen Kulturabkommens. Tod des Vaters am 6.8. Im Oktober erstes internationales Symposium zur Autorin im Wiener Literaturverein Alte Schmiede.		
		1995	Jurorin bei der Verleihung des Erich-Fried-Preises an Elke Erb.
ab 1980	Mayröcker überlässt einen Teil ihres schriftstellerischen Vorlasses	1996	Großer Literaturpreis der Bayerischen Akademie der Schönen Künste. Else-Lasker-Schüler-Lyrikpreis.

1997	America Award in Literature. Droste-Preis der Stadt Meersburg. ORF-Hörspielpreis für *Das zu Sehende, das zu Hörende*.
1999	Im Juli Übersiedlung Jandls in eine Dachgeschosswohnung in der Zentgasse 16 (Türnummer 46), eine Etage über der Wohnung Mayröckers. Die Autorin übersiedelt in den Folgejahren sukzessive in die Dachgeschosswohnung.
2000	Tod Ernst Jandls am 9.6. Christian-Wagner-Preis.
2001	Georg-Büchner-Preis. Ehrenpromotion der Universität Bielefeld. Karl-Sczuka-Preis für das Hörspiel *Das Couvert der Vögel*. Uraufführung von *will nicht mehr weiden – Requiem für Ernst Jandl* in der Stiftskirche Zwettl (Komposition: Martin Haselböck). Internationales Symposium „Rupfen in fremden Gärten. Intertextualität im Schreiben Friederike Mayröckers", Vrije Universiteit Brussel. Publikation der *Gesammelten Prosa I–V* (hg. von Klaus Reichert in Zusammenarbeit mit Marcel Beyer und Klaus Kastberger).
2002	Ausstellung „1 Nervensommer. Texte von Friederike Mayröcker, Bilder von Andreas Grunert", Kunsthistorisches Museum Wien.
2004	Ehrenring der Stadt Wien. Publikation der *Gesammelten Gedichte. 1939–2003* (hg. von Marcel Beyer).
2006	Ján-Smrek-Preis, Bratislava, Slowakei.
2008	ORF-Hörspielpreis für *Gärten, Schnäbel, ein Mirakel, ein Monolog, ein Hörspiel*. Dokumentarfilm über die Autorin *Das Schreiben und das Schweigen* (Regie: Carmen Tartarotti).
2009	Hermann-Lenz-Preis für den Gedichtband *Scardanelli*.
2010	Peter-Huchel-Preis für *dieses Jäckchen (nämlich) des Vogel Greif*. Horst-Bienek-Preis für Lyrik der Bayerischen Akademie der Schönen Künste. Ehrenmitglied der Akademie der bildenden Künste Wien.
2011	Literaturpreis der Stadt Bremen für *ich bin in der Anstalt. Fusznoten zu einem nichtgeschriebenen Werk*.
2012	Uraufführung von *Reise durch die Nacht* (für die Bühne bearbeitet von Katie Mitchell), Schauspiel Köln.
2013	Niederösterreichischer Kulturpreis.
2014	Buchpreis der Wiener Wirtschaft. Preis der Stiftung Bibel und Kultur für ihr Lebenswerk. Johann-Beer-Literaturpreis für *cahier*. Uraufführung von *Requiem für Ernst Jandl* (Komposition: Lesch Schmidt, Regie: Hermann Beil), Akademietheater Wien.
2015	Ehrenbürgerschaft der Stadt Wien. Ehrendoktorat der Universität Innsbruck. 5. Internationaler Lyriktag der Germanistik Ljubljana zu Friederike Mayröcker.
2016	Internationale Tagung „,sei du bei mir in meiner Sprache Tollheit' – Friederike Mayröckers ‚ekstatisches' Spätwerk" an der Universität Innsbruck. Österreichischer Buchpreis für *fleurs*.
2017	Günter-Eich-Preis. Premiere von *OPER! Eine Poetische Komposition für die Bühne* (Regie: Otto Brusatti), Kulturverein Semmering. Internationale Tagung „Fragen zum Lyrischen in Friederike Mayröckers Poesie", Vrije Universiteit Brussel. ORF-Hörspielpreis für *Oper!*

2019	Ankauf eines Teilvorlasses durch das Literaturarchiv der Österreichischen Nationalbibliothek (LIT 493/19).
2020	Ausstellung *Schutzgeister* in der Galerie nächst St. Stephan Wien.
2021	Internationale Tagung „Dimensionen des Transgressiven in Friederike Mayröckers Spätwerk", Universität Poznań in Zusammenarbeit mit dem Österreichischen Kulturforum Warschau.
	Tod der Autorin am 4.6.
2024	Ausstellung „,ich denke in langsamen Blitzen' Friederike Mayröcker. Jahrhundertdichterin" im Literaturmuseum Wien.
	Internationale Tagung „,ich lebe ich schreibe'. Friederike Mayröcker (1924–2021)", School of Advanced Study, University of London.
	Veröffentlichung der *Gesammelten Gedichte. 2004–2021* (hg. von Marcel Beyer).

Zusammengestellt von Alexandra Strohmaier und Inge Arteel

Werke

Werk- und Sammelausgaben

Mayröcker, Friederike: Gesammelte Prosa 1949–1975. Frankfurt a. M. 1989.
Mayröcker, Friederike: Gesammelte Prosa.
- Bd. I: 1949–1977. Hg. von Marcel Beyer. Mit Nachworten von Marcel Beyer und Wendelin Schmidt-Dengler. Frankfurt a. M. 2001.
- Bd. II: 1978–1986. Hg. von Klaus Kastberger. Mit Nachworten von Klaus Kastberger und Thomas Kling. Frankfurt a. M. 2001.
- Bd. III: 1987–1991. Hg. von Klaus Kastberger. Mit Nachworten von Klaus Kastberger und Ursula Krechel. Frankfurt a. M. 2001.
- Bd. IV: 1991–1995. Hg. von Klaus Reichert. Mit Nachworten von Klaus Reichert und Heinz Schafroth. Frankfurt a. M. 2001.
- Bd. V: 1996–2001. Hg. von Klaus Reichert. Mit Nachworten von Klaus Reichert und Jörg Drews. Frankfurt a. M. 2001.

Mayröcker, Friederike: Magische Blätter I–V. Frankfurt a. M. 2001.
Mayröcker, Friederike: Gesammelte Gedichte. 1939–2003. Hg. von Marcel Beyer. Frankfurt a. M. 2004.
Mayröcker, Friederike: Gesammelte Gedichte. 2004–2021. Herausgegeben und mit einem Nachwort von Marcel Beyer. Berlin 2024. [in Vorbereitung]

Einzelpublikationen (Auswahl)

Mayröcker, Friederike: Larifari. Ein konfuses Buch. Wien 1956.
Mayröcker, Friederike: metaphorisch. Stuttgart 1964.
Mayröcker, Friederike: Tod durch Musen. Poetische Texte. Mit einem Nachwort von Eugen Gomringer. Reinbek bei Hamburg 1966.
Mayröcker, Friederike: Sägespäne für mein Herzbluten. Mit 7 Illustrationen der Autorin. Berlin 1967.
Mayröcker, Friederike: Minimonsters Traumlexikon. Texte in Prosa. Mit einem Nachwort von Max Bense. Reinbek bei Hamburg 1968.
Mayröcker, Friederike: Fantom Fan. Reinbek bei Hamburg 1971.
Mayröcker, Friederike: Sinclair Sofokles der Baby-Saurier. Mit Illustrationen von Angelika Kaufmann. Wien/München 1971.
Mayröcker, Friederike/Jandl, Ernst: Fünf Mann Menschen. Wien 1971.
Mayröcker, Friederike: Arie auf tönernen Füszen. Metaphysisches Theater. Neuwied/Darmstadt 1972.
Mayröcker, Friederike: Blaue Erleuchtungen. Erste Gedichte. Düsseldorf 1973.
Mayröcker, Friederike: je ein umwölkter gipfel. erzählung. Darmstadt/Neuwied 1973.
Mayröcker, Friederike: Sägespäne für mein Herzbluten und andere Gedichte. Mit 9 Zeichnungen der Autorin. Berlin 1973.

Mayröcker, Friederike: Augen wie Schaljapin bevor er starb. Mit Illustrationen von Peter Pongratz. Dornbirn 1974.

Mayröcker, Friederike: In langsamen Blitzen. Gedichte. Berlin 1974.

Mayröcker, Friederike: meine träume ein flügelkleid. Mit Zeichnungen der Autorin. Düsseldorf 1974.

Mayröcker, Friederike: Das Licht in der Landschaft. Frankfurt a. M. 1975.

Mayröcker, Friederike: schriftungen: oder gerüchte aus dem jenseits. Texte und Zeichnungen. Pfaffenweiler 1975.

Mayröcker, Friederike: Fast ein Frühling des Markus M. Frankfurt a. M. 1976.

Mayröcker, Friederike: Heisze Hunde. Pfaffenweiler 1977.

Mayröcker, Friederike: rot ist unten. Wien/München 1977.

Mayröcker, Friederike: Heiligenanstalt. Frankfurt a. M. 1978.

Mayröcker, Friederike: Schwarmgesang. Szenen für die poetische Bühne. Berlin 1978.

Mayröcker, Friederike: Ausgewählte Gedichte 1944–1978. Frankfurt a. M. 1979.

Mayröcker, Friederike: Ein Lesebuch. Mit 9 Illustrationen der Autorin. Hg. und mit einem Vorwort versehen von Gisela Lindemann. Frankfurt a. M. 1979.

Mayröcker, Friederike: Tochter der Bahn. / Der Ureinwohner. Mit 14 Illustrationen von Klaus Rinke. Düsseldorf 1979.

Mayröcker, Friederike: Die Abschiede. Frankfurt a. M. 1980.

Mayröcker, Friederike: Pegas, das Pferd. Mit Illustrationen von Angelika Kaufmann. Basel 1980.

Mayröcker, Friederike: schwarze romanzen. Ein Gedichtzyklus. Mit 5 Illustrationen von Max Weiler. Pfaffenweiler 1980.

Mayröcker, Friederike: Ich, der Rabe und der Mond. Ein Kinderbuch zum Lesen und Weiterzeichnen. Mit Zeichnungen der Autorin. Graz 1981.

Mayröcker, Friederike/Kräftner, Johann: Treppen. St. Pölten 1981.

Mayröcker, Friederike: Gute Nacht, guten Morgen. Gedichte 1978–1981. Frankfurt a. M. 1982.

Mayröcker. Friederike: im Nervensaal, Himmel am zwölften Mai. Mit 8 Illustrationen der Autorin und begleitenden Arbeiten von Erwin Puls und mit Notizen von S. J. Schmidt. Wien 1983.

Mayröcker, Friederike: Magische Blätter. Frankfurt a. M. 1983.

Mayröcker, Friederike: Das Anheben der Arme bei Feuersglut. Gedichte und Prosa. Auswahl und Nachwort von Heinz F. Schafroth. Stuttgart 1984.

Mayröcker, Friederike: Reise durch die Nacht. Frankfurt a. M. 1984.

Mayröcker, Friederike: Rosengarten. Mit einer Radierung von Maria Lassnig. Pfaffenweiler 1984.

Mayröcker, Friederike: Configurationen. Mit 20 Illustrationen von Hubert Aratym. Wien 1985.

Mayröcker, Friederike: Das Herzzerreißende der Dinge. Frankfurt a. M. 1985.

Mayröcker, Friederike: Das Jahr Schnee. Eine Auswahl. Mit 9 Illustrationen der Autorin. Auswahl und Nachwort von Heidrun Loeper. Mit einem Essay von Ernst Jandl. Berlin 1985.

Mayröcker, Friederike: Ausgewählte Gedichte 1944–1978. Frankfurt a. M. 1986.

Mayröcker, Friederike: Winterglück. Gedichte 1981–1985. Frankfurt a. M. 1986.

Mayröcker, Friederike/Hell, Bodo: der Donner des Stillhaltens / Larven Schemen Phantome. Graz 1986.

Mayröcker, Friederike: Magische Blätter II. Frankfurt a. M. 1987.

Mayröcker, Friederike: mein Herz mein Zimmer mein Name. Frankfurt a. M. 1988.

Mayröcker, Friederike: Dekomposition. Texte von Friederike Mayröcker zu Radierungen von Irmgard Flemming. Mit 10 signierten Radierungen von Irmgard Flemming. Frankfurt a. M. 1989.

Mayröcker, Friederike: Umbra. Der Schatten. Das ungewisse Garten-Werk. Mit 31 Illustrationen von Linde Waber. Wien 1989.

Mayröcker, Friederike: Zittergaul. Gedichte und 12 Zeichnungen. Ravensburg 1989.

Mayröcker, Friederike/Jandl, Ernst/Okopenko, Andreas: Gemeinschaftsarbeit. Mit einem Nachwort hg. von Marcel Beyer. Siegen 1989.

Mayröcker, Friederike: Empfindliche Träume [Zeichnungen]. Wien 1990.
Mayröcker, Friederike: KINDER Ka-LAENDER [1965]. Mit Zeichnungen der Autorin. Hg. von Gerhard Jaschke. Wien 1991.
Mayröcker, Friederike: Magische Blätter III. Frankfurt a. M. 1991.
Mayröcker, Friederike: NADA. NICHTS. Ein Konversationsstück. Frankfurt a. M. 1991.
Mayröcker, Friederike: Stilleben. Frankfurt a. M. 1991.
Mayröcker, Friederike: ABC-thriller [1968]. Mit Zeichnungen der Autorin. Hg. von Gerhard Jaschke. Wien 1992.
Mayröcker, Friederike: als es ist. Texte zur Kunst. Hg. von Otto Breicha. Salzburg 1992.
Mayröcker, Friederike: Blumenwerk. Ländliches Journal / Deinzendorf. Weitra 1992.
Mayröcker, Friederike: Das besessene Alter. Gedichte 1986–1991. Frankfurt a. M. 1992.
Mayröcker, Friederike: Veritas. Lyrik und Prosa 1950–1992. Mit einem Nachwort hg. von Elke Erb. Leipzig 1993.
Mayröcker, Friederike/Nicolai, Olaf: Nimbus der Kappe. Rudolstadt 1993.
Mayröcker, Friederike/Pils, Tobias Raphael: BETBLUMEN. (ein) mein Lieblingstod. Weitra 1993.
Mayröcker, Friederike: Lection. Frankfurt a. M. 1994.
Mayröcker, Friederike: den fliegenschrank aufgebrochen. (Bildgedichte). Hg. von Siegfried J. Schmidt. Münster 1995.
Mayröcker, Friederike: Kabinett Notizen, nach James Joyce. Mit Zeichnungen und einer Collage. Horn 1995.
Mayröcker, Friederike: Magische Blätter IV. Frankfurt a. M. 1995.
Mayröcker, Friederike: Notizen auf einem Kamel. Gedichte 1991–1996. Frankfurt a. M. 1996.
Mayröcker, Friederike: das zu Sehende, das zu Hörende. Frankfurt a. M. 1997.
Mayröcker, Friederike: Benachbarte Metalle. Ausgewählte Gedichte. Mit einem Nachwort hg. von Thomas Kling. Frankfurt a. M. 1998.
Mayröcker, Friederike: brütt oder Die seufzenden Gärten. Frankfurt a. M. 1998.
Mayröcker, Friederike: Magische Blätter V. Frankfurt a. M. 1999.
Mayröcker, Friederike: Requiem für Ernst Jandl. Frankfurt a. M. 2001.
Mayröcker, Friederike: Wildfieber. Remagen-Rolandseck 2002.
Mayröcker, Friederike/Grunert, Andreas: 1 Nervensommer. Texte von Friederike Mayröcker. Bilder von Andreas Grunert. Hg. von Wilfried Seipel. Wien 2002.
Mayröcker, Friederike: Die kommunizierenden Gefäße. Frankfurt a. M. 2003.
Mayröcker, Friederike: Mein Arbeitstirol. Gedichte 1996–2001. Frankfurt a. M. 2003.
Mayröcker, Friederike: oh süsze Knochen meines Schmetterlings. Textzerlegungen von Angelika Kaufmann. Horn 2004.
Mayröcker, Friederike: Und ich schüttelte einen Liebling. Frankfurt a. M. 2005.
Mayröcker, Friederike: Liebesgedichte. Mit einem Nachwort hg. von Ulla Berkéwicz. Frankfurt a. M. 2006.
Mayröcker, Friederike: Magische Blätter VI. Frankfurt a. M. 2007.
Mayröcker, Friederike: Flieder. Mit Illustrationen von Vroni Schwegler. Denklingen 2008.
Mayröcker, Friederike: Paloma. Frankfurt a. M. 2008.
Mayröcker, Friederike/Galvagni, Bettina/Vogel, Mikael: Kassandra im Fenster. Meran 2008.
Mayröcker, Friederike: Das zärtliche Sakrament der Sehnsucht. Mit Illustrationen von Vroni Schwegler. Hg. von Kevin Perryman. Denklingen 2009.
Mayröcker, Friederike: dieses Jäckchen (nämlich) des Vogel Greif. Gedichte 2004–2009. Frankfurt a. M. 2009.
Mayröcker, Friederike: Jimi. Mit Illustrationen von Angelika Kaufmann. Berlin 2009.
Mayröcker, Friederike: Scardanelli. Frankfurt a. M. 2009.
Mayröcker, Friederike: ich bin in der Anstalt. Fusznoten zu einem nichtgeschriebenen Werk. Berlin 2010.
Mayröcker, Friederike: Sneke. Mit Illustrationen von Angelika Kaufmann. Weitra 2011.

Mayröcker, Friederike: vom Umhalsen der Sperlingswand, oder 1 Schumannwahnsinn. Berlin 2011.
Mayröcker, Friederike: Ich sitze nur GRAUSAM da. Berlin 2012.
Mayröcker, Friederike: Von den Umarmungen. Gedichte. Berlin 2012.
Mayröcker, Friederike: études. Berlin 2013.
Mayröcker, Friederike: cahier. Berlin 2014.
Mayröcker, Friederike: fleurs. Berlin 2016.
Mayröcker, Friederike: Pathos und Schwalbe. Berlin 2018.
Mayröcker, Friederike: da ich morgens und moosgrün. Ans Fenster trete. Berlin 2020.

Fremdsprachige Einzelpublikationen (Auswahl)

Übersetzungen ins Englische/Amerikanische

Mayröcker, Friederike: Sinclair Sophocles, the Baby Dinosaur [Sinclair Sofokles der Babysaurier, 1971]. Illustr. von Angelika Kaufmann. Übers. und adapt. von Renate Moore und Linda Hayward. New York 1974.
Mayröcker, Friederike: Night Train [Reise durch die Nacht, 1984]. Übers. von Beth Bjorklund. Vorw. von Bodo Hell. Riverside, CA 1992.
Mayröcker, Friederike: Heiligenanstalt [Heiligenanstalt, 1978]. Übers. von Rosmarie Waldrop. Berkeley, CA 1994.
Mayröcker, Friederike: in the blue mountain evening [Blaue Erleuchtungen: Erste Gedichte, 1973]. Übers. von Lesley Lendrum. Illustr. von Heather Deedman. Edinburgh 1996.
Mayröcker, Friederike: with each clouded peak [je ein umwölkter gipfel, 1973]. Übers. von Rosmarie Waldrop und Harriett Watts. Los Angeles, CA 1998.
Mayröcker, Friederike: Peck me Up, my Wing: Selections from the Work of Friederike Mayröcker. Übers. von Mary Burns. Boulder, Col. 2000.
Mayröcker, Friederike: Requiem for Ernst Jandl [Requiem für Ernst Jandl, 2001]. Übers. von Roslyn Theobald. London 2001.
Mayröcker, Friederike: Brutt, or the Sighing Gardens [brütt oder Die seufzenden Gärten, 1998]. Übers. von Roslyn Theobald. Evanston, Ill. 2013.
Mayröcker, Friederike: Raving Language: Selected Poems 1946–2006. Übers. von Richard Dove. Manchester 2017.
Mayröcker, Friederike: Scardanelli [Scardanelli, 2009]. Übers. von Jonathan Larson. New York 2018.
Mayröcker, Friederike: From Embracing the Sparrow-wall Or 1 Schumann-madness [vom Umhalsen der Sperlingswand, oder 1 Schuhmannwahnsinn]. Übers. von Jonathan Larson. [Argentinien] OOMPH! Press 2019.
Mayröcker, Friederike: études [études, 2013]. Übers. von Donna Stonecipher. London/New York 2020.
Mayröcker, Friederike: As Mornings and Mossgreen I. Step to the Window [da ich morgens und moosgrün. Ans Fenster trete, 2020]. Übers. von Alexander Booth. Chicago, Ill. 2021.
Mayröcker, Friederike: Just Sitting Around Here Gruesomely Now [ich sitze nur GRAUSAM da, 2012]. Übers. von Roslyn Theobald. London 2021.
Mayröcker, Friederike: The Communicating Vessels [Die kommunizierenden Gefäße, 2003]. Übers. von Alexander Booth. New York 2021.

Übersetzungen ins Französische

Mayröcker, Friederike: Le bébé dinosaur [Sinclair Sofokles der Babysaurier, 1971]. Übers. von Yves-Marie Maquet. Illustr. von Theodor Eberle. Paris 1983.
Mayröcker, Friederike: Métaux Voisins [Benachbarte Metalle, 2016]. Übers. von Jean-René Lassalle. Liège 2003.
Mayröcker, Friederike: Asile de saints [Heiligenanstalt, 1978]. Übers. von Bernhard Collignon und der Autorin. Saint-Quentin-de-Caplong 2007.
Mayröcker, Friederike: Brütt ou Les jardins soupirants [Brütt oder Die seufzenden Gärten, 1998]. Übers. von Hugo Hengl und Françoise David-Schaumann. Saint-Quentin-de-Caplong 2008.

Mayröcker, Friederike: Langue de perroquet: Extraits de Voyage dans la nuit [Reise durch die Nacht, 1984]. Übers. von Christophe-Jean Geschwindenhammer. Saint-Quentin-de-Caplong 2013.

Mayröcker, Friederike: CRUELLEMENT là [ich sitze nur GRAUSAM da, 2012]. Übers. von Lucie Taïeb. Saint-Quentin-de-Caplong 2014.

Mayröcker, Friederike: Scardanelli [Scardanelli, 2009]. Übers. von Lucie Taïeb. Saint-Quentin-de-Caplong 2017.

Mayröcker, Friederike: Voyage dans la nuit [Reise durch die Nacht, 1984]. Übers. von Anne Kubler. Saint-Quentin-de-Caplong 2023.

Übersetzungen ins Schwedische

Mayröcker, Friederike: Indianhår [Indianerhaar]. Ausw. und Übers. von Ulla Ekblad-Forsgren. Lund 2005.

Mayröcker, Friederike: Kuvert med fåglar [Das Couvert der Vögel, 2002]. Übers. von Ulla Ekblad-Forsgren. Stockholm 2006.

Mayröcker, Friederike: Och jag ruskade en älskling [Und ich schüttelte einen Liebling, 2005]. Übers. und Nachw. von Ulla Ekblad-Forsgren. Lund 2010.

Mayröcker, Friederike: Scarcanelli [Scardanelli, 2009]. Übers. von Ulla Ekblad-Forsgren. Nachw. von Jan Arnald. Lund 2011.

Mayröcker, Friederike: Jag är på anstalt: fotnoter till ett ickeskrivet verk [ich bin in der Anstalt. Fusznoten zu einem nichtgeschriebenen Werk, 2010]. Übers. von Ulla Ekblad-Forsgren. Lund 2012.

Mayröcker, Friederike: Om omfamningar [Von den Umarmungen, 2012]. Übers. von Ulla Ekblad-Forsgren. Lund 2013.

Mayröcker, Friederike: Vill ej mer gå i vall Rekviem för Ernst Jandl och andra hörspel [will nicht mehr weiden – Requiem für Ernst Jandl, 2001, und andere Hörspiele]. Übers. und Nachw. von Ulla Ekblad-Forsgren. Lund 2017.

Mayröcker, Friederike: Patos Och Svala [Pathos und Schwalbe, 2018]. Übers. von Ulla Ekblad-Forsgren. Lund 2019.

Übersetzungen ins Italienische

Mayröcker, Friederike: Viaggio attraverso la notte [Reise durch die Nacht]. Hg. und Übers. von Sara Barni. Palermo 1996.

Mayröcker, Friederike: Fogli magici [Magische Blätter I–IV, 1983–1995]. Ausgew., übers. und hg. von Luigi Reitani. Venedig 1998.

Mayröcker, Friederike: della vita le zampe [von Lebens Tatzen]. Übers. und hg. von Sara Barni. Rom 2002.

Mayröcker, Friederike: Gli addii [Die Abschiede, 1980]. Übers. und hg. von Marco Rispoli. Udine 2007.

Übersetzungen ins Spanische

Mayröcker, Friederike: El pequeño dinosaurio [Sinclair Sofokles der Babysaurier, 1971]. Illustr. von Theodor Eberle. Übers. von María Dolores Abalos. Madrid 1984.

Mayröcker, Friederike: Páginas mágicas [Magische Blätter I–IV, 1983–1995]. Ausw. und Übers. von Olga Sánchez Guevara. La Habana 2005.

Mayröcker, Friederike: Scardanelli [Scardanelli 2009]. Übers. und Einf. von José Luis Reina Palazón. Benalmádena 2014.

Übersetzungen ins Niederländische

Mayröcker, Friederike: Magisch bladwerk [Ausw. aus: Gesammelte Prosa, 1989, und Magische Blätter II–V, 1987–1999]. Übers. von Inge Arteel und Dirk Van Hulle. Ausw. und Nachw. von Inge Arteel. Gent 2001.

Mayröcker, Friederike: Sensorium etc. [Ausw. aus: Gesammelte Gedichte, 2003, und Fragm. aus: études, 2013, cahier, 2014, fleurs, 2016, und Pathos und Schwalbe, 2018]. Ausw., Übers. und Vorw. von Annelie David und Lucas Hüsgen. Bleiswijk 2020.

Mayröcker, Friederike: zeven omhelzingen uit Von den Umarmungen [Sieben Umarmungen aus: Von den Umarmungen, 2012]. Ausw. und Übers. von Ton Naaijkens. Doetinchem 2023.

Mayröcker, Friederike: alle omhelzingen [Von den Umarmungen, 2012]. Übers. und Nachw. von Ton Naaijkens. Doetinchem 2024.

Übersetzungen ins Türkische

Mayröcker, Friederike: Her biri bulutlu zirve [je ein umwölkter gipfel, 1973]. Übers. von Gülmihri Aytaç. Istanbul 1997.

Mayröcker, Friederike: Çocuk yazı [Kinderschrift]. Ausw. und Übers. von Burak Özyalçın. Istanbul 2011.

Übersetzungen ins Tschechische

Mayröcker, Friederike: Kočkodan samota [Meerkatze Einsamkeit]. Ausw. und Übers. von Bohumila Geussová. Prag 1984.

Mayröcker, Friederike: Rekviem za Ernsta Jandla [Requiem für Ernst Jandl, 2001]. Übers. von Bohumila Grögerová. Červený Kostelec 2006.

Mayröcker, Friederike: A zatřásla jsem miláčkem [Und ich schüttelte einen Liebling, 2005]. Übers. von Zuzana Augustová. Prag 2022.

Übersetzungen ins Dänische

Mayröcker, Friederike: Rejse gennem natten [Reise durch die Nacht, 1984]. Übers. von Eva Botofte. Nachw. von Madame Nielsen. Fredensborg 2019.

Mayröcker, Friederike: Da jeg morgenlig og mosgrøn. Træder hen til vinduet [da ich morgens und moosgrün. Ans Fenster trete, 2020]. Übers. von Madame Nielsen. Dronningmølle 2023.

Übersetzung ins Polnische

Mayröcker, Friederike: Zielony Montaż / Grüne Montage. Ausw. und Übers. von Ryszard Wojnakowski. Nachw. von Klaus Kastberger. Kraków 2003.

Übersetzung ins Slowenische

Mayröcker, Friederike: Smrt zaradi muz [Tod durch Musen, 1966]. Ausw. und Übers. von Tanja Petrič. Ljubljana 2015.

Übersetzung ins Ungarische

Mayröcker, Friederike: Utazás az éjszakán át [Reise durch die Nacht, 1984]. Übers. von Csordás Gábor. Pécs 1999.

Übersetzung ins Finnische

Mayröcker, Friederike: Elämän Käpälistä [von Lebens Tatzen]. Übers. von Sirkka Knuuttila. Helsinki 2018.

Übersetzung ins Japanische

Mayröcker, Friederike: Mini saurusu zuinkurea zofokuresu [Sinclair Sofokles der Babysaurier, 1971]. Übers. von Mikiko Miura. Illustr. von Angelika Kaufman. Tokyo 2008.

Übersetzung ins Rumänische

Mayröcker, Friederike: Lucrarea florilor [Blumenarbeit]. Übers. von Florica Madritsch Marin. Bukarest 2005.

Zusammengestellt von Martin Vejvar und May Mergenthaler

Archivbestände

Friederike Mayröcker hat bereits zu Lebzeiten ihren literarischen Vorlass zur Verwahrung an die Wienbibliothek im Rathaus und die Österreichische Nationalbibliothek übergeben. Zusätzlich sind bedeutende Dokumente zu ihrem Leben und Werk über Wegbegleiterinnen und Wegbegleiter in die Archive gekommen. Die folgenden Einträge geben einen Überblick über die wichtigsten Sammlungen mit Originalmaterialien Mayröckers an öffentlichen Institutionen in Österreich.

1. Wienbibliothek im Rathaus, Handschriftensammlung

Bestand: Vorlass Friederike Mayröcker (ZPH 530, ZPH 695, ZPH 1336, ZPH 1386, ZPH 1453)
Zugangsdatum: 1980, 1988, 1997, 2005, 2007, 2009
Umfang: 34 Archivboxen, 22 Inventarnummern

Inhalt (ZPH 530 und ZPH 695): Werkmaterialien (Typoskripte verschiedener Fassungen, teilweise mit handschriftlichen Anmerkungen oder Korrekturen, Druckvorlagen, Druckfahnen/Korrekturfahnen) zu den Werken *Die Abschiede*; *Arie auf tönernen Füßen*; *Augen wie Schaljapin bevor er starb*; *Ausgewählte Gedichte*; *Das besessene Alter*; *Blaue Erleuchtungen*; *Bocca della verita*; *Fantom Fan*; *Fast ein Frühling des Markus M.*; *Gesammelte Prosa*; *Gute Nacht, guten Morgen*; *Heiligenanstalt*; *Das Herzzerreißende der Dinge*; *In langsamen Blitzen*; *je ein umwölkter gipfel*; *Lection*; *Ein Lesebuch*; *Das Licht in der Landschaft*; *Magische Blätter I–IV*; *mein Herz mein Zimmer mein Name*; *Minimonsters Traumlexikon*; *Nach Picasso*; *Reise durch die Nacht*; *Rot ist unten*; *Sägespäne für mein Herzbluten*; *Schwarmgesang*; *So ein Schatten ist der Mensch*; *Stilleben*; *Tod durch Musen*; *Der Tod und das Mädchen*; *Die Umarmung*; *Winterglück* sowie weitere diverse Materialien

Inhalt (ZPH 1336): Lyrik und Prosa (verschiedene Fassungen, Entwürfe und Notizen) aus den Jahren 2002 bis 2005, u. a. *augenbetrüger stilleben, ozeanische lust, zu arbeiten von linde waber; habe Bach aufgelegt; mein Arbeitstisch meine Illuminationen*

Inhalt (ZPH 1386): Lyrik und Prosa (verschiedene Fassungen, Entwürfe und Notizen) aus den Jahren 2004 bis 2005, u. a. *auf 1 glasobjekt von maria gruber; der himmelfahrts mozart; die entrückung, für christel fallenstein; „materie in form einer achselhöhle" antoni tapies*

Inhalt (ZPH 1453): v. a. unveröffentlichte Lyrik und Prosa aus den Jahren 2008 und 2009, u. a. der Prosatext *da ist mein schmerz* und die Gedichte *Himmel 1 Taube oder 1 Spalt, ja die Amsel das Lied, die Mimosen im weißen Gewand, Maiglöckchen* und *1 Dattelkern auf dem Küchenboden*

2. Literaturarchiv der Österreichischen Nationalbibliothek

Bestand: Nachlass Friederike Mayröcker (LIT 493/19)
Zugangsdatum: 2019
Umfang: ca. 130 Laufmeter / ca. 2000 Archivboxen
Inhalt: Werke, verschiedene Vorstufen, Fassungen und Entstehungsmaterialien von Werken (u. a. Manuskripte, Typoskripte, Notizzettel, Zeichnungen und Druckfahnen aus mehreren Jahrzehnten, u. a. *Larifari: Ein konfuses Buch*; *Sinclair Sofokles der Baby-Saurier*; *Pegas das Pferd*; *Die Abschiede*; *Lection*; *Das Licht in der Landschaft*; *Magische Blätter I–IV*; *Kabinett-Notizen, nach James Joyce*; *Notizen auf einem Kamel. Gedichte 1991–1996*; *brütt oder Die seufzenden Gärten*; *Requiem für Ernst Jandl*; *die kommunizierenden Gefäße*; *ich sitze nur GRAUSAM da*; *études*; *cahier*; *fleurs*; sowie zahlreiche früheste Schreibversuche und letzte Notizen, Gedichte, Hörspiele, Kinderliteratur und autobiographische Aufzeichnungen aus der gesamten Schaffenszeit), Korrespondenzen (aus mehreren Jahrzehnten), Lebensdokumente (u. a. Photographien, Dokumente zur Familie und zur allgemeinen Lebensführung), Sammelstücke (u. a. umfangreiche Plakatsammlungen), Bücher (annotierte Leseexemplare, Widmungsexemplare) und AV-Medien (u. a. Audio- und Videomitschnitte der öffentlichen Auftritte und Lesungen; Aufnahmen von privaten (Telefon-)Gesprächen; Sammlung an Vinyl und CDs mit Klassischer Musik)

Bestand: Friederike Mayröcker / Sammlung Gisela Lindemann (ÖLA 106b/98)
Zugangsdatum: 1998
Umfang: 1 Archivbox
Inhalt: Werke (*Blendung Verblendung am Zungengrund (12 neue Gedichte)*, Danksworte anläszlich der Verleihung des Roswitha-von-Gandersheim-Preises am 8. Oktober 1982 in Frankfurt), Korrespondenz, Sammelstücke (Materialien zu *Friederike Mayröcker. Ein Lesebuch*, Sekundärliteratur, Druckbelege, Fotos etc.)

Bestand: Friederike Mayröcker / Sammlung Franz Eder (LIT 471/18)
Zugangsdatum: 2018
Umfang: 1 Archivbox
Inhalt: Typoskript des Gedichts *die Speichen des Vogels. Alfred Kubin zum 100. Geburtstag* mit Beilagen (Druckfahnen, Notiz)

Bestand: Friederike Mayröcker / Sammlung Carmen Tartarotti (LIT 500/19)
Zugangsdatum: 2019
Umfang: Digitale Dateien (2 DVDs)
Inhalt: Audiomitschnitte (Monologe 1989, 2005–2008), Monolog-Abschriften, Filmstills aus *Das Schreiben und das Schweigen* und *1 HÄUFCHEN BLUME 1 HÄUFCHEN SCHUH*

Bestand: Friederike Mayröcker, Gertraud Horvath / Sammlung Traude Veran (LIT 541/21)
Zugangsdatum: 2021
Umfang: 1 Archivbox
Inhalt: Korrespondenz Mayröcker/Veran und Materialien von und zu Gertraud Horvath

Bestand: Friederike Mayröcker / Sammlung Christel Fallenstein (LIT 546/22)
Zugangsdatum: 2022
Umfang: 53 Archivboxen
Inhalt: v. a. Briefwechsel Mayröcker/Fallenstein, umfangreiche, von Fallenstein angelegte Materialsammlungen zu Werken, Aufnahmen, Veranstaltungen, Übersetzungen, Ehrungen etc. Mayröckers

Bestand: Friederike Mayröcker / Sammlung Hedwig Wingler (LIT 560/23)
Zugangsdatum: 2023
Umfang: 1 Archivbox
Inhalt: Korrespondenz Mayröcker/Wingler und Beilagen

Materialien von Mayröcker in den Beständen anderer:

Bestand: Nachlass Ernst Jandl (ÖLA 139/99)
Zugangsdatum: 1999

Umfang: 635 Archivboxen
Inhalt: Im Nachlass enthalten sind umfangreiche Sammlungen mit Originalmaterialien von Mayröcker, v. a. Werke (Lyrik, Prosa, Reden, Übersetzungen, Hörspiele, Lesungen, Notizen, Zeichnungen), Gemeinschaftsarbeiten mit Jandl (Lyrik, Hörspiele, Film, Schallplatten), Briefwechsel mit Jandl, Briefe an/von Mayröcker an/von Dritte/n, Photographien, Bearbeitungen von Werken Mayröckers, Texte Jandls über Mayröcker, Unterlagen zu Veranstaltungen und zur Lebensführung Mayröckers

Korrespondenzen und Manuskripte befinden sich darüber hinaus u. a. in den Vorlass-/Nachlassbeständen von René Altmann (ÖLA 46/96), Heimrad Bäcker (ÖLA 153/00), Gerald Bisinger (ÖLA 313/07), Christine Busta (ÖLA 202/03), Elfriede Czurda (ÖLA 306/06), Traute Foresti (ÖLA 304/06), Erich Fried (ÖLA 4/90), Elfriede Gerstl (LIT 370/10), Hans Heinz Hahnl (ÖLA 346/08), Josef Haslinger (ÖLA 216/03), Max Hölzer (ÖLA 170/01), Hermann Jandl (LIT 454/17), Gert F. Jonke (LIT 494/19), Kurt Klinger (ÖLA 302/06), Alfred Kolleritsch (ÖLA 307/06, ÖLA 341/08, LIT 521/20), Andreas Okopenko (ÖLA 311/07, ÖLA 269a/05, LIT 399/12), Gerhard Rühm (LIT 397/11), Michael Scharang (ÖLA 290/06), Ferdinand Schmatz (ÖLA 226/04), György Sebestyén (LIT 381/10), Marlene Streeruwitz (LIT 527/21), Alois Vogel (ÖLA 201/03, ÖLA 201a/05) sowie in den Redaktions-/Verlags-/Vereinsarchiven Milena Verlag (ÖLA 257/05), protokolle (ÖLA 162/01), Literaturverlag Droschl (ÖLA 173/01), Literatur und Kritik (ÖLA 9/90), Grazer Autorinnen Autorenversammlung (ÖLA 314/07)

3. Weitere Institutionen

Forschungsinstitut Brenner-Archiv, Innsbruck
Korrespondenzen, Photographien und andere Materialien von und zu Mayröcker befinden sich u. a. in den Beständen Nachlass Lilly von Sauter (Signatur: 163), Nachlass Ingeborg Teuffenbach (Signatur: 29), Innsbrucker Wochenendgespräche / Österreichische Jugendkulturwochen (Signatur: 55), Lyrik aus Tirol (Signatur: 180)

Franz-Michael-Felder-Archiv, Bregenz
Brief von Mayröcker und Werkmaterialien zu *Friederikenbriefe* im Vorlass Erika Kronabitter

Franz-Nabl-Institut für Literaturforschung, Graz
Korrespondenzen mit Mayröcker u. a. in den Beständen Gerhard Roth / Sammlung Erika Roth (FNI-ROTH / SLG. Erika ROTH) und Teilnachlass Doris Mühringer (FNI-MÜHRINGER)

Literaturhaus Wien, Handschriftensammlung
Korrespondenzen mit Mayröcker u. a. im Nachlass Rudolf Henz (N1.18) und Teilvorlass Herbert J. Wimmer (N1.46)

Zusammengestellt von Arnhilt Inguglia-Höfle

Sekundärliteratur

Die folgende Auswahlbibliographie umfasst Monographien, Sammelbände und Artikel zur Autorin, die bis April 2024 publiziert wurden. Unveröffentlichte Hochschulschriften sowie Themenhefte von Literaturzeitschriften konnten aus Platzgründen nicht berücksichtigt werden. Unselbstständige Publikationen wurden ab 2000 erfasst, da für den Zeitraum von 1946 bis 1999 umfangreiche Bibliographien vorliegen.

Bibliographien

Beyer, Marcel: Friederike Mayröcker. Eine Bibliographie. Frankfurt a. M. et al. 1992.

Beyer, Marcel/Schwar, Stefan: Auswahlbibliographie Friederike Mayröcker. In: Gerhard Melzer/Stefan Schwar (Hg.): Friederike Mayröcker. Graz/Wien 1999, 247–300.

Feneberg, Carina/Schuchter, Veronika/Pilz, Michael: Friederike Mayröcker in der deutschsprachigen Presse (2000–2021). Eine bibliographische Dokumentation. In: Innsbrucker Bibliographien zur Literaturkritik. Themen im deutschsprachigen Feuilleton 2/2021, https://www.uibk.ac.at/literaturkritik/pdfs/innsbrucker-bibliographien_02-21_mayroecker.pdf (12.5.2024)

Sammelbände

Arteel, Inge/Müller, Heidy Margrit (Hg.): „Rupfen in fremden Gärten". Intertextualität im Schreiben Friederike Mayröckers. Bielefeld 2002.

Arteel, Inge/De Felip, Eleonore (Hg.): Fragen zum Lyrischen in Friederike Mayröckers Poesie. Stuttgart 2020.

Burdorf, Dieter (Hg.): „An seiner Seite hätte ich sogar die Hölle ertragen". Friederike Mayröcker und Ernst Jandl. Iserlohn 2005.

Cercignani, Fausto (Hg.): Friederike Mayröcker [Studia Austriaca, Supplementband]. Milano 2001.

Fetz, Bernhard/Manojlovic, Katharina/Rettenwander, Susanne (Hg.): „ich denke in langsamen Blitzen". Friederike Mayröcker. Jahrhundertdichterin. Wien 2024.

Kastberger, Klaus/Schmidt-Dengler, Wendelin (Hg.): In Böen wechselt mein Sinn. Zu Friederike Mayröckers Literatur. Wien 1996.

Kühn, Renate (Hg.): Friederike Mayröcker oder „das Innere des Sehens". Studien zu Lyrik, Hörspiel und Prosa. Bielefeld 2002.

Lartillot, Françoise/Le Née, Aurélie/Pfabigan, Alfred (Hg.): „Einzelteilchen aller Menschengehirne". Subjekt und Subjektivität

in Friederike Mayröckers (Spät-)Werk. Bielefeld 2012.
Melzer, Gerhard/Schwar, Stefan (Hg.): Friederike Mayröcker. Graz/Wien 1999.
Lughofer, Johann Georg (Hg.): Friederike Mayröcker. Interpretationen, Kommentare, Didaktisierungen. Wien 2017.
Para, Jean-Baptiste (Hg.): Claude Simon. Friederike Mayröcker. Paris 2015.
Riess-Beger, Daniela (Hg.): Lebensveranstaltung: Erfindungen Findungen einer Sprache. Friederike Mayröcker. [Katalog zu einer Ausstellung der Akademie der Künste, Berlin, und des Literaturhauses, Wien, zum 70. Geburtstag der Autorin.] Wien 1994.
Schmidt, Siegfried J. (Hg.): Friederike Mayröcker. Frankfurt a. M. 1984.
Strohmaier, Alexandra (Hg.): Buchstabendelirien. Zur Literatur Friederike Mayröckers. Bielefeld 2009.

Monographien

Amstutz, Nathalie: Autorschaftsfiguren. Inszenierung und Reflexion von Autorschaft bei Musil, Bachmann und Mayröcker. Köln et al. 2004.
Arteel, Inge: gefaltet, entfaltet. Strategien der Subjektwerdung in Friederike Mayröckers Prosa 1988–1998. Bielefeld 2007.
Arteel, Inge: Friederike Mayröcker. Hannover 2012.
Blum, Sylvia: Fremdes und Sprache in ausgewählter Prosa der (Post-)Moderne. Bielefeld 2018.
Breuer, Theo: Zischender Zustand – Mayröcker Time. Ludwigsburg 2017.
Draesner, Ulrike: Schöne Frauen lesen. Über Ingeborg Bachmann, Annette von Droste-Hülshoff, Friederike Mayröcker, Virginia Woolf u.v.a. München 2007.
Endres, Ria: Schreiben zwischen Lust und Schrecken. Essays zu Ingeborg Bachmann, Elfriede Jelinek, Friederike Mayröcker, Marlene Streeruwitz. Weitra 2008.
Görner, Rüdiger: Sprachrausch und Sprachverlust. Essays zur österreichischen Literatur von Hofmannsthal bis Mayröcker. Wien 2011.
Grizelj, Mario: „Ich habe Angst vor dem Erzählen". Eine Systemtheorie experimenteller Prosa. Würzburg 2008.
Kaminskaja, Juliana V.: ...Verwandlungen... Zu Friederike Mayröckers *Scardanelli* und anderen Gedichten. Wien 2021.
Kasper, Helga: Apologie einer magischen Alltäglichkeit. Eine erzähltheoretische Untersuchung der Prosa von Friederike Mayröcker anhand von „mein Herz mein Zimmer mein Name". Innsbruck 1999.
Kastberger, Klaus: Reinschrift des Lebens. Friederike Mayröckers *Reise durch die Nacht*. Edition und Analyse. Wien et al. 2000.
Kospach, Julia/Aichinger, Ilse/Mayröcker, Friedrike: Letzte Dinge. Ilse Aichinger und Friederike Mayröcker – zwei Gespräche über den Tod. Wien 2008.
Kunz, Edith Anna: Verwandlungen. Zur Poetologie des Übergangs in der späten Prosa Friederike Mayröckers. Göttingen 2004.
Le Née, Aurélie: La poésie de Friederike Mayröcker – une « œuvre ouverte » – Bern et al. 2013.
Lichtenstein, Swantje J.: Das lyrische Projekt. Rhetorik, Räumlichkeit und Wissenschaft. München 2004.
Meyer, Petra Maria: Gedächtniskultur des Hörens. Medientransformationen von Beckett über Cage bis Mayröcker. Düsseldorf 1997.
Naqvi, Fatima: The Literary and Cultural Rhetoric of Victimhood: Western Europe, 1970–2005. Basingstoke 2007.
Pauler, Monika: Bewußtseinsstimmen. Friederike Mayröckers auditive Texte. Hörspiele, Radioadaptionen und „Prosa-Libretti" 1967–2005. Berlin et al. 2010.
Raß, Michaela: Bilderlust – Sprachbild: Das Rendezvous der Künste. Friederike Mayröckers Kunst der Ekphrasis. Göttingen 2014.
Reumkens, Noël: Kunst, Künstler, Kontext und Konzept. Intermediale und andersartige Bezugnahmen auf Visuell-Künstlerisches in der Lyrik Mayröckers, Klings, Grünbeins und Draesners. Würzburg 2013.

Riess-Beger, Daniela: Lebensstudien. Poetische Verfahrensweisen in Friederike Mayröckers Prosa. Würzburg 1995.

Schilling, Erik: Dialog der Dichter. Poetische Beziehungen in der Lyrik des 20. Jahrhunderts. Bielefeld 2015.

Schmid-Bortenschlager, Sigrid: Österreichische Schriftstellerinnen 1800–2000. Darmstadt 2009.

Schmidt, Siegfried J.: Fuszstapfen des Kopfes: Friederike Mayröckers Prosa aus konstruktivistischer Sicht. Münster 1989.

Schweiger, Hannes: Failing better. Die Rezeption Samuel Becketts in Österreich. Bern et al. 2006.

Storr, Annette: Regieanweisungen. Beobachtungen zum allmählichen Verschwinden dramatischer Figuren. Berlin 2009.

Strigl, Daniela: Sinn und Sinnlichkeit. Lesen, verstehen, schwelgen. München 2021.

Strohmaier, Alexandra: Logos, Leib und Tod. Studien zur Prosa Friederike Mayröckers. München 2008.

Tkatschenko, Emilia: Gewalt und Dissoziation in der neueren deutsch- und russischsprachigen Lyrik. Exemplarische Analysen: Sergej Stratanovskij, Ulrike Draesner, Jaroslav Mogutin, Ann Cotten, Durs Grünbein, Elena Fanajlova, Friederike Mayröcker, Aleksandr Skidan. Berlin et al. 2022.

Waterhouse, Peter: Der Fink. Einführung in das Federlesen. Berlin 2016.

Weber, Julia: Das multiple Subjekt. Randgänge ästhetischer Subjektivität bei Fernando Pessoa, Samuel Beckett und Friederike Mayröcker. München 2010.

Winkler, Andrea: Schatten(spiele). Poetologische Denkwege zu Friederike Mayröcker in brütt oder die seufzenden Gärten. Hamburg 2004.

Unselbstständige Publikationen

Ammon, Frieder von: Musik für das 20. Jahrhundert. Ernst Jandls 13 radiophone Texte. In: Klaus Schenk/Anne Hultsch/Alice Stašková (Hg.): Experimentelle Poesie in Mitteleuropa. Texte – Kontexte – Material – Raum. Göttingen 2016, 119–135.

Ammon, Frieder von: Umarmung der Texte. Eine Hommage an Friederike Mayröcker. In: Die Horen. Zeitschrift für Literatur, Kunst und Kritik 65/277 (2020), 51–56.

Ammon, Frieder von: Singen und Schreiben. Friederike Mayröcker und die Musik – am Beispiel Franz Schuberts. In: Bernhard Fetz/Katharina Manojlovic/Susanne Rettenwander (Hg.): „ich denke in langsamen Blitzen". Friederike Mayröcker. Jahrhundertdichterin. Wien 2024, 296–310.

Arteel, Inge: „Faltsache". Subjektwerdung in Mayröckers Magischen Blättern. In: Dies./Heidy Margrit Müller (Hg.): „Rupfen in fremden Gärten". Intertextualität im Schreiben Friederike Mayröckers. Bielefeld 2002, 57–69.

Arteel, Inge: Stirb und werde. Der Subjektbegriff in Friederike Mayröckers Das Herzzerreißende der Dinge. In: Anke Bosse/Clemens Ruthner (Hg.): Periphere Identitäten in der deutschsprachigen Literatur nach 1945. Germanistische Mitteilungen 55 (2002), 67–78.

Arteel, Inge: Subjektivität, Wiederholung und Verwandlung in Friederike Mayröckers Prosabuch brütt oder Die Seufzenden Gärten. In: Trans. Internet-Zeitschrift für Kulturwissenschaften 16 (2006), https://www.inst.at/trans/16Nr/02_1/arteel16.htm (12.5.2024).

Arteel, Inge: Die Wiederholung als Strategie der ästhetischen Subjektwerdung. Friederike Mayröckers mein Herz mein Zimmer mein Name. In: Svenja Flaßpöhler (Hg.): Kippfiguren der Wiederholung. Interdisziplinäre Untersuchungen zur Figur der Wiederholung in Literatur, Kunst und Wissenschaft. Frankfurt a. M. et al. 2007, 33–46.

Arteel, Inge: Nach dem Bilder- und Berührungsverbot. Kunst und Erotik in die Umarmung, nach Picasso. In: Alexandra Strohmaier (Hg.): Buchstabendelirien. Zur Literatur Friederike Mayröckers. Bielefeld 2009, 97–120.

Arteel, Inge: Nichtmenschliche Körperfigurationen in brütt oder Die seufzenden Gärten. In: Françoise Lartillot/Aurélie Le Née/Alfred Pfabigan (Hg.): „Einzelteilchen aller Menschengehirne". Subjekt und Subjektivität in Friederike Mayröckers (Spät-)Werk. Bielefeld 2012, 97–114.

Arteel, Inge: Biographie einer Biographielosen. In: Études germaniques 69/4 (2014), 505–516.

Arteel, Inge: Friederike Mayröckers ekstatisches Schreiben. Im Rhythmus der vielen wahren Worte. In: Katharina Manojlovic/Kerstin Putz (Hg.): Im Rausch des Schreibens. Wien 2017, 50–64.

Arteel, Inge: Nonsovereign voices in Friederike Mayröcker's aural texts. In: Partial Answers. Journal of Literature and the History of Ideas 15/1 (2017), 135–150.

Arteel, Inge: Konstellationen des Stimmhaften und der Anrede in Mayröckers Lyrik. In: Dies./Eleonore De Felip (Hg.): Fragen zum Lyrischen in Friederike Mayröckers Poesie. Stuttgart 2020, 17–34.

Arteel, Inge: „Vom Küssen der Zunge, im Sinne von Sprache". Schreiben und Umwelt in Friederike Mayröckers Lyrik und Prosa sowie im fotografischen Paratext. In: Michael Fisch/Christoph Schmidt (Hg.): Transkulturelle Hermeneutik I. Vorträge auf Einladung des Walter Benjamin-Lehrstuhls für deutsch-jüdische Literatur- und Kulturwissenschaft an der Hebräischen Universität in Jerusalem. Berlin 2020, 291–308.

Arteel, Inge/Dera, Jeroen: Hybrid Hydra-Heads. Friederike Mayröcker versus Lucienne Stassaert. In: Inge Arteel/Lars Bernaerts/Olivier Couder (Hg.): Confrontational readings. Literary Neo-Avant-Gardes in Dutch and German. Cambridge 2020, 93–127.

Baar, Anna: hundertachtzig. In: Bernhard Fetz/Katharina Manojlovic/Susanne Rettenwander (Hg.): „ich denke in langsamen Blitzen". Friederike Mayröcker. Jahrhundertdichterin. Wien 2024, 328–329.

Babka, Anna: Entferntes Verstehen und/oder die Sprache der Liebe in Friederike Mayröckers „deinetwegen ist ..." (Pindar/Hölderlin). In: Johann Georg Lughofer (Hg.): Friederike Mayröcker. Interpretationen, Kommentare, Didaktisierungen. Wien 2017, 105–115.

Barni, Sara: Il fiore sghembo. Immagini dalla lirica di Friederike Mayröcker. In: Fausto Cercignani (Hg.): Friederike Mayröcker [Studia Austriaca, Supplementband]. Milano 2001, 11–35.

Barni, Sara: Friederike Mayröcker oder Das Herumzigeunern im Text In: manuskripte 43/160 (2003), 124–127.

Barni, Sara: Rifrangenze mitiche nel teatro di Friederike Mayröcker In: Hermann Dorowin/Rita Svandrlik/Uta Treder (Hg.): Il mito nel teatro tedesco. Perugia 2004, 357–383.

Barni, Sara: Friederike Mayröcker (1924). In: Bernhard Arnold Kruse/Vivetta Vivarelli (Hg.): Il marmo, la fontana, il precipizio. Firenze 2012, 245–253.

Barni, Sara: Cartografie del sogno. Novalis, Kubin, Mayröcker. In: Hermann Dorowin/Rita Svandrlik/Leonardo Tofi (Hg.): La sfuggente logica dell'anima. Perugia 2014, 369–383.

Baumann, Karoline: Hybridität und Gattung. Versuch über die Gattungspoetik Friederike Mayröckers. In: Inge Arteel/Eleonore De Felip (Hg.): Fragen zum Lyrischen in Friederike Mayröckers Poesie. Stuttgart 2020, 1–16.

Baumann, Valérie: „Mein Ding liegt zutage wie 1 Skelett". 2 Gedichte von Friederike Mayröcker für Fritzi gelesen von Valérie B. In: Alexandra Strohmaier (Hg.): Buchstabendelirien. Zur Literatur Friederike Mayröckers. Bielefeld 2009, 75–86.

Baumann, Valérie: Circa-Confession. Oder wie viel Derrida braucht das Ich bei Mayröcker. In: Françoise Lartillot/Aurélie Le Née/Alfred Pfabigan (Hg.): „Einzelteilchen aller Menschengehirne". Subjekt und Subjektivität in Friederike Mayröckers (Spät-)Werk Bielefeld 2012, 71–83.

Baumann, Valérie: „Tous frères (de) Grimm", Jacques et Jean. Place du nom dans l'écriture de Friederike Mayröcker. In: Études germaniques 69/4 (2014), 581–593.

Benthien, Claudia: Leben als Frist. Vergänglichkeit, Zeit und Tod in Erzähltexten der Gegenwart. In: Dies./Antje Schmidt/Christian Wobbeler (Hg.): Vanitas und Gesellschaft. Berlin 2021, 213–239.

Berkéwicz, Ulla: Laudatio für Friederike Mayröcker zum Hermann-Lenz-Preis 2009. In: manuskripte 49/185 (2009), 6–9.

Betten, Anne: Vom Satz zum Text zum Text ohne Satz. Linguistische und literarische Revolten der siebziger Jahre, am Beispiel von Friederike Mayröckers und Marie-Thérèse Kerschbaumers Prosa. In: Thomas A. Fritz/Hans-Werner Eroms (Hg.): Literaturstil – sprachwissenschaftlich. Heidelberg 2008, 195–226.

Betten, Anne: Das Öffnen des Mundes und das Öffnen der Sprache. Die Konzentration auf die Sprache in der österreichischen Literatur der Gegenwart. In: Dies./Jürgen Schiewe (Hg.): Sprache – Literatur – Literatursprache. Linguistische Beiträge. Berlin 2011, 132–153.

Beyer, Marcel: Friederike Mayröcker: lesen. In: Friederike Mayröcker: Gesammelte Prosa. Bd. I: 1949–1977. Hg. von Marcel Beyer. Frankfurt a. M. 2001, 587–594.

Beyer, Marcel: Wenn ich im SCARDANELLI lese. In: Alexandra Strohmaier (Hg.): Buchstabendelirien. Zur Literatur Friederike Mayröckers. Bielefeld 2009, 87–96.

Beyer, Marcel: Friederike Mayröcker, Logos und Lacrima. In: Ders.: Sie nannten es Sprache. Berlin 2016, 64–75.

Beyer, Marcel: Übergänge zum Mannesalter in Arbeiten Friederike Mayröckers. In: Ders.: Sie nannten es Sprache. Berlin 2016, 30–51.

Beyer, Marcel: Wenn ich im *Scardanelli* lese. In: Ders.: Sie nannten es Sprache. Berlin 2016, 52–63.

Beyer, Marcel: Friederike Mayröcker, *fleurs*. In: Text + Kritik Nr. 218/219 (2018), 4–12.

Beyer, Marcel: Friederike Mayröcker, ein überaus schönes und blaues Manöver. In: Die Horen. Zeitschrift für Literatur, Kunst und Kritik 66/283 (2021), 11–14.

Beyer, Marcel: Zum Gedenken an Friederike Mayröcker. In: Jahrbuch der Deutschen Akademie für Sprache und Dichtung (2021), 155–158.

Beyer, Marcel: Friederike Mayröcker, „o weinet weinet". In: Bernhard Fetz/Katharina Manojlovic/Susanne Rettenwander (Hg.): „ich denke in langsamen Blitzen". Friederike Mayröcker. Jahrhundertdichterin. Wien 2024, 211–212.

Beyer, Marcel: Trauerrede für Friederike Mayröcker. Wien, 17. Juni 2021. In: Bernhard Fetz/Katharina Manojlovic/Susanne Rettenwander (Hg.): „ich denke in langsamen Blitzen". Friederike Mayröcker. Jahrhundertdichterin. Wien 2024, 46–48.

Biebuyck, Benjamin: Gewalt und Ethik im postmodernen Erzählen. Zur Darstellung von Viktimisierung in der Prosa P. Handkes, E. Jelineks, F. Mayröckers, B. Strauß' und G. Wohmanns. In: Henk Harbers (Hg.): Postmoderne Literatur in deutscher Sprache: Eine Ästhetik des Widerstands? Amsterdam 2000, 79–122.

Bies, Werner: Von *Dalis Ameisen auf einem verschatteten Notenblatt*, einer Astralgärtnerin und einem Abstieg in Alices Wonderland – oder: Friederike Mayröcker in ihrer Zettelhöhle des Phantastischen (auch ein Nachruf). In: Maria Fleischhack/Patrick Schmitz/Christine Vogt-William (Hg.): Transatlantische Metamorphosen/Transatlantic Metamorphoses. Berlin et al. 2022, 79–99.

Bjorklund, Beth: Mysteries of the subject. Friederike Mayröcker's *Reise durch die Nacht*. In: Paul F. Dvorak (Hg.): Modern Austrian Prose. Riverside, CA 2001, 247–268.

Bjorklund, Beth: Das Ich erschreiben. Derrida, Picasso und Bach in Mayröckers *brütt*. In: Inge Arteel/Heidy Margrit Müller (Hg.): „Rupfen in fremden Gärten". Intertextualität im Schreiben Friederike Mayröckers. Bielefeld 2002, 107–122.

Bjorklund, Beth: Wie hört man auf? Schlüsse in Mayröckers Prosa. In: Alexandra Strohmaier (Hg.): Buchstabendelirien. Zur Literatur Friederike Mayröckers. Bielefeld 2009, 205–223.

Block, Friedrich W.: „Schreiben = Lebensakt + Abstraktum". Zur Verbindung von Kunst und Leben bei Friederike Mayröcker. In: Renate Kühn (Hg.): Friederike Mayröcker oder „das Innere des Sehens". Studien zu Lyrik, Hörspiel und Prosa. Bielefeld 2002, 241–268.

Block, Friedrich W.: „Schreiben = Lebensakt + Abstraktum". Zur Verbindung von Kunst und Leben bei Friederike Mayröcker. In: Ders.: Im Übergang. Klagenfurt 2018, 73–105.

Bonifazio, Massimo: „Flächen von wildem Sprach Fleisch" / „Superfici di impetuosa carne lingua". „Études" di Friederike Mayröcker (2013). In: Alessandra Schininà (Hg.): Felix Austria? Roma 2014, 117–136.

Bosse, Anke: Schreiben – „auf das Haltloseste und Disziplinierteste". Die Entstehung literarischer Texte darstellen und vermitteln: die Mottos zu Friederike Mayröckers *Die Abschiede*. In: Der Deutschunterricht 55/3 (2003), 14–37.

Bosse, Anke: Brief und Karte. Material, Beute, Vehikel des Schreibens in Friederike Mayröckers *Die Abschiede*. In: Waltraud Wiethölter/Anne Bohnenkamp (Hg.): Der Brief – Ereignis & Objekt. Frankfurt a. M. 2010, 216–231.

Braun, Michael: Wolkenbuch und Wundmal-Poesie. Nachruf auf Friederike Mayröcker. In: Die Horen. Zeitschrift für Literatur, Kunst und Kritik 66/283 (2021), 8–10.

Braun, Stephan: Allmählich Tritt fassen. Friederike Mayröckers Fusznoten-Poetik. In: Weimarer Beiträge 58/2 (2012), 262–275.

Bremer, Uwe/Mayröcker, Friederike/Pock, Rosa/Wiener, Oswald: Gesprächsrunde am 17.10.2019. In: Sonja Kaar/Marc-Oliver Schuster (Hg.): H. C. Artmann & Berlin. Würzburg 2021, 71–82.

Breuer, Theo: „ich bin 1 Bettlerin des Wortes". Notizen zu Friederike Mayröckers Werk nach 2000. In: Freibord 34 (2012), 157–158, 5–14.

Breuer, Theo: „Fetzchen". It's Mayröcker time. Wörter, die Lektüre von Friederike Mayröckers Proëmbuch *études* umkreiselnd. In: manuskripte 54/203 (2014), 5–14.

Breuer, Theo: „Wie eine Lumpensammlerin". Vermerk zu Friederike Mayröckers Werk nach 2000. In: Matrix 37 (2014), 114–140.

Breuer, Theo: Da mein Herz immer höher schlägt. Virtuospoetische Buchklangkunst in *Gleich möchte ich mich auf deinem Bild niederlassen* und *Landschaft mit Verstoßung*. In: Matrix 43 (2016), 253–263.

Bühlbäcker, Hermann: „Vom erinnerten Urbild zur poetischen Textur". Zur Konstruktion poetischer Subjektivität in Friederike Mayröckers Gedicht *Der Aufruf*. In: Renate Kühn (Hg.): Friederike Mayröcker oder „das Innere des Sehens". Studien zu Lyrik, Hörspiel und Prosa. Bielefeld 2002, 25–38.

Burdorf, Dieter: „Herzgefährten". Friederike Mayröckers und Ernst Jandls Lyrik im Wechselgesang. In: Ders. (Hg.): „An seiner Seite hätte ich sogar die Hölle ertragen". Friederike Mayröcker und Ernst Jandl. Iserlohn 2005, 7–13.

Burkhardt, Sandra: Ekphrasis und Montage bei Friederike Mayröcker. Die *Notiz über das SAUSEN der klassischen Moderne* als poetologischer Text. In: Neue Rundschau 126/2 (2015), 219–233.

Chiarloni, Anna: „De natura irundinis": La Rondine di Friederike Mayröcker. In: Fausto Cercignani (Hg.): Friederike Mayröcker [Studia Austriaca, Supplementband]. Milano 2001, 37–44.

Cramer, Sibylle: Laudatio auf die Huchel-Preisträgerin Friederike Mayröcker. In: Allmende 30/85 (2010), 83–85.

Cramer, Sibylle: Zeitlichkeit und Subjekitivität. Zum Alterswerk Friederike Mayröckers. In: manuskripte 50/189–190 (2010), 38–42.

Dakova, Bisera: Erfindung des physiologischen Subjekts oder über den (un)erwarteten Bezug der *Lection* (1994) Friederike Mayröckers auf die *Analyse der Empfindungen* (1886) von Ernst Mach. In: Françoise Lartillot/Aurélie Le Née/Alfred Pfabigan (Hg.): „Einzelteilchen aller Menschengehirne". Subjekt und Subjektivität in Friederike Mayröckers (Spät-)Werk. Bielefeld 2012, 131–147.

De Felip, Eleonore: Interieurs unter freiem Himmel. Die poetische Integration von Innen und Außen bei Friederike Mayröcker, Barbara Hundegger und Daniela Hättich. In: Mitteilungen aus dem Brenner-Archiv 31 (2012), 85–95.

De Felip, Eleonore: Zur Simultaneität von Glück und Schmerz in Friederike Mayröckers Gedicht „und so schreie ich zu mir / wie die Lämmer im Feld". In: Mitteilungen aus dem Brenner-Archiv 32 (2013), 89–100.

De Felip, Eleonore: „Hearing the Speechless": Empathy with Animals in Contemporary German Lyric Poetry. In: Meghan Marie Hammond/Sue J. Kim (Hg.): Rethinking Empathy through Literature. New York 2014, 93–106.

De Felip, Eleonore: Zur Neuperspektivierung zeitgenössischer Lyrik durch die „Literary Animal Studies" am Beispiel Friederike Mayröckers. In: Ana Maria Bernardo/Fernanda Mota Alves/Ana Margarida Abrantes (Hg.): Vom Experiment zur Neuorientierung. Berlin 2017, 119–133.

De Felip, Eleonore: „von der nassen Papiermanschette des Mondes": Die Intensität der verborgenen Dinge bei Friederike Mayröcker. In: Inge Arteel/Dies. (Hg.): Fragen zum Lyrischen in Friederike Mayröckers Poesie. Stuttgart 2020, 229–252.

De Felip, Eleonore: Wenn die Augen und die Dinge übergehen. Die gemeinsamen Bilderbücher von Friederike Mayröcker und Angelika Kaufmann. In: Barbara Hoiß/Simone Stefan (Hg.): Übergänge. Verzweigte Wege in und zur Kinder- und Jugendliteratur. Innsbruck 2020, 33–53.

De Felip, Eleonore: Metaphern gegen den Tod. Friederike Mayröckers ekstatische Trauergedichte. In: Gianna Zocco (Hg.): The Rhetoric of Topics and Forms. Berlin 2021, 29–38.

Delbrück, Hansgerd: Vom Umgang mit dem Tod. Friederike Mayröckers Gedicht „5. Brandenburgisches Konzert". In: Gert Reifarth (Hg.): Das Innerste von außen. Würzburg 2007, 193–205.

Dettwiler, Lukas: Text-Bild-Beziehungen zur österreichischen Literatur. Friederike Mayröckers Briefe an Heinz F. Schafroth. In: Ders./Margit Gigerl/Ulrich Weber (Hg.): Graz sei Dank! Genève 2016, 55–63.

Dobstadt, Michael: Rasende Sprache, unnennbare Zustände. Überlegungen zur Lyrik Friederike Mayröckers aus der Perspektive des Faches Deutsch als Fremdsprache. In: Johann Georg Lughofer (Hg.): Friederike Mayröcker. Interpretationen, Kommentare, Didaktisierungen. Wien 2017, 149–162.

Doran, Sabine: Writing Van Gogh through Francis Bacon. Friederike Mayröcker's Non-Human Aesthetics. In: Gegenwartsliteratur 10 (2011), 116–138.

Drews, Jörg: *„Ich bin im Angstfach tätig"*. In: Friederike Mayröcker: Gesammelte Prosa. Bd. V: 1996–2001. Hg. von Klaus Reichert. Frankfurt a. M. 2001, 573–578.

Dröscher-Teille, Mandy: Negativität und Differenz. Friederike Mayröckers essayistische Meta-Prosa-Fläche *mein Herz mein Zimmer mein Name* (1988). Mit Seitenblicken auf Bachmann und Jelinek. In: Sina Dell'Anno et al. (Hg.): Prosa. Theorie, Exegese, Geschichte. Berlin 2021, 197–223.

Ecker, Gisela: Gender in the Work of Grief and Mourning. Contemporary *Requiems* in German Literature. In: Helen Fronius (Hg.): Representations of Female Victims and Perpetrators in German Culture 1500–2000. Rochester, NY 2008, 203–219.

Eder, Thomas: Das Selbst als narrative Konstruktion? Anmerkungen zu Friederike Mayröckers *mein Herz mein Zimmer mein Name* aus der Perspektive der kognitiven Literaturwissenschaft. In: Alexandra Strohmaier (Hg.): Buchstabendelirien. Zur Literatur Friederike Mayröckers. Bielefeld 2009, 157–175.

Fetz, Bernhard: Zur Choreographie eines sozialen Raums in den großen Prosatexten Friederike Mayröckers. In: Ders./Katharina Manojlovic/Susanne Rettenwander (Hg.): „ich denke in langsamen Blitzen". Friederike Mayröcker. Jahrhundertdichterin. Wien 2024, 60–75.

Fetz, Bernhard/Manojlovic Katharina: Gespräch mit Doris Plöschberger und Thorsten Ahrend. In: Dies./Susanne Rettenwander (Hg.): „ich denke in langsamen Blitzen". Friederike Mayröcker. Jahrhundertdichterin. Wien 2024, 223–233.

Fisch, Michael: „Das Schweigen am Rand der Wörter" – Über Friederike Mayröckers Lebenswerk und ihre Lesart des Werkes von Jacques Derrida. In: Monika Wolting (Hg.): Identitätskonstruktionen in der deutschen Gegenwartsliteratur. Göttingen 2017, 261–282.

Fisch, Michael: Postexperimentelles Schreiben. Das erzählerische Werk Friederike Mayröckers von 1973 bis 1978. In: Jianhua Zhu et al. (Hg.): Germanistik zwischen Tradition und Innovation. Akten des XIII. Internationalen Germanistenkongresses Shanghai 2015. Bd. 13. Berlin/Bern/Wien 2018, 41–45.

Fliedl, Konstanze: Je nachdem. Friederike Mayröckers *kommunizierende gefäsze*. In: Ulrike Bergermann/Marianne Schuller (Hg.): Weiterlesen. Bielefeld 2007, 213–230.

Galter, Sunhild: Friederike Mayröcker – Die Findung einer Dichterin. In: Germanistische Beiträge 20–21 (2006), 88–93.

Gerigk, Anja: Der glückliche Moment im/des Gedichts. Paradoxien moderner Lyrik, von Mayröcker zu Hölderlin. In: Dies. (Hg.): Glück paradox. Bielefeld 2010, 203–224.

Gillett, Robert: „Alles Zufall!". „Alles Berechnung". Word and World in Poems by Friederike Mayröcker. In: Christoph Parry (Hg.): Text und Welt. Vaasa 2002, 125–140.

Gillett, Robert: „Lieber in Gedanken reisen". Some notes on the back of a camel. In: Austrian Studies 12 (2004), 214–230.

Görner, Rüdiger: „Da die Christbäume in Flammen aufgingen". Religiöse Spuren im Spätwerk Friederike Mayröckers. In: Internationale katholische Zeitschrift Communio 46/3 (2017), 327–335.

Grizelj, Mario: Friederikes Maria, Friederikes Jesus. Einige Ansichten zu Mayröckers früher Lyrik. In: Johann Georg Lughofer (Hg.): Friederike Mayröcker. Interpretationen, Kommentare, Didaktisierungen. Wien 2017, 43–55.

Gruber, Bettina: *Mein Arbeitstirol*. Friederike Mayröckers späte Gedichte. Ein Arbeitsbericht. In: Dieter Burdorf (Hg.): „An seiner Seite hätte ich sogar die Hölle ertragen". Friederike Mayröcker und Ernst Jandl. Iserlohn 2005, 91–94.

Haberl, Tobias/Endt-Jones, Marion: A Conversation with Friederike Mayröcker. In: PN Review 41/3 (2015), 29–32.

Hainz, Martin A.: Schwarze Milch zu schreiben. Paul Celan und Friederike Mayröcker. In: Weimarer Beiträge 52/1 (2006), 5–19.

Hammerschmid, Michael: Übersetzung als Verhaltensweise. In: Martin A. Hainz (Hg.): Vom Glück sich anzustecken. Möglichkeiten und Risiken im Übersetzungsprozess. Wien 2005, 47–64.

Hammerschmid, Michael: Stilleben. Reflexionen zur Ding-, Schreib- und Sprachwahrnehmung bei Friederike Mayröcker und mit Francis Ponge. In: Études germaniques 69/4 (2014), 545–558.

Hammerschmid, Michael: „Das Eine in sich selbst Unterschiedene". Beobachtungen zu Raum und Zeit in Friederike Mayröckers Poesie. In: Johann Georg Lughofer (Hg.): Friederike Mayröcker. Interpretationen, Kommentare, Didaktisierungen. Wien 2017, 15–26.

Hannesschläger, Vanessa: Ein Leben, zwei schreiben, eine Stadt. Literarische Freundschaften: Ernst Jandl und Friederike Mayröcker. In: Biblos 64/1 (2015), 5–14.

Hartung, Harald: Das Gedicht, die Daten und die Schöne Zunge. Sieben Dichter in ihren Gesamtausgaben. In: Merkur 59/6 (2005), 504–515.

Hayer, Björn: Die Physis des Hybriden. Friederike Mayröckers diskursiv-permeable Körperkonzeption. In: Triangulum 21 (2015), 481–489.

Hayer, Björn: Die ‚weibliche' Seite des Anthropozäns. Ökologien des Femininen in der österreichischen Literatur nach 1945. In: Text & Kontext 40 (2018), 32–48.

Heinemann, Paul: „Das helle Bewußtsein des Ich". Erscheinungsformen ästhetischer Subjektivität in Prosawerken Friederike Mayröckers und Jean Pauls. In: Renate Kühn (Hg.): Friederike Mayröcker oder „das Innere des Sehens". Studien zu Lyrik, Hörspiel und Prosa. Bielefeld 2002, 211–240.

Hinderer, Walter: Ohren-Blicke der Erinnerung. Ein Geburtstagsbrief für Friederike Mayröcker. In: Alexandra Strohmaier (Hg.): Buchstabendelirien. Zur Literatur Friederike Mayröckers. Bielefeld 2009, 9–17.

Hinderer, Walter: Laudatio auf Friederike Mayröcker zur Verleihung des Horst-Bienek-Preises für Lyrik am 18. Mai 2010. In: Jahrbuch der Bayerischen Akademie der Schönen Künste 24 (2010), 217–228.

Hinderer, Walter: „Pneumatische Fetzensprache" oder „Askese der Maßlosigkeit".

Friederike Mayröckers innovative Schreibweisen. In: Claudia Lubkoll/Claudia Öhlschläger (Hg.): Schreibszenen. Kulturpraxis – Poetologie – Theatralität. Freiburg i. Br. 2015, 309–323.

Hoorn, Tanja van: *Winterglück*. Friederike Mayröckers poetologische Amsel. In: Ute Weidenhiller (Hg.): Spielarten des Glücks in der österreichischen Literatur. Roma 2019, 97–111.

Höyng, Peter: Im Echoraum der Literatur: Ein Versuch über die kulturpolitischen Bedingungen des literarischen Diskurses in Österreich. In: Michael Boehringer/Susanne Hochreiter (Hg.): Zeitenwende. Österreichische Literatur seit dem Millennium 2000–2010. Wien 2011, 64–81.

Huber, Sandro: Mayröcker lesen. In: Bernhard Fetz/Katharina Manojlovic/Susanne Rettenwander (Hg.): „ich denke in langsamen Blitzen". Friederike Mayröcker. Jahrhundertdichterin. Wien 2024, 132–137.

Hüsgen, Lucas: Sonnenblumen aus Arkadien. Über *Lection* von Friederike Mayröcker. In: Inge Arteel/Heidy Margrit Müller (Hg.): „Rupfen in fremden Gärten". Intertextualität im Schreiben Friederike Mayröckers. Bielefeld 2002, 27–42.

Inguglia-Höfle, Arnhilt: Aus *Reise durch die Nacht* wird *NADA. NICHTS*. Zu den Transformationen eines Werks von Friederike Mayröcker mit Blick in den Nachlass. In: Bernhard Fetz/Katharina Manojlovic/Susanne Rettenwander (Hg.): „ich denke in langsamen Blitzen". Friederike Mayröcker. Jahrhundertdichterin. Wien 2024, 165–175.

Jahnke, Uwe: Die Kinderbücher Friederike Mayröckers. In: Wirkendes Wort 63/1 (2013), 91–110.

Jahnke, Uwe: Kinderliteratur – Perspektivenwechsel zu Tieren und ihre literaturdidaktischen Aspekte. Texte von Friederike Mayröcker, Angelika Kaufmann, Ernst Jandl und Erich Fried. In: Österreich in Geschichte und Literatur 57/1 (2013), 110–118.

Jahnke, Uwe: Friederike Mayröcker: *da ich morgens und moosgrün. Ans Fenster trete.* Zur Überwindung anthropozentrischer Sichtweisen. In: Österreich, Geschichte, Literatur, Geographie 66/2 (2022), 96–109.

Jessula Wczesniak, Helene: Glückliche Konstellationen. Der Beginn einer Freundschaft zwischen Friederike Mayröcker und Thomas Kling. In: Deutsche Vierteljahrsschrift für Literaturwissenschaft und Geistesgeschichte 95/2 (2021), 199–217.

Jeziorkowski, Klaus: Die Salzflut. In: Renate Kühn (Hg.): Friederike Mayröcker oder „das Innere des Sehens". Studien zu Lyrik, Hörspiel und Prosa. Bielefeld 2002, 15–24.

Kaminskaja, Juliana V.: Mosaik für die neue Leserschaft Friederike Mayröckers. In: Alexander W. Belobratow (Hg.): Österreichische Literatur. Gefühle, Gedanken, Gestaltungen. St. Petersburg 2017, 209–221.

Kaminskaja, Juliana V.: Verwandlungen des Lesens angesichts der Bäume und Kräuter im Werk Friederike Mayröckers. In: Michael Braun/Amelia Valtolina (Hg.): Bäume lesen. Europäische ökologische Lyrik seit den 1970er Jahren. Würzburg 2021, 31–38.

Kargl, Elisabeth/Le Née, Aurélie: La « révolution intérieure » de Friederike Mayröcker, Ernst Jandl et Andreas Okopenko. In: Achim Geisenhanslüke et al. (Hg.): Contre-cultures et littératures de langue allemande depuis 1960. Bern et al. 2017, 263–286.

Karl, Andreas: Still und laut gelesene Musik. Komponieren mit Friederike Mayröcker. In: Bernhard Fetz/Katharina Manojlovic/Susanne Rettenwander (Hg.): „ich denke in langsamen Blitzen". Friederike Mayröcker. Jahrhundertdichterin. Wien 2024, 311–320.

Kasper, Helga: Le schéma narratif brisé: des modèles didactiques pour une meilleure compréhension de la complexité dans la littérature du 20ème siècle. In: Nouveaux cahiers d'allemand. Revue de linguistique et de didactique 19/2 (2001), 239–245.

Kasper, Helga: Franz Kafka und Friederike Mayröcker. Eine Parallellektüre. In: Inge Arteel/Heidy Margrit Müller (Hg.): „Rupfen in fremden Gärten". Intertextualität im Schreiben Friederike Mayröckers. Bielefeld 2002, 141–151.

Kasper, Helga: Friederike Mayröckers Prosa. Spazierkunde und andere Rundgänge. In: Hildegard Kernmayer (Hg.): Schreibweisen. Poetologien. Die Postmoderne in der österreichischen Literatur von Frauen. Wien 2003, 275–287.

Kastberger, Klaus: Friederike Mayröcker und Francisco de Goya. Eine genetische Studie. In: Adolf Haslinger (Hg.): Textgenese und Interpretation. Stuttgart 2000, 122–138.

Kastberger, Klaus: „Askese der Maßlosigkeit". Mayröckers Prosa 1987–1991. In: Friederike Mayröcker: Gesammelte Prosa. Bd. III: 1987–1991. Hg. von Klaus Kastberger. Frankfurt a. M. 2001, 706–712.

Kastberger, Klaus: Erzählen gegen das Erzählen. Friederike Mayröckers Prosa 1978–1986. In: Friederike Mayröcker: Gesammelte Prosa. Bd. II: 1978–1986. Hg. von Klaus Kastberger. Frankfurt a. M. 2001, 610–618.

Kastberger, Klaus: Eine Poetik der Beute. In: Inge Arteel/Heidy Margrit Müller (Hg.): „Rupfen in fremden Gärten". Intertextualität im Schreiben Friederike Mayröckers. Bielefeld 2002, 17–25.

Kastberger, Klaus: „... dieses Bild wie durch das Auge eines Gespensts gesehen". Friederike Mayröcker und die Bildende Kunst. In: Roman Kopřiva (Hg.): Kunst und Musik in der Literatur. Wien 2005, 31–54.

Kastberger, Klaus: Vom vom zum zum. Mayröcker bei Jandl und umgekehrt. In: Bernhard Fetz (Hg.): Ernst Jandl. Wien 2005, 158–179.

Kastberger, Klaus: Blut, Tränen und Milch. Friederike Mayröcker: *mein Herz mein Zimmer mein Name*. In: Ders./Kurt Neumann (Hg.): Grundbücher der österreichischen Literatur seit 1945. Wien 2007, 321–327.

Kastberger, Klaus: Friederike Mayröcker. In: Ursula Heukenkamp/Peter Geist (Hg.): Deutschsprachige Lyriker des 20. Jahrhunderts. Berlin 2007, 418–428.

Kastberger, Klaus: Auf der Bleistiftspitze des Schreibens. Friederike Mayröckers *Gesammelte Prosa/Gesammelte Lyrik*. In: Alexandra Strohmaier (Hg.): Buchstabendelirien. Zur Literatur Friederike Mayröckers. Bielefeld 2009, 19–32.

Kastberger, Klaus: Auf der Bleistiftspitze des Schreibens. 20 Fußnoten zu Friederike Mayröcker. In: Françoise Lartillot/Aurélie Le Née/Alfred Pfabigan (Hg.): „Einzelteilchen aller Menschengehirne". Subjekt und Subjektivität in Friederike Mayröckers (Spät-)Werk. Bielefeld 2012, 31–45.

Kastberger, Klaus: Geheimnisse des Archivs. Friederike Mayröcker und ihre Wohnung. In: Études germaniques 69/4 (2014), 517–526.

Kastberger, Klaus: Chaos des Schreibens. Die Werkstatt der Dichterin und die Gesetze des Archivs. In: Ders./Stefan Maurer (Hg.): Die Werkstatt des Dichters. Berlin 2017, 13–28.

Kastberger, Klaus: Nachlassbewusstsein, Vorlass-Chaos und die Gesetze des Archivs. Am Beispiel von Friederike Mayröcker. In: Kai Sina/Carlos Spoerhase (Hg.): Nachlassbewusstsein. Göttingen 2017, 409–427.

Kerschbaumer, Sandra: Formsprachen in der Lyrik der Gegenwart. Hans Magnus Enzensberger, Friederike Mayröcker, Anja Utler und Jan Wagner. In: Wirkendes Wort 66/2 (2016), 293–305.

Kling, Thomas: Friederike Mayröcker. Das Abscannen der Gesichtsdaten. Laudatio [anl. der Verleihung des Georg-Büchner-Preises 2001]. In: Jahrbuch der Deutschen Akademie für Sprache und Dichtung 2001, 173–179.

Kling, Thomas: „Parallelsprachen, Nervenausschnitte". Über Mayröckers „Heiligenanstalt". In: Friederike Mayröcker: Gesammelte Prosa. Bd. II: 1978–1986. Hg. von Klaus Kastberger. Frankfurt a. M. 2001, 619–623.

Knierzinger, Lucas: „Es ist so ein Feuerrad". Zum „ductus" der Prosa in Friederike Mayröckers *Reise durch die Nacht*. In: Sina Dell'Anno et al. (Hg.): Prosa. Theorie, Exegese, Geschichte. Berlin 2021, 225–249.

Knuuttila, Sirkka: Surrounding Out the Core: The Embodied Self and Wordless Knowing. In: Jan D. Kucharzewski/Stefanie Schäfer/Lutz Schowalter (Hg.): "Hello, I Say, It's Me". Contemporary Reconstructions of Self and Subjectivity. Trier 2009, 51–72.

Kobayashi, Wakiko: Paradigmenwechsel des Hörens. *Fünf Mann Menschen* von Ernst

Jandl und Friederike Mayröcker (SWF 1968). In: Neue Beiträge zur Germanistik 9/2 (2010), 166–182.

Köster, Juliane: Das Risiko des Subjektivismus in der Literaturdidaktik oder: Warum moderne Lyrik für Schüler schwierig ist. In: Susanne Gölitzer (Hg.): Wirklichkeitssinn und Allegorese. Münster 2007, 172–185.

Köster, Juliane: Zwischen Hermetik und Offensichtlichkeit. Warum moderne Lyrik für Schüler schwierig ist. In: Jan Röhnert (Hg.): Authentizität und Polyphonie. Heidelberg 2008, 245–255.

Krechel, Ursula: Diarium, Delirium. In: Friederike Mayröcker: Gesammelte Prosa. Bd. III: 1987–1991. Hg. von Klaus Kastberger. Frankfurt a. M. 2001, 713–721.

Krechel, Ursula: Vom Gießen und Fließen. Friederike Mayröcker. In: Dies.: Stark und leise. Salzburg/Wien 2015, 315–327.

Kreppel, Juliane: Formen, Bedeutungen und Nachvollzüge des „Gesprächs". Marcel Beyers Auseinandersetzung mit der Lyrik Friederike Mayröckers. In: Text + Kritik Nr. 218/219 (2018), 39–50.

Kühn, Renate: Herme(neu)tik. Zur ersten Sequenz von Friederike Mayröckers „langem Gedicht" *Text mit den langen Bäumen des Webstuhls*. In: Renate Kühn (Hg.): Friederike Mayröcker oder „das Innere des Sehens". Studien zu Lyrik, Hörspiel und Prosa. Bielefeld 2002, 41–104.

Kühn, Renate: „Dem Schreiben verschrieben". Friederike Mayröcker und Ernst Jandl. In: Dieter Burdorf (Hg.): „An seiner Seite hätte ich sogar die Hölle ertragen". Friederike Mayröcker und Ernst Jandl. Iserlohn 2005, 15–29.

Kunz, Edith Anna: Erinnerung und Erzählstruktur. Marlen Haushofer und Friederike Mayröcker. In: Anke Bosse (Hg.): „Eine geheime Schrift aus diesem Splitterwerk enträtseln ...". Marlen Haushofers Werk im Kontext. Tübingen et al. 2000, 311–322.

Kunz, Edith Anna: „Der Rhythmus muß nur wachgeküßt werden ...". Zur Prosa Friederike Mayröckers. In: Colloquium Helveticum 32 (2001), 229–241.

Kunz, Edith Anna: Bild und Textordnung. Friederike Mayröckers Auseinandersetzung mit Henri Matisse. In: Inge Arteel/Heidy Margrit Müller (Hg.): „Rupfen in fremden Gärten". Intertextualität im Schreiben Friederike Mayröckers. Bielefeld 2002, 71–85.

Kunz, Edith Anna: Bruch und Kontinuität. Zeitlichkeit in der Prosa Friederike Mayröckers. In: Andreas Härter (Hg.): Dazwischen. Zum transitorischen Denken in Literatur- und Kulturwissenschaft. Göttingen 2003, 157–172.

Kunz, Edith Anna: Poetisches Schielen. Fensterblicke. In: Johann Georg Lughofer (Hg.): Friederike Mayröcker. Interpretationen, Kommentare, Didaktisierungen. Wien 2017, 81–89.

Kyora, Sabine: „1 Waldbrausen zwischen Hirn und Hand". Körperlichkeit und Inspiration in Friederike Mayröckers Prosa *brütt oder Die seufzenden Gärten*. In: Dies./Axel Dunker/Dirk Sangmeister (Hg.): Literatur ohne Kompromisse. Bielefeld 2004, 441–454.

Kyora, Sabine: „ob es nicht mühsam sei am Rand der Straße zu wandern". Wandern, Pilgerschaft und Vagabundieren in Friederike Mayröckers Prosa. In: Alexandra Strohmaier (Hg.): Buchstabendelirien. Zur Literatur Friederike Mayröckers. Bielefeld 2009, 141–155.

Lartillot, Françoise: « L'après-coup ». Destins d'une notion dans l'écriture de Friederike Mayröcker, années soixante-dix. In: André Combes (Hg.): Le thème de l'après-coup (Nachträglichkeit) dans l'interprétation de phénomènes philosophiques, historiques, littéraires et artistiques. Aix-en-Provence 2009, 213–231.

Lartillot, Françoise: Les mille plateaux de Friederike Mayröcker. In: Dies. (Hg.): Corps-image-texte chez Deleuze. Bern et al. 2010, 165–173.

Lartillot, Françoise: Subjektivität im Spätwerk von Friederike Mayröcker. Erfahrbarkeit des Überraschenden. In: Dies./Aurélie Le Née/Alfred Pfabigan (Hg.): „Einzelteilchen aller Menschengehirne". Subjekt und Subjektivität in Friederike Mayröckers (Spät-)Werk. Bielefeld 2012, 11–30.

Lartillot, Françoise: Lire le poststructuralisme en poète. Résistance tropologique de Friederike Mayröcker dans les *études* (2013). In: Études germaniques 69/4 (2014), 559–580.

Lartillot, Françoise: Les fleurs vives de Mayröcker: au long des pages de *cahier*. In: Jean-Baptiste Para (Hg.): Claude Simon. Friederike Mayröcker. Paris 2015, 254–258.

Lartillot, Françoise: Friederike Mayröckers Blumenwerk in *Pathos und Schwalbe*. In: Inge Arteel/Eleonore De Felip (Hg.): Fragen zum Lyrischen in Friederike Mayröckers Poesie. Stuttgart 2020, 252–280.

Lartillot, Françoise: Constructions réticulaires autour de *Lection* de Friederike Mayröcker à partir du dialogue avec l'œuvre d'Andreas Grunert. In: Dies. et al. (Hg.): Réseaux poétiques. Paris 2023, 591–607.

Le Née, Aurélie: Engagement poétique, engagement politique. La poésie de Friederike Mayröcker des années 1950 à aujourd'hui. In: Éric Chevrel (Hg.): La littérature autrichienne et l'État. Paris 2010, 349–368.

Le Née, Aurélie: Le dialogue poétique entre Friederike Mayröcker et Thomas Kling. In: Alain Muzelle (Hg.): Chemins de la poésie allemande de Friedrich Hölderlin à Volker Braun. Paris 2011, 431–446.

Le Née, Aurélie: Subjekt und Intertextualität im Gedichtband *Mein Arbeitstirol*. In: Françoise Lartillot/Dies./Alfred Pfabigan (Hg.): „Einzelteilchen aller Menschengehirne". Subjekt und Subjektivität in Friederike Mayröckers (Spät-)Werk. Bielefeld 2012, 57–69.

Le Née, Aurélie: Le traitement du narratif dans la poésie de Friederike Mayröcker. In: Françoise Lartillot/Rémy Colombat (Hg.): Poésie et histoire(s) en Europe aux XXe et XXIe siècles. Bern et al. 2013, 77–94.

Le Née, Aurélie: Friederike Mayröcker et le surréalisme selon André Breton. In: Études germaniques 69/4 (2014), 527–544.

Le Née, Aurélie: La poésie de Friederike Mayröcker. De « Chansan sans paroles » aux *études*. In: Jean-Baptiste Para (Hg.): Claude Simon. Friederike Mayröcker. Paris 2015, 231–238.

Le Née, Aurélie: Friederike Mayröckers intermedialer Text *nach Stefan Fabi's Kartoncollage „Nackt" (2013) und Holzschnitt „Mann mit Flöte" (2013)*. In: Johann Georg Lughofer (Hg.): Friederike Mayröcker. Interpretationen, Kommentare, Didaktisierungen. Wien 2017, 91–103.

Le Née, Aurélie: Die Natur in Friederike Mayröckers Frühlyrik am Beispiel von vier Gedichten. In: Inge Arteel/Eleonore De Felip (Hg.): Fragen zum Lyrischen in Friederike Mayröckers Poesie. Stuttgart 2020, 77–92.

Le Née, Aurélie: In memoriam Friederike Mayröcker. In: Svjetlan Lacko Vidulić/Jacques Lajarrige (Hg.): Peter Handke et l'autonomie de la littérature. Mont-Saint-Aignan 2022, 245–247.

Le Née, Aurélie: „bin Postsurrealistin". Facettenreicher Surrealismus im Werk Friederike Mayröckers. In: Bernhard Fetz/Katharina Manojlovic/Susanne Rettenwander (Hg.): „ich denke in langsamen Blitzen". Friederike Mayröcker. Jahrhundertdichterin. Wien 2024, 201–210.

Luserke-Jaqui, Matthias: Über Ernst Jandl und Friederike Mayröcker oder „Keine Mimesis mehr!". In: Ders.: Über Literatur und Literaturwissenschaft. Tübingen et al. 2003, 216–236.

Ma, Wentao: Das Doppelbildnis im Spiegel. Ein Versuch, F. Mayröckers „Liebesgedichte" zu deuten. In: Wie Liu (Hg.): Frauen. Schreiben. Wien 2014, 192–199.

Manojlovic, Katharina: Das Leuchten der Blumen. Zur floralen Poetik Friederike Mayröckers. In: Bernhard Fetz/Dies./Susanne Rettenwander (Hg.): „ich denke in langsamen Blitzen". Friederike Mayröcker. Jahrhundertdichterin. Wien 2024, 120–129.

Manojlovic, Katharina/Rettenwander, Susanne: Ein Gespräch mit Edith Schreiber oder „mitten im Jandl-Mayröcker-Kosmos". In: Bernhard Fetz/Dies./Susanne Rettenwander (Hg.): „ich denke in langsamen Blitzen". Friederike Mayröcker. Jahrhundertdichterin. Wien 2024, 40–45.

Markis, Sabine: „Und wie's von einer Wirklichkeit in die andre geht". Beobachtungen zu Friederike Mayröckers Hörspiel *die Umarmung, nach Picasso*. In: Renate Kühn (Hg.): Friederike Mayröcker oder „das Innere des Sehens". Studien zu Lyrik, Hörspiel und Prosa. Bielefeld 2002, 135–161.

Martinelli, Sonja: Friederike Mayröckers *Text mit Linné's berühmter Blumen-Uhr*: Vom Öffnen und Schließen der Blüten und Wörter. In: Inge Arteel/Eleonore De Felip (Hg.): Fragen zum Lyrischen in Friederike Mayröckers Poesie. Stuttgart 2020, 93–114.

Mauz, Andreas: „eingesagt, zugeschickt". Zur Analyse der Inspirationsmotivik und zu ihren Variationen in der Poetik der Gegenwart (Draesner, Mayröcker, Martel). In: Albrecht Grözinger (Hg.): Religion und Gegenwartsliteratur. Spielarten einer Liaison. Würzburg 2009, 131–150.

Mayer, Mathias: Das *Winterglück* des Lesens. Ein Titelgedicht Friederike Mayröckers. In: Renate Kühn (Hg.): Friederike Mayröcker oder „das Innere des Sehens". Studien zu Lyrik, Hörspiel und Prosa. Bielefeld 2002, 105–112.

Mergenthaler, May: Mayröckers *Scardanelli* als Herausforderung für die Lyrikkritik. In: Inge Arteel/Eleonore De Felip (Hg.): Fragen zum Lyrischen in Friederike Mayröckers Poesie. Stuttgart 2020, 199–228.

Meyer-Sickendiek, Burkhard: Phänomenologie: *Nachts war Regen*. Friederike Mayröckers Hermetisierung des Atmosphärischen. In: Urs Büttner/Ines Theilen (Hg.): Phänomene der Atmosphäre. Stuttgart 2017, 97–109.

Mitterer, Cornelius: Abschied in die Autonomie. Die Ermächtigung des Kindes in Friederike Mayröckers Texten und Zeichnungen für Kinder. In: Bernhard Fetz/Katharina Manojlovic/Susanne Rettenwander (Hg.): „ich denke in langsamen Blitzen". Friederike Mayröcker. Jahrhundertdichterin. Wien 2024, 234–244.

Mittermayer, Manfred: „Poesie aus Ungewißheit". Zu Friederike Mayröckers Prosa der achtziger und neunziger Jahre. In: Kurt Bartsch (Hg.): Avantgarde und Traditionalismus. Kein Widerspruch in der Postmoderne? Innsbruck et al. 2000, 97–127.

Moser, Doris: Die Bachmann, die Aichinger, die Mayröcker. Zur Konstruktion von Autorinnen-Images in journalistischen Medien. In: Brigitte E. Jirku/Marion Schulz (Hg.): Fiktionen und Realitäten. Frankfurt a. M. 2013, 101–123.

Muff, Elke: „Ich habe Verbalträume". Ein literarischer Kaffeehaus-Nachmittag mit Friederike Mayröcker. In: Andrea Bartl (Hg.): Verbalträume. Beiträge zur deutschsprachigen Gegenwartsliteratur. Augsburg 2005, 273–282.

Nádudvary, Gabriella: Untersuchungen zum weiblichen Diskurs in Friederike Mayröckers *mein Herz mein Zimmer mein Name*. In: Publications du Centre Universitaire de Luxembourg. Germanistik / Département des Lettres Allemandes 14 (2000), 71–79.

Nádudvary, Gabriella: Untersuchungen zum weiblichen Diskurs in Friederike Mayröckers *mein Herz mein Zimmer mein Name*. In: Winfried Ulrich (Hg.): Deutsch in Estland und Ungarn. Bern et al. 2001, 69–75.

Naqvi, Fatima: Friederike Mayröckers „arte povera". In: Elke Brüns (Hg.): Ökonomien der Armut. Soziale Verhältnisse in der Literatur. München et al. 2008, 207–219.

Naqvi, Fatima: Die neuen Medien der „alten" Literatur. Glattauer, Kehlmann, @Mayröcker, elfriedejelinek.com, #Cotton. In: Stefan Krammer (Hg.): Österreichische Gegenwartsliteratur 2000–2010. Innsbruck et al. 2011, 27–35.

Novello, Riccarda: „Nella Poesia si dischiude l'Autentico": La Funzione conoscitiva della letteratura nella riflessione e nell"opera di Friederike Mayröcker. In: Studia Austriaca 16 (2008), 125–142.

Oberländer, Harry: Paraphrase. Über ein Gedicht der Georg-Büchner-Preisträgerin Friederike Mayröcker. In: Listen 17/63 (2001), 4–5.

Obrist, Hans-Ulrich: Zu den Zeichnungen. In: Bernhard Fetz/Katharina Manojlovic/Susanne Rettenwander (Hg.): „ich denke in langsamen Blitzen". Friederike Mayröcker. Jahrhundertdichterin. Wien 2024, 274–277.

Oliver, José F. A.: „Kann sein dasz, die Psyche wird in das Alter hineingerissen". Protokoll einer Augenblicklichkeit mit Friederike Mayröcker in Wien. In: Wespennest 157 (2009), 65–70.

Ott, Herta Luise: „wo die verborgenen veilchen sprossen". Anmerkungen zu Friederike Mayröckers *Scardanelli*-Band. In: Johann Georg Lughofer (Hg.): Friederike Mayröcker. Interpretationen, Kommentare, Didaktisierungen. Wien 2017, 57–80.

Pabisch, Peter: Die jugendhafte Literatur der Friederike Mayröcker. In: Jahrbuch für internationale Germanistik 46/1 (2014), 121–132.

Paris, Frieda: Verführerische Wildnisse oder 1 Rückseitenhinwendung. In: Bernhard Fetz/Katharina Manojlovic/Susanne Rettenwander (Hg.): „ich denke in langsamen Blitzen". Friederike Mayröcker. Jahrhundertdichterin. Wien 2024, 111–119.

Pastuszka, Anna: Friederike Mayröcker (1924–2021) in memoriam. In: Studia niemcoznawcze 68 (2023), 5–13.

Paul, Georgina: „Unschuld, du Licht meiner Augen". Elke Erb in the company of Friederike Mayröcker in the aftermath of German unification. In: Karen Leeder (Hg.): Schaltstelle. Neue deutsche Lyrik im Dialog. Amsterdam et al. 2007, 139–162.

Pauler, Monika: „ein Gespräch auf mehreren Ebenen". Gleichzeitigkeit und intertextuelles Denken in Mayröckers Stereo-Hörspiel *Arie auf tönernen Füszen*. In: Inge Arteel/Heidy Margrit Müller (Hg.): „Rupfen in fremden Gärten". Intertextualität im Schreiben Friederike Mayröckers. Bielefeld 2002, 123–139.

Pauler, Monika: „Nervensprache". Friederike Mayröckers Hörspiel *das zu Sehende, das zu Hörende*. In: Renate Kühn (Hg.): Friederike Mayröcker oder „das Innere des Sehens". Studien zu Lyrik, Hörspiel und Prosa. Bielefeld 2002, 163–190.

Pauler, Monika: „Verlängerungen der Wirklichkeit". Die Stimmen der Erinnerung in Friederike Mayröckers *So ein Schatten ist der Mensch*. In: Anil Kaputanoglu/Nicole Meyer (Hg.): „Nur das Auge weckt mich wieder ..." Erinnerung – Text – Gedächtnis. Münster 2002, 89–114.

Penzold, Michael: „Sie werden (nicht) nur grüne Tücher sehen". Zur Didaktik des transitorischen Visualisierens am Beispiel von Friederike Mayröckers Gedicht *für Ernst Jandl*. In: Johann Georg Lughofer (Hg.): Friederike Mayröcker. Interpretationen, Kommentare, Didaktisierungen. Wien 2017, 131–147.

Pessl, Peter: Friederike Mayröcker im Gespräch. Das Schreiben als einziges Überlebensmittel. In: Poet 6 (2009), 169–174.

Petrič, Tanja: Zwischen Übersetzung und Übertragung. Die „slowenische" Friederike Mayröcker. In: Johann Georg Lughofer (Hg.): Friederike Mayröcker. Interpretationen, Kommentare, Didaktisierungen. Wien 2017, 117–130.

Philipsen, Bart: „Knallharte Gedächtniskunst": Friedrich Hölderlin als Intertext in Friederike Mayröckers *Scardanelli*. In: Inge Arteel/Eleonore De Felip (Hg.): Fragen zum Lyrischen in Friederike Mayröckers Poesie. Stuttgart 2020, 115–136.

Poschmann, Marion: Friederike Mayröckers Humor. In: Maike Stein (Hg.): Dünn ist die Decke der Zivilisation. Königstein i. T. 2007, 89–96.

Präauer, Teresa: Schutzgeister. In: Bernhard Fetz/Katharina Manojlovic/Susanne Rettenwander (Hg.): „ich denke in langsamen Blitzen". Friederike Mayröcker. Jahrhundertdichterin. Wien 2024, 278–279.

Prammer, Theresia: Vergessen Sie die ganze Sprache! Über ein Gedicht von Friederike Mayröcker und die Fragen, die es vielleicht aufwirft. In: Kolik 65 (2015), 3–19.

Previšić, Boris: Hölderlins Polyphonie in Mayröckers *Scardanelli*: Von der alkäischen Ode zur Inter-Rhythmizität. In: Inge Arteel/Eleonore De Felip (Hg.): Fragen zum Lyrischen in Friederike Mayröckers Poesie. Stuttgart 2020, 181–198.

Puff-Trojan, Andreas: Eine Unmenge „kommunizierender Gefäße". Zu Friederike Mayröckers Lyrik und (autobiographischer) Prosa im Verhältnis zu André Bretons „Licht des Bildes". In: Françoise Lartillot/Aurélie Le Née/Alfred Pfabigan (Hg.): „Einzelteilchen aller Menschengehirne". Subjekt und Subjektivität in Friederike Mayröckers (Spät-)Werk. Bielefeld 2012, 85–95.

Putz, Kerstin: „Fellfetische, Affenpelz". Fetischisierte Dinge bei Friederike Mayröcker. In: Bernhard Fetz/Katharina Manojlovic/Susanne Rettenwander (Hg.): „ich denke in langsamen Blitzen". Friederike Mayröcker. Jahrhundertdichterin. Wien 2024, 99–110.

Radisch, Iris/Mayröcker, Friederike: „Ich will ganz nah an das fast nicht mehr Mögliche heran." In: Iris Radisch: Die letzten Dinge. Lebensendgespräche. Reinbek bei Hamburg 2015, 115–132.

Rakar, Izabela: „verbrei/terte breitn-/wirkun'?" Thomas Kling in Freundschaftskonstellationen. In: Kritische Ausgabe 20/30 (2016), 19–24.

Rakar, Izabela: „ich ernährte mich vom Eßpapier". Thomas Klings Auseinandersetzung mit Friederike Mayröcker. In: Zeitschrift für Germanistik 31/3 (2021), 513–532.

Ramm, Klaus: Gehirnpost mit Zyklamenstimme. *Das Couvert der Vögel* von Friederike Mayröcker. Laudatio zum Karl-Sczuka-Preis 2001. In: Sabine Kyora (Hg.): Literatur ohne Kompromisse. Bielefeld 2004, 435–440.

Ramm, Klaus: Bildgestöber vor wechselndem Ohr. Ein Radio-Essay zu den Hörspielen von Friederike Mayröcker In: Katarina Agathos/Herbert Kapfer (Hg.) Hörspiel. Autorengespräche und Porträts. München 2009, 35–55.

Raß, Michaela: Friederike Mayröckers Kultur-Metaphorik in der „Unordnung des Gesprächs". In: Johann Georg Lughofer (Hg.): Friederike Mayröcker. Interpretationen, Kommentare, Didaktisierungen. Wien 2017, 27–42.

Reichert, Klaus: Perpetuum mobile und Palimpsest. Zu Friederike Mayröckers Prosa 1991–1995. In: Friederike Mayröcker: Gesammelte Prosa. Bd. IV: 1991–1995. Hg. von Klaus Reichert. Frankfurt a. M. 2001, 578–585.

Reichert, Klaus: „Man kann gar nicht realistisch = verrückt genug schreiben". In: Friederike Mayröcker: Gesammelte Prosa. Bd. V: 1996–2001. Hg. von Klaus Reichert. Frankfurt a. M. 2001, 568–572.

Reininger, Anton: Labirinti dell'anima e della scrittura. La prosa lunga di Friederike Mayröcker. In: Fausto Cercignani (Hg.): Friederike Mayröcker [Studia Austriaca, Supplementband]. Milano 2001, 45–66.

Reininger, Anton: Labyrinthe der Seele und der Schrift. Die lange Prosa Friederike Mayröckers. In: Ders.: Schriften zur deutschen Literatur 2. 20. Jahrhundert. Udine 2014, 417–439.

Reininger, Anton: Symbolische Landschaft. Friederike Mayröcker: „Ode an einen Ort". In: Ders.: Schriften zur deutschen Literatur 2. 20. Jahrhundert. Udine 2014, 299–307.

Reitani, Luigi: „Filou! Filou! wieviel Uhr?". Für Friederike Mayröcker. In: manuskripte 40/147 (2000), 122–124.

Reitani, Luigi: Frammenti, allegorie, identità. La poetica di Friederike Mayröcker. In: Fausto Cercignani (Hg.): Friederike Mayröcker [Studia Austriaca, Supplementband]. Milano 2001, 67–73.

Rettenwander, Susanne: Von den Anfängen. Leben und Schreiben im Nachlass. In: Bernhard Fetz/Katharina Manojlovic/Dies. (Hg.): „ich denke in langsamen Blitzen". Friederike Mayröcker. Jahrhundertdichterin. Wien 2024, 28–39.

Ringler-Pascu, Eleonora: Friederike Mayröcker zwischen Vertextung der poetischen Existenz und Biographielosigkeit. In: Attila Bombitz (Hg.): Österreichische Literatur ohne Grenzen. Wien 2009, 409–424.

Rutka, Anna: Androgynitätsvisionen in Friederike Mayröckers Hörspielen. In: Studia niemcoznawcze 37 (2008), 391–405.

Samsonow, Elisabeth von: „Dies Ganze muß selig werden". Zu Friederike Mayröckers Bedeutung in der Gegenwart. In: Alexandra Strohmaier (Hg.): Buchstabendelirien. Zur Literatur Friederike Mayröckers. Bielefeld 2009, 33–49.

Samsonow, Elisabeth von: Medialität und Mädchen. Zu Friederike Mayröckers jüngeren

Schriften. In: Françoise Lartillot/Aurélie Le Née/Alfred Pfabigan (Hg.): „Einzelteilchen aller Menschengehirne". Subjekt und Subjektivität in Friederike Mayröckers (Spät-)Werk. Bielefeld 2012, 47–56.

Samsonow, Elisabeth von: Labor des Exo/Endo Korpus. In: Bernhard Fetz/Katharina Manojlovic/Susanne Rettenwander (Hg.): „ich denke in langsamen Blitzen". Friederike Mayröcker. Jahrhundertdichterin. Wien 2024, 270–273.

Schafroth, Heinz: Die im Sprachkosmos wildernde Muse Ich. Beim Wiederlesen von Friederike Mayröckers „Lection". In: Friederike Mayröcker: Gesammelte Prosa. Bd. IV: 1991–1995. Hg. von Klaus Reichert. Frankfurt a. M. 2001, 586–593.

Schloon, Jutta: Image and Word in Postmodern Poetry: Friederike Mayröcker's BROTWOLKE. In: Open Cultural Studies 6/1 (2022), 1–11.

Schloon, Jutta: Perspektivierungen des Alters in der Lyrik Friederike Mayröckers. In: Dies. et al. (Hg.): Alter & Ego. (Auto)fiktionale Altersfigurationen in deutschsprachiger und nordischer Literatur. München 2022, 51–69.

Schmatz, Ferdinand: Wiener, Jandl, Mayröcker, Priessnitz und andere Gruppen. In: Manfred Müller/Franz Josef Czernin (Hg.): Alte Meister, Schufte, Außenseiter. Reflexionen über österreichische Literatur nach 1945. Wien 2005, 152–170.

Schmidt, Siegfried J.: Gemeinschaft(s)Arbeit. Ernst Jandls und Friederike Mayröckers Hörspiele. In: Ders.: Erfahrungen. Österreichische Texte beachtend. Klagenfurt/Wien 2002, 156–166.

Schmidt, Siegfried J.: „Lebensirritationsvorstellungen". Gespräch mit Friederike Mayröcker am 16.4.1986 in Wien. In: Ders.: Erfahrungen. Österreichische Texte beobachtend. Klagenfurt/Wien 2002, 113–140.

Schmidt, Siegfried J.: „Repetitionsmechanik ... also polysemantisch erregt". Spracherotik – Sprachmagie im Werk Friederike Mayröckers. In: Ders.: Erfahrungen. Österreichische Texte beobachtend. Klagenfurt/Wien 2002, 141–155.

Schmidt-Dengler, Wendelin: Demontagen, Variationen und Übergänge. In: Friederike Mayröcker: Gesammelte Prosa. Bd. I: 1949–1977. Hg. von Marcel Beyer. Frankfurt a. M. 2001, 595–605.

Schmidt-Dengler, Wendelin: Friederike Mayröcker: brütt – zur großen Prosa der Friederike Mayröcker. In: Fausto Cercignani (Hg.): Friederike Mayröcker [Studia Austriaca, Supplementband]. Milano 2001, 75–83.

Schmidt-Dengler, Wendelin: Friederike Mayröcker. In: Ders.: „Das Unsagbare bleibt auch ungesagt": Über Ilse Aichinger, Umberto Eco, Herta Müller u. a. Preisreden und Würdigungen. Hg. von Helmut Neundlinger. Wien 2014, 96–103.

Schmolmüller, Brigitte: Assoziationen zu einem Gedicht von Friederike Mayröcker. ‚Brotwolke, nach Karla Woisnitza'. In: Ostragehege 9/33–35 (2002), 33–35.

Schrodt, Richard: Tempus, Thema und Textstrukturen: Unterwegs zu einer Textlinguistik des Sinns. In: Oswald Panagl (Hg.): Noch einmal Dichtung und Politik. Vom Text zum politisch-sozialen Kontext, und zurück. Wien/Graz 2000, 321–347.

Schrodt, Richard: Texte sprachlich analysieren – Texte besser verstehen. In: Tribüne. Zeitschrift für Sprache und Schreibung 1 (2004), 4–14.

Schuster, Marc-Oliver: On the Culture of Feeling in Austrian Poetry since 1945. In: Hans H. Schulte/Gerald Chapple (Hg.): Shadows of the Past: Austrian Literature of the Twentieth Century. New York 2009, 139–160.

Schweiger, Hannes: Samuel Beckett and Friederike Mayröcker. Attempts at Writing the Self. In: Samuel Beckett Today 14 (2004), 147–160.

Schwens-Harrant, Brigitte: Literatur als Litanei. In: Tim Lörke/Robert Walter-Jochum (Hg.): Religion und Literatur im 20. und 21. Jahrhundert. Motive, Sprechweisen, Medien. Göttingen 2015, 353–366.

Schwieren, Alexander: „Alterswerk" als Schicksal. Max Frisch, Friederike Mayröcker und die Poetologie des „Alters" in der neueren

Literatur. In: Zeitschrift für Germanistik 22/2 (2012), 290–305.

Schwieren, Alexander: Zwischen Demenz und Korrespondenz. Friederike Mayröckers diaristisches Schreiben in *Paloma*. In: Zeitschrift für Germanistik 25/3 (2015), 536–550.

Setz, Clemens J.: Der Snoopy von Wien. Eine Erinnerung an Friederike Mayröcker. In: manuskripte 61/232 (2021), 5–6.

Siddu, Stefania: Zur (Nicht-)Diskursivität in *Scardanelli*: Ein Versuch über Friederike Mayröckers Verhältnis zu Friedrich Hölderlin. In: Inge Arteel/Eleonore De Felip (Hg.): Fragen zum Lyrischen in Friederike Mayröckers Poesie. Stuttgart 2020, 157–180.

Sommerfeld, Beate: „Ich denke in langsamen Blitzen ..." Lyrikübersetzung als emergenter Vorgang am Beispiel des Gedichts *5. Brandenburgisches Konzert* von Friederike Mayröcker und seiner polnischen Übersetzung von Ryszard Wojnakowski. In: Dies. et al. (Hg.): Transgressionen im Spiegel der Übersetzung. Frankfurt a. M. 2016, 187–200.

Sommerfeld, Beate: „Bilder, eigentlich Worte, eigentlich Evidenzen". Konturierungen des Unsagbaren in Friederike Mayröckers Texten zur bildenden Kunst. In: Agnieszka K. Haas (Hg.): Manifestationen des Unaussprechlichen. Gdańsk 2018, 95–105.

Sommerfeld, Beate: „Vom Wahnsinn, über Bilder zu sprechen". Das Kunstgespräch als Paradigma des Künstlerdiskurses in Friederike Mayröckers Roman *brütt oder Die seufzenden Gärten*. In: Nina Nowara-Matusik (Hg.): Facetten des Künstler(tum)s in Literatur und Kultur. Berlin 2019, 219–234.

Sommerfeld, Beate: „ein Umgang, welcher im Unendlichen sich verliert". Leseszenarien in der Prosa Friederike Mayröckers. In: Irina Hron/Jadwiga Kita-Huber/Sanna Schulte (Hg.): Leseszenen. Poetologie – Geschichte – Medialität. Heidelberg 2020, 321–342.

Sommerfeld, Beate: Poetyka performatywności w przekładzie – Ryszard Wojnakowski jako tłumacz liryki Friederike Mayröcker. In: Porównania 26/1 (2020), 103–120. https://doi.org/10.14746/por.2020.1.6.

Sommerfeld, Beate: „struggles between body and soul, word and mind". Die Ästhetik des Performativen in Friederike Mayröckers Ekphrasen im Kontext des *pictorial turn*. In: Andrea Rudolph/Gabriela Jelitto-Piechulik/Monika Wójcik-Bednarz (Hg.): Geschlecht und Gedächtnis. Wien 2020, 69–88.

Sommerfeld, Beate: „Wenn die Flamme aus der Leinwand schieszt": Faltungen inspirierten Sprechens in der ekphrastischen Lyrik Friederike Mayröckers. In: Inge Arteel/Eleonore De Felip (Hg.): Fragen zum Lyrischen in Friederike Mayröckers Poesie. Stuttgart 2020, 35–56.

Sommerfeld, Beate: „Körpergefühle" – Friederike Mayröckers entgrenzende Affektpoetik. In: Anna Pastuszka/Jolanta Pacyniak (Hg.): Narrative der Grenze: Die Etablierung und Überschreitung von Grenzen. Göttingen 2023, 147–159.

Stašková, Alice: Korrespondenzen der experimentellen Poesie: Prag – Stuttgart – Wien. In: Klaus Schenk/Anne Hultsch/Dies. (Hg.): Experimentelle Poesie in Mitteleuropa. Texte – Kontexte – Material – Raum. Göttingen 2016, 203–218.

Steinlechner, Gisela: „Offene Adern". Von der Unabschließbarkeit des Schreibens in Friederike Mayröckers *Lection*. In: Bernhard Fetz/Klaus Kastberger (Hg.): Die Teile und das Ganze. Bausteine der literarischen Moderne in Österreich. Wien 2003, 139–154.

Streitler, Nicole: Schwimmende Österreicher. Von Robert Musil bis Friederike Mayröcker. In: Klaus Kastberger (Hg.): Wassersprachen. Flüssigtexte aus Österreich. Linz 2006, 85–99.

Strigl, Daniela: Winterglück und -unglück. Zur Alterslyrik Friederike Mayröckers, Ernst Jandls, Gerald Bisingers und Michael Guttenbrunners. In: Markus Knöfler (Hg.): Die Lebenden und die Toten. Beiträge zur österreichischen Gegenwartsliteratur. Budapest 2000, 41–56.

Strigl, Daniela: Hand- und Herzgefährten ganz ohne Kochtopf ... Friederike Mayröcker und Ernst Jandl ... In: Literaturen 7/1–2 (2006), 22–24.

Strigl, Daniela: Vom Rasen (Furor). Ein Versuch zu Friederike Mayröckers Affektpoetik. In: Alexandra Strohmaier (Hg.): Buchstabendelirien. Zur Literatur Friederike Mayröckers. Bielefeld 2009, 51–73.

Strigl, Daniela: „ich liebe deine Seele Geist und hl.Leib": Mayröckers lyrisches Denken und Bedenken von der Liebe. In: Inge Arteel/Eleonore De Felip (Hg.): Fragen zum Lyrischen in Friederike Mayröckers Poesie. Stuttgart 2020, 57–76.

Strohmaier, Alexandra: Prosa und/als Performanz. Zur performativen Ästhetik Friederike Mayröckers. In: Alexandra Strohmaier (Hg.): Buchstabendelirien. Zur Literatur Friederike Mayröckers. Bielefeld 2009, 121–140.

Strohmaier, Alexandra: „Bekenntnisse haben nichts mit der Wahrheit zu tun". Zur Performativität der Prosa Friederike Mayröckers. Punktuelle Anmerkungen. In: Françoise Lartillot/Aurélie Le Née/Alfred Pfabigan (Hg.): „Einzelteilchen aller Menschengehirne". Subjekt und Subjektivität in Friederike Mayröckers (Spät-)Werk. Bielefeld 2012, 115–130.

Strohmaier, Alexandra: „Verwirklichte Utopien". Friederike Mayröckers Schreib- und Texträume. In: Nicole Streitler-Kastberger/Martin Vejvar (Hg.): Utopie und Dystopie. Beiträge zur österreichischen und europäischen Literatur vom 18. bis zum 21. Jahrhundert. Berlin/Boston 2023, 181–192.

Strohmaier, Alexandra: Friederike Mayröcker – Scriptor. Zur Materialisierung von Autorschaft an Dingen des Archivs. In: Bernhard Fetz/Katharina Manojlovic/Susanne Rettenwander (Hg.): „ich denke in langsamen Blitzen". Friederike Mayröcker. Jahrhundertdichterin. Wien 2024, 88–98.

Taïeb, Lucie: Friederike Mayröcker: quel réel? In: Jean-Baptiste Para (Hg.): Claude Simon. Friederike Mayröcker. Paris 2015, 213–216.

Taïeb, Lucie: La part active des traducteurs dans l'introduction et la réception en France de Friederike Mayröcker et Margret Kreidl. In: Irène Cagneau/Sylvie Grimm-Hamen/Marc Lacheny (Hg.): Les traducteurs, passeurs culturels entre la France et l'Autriche. Berlin 2020, 195–212.

Taïeb, Lucie: Anmerkungen zur Übersetzung von Friederike Mayröcker ins Französische. In: Bernhard Fetz/Katharina Manojlovic/Susanne Rettenwander (Hg.): „ich denke in langsamen Blitzen". Friederike Mayröcker. Jahrhundertdichterin. Wien 2024, 190–195.

Tanzer, Ulrike: Laudatio zur Verleihung des Ehrendoktorats der Universität Innsbruck an Friederike Mayröcker. In: Mitteilungen aus dem Brenner-Archiv 35 (2016), 201–206.

Teller, Katalin: Evokationen des Körperlichen im Hörspiel. Überlegungen zu Hörspielen von Carl Gundolf, Friederike Mayröcker und Bodo Hell sowie von Wolfgang Müller. In: Marta Wimmer (Hg.): Gegenwärtige Körperbilder und Körperkonstruktionen. Poznań 2021, 117–129.

Thomas, Nicola: Doom and Bloom. Friederike Mayröcker's Anthropocene Lateness. In: Austrian Studies 30 (2022), 99–112.

Thums, Barbara: Die Frage nach der „Schreibexistenz". Zum Verhältnis von Intertextualität und Autorschaft in Mayröckers *brütt oder Die seufzenden Gärten*. In: Inge Arteel/Heidy Margrit Müller (Hg.): „Rupfen in fremden Gärten". Intertextualität im Schreiben Friederike Mayröckers. Bielefeld 2002, 87–105.

Thums, Barbara: Schreiben im „Ausnahmezustand". Friederike Mayröckers *Und ich schüttelte einen Liebling*. In: Alexandra Strohmaier (Hg.): Buchstabendelirien. Zur Literatur Friederike Mayröckers. Bielefeld 2009, 177–194.

Thums, Barbara: *fleurs*: Friederike Mayröckers Blumensprache. In: literatur für leser 40/2 (2017), 185–199.

Thums, Barbara: Engelsfigurationen in der Literatur der Moderne. In: Olivia Kobiela/Lena Zschunke (Hg.): Himmlisch, Irdisch, Höllisch. Religiöse und anthropologische Annäherungen an eine historische Ästhetik. Würzburg 2019, 205–221.

Thums, Barbara: „und immer noch voll Sehnsucht": Figurationen des Idyllischen in Friederike Mayröckers *Scardanelli*. In: Inge Arteel/Eleonore De Felip (Hg.): Fragen zum Lyrischen in Friederike Mayröckers Poesie. Stuttgart 2020, 137–156.

Treder, Uta: Scrivere nell'erba, scrivere sulla sabbia. In: Fausto Cercignani (Hg.): Friederike Mayröcker [Studia Austriaca, Supplementband]. Milano 2001, 85–99.

Tröger, Beate: 1 Häufchen Blume 1 Häufchen Schuh. In: Literaturbote 33/131–132 (2018), 76–87.

Truchlar, Leo: Wortgärten. Friederike Mayröcker und Derek Jarman. In: Ders.: Über Literatur und andere Künste. Wien/Köln 2000, 37–49.

Truchlar, Leo: Wozu lese und schreibe ich? Notizen aus Anlaß meiner Lektüren von Adrienne Rich und Friederike Mayröcker. In: Ders.: Über Literatur und andere Künste. Wien/Köln 2000, 17–26.

Tunner, Erika: So nah, so fern, so nah. In: Inge Arteel/Heidy Margrit Müller (Hg.): „Rupfen in fremden Gärten". Intertextualität im Schreiben Friederike Mayröckers. Bielefeld 2002, 9–16.

Tunner, Erika: Schreibart und „Menschen Verhältnisse" in *Paloma*. In: Alexandra Strohmaier (Hg.): Buchstabendelirien. Zur Literatur Friederike Mayröckers. Bielefeld 2009, 195–203.

Van Hulle, Dirk: „Usw." Beckett – Mayröcker, still – eben. In: Inge Arteel/Heidy Margrit Müller (Hg.): „Rupfen in fremden Gärten". Intertextualität im Schreiben Friederike Mayröckers. Bielefeld 2002, 153–164.

Van Hulle, Dirk: Beckett – Joyce – Mayröcker „und kein Ende". In: Matthew Feldman/Mark Nixon (Hg.): Beckett's Literary Legacies. Newcastle upon Tyne 2007, 112–128.

Vanscheidt, Philipp: Vom struppigen Beginn der *Reise durch die Nacht*. In: Markus Polzer (Hg.): Fontes Litterarum. Typographische Gestaltung und literarischer Ausdruck. Hildesheim et al. 2014, 243–258.

Vogel, Juliane: „Liquid words" oder die Grenzen der Lesbarkeit. Schriftbewässerung in der Prosa Friederike Mayröckers. In: Inge Arteel/Heidy Margrit Müller (Hg.): „Rupfen in fremden Gärten". Intertextualität im Schreiben Friederike Mayröckers. Bielefeld 2002, 43–55.

Vogt, Michael: Elegie im Zeichen der Negation. Zu Friederike Mayröckers Gedicht *5. Brandenburgisches Konzert*. In: Renate Kühn (Hg.): Friederike Mayröcker oder „das Innere des Sehens". Studien zu Lyrik, Hörspiel und Prosa. Bielefeld 2002, 113–133.

Weiershausen, Romana: „Verbesserte Auflage". Orpheus und Eurydike in Texten deutschsprachiger Gegenwartsautorinnen: Friederike Mayröcker, Ulla Hahn und Erica Pedretti. In: Ortrun Niethammer (Hg.): Mythen der sexuellen Differenz. Heidelberg 2007, 185–198.

Wendt, Doris: Mystik und Sprache in Friederike Mayröckers *Stilleben* und *brütt oder Die seufzenden Gärten*. In: Renate Kühn (Hg.): Friederike Mayröcker oder „das Innere des Sehens". Studien zu Lyrik, Hörspiel und Prosa. Bielefeld 2002, 191–210.

Winkler, Andrea: Polaroides Geheimnis. Zum Bild des „Picasso Knaben" in Friederike Mayröckers *brütt oder Die seufzenden Gärten*. In: Konstanze Fliedl (Hg.): Kunst im Text. Frankfurt a. M. 2005, 149–159.

Winkler, Andrea: Ich/die anderen/die Sprache. Friederike Mayröcker: *mein Herz mein Zimmer mein Name* (1988). In: Klaus Kastberger/Kurt Neumann (Hg.): Grundbücher der österreichischen Literatur seit 1945. Wien 2007, 315–320.

Zarychta, Paweł: Der Übersetzer und seine Autorin. Zu Ryszard Wojnakowskis Übersetzungen der Lyrik Friederike Mayröckers. In: Bettina Kremberg (Hg.): Übersetzbarkeit zwischen den Kulturen. Frankfurt a. M. et al. 2010, 257–269.

Zigaina, Giuseppe: Per Friederike Mayröcker. In: Fausto Cercignani (Hg.): Friederike Mayröcker [Studia Austriaca, Supplementband]. Milano 2001, 101–122.

Zusammengestellt von Martin Vejvar

Personenregister

A
Abalos, María Dolores, 402
Achleitner, Friedrich, 11, 261
Achmatowa, Anna, 407
Adrian, Marc, 265
Aichinger, Ilse, 10, 396
Ajgi, Gennadij, 408, 409
Akerman, Chantal, 391
Apollinaire, Guillaume, 245, 296
Aragon, Louis, 127, 254, 370
Aristoteles, 3
Armin, Bettina von, 73
Arp, Hans, 248, 253
Artmann, H. C., 11, 12, 44, 95, 96, 167, 261–265, 267, 346, 376, 384
Augustinus, 77, 163, 164, 174, 175, 366
Austin, John, 307, 312

B
Bach, Johann Sebastian, 69, 154, 161, 236
Bachmann, Ingeborg, 10, 13, 396, 408, 409
Bäcker, Heimrad, 12, 16, 262
Bacon, Francis, 18, 77, 147, 148, 154, 164, 200, 293, 295
Barni, Sara, 400, 402
Barthes, Roland, 27, 33, 38, 69, 147, 156, 163, 189, 271–274, 308, 309, 353–355, 399
Bataille, Georges, 399
Baudelaire, Charles, 27, 35, 254, 258, 330, 333, 334, 391
Baumgarten, Alexander Gottlieb, 236
Bayer, Konrad, 11, 96, 100, 111, 261–263, 265
Beckett, Samuel, 53, 139, 154, 235, 246, 247, 250–252, 271, 397
Beethoven, Ludwig van, 90
Beil, Hermann, 20
Bender, Hans, 12
Benjamin, Walter, 35, 277, 330
Benn, Gottfried, 386, 408, 409
Bennington, Geoffrey, 22, 38, 163, 173, 272, 273, 366
Bense, Max, 12, 93, 95, 96, 264, 386
Bergson, Henri, 69
Berio, Luciano, 219
Berlau, Ruth, 246
Bernhard, Thomas, 391
Bertaux, Pierre, 73
Beuys, Joseph, 156
Beyer, Marcel, 61, 63, 272, 290, 383, 385–390, 392
Bienek, Horst, 157
Birjukow, Sergej, 408
Bisinger, Gerald, 12
Bjorklund, Beth, 396, 398
Bleutge, Nico, 388
Block, Alexander, 407
Bosch, Hieronymus, 204
Botero, Fernando, 204
Bourgeois, Louise, 204
Brahms, Johannes, 72, 112–114, 238
Brauer, Arik, 157
Brecht, Bertolt, 246, 271
Breicha, Otto, 12, 13, 16, 32, 33, 102, 108, 121, 238, 262, 267
Brentano, Clemens, 69
Breton, André, 108, 118, 141, 155–157, 253–260, 271, 370
Brettschneider, Nika, 125, 378
Browning, Elizabeth Barrett, 9
Bruckner, Anton, 113, 238
Brueghel, Pieter, 61
Bruno, Giordano, 147
Brus, Günter, 310
Brusatti, Otto, 375, 379–381
Büchner, Georg, 61

C
Cage, John, 61, 218
Callas, Maria, 161
Caterina von Siena, 61
Celan, Paul, 9, 143, 167, 218, 277, 391, 396, 408, 409
Cézanne, Paul, 49
Chagall, Marc, 298
Char, René, 49, 170

Chlebnikow, Welimir, 408
Chopin, Frédéric, 112, 238
Christanell, Linda, 377
Christensen, Inger, 376
Christophorus, 90
Cicero, Marcus Tullius, 49
Claudius, Matthias, 221
Cotten, Ann, 188
Cramer, Heinz von, 13, 14, 133, 217, 219
Cummings, Edward Estlin, 49
Czernin, Franz Josef, 411

D

Dakova, Bisera, 410
Dalí, Salvador, 17, 64, 127, 128, 130, 259, 260, 296
Dante (Dante Alighieri), 61, 411
David-Schaumann, Françoise, 399
Delcourt, Léona, 257, 258
Deleuze, Gilles, 83, 271, 273, 274, 295, 353, 357
de Man, Paul, 65
Demokrit, 176
Derrida, Jacques, 17, 20, 22, 28, 36–38, 77, 123, 124,
    138, 156, 163, 164, 170, 171, 173–176, 180–
    182, 188–192, 194–196, 199, 203, 241, 246,
    249, 271–277, 299, 307, 308, 318, 326, 334,
    353, 366, 399
Desnos, Robert, 258
di Bondone, Giotto, 49, 293
Döhl, Reinhard, 95
Donne, John, 61
Dowland, John, 61, 80, 185
Drews, Jörg, 16
Dubuffet, Jean, 148
Duchamp, Marcel, 295
Dugend, Enno, 221
Duras, Marguerite, 127, 271
Dürer, Albrecht, 293
Dürrenmatt, Friedrich, 13

E

Eberle, Theodor, 402
Eckart, Frank, 141
Eich, Günter, 13, 235
Einstein, Carl, 245
Eisenreich, Herbert, 385
Eliot, T. S., 250
Elsheimer, Adam, 191
Éluard, Paul, 139, 170, 254, 258, 296
Enzensberger, Hans Magnus, 409
Erb, Elke, 152, 154
Ernst, Max, 108, 139, 197, 204, 258, 296
Escher, M. C., 4, 295

F

Fabi, Stefan, 191, 204, 298
Fallenstein, Christel, 71, 400
Fenz, Silvia, 124
Fessler, Ingrid Elisabeth, 378
Fink, Tone, 377, 379
Flaubert, Gustave, 63, 135
Flemming, Irmgard, 300
Fontana, Lucio, 49
Foresti, Traute, 388
Foucault, Michel, 29
Freud, Sigmund, 19, 108, 116, 142, 155, 156, 255, 256,
    361, 362
Freund, Giselle, 246
Fried, Erich, 9, 409
Friedrich, Caspar David, 236
Frisch, Marianne, 14, 16, 108
Frisch, Max, 14, 16, 107, 108
Fritsch, Gerhard, 12, 262
Fritsch, Götz, 221
Furrer, Beat, 377

G

Gansel, Marielle, 392
Ganz, Bruno, 379
Gappmayr, Heinz, 93
Gasser, Wolfgang, 221
Gauguin, Paul, 64
Gay, Peter, 254
Genet, Jean, 22, 180, 181, 188, 192, 194, 196, 199, 203,
    272, 326
Genette, Gérard, 226
Gerhardt, Paul, 77
Gerstl, Elfriede, 10
Gestettner, Bertl, 124
Giacometti, Alberto, 61, 294
Gibelhauser, Franz, 9
Glasowa, Anna, 409
Goebbels, Heiner, 230
Goethe, Johann Wolfgang von, 112, 169, 170, 176, 203,
    235, 241, 242
Gomringer, Eugen, 12, 94, 386
Goya, Francisco de, 17, 121, 124, 127, 130, 293, 294,
    398
Graham, Martha, 391
Grandegger, Maria, 124
Grass, Günther, 157
Gruber, Maria, 77
Grünbein, Durs, 77, 409
Grunert, Andreas, 18, 176, 196, 300, 375, 376
Guattari, Félix, 83
Guest, Barbara, 397
Guyotat, Pierre, 391

H

Hamacher, Werner, 65
Hamburger, Michael, 396
Hammer, Ellen, 379
Handke, Peter, 34, 167, 379
Handl, Reinhard F., 17, 124
Harnik, Elisabeth, 377
Haselböck, Martin, 19, 378
Hauser, Reinhard, 124
Hausmann, Raoul, 249
Haydn, Joseph, 378
Hegel, Georg Wilhelm Friedrich, 22, 181, 182, 188, 194, 326
Heidegger, Martin, 3
Heindl, Georg, 11
Heißenbüttel, Helmut, 16, 95, 101, 256, 386
Hejinian, Lyn, 397
Hell, Bodo, 32, 167, 229–231, 388
Hengl, Hugo, 399
Henneberg, Claus, 219
Herder, Johann Gottfried, 90, 176
Herki, Heinrich, 124
Hessel, Franz, 330
Hildesheimer, Wolfgang, 13, 108
Hirschfeld, Christian Cay Lorenz, 240
Hitler, Adolf, 8
Hoffmann, E.T.A., 176
Hofmannsthal, Hugo von, 246, 247
Hohler, Franz, 409
Hölderlin, Friedrich, 21, 61, 65, 71–74, 77, 143, 180, 203, 240, 246, 254, 326, 333, 342, 343, 390, 397, 398, 400, 403, 409, 410
Höllerer, Walter, 12, 44
Hollinderbäumer, Dietrich, 124
Homer, 90
Hopkins, Gerard Manley, 144, 156
Houben, Eva-Maria, 378

I

Ionesco, Eugène, 157, 219
Irrall, Elfriede, 125

J

Jabès, Edmond, 277
Jandl, Ernst, 10–14, 19–21, 23, 32, 35, 44, 47, 61, 64, 67–69, 77, 81, 82, 93–96, 107, 121, 136, 151, 152, 154, 155, 161, 168, 179, 185, 187, 190, 193, 197, 203, 208, 213–215, 217, 219, 247, 249, 250, 255, 258, 261–263, 277, 284, 318, 321, 338, 346, 353–355, 358, 361–363, 366, 378, 379, 384–386, 388, 389, 396, 410
Jarrett, Keith, 127, 161
Jean Paul, 170, 189, 236, 239, 240, 246, 248, 251, 271, 289
Jelinek, Elfriede, 167
Jewtuschenko, Jewgenij, 407
Joyce, James, 77, 246, 250
Joyce, Nora, 246
Jungwirth, Martha, 300, 377

K

Kafka, Franz, 123, 246
Kagel, Mauricio, 225, 227, 377
Kahnweiler, Daniel-Henry, 265
Kandinsky, Wasilij, 295
Karl, Andreas, 377
Kastberger, Klaus, 101, 102
Kaufmann, Angelika, 167, 206–208, 300, 357, 366, 376
Kavín, Jakub, 125
Kavín, Ludvík, 125, 378
Keats, John, 9
Keos, Simonides von, 162
Kirkeby, Per, 156, 157
Kirsch, Sarah, 157
Klee, Paul, 61, 196
Kling, Thomas, 61, 72
Klopstock, Friedrich Gottlieb, 203, 333
Klučarić, Claudia, 377
Koelbl, Herlinde, 34
Köhler, Barbara, 141
Kolleritsch, Alfred, 12
Koop, Helmut, 9, 385
Kräftner, Johann, 377
Kröger, Ruth Maria, 379
Krutschonych, Alexej, 408
Kubler, Anne, 399
Kuborskaja-Ajgi, Galina, 409
Kunz, Edith Anna, 65
Kuprijanow, Wjatscheslaw, 409
Kuschner, Alexander, 407

L

Lacan, Jacques, 353
Larson, Jonathan, 22, 249, 397
Lassnig, Maria, 18, 21, 64, 77, 164, 167, 295, 300, 376
Leiris, Michel, 170
Leitner, Martin, 229, 231
Lenin, Wladimir Iljitsch, 259
Lenz, Jakob Michael Reinhold, 240
Lessing, Gotthold Ephraim, 161, 305
Lévi-Strauss, Claude, 345
Ligeti, Györgi, 219
Linné, Carl von, 325
Logothetis, Anestis, 377
Lotto, Lorenzo, 293

M

Macke, August, 191
Magritte, René, 61, 118, 342
Mahler, Gustav, 51
Majakowskij, Wladimir, 407
Man, Paul de, 238
Mandelstam, Ossip, 408, 409

Manzel, Dagmar, 20
Matisse, Henri, 64, 65, 196, 293–295, 298, 342
Matthes, Ulrich, 125
May, Karl, 219
Mayröcker, Franz, 7, 8, 14
Mayröcker, Julius, 7
Mayröcker (geb. Petschauer), Friederike, 7
Meister Eckhart, 255
Melin, Charlotte, 396, 397
Mendelssohn, Moses, 147
Michaux, Henri, 118, 271
Millauer, Rochus, 124
Miró, Joan, 170, 196
Mitchell, Katie, 125, 379
Mon, Franz, 95, 383
Mosès, Stéphane, 391
Moten, Fred, 397
Mozart, Wolfgang Amadeus, 77, 161
Muehl, Otto, 218

N
Navratil, Leo, 148
Neumann, Kurt, 268
Nicolai, Olaf, 18, 59, 61, 64, 141, 144, 277, 300, 376
Nietzsche, Friedrich, 77
Nikonova, Ry, 408
Novalis (Friedrich von Hardenberg), 194, 237, 239, 255, 256, 326

O
Obrist, Hans Ulrich, 23
Okopenko, Andreas, 10, 11, 38, 44, 261, 262, 378
Orlizkij, Jurij, 409
Orth, Elisabeth, 221
Ovid (Publius Ovidius Naso), 15, 18, 90, 108, 129, 130, 305

P
Palazón, Reina, 403, 404
Papenfuß-Gorek, Bert, 141
Parker, Dorothy, 249
Pasternak, Boris, 408
Percy, Thomas, 90
Péret, Benjamin, 258
Pernes, Thomas, 378, 379
Petschauer, Matthias, 7
Petschauer, Rudolf, 7
Petschauer (geb. Witzel), Friederike, 7
Pfeil, Walter, 125
Picasso, Pablo, 65, 72, 147, 170, 265, 293, 298, 299, 305
Pils, Tobias Raphael, 376
Platon, 73, 276
Poe, Edgar Allan, 333
Pollock, Jackson, 77, 295
Ponge, Francis, 22, 28, 170, 188, 192, 196, 219, 308, 326, 329, 388

Pongracz, Cora, 67
Prantl, Sebastian, 379
Priessnitz, Reinhard, 3, 376
Proust, Marcel, 180
Prückner, Christoph, 124
Puschkin, Alexander, 407

R
Radisch, Iris, 167
Rainer, Arnulf, 218
Ramm, Klaus, 16
Ranke-Graves, Robert, 347
Ravel, Maurice, 219
Reina, José Luis, 402
Reitani, Luigi, 401
Ried, Hans, 265
Riess-Beger, Daniela, 4, 18
Riha, Karl, 205, 206, 208
Rilke, Rainer Maria, 246, 247, 322, 338, 408, 409
Rispoli, Marco, 401
Roppolt, Lydia, 377
Rousseau, Jean-Jacques, 49, 238
Rückert, Friedrich, 51, 52
Rühm, Gerhard, 11, 49, 167, 235, 261, 262, 267, 268, 378, 383, 384
Rühmkorf, Peter, 72
Rustin, Daniela, 108, 256
Rutsch, Alexander, 376

S
Samsonow, Elisabeth von, 64, 377
Sánchez Guevara, Olga, 402
Saramago, José, 329
Sarraute, Nathalie, 28, 171
Satie, Erik, 127
Sauter, Fritz, 377
Schaeffer, Norbert, 125
Schiller, Friedrich, 235, 240
Schlegel, Friedrich, 117, 180, 237, 239, 286
Schmidt, Arno, 271
Schmidt, Lesch, 20
Schmidt, Siegfried J., 14–17, 263
Schmidt-Dengler, Wendelin, 16
Schöning, Klaus, 225
Schreber, Daniel Paul, 108, 110
Schreiber, Edith, 23
Schubert, Franz, 113, 221, 238, 378, 408
Schumann, Clara, 112, 113, 238
Schumann, Robert, 112, 113, 238
Schutting, Julian, 71
Schwarz, Libgart, 377
Schwegler, Vroni, 377
Schwitters, Kurt, 108, 247, 248
Sebald, W. G., 379
Sedakowa, Olga, 408
Serner, Walter, 253
Sigey, Sergey, 408

Personenregister

Simon, Claude, 271
Sokrates, 276
Soupault, Philippe, 253, 254
Stein, Gertrude, 20, 21, 28, 49, 127, 161, 163, 164, 225, 226, 246–252, 266, 329, 334, 397
Stein, Gisela, 217
Steinwachs, Ginka, 167
Stifter, Adalbert, 329
Stramm, August, 247
Strauß, Botho, 142

T

Taïeb, Lucie, 399, 400
Tàpies, Antoni, 64, 156, 158, 363
Tarlatt, Ulrich, 376
Tartarotti, Carmen, 21, 377
Thomas, Dylan, 77
Thoreau, Henry David, 199
Tieck, Ludwig, 251
Tintoretto, Jacopo, 61
Tjuttschew, Fjodor, 407
Trakl, Georg, 61, 194, 408, 409
Tunner, Erika, 167
Turnheim, Michael, 23, 272
Twombly, Cy, 196, 295
Tzara, Tristan, 248, 253

U

Ujvary, Liesl, 57
Unseld, Siegfried, 15

V

Vallazza, Markus, 130, 376
van Gogh, Vincent, 293

van Rijn, Rembrandt, 293
Velázquez, Diego, 77
Verlaine, Paul, 245
Vivaldi, Antonio, 77

W

Waber, Linde, 124, 377, 378, 410
Wagner, Liane, 124
Wald, Ingrid, 377
Walser, Robert, 235
Walther, Elisabeth, 12
Warhol, Andy, 64
Waterhouse, Peter, 376
Weber, Waldemar, 408
Webern, Anton von, 380
Weibel, Peter, 157
Weigel, Hans, 10
Weiler, Max, 377
Wessel, Kai, 225, 227
Wiener, Oswald, 111, 219, 261, 266, 384
Winkler, Andrea, 65
Witzel, Franziska, 7
Witzel, Lorenz, 7
Woisnitza, Karla, 18, 300, 376
Wolfsgruber, Linda, 229
Woolf, Virginia, 379, 391

Z

Zanzotto, Andrea, 59, 65
Zappa, Frank, 219
Zechner, Johanes, 376
Zerz, Michael, 124
Zigaina, Giuseppe, 143
Zurita, Raúl, 392
Zwetajewa, Marina, 407

Werkregister

1 Nervensommer. 13 Texte zu Arbeiten von Andreas Grünert, 18, 251, 376
2 feuchte Lappen Seele und Leib, 69, 366
5. Brandenburgisches Konzert, 69
16 Schutzgeister für eine Reise. für Ernst Jandl November 1967, 207, 338
77, oder wollen Sie mit mir über Tränen sprechen, Jacques Derrida, 78, 366

A

ABC-thriller, 205, 206, 309
Akt, eine Treppe hinabsteigend, 295, 377
als der bau knecht erstmals ins haus kam, 100
als es ist. Texte zur Kunst, 293
als ob schielend am Fenster, 61, 343
Ameisen, 208
am Fenster lehnend mit dem Finger die unsterblichen, 79
an meinem Morgenfenster, 9, 24, 30, 341
an meine Mutter, 84, 59, 322
an Sappho, 77
Ansätze, 87, 88, 90
an seiner Seite hätte ich sogar die Hölle ertragen, 68
„Apfelhäutchen", Durs Grünbein / illuminiert von den Schaafen, 400
Arie auf tönernen Füßen (Hörspiel), 13, 217, 219
Arie auf tönernen Füszen, 99, 381
Arie auf tönernen Füszen. Metaphysisches Theater, 13, 97, 98, 100, 218, 284
Aufbruch am frühen Morgen, 53
„auf der Suche nach der verlorenen Stille" (John Cage), 61
auf eine jüngst gestorbene Nachtigall, 63
auf einen Pappteller, 285, 330
auf eine Traubenhyazinthe, 326
Auf Flügeln des Gesanges, 89
augen wie schaljapin bevor er starb, 256, 258
aus der Schneekiste, 69
Ausgewählte Gedichte 1944–1978, 17, 402

ausgewürgtes Herz, 56
äuszerst gebunden, 53

B

Becketts Traum, 251
Bedenken von der Liebe, 354
Befreiung durch Lesen, ein Weihnachtsbrief, 55
Betblumen – (ein) mein Lieblingstod, 376
Beweinungen, 365
bin jetzt mehr in Canaillen Stimmung, 63, 65
Bis der Tau fällt ..., 10, 284
Blaue Erleuchtungen. Erste Gedichte, 384
Brecht Postille, 246
Briefkomet an Angelika Kaufmann, 78
Bruchstücke, 89
brütt oder Die seufzenden Gärten, 17–19, 32–34, 37, 65, 115, 145–148, 164, 168, 239, 245, 246, 250, 251, 271–273, 275, 276, 283, 285, 286, 289, 293–295, 297, 299, 304, 308, 311, 321, 322, 339, 341, 342, 350, 354, 376, 379, 399
Bußwinter und Schemen, 55

C

cahier, 22, 179, 185, 188–193, 200, 273, 274, 289, 295, 348, 361
comicstrip, eine Oper, 98, 99, 285

D

Dada, 94, 253
da ich morgens und moosgrün. Ans Fenster trete, 4, 15, 23, 32, 82, 83, 179, 201–204, 235, 273, 277, 341, 361, 366, 370, 388, 391
Das Alphabet der Friederike Mayröcker, 205
das besessene Alter (Gedicht), 60
Das besessene Alter, 18, 61, 64, 65, 67, 133, 141, 285, 322, 343, 354, 376, 402
Das Blumenmuster, 346
Das Couvert der Vögel, 298

Das geschwaderblaue das hanfgelbe Getränk des Triumphs, 45
Das Herzzerreißende der Dinge, 4, 15, 17, 18, 20, 55, 121, 127, 129, 130, 134, 169, 238, 241, 249, 304, 321, 376, 379, 387
Das Jahr Schnee, 389
„das Leichentuch liegt bereit [...]", 78
das Licht der Welt, 53
Das Licht in der Landschaft, 15, 29, 101, 107, 111, 323
das nashorn, 377
Das zärtliche Sakrament der Sehnsucht, 377
Das zu Sehende, das zu Hörende, 13
„deinetwegen ist ..'' (Pindar/Hölderlin), 65, 240, 354
Deinzendorf/grüne Montage, 29
DEKOMPOSITION, 299
demontage einer serie von liebesgeschichten, 378
„derart wachsen und mehren sich die Geburten der Wasser" (Augustinus), 276
Der Aufruf, 49, 50
Der Engel, 247
Der Gigant, 13
der Krieg nimmt Formen an, 59
der lächelnde weisze Schwan auf dem weiszen Badetuch = Scardanelli Version, 72
Der Strauss, 208
Der Tod und das Mädchen, 221, 223
der traum vom geburtstag. köln, 19. juni 1971, 206, 209
Die Abschiede, 16, 17, 115–118, 121, 122, 130, 133, 236, 237, 249, 250, 321, 338, 369, 370, 401
die Anrichte, rote Harmonie, nach Matisse, 64, 65
die Augen (AUEN), Zahngüsse etwa Auguren, 289
die Grausamkeit des Tageslichts, Maurice Blanchot, 77
Die kommunizierenden Gefäße, 20, 155, 157, 158, 161, 168, 255, 257, 272, 361, 362
Die ozeanischen Geheimnisse (Pamir), 257
dies dies dies dieses Entzücken ich KLEBE an dieser Erde, 68, 69, 241, 358
„die Scherben eines gläsernen Frauenzimmers" (Carl Einstein), 245
dieser Nachsommer der mich mit seinen, 410
dieses Jäckchen (nämlich) des Vogel Greif, 21, 65, 71, 77, 236, 273, 289, 341, 342, 387, 410
die Übertragung, 57
die Umarmung, nach Picasso, 298, 305, 379
die windböige Frau, 59
dolce vita, 28, 30
drei Traumwahrheiten, 56
Dreizeiler am 21.2.1978, 241
Durchschaubild Welt, Versuch einer Selbstbeschreibung, 28, 30
du verläszt eine mühevolle vogel-welt und mehr als alles, 264

E
E.J., 77
Eine gelbe Gladiole, 378

eine Postkarte aus Treviso, oder das Mannawunder nach Tintoretto, 61, 376
Ein Gleiches, 241
Elegie auf die Stele von Algund, 78
Elegie auf Jorie Graham, 403
Erinnerungen an Rilke, 247
Ernst Jandl und seine Götterpflicht, 35, 36
erschrecke zuweilen dasz der zu dem ich, 21, 71
études, 19, 22, 179, 185–191, 193, 195, 236, 271–274, 285, 286, 288, 289, 342, 348, 358, 361, 363, 410
Etwas wie Küsten kleefarben und Gewahrsam der Meere, 378

F
Fantom Fan, 4, 93, 95, 97, 100, 104, 248, 284
Fast ein Frühling des Markus M., 16, 107, 108, 110, 111, 378
fleurs, 22, 179, 185, 188, 189, 192–198, 200, 272, 274, 275, 289, 306, 348, 361
Flieder, 377
Fotografie, 285
Fotogramm eines Traums, 256
Fragmente von., 78
Franz Schubert oder, Wetter-Zettelchen Wien, 113
Friedhof, 89
Frottage, 296
Frühabend im September, 55
Frühling, 346
Fünf Mann Menschen, 13, 213–215, 389
für Marcel Beyer, 77
Furor :
    Klage Anklage Ohnmacht, 56
Furor, kupferfarbener Himmel, 240, 366
für Walter Höllerer zum 65. Geburtstag am 19.12.1987, 60
Fusznoten, 173, 256

G
ganz verknallt, 79
Gärten, Schnäbel, ein Mirakel, ein Monolog, ein Hörspiel, 13
Gedicht in Prosa (1), 78
Gedicht in Prosa (2), 78
gefundenes Gedicht, 53
gegaukeltes Gebrauchsgedicht, virtuelles Lobgedicht auf 1 Gastgeberpaar, 78
Gertrude Stein hat die Luft gemalt, 225–227, 377
Gesammelte Gedichte, 20, 267, 376
Gesponnener Zucker, 298
Giotto, Der Traum Joachims, 338
Gruszwort, geflüstert, 78
Gute Nacht, guten Morgen, 17, 51, 55, 402, 409

H

habe Bach aufgelegt, 236
haiku, 78
(Hefe) schwärmen nämlich, oder unser Gefährt von fliegenden Schlangen gezogen, 366
Heiligenanstalt, 16, 31, 107, 111, 112, 238
Hellrote Hortensie und, 43, 247
Herzaktionen im Merzbereich, 248
Himmelfahrten süsze soledades, 264
HIOBS-POST oder die 19 auftritte, 100
Hölderlinturm, am Neckar, im Mai, 21, 71, 376
Horizont, 48, 49
Horror Fibel, 98

I

Ich, der Rabe und der Mond, 205, 207, 209
ich bin in der Anstalt. Fusznoten zu einem nicht geschriebenen Werk, 21, 175, 176, 179, 246, 259, 272, 273, 285, 311, 321, 322, 379
„ich bin in Trauer tiefer als du denkst" (Dusan Kovacivics), 289
ich erinnere mich, 9
ich hab gesehen den Mond das gebückte Gestirn in seinem Alter zart, 77
Ich saß dann da und starrte auf dieses Bild, die Erinnerung, 338
ich sitze nur GRAUSAM da, 22, 179, 181, 182, 188, 235, 326, 361, 379
Im Elendsquartier, 32, 48
im Traghimmel, schmachten und warten, 52
Im Walde von Katyn, 45, 325
in einer engeren Familie, 346
In ihrer Fiebrigkeit. Passagen eines längeren Prosa-Buches, 108
In langsamen Blitzen, 47, 396, 407
In Schwarz, 346
instant theater / oder Kutscher im Nebellicht im Dämmer verschwindend, 59
in Tränen in Tränen wenn ich den Wellen Blumen gebe, 78

J

J.D., 28, 173
Jacquingasse, 88
je ein umwölkter gipfel, 14, 15, 100–104, 107, 111, 115, 246, 249, 306, 387
Jimi, 205, 208, 209, 358
Junifragment / für Inger Christensen, 60

K

Kabinett Notizen, nach James Joyce, 246
kahnweilers lied, 265
KINDER Ka-LAENDER, 205
Kinderlied, 208
Kindersommer, 28, 337
Kindheit etwa, Dorf, 29
Klagelied in 5 Strophen, 78
Kleine Chronik, 10
Knöpferauschen, und Attersee, 68, 153
Komposition, 285
kritzeln und Ästchen oder, das Lied der Trennung, 273
Kritzendorfer Abend, 88
Krypta, 55

L

la clairière, nach Giacometti, 294
Lamentationen, 78
Landschaft mit Verstoßung, 229
Larifari. Ein konfuses Buch, 11, 87, 90, 97, 250, 284, 378, 384, 385, 388
Lebenslauf, 285
LECTION, nach Olaf Nicolai, 59
Lection, 18, 141–144, 276, 277, 285
Licht in der Landschaft, 110, 387
Lied ohne Worte, 78, 247
Litanei nach der Natur, 50, 306
Litanei wenn man traurig ist, 306
Lob des Fragments, 60, 61
L'argot Exodus und amor, 43

M

Magische Blätter, 19, 27, 30, 255–257, 275, 285, 293, 349, 401, 402
Magische Blätter II, 246
Magische Blätter IV, 257, 259
Magische Blätter VI, 250, 273
MAIL ART, 255, 256
Mao, 90
Märchen für Barbara, 205–207
maschinen-bild nach armin sandig, 266
mein Arbeitstirol, usw., 67
Mein Arbeitstirol, 20, 67–69, 245, 285, 376, 402
mein Arbeitstisch mein Universum, 34
meine träume ein flügelkleid, 206
mein Herz mein Zimmer mein Name, 18, 32, 121, 130, 133–135, 137, 168, 169, 237, 239, 276, 285, 295, 296, 306, 307, 310, 322, 323, 341, 342, 350, 353, 388
mein Tod mein Tyrannchen meine Lebensglut ohne Ende, 79, 398, 402
Melancholia, 78
Melancholie, oder das 3. Gedicht dieses Tages, 68
metaphorisch, 12, 264–266, 284
Minimonsters Traumlexikon, 13, 93–97, 104, 248, 253, 284
mit dem Fortschreiten des April, 55
mit meinem toten Vater, von der flammenden Spitze des Berges blickend, 53
mitten im Frühling, 53

Mövenpink oder 12 Häuser, 13, 217
Mutter, dreiundachtzig, Krankenhaus, 59, 322
mütterlicherseits, 30
Mutters Hostienblatt Mutters Seehöhe / vernichtende Selbstanklage, 65

N
nach Heinrich Heine, 77
nach Stefan Fabi's Kartoncollage „Nackt" (2013) und Holzschnitt „Mann mit Flöte" (2013), 273
NADA. NICHTS., 121, 124, 125, 378
Naturschatz, 208
Nimbus der Kappe, 18, 141, 277, 376
Notizen auf einem Kamel, 19, 64, 65, 67, 68, 285, 402

O
Ode an einen Ort, 45, 104
Odéon Bruckners Ödgarten, 113
oder Vermont, an Ernst Jandl, 68, 153, 366
O Engel Leonore, 90
oh süsze Knochen meines Schmetterlings, 376
Oper! (Hörspiel), 13
Oper!, 375, 379, 381, 382
Ostia wird dich empfangen, 396

P
Palmen-Waage, 52
Paloma, 17, 167–171, 272, 386
Paradies- und Schlangenbaum, Ende August, 55
Pathos und Schwalbe, 23, 173, 179, 197–203, 235, 274, 276, 277, 296, 306, 311, 326, 361, 363, 377, 380, 382
„PATIN MEINES WAHNSINNS", zu: „Partielle Sinnestäuschung. Sechs Erscheinungen Lenins auf einem Flügel" (1931) von Salvador Dalí, 259
Pegas, das Pferd, 205–209, 358
Picassos Bildnis eines Knaben mit braunem Haar, oder REPETITION, 63, 65
Pick mich auf, mein Flügel... Anleitungen zu poetischem Verhalten, 97
plötzliches Zurück, 61
PNEUMA oder die Domestikation des Schauspielers, 98
„polyphone Spur", 65
Proëm von der verspäteten Schwalbe, 59, 61, 402, 411

R
Reise durch die Nacht, 17, 35, 38, 55, 103, 115, 121–125, 127, 130, 169, 273, 276, 283, 284, 287, 289, 293, 294, 321, 341, 370, 379, 387, 398–400
Requiem für Ernst Jandl, 19, 20, 68, 151–154, 161, 168, 285, 361–364, 409
Riederberg, 89
Romanze mit Blumen, 45, 326
Rosengarten, 18, 376
rupfen in Gärten, 257

S
sagt er, 68
„Salle des Machines", 52
„SANDIG" ein Katalog, 99
Samum, 52
Scardanelli, 21, 22, 71–74, 77, 240, 326, 334, 342, 343, 354, 366, 390, 392, 397–400, 402, 403, 409, 410
Schirmherr makelloser Schlangenschönheit, 396
Schöner Garten, schöne Träume, 88
Schreibweise vom Körper, auch dies / zu Salvador Dalí Dreieckige Stunde (1933), 260
Schwarmgesang, 217
schwarze romanzen, 284
Seepurpur, Monika Köhn, 61
sieben Tage vor Weihnachten, 55
Sinclair Sofokles der Baby-Saurier, 205, 206, 209, 358, 389, 402
Sneke, 208, 209, 359, 366
SO A BABIA ROSN, 267
So ein Schatten ist der Mensch, 29
Sonnenfinsternis '99 / Bad Ischl, 68
Stilleben, 15, 18, 31, 37, 137–140, 237, 241, 246, 251, 285, 295, 296, 321, 350
Stilleben (Gedicht), 61
Stilleben / Nahaufnahme, 273
Supplement, 61

T
Telefunkengedicht, 285
tempelhüpfen, 366
Tender Buttons für Selbstmörder, 378
Text mit Linné's berühmter Blumen-Uhr, 325
Tod durch Musen, 12, 13, 43, 44, 93, 264, 318, 325, 341, 383, 384, 386, 388, 396
Todes- und Liebeslied, 47
Tränenzeile, für Wendelin Niedlich, 63

U
über das Küssen, 81, 83
Ultraschall, 61
Und ich schüttelte einen Liebling, 20, 22, 48, 127, 152, 162, 164, 168, 225, 237, 246, 249, 250, 273, 334, 355, 370
und Pflanzen rasend jauchzend in Juni Garben, 79
und so schreie ich zu mir / wie die Lämmer im Feld, 408
Unterwegs im Mohnwald, 376

V
VEREINIGUNG DES DISPARATEN – DAS INNERSTE ALLER KUNST, 65, 297
Vereinigungen der Disparaten – Das Innerste aller Kunst, 65
Vergletscherung des Herzens, 78
VERITAS, oder die Geste des Futterstreuens, 61
Vierzeiler für die Klasse 4b der Schule Krolland, Bremen, 59

Werkregister

Vierzeiler für E.J., 59
Vision eines Kindes, 337
vom Behauchen eines Schmetterlings, 82
vom erleuchtenden Küssen der Morgenstunde, 82
vom grenzenlosen Küssen der Lider, 82
vom Herzen und Küssen des Alpenlichts, 81, 82
vom Küssen der Achselhöhle, 81
vom Küssen der Drossel im Mai, 81
vom Küssen der Füsze der Braut, 82
vom Küssen der Jungfrau im Schnee im Rosengebüsch, nach Martin Schongauers „La Vierge au buisson de roses" 1473 Detail, 339, 358
vom Küssen der Zunge, im Sinne von Sprache, 81
vom Küssen des Scheitels, 82
vom Tode, 53
vom Umarmen des Komponisten auf dem offenen Soffa, 81, 229
vom Umhalsen der Sperlingswand, oder 1 Schumannwahnsinn, 81, 83, 236, 251, 274, 285
vom Umhalsen der Sperlingswand mitten im Epheu, 81
vom Umschlingen der Sperlingswand mitten im Epheu, 81
vom Zaudern von der nassen Papiermanschette des Mondes, 83
Von den Umarmungen, 81–83, 274
von den Umarmungen (Gedicht), 81
Von der Reichsbrücke aus, 88
von Malerei, 61
„vor Abgrund", 68

W

während du Beckett exzerpierst, 53, 250
Wann, wann schenkst du mir wieder, 88
was brauchst du, 63, 409, 410
Wäsche, selig gemacht, 29
Was gibt uns denn noch Aufschwung, 90
Was ich auch immer sage, 89
wenn ich vor ihm gestorben wäre, 68
Wer Horror liebt muss Horror reimen, 208
Wiederholung eines farbigen Themas, 61
wie eine Photographie, 57
wie Giacometti ::
    Schatten des Abends, 299
wie ich dich nenne wenn ich an dich denke und du nicht da bist, 208, 263
wie kommunizierende Gefäsze sagst du, 256
wie und warum ich dich liebe, 63, 355
Wildfieber, 157, 158
Winterglück, 17, 55, 57, 285, 354, 402
Winterserie, 59, 61
Wird welken wie Gras, 45, 306, 378
Wirf dein Herz, 89
Wir haben jetzt Zähne aus Kerzenstummel, 48
„wir setzen uns in Tränen nieder denn unser Leben war zu kurz", 78

Z

Zittergaul, 206, 208
zur Entstehung von „ɪ Nervensommer", 176